国家社科基金
后期资助项目

罗马—拜占庭帝国嬗变与丝绸之路：以考古发现钱币为中心

The Roman-Byzantine Empire along the Silk Road: Based on the Coin Research

郭云艳 ◎ 著

中央编译出版社
Central Compilation & Translation Press

图书在版编目（CIP）数据

罗马—拜占庭帝国嬗变与丝绸之路：以考古发现钱币为中心／郭云艳著.—北京：中央编译出版社，2022.4
ISBN 978-7-5117-4023-6

Ⅰ.①罗… Ⅱ.①郭… Ⅲ.①古罗马-文化史 Ⅳ.①K126

中国版本图书馆 CIP 数据核字（2021）第 181649 号

罗马—拜占庭帝国嬗变与丝绸之路：以考古发现钱币为中心

责任编辑	郑永杰
责任印制	刘 慧
出版发行	中央编译出版社
地　　址	北京市海淀区北四环西路 69 号（100080）
电　　话	（010）55627391（总编室）　　（010）55627319（编辑室）
	（010）55627320（发行部）　　（010）55627377（新技术部）
经　　销	全国新华书店
印　　刷	北京时捷印刷有限公司
开　　本	710 毫米×1000 毫米　1/16
字　　数	435 千字
印　　张	27.25
版　　次	2022 年 4 月第 1 版
印　　次	2022 年 4 月第 1 次印刷
定　　价	125.00 元

新浪微博：@中央编译出版社　　　微　　信：中央编译出版社（ID: cctphome）
淘宝店铺：中央编译出版社直销店（http://shop108367160.taobao.com）　（010）55627331

本社常年法律顾问：北京市吴銮赵阎律师事务所律师　闫军　梁勤
凡有印装质量问题，本社负责调换，电话：（010）55626985

国家社科基金后期资助项目
出版说明

　　后期资助项目是国家社科基金设立的一类重要项目，旨在鼓励广大社科研究者潜心治学，支持基础研究多出优秀成果。它是经过严格评审，从接近完成的科研成果中遴选立项的。为扩大后期资助项目的影响，更好地推动学术发展，促进成果转化，全国哲学社会科学工作办公室按照"统一设计、统一标识、统一版式、形成系列"的总体要求，组织出版国家社科基金后期资助项目成果。

全国哲学社会科学工作办公室

目 录

前 言 ·· 1

第一编 罗马—拜占庭帝国嬗变在东方的映射

第一章 4世纪之前的罗马帝国与中国 ·· 21
  第一节 中国境内关于罗马的文献记载与文物发现 ························· 21
    一、关于中国与罗马交往的史籍记载与研究 ··························· 22
    二、如何认识史籍中关于大秦等地区的记载 ··························· 26
    三、关于中国发现的罗马帝国的器物与研究 ··························· 31
  第二节 4世纪前罗马帝国政治经济变迁概述 ······························· 35
    一、帝国时期繁荣的东方贸易 ·· 35
    二、三世纪大危机对东方贸易的影响 ··································· 41
    三、罗马帝国在4世纪的复苏 ·· 44
  第三节 罗马帝国文献记录中关于东方贸易的记述 ······················· 47

第二章 早期拜占庭帝国与中国 ··· 51
  第一节 中文史籍中关于"拂菻"的早期记载与研究 ······················ 51
    一、关于"拂菻"的争论 ··· 51
    二、隋唐以前正史中的"拂菻" ·· 53
    三、中文其他史籍中的"拂菻" ·· 56

  第二节 中国发现的早期拜占庭帝国的器物与研究 ………… 57
    一、中国发现的具有拜占庭早期文化印迹的文物 ………… 57
    二、中国发现的拜占庭金币概述 …………………………… 59
  第三节 拜占庭帝国早期的政治经济发展概述 ………………… 68
    一、塞奥多西王朝的经济恢复期 …………………………… 71
    二、利奥王朝的经济发展期 ………………………………… 73
    三、查士丁王朝的由盛转衰 ………………………………… 76

第三章 8 世纪以后拜占庭帝国与中国及周边地区 ……………… 83
  第一节 唐以后中文史籍中关于"拂菻"的记载 ……………… 83
    一、隋唐时期关于"拂菻"的记载 ………………………… 84
    二、唐时文献反映出的"拂菻"与中国的交往方式 ……… 87
    三、唐以后有关"拂菻"的记载与研究 …………………… 89
  第二节 唐以后与"拂菻"有关的文物与研究 ……………… 94
    一、中国境内发现的唐以后"拂菻"遗物 ………………… 94
    二、中国境内的唐以后拜占庭货币及仿币 ……………… 100
  第三节 蒙古国境内发现的金币及金片 ……………………… 104
  第四节 拜占庭帝国中期的社会经济转型对丝路贸易的影响 … 107
    一、拜占庭帝国在 7 世纪的剧变 ………………………… 107
    二、拜占庭帝国的应对与转型 …………………………… 112
    三、拜占庭帝国转型后的对外政策 ……………………… 114
    四、拜占庭帝国与东方的交往 …………………………… 118

第二编 中国及周边地区发现的拜占庭金币与仿制品

第四章 中国及周边地区发现的罗马—拜占庭货币分类与辨析 …… 127
  第一节 中国及周边地区发现的罗马—拜占庭货币的类型 …… 127
    一、拜占庭金币的制作与规格 …………………………… 127
    二、拜占庭帝国中期的货币发展 ………………………… 133
    三、中国发现的拜占庭钱币的类型 ……………………… 135
  第二节 拜占庭金币、仿制金币、金片的辨识 ……………… 139

一、中国发现的拜占庭帝国金币辨识 …………………… 140
　　二、中国发现的早期拜占庭金币仿制币辨识 …………… 169
　　三、中国发现的早期拜占庭金币式金片辨识 …………… 181
　第三节　蒙古突厥壁画墓出土金币与金片辨析 …………… 197
　　一、突厥贵族墓出土金片的分类与辨析 ………………… 198
　　二、突厥贵族壁画墓发现的4枚拜占庭金币或仿制金币 … 206
　　三、突厥壁画墓出土金币所反映的问题 ………………… 213

第五章　从钱币看拜占庭帝国与中国及周边地区 …………… 216
　第一节　中国及周边地区发现的拜占庭金币及仿制币的时间
　　　　　问题 ………………………………………………… 216
　　一、中国出土拜占庭金币、金片的形制数量 …………… 216
　　二、中国出土拜占庭金币、金片的形制数量 …………… 217
　　三、蒙古突厥贵族墓出土金币、金片的时间问题 ……… 221
　第二节　中国及周边地区发现的拜占庭金币及仿制币的空间
　　　　　分布问题 …………………………………………… 221
　　一、与拜占庭金币有关的考古信息 ……………………… 222
　　二、与拜占庭式仿制金币有关的考古信息 ……………… 224
　　三、与拜占庭式仿制金片有关的考古信息 ……………… 225
　　四、与拜占庭金币、金片有关的地点与所有者信息 …… 226
　第三节　中国发现的拜占庭金币的研究意义 ……………… 228

第三编　中国境内发现的拜占庭金币
与仿制品的历史考察

第六章　拜占庭与中国交往所涉及的丝路国家 ……………… 235
　第一节　萨珊波斯帝国对拜占庭帝国东方贸易的影响 …… 235
　　一、萨珊波斯帝国的交通优势 …………………………… 235
　　二、萨珊波斯帝国获取大量拜占庭金币 ………………… 237
　　三、萨珊波斯在拜占庭金币东传中的作用 ……………… 243
　第二节　嚈哒与拜占庭帝国的往来及其在丝绸之路上的影响 … 248
　　一、嚈哒与拜占庭帝国的政治军事往来 ………………… 249

二、史书中反映出的嚈哒与拜占庭的民间往来 ……………… 257
　　三、嚈哒汗国对丝绸之路的影响 ………………………………… 262
　　四、嚈哒与拜占庭帝国联系的终结及嚈哒的灭亡 …………… 268
　第三节　西突厥汗国对拜占庭东方贸易的影响 ……………………… 275
　　一、相关研究概述 ………………………………………………… 276
　　二、北方草原丝路 ………………………………………………… 281
　　三、突厥兴起与北方草原丝路 …………………………………… 283
　　四、拜占庭帝国与西突厥汗国的通使 …………………………… 289
　第四节　柔然在拜占庭金币传入中国过程中的影响 ………………… 299

第七章　拜占庭与中国交往涉及的其他丝路民族与政权 ……………… 305
　第一节　中国发现的拜占庭钱币涉及族群 …………………………… 305
　第二节　粟特商胡在拜占庭金币进入中国过程中的影响 …………… 309
　　一、粟特与粟特商人 ……………………………………………… 310
　　二、与中国出土的拜占庭金币、仿制品有关的粟特入华
　　　　后裔 …………………………………………………………… 311
　　三、粟特人的经商特征与金币入华 ……………………………… 314
　　四、粟特后裔与拜占庭金币仿制问题 …………………………… 320
　第三节　吐谷浑与拜占庭金币的东传 ………………………………… 327
　　一、吐谷浑概述 …………………………………………………… 327
　　二、经由吐谷浑的丝绸之路 ……………………………………… 328
　第四节　中古时期海上丝路对拜占庭帝国东方贸易的影响 ………… 330
　　一、4世纪前后罗马—拜占庭帝国在海上丝路的参与 ………… 330
　　二、阿克苏姆王国与红海纷争 …………………………………… 332
　　三、拜占庭帝国与东方的海上通道 ……………………………… 335

第八章　中国境内拜占庭金币、金片的传布与用途 …………………… 338
　第一节　关于新疆吐鲁番地区古高昌王国的"金钱" ……………… 338
　　一、新疆吐鲁番地区出土的拜占庭金币仿制品概况 ………… 338
　　二、吐鲁番地区的"金钱" ……………………………………… 343
　　三、拜占庭式仿制金片是"金钱"吗？ ………………………… 347
　第二节　关于新疆吐鲁番地区口含币葬俗的一点思考 ……………… 357
　　一、关于中国境内口含币现象的不同解释 ……………………… 358

二、新疆吐鲁番口含币现象的特征 ·············· 360
三、新疆吐鲁番口含币现象的源起假说 ············ 366
第三节　拜占庭金币在中原地区的用途 ·············· 368
一、关于拜占庭金币、仿制金币在中国用途的探讨 ······· 369
二、金币物理特征分析 ····················· 372
三、如何理解金币在中国的用途 ················ 376

结　语 ······························· 385

参考文献 ····························· 390

附录一　中国境内出土的拜占庭金币及仿制品 ············ 423

附录二　蒙古国巴彦诺尔突厥贵族墓发现的金币与金片 ········ 427

图表目录

表 1　中国发现之拜占庭早期钱币总表 ·················· 61
表 2　中国各地发现的但无确定出土信息的拜占庭货币 ·················· 67
表 3　中国发现的拜占庭中后期钱币总表 ·················· 101
表 4　蒙古国境内发现的金币与金片 ·················· 105
表 5　中国发现的拜占庭钱币分类 ·················· 130
表 6　有待继续查证的金片 ·················· 196
表 7　中国各地发现金币、仿制品和金片的时间分布 ·················· 219
表 8　蒙古发现的突厥贵族壁画墓出土金币、金片的时间分布 ·················· 221
表 9　中国发现的拜占庭金币的考古信息 ·················· 222
表 10　中国发现的拜占庭金币仿制品的考古信息 ·················· 224
表 11　中国发现的具有拜占庭金币特征的金片的考古信息 ·················· 226
表 12　6 世纪中嚈哒与突厥的政治活动对比 ·················· 272
表 13　中国境内出土拜占庭金币（金片）的粟特主人 ·················· 312
表 14　新疆吐鲁番发现的拜占庭金币列表 ·················· 340
表 15　新疆吐鲁番墓葬中的口含币现象 ·················· 348
表 16　中原地区的拜占庭金币与仿制金币的剪边、穿孔现象 ·················· 372

图 1　中国各地发现金币、仿制品和金片的时间分布 ·················· 220
图 2　中国境内出土拜占庭金币、仿制品和金片的所有者身份与数量分布 ·················· 227
图 3　中国境内出土拜占庭金币、仿制品和金片的发现地域与数量分布 ·················· 227
图 4　吐鲁番发现的口含钱币习俗墓葬的时间分布表 ·················· 363

前　言

一、选题意义

丝绸之路是史学界研究的热点和重点之一，其中涉及无数领域和问题，从不同视角出发学者们可以选择各自的对象来展开研究，全局性的考察目前还比较少。具体到丝路贸易本身，与西方世界对东方丝绸的强烈需求不同，东方人似乎对西方的物产并没有那么迫切的需要，史书可见的几次大秦和拂菻使者来华，所献之物与其他西域国家所献之物大体相当，不过是让统治者开开眼界的域外珍品而已。需求的乏力导致文献中的记载比较少，而考古资料也未见大量罗马—拜占庭帝国的物品，因此，总的说来，国内研究丝绸之路的学者专门涉及西方的罗马帝国和拜占庭帝国的机会并不多。

每当研究者将视线投诸罗马帝国以及拜占庭帝国与中国的交往时，经常会同时感受到欣喜与挫败。欣喜的是无论是罗马—拜占庭还是中国都有关于欧亚大陆另一端遥远的国家的记载，挫败的是这些记载往往语焉不详，犹如云山雾罩，显然双方关于对方都不太了解。在考古发现上，令人欣喜的是在中国发现了相当数量的来自罗马—拜占庭帝国的物质遗存，似乎出示了证据来证实两大帝国之间的往来，但再次让人挫败的是这些物质遗存在数量上相对零散，又总是让研究者在做判断时游移不定，难以得出确论。

然而，记载不多、资料不丰并不能就此将罗马—拜占庭帝国这个丝路西端的大帝国抛在脑后。罗马—拜占庭帝国在长达千余年的历史嬗变中，随着其自身政治经济发展的跌宕起伏，其经济实力和需求以及对外影响力也在发生着变化，而这种变化自然影响到因它而形成的商贸活动，进而在贸易的另一方——中国——这里显现出来。因此，我们不妨先搁置具体问题的纠结，转而从更宏观的角度、较长的时间跨度来考察西方的这个大帝国在丝绸之路上的影响。

一方面，进行此项研究，可以重新认识中国境内的罗马—拜占庭帝国的文化遗存。过去关于中国境内发现的罗马—拜占庭帝国的文献资料与文物遗存的研究，因数量有限、分布零散，研究成果也比较有限、零散。在我国的史籍当中，有东汉时期大秦使者来华的记录；唐时，也有拂菻使者到访中国的记载，直到宋元时期关于拂菻的记载稍微完善一些；然而，在中文文献记载相对较少的北朝时期，却考古发现了大量这个时期来自拜占庭帝国的金币及其仿制金币。这种时间上的错位往往令研究者挠头，因为仅就一时一地的具体发现，很难用其他时期的文献记录来加以佐证。

若将这些文献记录与考古发现综合起来对比，再结合罗马—拜占庭帝国的社会嬗变来考察其变化特征，则有助于更清晰地理解这些记载与考古，发现各自的特点与彼此间的联系，从而将看似散乱的信息有效地组织起来，以解决历史问题。

另一方面，进行此项研究，还能够立体呈现罗马—拜占庭帝国在丝绸之路上的活动与影响。在以往的研究中，西方学者详细梳理罗马—拜占庭帝国关于东方贸易、关于中国的各种文献资料与记载，也说明了帝国臣民对丝绸的巨大需求，但大多限于文字与理论。若结合中国的文献记录与考古发现，则能更清晰地呈现罗马—拜占庭帝国在丝路贸易中的影响。

罗马—拜占庭帝国在其比较辉煌的时期，可以与中国的丝绸相媲美的是其货币在世界各地的广泛传播。6世纪时曾到达印度的拜占庭地理学家科斯马斯（Cosmas Indicopleustes）在其方物志中，曾自豪地宣扬拜占庭帝国的伟大，声称全世界各个角落的各个民族、各个国家都在使用罗马帝国铸造的钱币。①

---

① 引自 Cosmas Indicopleusteus, book Ⅱ, p. 73. (*The Christian topography of Cosmas, an Egyptian monk*, tr. from the Greek, and ed., with notes and introduction by J. W. McCrindle, London, 1897)。"拜占庭"是现代人为了与以罗马为首都的罗马帝国时期相区别，而对330年后以君士坦丁堡为首都的罗马帝国时期使用的称呼，因君士坦丁堡是在黑海附近的希腊殖民城市拜占原址上扩建，故而得名。自4世纪末罗马帝国东西两部分治后，当西部帝国逐渐因内部斗争和蛮族冲击走向灭亡后，东部地区仍然延续了千余年的罗马帝国皇统，一直到1453年君士坦丁堡被奥斯曼土耳其人攻陷。因此，从330年到1453年这段时间，以君士坦丁堡为首都的罗马帝国就成为拜占庭。实际上，在拜占庭帝国时期，从皇帝到臣民都自称"罗马皇帝""罗马人"，因此直到拜占庭帝国被奥斯曼土耳其人灭亡之后，在土耳其人的"米勒特"体系当中，称呼原拜占庭帝国的臣民为"鲁米"人——即源于"罗马人"。因此这里科斯马斯称为"罗马"。

那么，以罗马—拜占庭帝国的货币为例，现代学者对文献以及考古资料的研究，可以证实欧洲、西亚乃至印度、中亚等地拜占庭货币的流通与使用。然而，由于中文史料中并没有明确记载大秦或拂菻货币在中国的出现以及使用，西方史料对中国的记录更加模糊，因此拜占庭金币是否曾在东亚流传使用一直难有定论。随着中国发现的拜占庭金币及其仿制金币数量的不断增加，尽管不能据此断定拜占庭货币在东亚地区的广泛流传，至少为古代中国与拜占庭帝国间经济交往的具体活动提供了研究契机，而伴随这些拜占庭货币以及金币仿制品出现的相关考古信息，也为深入了解东西两大文明的交往带来间接证据。另一方面，这些金币在中国的出现，正如中国丝绸传入欧洲表明古代中国文明之灿烂、国力之强盛一样，拜占庭钱币在中国的出现，也反映出当时拜占庭帝国的强盛与伟大。进而似乎可以看到印度皇宫里侃侃而谈的罗马商人，明白蕴含在科斯马斯豪言壮语背后的自信，认识到那曾被看作"垂死的"拜占庭帝国另一面的伟大与骄傲。

作为一名拜占庭史学研究者，笔者怀着极大的兴趣与热情，对这些中国发现的有关罗马帝国和拜占庭帝国的物质遗存以及史料文献展开调查与分析，希望深入挖掘其背后所蕴含着的各种信息，并从罗马帝国以及拜占庭帝国自身的政治经济发展变化为依托，考察所有这些信息所反映出的问题，以期略窥公元后的一千年中位于亚洲两端的两大文明在丝绸之路上的影响及其所产生的结果。这样一来，既能够丰富笔者对中西交通历史的知识，更重要的是从一个新的侧面认识罗马—拜占庭帝国，以便深化对这一文明的认识与理解。

二、文献与研究综述

这个题目涵盖范围极广，在此无法将各个问题的研究加以分析讨论，将在每章节中涉及一些具体问题时，如关于大秦拂菻的研究，再如关于景教的研究探讨，分别展开说明。

由于本书中有很大篇幅涉及中国发现的拜占庭金币及仿制币的整理与分析，故而需要使用拜占庭古币学方面的研究成果，在此就这方面资料以及我国关于拜占庭钱币的研究状况做一介绍。

1. 拜占庭古币学与古物的文献综述

作为拜占庭学研究的一个重要分析，拜占庭金石学的研究早已展开。

17世纪著名的拜占庭史学家西维奥尔·杜康（Du Cange，1610—1688年），不仅研究历史，还涉猎哲学、宗谱、地理和古币学等领域，并从这些角度分析拜占庭的社会生活、地理和语言，为后世拜占庭历史的研究工作奠定了坚实的基础。经过18世纪的萧条后，拜占庭研究在19世纪又兴起一股浪潮。此时，法国学者塞巴提耶（J. Sabatier）在1862年出版了两卷本的《拜占庭货币说明》；后来他的同胞施伦伯格（G. Schlumberger，1844—1928年）也在拜占庭古币学上进行了颇有意义的工作，但是他的成就更突出地表现在对拜占庭印章学的研究上。到了20世纪，由于拜占庭古物的大量发现，对拜占庭钱币的研究逐渐升温，它一方面成为经济和通货研究中不可或缺的资料来源，另一方面也大大促进了对象征帝国权力的符号学的研究，此时，许多拜占庭钱币专著陆续出版。陈志强教授在他的《拜占廷铸币研究中的某些误区》一文中，已对国际上关于拜占庭货币研究做出比较全面的阐述。故而本书不再进行详细说明，仅强调关于拜占庭古币研究的这些重要参考书目，再适当地加以补充。

古币学界对于罗马帝国时期以及拜占庭时期的分期与通常的政治分期不同，一般将拜占庭古币学的开始年代定在491年，即阿纳斯塔修斯一世统治之初，此前称为晚期罗马帝国时期。原因在于498年阿纳斯塔修斯一世进行货币改革，尽管没有对金币索里得①以及索里得辅币进行较大调整，但主要对作为帝国商贸活动的主要流通手段以及占据货币较大比重的铜币重新规范：铜币的发行以弗里斯（follis）为主，还有两三种辅币，它们与金币一起构成了此后拜占庭社会的主要货币结构。因此，学界一般将这一时期作为拜占庭古币学研究的开端。由于中国发现的拜占庭金币及金币仿制品涉及一些5世纪初年的索里得，因此本专题涉及的不仅有拜占庭古币学研究，还有晚期罗马帝国古币学的专著。

首先，来看一些拜占庭古币学方面的著作。2002年由哈佛大学敦巴顿橡树园研究中心出版的三卷本《拜占庭经济史》，包含拜占庭货币经济的历史发展，其中关于拜占庭货币经济和古币发展沿革的四章内容均由法国古币学家莫里森撰写。但是她关于拜占庭古币的代表性著作是《法国国家博物馆拜占庭货币目录》，该书以拜占庭古币收藏丰富和研究精细著称。莫里森是其前辈学者塞巴提耶和施伦伯格的接班人，后两位

---

① 索里得（solidus，复数为solidi，或译为索里底），意为"坚固"，其标准是用一磅金子铸造72枚金币，因此每枚金币重24克拉，约相当于4.55克。

均有拜占庭古币大全问世。而美国学术界在这一领域也有非凡建树：从1966年出版第一卷《敦巴登橡树园和怀特莫尔古物收藏中的拜占庭古币目录：491—575》开始，到1990年完成第五卷的上下两册，历时数十年，共有包括以贝林杰、格列森和亨迪为代表的数位学者参与其中，为拜占庭古币研究提供了最详细、最全面、最完备的参考。1992年，格列森和梅耶斯又在第一卷的基础上编纂《晚期罗马帝国古币目录》，它吸收晚期罗马古币学研究的最新成果，构成拜占庭古币研究的重要组成部分。1996年这套丛书的再版也证明了它们在拜占庭古币研究鉴定领域的重要作用。此外，德国古币学家哈恩的三卷本《拜占庭帝国货币》同样很受推崇，该书以维也纳博物馆的收藏为依据，以严谨细致的分类以及书后配发的大量清晰图版，成为拜占庭古币鉴定者最为青睐的参考书。另一方面，英国大英博物馆凭借其馆藏的大量拜占庭货币，也编纂了非常有价值的古币大全。最具代表性的为1908年出版的罗思的《大英博物馆拜占庭帝国古币目录》，它作为最早建立拜占庭古币鉴定原则的书籍，成为20世纪60年代以前的主要参考书。后来在罗思"目录"的基础上，古德克和希尔参考各国研究成果以及收藏，分别编纂了《拜占庭帝国钱币手册》和《拜占庭货币及其价值》，也是比较重要的书籍。

此外，还需要提到的是，出版于1973年慧丁的《拜占庭货币》，认为20世纪70年代为"拜占庭货币研究的革命时代"，书中以皇帝统治为序，对各个时期货币形制的新变化进行描绘，有助于了解拜占庭货币形制的变迁。亨迪的《300—2453年拜占庭货币经济研究》也涉及拜占庭货币制度的发展，其后也配发了大量图版，但该书是从制度层面来考察，并非古币学专著。

另外，关于晚期罗马帝国货币的研究也是本书将要涉及的内容，除去上文提及的格列森与梅耶斯的《晚期罗马帝国古币目录》外，比较重要的当属十卷本的《罗马帝国货币》，其中关于330年迁都君士坦丁堡到491年这段时间的共有两本即第九卷与第十卷。1994年出版的第十卷介绍从阿卡狄乌斯到芝诺统治期间（391—491年）东西帝国发行的货币，该书详细的介绍与分析以及文后所附的大量图片，是研究这段时期发行货币的重要资料。此外还有瓦吉的《罗马帝国货币与历史》（1999年），这是一本关于罗马帝国货币的介绍性与鉴赏读本，对于简单了解罗马帝国时期皇帝发行货币的历史较有帮助。

总的说来，国际上晚期罗马帝国以及拜占庭古币学界已经取得非常瞩目的成就，是研究中国发现的拜占庭金币及其仿制金币的必要参考。而我国由于拜占庭货币数目有限、资源不足、研究时间较短等因素，对于拜占庭货币的认识与分析只能借鉴国际上的研究成果，来进行分析鉴定。

2. 关于中国发现的拜占庭金币的研究

拜占庭金币及其仿制品在中国的出现无疑具有极其重要的历史价值，它们是拜占庭帝国经济外交史及中西交通史领域的重要课题，愈来愈多的学者开始关注它们。直至今天，除各种发现报道外，对中国发现的拜占庭钱币进行分析论述的学者已有数十人，相关论文、书籍更是不断出现，对研究拜占庭帝国与古代中国的经济文化交往具有重要意义。而在这些学者当中，最具开创性的当属我国著名考古学家夏鼐先生。在1959年、1961年和1977年，他先后发表《咸阳底张湾隋墓出土的东罗马金币》《西安土门村唐墓出土的拜占廷式金币》和《赞皇李希宗墓出土的拜占廷金币》等三篇文章，文中不但详细介绍了金币的大小、图案、铭文，而且还对其相关历史背景做出细致说明。尤其是发表在《考古学报》1959年第3期上的《咸阳底张湾隋墓出土的东罗马金币》，该文是中国对拜占庭金币研究的发凡起例之作，此后发掘报告中金币的描述均以之为摹本。虽然该文对个别铭文意义的解释略有不足，夏先生也在后来的文章中做出更正，但是许多发掘报告仍沿用第一种错误的解释。其至到1996年，陈志强教授的《咸阳隋独孤罗墓拜占廷金币有关问题》对拜占庭金币和图案提出更为细致的解释后，仍有少数报告继续按照《咸》文的说法，可见该文影响之深。另外，夏鼐先生还对中国发现的萨珊波斯银币的分析研究颇有建树，由于萨珊波斯银币和拜占庭金币的共同出现以及彼此难以割裂的联系，这些文章对于中国发现的拜占庭金币研究也具有重要价值，对于东西方经济文化交流的研究意义非凡。

此外，另一位考古学家宿白也对拜占庭金币略有探索，由他执笔的《中国大百科全书·考古卷》中的"中国境内发现的东罗马遗物"条目，初步归总当时（1986年）已发现的拜占庭金币21枚[①]，它作为对中国发

[①] 《中国大百科全书·考古卷》，北京：中国大百科全书出版社1986年版，第676—677页。

现的拜占庭金币的最早统计，成为后来研究者必不可少的线索依据。

20世纪末至21世纪初，随着发现金币数目的增加，这一现象逐渐为更多学者关注，各种版本的中国发现的拜占庭金币统计数据纷纷出炉，诸如徐苹芳1995年的《考古学上所见中国境内的丝绸之路》统计为20余枚①；罗丰1996年的《固原南郊隋唐墓地》计为33枚，2002年增至48枚②；康柳硕2001年的《中国境内出土发现的拜占庭金币综述》共计36枚③；法国中亚考古学家F. 蒂埃里与拜占庭古币学家C. 莫里森1994年合撰之《简述在中国发现的拜占庭帝国金币及其仿制品》计27枚，后该文经苏州大学郁军翻译一份节译稿，2001年刊登的《简述在中国发现的拜占庭帝国金币及其仿制品》，根据译者自己所见之金币报告，增至36枚④；2002年陈志强、郭云艳在《我国发现的拜占廷金币考略》一文中，统计了当时搜集到的拜占庭金币、金币仿制品以及银币和铜币，共计40枚⑤，到2004年数量增长到56枚⑥；2004年中国钱币博物馆的金德平除介绍馆藏之17枚金币与5枚仿制品外，并梳理此前报道中所提及的金币，总计为40枚左右⑦；2005年李一全统计为29枚⑧；等等。笔者在2006年完成博士论文时，将中国钱币博物馆馆藏金币以及在一些金币网站上看到的金币一起统计为100枚。此后日本学者秋山進午的统计为

---

① 徐苹芳：《考古学上所见中国境内的丝绸之路》，《燕京学报》新一期，北京：北京大学出版社1995年版，第291—344页。

② 罗丰：《固原南郊隋唐墓地》，北京：文物出版社1996年版；罗丰：《中国发现的东罗马金币》，见罗丰：《胡汉之间——"丝绸之路"与西北历史考古》，北京：文物出版社2004年版，第113—155页；此外，还收录于荣新江主编：《中外关系史：新史料与新问题》，北京：文物出版社2004年版，第49—78页；以及《新疆钱币》（2004年丝绸之路货币研讨会），2004年。

③ 康柳硕：《中国境内出土发现的拜占庭金币综述》，载《中国钱币》，2001年第4期。

④ Thierry F. & Morrisson C., "Sur les Monnaies Byzantines Trouvées en Chine", *Revue Numismatique*, 1994, pp. 109-145；中译文：《简述在中国发现的拜占庭帝国金币及其仿制品》，郁军译，载《中国钱币》2001年第4期。

⑤ 陈志强、郭云艳：《我国发现的拜占廷金币考略》，载《南开学报》，2002年增刊。

⑥ 陈志强：《我国所见拜占廷铸币相关问题研究》，载《考古学报》，2004年第3期。

⑦ 金德平：《考说在中国发现的罗马金币——兼谈中国钱币博物馆17枚馆藏罗马金币》，载《中国钱币》，2005年第1期。又见金德平：《考说在中国发现的罗马金币——兼谈中国钱币博物馆22枚馆藏罗马金币》，载《甘肃钱币》（2004年丝绸之路钱币研讨会专刊），2004年第4期。

⑧ 李一全：《略谈我国出土的东罗马金币》，载《考古与文物》，2005年第1期。

55 枚①，张绪山老师在 2012 年出版其专著时，钱币数量更新为 54 枚②。金币数据的这种特性，使得研究者需要不断更新数据，并依据最新数据修正研究内容。

各篇文章的统计数量不尽相同的原因在于：一方面是由于一些文章或着重介绍中国发现的拜占庭金币，或就该现象提出一些问题，或在论及相关课题时有所涉猎，因此其统计并不完全；另一方面由于这些拜占庭金币散布世界各地，其报道难以全部收集，还有相当属博物馆或私人收藏，有些尚未公布；有些关于金币的报道也存在问题，报道不明确，从而导致各家统计或有偏差。

就以往的研究成果而言，正是由于拜占庭金币在中国的不断发现，学者们对这一问题的研究从统计进入更为深层次的专题研究，并做出非常有价值的分析论证。

首先，著名考古学家夏鼐先生的贡献比较突出，他曾先后发表关于咸阳出土的查士丁二世金币、西安出土的希拉克略一世金币仿制品和河北赞皇出土的 3 枚金币的报道，对这 5 枚金币的形制、铭文、发行时间做了详细说明，因此其关于咸阳底张湾隋墓出土的查士丁二世金币的文字，成为此后其他报告者对金币描述的摹本，后来对赞皇所出 3 枚金币的描绘加深了这种影响；另外，夏鼐先生对西安所出的阿拉伯仿希拉克略一世金币之来龙去脉也做了简单介绍。仅从中国发现的拜占庭金币所涉及的古币学领域来看，夏鼐先生无疑是开启此项研究的领军人物。

此外，夏鼐先生除对金币进行古币学方面的辨析与说明外，还就中国发现的拜占庭金币所反映出的历史问题做出论述。在对咸阳出土的查士丁二世金币进行辨析后，夏鼐先生就 6 世纪拜占庭帝国与中国的关系，以及当时拜占庭货币流入中国的情况进行探索，并首先根据《隋书·食货志》中关于北周时代"河西诸郡或用西域金银钱，而官不禁"的记载，提出拜占庭货币在特定时期于中国用于流通的论断，他成为后来关于拜占庭金币在中国的用途研究的主要代表。关于中国发现的拜占庭金币及其仿制品涉及的历史问题，夏鼐先生还在综述中国所现萨珊波斯银币的文章中对新疆吐鲁番以及中原内地一些地区发现的口含币习俗，提

---

① 秋山進午：《20 世纪中国发现拜占廷金币的再考察》，《日本东方学》第一辑，北京：中华书局 2007 年版，第 39—79 页。

② 张绪山：《中国与拜占庭帝国关系研究》，北京：中华书局 2012 年版，第 213 页。

出自己的观点,认为其当为中国传统口含葬俗的演变,并同样成为该命题的代表观点之一。

夏鼐先生对于中国发现的拜占庭金币研究的重要影响,除上述对金币的分析描述以及相关历史问题的论证之外,不得不提到的还有他将这一问题介绍到世界①,使国际拜占庭学界认识到拜占庭金币在中国的出现,对世界范围内关于拜占庭帝国经济以及商业活动的理解做出贡献。总的说来,夏鼐先生在中国发现的拜占庭金币及其仿制品领域内的研究,取得的丰硕成果,是后人对此题目展开研究的必读文献。

南开大学的陈志强教授从很早就开始关注中国发现的拜占庭金币,1996年《考古》刊出一篇旨在探讨1954年陕西咸阳底张湾所出金币的一些特征的文章②,作者借助身处希腊接触最全面拜占庭古币学丛书以及相关拜占庭文化书籍的优势,从拜占庭古币学上对金币的释读、金币所涉及的相关宗教符号、生活象征等方面,围绕着这枚金币展开,对了解和认识拜占庭金币及相关历史背景颇有裨益。不过,同样由于作者身处希腊,对于国内关于中国发现的拜占庭金币的所有研究文章未能尽全,因此在重释金币铭文方面,忽略了夏鼐先生后来修改过的铭文解释,故而略有不足。另一方面,由于该文仅限于描述一枚金币乃至一位皇帝所发行金币的各方面特征和信息,从整个中国发现的拜占庭金币及仿制品这个课题来说,影响有限。

后来陈志强教授相继发表了《我国所见拜占廷铸币相关问题研究》与《拜占廷铸币研究中的某些误区》③两篇文章,在前者中作者从拜占庭史家的眼光,以拜占庭货币演变为背景,就中国发现的拜占庭钱币所涉及一些问题,予以比较详尽的阐释。具体说来:首先,以时间为序,将我国发现的各种拜占庭钱币的出处及相关信息展列,共列包括两枚银币和一枚铜币在内的拜占庭钱币56枚。接着,作者依据中国发现的拜占庭钱币之年代,按皇帝统治时间先后为序,分别介绍各皇帝在位期间所发行货币,尤其是金币的主要特征。最后,作者从拜占庭帝国与古代中国经济文化交流的宏观角度,对拜占庭金币在中国出现所连带反映出的

---

① 夏鼐、丁钟华:《中世纪中国和拜占廷的关系》,载《世界历史》,1980年第4期。
② 陈志强:《咸阳隋独孤罗墓拜占廷金币有关问题》,载《考古》,1996年第4期。
③ 陈志强:《我国所见拜占廷铸币相关问题研究》,载《考古学报》,2004年第3期;《拜占廷铸币研究中的某些误区》,载《南开学报》,2004年第5期。

一些问题提出自己的见解。正是在此文的基础上，陈志强教授根据国内学术界释读、研究拜占庭金币所存在的一些问题展开，完成了另一篇文章。

《拜占廷铸币研究中的某些误区》一文，主要就我国学者对中国发现的拜占庭钱币以及仿制品的研究现状，提出一些问题，他在肯定现有研究成果的基础之上，指出研究中所存在的误区。针对普遍存在的对拜占庭货币制度的认识不足，作者介绍了拜占庭帝国的货币结构，金币的铸造、发行和地位，银币数量较少的原因，铜币的使用以及与金币的汇率关系等问题，并就国际上关于拜占庭钱币研究的书目做了详细介绍，可以说为国人认识和解读乃至进一步了解拜占庭的钱币体系提供了指导。针对释读拜占庭金币所存在的问题，作者通过对帝国钱币铸造过程的详细描述，解释何以拜占庭金币正背两面印模方向相对倒置的现象；通过对塞奥多西二世和希拉克略一世金币式样的举例分析，阐明拜占庭金币正面比较常见的父子两代、祖孙隔代同列的现象；通过对拜占庭金币上曾出现过的服饰，以及诸如权杖、十字架等皇权和宗教标志物的陈说，澄清对拜占庭金币形制描述时可能产生的一些错误。最后，针对目前学术界对拜占庭金币真伪判定中存在的一些误会，作者通过对各种拜占庭钱币著作的归纳以及拜占庭货币的普遍特征的分析，指出：由于拜占庭帝国铸造的钱币千差万别，单从制作、铭文以及重量等方面，是难以正确地分辨真伪的，最有效的方法当为参照目前世界上的主要拜占庭钱币收藏目录，对各方面信息进行综合对照分析，从而断定真伪。就目前学术界存在的关于中国发现之拜占庭金币与仿制品用途方面的不同观点，作者以为虽然中国发现的拜占庭钱币数量有限，但两枚金币窖藏的事实使我们不能轻率地得出拜占庭金币在中国以非通货存在的结论。

陈志强教授以一位拜占庭史家的眼光，从拜占庭货币管理发行制度、古币学成果等角度，来分析中国发现的拜占庭钱币，并对现存的一些误区做出阐释，并比较宏观地就拜占庭金币在当时中国的用途提出一些意见，对进一步的研究有着重要的指导意义。然而，此两篇文章毕竟篇幅有限，并不能就此概括中国发现之拜占庭钱币及其相关内容的所有问题，例如：对各位皇帝所铸之金币描述比较简略，难以就此认识同一皇帝在位期间所铸不同类型之金币形制；就拜占庭金币及其仿制品在中国用途的论述也略微简短,没有展开,从这个问题所涉及内容来看,仍然有探讨的余地;最后,虽然作者是从拜占庭史家眼光来看待中国发现的拜占庭钱币,但并未将拜占庭帝国在拜占庭金币从西向东传播中的作用展开讨论,故而中国发现的拜占庭金币及其仿制品的问题仍有广泛的研究空间。

罗丰在这个领域做出丰富且很有深度的研究。从1985年固原史道德墓出土拜占庭金币仿制品开始,罗丰就关注着这一课题,发表《关于西安所出东罗马金币仿制品的讨论》①,对中国出现的金币仿制品的不同特征、制作等相关问题进行分析,认为这些金片形仿制品是当时活跃于丝绸之路的粟特民族为弥补对拜占庭金币、萨珊波斯银币的需求而制作的,流行于中国的这些金币仿制品可能为当时的中亚商团在贸易时带到中国。后来随着20世纪80年代末固原史氏墓葬群中其他几枚金币仿制品的出土,在1996年出版的《固原南郊隋唐墓地》一书中,罗丰先生综合此前研究成果,详细分析这些仿制品的形制特征,并对金币出土时所关联到的诸如口含币习俗、金币用途等问题做出分析。总的说来,此时的研究虽取得重要成果,却仍属个案分析,该书的着重点在于固原在隋唐之际的重要地位以及粟特后裔史氏家族的一些活动与影响,因此从中国的拜占庭金币研究来讲,虽然属于很重要的资料,但仍然略有偏重。

随着考古成果的不断发现,我国发现的拜占庭金币数量不断增加;故而罗丰先生的研究也集中到拜占庭金币上来。2002年,罗丰先生完成《中国境内发现的东罗马金币》②,可以说是当时公开发表的、金币信息最为完备、照片最为清晰的综合性研究文章。这篇文章在各地博物馆工作人员的帮助下,尽最大可能得到了最为清晰的金币照片,并参考一些拜占庭古币学著作,对拜占庭货币体系、货币发行等背景加以介绍;对整理到的48枚金币做了比较详细的说明;同时还就诸如拜占庭金币的东传、金币在中国的使用等问题略有分析。他从中国发现的这些金币出发,参考中文史料中对拜占庭的记载,认为"虽然有官方往来的正式记载,但依然不能表明唐与拜占庭这两帝国之间有着密切的往来,从中只能得

---

① 罗丰:《关于西安所出东罗马金币仿制品的讨论》,载《中国钱币》,1993年第4期。
② 罗丰:《中国境内发现的东罗马金币》,见荣新江主编:《中外关系史:新史料与新问题》,北京:文物出版社2004年版,第49—78页。

出其关系疏松的结论",又通过对照金币在中国出现的地理分布与隋唐期间活跃于中国各地的粟特后裔的分布,提出"流入中国的拜占庭金币实际上与拜占庭商人的关系并不如想象的那样大,东西方对起点、终点之间的了解是有限的,当然,这也并不足以构成奢侈物品之间交流的障碍,因为拜占庭帝国与唐帝国之间有波斯商人、粟特商人这一重要媒介,尤其是后者,或许活动在唐朝范围内的时间大于活跃在西方的时间"。就这些金币在中国的使用而言,罗丰先生通过对金币数量与所发现萨珊波斯银币数量的对比、金币持有者的身份以及隋唐之际文献记载的一些金钱用途等因素的分析,认为拜占庭金币在中国的使用可能主要作为贵金属商品,而非通货用于交流。①

从中国发现的拜占庭金币及其仿制品这一课题而言,罗丰的研究意义非常,它提供了非常清晰和完备的金币照片和说明。尽管如此,由于罗丰在说明拜占庭金币形制方面,主要参考慧丁的《拜占庭货币》和希尔的《拜占庭钱币及其价值》等书,此两册的出版时间均在20世纪70年代中期,尤其是后者相当简略,尽管前者在拜占庭钱币发展、变化等方面颇为详细,但对于钱币的形制分类并不系统,因此该文对拜占庭金币的说明存有遗漏。另一方面,该文作为一篇考古论述文章,在介绍这些金币及仿制品的各种特征之余,还对拜占庭金币及其仿制品所涉及的金币流入中国以及在中国用途等问题做出分析,但所论简略,并未从历史角度展开讨论。虽然这些问题涉及范围较广,资料有一定限制,无法过多扩展,但仍然有比较大的研究空间。

中山大学的林英在此课题上也颇有建树。林英作为世界史研究者,主要从中亚地区对东西文化交流的影响以及此过程中文化流变等角度进行研究。林英从师于中山大学蔡鸿生教授,秉承着陈寅恪先生建立在博学基础上的考证传统,借助中山大学建立起来的中亚史研究成果,并得到美国普林斯顿大学进修的良机,从资料收集以及文化流变考证方面,对中国发现的拜占庭金币及其仿制品与隋唐之际的西突厥和粟特的关系,提出极具启发性的见解。最具代表性的是《西突厥与中国境内出土的拜占廷金币》《中国内陆发现的粟特与拜占庭金币仿制品》

---

① 罗丰:《中国境内发现的东罗马金币》,见荣新江主编:《中外关系史:新史料与新问题》,北京:文物出版社2004年版,第148页。

等两篇文章①，以及《金钱之旅——从君士坦丁堡到长安》一书，反映了林英在此课题研究中取得的丰硕果实。由于后者偏重于介绍性读本，下面主要从两篇论文进行分析。

《西突厥与拜占庭金币的东来》一文，从西突厥与拜占庭帝国之间建立使节外交关系，突厥人在生活中所表现出对金子的狂热追求，以及他们与中原隋唐王朝的密切关系等问题，一一切入，层层分析，最终通过对中国发现的大多数拜占庭金币之拥有者身份的分析，将西突厥汗国归为传递拜占庭金币到达中国的主要媒介。《九姓胡与中原地区出土的仿制拜占庭金币》，则从中国发现的拜占庭仿制品与粟特后裔的紧密关系入手，从粟特人的商业性、在丝绸之路沿线极为活跃的现象开始，进而分析粟特民族推崇、吸收罗马文明的一些证据，并从仿制品上的图像着手考证，认定"中国腹地的索里得仿制品与它们的粟特主人有着同一原型"，指出"粟特人不仅在中国腹地留下了索里得的仿制品，而且还有他们的罗马凯撒形象在唐文学中的阐释"。由此，林英为读者勾勒出拜占庭金币及其仿制品东传的两条路线：一是通过西突厥汗国在拜占庭帝国与中原王朝之间的政治中介作用，拜占庭金币由外交礼物途径传入中国；二是作为丝绸之路上重要商业活动承载者的粟特商人，还实现了文化的传递，粟特人对拜占庭文化的吸收与借鉴，不仅使他们有了制作拜占庭式金币仿制品的冲动，而且通过他们的活动，还将这些拜占庭文化因子传入中国。

林英老师的两篇文章以独特的视角，从突厥的特性和西突厥汗国的历史地位，以及粟特人在文化介绍、吸收、传承、输出等各方面的作用，为我们认识拜占庭金币及与之相联的各种文化信息的在华出现，提供了非常好的参考，尤其能够补充我们在中亚史、突厥和粟特人特性等方面认识的欠缺，对于考虑粟特人和西突厥汗国在拜占庭金币及其仿制品流

---

① 林英：'Western Türks and Byzantine Gold Coins Found in China', *Transoxiana*, 6（2003. 07）. 2004-03-04: http://www.transoxiana.com.ar/0106/lin-ying_Türks_solidus.html, 又见林英：《西突厥与拜占庭金币的东来》，见林中泽主编：《华夏文明与西方世界》，香港：博士苑出版社2003年版；另一篇 'Sogdians and Imitations of Byzantine Gold Coin Unearthed in the Heartland of China', *Transoxiana* 6,（2003.10）. 2004-03-08, from: http://www.transoxiana.com.ar/Eran/Articles/lin_ying.html, 又见《九姓胡与中原地区出土的仿制拜占庭金币》，见余太山主编：《欧亚学刊》第四辑，北京：中华书局2004年版。相关专题还可参见林英：《金钱之旅——从君士坦丁堡到长安》，北京：人民美术出版社2004年版。这些文章收录在《唐代拂菻丛说》，北京：中华书局2006年版。

入中国的过程中所承担的作用,有着难以估量的作用。

清华大学的张绪山老师则从中国与拜占庭帝国关系的全局入手,在述及中国境内出土的拜占庭金币时,分别讨论了拜占庭金币向东传播的路线以及数量变化反映的盛衰变化,并分析了金币在中国的用途以及仿制品的制造问题和在吐鲁番地区的口含币葬俗。张绪山老师以拜占庭史家的视角以及极强的对于资料的深挖与把握能力,对于金币有关的问题提出了一些极富启发性的观点。例如,他通过对欧亚大陆上各个国家、族群的发展与生活特征,在排除萨珊波斯仿制金币的可能外,还从中亚仿制货币的传统,提出中亚地区的粟特人可能就是仿制币的主要生产者。至于吐鲁番以及其他地区出现的口含币葬俗,张绪山老师通过习俗的角度分析葬俗的传承特征,认为吐鲁番地区的葬俗或是东西两种葬俗共同传播、演化的结果。

此外,张绪山老师的研究全面论述拜占庭帝国与中国的关系,特别是关于"拂菻"的语源学分析,景教及景教传播带入中国的拜占庭文化,以及粟特、西突厥、萨珊波斯等人在东西方文化交流中的作用,均对于本研究具有十分重要的借鉴作用,具体问题所涉的研究情况将在各章节中具体阐释。

此外,法国的中亚古币学家 F. 蒂埃里与拜占庭古币学家 C. 莫里森 1994 年合撰《简述在中国发现的拜占庭帝国金币及其仿制品》,该文是目前外国学者关于中国发现的拜占庭金币及金币仿制品的首次专题研究,介绍了中国发现的拜占庭金币和金币仿制品,以及这些出土物品所涉及的时间、地理分布等情况,详细描绘出土金币的墓葬地点、墓葬主人身份以及入葬时间等因素,并将这些与拜占庭金币传入东方的时间、途径等问题联系起来。在文章后段,作者就拜占庭帝国与古代中国的商贸往来以及两国关于对方的文字记载等内容展开引证说明,指出拜占庭帝国与中国之间的联系客观存在。总的说来,这篇文章的主要意义在于国外学者对于中国发现的拜占庭金币及金币仿制品的关注,以及对于这一考古现象所涉及的东西交通等领域研究的价值,特别是作者引述 20 世纪初西方探险者在新疆地区发掘到的拜占庭金币及仿制品的一些情况,弥补了国内资料的不足。然而,在具体论述方面,无论是金币数量(27 枚)还是文献资料的使用都略显不足,作者提出拜占庭金币的出土表明古代东西两大帝国之间存在联系,但是究竟如何联系却没有深入阐释。因此,它是国外学者介绍中国发现的拜占庭金币及仿制品问题的介绍性文章,具有启发意义,而问题本身并没有深入讨论。

甘肃钱币学会的康柳硕2000年发表《中国境内出土发现的拜占庭金币综述》一文,对中国发现的拜占庭金币及其仿制品进行整体性的分析。该文对当时作者搜集到的中国发现的拜占庭金币的简单情况进行梳理,就金币的埋葬年代、墓主人的身份背景和所反映出的历史现象、真币与仿制品之别以及它们在中国的用途等问题,做了简短的论述。其重要价值在于将中国发现的拜占庭金币及其仿制品所涉及的一些问题进行归纳提出,为后来学者的研究奠定基础。

中国钱币博物馆的金德方在《考说在中国发现的罗马金币——兼谈中国钱币博物馆17枚馆藏罗马金币》一文中,将藏于中国钱币博物馆的17枚拜占庭金币和5枚金币仿制品予以报道,这些金币从塞奥多西二世开始一直到1071—1078年间的君士坦丁九世(Constantine IX)皇帝,尤其是希拉克略一世以后数位皇帝发行金币的面世,更新了中国发现的拜占庭金币的范围。此外,作者还就以往文章中列出的拜占庭金币予以综合考订,不过其考证范围仅限于宿白文、康柳硕文和蒂埃里文,而忽略了在这一领域非常重要的诸如提及之罗丰、张绪山、陈志强等文,对其价值略有影响。

李一全作为南京师范大学的研究生,其所写《略谈我国出土的东罗马金币》一文,在金币数量、资料搜集以及问题分析上都明显不足,例如:他所列举的"有明确出土地点"的金币数量为29枚;而作为2005年刊登的文章,文中所引书目竟然没有一篇或一本2000年以后的文章或书籍;在分析中国发现之拜占庭金币及其相关问题时,分析缺乏力度,仅限于泛泛而谈。总的说来,该文的价值与影响都非常有限。

王义康就中国境内拜占庭金币和萨珊波斯银币的综合研究,提出不能完全将金币仿制品的制作归结到中亚某个民族或粟特人身上,中国境内的居民也有可能制作仿制币①,这一点笔者十分赞同。张曦就河北出土的拜占庭金币及相关问题的探讨②,并没什么新意。日本学者秋山進

---

① 王义康:《中国境内东罗马金币、波斯萨珊银币相关问题研究》,载《中国历史文物》,2006年第4期,第41—50页。
② 张曦:《河北出土的拜占庭金币及相关问题探讨》,《中国历史文物》,2007年第3期,第15—18页。

午就中国所见拜占庭金币的再考察一文中,仔细审校每一枚金币的报道信息,并通过金币出土地点的分析,发现"一条从新疆北部经由北疆通过北方草原民族夹缝中的草原丝路"①。研究文章的纷纷涌现,一方面说明中国发现的拜占庭金币的重要意义,另一方面也是对这一历史现象的充分讨论,从而能够更加深入地认识其价值和影响,认识当年依托丝绸之路的东西方文化交流盛况。

除以上诸篇直接以中国发现的拜占庭金币及其仿制品为研究重心的文章外,还有一些针对某一枚金币的文章,例如羽离子的《陕西新现的东罗马金币及其折射的中外交流》②,罗丰的《北周史君墓出土的拜占庭金币仿制品分析》等,由于这些文章主要针对单个金币进行论述,关于中国出现的拜占庭金币及金币仿制品反映的历史问题涉及不多,因此本书在此不做深入分析。另外一些涉及丝绸之路货币以及中西商贸交往等问题的文章,也对拜占庭金币在中国的出现以及仿制品的影响提出了一些意见,但总体上没有提出脱离上述文章的研究范围,在此不赘述。

综合上述白夏鼐先生以来的所有研究成果,可见除以夏鼐先生为代表的金币个案研究成果外,近年来对中国发现的拜占庭金币及其仿制品这一问题上的综合、深入分析也取得一定成就,尤以陈志强、张绪山、林英与罗丰为代表。

三、全书结构

书稿遵循传统的总—分—总的结构,以前言作为起点,正文部分从三个角度八个章节来分主题展开论述,最后以全书的结语为终。

前言部分包括选题的来源与意义,随后对资料与研究状况加以介绍。限于研究重点的考量,这部分主要对拜占庭古币学、古物学方面的资料予以介绍,并分析中国境内发现拜占庭货币的研究状况;其他相关问题的研究将在正文涉及时进行论述。最后是本书的结构说明。

第一编分为三章,分别考察4世纪之前的罗马帝国、拜占庭帝国早期以及8世纪以后的拜占庭帝国这三个历史时期的罗马—拜占庭帝国与

---

① 秋山進午:《20世纪中国发现拜占廷金币的再考察》,《日本东方学》第一辑,北京:中华书局2007年版,第39—79页。
② 羽离子:《陕西新现的东罗马金币及其折射的中外交流》,载《延安大学学报》(社科版),2001年第1期;《对定边县发现的东罗马金币的研究》,载《中国钱币》,2001年第4期。

中国，主要内容涉及中文史籍关于罗马（包括拜占庭帝国）的记载，中国境内关于罗马遗物的发掘以及当时罗马帝国自身的发展特征，进而寻找两者之间的关联。

第二编分为两章，考察对象是中国境内发现的拜占庭货币及以拜占庭货币为模仿原型的仿制品（包括仿制金币和仿制金片）。第四章对这些金币的类型加以区分，并逐一辨识每枚金币（金片）；第五章是在第四章的基础上，对这些金币、金片的有关时间信息、空间信息、所有者信息以及剪边、穿孔、镶环等物理信息进行分类整理，从中提取新的线索，为进一步历史研究提供准备。

第三编分为三章。第六章根据第五章分析出的线索，分别就欧亚大陆上拜占庭帝国与中国之间的国家、族群所起到的作用做出分析，如萨珊波斯帝国对于拜占庭帝国参与丝绸之路贸易的影响，嚈哒汗国在拜占庭帝国与中国之间的沟通作用，西突厥汗国对于丝路贸易中草原丝路地位的提升与强化。第七章则依据中国境内发现的拜占庭金币提出的线索，考察吐谷浑人所控制的丝路青海道的作用，分析粟特人在东西方交往中、特别是在拜占庭货币向东传播和与拜占庭式金币仿制品的关系，以及在罗马—拜占庭帝国嬗变中亚丁湾附近的阿克苏姆王国于其间的活动与结果。最后一章将视角转回到中国，根据拜占庭金币以及拜占庭式仿制金片的分布地点与所有者特征，将金币与金片分开讨论，分析拜占庭式仿制金片在吐鲁番地区的具体用途以及其与史籍中记载的高昌地区所用金银钱的关系，并专题讨论了与这些金片有关的口含币葬俗，另外还分析了拜占庭金币在中原的分布与用途。

结语最后为全书做出总结。

第一编

罗马—拜占庭帝国嬗变在东方的映射

无论是从月球上看人类历史的斯塔夫里阿诺斯,还是从飞鸟的视野俯瞰人类文明的麦克尼尔,以及所有学者与大众,都要承认:地球的不同文明逐渐发展,彼此之间不断接近,交往的范围越来越广。然而,中国与罗马—拜占庭帝国之间的联系却似乎提供了一个反证。从东汉三国时期的大秦,到北朝末年以及唐中期的拂菻,及至宋史中偶尔提及的拂菻,在中国人印象中的大秦或拂菻总是惊鸿一瞥,短暂地出现,随即沉寂。难道罗马—拜占庭帝国与中国这两大文明的网络不是逐渐扩张、不断接近,反而像是弹簧吗?东西方之间的民间往来仍然遵循着不断接近的规律,而罗马—拜占庭帝国与中国之间交往的官方记载却由于政治的变迁表现为弹簧式的断断续续。

这该如何解释呢?

第一章　4世纪之前的罗马帝国与中国

西塞罗在元老院演讲痛斥罗马人的奢靡，痛斥贵族对来自东方的丝绸的沉迷与追逐，让后人也充分意识到当时罗马与东方之间存在着一定的商贸来往。随着关于古典文献的研究不断深入，有关印度等地考古发现的不断推进，实物证据与文献资料一起证明罗马帝国与印度之间的商贸往来曾经极度繁荣。通过各条海路、陆路，大量罗马商人前往东方采购商品，同时也将罗马帝国的产品带至东方。也是大约在这个时期，中文史书中第一次出现了罗马帝国的记载，从黎轩到大秦见证了东方世界对西方政局变化的反映，也留下了罗马帝国与处于欧亚大陆最东端的中国之间的交往记录。

第一节　中国境内关于罗马的文献记载与文物发现

罗马帝国的建立对于欧亚非三大洲的历史发展产生深远的影响，尤其是在地中海沿岸的西亚、北非以及欧洲，这种影响从政治扩展到文化、意识形态等各方面，甚至某种意义上延续至今。对于遥远的东方，它同样产生巨大影响。人们通常会对公元后两百年间欧亚大陆的历史发展称奇，因为这个时期从西到东恰好有四大帝国（罗马帝国、安息帝国、贵霜帝国、东汉帝国）连通着欧亚大陆，它们的存在为各地之间的商品交换提供了基础，形成我们如今称颂的丝绸之路。罗马帝国的建立，为东西方贸易提供巨大市场，使得东方的丝绸、香料等奢侈品源源不断运往西方，西方的商品也相应东传，丝绸之路越发繁荣。在这个时期，中国史籍中出现了很多关于罗马帝国的记载，而罗马人的文化印迹也随着商人的脚步以及商品的传播来到东方。

一、关于中国与罗马交往的史籍记载与研究

罗马帝国与古代中国之间的联系一直是学者们关注的热点。由于两大文明地处欧亚大陆两端,相隔甚远,并没有直接政治联系;各自的史料中均有关于对方的只言片语描述,这些记述虽然大多偏于传奇,但却是探究两大帝国之间交往情况与模式的主要参考。

学者们首先关注的是中文史料中关于大秦、黎轩名称的阐释。中国的正史始于《史记》,它也记录了西汉时期中国人对于西方诸国的见闻,国人对西方世界的了解以张骞抵达大宛为转折。张骞在那里了解到大宛以西的情况,也首次听到"安息""条枝""黎轩"等名。

"安息在大月氏西可数千里。其俗土著,耕田、田稻麦,蒲陶酒。城邑如大宛。其属大小数百城,地方数千里,最为大国。……其西则条枝,北有奄蔡、黎轩。"张骞去世后,武帝还想进一步与西方建立联系,曾"因益发使抵安息、奄蔡、黎轩、条枝、身毒国"。①

关于"条枝(条支)"与"黎轩"以及后来出现的"大秦"究竟所指何地,在19世纪末20世纪曾有颇多争论。外国汉学家们如夏德、伯希和等,早在19世纪后半期就已开始讨论,其后凡是涉及中西交通史的学者都难以回避这个问题。近年来,关于这个问题的综述性文章可以帮助我们全面、高效地了解最新的研究状况。

龚缨晏老师按照时间线索,详细列举诸家观点:夏德认为条支为于罗(Hira)、西海为波斯湾;藤田丰八认为西海为波斯湾,但条支为波斯湾附近的条支(Taoke);岑仲勉认同条支来自 Dasina 的对音,表示"西边";白鸟库吉、沙畹、伯希和等认为黎轩指埃及,来自埃及的亚历山大,大秦为意译,即"身材高大,如秦一样的国家";小川琢治、宫崎市定认为条支为安条克,但日本学者以及孙毓棠均认为安条克为两河流域的安条克,而岑仲勉认为此安条克即西亚靠近地中海的安条克;莱斯里等西方学者认为黎轩、条支为同一国家,指的是塞琉古王朝。在详细介绍各家观点与不足后,龚归纳关于这一问题研究的几个难点,即黎轩

---

① 〔西汉〕司马迁:《史记》卷一二三《大宛列传》,北京:中华书局1982年版,第3162页。

的位置、条支与西海的位置以及安息西界等。①

余太山先生详细比照不同史籍史料中关于这三个地名的记述差别，以及考察各地地望之后，认为条支指叙利亚的塞琉古王朝，黎轩指埃及的托勒密王朝，大秦与黎轩同义，后者在罗马帝国之后取代前者广泛使用。② 张绪山老师则紧紧围绕黎轩和大秦两个地名，全面分析了关于黎轩的对音检核与地望考证，指出黎轩往往被视为大秦的别名，从而被指为埃及以及罗马帝国，但因材料有限，关于它的所有判断仍然存疑；另一方面，大秦作为罗马帝国的译名，学界并无太多争论，但关于其对音与地望的考证仍是学界研究的难点。③ 几位的详细分析为我们了解关于大秦、黎轩等的研究提供了非常好的基础。

其次，学界关注的重点还在于史料中关于大秦国记载内容的分析与勘误。余太山先生仔细钩沉了《史记》及至《宋书》的正史，《汉纪》与《后汉纪》《通典》以及《外国传》《异物志》等类书，《神异经》《洞冥记》等志怪小说，还有《那先比丘经》《大般涅槃经》及《高僧传》《洛阳伽蓝记》等佛教典籍与传记，几乎穷尽所有关于黎轩、大秦的汉文史籍，完成了非常完备的资料汇编。其后又撰文分析关于大秦国"桑蚕丝"的记载，认为这是根据中亚地区在公元3世纪左右学会了种桑养蚕，故而中国古人将这一技能附会到大秦国，而6世纪之后，蚕茧才从中亚地区传到拜占庭帝国。④

此外，关于大秦国记载的勘误还延伸到佛经《那先比丘经》中涉及的"大秦"。余太山与杨共乐都认为经书中的"大秦"指的是临近地区的希腊人，前者认为这是巴克特里亚的希腊王米南德治下地区，而后者认为巴克特里亚地区的大夏（Yona、Yavana的译名，源于爱奥尼亚希腊人，Ionia），其与米南德王同时存在，并时有争斗；"阿荔散"则是印度

---

① 龚缨晏：《20世纪黎轩、条支和大秦研究述评》，载《中国史研究动态》，2002年第2期，第19—28页。
② 余太山：《条支、黎轩、大秦有关的西域地理》，见余太山：《古代地中海和中国关系史研究》，北京：商务印书馆2012年版，第5—43页。
③ 张绪山：《百余年来黎轩、大秦研究综述》，载《中国史研究动态》，2005年第1期，第11—19页。
④ 余太山：《汉文史籍有关罗马帝国的记载》《后汉书·西域传和魏略·西戎传有关大秦国桑蚕丝记载浅析》，见余太山：《古代地中海和中国关系史研究》，北京：商务印书馆2012年版，第44—163页。

或高加索地区的亚历山大城。①

林英老师就《后汉书》中关于大秦的记载，通过对该记录自身内容进行内证以及与《后汉书》前后其他史书关于西域的记载的外证，说明在《后汉书》编写年代，中国人对于西方世界认识的拓展，大秦作为最西端的国家取代了安息。关于它的描述充斥着想象的美好与神异，并说明早期关于大秦的传说来自陆路，从2世纪的延熹年间（158—167年）随着经由东南海路与印度的连通，中国与罗马通过海上丝路建立起密切联系。②

再次，在关于罗马帝国与中国交往的研究中，"甘英出使大秦"也是一个热点。学界研究集中于：甘英为什么出使大秦；他出使大秦所走的路线；其出使的意义与贡献。关于其出使原因，莫任南有两种解释：第一，打破安息帝国对于丝路贸易的垄断，试图与大秦直接贸易；第二，宣扬汉威，招徕外域使臣。③ 其后龚骏、余太山等学者均认为甘英出使主要是为了探明罗马帝国（大秦）的详细情况。④ 而姚胜、颜世明则认为班超派遣甘英出使的目的是联络大秦，夹击北匈奴。⑤ 总体上，学者们比较支持探究大秦的详细情况，宣传汉威是其主要原因。

甘英出使所走路线是有关研究的重点，其中甘英最终抵达的西海争论较多，夏德首先提出西海为波斯湾⑥，余太山认为条支为塞琉古都城安条克，西海当为地中海⑦。因缺乏具有说服力的有效证据，这些主张争议性仍然较大，学者们根据自己的理解各有支持，不过多数学者认同

---

① 余太山：《那先比丘经所见"大秦"即其他》，见余太山：《古代地中海和中国关系史研究》，北京：商务印书馆2012年版，第164—174页；杨共乐：《那先比丘经》中的"大秦国"和"阿荔散"，载《世界历史》，2004年第5期，第113—115页。
② 林英：《公元1到5世纪中国文献中关于罗马帝国的传闻》，《古代文明》，2009年第10期，第54—62页。
③ 莫任南：《甘英出使大秦的路线及其贡献》，载《世界历史》，1982年第2期，第14页。
④ 龚骏：《甘英出使大秦考》，载《东方杂志》，第40卷第8期，上海：商务印书馆1944年版，第21—27页；余太山：《甘英出使大秦考》，《两汉魏晋南北朝与西域关系史研究》，北京：中国社会科学出版社1995年版，第299—306页。
⑤ 姚胜：《甘英出使大秦原因考》，载《塔里木大学学报》，2009年第1期，第86页。颜世明、刘兰芬：《甘英出使大秦：研究述评与再审视》，载《西北民族大学学报》，2015年第6期，第57—58页。
⑥ 夏德：《大秦国全录》，朱杰勤译，郑州：大象出版社2009年版，第20—21页。
⑦ 余太山：《条支、黎轩、大秦和有关的西域地理》，载《中国史研究》，1985年第2期，第57—74页。

后者,西海即波斯湾。① 在具体分析甘英出使路线时,有的学者会回避西海的指向,仅限于对于途经各地的钩沉。如杨共乐教授根据袁宏的《后汉纪》记载,认为甘英所走的是较为困难的丝路南道②;颜世明则通过钩沉史籍在传抄过程中的记载差异以及具体地点,解释为何甘英所走的丝路南道在文献记载中会出现如此大的出入③。

至于甘英出使的贡献,学者们大多给予肯定,认为他促进了中西经济文化交流和各国友好关系的发展。④ 而张绪山老师则考证希腊神话中塞壬女妖蛊惑旅人,令过往者"莫不悲怀"在东方的传播,从而例证了甘英在促进东西文化交流方面的贡献。⑤

再次,在中国与罗马的关系研究中,有一个问题颇引人关注,即公元100年的罗马商团来华。《后汉书·和帝纪》中永元十二年(100年)"冬十一月,西域蒙奇兜勒遣使内附,赐其王金印紫绶"。那么此处的"蒙奇兜勒"为何引起了关注。张星烺最早提出"蒙奇"指马其顿(Macedonia),"兜勒"指吐火罗(Tuhara);莫任南教授与林梅村教授均赞同蒙奇为马其顿,但前者认为兜勒为色雷斯(Thrace)⑥,后者认为兜勒为推罗(Tyre),并认为这是由推罗人马林(Marinus of Tyre)听说的一条信息,即一位来自马其顿的富商曾派人前往东方的赛里斯国,这个商队代表冒用使团之名到达洛阳,并得以觐见皇帝⑦。

杨共乐与张绪山老师都认为"蒙奇兜勒"应该是一个词,表示"马其顿",中文之所以分为蒙奇、兜勒两处,是后人因不知实情而误分;但

---

① 参见莫任南:《甘英出使大秦的路线及其贡献》,载《世界历史》,1982年第2期,第17页。
② 杨共乐:《甘英出使大秦线路及其意义新探》,载《世界历史》,2001年第4期,第115—118页。
③ 颜世明、高健:《班超〈西域风土记〉佚文蠡测——兼析甘英出使大路线》,载《南昌大学学报》,2014年第3期,第129—134页。
④ 莫任南:《甘英出使大秦的路线及其贡献》,载《世界历史》,1982年第2期,第19页;杨共乐:《甘英出使大秦线路及其意义新探》,载《世界历史》,2001年第4期,第118页。
⑤ 张绪山:《甘英西使大秦获闻希腊神话传说考》,载《史学月刊》,2003年第12期,第118—120页。
⑥ 莫任南:《中国和欧洲的直接交往始于何时》,见《中国中外关系史学会会议论文集》,1981年,第32—39页。
⑦ 林梅村:《公元100年罗马商团的中国之行》,载《中国社会科学》,1991年第4期,第71—80页。

杨共乐认同该使团曾到达洛阳①；而张绪山认为这个来自马其顿的商团目标是西域都护，班超代表朝廷接待这些商人，并赐予其金印紫绶，之后记入历史之中②。邢义田则就莫任南、林梅村、杨共乐等所引马林的记述提出疑义，认为他们没有就涉及转译的地名追溯希腊语原文，其资料的可靠性要打折扣；且就林梅村认为托勒密对于马林记载的修订"多此一举"并不妥当，因为托勒密所记各处经过认真的检核，其准确性公认高于马林；最终认为托勒密《地理志》中关于马林所记商团的行程，虽经林梅村教授的对音对照补充了关于中亚地理的许多知识，但不足以证明100年确有罗马使团到达过中国。③

最后，关于中国与大秦交往的研究中，还有几个小问题经常被提及：西汉武帝时出使安息的使者带回一位"犁靬眩人"，延熹九年（166年）大秦王安敦所遣的来华使节，以及黄武五年（226年）来到中国觐见孙权的大秦商人秦论。相比围绕前面几个问题的热烈讨论，关于这三个人的讨论较少。许永璋结合罗马帝国的发展状况，重点分析后两位使节为何沿海路而来，且认定安敦所遣使节也选用埃及—印度的海路，并肯定安敦所遣使节来华对东西方文化技术交流的积极影响。④ 他还在另一篇文章中分析到访东吴的大秦商人秦论的行走轨迹，他在226年在武昌面见孙权，于229年抵达建业，在那里生活了近十年，直到237年或再晚些时候回国；回国时与朱应、康泰等使团同行。⑤ 相比而言，这三次来访的大秦或黎轩人争议性不大，故而研究文章不多。

二、如何认识史籍中关于大秦等地区的记载

前人的研究为认识关于大秦、条支、黎轩以及甘英出使、罗马商团

---

① 杨共乐：《"丝绸之路"研究中的几个问题——与〈公元100年罗马商团的中国之行〉一文作者商榷》，载《北京师范大学学报》，1997年第1期，第108—111页。
② 张绪山：《关于"公元100年罗马商团到达中国"问题的一点意见》，载《世界历史》，2004年第2期，第111—114页。
③ 邢义田：《汉代中国与罗马帝国关系的再检讨（1985—95）》，载《汉学研究》，1997年第1期，第1—31页。
④ 许永璋：《有关大秦国使者访华的几个问题》，载《殷都学刊》，1994年第3期，第27—32页。
⑤ 许永璋：《大秦商人秦论来华若干问题探讨》，载《北大史学》，1997年第4期，第45—53页；《秦论来华与朱应、康泰出使南海诸国》，载《东南亚》，1998年第3期，第53—55页。

来华等事件的文献记载提供了指路牌，标识出哪些概念仍然存疑，该如何理解它们，该如何运用那些争议性较大的概念与信息。

首先，当张骞关于大宛以及大宛以西国家和地区的名称与概况被记录下来，收录于《史记》与《汉书》等史书中时，他出使与回归的公元前2世纪末成为后人认识与探究丝绸之路的重要节点，自此关于丝绸之路分出了张骞凿空前与张骞凿空后两个阶段。

张骞的凿空使中国人将最远西方的概念推展到安息帝国以及与安息相邻的黎轩、条支等："安息在大月氏西可数千里。其俗土著，耕田、田稻麦，蒲陶酒。城邑如大宛。其属大小数百城，地方数千里，最为大国。……其西则条枝，北有奄蔡、黎轩。"张骞去世后，武帝还想进一步与西方建立联系，曾"因益发使抵安息、奄蔡、黎轩、条枝、身毒国。"①

黎轩、条支分别代表哪个地区的争论前已述及，对于各派主张，目前也没有新的资料予以批驳，只是基于对丝绸之路的主观理解，笔者倾向于认同余太山先生的观点，即黎轩指代埃及的托勒密王朝，条支指代西亚的塞琉古王朝。

在张骞所处的时代，罗马仍处于共和国时期，其扩张步伐刚刚抵达小亚细亚；此时塞琉古王朝与托勒密王朝分别控制着西亚和北非，但西方关于东方的了解已经远达印度。这时，亚历山大开创的希腊化世界囊括的广大地区包括希腊、西亚北非一直到中亚和印度，政治屏障的打破为各地之间商品交换提供了巨大空间；张骞在大宛所见希腊化城市，如考古发现的阿伊·哈努姆（Ai Khanoum）和泰尔梅兹（Termez）古城，均表明希腊化时期希腊与中亚之间深入的经济文化交流。此外，东西方之间的海洋商路也已开辟，罗马帝国初期的地理学家斯特拉波（Strabo，前64年—公元21年）曾提到"在此之前的托勒密王朝时期，每年只有非常少的船会冒险到印度经商"②，尽管在斯特拉波看来，托勒密时期与印度的商船数量比之罗马时期要少很多，彼时商业通道已经建立是毋庸置疑的。

同样在张骞到来之前汉民族就已经与西方的国家建立起民间的贸易

---

① 〔西汉〕司马迁：《史记》卷一二三《大宛列传》，北京：中华书局1982年版，第3162页。

② Strabo II. 5. 12, tr. Jones, compiled in Meijer & van Hijf, *Trade, Transport and Society in the Ancient World*, p. 125.

往来，他关于中国与中亚、印度间商品交流的描述历来为研究者重视：

> 骞曰："臣在大夏时，见邛竹杖、蜀布。问曰：'安得此？'大夏国人曰：'吾贾人往市之身毒。身毒在大夏东南可数千里。其俗土著，大与大夏同，而卑湿暑热云。其人民乘象以战。其国临大水焉。'以骞度之，大夏去汉万二千里，居汉西南。今身毒国又居大夏东南数千里，有蜀物，此其去蜀不远矣。今使大夏，从羌中，险，羌人恶之；少北，则为匈奴所得；从蜀宜径，又无寇。"天子既闻大宛及大夏、安息之属皆大国，多奇物，土著，颇与中国同业，而兵弱，贵汉财物；其北有大月氏、康居之属，兵强，可以赂遗设利朝也。且诚得而以义属之，则广地万里，重九译，致殊俗，威德遍于四海。天子欣然，以骞言为然，乃令骞因蜀犍为发间使，四道并出：出駹，出冉，出徙，出邛、僰，皆各行一二千里。其北方闭氐、筰，南方闭巂、昆明。昆明之属无君长，善寇盗，辄杀略汉使，终莫得通。然闻其西可千余里有乘象国，名曰滇越，而蜀贾奸出物者或至焉，于是汉以求大夏道始通滇国。初，汉欲通西南夷，费多，道不通，罢之。①

这表明：在公元前2世纪时，印度作为纽带连接起欧亚大陆两端的贸易活动，它不仅与地中海地区有着频繁的商业联系，而且经由西南丝路与中国连通；贩入印度的中国商品必然已经具有一定规模，如此才能实现再出口，被转卖到大夏、大宛等地。那么，这些商品同样也可能被来到印度的希腊商人转卖到地中海地区，只不过没有幸运地被文字记录下来而已。张骞凿空开辟出的丝绸之路东段中道，从空间和内容上极大地拓宽了丝路贸易的宽度和深度。

张骞凿空后，丝绸之路上的政治、经济、文化上的联系，不仅增大了中国人认识世界的视野，还让人们对于遥远西方的深入认识变得更为迫切，汉武帝曾试图遣使印度与安息，"天子乃令王然于、柏始昌、吕越人等十余辈间出西南夷，指求身毒国。至滇，滇王当羌乃留为求道。四岁余，皆闭昆明，莫能通。"②尽管中国官方与印度的外交联系未能实现，

---

① 《史记·大宛列传》。
② 〔东汉〕班固：《汉书》卷九十五《西南夷两粤朝鲜传》，卷九十六《西域传·安息国传》，北京：中华书局1962年版，第3841页。

民间往来仍然频繁,且武帝派往安息的使节顺利完成任务:"武帝始遣使至安息,王令将将二万骑迎于东界。东界去王都数千里,行比至,过数十城,人民相属。因发使随汉使者来观汉地,以大鸟卵及犁靬眩人献于汉,天子大说。"① 西汉王朝与安息帝国的正式外交联系,使中国人与地中海地区的距离更进一步,关于那里的信息也愈加丰富。从安息带回一名"犁靬眩人",这也是史籍记载中来到中国的最早的埃及人。

随着西汉到东汉时期丝路贸易的持续进行以及官方与西域诸国的使节往来,关于西方世界的信息越发丰富。关于大秦国的全面记载当属晋鱼豢所著《魏略·西戎传》中的"大秦":

1. 前世谬以为条支在大秦西,今其实在东。前世又谬以为强於安息,今更役属之,号为安息西界。前世又谬以为弱水在条支西,今弱水在大秦西。前世又谬以为从条支西行二百馀日,近日所入,今从大秦西近日所入。

2. 大秦国一号犁靬,在安息、条支西大海之西,从安息界安谷城乘船,直截海西,遇风利二月到,风迟或一岁,无风或三岁。其国在海西,故俗谓之海西。有河出其国,西又有大海。海西有迟散城,从国下直北至乌丹城,西南又渡一河,乘船一日乃过。西南又渡一河,一日乃过。凡有大都三,卻从安谷城陆道直北行之海北,复直西行之海西,复直南行经之乌迟散城,渡一河,乘船一日乃过。周回绕海,凡当渡大海六日乃到其国。

3. 国有小城邑合四百馀,东西南北数千里。其王治滨侧河海,以石为城郭。其土地有松、柏、槐、梓、竹、苇、杨柳、梧桐、百草。民俗,田种五谷,畜乘有马、骡、驴、骆驼。桑蚕。俗多奇幻,口中出火,自缚自解,跳十二丸巧妙。

4. 其国无常主,国中有灾异,辄更立贤人以为王,而生放其故王,王亦不敢怨。其俗人长大平正,似中国人而胡服。自云本中国一别也,常欲通使於中国,而安息图其利,不能得过。其俗能胡书。其制度,公私宫室为重屋,旌旗击鼓,白盖小车,邮驿亭置如中国。从安息绕海北到其国,人民相属,十里一亭,三十里一置,终无盗

---

① 班固:《汉书》卷九十六《西域传·安息国传》。

贼。但有猛虎、狮子为害，行道不群则不得过。其国置小王数十，其王所治城周回百餘里，有官曹文书。王有五宫，一宫间相去十里，其王平旦之一宫听事，至日暮一宿，明日复至一宫，五日一周。置三十六将，每议事，一将不至则不议也。王出行，常使从人持一韦囊自随，有白言者，受其辞投囊中，还宫乃省为决理。以水晶作宫柱及器物。作弓矢。

5. 其别枝封小国，曰泽散王，曰驴分王，曰且兰王，曰贤督王，曰氾复王，曰于罗王，其餘小王国甚多，不能一一详之也。

6. 国出细絺。作金银钱，金钱一当银钱十。有织成细布，言用水羊毳，名曰海西布。此国六畜皆出水，或云非独用羊毛也，亦用木皮或野茧丝作，织成氍毹、毾、罽帐之属皆好，其色又鲜于海东诸国所作也。又常利得中国丝，解以为胡绫，故数与安息诸国交市於海中。海水苦不可食，故往来者希到其国中。山出九色次玉石……。今伊吾山中有九色石，即其类。……

7. 大秦多金、银……十种流离……十种氍毹……一微木、二苏合……等薰草木十二种香。

8. 大秦道既从海北陆通，又循海而南，与交趾七郡外夷比，又有水道通益州、永昌，故永昌出异物。前世但论有水道，不知有陆道，今其略如此，其民人户数不能备详也。自葱领西，此国最大，置诸小王甚多，故录其属大者矣。①

暂且不论这些描述中哪些是谬误与错漏，仅从所记事项来看，到晋鱼豢时中国人关于罗马帝国的了解有了突飞猛进的增长。第1、2段是关于大秦地理方位的描述：第1段基于西方地理知识的更新，对大秦相邻的安息、条支、弱水等方位做出纠正；第2段则描述了海路与陆路这两条从安谷城通往大秦的道路。其他部分分别介绍了大秦国的城池与附属国，人口、政治制度与管理模式以及出产。第8段介绍大秦与中国的连通途径：海路与陆路，且正如林英老师所说，据"前世但论有水道，不知有陆道"，可知《魏略》中关于"大秦"的信息源于陆路通道。

及至范晔编撰的《后汉书》中大秦国的记载，与《魏略》相比其内

---

① 〔晋〕陈寿著，〔南朝宋〕裴松之注：《三国志》卷三十《乌丸鲜卑东夷传》，北京：中华书局2011年版，第858页。

容的减少意味着其获取大秦国信息来源的不同：源于海路。特别是大秦国"与安息、天竺交市于海中，利有十倍。其人质直，市无二价。谷食常贱，国用富饶。邻国使到其界首者，乘驿诣王都，至则给以金钱。其王常欲通使于汉，而安息欲以汉缯彩与之交市，故遮阂不得自达。"不仅明确罗马人与安息、印度人在海上的贸易，还强调安息帝国对东西贸易的阻隔。然而，笔者赞同林英老师对于这两种信息源头差异的解释①，但不认为这种差异是源于范晔不相信鱼豢所记内容，事实上，范晔甚至未能收录南方所知晓的关于大秦的信息，《吴时外国传》记："从加那调州乘大伯舶，张七帆，时风一月馀日，乃入秦，大秦国也。"② 这是与大秦国相通的一条海路说明，但未收于《后汉书·西域传》。而鱼豢生活在三国时期的魏国，晋立朝后十几年后去世；且他的《魏略》为私自撰写；西晋末年的乱世中，衣冠南渡的士族并没有收藏到这套书，导致范晔在编撰《后汉书》时，未能以之为参考，而主要依据东吴以来的关于大秦国的记载。

从另一个角度看，《后汉书》与《魏略》中关于大秦国记载的差别，恰恰反映出此前海路与陆路商路的通畅，使得南北方的中国人依据不同途径获取到不一样的信息，更加丰富了对于罗马帝国的了解。

3世纪之后，中文的史书中关于大秦的记载多为延续早期的描述，并没有新资料补充进来，说明此后罗马帝国与东方之间的联系有所削弱，而此时恰逢罗马帝国三世纪大危机的爆发，等到危机平定，帝国恢复秩序，帝国将以拂菻的形象再次出现在东方的史籍记录中。

三、关于中国发现的罗马帝国的器物与研究

相比于文献中关于大秦、黎轩、西海等名词的阐释与界定，对中国发现的罗马时期文物的研究相对稀少。这主要是因为虽然文献中提到东汉时期来华的罗马商人以及此时的频繁往来，但目前中国境内考古发现的罗马帝国时期的文物很少，故而研究自然很少。

虽然文献记载中罗马帝国时期东地中海地区与我国经由陆路与海路有着频繁的贸易往来，而且在印度发现了大量罗马帝国货币，但目前为

---

① 林英：《公元1到5世纪中国文献中关于罗马帝国的传闻》，载《古代文明》，2009年第4期，第54—62页。
② 《太平御览·舟部四》。

止在中国境内几乎未见罗马帝国时期的货币，年代最早、似是从中亚传入的也要到4世纪。过去曾有一些关于中国境内出现的较早时代的货币：如1906年，斯坦因在叶城购入两枚银币，分别为君士坦丁二世（Constantine II，337—340年在位）和康斯坦斯（Constans，337—350年在位）时期①，但实际上这是一位来自布哈拉的商人带过来的，不能算作中国境内出土。

同样地，张星烺先生记录了1885年山西灵石挖出来的罗马铜币，这些铜币有16枚，涉及皇帝从提比略到安东尼时期②，但夏鼐先生在核对原文时，发现这是灵石的一位杨姓商人收藏的，且是在50—60年前附近发掘出来，除了16枚罗马铜币外，还有一枚1580年法兰克国王亨利三世的小铜币，夏鼐先生经过分析后，认为这些罗马铜币是1589年之后由传教士带入中国，并转赠某位中国人，后来埋入地下，直到19世纪30年代才被发掘出来由杨姓商人收藏。③尽管这反映出明末时的东西方交往盛况，但不属于东汉时期中国与罗马帝国之间往来的证据。

总体上，就我国境内与罗马帝国有关的考古发现来看，尚没有确定为当时传入中国的罗马货币出土，可以与罗马帝国联系起来的是其他发现：

2015年，陕西西安在渭河渭桥遗址时发现一艘木板船，该船是中国发现的最早的成熟的木板船，该船采用大量木榫板、木钉并联船板的技术，这是罗马时期地中海区域广泛使用的造船技术，是长安—罗马丝绸之路文化交流的新资料。④但这一发现还只是孤案，史籍也未曾提及任何关于造船技术的传播，因此目前尚无专门研究文章。

中国境内还出土了罗马玻璃珠。因罗马的玻璃制造技术广泛传播到其周围地区，因此一般通过对器物的造型、制作工艺以及器型来判断其是否为罗马帝国制造，但在判断造型类别、制作工艺来源时常常会产生

---

① 更多关于第5、6号银币的内容，参见 A. Stein, *Serindia: Detailed Report of Explorations in Central Asia and Westernmost China*, vol. 3, Oxford, 1921, pp. 1340, 1349.
② 张星烺编注：《中西交通史料汇编》（第一册），朱杰勤校，北京：中华书局1977年版，第27页。
③ 夏鼐：《咸阳底张湾隋墓出土的东罗马金币》，载《考古学报》，1959年第3期，第67—74页。
④ 《华商报》，2015年8月13日。陕西省考古研究院等：《西安市汉长安城北渭桥遗址出土的古船》，载《考古》，2015年第9期，第3—6页。

分歧，而且造型的仿制、工艺的传播使得这种分类的不确定性更加突出。目前，按照安家瑶先生以及其他考古工作者的判断，大致可归为罗马玻璃器皿的有：

1. 江苏邗江甘泉二号汉墓（约公元 67 年）出土的搅胎玻璃体残片①；
2. 南京象山七号墓（322 年之前，琅琊王氏家族墓地）出土的两件磨花筒形杯②；
3. 辽宁北燕冯素弗墓（415 年）出土的五件玻璃器，特别是鸭形玻璃器被认为是典型的罗马玻璃器造型③；
4. 河北景县封式墓群出土的四只淡绿色波纹碗④；
5. 广州横枝岗西汉中期 2061 号墓出土的三件玻璃碗⑤；
6. 广西贵县汉墓出土的淡绿色玻璃碗⑥；
7. 除此之外，大同南郊北魏墓群 M10 出土的磨花玻璃碗也被看作 4 世纪时从黑海地区传入中国的罗马玻璃器皿⑦；
8. 新疆且末扎滚鲁克墓地出土玻璃杯和玻璃珠则是在 4 世纪之前来自地中海东岸地区。

这些玻璃器皿构成了罗马帝国时期与中国之间经济文化往来的重要证据。学者们围绕着这些玻璃器皿撰写了一些文章，其中受关注较多的是冯素弗墓所出的鸭形玻璃注。高伟等认为这只鸭形玻璃注是十六国时期从草原丝路由罗马传入。⑧ 刘宁则认为它们可能是经由柔然控制下的草原传入北燕。⑨

然而，尽管可以通过造型、制作工艺以及器型来判断玻璃器皿是否

---

① 南京博物院：《江苏邗江甘泉二号汉墓》，载《文物》，1981 年第 11 期，第 1—10 页。
② 南京市博物馆：《南京象山 5 号、6 号、7 号墓清理简报》，载《文物》，1972 年第 11 期，第 23 页。
③ 辽宁省博物馆编著：《北燕冯素弗墓》，北京：文物出版社 2015 年版，第 34—37 页。
④ 张季：《河北景县封式墓群调查记》，载《考古通讯》，1957 年第 3 期，第 28—37 页。
⑤ 朱海仁：《广州市横枝岗西汉墓的清理》，载《考古》，2003 年第 5 期，第 37—45 页。
⑥ 黄增庆：《广西贵县汉墓的清理》，载《考古学报》，1957 年第 1 期，第 155—162 页。
⑦ 马艳：《大同出土北魏磨花玻璃碗源流》，载《中原文物》，2014 年第 1 期，第 96—100 页。
⑧ 高伟、翟晓兰：《从"鸭形玻璃注"看北燕时期中西交流》，载《文博》，2009 年第 5 期，第 61—64 页。
⑨ 刘宁：《北燕、柔然与草原丝绸之路——从冯素弗墓出土的玻璃器谈起》，见《北方民族考古》第 2 辑，第 213—220 页。

为罗马帝国制造，但倘若不对材质进行化学分析和制作工业分析，很难断定其具体来源。故而相关的考古文章数量也不是很多。仅有的如新疆且末扎滚鲁克墓地出土玻璃杯和玻璃珠就受到学者关注，成倩等学者对其中一些样品做出化学成分分析，确定这些玻璃珠属于西方玻璃体系，为地中海东岸的叙利亚—巴勒斯坦海湾，时间在1—4世纪[1]，赵永经过对国外类似玻璃杯的对比分析，认为其年代在3—4世纪[2]。林怡娴则通过对罗马、萨珊的典型磨面纹玻璃器进行比对，认为这可能是3世纪中期到4世纪中期来自黑海北岸地区，而非罗马帝国境内。[3]

总体上，通过玻璃器皿探讨罗马帝国与中国的交通往来十分困难，因为现今中国发现的外国玻璃器中多为汉代以后，上述所列出土信息中也有相当一部分在4世纪，通常应归为拂菻时期。另外，西亚、中亚、印度等地也掌握了制造玻璃器皿的工艺，即便通过化学检验，也难以十分肯定它们就是罗马制品。

近年来，随着史学研究与工艺美术领域的合作，一些文章探讨了汉代时中国的雕塑、玻璃等与罗马帝国的雕塑与玻璃的比较。例如朱文涛在《以汉代与古罗马玻璃的比较探讨中西方玻璃系统的渊源及其走向》中，介绍玻璃工艺在东西方两地的形成与各自发展，认为中国的玻璃制造业走向仿制玉器的道路，始终没有从陶瓷业中分离出来；而西方的玻璃制造业则因玻璃用具的广泛使用发展到极盛，并向外传播。[4] 这些文章仅考察东西方各自的工艺发展，没有涉及东汉至南北朝时期墓葬中经常出现的玻璃器。

总体上，关于中国境内罗马帝国时期文物的考古数据虽然数量不多，但确实存在，特别是难以保存的易碎玻璃器皿的出现是罗马帝国时期东西方经济文化交流的重要证据，与文献中关于黎轩、大秦等的记载一起丰富了我们对于早期丝路的认识。

---

[1] 成倩、王博、郭金龙等：《新疆且末扎滚鲁克墓地出土玻璃杯研究》，载《文物》，2011年第7期，第88—92页；《丝绸之路且末故国墓地出土玻璃器成分特点研究》，载《玻璃与搪瓷》，2012年第2期，第21—29页。

[2] 赵永：《新疆且末扎滚鲁克49号墓出土玻璃杯的年代问题》，载《考古与文物》，2014年第4期，第77—80页。

[3] 林怡娴：《来自"蛮族"的饮器——再议新疆所见磨面纹玻璃杯》，载《考古与文物》，2017年第6期，第82—93页。

[4] 朱文涛：《以汉代与古罗马玻璃的比较探讨中西方玻璃系统的渊源及其走向》，载《装饰》，2012年第1期，第71—73页。

第二节 4世纪前罗马帝国政治经济变迁概述

在古罗马的政治经济发展史上,共和国向帝国的过渡及其称呼上的差别并不仅仅停留在字面上,而是反映在政治、经济乃至社会层面上的深层次变革中,而这些变化也体现在东方贸易中。

一、帝国时期繁荣的东方贸易

首先,罗马时期的东方贸易无疑是非常繁荣的,而促成这种繁荣的基础则是罗马帝国臣民对东方奢侈品的极度爱好。正是在这种需求的刺激下,商人们从印度或者东方其他地区大量购入丝绸、香料、珠宝等商品,以便回国后通过高额差价赢取巨额利润。例如,奥古斯都建立罗马帝国后不久,与东方印度或锡兰的贸易就已连通:罗马人可以通过海路,穿过红海海峡,绕过波斯湾,到达印度,从那里获得他们需要的丝绸,还有来自印度的各种香料。① 这些来自东方的商品成为罗马城中拥有大把金钱、想尽方法享受奢华生活的贵族们追逐的对象。史书中也大量记载着罗马商人在印度的活动。② 各种史料均明确表明:中国的丝绸、印度以及阿拉伯的香料和宝石,构成了经由罗马帝国的东方贸易输往西方的主要商品。

商人纷纷前往东方采购货物的行为,必然建立在罗马帝国内部巨大的市场需求之上。罗马人对东方奢侈品的需求是如此多,以至于一些颇具眼光的人从这些商业买卖中看到对罗马帝国的危害,老普林尼曾抱怨说:"每年印度、中国与阿拉伯半岛要从我们国家带走1亿塞斯特斯(古罗马的一种货币单位,起初为银铸)——这都是我们的奢侈品和女人们消耗掉的啊!"③ 从老普林尼的抱怨,不仅可以知道印度、中国与阿拉伯半岛是罗马帝国奢侈品需求的主要提供者,而且这些物品的主要消费群体是妇女;若排除老普林尼的偏见,那么可以说贵族,特别是妇女,是

---

① Warmington, *The Commerce between the Roman Empire and India*, London, 1928, p. 7.

② Meijer, Fik & van Hijf, Onno, *Trade, Transport and Society in the Ancient World: A sourcebook*, Routledge, 1992, pp. 125 – 129.

③ Pliny, *Natural History*, XII. 84, tr. Rackman, compiled in Meijer & van Hijf, *Trade, Transport and Society in the Ancient World*, p. 129.

东方奢侈品的巨大消费群体。由于市场的巨大，当大量东方奢侈品通过各条商路到达罗马帝国后，用来换取的等价交换物主要是罗马的金银货币，由此才引起老普林尼的抱怨。通过另一则材料，可知罗马货币确曾到达过印度：当时一位到印度经商的商人还颇为自豪地向印度某位国王宣称罗马人铸造的金币价值高，以来证明罗马帝国的伟大。① 同样，现代印度和斯里兰卡等地的考古发掘也出土了大量罗马帝国时期的金币和银币。② 总之，无论是文献资料还是考古实物都表明：在罗马与南亚之间有着繁荣的贸易交流，东方的奢侈品以及罗马帝国的金银货币则构成贸易的主体。

其次，除东方奢侈品和罗马金银币这两个东西方贸易的主体外，罗马帝国东方贸易的繁荣还表现为通往东方商路的多方选择，即无论是海路还是陆路都可实现。

从罗马帝国沿海路到达印度是这个时期东方贸易的主要商道。商人们首先从埃及的亚历山大港口出发，沿尼罗河进入上游地区，并从那里经陆路聚集到红海沿岸的米沃斯·霍莫斯（Myos Hormos）或者埃及的贝伦尼斯（Berenice）港口，从这里沿着红海海峡，到达亚丁湾（the Aden，阿拉伯半岛南段的红海入口处，今也门境内）③，然后在那里等候季风将他们送到印度西岸。这条道路几乎可以避开安息帝国的把持，罗马人可以比较自由地在非洲的东海岸和阿拉伯半岛比较安全地行进，只要能够掌握好季风的时间，到达印度应该非常顺利。当罗马人将埃及变成帝国的行省之后，从埃及出发前往印度的商船急遽增加，希腊裔地理学家斯特拉波记述了这一变化：

> 由于最近罗马军队在我朋友埃利乌斯·高卢斯（Aelius Gallus）的率领下侵入阿拉比亚·菲利克斯（Arabia Felix），还因为亚历山大港的商人们已经乘船沿着尼罗河以及阿拉伯湾驶向印度，而那个地方现在对我们来说已经比较熟悉，不像我们的祖先那样一无所知。

---

① Harl, Kenneth W., *Coinage in the Roman Economy*, 300 B. C. – A. D. 700, The John Hopkins University, 1996, p. 299.
② Ibid., p. 303.
③ Pliny, *Natural History*, VI. 104 – 6, tr. Rackman, compiled in Meijer & van Hijf, *Trade, Transport and Society in the Ancient World*, pp. 125 – 126.

无论如何，当高卢斯成为埃及总督后，我和他一起沿着尼罗河溯游而上，到达西耶奈（Syene）和埃塞俄比亚的边界，在那儿，我看到足足有120多艘船舰准备从米沃斯·霍莫斯港口前往印度，而在此之前的托勒密王朝时期，每年只有非常少的船会冒险到印度经商。①

从此段描述可知，随着罗马帝国日益强盛，商业活动愈加兴旺，而远达印度的国际贸易更是发展迅速。另一方面，这种急遽发展也表明：罗马帝国强盛之时，通往印度的海路——红海商路——为罗马人控制，因此能够保护数量如此繁多的商船队伍出航。

不过，经埃及前往印度的海路毕竟存在着巨大危险，每年都有很多商船冒险前往印度，但仍非商人们的唯一选择。他们还可以从东地中海出发，经由陆地到达波斯湾，然后从那里乘船沿海岸线前往印度西海岸。具体地说，首先，商人们会在罗马帝国控制的叙利亚和巴勒斯坦地区的商镇停留，从那里选择前往波斯湾的道路。当安息帝国控制两河流域时，商人们为绕过安息帝国设立的关卡，得经由地中海东岸的今叙利亚、约旦境内，穿越炎热的阿拉伯沙漠，来到波斯湾；当罗马帝国的势力扩张到两河流域，将幼发拉底河与底格里斯河的入海口纳入本国辖区后，商人们则可以经陆路前往幼发拉底河，顺流而下到达波斯湾。接着，商人们顺着波斯湾，沿印度洋的诸港口到达贵霜帝国或印度半岛的各商业中心。

此外，从波斯湾出发的罗马商人，如不愿意经受海浪的侵袭，那么他们还可以选择经由安息帝国设立的驿站，在缴纳了安息帝国的高额关税之后，经安息帝国，完全从陆路进入贵霜境内，或继续向前进入印度半岛。在国家政权的有效支持下，罗马商人不但可以经由陆路直达波斯湾，继续沿着海路前往印度，还可以通过各条陆路通道进入中亚进行贸易。

对于罗马商人来说，如果完全放弃海路，那么他们的选择还可以更多。比较著名的当属传统意义上的丝绸之路。罗马商人们可以从安条克出发，向东沿幼发拉底河，到达泰西丰，从那里进入安息境内途经沿途各商站进入巴克特里亚地区，并继续东进。此外，他们还可以从北部黑

---

① Strabo II. 5.12, tr. Jones, compiled in Meijer & van Hijf, *Trade, Transport and Society in the Ancient World*, p. 125.

海东南沿岸的特拉布宗（Trapazeus）等城市出发，向南穿越本都山脉，经由陆路向东经过亚美尼亚高原到达里海西岸，然后经安息帝国进入巴克特里亚。接着，从巴克特里亚商人们要么向东北进入粟特地区，进而绕过帕米尔高原，到达西域；要么向东南，沿陆路进入印度。与海路相比，尽管陆路上由于安息帝国以及其他势力设立的重重关卡和高额征税，前往东方的商队利润略有降低；但海路上难以预料的危险以及需要长时间等待的季风，都迫使相当数量的商人选择陆路。因此在中亚的考古发掘中也发现了大量罗马货币①。

在罗马帝国与东方的商业交流日益繁荣的背景下，罗马帝国与中国的联系也逐渐开通，通过上述各条商路，罗马商人不仅可以通过陆路，还可以通过海路到达中国。《魏略·西戎传》中记录着从罗马到达中国的陆路与海路的内容："大秦道既从海北陆通，又循海而南，与交趾七郡外夷比，又有水道通益州、永昌，故永昌出异物。前世但论有水道，不知有陆道，今其略如此。"具体地说，从"海北陆通"的罗马商人从粟特地区越帕米尔高原进入西域后，可以选择塔里木盆地以北的库车、吐鲁番一线到敦煌，也可从南部的和田，经且末至敦煌，后沿河西走廊到达长安等中原地区。选择"循海而南"的商人则需从印度或锡兰的港口出发，沿南亚以及东南亚的诸海港，经马六甲海峡，入南海到达广州；或者从孟加拉湾位于今缅甸境内的海港登陆，循河道进入中国西南，到达四川盆地。

经由上述这些商路，罗马商人确曾到达中国，中文史书中有罗马使节入华的记载。东汉时期，"桓帝延熹九年（166年），大秦王安敦遣使自日南徼外献象牙、犀角、玳瑁，始乃一通焉"②。三国时期，吴国宫廷来了一位来自大秦的商人，"孙权黄武五年（226年），有大秦贾人字秦论来到交趾，交趾太守吴邈遣送诣权，权问方土谣俗，论具以事对"③。从上述两段文献记载来看，这两批罗马商人到达中国的线路应该是经马六甲海峡，沿海路抵广州。

不过，虽然没有直接的史料表明有罗马商人经由其他路线入华，但从中国人对罗马帝国的记载则可以推断，当时中国境内必然有罗马帝国

---

① Harl, *Coinage in the Roman Economy*, p.301.
② 《后汉书》卷八八《西域传·大秦传》。
③ 《梁书》卷五四《海南诸国传·中天竺国传》。

的商人或者通晓罗马帝国概况的人员活动。例如，中文史书描绘"大秦国一号犁靬，在安息、条支西大海之西，从安息界安谷城乘船，直截海西，遇风利二月到，风迟或一岁，无风或三岁。其国在海西，故俗谓之海西。有河出其国，西又有大海。海西有迟散城，从国下直北至乌丹城，西南又渡一河，乘船一日乃过。西南又渡一河，一日乃过。凡有大都三，却从安谷城陆道直北行之海北，复直西行之海西，复直南行经之乌迟散城，渡一河，乘船一日乃过。周回绕海，凡当渡大海六日乃到其国。"①这段文字说明不仅具体描绘罗马帝国（大秦国）的地理位置，还有关于前往罗马帝国的海路形成问题，其中关于"遇风利二月到"或"风迟或一岁，无风或三岁"的记录，则反映出商人们在行商过程中对于季风的体会心得。而其后关于罗马帝国地理概况的描述，尽管让后人难以明辨其所指地域，但仍然能够设想到这是某位商人向中国人介绍罗马帝国概况后得出的概念，虽然不尽切实，却反映出罗马帝国因素在古代中国的影响。

《魏略·西戎传》中还有关于罗马帝国商业生活的真切描绘，反映出东西方商贸活动对文化交流的重要影响。例如，关于罗马帝国的货币，史载"作金银钱，金钱一当银钱十"；关于罗马帝国购买中国丝绸的描述以及罗马与安息的商业活动，"又常利得中国丝，解以为胡绫，故数与安息诸国交市于海中"；还有关于安息对于罗马帝国东方贸易阻挠的记录，"（大秦国）其王常欲欲通使于汉，而安息欲以汉缯彩与之交市，故遮阂不得自达"②。上述中文史料对罗马帝国的记载，包括其所使用货币、商贸活动的内容、方式以及商路的畅通情况，反映出当时罗马帝国与中国的交往比较密切，至少中国对罗马人的商业活动颇有了解。

再次，既然东方贸易如此繁荣，中文史料中有罗马商人活动的明确记载，为什么中国境内没有大量罗马金银币的出土呢？与此同时，无论在印度还是中亚，罗马金银币均曾大量出土。若要回答这一问题，则需要从当时南亚以及中亚各国的货币金融政策中来寻找答案。

中国境内罕见罗马货币的事实，相比于中亚以及南亚地区发现大量罗马金银币，表明这些货币在通往东方的商路上，停留在某个地区，而无法大量传至中国：这可以由一些考古发现加以印证。考古发现表明在

---

① 《魏略·西戎传》。
② 《文献通考》卷三三九《四裔考·十六》。

安息帝国、粟特地区、贵霜王国以及印度半岛都曾流入大量罗马的金银币；然而虽然这些货币出现在中亚和南亚地区，但却没有继续进入中国。原因在于，当罗马货币流入安息帝国境内后，安息国王们由于本国缺少贵金属，因此将进口来的罗马货币重铸，以维持他们自己的货币供应。为了保证货币供应量，安息政府大力控制本国货币以及流经当地的罗马贵金属再次流走。① 与此类似的情况也发生在印度半岛，从考古发现的一些窖藏罗马金币和银币，能够看出这些金银在印度的遭遇：有些金银币被严重剪边、图案被严重刻损；有的银币上面的皇帝肖像被凿坏；有的被铸币冲压机重新压铸；还有一些当地人按照罗马帝国金银币原型铸造的仿制金币。对于这些罗马货币的遭遇，有些学者认为：这使得罗马商人们既没有勇气将这些被损毁的金银带回罗马帝国，也没有勇气继续使用前往东方的中国。② 由于考古资料的限制，在 1 世纪后控制北印度时，那里对贵霜帝国时期，罗马货币的使用不是很清楚，然而近代这里出现的大量罗马货币和罗马—印度货币的交易③，反映出古代这里也存在着大量罗马货币以及在罗马货币基础上重铸的货币，表明贵霜帝国也可能采取与其邻国相类似的做法。

因此，由于罗马货币在通往东方商路上遇到这样的阻隔，尽管仍然有相当数量的罗马货币能够随着罗马商人的回程返回罗马帝国，但是既然罗马商人没有组织起大规模深入东亚的商贸往来，那么在由中亚和南亚通往中国的陆上或海上商路中，就难觅罗马货币的踪迹。此外，由于文献记载罗马商人抵达中国的途径主要通过海路，因此也存在另外一种可能：若罗马商人确曾将一些货币带至中国，而海路沿线或者中国南部潮湿的地区难以保存，或可能被拿去熔化，因而无法留至今天，使后人引以为憾。

既然到达中国的罗马商人或其他国家的商人，没有或者无法使用罗马货币来交换中国的商品，那么他们是用什么来进行交易的呢？对此，史书的记载也给出一些线索。例如，东汉桓帝延熹年间来华的罗马商人向皇帝献上象牙、犀角、玳瑁等物；《魏略·西戎传》中关于罗马帝国从益州到抵达中国的记载，也指出因与大秦的交往，"故永昌出异物"。

---

① Harl, *Coinage in the Roman Economy*, p. 301.
② Ibid., p. 305.
③ Harl, *Coinage in the Roman Economy*, p. 302.

由此可知，因中亚和南亚地区对金银货币的控制，罗马商人或者其他国家的商人在中国境内的活动主要采用物物交换的方式，致使因商业活动流入中国的罗马货币数量有限。

综上所述，罗马帝国时期东方贸易极度繁荣，通过各条海路、陆路有大量罗马商人前往东方采购商品，同时也将罗马帝国的产品带至东方。但由于在这一贸易交换中，罗马人对东方奢侈品的需求甚为强烈，因此形成了与东方贸易的巨大逆差，大量罗马货币由此流向东方。然而由于东方一些国家实行的金融政策，尽管文献中提到不少罗马商人曾到达中国，但并没有因此促成大量罗马货币留在中国，从而出现繁盛的贸易活动却没有货币实物证据的现象。

二、三世纪大危机对东方贸易的影响

既然罗马帝国时期繁盛的东西方贸易往来并不能将罗马的货币带入中国，那么5世纪的拜占庭金币是如何到达中国的呢？在这之间的数百年时间里，究竟发生了什么事情改变了罗马帝国在远东的形象呢？

当怀着这样的疑问，考察从罗马帝国向拜占庭帝国过渡的百余年历史时，可知3世纪到4世纪的社会变迁，彻底地改变了帝国在东方贸易中的地位与影响，从而使得在中国出现的帝国形象发生变化。

首先来看罗马帝国：发生在3世纪的社会变迁，在罗马史上一般称为三世纪大危机。从2世纪末至3世纪末，罗马社会爆发了包括政治、经济在内的严重的社会危机①，这场危机的发生对于罗马帝国尤其是西部地区是致命的，它引起政治动荡、经济萧条、城市衰落、财政枯竭，还有不断爆发的农民起义和乘虚而入的大批蛮族，最终导致476年西部帝国的消亡。这场危机对罗马帝国在东方贸易中的地位与影响同样是灾难性的。

一方面，罗马帝国本身的内乱降低了国内对东方奢侈品的需求，罗马商人倚为后盾的帝国经济也陷于危机。其具体影响表现为：其一，国内经济危机，罗马货币严重贬值，财政体系趋于崩溃；其二，帝国内部的东方奢侈品需求大幅减少，许多从事东方贸易的商人由此失业，曾经活跃一时的罗马商人和商船渐渐销声匿迹；其三，数个世纪以来在近东

---

① 吴于廑、齐世荣主编：《世界史·古代史编》（上卷），北京：高等教育出版社2011年版，第434页。

包括波斯湾等地建立起的罗马商业霸权一夕丧失,有限的继续从事东方贸易的罗马商人的活动也受到限制。另一方面,帝国的内乱也影响到其势力范围,具体到东方贸易,随着罗马帝国势力的收缩,一些其他力量趁机而生,前来分享罗马人空出来的巨大利益蛋糕,其中包括海路上猖獗的海盗,以及沿途的其他国家。

经由埃及前往印度的海路贸易被位于红海入海口的埃塞俄比亚人控制。建立于2—3世纪的阿克苏姆(Aksum)王国,从5世纪开始兴盛,并逐渐控制了索马里北部以及阿拉伯半岛西南端(今也门地区)的港口。为了保证自己的经济来源,阿克苏姆的国王们继续推动商路的繁荣,他们发行一种在铜或银坯上嵌入金子的货币,从4世纪到整个6世纪在非洲角各地广泛使用。① 不过阿克苏姆王国的兴起并没有阻断拜占庭帝国通往东方印度的商贸旅程,直到6世纪以后,当已经在陆地上几乎完全封锁拜占庭帝国的萨珊波斯人,将自己的势力扩张到红海海峡时,阿克苏姆人的控制才被打破。事实上,由于阿克苏姆王国与拜占庭帝国在宗教上的亲缘关系,一直维持着结盟关系。为了突破萨珊波斯人的封锁,查士丁尼皇帝曾派人与阿克苏姆国王交涉,希望能够联合对抗以及摆脱萨珊波斯人的控制,帮助罗马商人自由通往印度。② 然而,拜占庭皇帝的努力最终沦于失败,萨珊波斯人的势力不断扩张,在6世纪晚期他们在也门建立自己的据点,将埃塞俄比亚人的势力排挤出去;并在7世纪前期攻占埃及。③ 至此,阿克苏姆王国维持的商业网络衰落下去,拜占庭帝国经由海路前往东方的途径被遏止。

其他陆路或海路通道主要被新兴的萨珊波斯帝国控制。226年,来自伊朗高原上的一支萨珊人推翻安息帝国,建立起自己的新国家,此即萨珊波斯帝国。④ 萨珊人继承了古代波斯与西方的敌对传统,成为罗马—拜占庭帝国通往东方商路的巨大壁垒。它利用罗马帝国的内乱迅速扩张:趁罗马帝国无暇东顾之际,大力向西扩张,亚美尼亚、两河流域

---

① Harl, *Coinage in the Roman Economy*, p. 308.
② Procopius, *History of the Wars*, Book I. xix. 1 – 37, xx. 1 – 13.
③ Greatrex, G. and Lieu, S. N. C., ed., *The Roman Eastern Frontier and the Persian Wars*, part II AD 363 – 630, Routledge, 2002, p. 137.
④ Bury, J. B., *History of the Later Roman Empire: from the Death of Theodosius I to the Death of Justinian* (A. D. 395 to A. D. 565), v. 1, London: 1923, p. 90.

东部的大片领土被萨珊波斯夺去，并控制了阿拉伯半岛东北部①；而位于波斯境内的传统陆路商道，即前安息境内的丝路古道则受到更严格的控制。为了完全获得东方商贸中的巨大利润，也为了维护罗马帝国在东部边疆的地位，罗马帝国与萨珊波斯在3—4世纪展开了长期的争夺，近东地区的亚美尼亚以及以尼西比斯（Nisibis）和杜拉斯（Duras）等商贸城市为中心的两河流域，成为他们争夺的主要对象。双方在互有胜负之后，最终363年拜占庭的朱维安皇帝（Jovian）与萨珊波斯签订和约规定，双方以底格里斯河上游的一条支流以及幼发拉底河为界，尼西比斯归萨珊波斯所有；409年签属另一份协议，将两国之间国际贸易的通商口岸设置在萨珊波斯境内的尼西比斯、拜占庭帝国境内的卡里尼库姆（Callinicum）以及亚美尼亚地区的阿塔哈塔（Artaxata）②。这两份和约的签订，保证了罗马帝国和萨珊波斯帝国之间比较公平的贸易关系，因此这种相对和平的局面也维持了百余年。然而这样的互利仅限于两帝国之间的直接交易，从整个东西贸易格局来看，拜占庭帝国处于贸易的下端，只能无奈地接受萨珊波斯人索要的高价，它所控制的只是东方货物在本国境内的数量和价格，以防止因货物短缺而造成的价格哄抬。故而直到6世纪查士丁尼皇帝统治时期，拜占庭帝国为突破萨珊波斯对他们的贸易封锁进行的各种尝试和努力，才取得一定成果，却很快遭到萨珊波斯人的打击。

总的说来，从罗马帝国晚期开始，帝国的东方贸易受到严重阻隔；中国史籍中出现的罗马（大秦）人身影也逐渐减少，使者的出现只有一次。尽管已经有罗马商人寻找到直接经海路到达中国的道路，并与中国皇帝进行了直接接触，然而由于本国的内乱，无暇也无力再支撑罗马商人或者罗马使节的远东之行。因此在中国南北朝时期的《梁书》中，有这样的记载："海南诸国……后汉桓帝世，大秦、天竺皆由此道（海路）遣使贡献。……晋代通中国者盖尟，故不载史官。"③ 罗马帝国时期与中国的直接交往就这样渐趋衰落。

从3世纪罗马帝国大危机爆发以来，不仅帝国本身的经济以及对外

---

① Wiesehöfer, J., *Ancient Persia: from 550 BC to 650 AD*, tr. Azizeh Azodi, New York: 1996, p. 153.
② Ibid., p. 195.
③ 《梁书》卷五四《海南诸国传·序》。

影响被削弱，难以为远行的罗马商人提供经济支持与安全保障；同时国际上新兴势力的崛起，也将原先罗马商人在东方贸易中的优势地位化解殆尽。到4世纪以后，罗马商人几乎被挤出东方贸易；这种困境同样影响到国内局势，即东方奢侈品供应量大幅下降。尽管帝国内部的消费水平有一定程度的下降，这些商品供不应求的紧张局面还是愈演愈烈。为了防止物价哄抬，301年戴克里先制定价格饬令，严格规定商品的最高价格，违者处以死刑。① 尽管处罚如此严厉，但是商品价格的涨幅仍然不是皇帝命令能够控制的，很快这一饬令就流于无效。

面对如此困难的局面，帝国的领导者们采取各种方式进行调整，希望改变帝国危机重重的状况，他们的努力取得一定成果：帝国在3世纪末4世纪初逐渐步入稳定，开始了从罗马帝国向拜占庭帝国痛苦的嬗变过程。此后，罗马人在经济及领土方面均有所斩获，重新打开通往东方贸易的大门，具体表现在领土收复和重建货币体系两方面。

三、罗马帝国在4世纪的复苏

对于旨在复兴罗马帝国的皇帝们来说，罗马的荣耀主要体现为广阔的疆域，因此在稳定国内秩序的同时，皇帝们纷纷转向东方，意欲从萨珊波斯手中夺回失去的土地。这些皇帝中最具代表性的，就是3世纪末4世纪初的两位罗马皇帝：戴克里先（Diocletian, 284—305 年）与君士坦丁（Constantine the Great, 312—330 年）。

首先与萨珊波斯人开战并夺回失去土地的皇帝是戴克里先。在基本平定帝国内乱后，他马上向萨珊波斯宣战，正逢此前萨珊波斯陷于内乱，于是罗马军队不断收复失地，并在283年重创萨珊波斯；在随后若干年里，罗马人的优势得到进一步加强，将疆域范围扩展到美索不达米亚的中心地区，即底格里斯河以东的广大区域，并在298年与波斯签署协议，规定位于罗马帝国的尼西比斯为两国之间的唯一通商口岸，在官方控制下进行商品买卖。② 戴克里先与萨珊波斯国王签订的这份协议，是帝国很长时间以来在东方获得的最大胜利。通商口岸的设定，不仅有效地控制波斯商人在帝国境内哄抬物价，而且还削减了萨珊波斯人从中获取的丰厚利润。一方面，官方直接控制商品采购的买入价格，从各地前往尼

---

① Jones, *The Later Roman Empire*, v. 1, p. 61.
② Wiesehöfer, *Ancient Persia*, p. 311.

西比斯的路途费用也使波斯商人的成本增加；另一方面，通商口岸的设定也使商人面对的买方市场转为卖方市场，且无法接触到直接消费者，缺乏对市场的有效信息。此外，戴克里先的胜利在一定程度上打破了萨珊波斯在东方商路中的控制：此时罗马帝国的疆域扩展到底格里斯在波斯湾的入海口，罗马人可以从这里获得大量来自东方印度的商品。然而，萨珊波斯并没有让这种劣势持续太长时间，4世纪后两国再次开战，重新划分势力范围。

君士坦丁王朝的皇帝们在应付内乱之余，还要应对在东方与萨珊波斯的交战。330年君士坦丁大帝将首都迁于博斯普鲁斯海峡的拜占庭，帝国的重心东移，为帝国在东方的经营提供了有力的基础。君士坦丁大帝与其继承者积极经营东方，与萨珊波斯进行对抗。例如君士坦丁一世曾与萨珊波斯就亚美尼亚的归属展开争夺，并将其外甥任命为亚美尼亚的国王，引发与萨珊波斯的战争①；340年，正是凭借君士坦提乌斯二世在东方对波斯萨珊人的有效抵制，为其争夺皇位提供有力的支持；363年，即位不久的朱利安皇帝前往东方亲征萨珊波斯，甚至攻到萨珊波斯首都泰西丰城下，然而最终他不仅没有攻下该城，反而遭到刺杀。②

随着朱利安的猝死，两大帝国在4世纪前半期的武力争夺宣告结束，之后签订的两份和约，大致确定两国的边界范围，为后来百余年的和平局势奠定基础。第一份和约的签订在363年，朱利安皇帝的猝死使得仓促之间被推举为皇帝的朱维安不得不与波斯人签订停战协议，协议规定：拜占庭帝国放弃底格里斯河流域的一些土地，以及美索不达米亚包括尼西比斯在内的边防重镇。这项和约签订以后，双方的边界线以底格里斯河上游的宁菲乌斯（Nymphius）河开始，向南在尼西比斯与达拉斯（Daras）之间联结阿波拉斯（Aborras）河，并顺着阿波拉斯河一直到幼发拉底河畔的色昔西姆（Circesium）。③ 其后果之一是将帝国的边疆重镇尼西比斯让给波斯，相应的利润也为萨珊波斯帝国占据。此后，在387年塞奥多西一世统治时，两国协议对亚美尼亚进行势力瓜分④，从而确立基本疆域范围，一直到6世纪再次开战之前，双方的争夺仍然限于这

---

① Jones, *The Later Roman Empire*, v. 1, p. 85.
② 陈志强：《拜占庭帝国史》，北京：商务印书馆2003年版，第75页。
③ Greatrex and Lieu, *The Roman Eastern Frontier and the Persian Wars*, pp. 1–30.
④ Ibid., pp. 28–29.

个范围。虽然此后两国边境上也会不时地发生一些冲突，但基本维持着和平局势，尼西比斯仍然作为通商口岸存在，为拜占庭帝国东方贸易的重启带来一个比较稳定的黄金时期。

对东方贸易至为重要的一环还有货币制度的改革与重建。为稳定国内局势，戴克里先皇帝在政治、经济、军事、宗教等方面都进行了大刀阔斧的改革，特别是其影响较大的货币改革政策。3世纪末，针对国内货币的严重贬值，戴克里先试图实行金银复本位的货币制度，不过由于白银严重贬值，黄金遂成首选。再者，黄金本身价值高、稳定性强，对于地域广阔、人口众多、开支较大的拜占庭帝国而言，用金子来计算方便得多。戴克里先的货币改革包括：发行重1/60罗马磅的金币奥里乌斯（aureus）①，约5.25克；发行银币第纳尔（denarius），并规定每磅金币可换算的银币第纳尔不超过50000枚；还有各种不同单位的铜币。② 及至君士坦丁统治时期，金币由奥里乌斯改为索里得，重约4.55克，并同时发行一些较轻的小型金币；银币则主要发行分别重1/60磅的米利兰斯（miliarensis）与重1/72磅的西里夸（siliqua）；铜币也相应地进行了改革。③ 君士坦丁大帝制定并由其继任者不断调整完善的货币制度，也为国际贸易的繁荣做好了准备。

总之，3世纪末4世纪初罗马帝国的复兴运动，在一定程度上稳定了几欲崩溃的罗马社会。随着君士坦丁堡作为新首都的启用，罗马帝国也向更为东方化的拜占庭帝国转变着。这种转变所带来的帝国政治权力重心的东移，也为拜占庭帝国与萨珊波斯帝国的争霸运动做好准备。在以后的岁月中，拜占庭人为了得到来自东方的奢侈品，为了恢复旧日罗

---

① 参见 Vagi, D. L., *Coinage and History of the Roman Empire*, v. 1, London: 1999, p. 421. 关于奥里乌斯：奥里乌斯（aureus，意为"金子"，重1/60罗马磅，合5.459克）是罗马帝国时期金币的名称，本意表示"金子"。戴克里先货币改革后即发行以为单位的金币，其重量在不同时期也各不相同：公元前20年重7.69克；公元215年重6.54克；公元250年重4.00克；公元275年重6.54克；到戴克里先时期，重为5.459克。关于罗马磅：罗马磅（以lb表示）为罗马帝国时期的重量单位，大致相当于326.70克（而我们现在使用的重量单位，1磅=453.6克），也就是说1罗马磅=0.72磅。不过对拜占庭度量衡的最新研究成果表明，不同时期的罗马磅的重量不尽相同：4到6世纪大约为324克；6到7世纪为322克；7到9世纪为320克；9到13世纪初为319克；最后跌至319克以下。本书所引用的数目一般以罗马磅为单位，简称为磅。参见 Laiou, *The Economic History of Byzantium*, p. 611.

② Vagi, D. L., *Coinage and History of the Roman Empire*, v. 1, London: 1999, p. 421.

③ Ibid., p. 485.

马帝国的盛况，不停地试图通过各种方式打破萨珊波斯人的控制，这种斗争一直延续到7世纪中期萨珊帝国的灭亡。因此，三世纪大危机期间的社会变动，使继罗马帝国而生的拜占庭帝国面临着一种完全不同的东方贸易格局，从而影响他们在远东地区的表现形式，即从5世纪到7世纪，虽然中文史书中未见拜占庭使者的踪影，却有大量拜占庭金币到达中国境内。

第三节　罗马帝国文献记录中关于东方贸易的记述

南方的海上丝绸之路同样有着非常悠久的历史，早在希腊化时代，它就已经成为从东地中海直接通往印度采购东方商品的重要商路。斯特拉波曾明确提到："这座城市（埃及的亚历山大）所享有的各种优势当中，最伟大的莫过于这里是整个埃及在自然条件上、唯一同时具有河海两方面优势的地方：既有良港适于经海路进行的商业贸易；河道又易于通行，便于将各地的货物带到这座由世界上最伟大的皇帝建造的城市。"① 这段话表明亚历山大大帝东征促进了埃及地区国际贸易的发展，也反映出由于东征带来的地区间直接、频繁的交往，从希腊化时代开始，东地中海以及南亚地区的国际贸易有了明显发展。

具体地说，从东地中海进入印度的海上贸易大体可分两道：一是从叙利亚向东沿幼发拉底河溯游而下，到达波斯湾后，或经陆地辗转到达印度，或沿海岸线乘船抵达印度半岛西侧港口；一是从埃及进入红海，沿红海海峡进入印度洋，直接通往印度或锡兰。

经由波斯湾的商路一般认为最早从塞琉古王国开始。亚历山大东征之后出现的塞琉古王朝控制着中东乃至中亚的大片领土，此时，从波斯湾到印度沿陆路的大象贸易似乎已经开启②。同时，从波斯湾经海路到达印度半岛的商路也已开通。塞琉古王国时期，阿拉伯半岛的波斯湾沿岸曾居住着一个部落，他们曾划着小船到达半岛南端，进而抵达印度北

---

① Strabo XVII. 1. 13, tr. Jones, compiled in Meijer & van Hijf, *Trade, Transport and Society in the Ancient World*, p. 125.

② Rostovtzeff, M., 'Foreign Commerce of Ptolemaic Egypt', *Journal of Economic and Business History*, 1932（4）, p. 740.

部，并在那里购买货物后，返回波斯湾，顺着幼发拉底河而上，最后沿陆路来到叙利亚贩卖他们的货物，其中包括熏香等物。① 无论这条商路最早形成的确切时间在何时，至少到公元前4世纪，希腊人已经对印度有了初步了解，并根据它来判断其他民族的方位。② 由此可见，经由波斯湾连通印度的商路很早就已经为周边民族所熟知。

而经由红海海峡的商贸活动同样很早就已出现，其时间大致可以追溯到公元前4世纪。当时，埃及的托勒密王朝为了与塞琉古竞争，也从非洲引进大象，充实军队，以对付塞琉古从印度得到的大象军。③ 托勒密帝国的大量需求，促成了红海沿岸商贸活动的发展。然而，红海的原始地理环境并不利于商港的建立：许多地方都是石头、珊瑚礁；海风极为猛烈，经验不足的水手往往无力穿行；海路上还充斥着海盗，难以通行。不过为了从东非运送大象，埃及人在红海沿岸打击和清理海盗活动，建造船只与港口，最终打通了东非与地中海之间的商道。

当东非的海路贸易日益成熟时，从东非通往南亚的海路也约略成行。从东非出发，既可以沿着大陆海岸线，途经各个港口前往印度半岛；又可以顺着季风直接从亚丁湾驶向印度半岛西岸。不过，托勒密王朝时期通往印度的商路规模并不很大，因此斯特拉波说："在此之前的托勒密王朝时期，每年只有非常少的船会冒险到印度经商。"④ 可见托勒密时期前往印度的商船较少，而且当时海路仍然存在着较大的危险；同时商业需求的不足也制约了它的发展。直到罗马帝国建立后贵族们追求奢侈生活，东方的丝绸、香料、宝石等商品才拥有了巨大市场，从而推动了红海商路的巨大发展。

通过上面的阐述，可知经由波斯湾以及红海前往东方的两条商路，在罗马军队扩张到东地中海之前，已经能够通往印度。当罗马人将疆域范围扩展到埃及以及西亚后，东地中海相对和平且统一的环境为东方商

---

① 引自 "Who were the Arab Traders during the time of the Romans and Greeks?" from NABATANEAN. NET. 2005 - 03 - 19 < http: //nabataea. net/who1. html >.
② 〔法〕戈岱司编：《希腊拉丁作家远东古文献辑录》，耿昇译，北京：中华书局1987年版，第1—2页。
③ 引自 "Who were the Arab Traders during the time of the Romans and Greeks?" from NABATANEAN. NET. 2005 - 03 - 19. < http: //nabataea. net/who1. html >.
④ Strabo II. 5. 12, tr. Jones, compiled in Meijer & van Hijf, *Trade, Transport and Society in the Ancient World*, p. 125.

贸的繁荣奠定了基础。不过对于罗马帝国来说，由于波斯湾位于安息帝国境内，与经由陆路通往中亚的商路一样，经由那里的商人们需要向安息国王设立的关卡缴纳各种税目；而且虽然考虑到陆路以及波斯湾沿线相对安全的商路环境，仍然有大量商人经由这里前往东方。但是安息帝国与罗马帝国的敌对状态，还是促使商人们选择另外一条安息帝国控制力度相对较轻的道路——红海商路。

从目前已了解到的信息看，罗马帝国时期商人经由红海通往印度、锡兰，进而到达中国的海上贸易，在实现经由海路直通印度半岛之前，大陆沿线的各个港口已经形成比较稳定的海路中转贸易。印度的水手们载着本国的商品，沿着海岸线到达波斯湾或者进入红海海峡，将货物交给那里的阿拉伯或其他民族的商人，再经由他们将商品转运到东地中海的安条克、亚历山大等大城市，在那里等候来自地中海各地的商船前来贩货。因此，早在罗马共和国时期，由于南方海路商贸的发展，东部的大型商业城市已成为著名的东方奢侈品集散地。

自从罗马人征服埃及、叙利亚、巴勒斯坦等地后，已经在地中海磨炼多年且熟悉海上航行的商人们，在冒险精神的激励下，开始向更远的地方进行探索。前文引述罗马帝国初期斯特拉波关于亚历山大港口盛况的描述，完全反映了罗马帝国兴起后海路商贸活动的兴盛。同时，曾经到达波斯湾或者红海海峡的印度商人们也开始进入东地中海地区。因此，克劳狄执政年间，普林尼曾在罗马遇到一位来自锡兰的使节，并从他那里了解到关于塞里斯人的错误知识。[①] 总的说来，罗马帝国初期，各地商人们已经能够经由海上商路从罗马直接抵达印度、锡兰以及更远的地区。

随着市场需求的不断上升，国际贸易的规模也不断扩大，因此到2—3世纪，经由海路的东西方贸易已经非常发达。中文史料中也有印度与罗马帝国经海路贸易的明确记载，"西与大秦、安息交市海中，或至扶南、交趾贸易，多珊瑚、珠玑、琅玕，俗无簿籍，以齿贝为货"[②]。而且正是在这段时期（桓帝延熹九年，166年），中文史书中首次出现了大秦

---

① ［法］戈岱司编：《希腊拉丁作家远东古文献辑录》，耿昇译，北京：中华书局1987年版，第11—12页。

② 《通典》卷一九三《边防九·天竺》

国使节的身影,派出使者的"大秦王安敦"① 也与当时执政的安东尼王朝相符,可见当时东西交通之盛。罗马帝国时期经由海路商贸活动的繁盛,自然也丰富了帝国臣民对商路环境及其周遭地理的认识,反过来又促进商贸活动的发展。

  总的说来,包括经由波斯湾及红海海路在内的南海商路具有悠久的历史,自从希腊化时代商路开辟以来,随着东西方对彼此认识的不断深化、消费市场的日益扩大以及航海技术的不断提高,商业贸易日益繁盛。特别是经由红海通往印度的商道,由于可以避开安息帝国的直接控制,在罗马帝国前期成为地中海地区连通东方开展国际贸易的重要途径,为东西方的经济文化交流做出巨大贡献。

---

① 《后汉书》卷一八八《西域传》。

第二章　早期拜占庭帝国与中国

第一节　中文史籍中关于"拂菻"的早期记载与研究

自4世纪后,辗转来到中国的罗马商人在人数和规模上骤减,而印度与中国的联系也更多表现为文化、宗教方面,商贸方面的关系不再凸显,以至几乎没有记录留下,直到南朝的刘宋之后才再次出现,但规模也很小,一直到6世纪的梁陈时期,一个新的身份出现在中文史书中,并被认为是古代罗马商人的继承者,这就是"拂菻"。

一、关于"拂菻"的争论

近百年来,学者们关于"拂菻"究竟是否指称拜占庭帝国,以及该词的语源做出各种不同的解释与探讨,目前虽尚无定论,主要观点可分为以下几种:①

1."法兰克说",也就是认为"拂菻"源于东方对法兰克(Franks)一词的音译。最早提出此观点的是俄国汉学家布列施耐德(Bretschneider),他认为法兰克帝国声名远播,在其影响下,穆斯林称欧洲人为Ferenghi,并因此影响到中国人用"拂菻"来表示拜占庭帝国。但后来他又对这种观点表示了怀疑。

而其他学者则继续在此基础上加以推进,英国汉学家艾约瑟(Joseph Edkins)认为拂菻本为波斯语,是波斯人对希腊人以及欧洲人的称呼,后来经由波斯人、阿拉伯人传入东方。中国学者冯承钧也认为中文

---

① 下面各种不同主张的详细评述,参见张绪山:《"拂菻"名称语源研究述评》,载《历史研究》,2009年第5期,第143—151页。

史书中的拂菻、拂临、拂懔以及宋元之后的佛朗、富浪、佛郎，是根据波斯语中对地中海东岸欧洲人的称呼"Farang"译出，该词进入突厥语后转为"Firang"，其根源为欧洲的Franks，即"法兰克人"。

此后，张星烺则进一步发挥了"法兰克说"，认为法兰克人在西欧势力渐盛，从而影响到其在世界范围的声名，而中文史籍中的"拂菻之名，初见于梁时。梁在南方，此名必自海盗传入。玄奘《大唐西域记》拂懔国附于波剌斯国节内。玄奘之得此名，必闻自印度人或波斯人者……故拂菻领土境域，或指东罗马而言，至于名字之来源，吾意以为起始于法兰克族也"①。

2. "耶路撒冷说"，魏源在《海国图志》中将"拂菻"一词归结于"撒冷"，是耶路撒冷（Jerusalem）的后两个音节。

3. "西洋说"，岑仲勉主张南梁元帝时期的"拂懔"即为后来的"拂菻"，而该词的语源为于阗文中的hvaram，表示"西"，即对西方国家的统称。而梁时首次用拂懔指称西方的某个国家，原因在于南朝与西域阻隔，关于西方的知识主要借助于时为西域大国的于阗，从而将于阗文中表示"西"的词汇用来指称某西方大国。

4. "拜占庭说"，持这种观点的是杨宪益，杨先生在《汉武帝与拂菻》中将武帝之子弗陵与"拂菻"联系起来，认为弗陵源于"黎轩"，而"黎轩"是黑海地区的希腊殖民地拜占庭。故而后世重新起用"拂菻"来表示首都迁到这里的罗马帝国。

5. "Polin说"，以著名汉学家裕尔和沙畹为代表的一些西方学者，认为"拂菻"源于希腊语的πόλιν，表示城市，这是拜占庭人对首都君士坦丁堡的惯称。由于6世纪后半期西突厥汗国与拜占庭帝国之间的数次使节往来，使得隋朝时期的中国人知晓经由北方草原通往西方的道路，并从西突厥人这里了解到常被称为polin的君士坦丁堡，从而以其名称呼拜占庭帝国。

对此观点，我国世界史学者齐思和、陈志强、沈福伟均表示支持②，但其他学者对比提出质疑。冯承钧支持东罗马帝国的许多城市均为polis结尾，认为polis表示君士坦丁堡的说法不足信，反而坚持"拂菻"一次最早出现于杜环《经行记》，认为该词源于751年怛逻斯战役后为中国人

---

① 张星烺：《拂菻原音考》，见《中西交通史料汇编》（第1册），北京：中华书局2003年版，第81—187页。
② 陈志强：《咸阳隋独孤罗墓拜占廷金币有关问题》，载《考古》，1996年第4期。

所了解的阿拉伯语。日本学者白鸟库吉则从另一角度对"polin 说"提出疑问，拜占庭人自己可称首都君士坦丁堡为 polin，但若与外国人交流时，是否还会以本国的惯称来指代君士坦丁堡呢？他进而用今土耳其人称君士坦丁堡为 Istambul 为例证明外国人不会使用 polin 一词表示君士坦丁堡乃至整个拜占庭帝国。

6. "伯利恒说"，德国汉学家夏德在 1885 年提出这一说法，他认为"拂菻"与景教徒入华有关，其出现也不早于景教徒进入中国的 636 年。该词表示叙利亚，更确切地说表示基督诞生之地伯利恒（Bethlehem）。在他看来，拂菻的古音印度做 But-lim 或 But-lam，与 Bethelehem 在语音学上能够对上。

7. "希腊说"，17 世纪的来华传教士刘应根据"大秦景教流行中国碑"中"西望仙境花林"得出，"花林"源于希腊（Hellen），而中古时期的拂菻一词则为 Hellen 的音译。中国学者刘增泉也支持这一观点。

8. "Ephraim 说"，这种主张由日本学者佐伯好郎提出，在"大秦景教流行中国碑"的碑文中有一中文译名也是拂菻的人，其对应的叙利亚名字为 Ephraim，因此佐伯好郎就此认为表示国家的拂菻应当也来自"E-phraim"，即其母邦。

9. "罗马说"，最早提出这一观点的是日本学者白鸟库吉，他认为拜占庭人在对外时一般自称"罗马人"，也即 Rum，该词进入阿尔泰语系后为方便发音在 R 前增添了 A、U 或 O 等韵母，变为"Urum"，再进入汉语时在其前又常常加上 W 或 H，从而变为 wut-rum 或 fut-rum，即为"拂菻"。其后法国学者布洛歇、伯希和以及美籍德国学者劳费尔对这种观点均表示支持，但伯希和认为拂菻的源头为 Frōm，该词源于西亚地区对 Rōm 一词既有的转音，它从亚美尼亚语到伊朗的帕列维语，分别经历了 Hrom（Horum）到 Hrōm 的变化，到中亚的花剌子模语或粟特语中变成了 Frōm（Furum）。对此观点，我国拜占庭学者张绪山老师表示支持。

二、隋唐以前正史中的"拂菻"

无论关于拂菻的争论如何，公认的是，中文史书中的拂菻大体上指的就是拜占庭帝国。那么按照史书的记载，可以发现北朝时期"大秦"已经逐渐淡出国人视野。

南梁的沈约在编写《宋书》时，称："汉世西译遐通，兼途累万，跨头痛之山，越绳度之险，生行死径，身往魂归。晋氏南移，河、陇复隔，戎夷梗路，外域天断。若夫大秦、天竺，迥出西溟，二汉衔役，特艰斯路，而商货所资，或出交部，泛海陵波，因风远至。又重峻参差，氏众非一，殊名诡号，种别类殊，山琛水宝，由兹自出，通犀翠羽之珍，蛇珠火布之异，千名万品，并世主之所虚心，故舟舶继路，商使交属。"①

唐以前，由于政治的纷乱，记录的缺失，关于大秦以及拂菻的相关知识非常有限，因此在李延寿编著的《南史》中，南朝的史籍记录者对于"大秦"或"拂菻"一无所知，甚至西域诸国的情况也不是很清楚，"自晋、宋以还，虽有时而至，论其风土，甚未能详"。以波斯为例，南北朝时期的萨珊波斯帝国已经立国 200 余年，而南朝对其的了解也比较有限，"波斯国……市买用金银。……国西及南俱与婆罗门国、北与泛慄国接"。从后世来看，在唐时与中国有着紧密联系的波斯，在唐以前南朝时期的学者当中所知甚少，而其原因在于南朝与西方波斯以及其他国家的联系很少，因为直到"梁中大通二年（528 年），始通江左，遣使献佛牙"②。由此可见，南北朝时期，南朝与西方诸国的联系比较少，而东汉至三国时期曾兴盛的海路此时也不再畅通。

相比较而言，北朝诸国由于与西域各国的联系，对西方世界了解得更为详细，同样是李延寿编著，《北史》中关于波斯的记载则丰富得多，称"波斯国……古条支国也"③。

由于中原政治的纷乱，直到完成统一大业、国家趋于稳定之后，才重新派专人经略西域，也是在这个时候，中国官方对于西域以及极西诸国的情况才得以更新，隋炀帝时，奉命经略西域的裴矩，"诱令（诸胡）言其国俗山川险易，撰西域图记三卷"④。与以往不同，裴矩特意令来到西域的所有外国人将所知晓的西方世界的地理风貌详细记录，并"寻讨书籍，访采胡人。或有所疑，即详众口，依其本国服饰仪形，王及庶人各显容止，即丹青模写为《西域图记》"⑤，不仅如此，还特意"别造地图，穷奇要害"⑥，因此隋以后官方史籍对西方世界的记载是比较准确的。

---

① 《宋书》卷九十七《夷蛮》。
② 《梁书》卷五十四《诸夷》；《南史》卷七十九《夷貊下》。
③ 《北史》卷九十七《波斯传》。
④ 《隋书》卷六十七《裴矩传》。
⑤ 《隋书》卷六十七《裴矩传》。
⑥ 《隋书》卷六十七《裴矩传》。

在中国的官方正史中，在描述裴矩编录《西域图记》时首次提到了"拂菻"一词，《隋书》与《北史》收录的《西域图记》序言中，明确提到从敦煌向西直到"西海"（地中海）可经三条道路，"北道从伊吾经蒲类海、铁勒部、突厥可汗庭，度北流河水，至拂菻国，达于西海。其中道从高昌、焉耆、龟兹、疏勒，度葱岭，又经钹汗、苏勒沙那国、康国、曹国、何国、大小安国、穆国，至波斯，达于西海。其南道从鄯善、于阗、朱俱波、喝盘陀，度葱岭，又经护密、吐火罗、挹怛、帆延、漕国，至北婆罗门，达于西海。其三道诸国，亦各自有路，南北交通。其东安国、南婆罗门国等，并随其所往，诸处得达"①。

从上段文字当中，可以看出，当时裴矩从诸胡那里了解到的西海更像是一个概念，而没有确定的指向。经由北道，从西突厥汗庭向西渡河到达拂菻，那么这里"西海"应该是指黑海。而"中道"至波斯后随即"达于西海"，这里的西海可能指"黑海"，也可能是"波斯湾"，甚至可能为"地中海"，但无法确定。而"南道"从中亚向西南"至北婆罗门"从而达到的"西海"，应该指的是印度洋。所以在当时国人从胡人所了解到的信息当中，拂菻位于"西海之上"，也就是波斯的西北部，《隋书》载波斯"西北去拂菻四千五百里"②。

虽然《旧唐书》卷一九八《西戎传·拂菻传》明确说明"拂菻国，一名大秦，在西海之上"，但并没有解释因何从"大秦"转变为"拂菻"。事实上，由于汉字作为象形文字的特殊性，它在选择汉字指代一个外来词汇时，不同人、不同地区会产生极大的差异。因此，虽然"拂菻"二字从裴矩时正式为官方采用，但此前关于这个国家并非没有记载。

前引《梁书》与《南史》关于波斯国的描述中，曾提到其"西及南俱与婆罗门国、北与泛慄国接"，根据当时人们对波斯帝国周围国家的认知，可以判断出，隋以前，南朝时期出现在中文记录中位于波斯帝国北部的这个"泛慄国"就是后来的拂菻。可惜无论是《梁书》还是《南史》对这个"泛慄国"均没有进一步说明。

同时期的北朝史料中也能找到一些值得注意的记载，《魏书》卷一百二《西域传》载："伏卢尼国，都伏卢尼城，在波斯国北，去代二万七千三百二十里。累石为城。东有大河南流，中有鸟，其形似人，亦有

---

① 《北史》卷三十八《裴矩传》。
② 《隋书》卷八十三《西域》。

如橐驼、马者,皆有翼,常居水中,出水便死。城北有云尼山,出银、珊瑚、琥珀,多师子。"

根据前面关于当时国人对波斯以及拂菻国位置的理解,再根据发音,可以判断出,这里提到的"伏卢尼国"就是后来的拂菻国,法国汉学家伯希和也持这种观点。① 那么,同样地,《梁书》中所载之"泛慄国"同样也是"拂菻"的另一种异译。

除此以外,在中文正史当中可能为"拂菻"异译的还有"普岚",《魏书》中有三次关于"普岚"的记载:

太安二年(456年)十有一月……嚈哒、普岚国并遣使朝献。
和平六年(465年)夏四月,破洛那国献汗血马,普岚国献宝剑。②
皇兴元年九月壬子,高丽、于阗、普岚、粟特国各遣使朝鲜。③

也就是说,在北魏时期,拜占庭人即可经由中亚诸国来到中国,只是在南北朝的纷乱之下,关于这个遥远国度的知识比较零散,关于它的译名也没有统一,从而出现了泛慄、普岚、伏卢尼等不同称呼。

三、中文其他史籍中的"拂菻"

然而,中文《正史》当中的记载只能反映出编撰前朝历史时编者们所收录到的各种资料的情况,是中国上层或知识分子阶层对当时社会情况的了解,特别是对西方世界的了解,无法涵盖当时民间的所有知识。那么在其他文献中就发现了南北朝时期关于"拂菻"的不同记载。

目前,已知中国关于"拂菻"的最早记载出现于313年,见《太平御览》卷七五八引《前凉录》:"张轨时,西胡致金胡瓶,皆拂菻作,奇状,并人高,二枚。"前凉所控区域为河西走廊,自来是丝绸之路的交通要道,因此来自西方以及西域的商人大多会经由此地,那么经由丝绸之路传到东方的拂菻作"金胡饼"则反映出那个时期河西地区与西方之间的商贸往来。

《法苑珠林》卷二九记玄奘在印度的行经各地,曾提到"又周巡西北越十余国至波剌斯国。非印度所摄。此国多出金、银、鍮石、颇胝水

---

① P. Pelliot, "Sur l'orgine du nom de Fu-lin", *Journal Asiatique*, ser. 11, vol. 3 (1914), pp. 497–500.
② 〔北齐〕魏收:《魏书》卷五《高宗纪》。
③ 〔北齐〕魏收:《魏书》卷六《显祖纪》。

精，死多弃尸。佛钵在王宫中。西北接拂懔国。出白狗子。本赤头鸭生于穴中"。行文至此，还特别注称："案梁贡职图云，去波斯北一万里，西南海岛有西女国，非印度摄，拂懔年别送男夫配焉。"所谓"梁贡职图"据说是南梁萧绎所绘（原作已失，现存宋摹本）①，职贡图绘制了当时到梁国朝贡的诸国使臣图，并配有文字说明，这些文字后来被《梁书》与《南史》所引。

第二节 中国发现的早期拜占庭帝国的器物与研究

一、中国发现的具有拜占庭早期文化印迹的文物

从考古发现上来看，进入 5 世纪后，虽然中原处于纷乱之中，但由于北方游牧部族向南以及西北游牧部族向东的大规模迁徙，在一定程度上推动了中原地区与西域乃至中亚地区的商业文化交往。因此中国境内发现了许多时间在 5 世纪到 7 世纪的具有明显西方风格的器物。来自拜占庭帝国的金币与萨珊波斯帝国的银币是这些文物当中最重要的组成部分，关于拜占庭帝国的金币在另一部分专门描述，这里集中介绍中国境内出土的具有西方文化印迹的器物。

银盘

1. 1981 年，山西大同洗脚小站村花圪垯台清理的一座北魏墓葬，出土一件萨珊波斯出品的鎏金银盘。②

2. 1988 年秋，甘肃靖远北滩乡出土一鎏金银盘，直径 31 厘米，高 4.4 厘米，重 3180 克；时间约为拜占庭早期。③

金银瓶④

1. 1982 年，甘肃天水石马坪发现的墓葬中出土屏风式石棺床，左侧

---

① 岑仲勉：《现存的职贡图是梁元帝原本吗》，载《中山大学学报》，1961 年第 3 期，第 42—47 页。
② 马雍：《北魏封和突墓及其出土的波斯银盘》，载《文物》，1983 年 8 期；夏鼐：《北魏封和突萨珊银盘考》，载《文物》，1983 年第 8 期。
③ 初师宾：《甘肃靖远新出东罗马鎏金银盘略考》，载《文物》，1990 年第 5 期。另见黄家祥、黄家全：《甘肃靖远出土东罗马鎏金银盘模拟探索》，载《考古与文物》，1999 年第 5 期。
④ 关于中国所出胡瓶的研究，参见赵晶：《唐代胡瓶的考古发现与综合研究》，西北大学硕士学位论文，2008 年。

屏风上刻绘胡瓶 1 件。①

2. 1983 年,宁夏固原南郊北周李贤合葬墓出土具有萨珊风格的鎏金银瓶,银瓶通高 37.5 厘米,最大腹径 12.8 厘米,重 1.5 千克。银质,表面鎏金,环形单把,把上方铸一头戴贴发软冠、高鼻深目的人头,面向瓶口,瓶口为鸭嘴状。②

3. 1999 年,山西太原隋虞弘墓出土的砂石持壶男侍俑,怀中持一高 17.3 厘米的带巴壶,墓中石椁的浮雕与彩绘图案中也有不同类型的胡瓶,共 6 处。③

4. 2000 年,陕西西安北郊北周安伽墓出土的围屏石榻上雕有 4 处胡瓶的图像。大体分为两种类型,一种似有盖,单柄低于壶口,柄呈圆弧形,颈较长,腹部刻有弦纹,表面贴金,应为金器;另一种单柄高于壶口,与柄对应一侧有流,器形瘦高,单柄中部向内曲,颈较长,圆鼓腹,腹部刻有弦纹,涂白彩,似为银器。④

5. 2003 年,在陕西西安北郊安伽墓附近发现的北周史君墓,墓中出土的石椁浮雕上有胡瓶的形象,共 4 处。⑤

6. 日本 Miho 美术馆收藏的一套北齐石棺床,后屏从左到右第三幅画面萨保夫妇宴饮图左下角有一胡瓶。⑥

7. 巴黎吉美博物馆的一套围屏石榻,第五块石板像上有两处胡瓶形象。⑦

目前关于鎏金银瓶的研究已经取得一些成果。这些研究大多集中于对银瓶或银杯造型、浮雕内容等的分析与解读,如固原李贤墓出土的鎏金银瓶。尽管银瓶上的浮雕内容描绘的是古希腊的神话故事,但并不意味着它就是希腊罗马人制作,希腊文化在西亚、中亚等地的广泛传播,

---

① 天水市博物馆:《天水市发现隋唐屏风石棺床墓》,载《考古》,1992 年第 1 期。
② 罗丰:《北周李贤墓出土的中亚风格鎏金银瓶——以巴克特里亚金属制品为中心》,载《考古学报》,2000 年年第 3 期。
③ 山西省考古研究所、太原市文物考古研究所、太原市晋源区文物旅游局:《太原隋虞弘墓》,北京:文物出版社 2005 年版。
④ 陕西省考古研究所:《西安北郊安伽墓》,北京文物出版社 2003 年版,第 81 页。
⑤ 西安市文物保护考古所:《西安市北周史君石椁墓》,载《考古》,2004 年第 7 期。
⑥ 荣新江:《Miho 美术馆粟特石棺屏风的图像及其组合》,见《艺术史研究》第四辑,广州:中山大学出版社 2002 年版。
⑦ 德凯琳、黎北岚:《巴黎吉美博物馆展围屏石榻上刻绘的宴饮和宗教题材》,施纯琳译,见《4—6 世纪的被中国与欧亚大陆》,北京:科学出版社 2006 年版。

使得萨珊波斯帝国也可以生产出这样精美和内容的银瓶。

在中文史籍中也提到了这样的金胡瓶,"《前凉录》曰:张轨时,西胡致金胡瓶,皆拂菻作奇状,并人高,二枚"①。后来,在三国魏文帝时期,"《西域记》曰:疏勒王致魏文帝金胡瓶二枚,银胡瓶二枚"。《凉州异物志》也称:"方外殊珍,车渠马瑙。器无常形,为时之宝。(随其大小以作盂碗杯盘也。)视之目眩,希世之巧。罗刹所作,非人所造。(罗刹鬼,远外国,巧成器物,与人交市,非人能所造)。"②

在上述三段记载中,虽然《前凉录》中出现了"拂菻",但这个时期的拂菻还无法确定是否为后世一般指代的拜占庭帝国。故而,从文献记录看,这种金瓶、银瓶可能来自西方的任何胡人,依然无法确定其是否来自拜占庭帝国。

二、中国发现的拜占庭金币概述

中国境内关于拜占庭金币及金币仿制品发现的正式报道于20世纪初刊印,但金币的发现本身要早得多,当1915年斯坦因发掘吐鲁番的阿斯塔那张氏墓茔时,正是在当地向导的提醒下,才知道死者口中含金银币的现象③;英国学者鲁道夫·霍尔雷(Rudolf Hoernlé)曾记录他与英国上尉古德弗雷(Captain Godfrey)的通信,其中对方提道"听说在当地寻宝者经常在塔克拉玛干沙漠中发现金币"④。这些情况说明金币在我国新疆地区广泛存在,并使得当地的寻宝者和盗墓人形成寻找金币的习惯。当然这些金币的发现不会被记录下来加以详细说明。

关于我国境内发现拜占庭或拜占庭式金片的最早文字记录就是上面这位霍尔雷,他记录了古德弗雷的朋友从和田的一位清真寺阿訇那里见到一枚金币和一些印章,据称这些是从当地的一位寻宝者处购得,后者从沙漠中发现了它们,但由于印章太贵,因此古德弗雷的朋友只买了金币。此外,格尔弗雷在信中还记录到:他的朋友讲过,俄国驻喀什(Kashghar)总领事曾将两枚铭文与此类似的金币献给沙皇陛下(末代沙

---

① 《太平御览》卷七五八《器物部三》。
② 《太平御览》卷七五六《器物部一》。
③ Stein. A, *Innermost Asia: Detailed Report of Explorations carried out in Central Asia, Kansu and Eastern Iran*, Oxford, 1928, vol. I, p. 646; vol. III, p. 995, Pl. CXX, 15 – 17.
④ Hoernle, A. H. R., "A Collection of Antiquities from Central Asia", *Journal of the Asiatic Society of Bengal*, vol. 68, part 1, 1899, p. vii.

皇尼古拉二世，Nicholas II，1894—1917年在位）。① 此后，斯坦因和斯文·赫定在新疆吐鲁番与和田发现的拜占庭式金片或拜占庭金币也分别于1928年和1938年被报道出来，并被带走分别藏于英国大英博物馆和瑞典考古博物馆。总体上，由于新中国成立前中国政府的积贫积弱、政府对各地文物管理的缺失，使得包括拜占庭金币在内的大量文物流失或损毁。如1945年夏鼐在河西地区考古时，了解到曾出土康阿达墓碑的古墓还有一枚金币现世，但已被当地人拿走，兑换到银行后可能被熔铸了。② 这种混乱无序的局面一直到新中国成立以后才有改观。随着考古发掘、文物整理保护以及刊登发掘报告等工作的有序展开，我国各地不时发现拜占庭金币或其仿制金币，相关的研究也逐步展开。

新中国成立后关于拜占庭金币及金币仿制品的研究始于夏鼐先生，也就是1953年咸阳底张湾隋独孤罗墓出土的查士丁二世（Justin II，565—578年在位）金币。在夏鼐先生的研究基础上，此后关于金币及仿制金币的研究大体分为两类：第一，除发掘报告或金币介绍性文章（后者大多为私人收藏者公布，介绍比发掘报告略微详细）外，一些学者收集整理各地发现的金币和仿制金币进行综合论述，并对其中涉及的问题加以阐释说明，如陈志强、罗丰、康柳硕、F. 蒂埃里、张绪山、李一全等等；第二，一些学者就与这些金币有关的历史问题展开论述，如林英、张绪山曾就粟特商人、西突厥汗国与中国出现的拜占庭金币以及仿制金币之间的关系撰文论述，笔者也曾分析萨珊波斯帝国在其间的影响。十多年前，笔者曾就上述研究状况加以详细分析论述③，在此不再赘述。在此后的十多年间，陆续又有新的金币发现；一些新的研究成果先后出现，例如王义康就中国境内拜占庭金币和萨珊波斯银币的综合研究④，张曦就河北出土的拜占庭金币及相关问题的探讨⑤，以及日本学者秋山

---

① Hoernlé, "A Collection of Antiquities from Central Asia", p. viii.
② 夏鼐：《咸阳底张湾隋墓出土的东罗马金币》，载《考古学报》，1959年第3期，第71页。
③ 郭云艳：《中国发现的拜占庭金币及其仿制金币的研究综述》，载《中国钱币》，2007年第4期，第55—61页。
④ 王义康：《中国境内东罗马金币、波斯萨珊银币相关问题研究》，载《中国历史文物》，2006年第4期，第41—50页。
⑤ 张曦：《河北出土的拜占庭金币及相关问题探讨》，载《中国历史文物》，2007年第3期，第15—18页。

進午就中国所见拜占庭金币的再考察①,等等。研究成果的纷纷涌现,一方面说明中国发现的拜占庭金币的重要意义,另一方面也是对这一历史现象的充分讨论,从而能够更加深入地认识其价值和影响,认识当年依托丝绸之路的东西方文化交流盛况。

然而,此前的研究工作还存在一些问题:(1)新疆地区发现的拜占庭金币和仿制金币一直没有全面系统地被整理与报道出来,这是关于金币和仿制金币研究的巨大缺口。(2)金币分类仍然简单地以铭文表示的皇帝来界定,没有充分利用国际拜占庭古币学界的研究成果,将金币的时间范围进一步缩小。(3)最重要的是,中国发现的这些具有拜占庭属性的金币(或金片)中包含了大量的仿制金币,其仿制工艺、仿制效果乃至仿制用途五花八门,如果笼统地界定为金币真品和金币仿制品会掩盖许多问题,因此亟待对其加以准确的分类,才能进一步探讨其用途及传播途径。

本书所要讨论的是中国境内出土的拜占庭金币和拜占庭式金币仿制金币,那些此前见于公开报道的一些私人藏品,由于无法提供足够的考古学信息,因此暂不涉及。从19世纪末到21世纪初,有明确出土地点和基本信息的拜占庭金币和约98枚,银币5枚,涉及18个县市。现将它们的出土年份、地点与数量,列表如下(见表1):

表1 中国发现之拜占庭早期钱币总表

(截止到2017年,以发掘时间为序)

序号	出土年份	出土地点	埋藏时间	金币数量	金币类型
1—3	1896②	新疆和田	不详	3	骡子仿制金币:查士丁尼一世;金片(2);
4	1897③	新疆和田	不详	1	骡子仿制金币
5—7	1915④	新疆吐鲁番	高昌	3	两枚单面金片,一枚双面金片
8	1931⑤	河南洛阳	墓葬	1	双面,很薄,均为头像

---

① 秋山进午:《20世纪中国发现拜占廷金币的再考察》,见《日本东方学》第一辑,北京:中华书局2007年版,第39—79页。

② Montell, Gösta, "Sven Hedin's Archaeological Collections from Khotan", part II, *Bulletin of the Museum of Far Eastern Antiquities*, X (1938), pp. 95, 112.

③ Hoernlé, "A Collection of Antiquities from Central Asia", p. viii.

④ Stein, *Innermost Asia*, v. III, p. 995, Pl. CXX, 15–17.

⑤ W. C. White, 'Byzantine Coins in China', *Bulletin of the Royal Ontario Museum of Archaeology*, No. 10 [1931], pp. 9–11.

(续表)

序号	出土年份	出土地点	埋藏时间	金币数量	金币类型
9	1953①	陕西咸阳	隋	1	索里得：查士丁二世
10	1956②	陕西西安	唐	1	索里得仿制金币：希拉克略一世
11	1959③	内蒙古呼和浩特	隋唐	1	索里得：阿纳斯塔修斯一世
12	1970④	陕西西安	盛唐	1	索里得仿制金币：希拉克略一世；何家村窖藏
13—26	1966—1976⑤	新疆吐鲁番	高昌至唐初	至少14枚	多为金片，个别双面，所见图片均为索里得仿制金币
27—29	1976⑥	河北赞皇	北齐	3	索里得：塞奥多西二世（1），527年两帝共治（2）；

---

① 夏鼐：《咸阳底张湾隋墓出土的东罗马金币》，载《考古学报》，1959年第3期，第65—71页。

② 夏鼐：《西安土门村唐墓出土的拜占庭金币》，载《考古》，1961年第8期，第446—447页。

③ 内蒙古文物工作队、内蒙古博物馆：《呼和浩特市附近出土的外国金银币》，载《考古》，1975年第3期，第182—185页。

④ 陕西省博物馆、文管会：《西安南郊何家村发现唐代窖藏文物》，载《文物》，1972年第1期，第34—46页。

⑤ 关于新疆吐鲁番地区发现的拜占庭金币出土情况可见：鲁礼鹏：《吐鲁番阿斯塔那古墓葬群发掘墓葬登记表》，《新疆文物》2003年第3—4期，第215—243页。新疆阿斯塔那墓葬群的发掘报告分别见于《文物》1972年第1期，1975年第10期，以及1978年第6期和《新疆文物》2000年第3—4期。根据刊登的《墓葬登记表》，记录有金币的墓葬有14座，然而这14座墓葬却没有包括1972年第1期《文物》刊登的《吐鲁番阿斯塔纳-哈拉和卓古墓群清理简报》中发现拜占庭金币的TAM92和TAM138以及哈拉和卓的102号墓葬。罗丰老师整理得出这些年吐鲁番地区所出拜占庭式金币仿制品为18枚（见：《北周史君墓出土的拜占庭金币仿制金币析》，载《文物》，2005年第1期，第58—66页）。虽然吐鲁番博物馆的崔志瑞等撰文称：1959—1975年考古发掘金币12枚，1976年发掘仿制金币2枚（详见崔志瑞、周辉、陈爱峰：《吐鲁番出土与馆藏的丝路货币》，载《收藏》，2016年第8期），玉苏甫、哈斯木在《新疆钱币》2004年刊登的《新疆博物馆馆藏古钱币述略（续）》一文中称该馆藏有吐鲁番墓葬出土的仿制金币10枚，其他的存于吐鲁番博物馆，并称"新疆地区发现的仿东罗马金币应该为20余枚"。由于各方报道的数据均有出入，相关墓葬的记录和登记也前后不符，因此，此处笔者暂以14枚为据，并相信实际数量应高于此，期待以后能有更为详细、细致的统计和整理。

⑥ 夏鼐：《赞皇李希宗墓出土的拜占廷金币》，载《考古》，1977年第6期，第403—406页；同期刊载石家庄地区革委会文化局文物发掘组：《河北赞皇东魏李希宗墓清理报告》，第382—390页。

(续表)

序号	出土年份	出土地点	埋藏时间	金币数量	金币类型
30—31	1978①	河北磁县	东魏	2	索里得：阿纳斯塔修斯一世（1），查士丁一世（1），
32—34	1966，1979②	陕西西安	唐	3	骡子仿制金币：阿纳斯塔修斯一世索里得（1）；索里得：阿纳斯塔修斯一世（2）
35	1981③	陕西西安	唐	1	金片：联珠纹+胡人像
36	1981④	内蒙古呼和浩特	不详	1	索里得：利奥一世
37	1982⑤	河南洛阳	唐	1	索里得仿制金币：弗卡斯
38—40	1982—1986⑥	宁夏固原	唐	3	索里得仿制金币：查士丁尼一世（1）；金片（2）：
41	1988⑦	陕西咸阳	唐	1	索里得：查士丁一世
42	1989⑧	陕西西安	唐	1	金片：索里得仿制金币
43	1989⑨	甘肃天水	墓葬	1	索里得：弗卡斯
44	1992⑩	辽宁朝阳	唐	1	索里得：希拉克略一世

---

① 磁县文化馆：《河北磁县东魏茹茹公主墓发掘简报》，载《文物》，1984年第4期，第3—11、99—104页。

② 王长启、高曼：《西安新发现的东罗马金币》，载《文博》，1991年第1期，第40—41页。

③ 张海云、廖彩梁、张铭惠：《西安市西郊曹家堡唐墓清理简报》，载《考古与文物》，1986年第2期。

④ 内蒙古文管会：《呼和浩特是草原丝绸之路的中转站——毕克旗水磨沟发现一枚东罗马金币》，载《内蒙古金融》，1987年第8期，第17—18页。

⑤ 洛阳市文物工作队：《洛阳龙门唐安菩夫妇墓》，载《中原文物》，1982年第3期，第76—82页。

⑥ 罗丰：《固原南郊隋唐墓地》，北京：文物出版社1996年版，第37、59—61、92页。

⑦ 负安志：《陕西长安县南里王村与咸阳飞机场出土大量隋唐珍贵文物》，载《考古与文物》，1993年第6期，第89—93页。

⑧ 张全民、王自力：《西安东郊清理的两座唐墓》，载《考古与文物》，1992年第5期，第12—16页。

⑨ 刘大有：《甘肃天水新发现一枚东罗马福卡斯金币》，第三次丝绸之路与少数民族货币研讨会，兰州，1994年，第1—5页。

⑩ 辽宁省文物考古研究所等：《朝阳双塔区唐墓》，载《文物》，1997年第11期，第53—58页。

(续表)

序号	出土年份	出土地点	埋藏时间	金币数量	金币类型
45	1993①	陕西商州	唐	1	双面：索里得仿制金币
46	1995②	宁夏固原	唐	1	索里得仿制金币：查士丁二世
47—51	1996③	宁夏固原	北周	5	索里得：利奥一世（1）；查士丁一世（1）；527年两帝共治（2）；查士丁尼一世（1）
52	1998④	宁夏固原	不详	1	索里得：阿纳斯塔修斯一世
53	1998⑤	甘肃陇西	不详	1	骡子仿制金币：塞奥多西二世
54	1998⑥	陕西定边	不详	1	索里得：芝诺
55—56	1989	甘肃清水	不详	2	索里得：弗卡斯
	1997⑦	甘肃天水			半片索里得：不确定
57	2000⑧	青海乌兰	吐谷浑	1	索里得：查士丁尼一世
58	2002⑨	青海都兰	吐谷浑	1	索里得：芝诺

---

① 王昌富：《商州市北周、隋代墓葬清理简报》，载《考古与文物》，1997年第4期，第3—7页。

② 罗丰：《中国境内发现的东罗马金币》，见荣新江、李孝聪主编：《中外关系史：新史料与新问题》，北京：科学出版社2004年版，第49—78页。关于墓葬的完整详细信息，可见原州联合考古队编著：《唐史道洛墓》，北京：文物出版社2014年版。

③ 罗丰：《中国境内发现的东罗马金币》，见荣新江、李孝聪主编：《中外关系史：新史料与新问题》，北京：科学出版社2004年版。亦见原州联合考古队编著：《北周田弘墓》，北京：文物出版社2009年版。

④ 樊军：《宁夏固原发现东罗马金币》，载《中国钱币》，2000年第1期，第58页。

⑤ 牟世雄：《陇西发现东罗马拜占廷帝国金币》，载《甘肃金融·钱币研究》，1999年第3期，第78页。

⑥ 李生程：《陕西定边县发现东罗马金币》，载《中国钱币》，2000年第2期，第44页。

⑦ 羽离子：《对中国西北地区新出土三枚东罗马金币的考释》，载《考古》，2006年第2期，第73—80页。

⑧ 阎磷：《青海乌兰县出土东罗马金币》，载《中国钱币》，2001年第4期。该遗址详细内容参见青海省文物考古研究所：《青海乌兰县大南湾遗址试掘简报》，载《文物》，2002年第12期，第49—57页。

⑨ 《青海都兰发现的拜占廷金币》，载《中国文物报》，2002年7月24日；另见许红梅：《都兰县出土的东罗马金币考证》，载《青海民族研究》，2004年第2期，第90—93页。

(续表)

序号	出土年份	出土地点	埋藏时间	金币数量	金币类型
59	2001①	山西太原	唐	1	索里得仿制金币：希拉克略一世
60	2002②	陕西西安	初唐	1	索里得仿制金币：剪边，穿孔
61	2003③	陕西西安	唐	1	索里得仿制金币：两个背面形制
62	2003④	陕西西安	北周	1	索里得：查士丁尼一世
63—65	1997，2004⑤	河南洛阳	唐	3	索里得：阿纳斯塔修斯一世（1）；弗卡斯（2）
66—87 吐鲁番	2004—2005⑥	巴达木墓地	高昌隋唐	22	金片
		木纳尔墓地			1枚骠子仿制金币；6枚金片
		交河故城	唐		金片
88—89	2004⑦	宁夏固原	隋	2	索里得：查士丁一世，查士丁尼一世
90	2005⑧	陕西西安	564	1	不详

---

① 太原市文物考古研究所：《晋阳古城》，北京：文物出版社2005年版，图9。
② 邵安定、杨忙忙、刘呆运、李明：《西安南郊出土一枚拜占廷金币的科学分析与制作工艺研究》，载《考古与文物》，2013年第5期，第124—128页。
③ 西安市文物保护考古所：《西安北周凉州萨宝史君墓发掘简报》，载《文物》，2005年第3期，第4—33页。
④ 西安市文物保护考古所：《西安北周康业墓发掘简报》，载《文物》，2008年第6期，第14—35页。
⑤ 于倩：《简述洛阳丝绸之路贸易与出土丝绸之路货币》，载《新疆钱币》，2004年第3期，第155—159页。
⑥ 吐鲁番地区文物局：《新疆吐鲁番地区巴达木墓地发掘简报》《新疆吐鲁番地区木纳尔墓地的发掘》《新疆吐鲁番地区交河故城沟西墓地康氏家族墓》，载《考古》，2006年第12期，第1—46页。
⑦ 宁夏文物考古研究所：《宁夏固原九龙山隋墓发掘简报》，载《文物》，2012年第10期，第58—65页。
⑧ 程林泉、张小丽、张翔宇、李书镇：《陕西西安发现北周婆罗门后裔墓葬》，载《中国文物报》，2005年10月21日第1版。

(续表)

序号	出土年份	出土地点	埋藏时间	金币数量	金币类型
91	2012①	陕西西安	572	1	不详
92	2012②	河南洛阳	532	1	索里得：阿纳斯塔修斯一世
93—95	?③	河南洛阳	不详	3	索里得：阿纳斯塔修斯一世（1）；希拉克略一世（1）；查士丁尼一世（1）
96	2000④	陕西西安	北周	1	索里得：阿纳斯塔修斯一世
97—98	2017⑤	陕西西安	西魏	2	索里得与仿制金币，阿纳斯塔修斯一世（2）
1—5	2005⑥	陕西西安	不详	5	塞萨洛尼基制作的查士丁二世银币（5）

纯度⑦：第52号为99.37%；第59号为99.2%。

  以上所列金银币是公开发表且可确定为中国境内出土的拜占庭货币或仿制金币，实际上，还有一些金币虽公开发表但无法确定来源，有一些藏于各地博物馆但并未公开发表，故而无法清楚得知其相关信息。例如新疆吐鲁番博物馆馆藏的拜占庭式金币仿制品中就有征集而来的希拉克略一世金币以及拜占庭帝国中晚期的碗状金币，甘肃钱币博物馆中也收藏多枚拜占庭金币，据说为征集而来，均未公开报道，不知其具体来源，这些我们暂不涉及。在出版物中被报道的拜占庭式金币或银币、铜币由于来源无法确定，很难作为相关历史问题研究的材料，因此本书暂

---

① 西安市文物保护考古研究所杨军凯、辛龙、郭永淇：《西安北周张氏家族墓清理发掘收获》，载《中国文物报》，2013年8月2日。
② 崔志坚：《洛阳疑现北魏节闵帝元恭墓》，载《光明日报》，2013年10月29日；刘斌、严辉：《洛阳北魏晋愍帝元恭墓》，载《大众考古》，2014年第3期。
③ 洛阳市文物管理局编著：《洛阳出土丝绸之路文物》，郑州：河南美术出版社2011年版，第181—186页。
④ 邵安定、杨忙忙、刘呆运、李明：《西安南郊出土一枚拜占廷金币的科学分析与制作工艺研究》，载《考古与文物》，2013年第5期，第124—128页。
⑤ 《西咸新区发现西魏墓葬》，载《华商报》，2017年7月11日。
⑥ 李铁生、霍利峰、夏润峰：《中国首次发现拜占庭银币》，载《中国钱币》，2006年第2期，第63—65页。
⑦ 在所有的钱币当中，只有两枚私人收藏家将手中的金币拿去监测，并在报告中注明含金量。

且列出其数量（见表2），以资参考，但不予论述。

表2　中国各地发现的但无确定出土信息的拜占庭货币

金币序号	报道时间	获得地点	存放方式	数量	类型
1	1994①	浙江杭州	收藏	1	索里得：利奥一世
2	2000②	陕西西安	收藏	1	索里得：查士丁二世
3—24	2003③	北京	征集、馆藏	22	5枚仿制金币，17枚金币
25	2005④	河南洛阳	收藏	1	索里得：利奥一世
26—27	2004⑤	不详	收藏	2	索里得：马西安，利奥一世
28—29	2005	河南洛阳	收藏	2	索里得

银币序号	报道时间	获得地点	存放方式	数量	类型
1—2	1906⑥	在新疆	收购、馆藏	2	4世纪中期
3—15	2011⑦	新疆喀什	收购	13	希拉克略一世（2）、康斯坦斯二世（6）、不确定（5）

铜币序号	报道时间	获得地点	存放方式	数量	类型
1	1992⑧	上海博物馆	捐赠	1	希拉克略一世

总体上，本节按照是否为中国出土的标准，将中文报道的与拜占庭帝国有关的货币与仿制金片加以分类，整理出能作为史学研究对象的金

---

① 屠燕治：《东罗马立奥一世金币考释》，载《中国钱币》，1995年第1期，第35—37页。
② 党顺民：《西安发现东罗马金币》，载《中国钱币》，2001年第4期，第14页。
③ 相关报道参见金德平、孔详生、赵颐丽：《新见三枚罗马金币试析》，载《中国钱币》，2003年第4期；金德平：《考说在中国发现的罗马金币——兼谈中国钱币博物馆17枚馆藏罗马金币》，载《中国钱币》，2005年第1期，第38—46页；以及《考说在中国发现的罗马金币——兼谈中国钱币博物馆22枚馆藏罗马金币》，第49—57页。
④ 林英、迈特立希：《洛阳发现的利奥一世金币考释》，载《中国钱币》，2005年第3期，第70—72页。
⑤ 杜学书：《介绍两枚拜占廷金币》，载《新疆钱币》，2004年第4期，第58页。
⑥ A. Stein, *Serindia: Detailed Report of Explorations in Central Asia and Westernmost China*, vol. 3, Oxford, 1921, pp. 1340, 1349.
⑦ 李铁生、夏宏江：《喀什巴扎上出现的拜占庭银币》，载《新疆钱币》，2013年第3期。
⑧ 杜维善：《丝绸之路古币》，上海博物馆编，1992年，第2页。

银币和金片，以展开进一步论述。

第三节　拜占庭帝国早期的政治经济发展概述

对于拜占庭人或者拜占庭的皇帝来说，帝国所面临的东方贸易新格局并不让人满意，很多时候只能无奈接受。经过诸位皇帝的努力，4世纪晚期东部已渐趋稳定，经济发展逐渐步入轨道，各部蛮族的入侵尚不构成威胁，特别是与波斯签订的协约为东部边疆带来长达一个半世纪的有限和平。虽然在通往东方的各个商路要道上，仍然有波斯和其他势力的把持，但是此时拜占庭人已经开始从内乱中走出来，开始参与东方贸易的竞争。

首先，拜占庭帝国与东方的联系比较通畅。当帝国局势渐趋平缓后，商人们再次启航远行，前去东方购买国内需求的各种商品。因此在4世纪以后的史料中，可以发现一些前往东方的商人或旅行者的记述。6世纪的科斯马斯不但记述了他乘船前往印度的旅程，还描绘了在印度宫廷中与波斯商人争辩究竟是罗马金币还是萨珊波斯银币贵重的情景。[①] 而6世纪拜占庭的另一位历史学家普洛柯比，记录了两名波斯僧人从印度北部将蚕茧带回君士坦丁堡的故事。[②] 从这些记载可知，至少从拜占庭帝国前往印度的海路在某种程度上是可以通行的。

然而，似乎到目前为止，上述所有分析还不能解释，为何在罗马帝国时期繁盛的东西贸易却没有将罗马货币带到中国，为何在拜占庭帝国时期重新开辟东西贸易，并受到萨珊波斯帝国在各方面限制的背景下，反而却有大量拜占庭金币出现在中国境内等问题。

这一反差的主要原因在于，拜占庭时期的东西贸易已与百余年前明显不同：其一，帝国的重心设在东方，对商贸活动的管理更为有效；其二，帝国现在铸造的金币索里得拥有非常高的纯度和价值，在国际贸易上地位很高；其三，虽然不能否认这时的中亚也有一些国家把得到的拜占庭金币熔铸，用来铸造自己本国的货币，但是无论是从对萨珊波斯帝国货币的一些史料记载，还是从中亚地区的考古发现来看，拜占庭金币以及它所携带的形制已被广为接受。以上因素保证当拜占庭金币作

[①] Cosmos Indocoleustes, Book XI, pp. 369-370.
[②] Procopius, *History of the Wars*, book viii, xvii 1-7.

为货币流通到东方后,它们仍然能够以原来面目存在,并继续流入中国境内。

在上述原因当中,对金币东传影响至为重要的是萨珊波斯帝国使用拜占庭金币用于流通。萨珊波斯帝国本来的货币也包括金币和银币两种,并且随着萨珊人在丝路上地位的上升,逐渐成为国际通行货币。然而拜占庭金币索里得出现后,萨珊波斯以及其他国家发行的金币逐渐落入下风,到4世纪,萨珊人不再继续发行原有的重型金币,而是仿造拜占庭索里得的重量铸造金币,到后来干脆直接使用拜占庭的索里得,甚至当拜占庭的索里得金币不能满足需求之际,还会直接铸造在形制和铭文上都几乎完全一样的拜占庭金币索里得①。拜占庭金币的这种国际影响力无疑让拜占庭人感到非常骄傲,普洛柯比曾说:"波斯国王习惯于按照他们喜欢的样子铸造银币,却觉得他自己或者其他蛮族世界的首领将自己的形象铸造在金坯上不太合适。"② 同样从中亚到中国,目前考古发现有许多拜占庭式金币仿制品,表明在4世纪之后的丝路贸易中,拜占庭金币作为被广为接受的通货拥有极强的影响力,而正是在这种影响力的作用下,一些民族或某些人群为了弥补拜占庭金币供应的不足,或钟情于拜占庭金币的特殊图案,而开始自己制作各种良莠不齐的金币仿制品,或用于流通,或用于装饰,不一而足。正是在这三方面原因的综合作用下,在4世纪拜占庭人重新开始的与东方贸易中,才会有大量拜占庭金币随商路东来。

综合上述诸多因素,由于三世纪大危机的爆发,罗马帝国在东方贸易的影响减弱。不过,3世纪末从危机中挣扎出来的罗马帝国以及之后的拜占庭帝国进行货币改革,新的拜占庭货币——尤其是金币索里得——以其高纯度、高质量赢得良好的声誉;同时,东西商路沿途新势力的崛起与各部势力的重新整合,也为拜占庭金币索里得在丝路上的流通铺好道路。正是在这些新出现因素的综合促成下,中国各地才会出现来自拜占庭帝国的货币,此后,随着丝绸之路上东西方贸易的不断发展和日趋繁盛,拜占庭帝国与东方贸易的持续稳定为金币东传提供条件,

---

① Harl, *Coinage in the Roman Economy*, p. 302; Erik de Bruijn & Dennine Dudley, "The Humeima Hoard: Byzantine and Sasanian Coins and Jewelry from Southern Jordan", *Ameriacan Journal of Archaeology*, vol. 99, No. 4 (Oct., 1995), p. 688, 697.

② Procobius, *History of the Wars*, Book l. 7. 33. 5 – 6.

因此中国出现的拜占庭金币可以追溯到 5 世纪早期,并且一直延续了数百年。

从拜占庭帝国早期的总体发展趋势来看,虽然君士坦丁王朝以后的西部帝国陷入蛮族入侵的漩涡中,东部帝国却成功地应对来自各方面的挑战,逐渐步入正轨;并在 4 世纪后期在东方与萨珊波斯帝国签署和约,保证了东部边疆比较稳定的长期和平,为国内经济恢复以及贸易繁荣奠定基础。直到 491 年,阿纳斯塔修斯一世皇帝即位后,着力发展经济,改革币制,推动商业发展,留给继任者一个充盈的国库和富庶的帝国;由此,经过百余年的相对休养生息之后,拜占庭帝国在 6 世纪前期进入鼎盛。随后即位的查士丁一世统治期间拜占庭帝国繁荣之貌初成,在皇帝外甥查士丁尼的治理下,这个时期的拜占庭帝国一步一步走向昌盛,并且一直延续到 527 年即位的查士丁尼统治时期。

鼎盛的拜占庭帝国在 6 世纪中后期盛极而衰。查士丁尼皇帝发动的大规模战争以及 541 年爆发的大瘟疫,都给帝国带来巨大的灾难,特别是东部边境在地震、战乱的侵袭下,经济生活遭到严重打击,拜占庭帝国从此逐渐衰落下去。直到 7 世纪新兴的希拉克略王朝才在危机重重的压力下,对政治经济结构进行调整,帝国的社会经济生活,特别是贸易活动发生显著变化,学界也普遍将 7 世纪作为拜占庭帝国转入中期的开始。

简言之,拜占庭帝国早期的国力也经历了与中国发现的拜占庭金币数量相似的变化曲线,特别是以国力为后盾的贸易发展明显地表现出这样的变化,即从 4 世纪末开始恢复;在 5—6 世纪之交达于最盛;6 世纪末开始衰落,直到在 7 世纪前半期随着经济生活的调整而发生重大转变。显然中国发现的拜占庭金币的时间分布,与拜占庭帝国的经济实力以及建立在此基础上的国际贸易密不可分。

具体说来,拜占庭帝国早期的商业经济发展脉络可以归纳为四个时期,分别为:塞奥多西王朝的经济恢复期;利奥王朝的巩固提高期;查士丁王朝的由盛转衰期;希拉克略王朝的帝国转型期。希拉克略王朝的转型过程与特征将在下一节进行探讨,下面的论述主要从前三个历史时期入手,对拜占庭帝国早期的商业经济进行阐述分析,从而理解为何在中国出现的拜占庭金币会有这样的时间分布。

一、塞奥多西王朝的经济恢复期

塞奥多西王朝时期，帝国面对的主要威胁来自北方蛮族部落的南迁，并最终形成东西帝国的不同走向：西部帝国被各蛮族部落冲击得千疮百孔，而东部受到的冲击相对较轻，小亚以及东部省区的富庶维持着帝国稳定的财政与经济秩序。随着一些赋税的征收由实物转向货币，帝国的货币经济日益发展。在此过程中，金币索里得无疑占据着重要的地位：税收、军费开支以及官员的报酬均以金币为支付方式。① 东部帝国的这些特征为东方贸易的继续发展与扩大准备了坚实的经济社会基础。

除帝国经济自身的修复以及发展外，外部环境的变化也有利于经济生活的复兴。具体到帝国的东部边疆，自 363 年和约签订以后，两国主要围绕着该和约未涉及的亚美尼亚地区进行争夺。而总体上，东部边疆防务相对安静，与萨珊波斯国王的关系比较友好：不但为各位皇帝对内部事务的处理保证了有利的环境，也很好地促进了两国之间国际贸易的发展。

整个塞奥多西王朝时期，与萨珊波斯帝国基本保持着以和平为主的友好关系。两国之间的使节往来频繁，民间的商业联系比较稳定繁荣。399 年，一位名叫马鲁沙（Marutha）的主教曾得到萨珊波斯国王的赏识，得以访问波斯王宫，并且说服国王将前任国王迫害的基督徒遗体带回拜占庭帝国，最终在边境地区建立一座"殉教者城"以示纪念。② 在 420 年前以马鲁沙的活动为主，两国之间的宗教联系不断，边境地区甚至萨珊波斯境内基督教的发展与传布都很有成效，反映出两大帝国间政治、文化、经济交往的繁荣。及至 402 年，阿卡狄乌斯皇帝为其幼子加冕之际，竟邀请萨珊波斯国王作为塞奥多西二世的保护人，后来的史家们对此事做了记录，"阿卡狄乌斯在他 36 岁的时候过世，统治了 26 年，他下令由波斯国王雅兹德一世（Yazdgerd I，399—420 年在位，中国古代将其名译为'伊嗣侯'）来看顾他的儿子塞奥多西，并让使者带去 1000 磅金

---

① Jones, *the Later Roman Empire*, pp. 206–208.
② Greatrex and Lieu, ed., *The Roman Eastern Frontier and the Persian Wars*, Part II, pp. 31–32.

子［作为礼物］"①。两大帝国的友好关系为商业贸易的发展提供了有力的保障，正是在这样的背景下，409年，拜占庭帝国与萨珊波斯达成协议，在边疆地区设置三处通商口岸，保证两国之间商品贸易正常的、公平的交易。②

两国的友好更多地出于统治者的选择，作为同一地区利益的最大竞争对手，双方之间的利益纠葛以及边界摩擦必然会引起各种纠纷，而任何一方一位野心勃勃统治者的出现也必然会带来冲突。例如，420年，萨珊波斯国王对境内基督教的传播感到恐慌，对一些皈依基督教的波斯贵族进行打压，引起拜占庭帝国基督徒的不满；紧接着塞奥多西二世的保护人波斯国王雅兹德一世去世，双方敌对情绪升级，并最终导致421—422年的战争。421年，新任萨珊波斯国王要求拜占庭皇帝将因宗教迫害而逃至拜占庭的波斯基督徒遣返，遭到拒绝后挑起战争，塞奥多西二世予以坚决反击，双方在亚美尼亚和美索不达米亚展开争夺，次年签署停战和约。③440年，波斯再次入侵拜占庭帝国的东部边城，并很快以向拜占庭支付贡金、签署和约的形式告终。④

上述两次发生在塞奥多西二世时期与萨珊波斯的战争无论在规模、时间和破坏程度上，都与此前以及此后两国之间的战争相差很多，而且也是相邻两大帝国利益交错的必然结果。从实际后果来看，这两次战争

---

① Cedrenus I. 586. 3 - 7，转引自 Greatrex and Lieu, ed., *The Roman Eastern Frontier and the Persian Wars*, Part II, p. 33.

② 关于边境贸易点的规定，参见 *Codex Justinian*, IV. 63. 4. 1, Imperatores Honorius, Theodosius (408/409): Nullus igitur posthac imperio nostro subiectus ultra nisibin callinicum et artaxata emendi sive vendendi species causa proficisci audeat nec praeter memoratas civitates cum persa merces existimet commutandas: sciente utroque qui contrahit et species, quae praeter haec loca fuerint venumdatae vel comparatae, sacro aerario nostro vindicandas et praeter earum ac pretii amissionem, quod fuerit numeratum vel commutatum, exilii se poenae sempiternae subdendum. IV. 63. 6, Imperatores Honorius, Theodosius: Si qui inditas nominatim vetustis legibus civitates transgredientes ipsi vel peregrinos negotiatores sine comite commerciorum suscipientes fuerint deprehensi, nec proscriptionem bonorum nec poenam perennis exilii ulterius evadent. Ergo omnes pariter, sive privati seu cuiuspiam dignitatis sive in militia constituti, sciant sibi aut ab huiusmodi temeritate penitus abstinendum aut supra dicta supplicia subeunda. 拉丁文图书馆，2003 - 04 - 16，from < http://www.thelatinlibrary.com/justinian/codex4.shtml >. 英译文见司格特：《民法大全》第13卷，第126—127页。

③ Jones, *the Later Roman Empire*, pp. 206 - 208. 另具体背景及战争过程参见 Greatrex and Lieu, ed., *The Roman Eastern Frontier and the Persian Wars*, Part II, pp. 38 - 44.

④ Greatrex and Lieu, ed., *The Roman Eastern Frontier and the Persian Wars*, Part II, pp. 44 - 45.

并没有完全改变自塞奥多西王朝以来与萨珊波斯帝国的和平局面，双方之间的经济贸易交流仍然维持稳定发展。以 421—422 年的战争为例，它并没有给双方的商业联系带来严重损害，战争结束后，原有的商业活动继续展开。

而且，战争作为两国交往的另一种方式，同样涉及两国间的货币交流。例如，422 年战后，一位东部的主教在把俘虏的萨珊波斯士兵归还的同时，还用金银等贵金属将被俘的士兵从萨珊波斯赎回①，尽管从其本意来讲是一种宗教行为，但客观上是大量贵金属以这种途经流入萨珊波斯帝国。而每次和约签订时，拜占庭许给萨珊波斯帝国的大笔年贡同样带来非商业贸易的经济交流。442 年双方签署的和约规定拜占庭政府需要每年支付萨珊波斯一定量的补助金，以用来维持对双方有益的高加索地区关隘的维护工程，并一直延续到芝诺统治时期。② 这些非商业活动带来的经济交流同和平时期的商贸活动一起，构成了塞奥多西王朝时期对东方贸易稳定发展的具体内容，推动并实现帝国东方贸易的逐渐恢复及发展壮大。

二、利奥王朝的经济发展期

进入利奥王朝后，拜占庭帝国与萨珊波斯在东部边疆的相对友好局面得以继续，一方面由于拜占庭的皇帝们仍然需要面临来自北方各蛮族部落的冲击，以及越加混乱的西部帝国；另一方面萨珊波斯帝国也需要应对其东方边境上的新敌人——嚈哒；双方均无暇挑起争端，相对稳定的和平也得到进一步巩固。

总体上看，利奥王朝在政治和军事方面的行动并没有取得显著成就，正是在芝诺统治时的 476 年，西部帝国的末代皇帝被废止，而利奥一世在西方、北方各处进行的战争也均陷于失败，以支付贡金的方式了结。不过东部帝国的经济状况仍然朝着好的方向发展：虽然皇帝们在政治军事上的失败导致大量贵金属的外流，但对于国内以及国际贸易并没有严重的影响，特别是在东部与萨珊波斯等东方力量的商业活动并没有受到损害，反而略有加强。

---

① Socrates, *HE* VII. 2. 1. 1 – 6 (367. 1 – 368. 2), see Greatrex & Lieu, ed., *The Roman Eastern Frontier and the Persian Wars*, Part II, p. 43.

② Jones, *the Later Roman Empire*, p. 231.

这种加强表现在：其一，拜占庭帝国政府与阿拉伯人的联系加强。介于波斯湾与红海之间的阿拉伯半岛，在国际贸易中具有天然的地理优势，半岛上的居民除进行游牧外，主要从事商业活动，他们构成了波斯湾以及红海沿岸国际贸易的主要参与者。另外，半岛上的气候干燥炎热，导致拜占庭与萨珊波斯均难以直接控制当地居民，只有得到原住民阿拉伯部落的支持，才能获得途经此处的商路利润。故而在拜占庭帝国与萨珊波斯帝国对东方贸易利润的争夺当中，对阿拉伯半岛以及阿拉伯商人团体的争夺也是一项重要的内容。422年战后，拜占庭帝国与萨珊波斯签署的和约中明确规定：双方不得与阿拉伯部落建立联盟。[1] 然而利奥一世却打破这项规定，在474年，与亚喀巴海湾（the Aqaba，红海伸向东北方的海湾，位于今约旦西南）附近的巴勒斯坦马库斯（Palaestine Malchus）地区的阿拉伯人建立联盟，并授予其封号以及封地。[2] 无论利奥一世此举出于何种目的，但这里是通往红海商路的重要关口，联盟的建立给帝国商业活动带来积极的影响。然而，与阿拉伯部落的联盟并不非常牢靠，半岛上不同部落之间的竞争以及萨珊波斯在其中的作用，都无法完全巩固拜占庭帝国在阿拉伯半岛上的影响与有效控制，因此利奥一世与巴勒斯坦马库斯人的联盟并没有维持很长时间。直到5世纪的最后十年，利奥王朝的最后一位皇帝阿纳斯塔修斯一世，才在这里重新确立罗马人的控制。

其二，拜占庭帝国东方商贸活动的加强，还表现在与萨珊波斯帝国的交往中。在利奥帝国时期，萨珊波斯的国王们遭遇到来自中亚嚈哒人的威胁。5世纪以后，来自东北亚的嚈哒民族进入伊朗高原东侧，建立了嚈哒汗国，成为萨珊波斯的东部边境上的劲敌。在对嚈哒人的战争中，465年和484年，萨珊波斯国王卑路斯遭到两次重大失利，被迫支付嚈哒大笔贡金[3]；随后又陷入饥馑，国内也由于对外战争的失利与饥荒而爆发起义；一时间，萨珊波斯危机重重。在这种背景下，萨珊波斯帝国无暇分身西顾，因此以保持与拜占庭帝国的和平为主。而拜占庭的皇帝们也乐于接受他们的橄榄枝，甚至还帮助萨珊波斯渡过财政困境。5世纪

---

[1] Greatrex and Lieu, ed., *The Roman Eastern Frontier and the Persian Wars*, Part II, pp. 38 – 44.
[2] Ibid., p. 47.
[3] Wiesehöfer, *Ancient Persia*, p. 311.

80年代中芝诺皇帝统治时期,"卑路斯从罗马人那里得到一笔黄金,征服了嚈哒人,并占领嚈哒人许多领土,将其划在自己王国的辖区;但是最终他却被嚈哒人俘虏。当罗马皇帝芝诺听到此事后,他自己拿出金子来解救了卑路斯,使嚈哒人与萨珊人达成和解。"① 显然在芝诺统治时期,拜占庭与萨珊波斯比较友好,不仅通过国际贸易进行商业交换,而且还包括以政治为目的的经济资助。

到利奥王朝的最后一个皇帝阿纳斯塔修斯一世即位后,利奥王朝这种政绩平平、经济繁荣的局面得到进一步发扬:政治方面,阿纳斯塔修斯一世从即位之始就面临严重的教义纷争,还包括国内的各种叛乱、国外来自阿拉伯人的入侵以及与萨珊波斯的战争;而经济方面,作为一位天才的经济学家,皇帝将主要精力放在繁荣经济上,他不但改革长期以来因贬值而被废弃的铜币制度,为国内商业贸易提供一个有效的中介,还进行税制改革,将从君士坦丁开始实施的商业税取缔,为商业的繁荣敞开大门。②

具体说来,阿纳斯塔修斯一世首先对国内经济进行大规模改革,促成帝国经济的高度繁荣。他发行重40努米(nummus)的铜币弗里斯,构成帝国国内贸易的主要媒介,保证国内市场的秩序和高效。他取消自君士坦丁时期就已实行的一项针对工商业征收的金银税(collatio lustralis)③。此前,在相当长的时间内,这项税收对工商业的发展起到严重的阻碍作用,例如由于此项税收的实行,374年之后农村的手工匠人逐渐消失;各种因它而起的暴动时常发生。当阿纳斯塔修斯一世将其废止后,不仅为此后帝国工商业的发展铺平道路,而且在当年就为帝国增加了百分之五的财政收入。④ 简言之,阿纳斯塔修斯一世时期国内工商业取得大力发展,从而也大大促进国际贸易的繁荣。

---

① Josh. Styl. 10 (243.8 – 13), see Greatrex & Lieu, ed., *The Roman Eastern Frontier and the Persian Wars*, Part II, p. 48.

② Bury, *History of the Later Roman Empire*, v. 1, pp. 78 – 82.

③ 这项税收 *collatio lustralis*,从君士坦丁时期开始征收,每五年征收一次,征收对象非常广泛,包括农村、城市的手工匠人、各种商人甚至妓女,它给帝国的工商业活动带来严重影响,374年之后,农村地区的手工匠人逐渐消失。到5世纪初,为了解决因金银贡赋带来的商业混乱,东部的总理大臣(Praetorian prefect)下令严格控制征收的数额,以减轻商人的负担。然而这一命令并没给商人带来多大帮助,商人们与手工匠人仍然每到第4年就开始为即将征收的税额发愁乃至陷入绝望。相关内容参见 Jones, *the Later Roman Empire*, p. 871.

④ Jones, *the Later Roman Empire*, p. 871.

在对东方的外交方面,阿纳斯塔修斯一世将上述提及的巴勒斯坦马库斯地区再次纳入拜占庭的管控之下,为帝国通往红海的商路通畅提供保障。然而,在经过与萨珊波斯帝国长期的和平之后,双方在 6 世纪初——阿纳斯塔修斯一世统治后期战争再次爆发。战争的起因仍为金钱,普洛柯比对此有详细的记载:502 年,"(波斯国王)卡瓦德(Kavadh 或 Kabad,488—496 年、498—531 年在位)需要向嚈哒国王支付一笔钱,由于他无力支付,就向罗马皇帝阿纳斯塔修斯提出借钱。皇帝与其朋友们召开会议商讨如何回应。他们不让他签约,因为他们说用自己的钱为敌人与嚈哒人建立友谊是毫无益处的,最好能够尽可能挑起他们之间的争斗。"① 遭到拒绝的萨珊波斯国王对拜占庭宣战,战争持续到 504 年,当波斯军队被击退到本国疆土后,双方同意签署和约。506 年签署的和约为期 7 年,具体内容不详。然而萨珊波斯人通过此次战争已经实现了他们的初衷,在战争前期对拜占庭帝国境内数个城市的洗劫过程中,大量金银与贵重物品被带走,例如:502 年,阿米达(Amida)城被攻陷后,城中的各种金银均被收入国王金库;504 年战争结束之际,当萨珊波斯军队退出所占拜占庭帝国城市之际,他们带走大量金银,而该城还不得不支付 1100 磅黄金来赎回他们自己的城市与和平。② 萨珊波斯人通过战争的掠夺最终得到他们需要的黄金,而这些黄金也通过外交途径流入东方的嚈哒,客观上实现了贵金属的东传。

尽管萨珊波斯国王在战场上并没有取得决定性的胜利,但是皇帝阿纳斯塔修斯一世的政治决策,不仅给东部边境城市带来战争的破坏,让萨珊人掠走大量金银;还导致拜占庭帝国与萨珊波斯的关系由和平变为敌对。虽然直到阿纳斯塔修斯一世过世之前,两国并没有开战,但是此前延续百余年的和平局面已不复存在,双方的敌对情绪必然影响到商业贸易的发展,由此拜占庭帝国的东方贸易受到一定阻碍,开始由盛转微。

三、查士丁王朝的由盛转衰

拜占庭帝国的经济以及东方贸易在查士丁王朝时期逐渐步入衰弱,

---

① Procopius, *History of the Wars*, Book I, 7. 1 – 2.
② Zach. *HE* VII. 3 – 4 (22. 22 – 31. 14); VII. 5 (33. 21 – 34. 20), see Greatrex & Lieu, ed., *The Roman Eastern Frontier and the Persian Wars*, Part II, p. 66.

其表现与原因也多种多样。

首先，从国内经济状况来看，查士丁王朝期间拜占庭帝国的经济完成了由繁荣走向崩溃的整个过程。主要表现在：查士丁一世统治时期，帝国经济继承了阿纳斯塔修斯一世所积蓄的富庶与繁荣，仅国库中就有前任皇帝留下的320000磅黄金。① 然而当皇位传承到查士丁尼后，这位励精图治的皇帝从许多方面竭力展现拜占庭帝国的辉煌与繁荣：他对外发动战争，在国内大兴土木、编纂法典，投身于宗教、社会各项事务中。② 后世对他的这些政策褒贬不一，却一致肯定查士丁尼的统治是拜占庭帝国早期社会发展的最高峰，帝国无论是国际影响力还是国内政治文化生活都达到极盛。

不过，查士丁尼的这些举措给帝国财政带来巨大负担，阿纳斯塔修斯一世留下来的国库很快就被耗尽，皇帝只能通过重税以及剥夺大地产主的财产等方式获得金钱，这些措施显然不利于国内商业贸易的发展。及至查士丁尼统治中后期，一场大瘟疫给帝国经济带来毁灭性的打击，仅以首都君士坦丁堡为例，瘟疫过后的城市居民不足原先的三分之一；巴勒斯坦的一些村庄和城市已经空无一人；土地荒芜，粮食减产；城市中的手工业、商业完全放弃③：这场瘟疫从542年爆发，两年后减弱，此后一直断断续续、时有发生，对拜占庭帝国经济的摧毁程度难以想象。查士丁尼统治末期的经济衰弱一直持续到他的几位继承者，查士丁二世曾抱怨说："国库一贫如洗，我们负债累累，到了极端贫困的底部。"④ 到7世纪之前，拜占庭帝国的财政已捉襟见肘，忙于应付各项开支。

具体到外贸活动上，查士丁王朝统治下衰落的表现与经济衰退略有不同。6世纪初，拜占庭帝国与萨珊波斯帝国由友好转向敌对，给双方的通商贸易带来不小的影响。及至查士丁尼统治时期，与萨珊波斯帝国发生的两次大规模战争，导致经由指定两国间通商口岸进行的以丝绸为代表的奢侈品贸易受到沉重打击。为了弥补国内对东方货物的需求以及减少对萨珊波斯帝国的依赖，查士丁王朝从一开始就致力于寻找通往东

---

① Procopius, *Secret History*, xix 7.
② Bury, *History of the Later Roman Empire*, v. 1, pp. 95 – 100.
③ Procopius, *History of the Wars*, book II, xxii and xxiii 1 – 19; and Allen, P., "The 'Justinianic' Plague", *Byzantion*, Tome XLIX (1979), pp. 5 – 20.
④ Jones, *The Later Roman Empire*, p. 161.

方的新商路，以打破萨珊波斯的垄断。

第一，开辟通往东方的新商路。从陆路通往东方的商路几乎都处于萨珊波斯帝国的控制下，而依靠武力夺取底格里斯河流域，进而扩展到波斯湾的方法完全行不通。因此，拜占庭帝国只能从南方与北方努力加以突破。

南方的海上贸易与经由萨珊波斯的陆路商道一样具有悠久的历史，是罗马帝国连通东方印度的主要商道之一。为了打破萨珊波斯帝国在陆路交通以及波斯湾海运方面的垄断，查士丁尼着力经营经由红海通往印度洋进而直接连通东方的商路。他在红海西北角大力发展港口，在亚喀巴湾建阿乌拉港，在其南部建克里斯马港。① 在通往印度洋的亚丁湾，与东非埃塞俄比亚地区的阿克苏姆王国建立联盟，一起对抗萨珊波斯。524—525 年，拜占庭政府还支持阿克苏姆国王进攻阿拉伯半岛南部希米亚里特（the Himyar）地区的犹太政权，以扩大在当地的影响。② 对于埃塞俄比亚的阿克苏姆王国来说，尽管与拜占庭政府的传统友谊牢不可破，而查士丁尼的要求却不太现实，他希望埃塞俄比亚人直接从印度购买丝绸再销售给罗马人，以将萨珊波斯人排挤在贸易之外。不过从阿克苏姆一方来说，萨珊波斯的控制并不易突破，波斯人在印度洋沿岸的控制很强大，是阿克苏姆人的主要供应商。③ 虽然阿克苏姆王国并没有达成查士丁尼的希望，但在萨珊波斯看来，一个亲拜占庭帝国的政权对于海上商路的控制仍然威胁到他们的利润，因此在 6 世纪的末期，波斯人出兵征服阿拉伯半岛南部，将阿克苏姆人在亚丁湾的势力完全驱逐。④ 最终，6 世纪末，查士丁王朝在南方海路上的经营最终以失败告终。

北方的亚美尼亚与高加索地区，是经由北方草原连通东西方交通的重要商道。查士丁尼同样试图打破萨珊波斯的影响，经由高加索地区实现直接连通东方的目的。然而，萨珊波斯帝国同样清楚高加索地区的重要性，526 年，高加索拉齐卡（Lazica）地区亲拜占庭政府的国王被萨珊波斯国王驱逐。⑤ 在这场交锋中，拜占庭政府处于下风。562 年，拜波两

---

① Jones, *the Later Roman Empire*, pp. 137, 138 – 139, 140.
② Cameron, A., Ward-Perkins, B. & Whitby, M., ed., *the Cambridge Ancient History*, v. XIV, *Late Antiquity: Empire and Successors, A. D. 425 – 600*, Cambridge: 2000, p. 65.
③ Procopius, *History of the Wars*, Book I, xx. 1 – 13.
④ Munro-Hay, S., *Aksum: An African Civilisation of Late Antiquity*, Edinburgh: 1991, p. 58.
⑤ *The Cambridge Ancient History*, v. XIV, p. 65.

国签署"50 年和约",规定拉齐卡地区的划分。到 6 世纪后半期,经由高加索地区的北方商路有了令人惊喜的突破。568—569 年,来自中亚突厥汗国的使团经由高加索地区来到君士坦丁堡,并带来了东方的丝绸,虽然当时拜占庭帝国已经掌握了养蚕方法,但北方商路的开辟对帝国的对外贸易仍然具有巨大的促进作用。不过,拜占庭帝国经由北方商路与东方的直接联系并没有持续太长时间,不久帝国政府与突厥汗国发生纠纷,两国之间的使团往来在 576 年破裂。① 总的说来,拜占庭帝国在北方商路方面的努力收到一定成效,与突厥汗国的使节交往为两国商业交流提供了有效支持,国际贸易取得巨大发展。

第二,调整国内丝织制造、销售等行业的管理,力图减轻对萨珊波斯生丝销售的依赖。为了弥补因生丝锐减而带来的需求紧张状况,查士丁尼不仅四处出击,寻找得到东方生丝的新渠道,还对国内的丝绸行业进行大规模调整,实行国家完全垄断,以保证皇家以及贵族们的丝绸需求,给国内丝绸行业带来深远影响。对丝绸行业实行国家管控并非始于查士丁尼,早在 4 世纪就已出现专门负责从萨珊波斯人手中收购生丝的商业代表(comes commerciorum),全权负责生丝的收购数量与价格;政府禁止平民穿好的丝制服装,极为贵重的紫色丝绸则仅限于皇室。② 到查士丁尼时期,为了更有效地管理丝织行业,他严格规定丝绸购买的最高价格,并由官方统一管理国内丝绸的再加工与销售;在国内限定丝织品出售的价格,打击生丝走私。③ 皇帝的这些措施并没有有效地抑制丝绸价格的上涨,另一份法令表明生丝价格已经上涨到每磅 15 索里得,而上述查士丁尼限定的丝制服装每磅为 8 索里得。④ 更糟糕的是,皇帝对丝织业的严格管控致使大量从业人员破产,不得不迁居萨珊波斯帝国。⑤ 由此,查士丁尼对国内丝织行业的垄断政策沦于失败,大量丝绸从业者迁往波斯的结果也加重了拜占庭对萨珊波斯丝绸的依赖。

拜占庭帝国的丝织行业遭受到国家垄断的打击时,552 年的一个事

---

① Menande, *Fragment* 10.1,(*The History of Menander the Guardsman*: *Introductory Essay*, *Text*, *Translation*, *and Historiographical Note*, by R. C. Blockley, Liverpool, 1985), pp. 113—115.

② Jones, *the Later Roman Empire* 284 – 602, p. 675.

③ Oikonomides, "Silk Trade and Production in Byzanium from the 7 Century to the 9 Century", *Dumbarton Oaks Paper*, 40 (1986), pp. 33 – 34.

④ Ibid., pp. 33 – 34.

⑤ Jones, *the Later Roman Empire*, pp. 861 – 862.

件给其带来深远的影响。还是在查士丁尼统治时，某一天：

> 从印度来了些僧侣，他们得知如果能够使罗马人不再从波斯人手中购买丝绸将会很好地取悦查士丁尼皇帝，于是他们觐见皇帝并许诺：他们能够弄到制造丝绸的东西，那样罗马人就再也不用从他们的宿敌——波斯人或者其他民族那里购买丝绸了。他们说他们以前住在被印度人称为赛林达（Serinda）①的地方，在那里，他们掌握了制造丝绸的技术。此外，皇帝不停地问他们是否知晓这个秘诀，僧侣们答道是一种蠕虫在制造丝绸，出于自然的本能，它们不停地工作。他们还说从那里虫子活着带过来是绝对不可能的，但是它们很容易饲养；一只虫子可以产出无数卵，人们用厩肥覆盖它们以保持温度，时间一到它们就会变成虫子。当告诉皇帝这些消息并得到皇帝的重谢许诺后，他们返回印度（罗伊布古典丛书中的英文版为"赛林达"）。后来他们把卵带到拜占庭时，通过上述那种方法，它们变成了需要用桑叶来喂养的虫子。此后，罗马帝国开始了制丝的工艺。②

蚕卵的到来确实令皇帝欣喜万分，虽然从开始学习到熟练掌握饲养、缫丝等全过程还需要很长时间，但毕竟这是拜占庭帝国丝织业的曙光，因此当查士丁二世向代表西突厥可汗出使到君士坦丁堡的粟特商人们，炫耀"罗马人的蚕虫饲养以及制丝工业时"，这些人均目瞪口呆③。不过，拜占庭帝国对东方商贸的需求仍然存在，虽然无论是从国内的丝织业管理，还是从南北两个方向寻找通往东方的突破口，帝国与萨珊波斯的接触仍然是最主要且影响最巨的。

综观整个查士丁王朝时期，拜占庭帝国与萨珊波斯的关系主要表现为战争与敌对，同时作为此时帝国国际贸易衰落的表现之一，与萨珊波斯之间的商贸活动虽依然存在，但已相当衰落。在非战争期间，边境地

---

① Serinda，现在一般认为指西域（印度附近），但并非所有学者都持这种看法。丹维尔在《研究》第601页考证为中国—印度；戈斯兰考证为克什米尔的斯利那加；裕尔、李希托芬和斯坦因认为这是于阗。参见〔法〕戈岱司编：《希腊拉丁作家远东古文献辑录》，耿昇译，北京：中华书局1987年版，第164页。
② Procopius, *History of the Wars*, book viii, xvii 1 – 7.
③ Menander, *Fragment* 10.1, pp. 113 – 115.

区的人们依然遵循着先前的生活方式，通商口岸内依然进行着各种贸易交流，而其他方式的交流也照常进行着。例如，536年，安条克的大主教就在波斯人的帮助下抓捕他的敌人，报酬则是黄金。① 除此之外，两国之间的经济联系主要表现为战争所引发的政治性交流。

查士丁王朝期间与萨珊波斯帝国的交往以战争为主，除查士丁一世统治的10年以及战后和约签订后的时间外，从查士丁尼开始直到查士丁王朝的最后一个皇帝莫里斯，都与萨珊波斯帝国发生了战争。毫无疑问，战争过程中在对方城镇的洗劫客观上给双方带来的是物品的流动，萨珊波斯军队的每一次围城几乎都伴随着用大笔金钱交换而来的短暂和平；而战后拜占庭政府被迫支付的大笔贡金则是萨珊波斯帝国经济生活的一项重要收入。例如，532年，查士丁尼的第一次波斯战争以双方签订的和约结束，和约明确规定拜占庭每年支付给萨珊波斯11000磅黄金，不设期限；545年，美索不达米亚的战事以拜占庭每年支付2000磅黄金告终②；562年，在北方战事结束双方签订50年和约，规定每年向萨珊波斯支付50000索里得；574年，查士丁二世挑起战争失败后，签订为期5年的和约，规定每年支付30000索里得。③ 总的说来，查士丁王朝期间除在短暂的和平期与萨珊波斯进行的商贸活动外，双方长期的战争造成的不仅是城市破坏与商业停滞，还有大量金银东流，从而构成查士丁王朝期间拜占庭帝国与东方经济交流的另一种形态。

总而言之，从塞奥多西王朝到查士丁王朝期间，随着拜占庭帝国逐渐从帝国危机以及内乱中恢复，社会经济与政治生活逐步走向成熟与稳定。国内经济的发展带动国际贸易的繁荣，尤以与东方的国际贸易兴盛为显著特征。在此背景下，无论从地缘关系，还是商业需求的角度出发，拜占庭政府必然与萨珊波斯帝国的利益相互依存且纠纷不断。自363年的和约以及402年的补充条约签订之后，两国之间长久的和平为国际贸易的兴盛创造了条件，在6世纪之前的百余年间，通过萨珊波斯帝国，拜占庭人购买了包括丝绸、香料、宝石等在内的东方商品，反过来拜占庭的金银制品、羊毛、玻璃、葡萄酒以及极具代表性的金币等商品也传播到东方。及至6世纪以后的查士丁王朝，拜占庭与萨珊波斯的战争对

---

① Greatrex & Lieu, ed., *The Roman Eastern Frontier and the Persian Wars*, Part II, p. 101.
② Procopius, *History of the Wars*, book II. 28. 7 – 11.
③ Menander, *Fragment* 20. 2, pp. 183 – 191.

国际贸易无疑带来沉重的打击,然而战争本身所包含的交流同样促成大量拜占庭商品的东传。因此,拜占庭帝国在5世纪到6世纪期间稳定的政治经济发展以及繁荣的国际贸易,促成大量拜占庭金币的东传,因此中国境内出现大量这段时期发行的拜占庭金币索里得。

第三章　8世纪以后拜占庭帝国与中国及周边地区

无论是从月球上看人类历史的斯塔夫里阿诺斯，还是从飞鸟的视野俯瞰人类文明的麦克尼尔，以及所有学者与大众，都要承认：地球的不同文明逐渐发展，彼此之间不断接近，交往的范围越来越广。然而，中国与罗马—拜占庭帝国之间的联系却似乎提供了一个反证。从东汉三国时期的大秦，到北朝末年以及唐中期的拂菻，及至宋史中偶尔提及的拂菻，在中国人印象中的大秦或拂菻总是惊鸿一瞥，短暂的出现，随即沉寂。难道罗马—拜占庭帝国与中国这两大文明的网络不是逐渐扩张、不断接近，反而像是弹簧吗？事实上，东西方之间的民间往来仍然遵循着不断接近的规律，而罗马—拜占庭帝国以及中国之间的联系却由于政治的变迁而表现为弹簧式的断断续续。

第一节　唐以后中文史籍中关于"拂菻"的记载

从中文史籍中早期拂菻的记载，会发现在隋唐之前史书中关于拂菻的记载处于起步阶段，从名称为"蒲林""普岚""伏卢尼"等到最后基本固定为"拂菻"，反映出中国人关于这个国家与文明的认知变化，从初始到逐渐了解，并最终确定此拂菻就是早年的大秦。

及至隋唐初年，随着国家的统一、政权的稳定，正史当中关于拂菻的记载变得频繁，特别是从唐初及至盛唐，以"拂菻"之名的使者频繁到访长安，让拜占庭帝国与中国的联系呈现出鼎盛之相。然而，自天宝年以后，史书中再也未见"拂菻"使节的身影；这些"使节"数量的减少反映出此时两个帝国间联系的衰退。然而，正史中拂菻使节身影的减少并不意味着两个世界往来的完全中断，尤其是宋史中关于拂菻的记载与隋唐之际的信息相比有了很大变化,说明在拂菻使节逐渐消失的这数百年中,两地之间的民间交流仍然存在,而这些民间交流同样完成了经济、文化上的信息传递,增进了彼此之间的了解。

一、隋唐时期关于"拂菻"的记载

隋唐以前拜占庭帝国与中国的民间交往(很可能是间接交往)虽然已经存在,并且不断发展,但由于此时正处于罗马帝国自身的嬗变过程,在人们的认识中,从西方的罗马到新罗马的过渡映射到东方成为从大秦到拂菻的转换,尽管这个转换原因以及过程至今仍是学界一大疑问,但无疑这是一个相当漫长的过程。故而关于南北朝的各种史籍中,关于拜占庭帝国的记载十分混乱,名称从"蒲林""普岚"到"伏卢尼"不一而足,而且这些名称究竟是否指的是拜占庭帝国,仍然争议很大。

及至魏征编撰《隋书》时,关于拜占庭帝国的命名终于大体固定为拂菻,说明只有到这个时候,中国人关于拂菻的了解才形成一定的共识,但这种了解尚且支撑不了为其单独立传。关于拂菻,在《隋书》中仅散见于:

1. 卷六七《裴矩传》录《西域图记》,其序言提到从敦煌前往西海的三条道路,"北道从伊吾,经蒲类海铁勒部突厥可汗庭,度北流河水,至**拂菻**国,达于西海"。

2. 卷八三《波斯传》称波斯"西北去拂菻四千五百里,冬去瓜州万一千七百里"。

3. 卷八四《铁勒传》详细描述从西海到金山、伊吾之间的部落时,提道:"拂菻东则有恩屈、阿兰、北褥九离、伏嗢昏等,近二万人。……虽姓氏各别,总谓为铁勒。并无君长,分属东、西两突厥。"

由于魏征反对裴矩广开西域的做法,其所记录的西方世界信息被严重压缩。仅从上述三条看:一方面,当时拜占庭帝国与东方的交往主要经由控制北方游牧地区的突厥汗国,也就是北方草原丝路。事实上,在查士丁二世皇帝统治时期,西突厥汗国正是经由这条通道与拜占庭建立通使关系,那么虽然没有资料证明抵达西突厥汗廷的拜占庭使臣继续向东来到中国,但关于这条通道的信息以及由此获取的关于拜占庭帝国的信息必然经由突厥传入中国。另一方面,在突厥兴起前的嚈哒时期,中亚地区与拜占庭帝国的联系主要通过伊朗高原,因此中国人也了解到从波斯到拂菻的距离约4500多里。

唐朝之后,《旧唐书》中记录的拂菻传篇幅大大增加,若将其内容进行分类,可以发现这个时期中国关于拜占庭帝国的信息更为丰富:

1. 拂菻国,一名大秦,在西海之上,东南与波斯接,地方万余里,列城四百,邑居连属。其官宇柱栊,多以水精琉璃为之。

2. 有贵臣十二人共治国政,常使一人将囊随王车,百姓有事者,即以书投囊中,王还宫省发,理其枉直。其王无常人,简贤者而立之。国中灾异及风雨不时,辄废而更立。

3. 其王冠形如鸟举翼,冠及璎珞,皆缀以珠宝,著锦绣衣,前不开襟,坐金花床。有一鸟似鹅,其毛绿色,常在王边倚枕上坐,每进食有毒,其鸟辄鸣。

4. 其都城叠石为之,尤绝高峻,凡有十万余户,南临大海。城东面有大门,其高二十余丈,自上及下,饰以黄金,光辉灿烂,连曜数里。自外至王室,凡有大门三重,列异宝雕饰。第二门之楼中,悬一大金秤,以金丸十二枚属于衡端,以候日之十二时焉;为一金人,其大如人,立于侧,每至一时,其金丸辄落,铿然发声,引唱以纪日时,毫厘无失。其殿以瑟瑟为柱,黄金为地,象牙为门扇,香木为栋梁。其俗无瓦,捣白石为末,罗之涂屋上,其坚密光润,还如玉石。至于盛暑之节,人厌嚣热,乃引水潜流,上遍于屋宇,机制巧密,人莫之知。观者惟闻屋上泉鸣,俄见四檐飞溜,悬波如瀑,激气成凉风,其巧妙如此。

5. 风俗,男子剪发,披帔而右袒,妇人不开襟,锦为头巾。家资满亿,封以上位。有羊羔生于土中,其国人候其欲萌,乃筑墙以院之,防外兽所食也。然其脐与地连,割之则死,唯人著甲走马及击鼓以骇之,其羔惊鸣而脐绝,便遂水草。俗皆髡而衣绣,乘辎軿白盖小车,出入击鼓,建旌旗幡帜。土多金银奇宝,有夜光璧、明月珠、骇鸡犀、大贝、车渠、玛瑙、孔翠、珊瑚、琥珀,凡西域诸珍异多出其国。

6. 隋炀帝常将通拂菻,竟不能致。贞观十七年,拂菻王波多力遣使献赤玻璃、绿金精等物,太宗降玺书答慰,赐以绫绮焉。自大食强盛,渐陵诸国,乃遣大将军摩栧伐其都城,因约为和好,请每岁输之金帛,遂臣属大食焉。乾封二年,遣使献底也伽。大足元年,复遣使来朝。开元七年正月,其主遣吐火罗大首领献狮子、羚羊各二。不数月,又遣大德僧来朝贡。①

这段小传对该国的介绍包括:(1)历史传承与地理方位,"一名大秦"明确指明拜占庭帝国对罗马帝国的承继关系,即拂菻就是以前的大秦,且位于波斯西北;(2)政治制度与管理模式,这个国家由贵臣共治国政,且普通百姓能够以"囊中投书"的方式表达意见。国王的更迭以"贤明"为选任标准;(3)国王的冠冕与生活特色;(4)雄伟都城,整个小传中关于都城的描绘最为丰富,涉及其滨海位置、城东门的辉煌以及炫丽的宫殿;(5)风俗、物产;(6)与中国的官方往来。特别是"隋炀帝常将通拂菻,竟不能致",说明隋时人们已经知晓远方的这个国家,但尚未形成成规模的高级别往来。总体上,这段说明虽然不可避免存在疏漏,并没有准确地描绘出拜占庭帝国的真实政治与风俗习惯,但这种偏差在历史中是真实发生的。记录历史的人不见得是亲身经历的人,信息在转述过程中必然会产生误差;即便是真正到过的人,其所闻所见也只是某个时刻、某些特定地点与人物的经历,再加上到达语言不通、习俗差别巨大的地区后的陌生感,那么这个人所了解到的信息也必然是片面的、即时的。而值得看重的是,这些被记录下来的信息保存了当时唐朝的中国人对于拂菻这个国家的了解,反映出的是拜占庭帝国在遥远距离之外的中国的投影。

这些投影即便许多细节不准确,但仍符合拜占庭帝国的总体特征。第一,海洋占据重要地位,不仅整个国家位于波斯西北,在"西海之上",且首都也"南临大海",而且国中石制建筑较多,都城"叠石为之":这些都符合拜占庭帝国的特征。第二,这个国家的都城十分壮丽:君士坦丁堡的美名众所周知,如今以"拜占庭帝国"称之也是这一事实的影响之一。第三,该国的君主传承不完全是世袭制,尽管后人研读拜占庭帝国的历史后,知晓从君士坦丁王朝之后的皇位家族世袭制益发明显,但即便本质如此,拜占庭帝国早期时皇帝的选任仍带有推选、择选的重要痕迹,而这种选择往往冠以"选贤"的名头,自然会给外人造成"王无常人,简贤者而立之"的结果。第四,该国物产丰富,西域诸珍

---

① 《旧唐书》卷一九八《西戎传·拂菻传》。

异多出其国：拜占庭帝国作为中古时期欧亚大陆西端最为强盛的国家，这一评价并不夸张。如此种种，足以说明在唐王朝的数百年间，拜占庭帝国与中国之间还存在着比较通畅的联系，并承载着两个世界之间文化、信息的往来。

二、唐时文献反映出的"拂菻"与中国的交往方式

那么，这些联系是怎样的呢？我们从史书中读到的是唐初数次来华的拂菻使者：

> 贞观十七年（643 年），拂菻王波多力遣使献赤玻璃、绿金精等物，太宗降玺书答慰，赐以绫绮焉。
> 乾封二年（667 年），遣使献底也伽。
> 大足元年（701 年），复遣使来朝。
> 开元七年（719 年）正月，其主遣吐火罗大首领献狮子、羚羊各二。不数月，又遣大德僧来朝贡。[①]
> 景云二年（708 年），献方物。
> 天宝元年（742 年），遣大德僧来朝。[②]

关于这些使节记录，学者们已经有了多番分析。杨宪益先生秉持对正史的信任，根据这几次拂菻使节的到访，认为当时拜占庭帝国在 7 世纪后半期到 8 世纪中期陷入内政外交的困境，皇帝并无实权，而各地节制政务与军队的关于作为帝国真正的实权派人物，向中国派遣了使者，这也符合拜占庭帝国奉行远交近攻的外交传统。[③] 张绪山老师则认为 643 年的第一次使节是皇帝希拉克略一世筹划，在他去世后由别人派出，目的是联合东方政权合击新兴的阿拉伯势力；而其后的数次使节则是活跃

[①] 《旧唐书》卷一百九十八《列传第一四八·西戎·拂菻》。关于这段记载中所涉之拂菻，大多数史家都认为它是指拜占庭帝国。但也有学者对此表示疑问，冯承钧先生云："东罗马遣使至中国，必经大食，既可经过大食，何必因吐火罗大酋贡献耶？"并称开元七年的拂菻与宋时（1081 年）入贡之拂菻"在中亚，不在欧西也"，并称此时东罗马帝国中希拉克略一世的子嗣中并无名为波多力者，认为《唐书》中之拂菻传，"不可靠也"。方豪先生也对此说表示赞同。文出方豪：《中西交通史》（上），台北：中国文化大学出版部，1983 年，第 359 页；相关内容参见杨宪益：《译余偶拾》，北京：生活·读书·新知三联书店 1983 年版，第 206—210 页。

[②] 张星烺：《中西交通史料汇编》，北京：中华书局 1977 年版，第 168 页。

[③] 杨宪益：《唐代东罗马遣使中国考》，载《寻根》，2000 年第 6 期，第 67—69 页。

在中亚的景教徒派出。① 而天宝之后,由于751年怛罗斯战役失败后,唐王朝放弃了对西域的经略,与西方国家的联系自然减少②,正史中所记录下来的信息也相应变少。

此外,林英老师撰文讨论这几次使节中的僧侣问题。她首先介绍夏德的观点:643年的拂菻王"波多力"源于叙利亚教会的大教长(Patriarch)的尊号,并判定这是景教教会的大教长向中国派出的使者;其后就大秦僧、拂菻僧等概念的内涵进行探索与辨析,根据《酉阳杂俎》中拂菻僧弯介绍的19种西域之物的说明,结合拜占庭帝国此时的宗教纷争,认为"拂菻僧"为东迁至中亚的叙利亚迈尔凯特派。③

7世纪中期后,随着阿拉伯人在原先拜占庭帝国控制下的叙利亚、巴勒斯坦、埃及等地的统治逐渐稳固,越来越多的人皈依伊斯兰教,这些地区在文化上与先前的罗马—拜占庭帝国的差异益发明显,以基督教信仰、希腊语以及其他希腊生活方式为代表的希腊人(拂菻人)越来越少;主要集中在小亚细亚、东欧及爱琴海与黑海周边地区。那么,这些人群数量和规模的变化也使得前来东方的拂菻人人数骤降,中国的正史中关于拂菻的记载自然也会变少。

正史当中除去来自拂菻的使节记录外,还有一些关于拂菻的信息来自其他国家,如《新唐书》卷一九八载:"武德七年,(高昌)王文泰又献狗,雌雄各一,高六寸,长尺馀,性甚惠,云本出拂菻国。中国有拂菻狗,自此始也。"这是高昌王国在拜占庭帝国与中国的交往中起到媒介作用的一个例子,那么在两国之间广大地区的各个部族都有可能承担这一使命,如前面提到的西突厥汗国以及萨珊波斯帝国等都推动两个世界之间的信息、文化交流。

《大唐西域记》在介绍波斯时,称:"波剌斯国……西北接拂懔国。(拂懔国)境壤风俗同波剌斯。形貌语言稍有乖异。多珍宝亦富饶也。拂懔国西南海岛有西女国。皆是女人略无男子。多诸珍货附拂懔国。故

---

① 张绪山:《唐代拜占庭帝国遣使中国考略》,载《世界历史》,2010年第1期,第108—120页。
② 张绪山:《唐以后所谓"拂菻"遣使中国考》,载《清华大学学报》,2010年第6期,第106—112页。
③ 林英:《拂菻僧:关于唐代景教之外的基督教派别入华的一个推测》,载《世界宗教研究》2006年第2期,第107—116页。

拂懍王岁遣丈夫配焉。其俗产男皆不举也。"① 玄奘生活的 7 世纪中期，萨珊波斯帝国在阿拉伯人的军事扩张下刚刚灭亡，这一变化尚未在东方传开。而此处关于拂懍的传说则是来自玄奘所达的中亚地区。一个多世纪后的新罗僧人惠生也在这里听到了一些传闻，并记录下"大拂临国"位于大食附近，该国"傍海西北，即是大拂临国。此王兵马强壮，不属余国。大食数回讨击不得。突厥侵亦不得。土地足宝物。甚足驼骡羊马叠布等物。衣著与波斯大食相似。言音各别不同"②。

综上，在有唐一世，8 世纪中期之前拜占庭帝国与中国之间存在着一定程度的直接往来，并在史书中留下拂菻使节多次来华的记录；而因世界各地交往的普遍存在及持续发展，虽 8 世纪中期以后难见拜占庭帝国与中国的直接往来，但两个地区的诸多民族与政权帮助完成了东西方之间的间接联系，这些联系同样不断丰富着人们关于域外之地的了解与知识。

三、唐以后有关"拂菻"的记载与研究

唐以后中文文献中关于"拂菻"的记载主要见于《宋史》以及元明时期，且此时"拂菻"二字的用途也大大扩展，成为遥远西方以及某一种文化类型的代名词。对此徐家岭、张绪山、林英、武鹏等老师均已就某一方面做出深入细致的分析，这里通过对这些文章的学习，梳理一下唐以后中文史籍中的"拂菻"形象。

首先，《宋史》卷四九十的《拂菻国传》篇幅并不长，仅仅 300 多字，涵盖其国的地理方位、与中国的历代交往，以及国王、使者的姓名和该国的风土风貌：

> 拂菻国东南至灭力沙，北至海，皆四十程。西至海三十程。东自西大食及于阗、回纥、青唐，乃抵中国。历代未尝朝贡。
>
> 元丰四年十月，其王灭力伊灵改撒始遣大首领你厮都令厮孟判来献鞍马、刀剑、真珠，言其国地甚寒，土屋无瓦。产金、银、珠、西锦、牛、羊、马、独峰驼、梨、杏、千年枣、巴榄、粟、麦，以

---

① 〔唐〕玄奘、辩机著，季羡林校注：《大唐西域记校注》，北京：中华书局 1985 年版，第 101—102 页。
② 〔唐〕惠生：《往五天竺国传笺释·经行记笺注》，北京：中华书局 2000 年版，第 116 页。

蒲萄酿酒。乐有箜篌、壶琴、小筚篥、偏鼓。王服红黄衣，以金线织丝布缠头，岁三月则诣佛寺，坐红床，使人昇之。贵臣如王之服，或青绿、绯白、粉红、褐紫，并缠头跨马。城市田野，皆有首领主之，每岁惟夏秋两得奉，给金、钱、锦、谷、帛，以治事大小为差。刑罚罪轻者杖数十，重者至二百，大罪则盛以毛囊投诸海。不尚斗战，邻国小有争，但以文字来往相诘问，事大亦出兵。铸金银为钱，无穿孔，面凿弥勒佛，背为王名，禁民私造。

元祐六年，其使两至。诏别赐其王帛二百匹、白金瓶、袭衣、金束带。

围绕着这段记载，产生一个极富争议的问题，即此处的"拂菻"究竟指的是拜占庭帝国还是塞尔柱突厥人建立的罗姆苏丹国。认同前者的学者主要有19世纪的西方汉学家，如亨利·裕尔、沙畹等，以及我国学者杨宪益、陈志强等先生；认同后者的有早期汉学家夏德、希腊学者科尔多西教授，日本学者白鸟库吉以及我国学者齐思和、徐家岭和张绪山等先生。① 关于这个问题，近些年来数位学者进行了全面、深入的分析。

徐家岭老师通过对"拂菻"地望的考察、王名"灭力伊灵改撒"的解释以及对于"气候""居住特征"和国王"服饰"的分析，指出这里的"拂菻国"并非拜占庭帝国，而是小亚细亚塞尔柱突厥人建立的罗姆苏丹国。② 张绪山老师则通过塞尔柱突厥人沿用"Rum"而建罗姆苏丹国这一事实，结合宋时文献记录中的三次"拂菻"使节来华与塞尔柱突厥人建国后的政治大势，并再次就宋史"拂菻国传"中关于该国其后、出产、服饰习俗等内容加以辨析，支持徐家岭老师关于拂菻国为塞尔柱突厥罗姆苏丹国的判断，并且认为1281年的来华使节发生在塞尔柱突厥人强盛、成为阿拉伯伊斯兰世界主宰、声势正荣时，其目的是向东方宣扬炫耀其辉煌战果。③ 武鹏分析后指出对"拂菻国传"中气候、物产、

---

① 张绪山：《唐以后所谓"拂菻"遣使中国考》，载《清华大学学报》，2010年第6期，第106—112页；武鹏：《宋史中拂菻国形象考辨》，载《贵州社会科学》，2014年第5期，第137—141页。

② 徐家岭：《拜占庭还是塞尔柱人国家？——析"宋史·拂菻国传"的一段记载》，载《古代文明》，2009年第4期，第63—67页。

③ 张绪山：《唐以后所谓"拂菻"遣使中国考》，载《清华大学学报》，2010年第6期，第106—112页。

服饰的分析不足以断定"拂菻"就是罗姆苏丹国,进而通过对"岁三月,则诣佛寺,坐红床,使人升之"反映出的宗教现象、"不尚斗战"的军事特点、"铸金银为钱,无穿孔,面凿弥勒佛,背为王名,禁民私造"的钱币特征,认为"拂菻国"更多的还是体现了拜占庭的特征;到访中国的"拂菻"使节可能只是来自拜占庭帝国的商人冒用使臣之名。①

总而言之,宋史中关于"拂菻国"的记载与早年关于"大秦"和"拂菻"的记载相似,虽然对该国有一定的篇幅加以介绍,反映出两地之间存在着相当程度的直接联系,但过于遥远的距离以及在介绍、转译过程中不可避免地存在着误解与误差,内容必然会似是而非。无论是将此"拂菻"认为是罗姆苏丹国抑或拜占庭帝国,其共同点是承认他们所在地区是小亚细亚,争论的焦点不过是小亚细亚半岛上的哪个政权而已,都是这个地区与中国直接经济、文化交流的结果。

其次,13世纪之后,世界各地之间的联系更加紧密,特别是蒙古西征在北方的草原地带建立起统一政权,使得东西方之间经由草原丝路的联系十分频繁,马可波罗、柏朗嘉宾、鲁布鲁克的威廉等西欧商人、使臣的记述,出生在北京(大都)的基督教聂斯托利派(也里可温教)教士本扫玛的西行等,均说明这个时期东西方交通的繁盛。然而,尽管联系如此之多,《元史》中并未留下关于黑海地区希腊人建立的拜占庭帝国(包括前期的尼西亚帝国)以及特拉比宗帝国的任何信息。这一方面是因为这两个政权实力弱小,对于建立起庞大帝国的蒙古统治者们来说,它们没有留下深刻印记;另一方面,13世纪中期之后,随着成吉思汗子孙的内部争斗以及征服各地后政权的建立与稳固,与拜占庭帝国、特拉比宗帝国有密切往来的是金帐汗国与伊儿汗国,而忽必烈的蒙元帝国虽然得到蒙古"大汗"的尊号,但并无实际权力,因此黑海地区实力弱小的拜占庭帝国、特拉比宗帝国与遥远东方的蒙元帝国并无多少政治联系,也就无法留下印记。再者,《元史》由汉人学者编撰,其所使用的材料有限,《外夷传》仅涉及东边的高丽、南边的安南、西南的缅、占城、暹、爪哇等国,完全不涉西北陆路。这也就导致在东西方交流十分繁盛的元朝,中文史书关于西方国家的记载却十分稀少。

清初编撰的《明史》的七卷《外国传》在介绍各国时会追溯其渊

---

① 武鹏:《宋史中拂菻国形象考辨》,载《贵州社会科学》,2014年第5期,第137—141页。

源，在卷三二六中提到"拂菻"：

> 拂菻，即汉大秦，桓帝时始通中国。晋及魏皆曰大秦，尝入贡。唐曰拂菻，宋仍之，亦数入贡。而《宋史》谓历代未尝朝贡，疑其非大秦也。
>
> 元末，其国人捏古伦入市中国，元亡不能归。太祖闻之，以洪武四年八月召见，命赍诏书还谕其王曰："自有宋失驭，天绝其祀。元兴沙漠，入主中国百有余年，天厌其昏淫，亦用陨绝其命。中原扰乱十有八年，当群雄初起时，朕为淮右布衣，起义救民。荷天之灵，授以文武诸臣，东渡江左，练兵养士，十有四年。西平汉王陈友谅，东缚吴王张士诚，南平闽、粤，戡定巴、蜀，北定幽、燕，奠安方夏，复我中国之旧疆。朕为臣民推戴即皇帝位，定有天下之号曰大明，建元洪武，于今四年矣。凡四夷诸邦皆遣官告谕，惟尔拂菻隔越西海，未及报知。今遣尔国之民捏古伦赍诏往谕。朕虽未及古先哲王，俾万方怀德，然不可不使天下知朕平定四海之意，故兹诏告。"已而复命使臣普剌等赍敕书、彩币招谕，其国乃遣使入贡。后不复至。

张星烺先生最早对此做出分析，认为拂菻人"捏古伦"为 Nicholas 的译音，"普剌"可能是 Paul 的译音。① 杨宪益先生的分析更为详细，虽然认同"捏古伦"为 Nicholas 的音译，但明使普剌应该是波斯文 Pulad 的音译，而非另一位拂菻人。他还指出明朝派普剌出使的时间为 1392 年，因为《明史》卷三三二《西域四》载："洪武时，撒马儿罕及别失八里咸朝贡，哈烈道远不至。二十五年遣官诏谕其王，赐文绮、彩币，犹不至。"于是认为洪武二十五年，朱元璋派出前往哈烈以及拂菻的使臣一同出发。② 此处的哈烈是帖木儿（Timur，1370—1405 年在位）之子沙哈鲁（Shah Rukh，1405—1447 年在位）的封地，即阿富汗西部的赫拉特（Herat）。若"拂菻"确指黑海地区的拜占庭帝国，那么两者相去甚远，岂能如此轻易地将两件事串联起来。对于这段记载，张绪山老师认

---

① 张星烺：《中西交通史料汇编》第一册，北京：中华书局 1977 年版，第 422 页。
② 杨宪益：《明代拂菻通使考》，见杨宪益：《译余偶拾》，北京：生活·读书·新知三联书店 1983 年版，第 219—220 页。

为限于资料，难以论证确实。而数十年之后，随着君士坦丁堡被奥斯曼土耳其人攻陷，拜占庭帝国灭亡，"拂菻"作为一个国家或地区也就彻底成为历史往事了。①

最后，在正史之外的其他中文文献中，"拂菻"也曾数次出现，"拂菻狗"以及建筑样式中的"拂菻"雕饰，反映出当时中国社会对于"拂菻"的印象。

"拂菻狗"的名声极响，除前引《新唐书》中关于高昌王麴文泰献两只拂菻狗，中国拂菻狗自此始。《清稗类钞》的《动物卷》中记"拂菻狗，较常狗倍小，今为京师土产"。由于从唐至清以前，并未见完整的关于拂菻狗的文字记述，很难判断清时的拂菻狗是否与唐时相同，其样貌究竟如何。因《清稗类钞》中称"拂菻狗"为京师出产，故而将其与哈巴狗或狮子狗等同。②然而，《清稗类钞》明确区分了哈巴狗与拂菻狗，称"哈叭狗，俗名狮子狗，亦作獬八狗，盖始于明万历时，神宫掌印太监杜用养小獬八，小狗最为真爱也，孝钦后绝爱之"。因此，很难说拂菻狗就是哈巴狗。但它身小可爱，极受贵族喜爱豢养。

拂菻狗还常常与"康国猧子"联系在一起。③《酉阳杂俎》卷一"忠志"载"天宝末，……上夏日尝与亲王棋，令贺怀智独弹琵琶，贵妃立于局前观之。上数子将输，贵妃放康国猧子于坐侧，猧子乃上局，局子乱，上大悦"。此后"康猧乱局"作为典故经常在文章与诗歌中被提及。无论拂菻狗与康国猧子（或猧子）是否指同一事物，"拂菻狗"在中国的存在与流传进一步强化了"拂菻"在国人脑海中的印象——多宝、多异物。

北宋时期编撰的《营造法式》的"雕作制度"中有"混作八品"，其一为"拂菻"或"拂菻王"，具体解说为"蕃王、夷人之类同，手内牵拽走兽，或执旌旗、矛、戟之属"，从图样上看，是一莲花座上站立人像④，究竟是牵兽还是执戟依需要而定。

---

① 张绪山：《唐以后所谓"拂菻"遣使中国考》，载《清华大学学报》，2010 年第 6 期，第 112 页。

② 康耀仁：《拂菻狗的宫廷和院画信息》，载《东方收藏》，2015 年第 10 期，第 87—90 页。

③ 从振：《西域"猧子"与唐代社会生活》，载《新疆师范大学学报》，2012 年第 6 期，第 45—51 页。

④〔宋〕李诫撰，邹其昌点校：《营造法式》，北京：人民出版社 2011 年版，第 92、343 页。

总体上，这些拂菻狗与拂菻雕样的繁衍与流传，反映出的是东西方之间的文化以及物种交流。

第二节　唐以后与"拂菻"有关的文物与研究

一、中国境内发现的唐以后"拂菻"遗物

前已述及，尽管正史中的记录表明拜占庭帝国所在地区与中国之间的联系在持续发展，直接联系与间接联系并存，两地之间的物质文化、经济交流频繁。然而，尽管我国目前考古工作取得丰硕的成果，但可明确判定为源于罗马帝国或拜占庭帝国的物品并不多，这主要是因为在东传入华的罗马—拜占庭物品中，玻璃制品占据很大比重，而它们很难保存，诸如金刚石、底也伽、火浣布等大秦、拂菻特产，一些舶来的动植物早已死亡消散在历史云烟之中，除拂菻狗以外的其他物种以及金刚石等宝石即便流传下来，也难以分辨其罗马—拜占庭源头。

与前面两个时期不同的是，进入唐以后，一方面，东西两地之间的交往紧密，文化、信息与商品的流通较之以往更加多样；另一方面，早年间传入中国的罗马—拜占庭因素逐渐发展起来后形成一定规模，并留下一些印记。

首先，前一节提到的"拂菻狗"与"拂菻"雕样均属此类。通过考古学家与艺术史家们的分析与研究，目前一些与"拂菻狗"有关的文物与绘画作品引起学者们的广泛兴趣。

综合各位学者的分析与统计，与拂菻狗有关的画家与画作有：

第一，辽宁博物馆馆藏的《簪花仕女图》，据说为唐周昉绘制，表现了黑白相间的两条猧子（即拂菻狗）伴随宫女欢跑的场景。

第二，台北故宫藏唐画《宫乐图》的宋摹本，在众人欢宴的场景中，一只拂菻狗卧于案桌下。

第三，榕溪园藏《拂菻狗》。[①]

第四，1972年吐鲁番阿斯塔那墓群第187号墓出土的绢画《双童

[①] 康耀仁：《拂菻狗的宫廷和院画信息》，载《东方收藏》，2015年第9期，第87—90页。

图》，左边童子怀抱一拂菻狗。①

第五，2012年，洛阳西工区苗北村一座五代时期的壁画墓的第六幅壁画为拂菻狗。②

第六，1992年宝鸡岐山县郑家村唐元师奖墓（唐垂拱二年，686年）甬道西侧的"童子牵狗图"。③

第七，1972年陕西乾县章怀太子李贤墓后室东壁南侧壁画有"仰面上观小狗图"。④

第八，1987年陕西长安县韦曲镇唐韦浩墓出土的"侍女与小狗图"。⑤

第九，洛阳出土的"小狗回望"唐三彩。⑥

第十，日本美秀博物馆馆藏唐三彩"女俑与狗"。⑦

这些在绘画和壁画以及雕塑中呈现出的"拂菻狗"构成了拜占庭帝国与中国之间文化传播的重要例证。

其次，中国境内发现的唐以后的文物当中，影响力最大的当属明天启年间发现的大秦景教流行中国碑，它不仅引起当时正试图向中国传播基督教的耶稣会传教士们的关注，也成为此后中西交通史领域的重要课题。此后，学者们逐渐认识到元朝正史中屡次提及的也里可温教正是唐时景教的别称，都是源于拜占庭帝国的基督教异端聂斯托利派。于是，关于景教以及也里可温教的研究可算得上浩如烟海。涉及的问题主要有：大秦景教流行中国碑文的释读以及所涉人名、地名等名称的勘误；中国境内其他与景教有关文献的发掘、整理、释读与分析等。也里可温教在元朝的政治地位、传教规模等。这个领域过于庞大，此处暂不涉足，谨列举目前已经被发现、考察的与景教（包括也里可温教）有关的文物信息，以便对景教唐时在中国的传播规模与其文化影响有所了解。

---

① 李征：《新疆阿斯塔那三座唐墓出土珍贵绢画及文书等文物》，载《文物》，1975年第10期，第89—90页。另见新疆维吾尔自治区文物局编：《丝路瑰宝——新疆馆藏文物精品图录》，乌鲁木齐：新疆人民出版社2011年版，第21页。

② 商春芳：《拂林狗在中国唐代的流传——从洛阳壁画墓中出土的宠物狗谈起》，载《鉴赏》2016年第5期，第48—51页。洛阳市文物考古研究所：《洛阳秒北村壁画墓发掘简报》，载《洛阳考古》，2013年第1期，第58页。

③ 宝鸡市考古队：《岐山郑家村唐元师奖墓清理简报》，载《考古与文物》，1994年第3期，第48—55页。

④ 周天游：《章怀太子墓壁画》，北京：文物出版社2002年版。

⑤ 韩伟、张健林：《陕西新出土唐墓壁画》，重庆：重庆出版社1998年版。

⑥ 周立、高虎：《中国洛阳出土唐三彩全集》，郑州：大象文物出版社2007年版。

⑦ 林梅村：《丝绸之路考古十五讲》（图版），北京：北京大学出版社2006年版。

除西安的大秦景教流行中国碑（现存西安碑林博物馆）外，与之有关的遗物还有①：

第一，1905—1906 年，德国勒柯克探险队在吐鲁番北部的景教遗址——布拉伊克附近水盘的修道院遗址和东门外的小教堂遗址——发现大量景教写本还有寺庙遗址中的壁画。以及一些其他遗物，年代为晚唐、五代之际。其中有一幅名为《棕枝主日图》（或称《圣枝节图》）的彩色壁画，现存德国柏林国立美术馆。②

第二，1906—1908 年斯坦因在甘肃敦煌千佛洞盗取的一幅"基督像"绢画。1906 年 12 月，斯坦因在米兰 M. III 佛寺发现的《有翼天使》图。

第三，1909 年，端方发现波斯大酋长阿罗憾墓志，普遍认为阿罗憾就是景教徒，即大秦景教流行中国碑之首的"罗含"。③

第四，甘肃敦煌藏经洞中的景教汉文文献被斯坦因、伯希和等探险家先后带走一些外，剩下的在运往北京的过程中又被一些官吏私藏，于民间辗转，其中包括鉴定为赝品的高楠顺次郎收藏的《序听迷诗所经》，富冈谦藏收藏的"一神论"经卷，以及现存日本的李盛铎收藏的《志玄安乐经》《大秦景教宣元本经》。④

第五，在吐鲁番的阿斯塔那、吐峪沟等地也出现一些景教遗物，例如阿斯塔那墓群中出土的一些装饰有十字纹的陶罐。⑤

第六，2006 年 5 月，河南洛阳隋唐故城东郊出土一件 9 世纪唐代景教石刻，这是一件宽 14 厘米的八面体石灰岩棱柱，残高 84 厘米。⑥

---

① 以下内容见王静：《中国境内聂斯脱利教遗物分布状况综述》，载《人文杂志》，2003 年第 3 期，第 118—125 页。
② 林梅村：《系于文明——考古、民族、语言和宗教新论》，北京：东方出版社 1995 年版，第 457 页。钟丽娟：《浅谈唐代丝绸之路景教绘画》，载《丝绸之路》，2014 年第 10 期，第 9—10 页。
③ 林梅村：《洛阳出土唐代犹太侨民阿罗憾墓志跋》，见林梅村：《西域文明：考古、民族、语言和宗教新论》，北京：东方出版社 1995 年版，第 95—96 页。
④ 相关内容参见赵家栋、聂志军：《浅论唐代景教文献的整理与研究》，载《古籍整理研究学刊》，2010 年第 6 期，第 8—13 页。
⑤ 新疆维吾尔自治区博物馆：《吐鲁番县阿斯塔那—哈拉和卓古墓群发掘简报（1963—1965）》，载《文物》，1973 年第 10 期。
⑥ 张乃翥：《跋河南洛阳新出土的一件唐代景教石刻》，载《西域研究》，2007 年第 1 期，第 65—73 页。葛承雍：《西安、洛阳唐两京出土景教石刻比较研究》，载《文史哲》，2009 年第 2 期，第 2 页。林悟殊、殷小平：《经幢版〈大秦景教宣元至本经〉考释——唐代洛阳景教经幢研究之一》，载《中华文史论丛》，2008 年第 1 期，第 325—352 页。罗炤：《洛阳新出土〈大秦景教宣元至本经及幢级〉石幢的几个问题》，载《文物》，2007 年第 6 期，第 32—44、50 页。

第七，1980年代陕西西安出土的李素及其妻卑失氏墓志，经荣新江先生考证为入仕唐朝的波斯景教徒。①

第八，1955年陕西西安西郊三桥出土的米继芬墓志，现藏于国家博物馆。根据墓志记载"祖讳伊西，任本国长史。……幼曰僧思圆，住大秦寺庙"，阎文儒与葛承雍先生均判断米继芬为景教教徒。②

第九，2010年河南洛阳东郊出土花献及其夫人墓志，现藏洛阳碑志拓片博物馆。墓志提到墓主人花献"祖讳移恕……常洗心事景尊，竭奉教理。为法中之柱础，作徒侣之笙簧。而内修八景，外备三常"。③

第十，新疆的霍城在元代为阿力麻里，是西域景教（也里可温教）的传播中心之一，近些年，在霍城县东北的阿力麻里古城发现不少景教遗物：1958年，黄文弼等再次搜集到3枚刻有十字架、莲花图案和叙利亚文铭文的石刻。其后，此地陆续发现数方此类石刻，有的也称其为石碑。在《丝路瑰宝——新疆馆藏文物精品图录》中收录两方石碑图片：一通较小，长20厘米，宽12.8厘米，厚4.4厘米，另一通较大，长36厘米，宽25厘米，厚7厘米。④

第十一，元朝时期的内蒙古地区是景教活动的又一中心，特别是汪古部［其辖区北接大漠，南临黄河，西据今乌拉特中后联合旗，东抵乌兰察布（集宁）全境］的景教信仰尤为突出，发现大量刻有十字架、莲花图案的墓顶石和石碑，拉铁摩尔甚至将敖伦苏木古城称为"景教的废墟"。⑤据王静的统计，内蒙古地区发现大量景教遗物的地方主要有四处：一是达尔罕茂明安联合旗和四子王旗；二是赵王城西北的毕其格图好来墓陵园；三是四子王旗耶律氏陵园；四是达尔罕茂明安联合旗木胡

---

① 荣新江：《一个入仕唐朝的波斯景教家庭》，见荣新江：《中古中国与外来文明》，北京：生活·读书·新知三联书店2014年版，第210—228页。亦见王长命：《唐波斯景教徒李素出仕河中晋州的时间及缘由——波斯人李素及夫人卑失氏墓志铭补考》，载《文物世界》，2018年第2期，第39—41页。

② 阎文儒：《唐米继芬墓志考释》，载《西北民族研究》，1989年第2期，第156—162页；葛承雍：《唐代长安一个粟特家庭的景教信仰》，《唐韵胡音与外来文明》，北京：中华书局2006年版，第232—241页。

③ 毛阳光：《洛阳新出土唐代景教徒花献及其妻安氏墓志初探》，载《西域研究》，2014年第2期，第85—91页。

④ 新疆维吾尔自治区文物局编：《丝路瑰宝——新疆馆藏文物精品图录》，乌鲁木齐：新疆人民出版社2011年版，第55、267页。

⑤ 参见盖山林：《阴山汪古》，呼和浩特：内蒙古人民出版社1991年版，第270—295页。

尔索卜尔嘎古城旁墓地。① 此外，在汪古部的其他地区也有零散发现。

第十二，内蒙古地区除原汪古部辖区外，其他地区也发现了景教遗物。20 世纪 20—30 年代，在鄂尔多斯沙漠发现 860 多枚含有十字形状的铜牌，现藏香港大学冯平山博物馆；在准格尔旗和乌审旗等地也有发现。② 1983—1985 年，在赤峰西南 25 公里处的松山地区，先后发现带有十字的墓砖与瓷碑，其中墓砖长 47.2 厘米，宽 39.5 厘米，厚 6 厘米，重约 13 千克。③ 瓷碑高 47 厘米，宽 39 厘米，厚 6 厘米，为仅见的瓷质地，上面文字为回鹘文。④

第十三，1927 年，辽宁鞍山附近一座古墓发掘出 2 枚陶瓷质十字架，年代为 10 世纪末到 11 世纪初；其后一名日本人还在通肯河河畔发现一枚青铜十字架，风格类似鄂尔多斯青铜十字架⑤；而鸟居龙藏则在这附近调查发现 7 枚陶制景教十字架，还在一座墓葬中发现《圣经》故事的壁画。⑥

第十四，北京周边也曾发现景教遗物。清雍正年间，北京某官宦家中发现《景教徒必携》的叙利亚文古抄本；北京大学在整理档案时发现北京故宫午门楼上收藏的叙利亚文《前后唱咏歌》古抄本。20 世纪初在广安门外莲花池西发现一枚刻有十字架的墓石；1919 年房山县西北坨里南山十字寺遗址发现 2 块有十字架刻印的石刻。

第十五，福建泉州也曾是景教徒聚集之地，这里从明末至今出土了大量刻有十字架的墓石。20 世纪 50 年代时吴文良先生统计约 30 余方，至少 10 方有叙利亚文铭文；从 80 年代到 2002 年，陆续又发现数方景教石刻。⑦ 出土一块元朝回鹘文景教墓碑。

---

① 王静:《中国境内聂斯脱利教遗物分布状况综述》，载《人文杂志》，2003 年第 3 期，第 123 页。
② 参见盖山林:《阴山汪古》，呼和浩特：内蒙古人民出版社 1991 年版，第 270—295 页。
③ 〔法〕James Hamilton、牛汝极:《赤峰出土景教墓砖铭文及族属研究》，载《民族研究》，1996 年第 3 期，第 78—83 页。
④ 王大方:《内蒙古赤峰市松山区出土窝阔台汗时期的古回鹘文景教瓷碑考》，载《内蒙古师大学报》，2000 年第 5 期，第 42—44 页。
⑤ 主要参见吴文亮:《泉州宗教石刻》，北京：科学出版社 1957 年版；牛汝极:《附件泉州景教碑铭的发现及其研究》，载《海交史研究》，2007 年第 2 期，第 1—48 页。杨钦章:《泉州景教石刻初探》，载《世界宗教研究》，1984 年第 4 期。刘南强、李静蓉:《刺桐基督教与摩尼教遗迹概述》，载《海交史研究》，2010 年第 2 期，第 75—88 页。
⑥ 王静:《中国境内聂斯脱利教遗物分布状况综述》，载《人文杂志》，2003 年第 3 期，第 123 页。
⑦ 李荣辉、袁刚:《9—14 世纪北方草原地区基督教初探》，载《基督教研究》2016 年第 3 期，第 230—235 页。

第十六，1981年，扬州南郊荷花池西侧地下出土一块元代墓碑，碑高29.3厘米，宽24.5厘米，图案为莲花底座加十字架，十字架两侧各有一男性形象，头戴顶部饰有十字架的头冠，各有一对翅膀，有叙利亚文与汉文双语铭文。①

第十七，1980年代，敦煌莫高窟北区出土了新的景教文物，其中有叙利亚文圣经残页。② 日本学者松井太在敦煌榆林窟第16窟前室甬道南壁发现一段叙利亚文题记，该题记表明在当地曾经有一个回鹘景教徒社区，而且与附近的佛教徒来往甚密。③

第十八，2014年，国家历史博物馆收藏一柄出自内蒙古的铜镜，铜镜背面图案为十字架，十字架正中交叉处有一圆环，十字架下为莲花座，上方为祥云符，空白处有叙利亚文铭文。④

以上为我国境内目前大致已知的景教徒遗物，通过这一统计，可以发现中古以后景教的发展已具有相当规模，这种宗教规范着信徒的信仰与日常生活，故而留下如此大量的文物。目前我国关于景教的研究涉猎较广，涉及墓志、碑铭等文物的发现与释读，碑铭、文书等所涉景教经卷的解读与阐释，以及与之相关的东西方思想、技术等文化交流。

与景教相关的东西方文化交流又分为两大块：一是唐时景教的传入与传播，二是元朝景教教士的活动（如班扫玛的西行）以及景教在西域、内蒙古、泉州、扬州等地的发展。由于景教离开拜占庭帝国后，在伊朗高原、中亚等地的传播与发展逐渐与当地的文化、风俗融合，随着时间的流逝，其罗马—拜占庭文化特征逐渐淡化，因此关于唐时与景教有关的东西方文化交流往往涉及罗马—拜占庭文化在东方的传播。

前面提到的关于大秦景教流行中国碑以及阿罗憾墓志的分析与研究，几乎考察的都是西方（包括拜占庭）与东方的交往，尤其是关于阿罗憾墓志中的"拂菻"争论极大。对于研究罗马—拜占庭帝国乃至地中海世界与中国的交往来说，这些概念和争议不是重点，重要的是这些文本以及关于大秦景教和其他时期与景教有关的资料本身，它们是研究罗马—

---

① 朱江：《扬州发现元代基督教徒墓碑》，载《文物》，1986年第3期，第70—71页。
② 牛汝极：《十字莲花：中国元代叙利亚文景教碑铭文献研究》，上海：上海古籍出版社2008年版，第9—11页。
③ 〔日〕松井太：《榆林窟第16窟叙利亚字回鹘文景教徒题记》，王平先译，载《敦煌研究》，2018年第2期，第34—39页。
④ 牛汝极：《新发现的十字莲花景教铜镜图像考》，载《西域研究》，2017年第2期，第57—63页。

拜占庭文化在中国传播的有力证据。

张绪山老师分析了景教徒与希腊—拜占庭文化的东传①，他认为景教徒进入中国后，为了更好地展开传教事业，利用自身掌握的多项技术特长，其中就包括制造机械方面的技术，故而《唐语林》中关于玄宗所建凉殿以及御史大夫王鉷的"自雨亭子"的说明与《旧唐书》中关于拂菻首都的介绍极为类似。例如关于凉亭的介绍是："玄宗起凉殿，……时暑毒方甚，上在凉殿，座后水激扇车，风猎衣襟。"②而拂菻都城的宫殿"至于盛暑之节，人厌嚣热，乃引水潜流，上编于屋宇，机制巧密，人莫之知"，向达先生指出这两者之间存在联系③，张老师则将其归因于景教徒。此外，景教徒还将拜占庭帝国的医术与天文学知识传入中国。例如，683年秦鸣鹤为高宗治疗眩疾④；740年僧人崇一为李宪治病⑤；安史之乱期间的白衣景士伊斯也是一位医生⑥。在天文学方面，前面提到的李素"握算枢密，审量权衡，四时不忒，二仪无忒"，因此能够以天文历法专长就职于司天监⑦。

自从5世纪聂斯托利派在基督教公会会议上被斥为异端并在全国范围内遭到打压之后，聂斯托利隐遁避世，这一派的信徒不得不向东进入萨珊波斯帝国以求生存。不料他们在困境中却开辟出一片新天地，在中亚、东亚获得大量信徒，并一直传承下来。其教义阐释、信仰方式等带有鲜明的希腊、叙利亚式风格，因此关于景教的记载与遗物构成了拜占庭帝国文化在东方传播与影响的重要表现。

二、中国境内的唐以后拜占庭货币及仿币

第二章第二节将中国境内出现的拜占庭金币、仿制金币以及金片的

---

① 张绪山：《景教东渐及传入中国的希腊—拜占庭文化》，载《世界历史》，2005年第6期，第76—88页；另收录于《中国与拜占庭帝国关系研究》，北京：中华书局2012年版，第188—201页。
② 《唐语林》卷四，自雨亭子记载见《唐语林》卷五。
③ 向达：《唐代长安与西域文明》，北京：生活·读书·新知三联书店1957版，第41—42页。
④ 黄兰兰：《唐代秦鸣鹤为景医考》，载《中山大学学报》2002年第5期，第61—67页。
⑤ 《旧唐书》卷九十五《睿宗诸子传》；关于崇一的身份，参见陈垣：《基督教入华史略》，见《陈垣学术论文集》第1集，北京：中华书局1980年版，第83—95页。
⑥ 聂志军：《景教碑中"伊斯"也是景医考》，载《敦煌学辑刊》2008年第3期，第119—127页。
⑦ 荣新江：《中古中国与外来文明》，北京：生活·读书·新知三联书店2014年版，第210—228页。

发现情况做了简单的梳理。关于其中一些具有明显考古信息的金币和金片，与之相关的时间信息有三种：一是发行时间，二是入葬时间，三是发掘时间。发行时间对于拜占庭金币来说很好确定，即便是仿制金币和金片也可参考金币原型的发行时间将制作时间限定在一定的区间内；入葬时间相对麻烦一些，除少数墓葬已知准确的入葬时间外，这些钱币有些是在农田或河道偶然发现，完全无法确定入葬或入土时间，即便有些是从墓葬出土，但因该墓葬本身难以确定年份，入葬时间也就难以确定；发掘时间最易确定，但除了帮助钱币的整理编目外，对研究毫无意义。

钱币的发行时间与入葬时间同等重要，特别是入葬时间对于史学研究来说是判断钱币的流通时间、流通过程中可能影响的重要依据。然而由于入葬时间大多难以确定，且若以它为线索来整理与分析多枚钱币，不但很难获取需要的信息，反而因杂乱无章而引发思维混乱，无法满足研究的需要。因此，本部分无法按照墓葬的年份来区分货币，而是依据钱币本身的发行时间来分类，故而，我们可以将中国发现的拜占庭金币中属于7世纪之后的金币、仿制金币和金片提取出来，加以梳理，以寻找它们所携带的历史信息。

总体上，目前我国各地公开报道的中国出土的拜占庭金币及其仿制品主要集中在早期，拜占庭帝国中期以后的金币偶有出现，但数量非常有限。仅有的公开发表的数枚考古发现的拜占庭帝国中期金币索里得，其时间也集中在7世纪前半期，也即拜占庭帝国前期向中期过渡阶段。而此后中国出现的拜占庭帝国金币及金币仿制品的数量骤减，在一定程度上反映出这段时期连通东西方的丝绸之路贸易出现了重大变革，从而导致这一情况的出现。我国境内出现的拜占庭中后期的金币的情况，参见表3。

表3　中国发现的拜占庭中后期钱币总表

序号	发现时间	出土地点	墓号	钱币种类	钱币所显示的时代/当时之统治皇帝（据报道）①
10②	1956	陕西西安	唐 M2	仿索里得	希拉克略一世（610—640）仿币
12③	1970	陕西西安	唐	索里得	希拉克略一世仿币

① 本栏所列之钱币铸造时间引自各枚金币的原始报道，不过其中个别钱币的鉴定结果，经其他学者以及作者对照片的辨认分析后，发现尚有可推敲之处，为了能够明确表示出文章所引资料之出处，在这一表格中，暂时按照原来报告鉴定列出铸造时代，而关于对其中一些的辨认分析，将在后文加以详细的辨析说明。

② 夏鼐：《西安土门村唐墓出土的拜占庭金币》，载《考古》，1961年第8期，第446—447页。

③ 陕西省博物馆、文管会：《西安南郊何家村发现唐代窖藏文物》，载《文物》，1972年第1期，第45—47页。

(续表)

序号	发现时间	出土地点	墓号	钱币种类	钱币所显示的时代/当时之统治皇帝(据报道)①
37②	1982	河南洛阳	唐	仿索里得	弗卡斯(602—610)仿币
43③	1989	甘肃天水	墓葬	索里得	弗卡斯
44④	1992	辽宁朝阳	M3:1	索里得	希拉克略一世
55⑤	1989	甘肃清水	农田	索里得	弗卡斯
59⑥	2001	山西太原	?	仿索里得	希拉克略一世仿币
60⑦	2002	陕西西安	唐代早期	索里得	君士坦丁四世(668—685)仿币
64—65⑧	2004	河南洛阳	唐	索里得	弗卡斯
94⑨	?	河南洛阳	唐	索里得	希拉克略一世仿币
铜币⑩	—	上海博物馆	—	铜币	希拉克略一世

---

① 本栏所列之钱币铸造时间引自各枚金币的原始报道,不过其中个别钱币的鉴定结果,经其他学者以及作者对照片的辨认分析后,发现尚有可推敲之处,为了能够明确表示出文章所引资料之出处,在这一表格中,暂时按照原来报告鉴定列出铸造时代,而关于对其中一些的辨认分析,将在后文加以详细的辨析说明。

② 洛阳市文物工作队:《洛阳龙门唐安菩夫妇墓》,载《中原文物》,1982 年第 3 期,第 76—82 页。

③ 刘大有:《甘肃天水新发现一枚东罗马福卡斯金币》,第三次丝绸之路与少数民族货币研讨会,兰州,1994 年,第 1—5 页。

④ 辽宁省文物考古研究所等:《朝阳双塔区唐墓》,载《文物》,1997 年第 11 期,第 53—58 页。

⑤ 羽离子:《对中国西北地区新出土三枚东罗马金币的考释》,载《考古》,2006 年第 2 期,第 75—82 页。

⑥ 太原市文物考古研究所:《晋阳古城》,北京:文物出版社 2005 年版,图 9。

⑦ 张绪山:《中国与拜占庭帝国关系研究》,北京:中华书局 2012 年版,第 213 页注 5。

⑧ 于倩:《简述洛阳丝绸之路贸易与出土丝绸之路货币》,载《新疆钱币》,2004 年第 3 期,第 155—159 页。

⑨ 洛阳市文物管理局编著:《洛阳出土丝绸之路文物》,郑州:河南美术出版社 2011 年版,第 181—186 页。

⑩ 杜维善:《丝绸之路古币》,上海博物馆编,1992 年,第 2 页;又见上海博物馆青铜馆编:《上海博物馆藏货币:外国货币》,1995 年,第 629 页。

（续表）

序号	发现时间	出土地点	墓号	钱币种类	钱币所显示的时代/当时之统治皇帝（据报道）①
中国钱币博物馆藏的拜占庭中晚期金币②	—	中国钱币博物馆征集	10*	索里得	弗卡斯
	—		11	索里得	希拉克略一世
	—		12，13	索里得	君士坦斯二世（641—668）
	—		14	索里得	塞奥菲鲁斯（829—842）
	—		15	索里得	罗曼努斯三世（1028—1034）
	—		16	索里得	君士坦丁九世（1042—1055）
	—		17	索里得	米哈伊尔七世（1071—1078）
			D	仿索里得	希拉克略一世仿金片
			E	仿索里得	希拉克略一世仿金片

表 3 所列内容发现时间截至 2018 年底，笔者在各公开发表的刊物中收集到的拜占庭帝国中期的钱币及金币仿制品共 22 枚。在这些钱币或仿制品当中，目前可确定有 1 枚非中国出土，而是 20 世纪 90 年代钱币收藏家杜维善夫妇将一枚铜币（67 号）捐赠给上海博物馆。其表面模糊难辨，据称可能为希拉克略统治时铸造的铜币。

除去上述捐赠的希拉克略一世铜币外，表 3 中所列 21 枚钱币中，有 11 枚可确定为中国境内出土，其中金币 5 枚、仿制金币 6 枚（具体分析见第四章），其余 10 枚均为中国钱币博物馆征集，其中有两枚为仿制金片；据称这些金币以及金币仿制品或来自博物馆征集，或来自银行兑换，不能排除中国境内出土的可能，但同样无法排除现代从西方流入的可能，因此对于这些金币，可以作为了解拜占庭帝国中期社会发展的窗口，却无法作为进一步史学研究的材料基础。

---

① 本栏所列之钱币铸造时间引自各枚金币的原始报道，不过其中个别钱币的鉴定结果，经其他学者以及作者对照片的辨认分析后，发现尚有可推敲之处，为了能够明确表示出文章所引资料之出处，在这一表格中，暂时按照原来报告鉴定列出铸造时代，而关于对其中一些的辨认分析，将在后文加以详细的辨析说明。

② 金德平：《考说在中国发现的罗马金币——兼谈中国钱币博物馆 17 枚馆藏罗马金币》，载《中国钱币》，2005 年第 1 期，第 38—46 页；以及金德平：《考说在中国发现的罗马金币——兼谈中国钱币博物馆 22 枚馆藏罗马金币》，载《甘肃钱币》，2004 年第 4 期，第 49—57 页。

第三节　蒙古国境内发现的金币及金片

2001年在蒙古国布尔干省巴彦诺尔（Baiannuur）发掘的突厥壁画墓出土41枚金银币[1]，这些金银币的发现对于考察中国乃至东亚周边地区出土的西方货币及其仿制品的相关问题极其重要，丰富了东亚地区发现的西方货币仿制品的类型，是对东西方经济文化交流的重要补充。本书基于发掘报告以及相关研究文章和图片资料，结合中国发现的拜占庭金币及仿制品的发现情况对这些金银币的具体形制加以详细梳理。

关于此壁画墓所出金银币的形制特征，据原发掘报告称这座突厥贵族壁画墓中发现的金银钱币位于棺内的木箱和供台上，共41枚，其中37枚为金币，4枚为银币。原始报告附图39枚，其中1枚仅有说明，没有图片；但文后的彩图却与逐个介绍的39枚钱币情况不符，有些图片显然重复仍存有出入。笔者在2016年的文章依据原始报告统计出不同类型金币、金片的数量[2]；然而根据2017年最新发掘报告的配图，各种不同类型金币、金片的数量发生了变化。具体说来：疑似萨珊波斯银币仿制金片从10更新为7枚，疑似仿自变形拜占庭金币塞米塞斯（semissis，重12克拉，即二分之一的索里得）类型的金币从4更新为3枚，仿自拜占庭金币索里得的金片仍然为17枚，疑似拜占庭金币以及可确定为仿制金币的有4枚，其余9枚要么是金片图案难以辨识，要么金片（或金块）本身无法归类。

---

[1] 相关资料参见：阿·敖其尔、勒·额尔敦宝力道：《蒙古国布尔干省巴彦诺尔突厥壁画墓的发掘》，萨仁毕力格译，载《草原文物》，2014年第1期。文中所参考的金银币图片及其直径、厚度和重量的信息均以敖其尔（Ochir）的蒙文原文为依据。后文不再赘述。具体参见 Ochir, Ayudai & Erdenebold, Lkhagvasü, *Ertnii nüüdelchdiin bunkhant bulshny maltlaga sudalgaa* (*Excavation report on an ancient nomadic underground tomb*). Ulaanbaatar: Mongol ülsyn Shinjlekh ukhaany Akademiin Tüükhiin khüreelen, 2013. Ochir, Ayudai & Erdenebold, Lkhagvasü, *Archaeological Relics of Mongolia: Cultural Monuments of Ancient Nomads*, VII, Ulaanbaatar: Mongolian Academy of Sciences, 2017.

[2] 郭云艳：《论蒙古国巴彦诺尔突厥壁画墓所出金银币的形制特征》，载《草原文物》，2016年第1期，第115—123页。

现根据 2017 年的《古代游牧民族的文化丰碑》中的 40 枚图片，将它们简单分为 4 类：一、按照萨珊波斯银币背面仿制而成的金片；二、按照类似拜占庭金币塞米塞斯或其他右侧头像仿制的金币；三、拜占庭金币索里得、可确定为仿自索里得的仿制金币以及按照拜占庭金币索里得仿制的金片；四、图案难以辨识的金片和残破无法确定属性的金残片或金块。

总的说来，蒙古巴彦诺尔突厥贵族墓出土的拜占庭金币之所以引起学界注意，主要在于其具有的重要学术价值。这一考古发现不仅以实物证据证明了蒙古草原之路在东西文化交流中曾经发挥了重要作用，从而拓宽了我们对于"丝绸之路"的传统认知；而且从一个特殊的视角解释了古代游牧民族独特的生存策略，进而有助于我们更全面地了解古代世界发展的多样性。

表4 蒙古国境内发现的金币与金片

类型	数量	2017年编号	直径（毫米）	重量（克）	2013年编号*
萨珊波斯银币仿制金片	1	245	20	0.20	XXM2012.5.135
	2	256	20	0.40	XXM2012.5.147
	3	260	20	0.14	XXM2012.5.120
	4	262	17	0.27	XXM2012.5.152
	5	264	21	0.17	XXM2012.5.121
	6	265	21	0.22	XXM2012.5.128
	7	279	19	0.11	XXM2012.5.119
疑似拜占庭塞米塞斯仿制金片	1	248	18	0.11	XXM2012.5.124
	2	266	18	0.12	XXM2012.5.127
	3	269	18	0.17	XXM2012.5.123
拜占庭金币索里得或仿制金币	1	259	22	3.42	?
	2	272	21	4.6	XXM2012.5.142
	3	276	20	3.9	?
	4	278	23	2.92	?

（续表）

类型	数量	2017年编号	直径（毫米）	重量（克）	2013年编号*
拜占庭金币索里得仿制金片	5	241	17	0.09	XXM2012.5.131
	6	242	19	0.12	XXM2012.5.132
	7	243	18	0.24	?
	8	244	21	0.68	XXM2012.5136
	9	249	20	0.25	XXM2012.5.123
	10	252	20	0.53	?
	11	253	16	0.18	XXM2012.5.154
	12	257**	18×26	1.01	?
	13	258	18	0.43	?
	14	261	19	0.30	?
	15	263	21	2.76	XXM2012.5.141
	16	267	19	1.95	XXM2012.5.144
	17	270	21	2.42	?
	18	271***	17	0.19	?
	19	273	20	0.45	XXM2012.5.148
	20	275	20	0.17	?
	21	277	19	0.32	XXM2012.5.164
图案无法辨识的金片	1	240	17	0.09	?
	2	254	17	0.18	?
	3	255	17	0.21	?
	4	268	19	0.42	XXM2012.5.130
	5	274	17	0.22	XXM2012.5.151
无属性金片或金块	6	246	19×25	0.91	XXM2012.5.149
	7	247	16×20	0.42	XXM2012.5.150
	8	250	16	0.12	?
	9	251	18×13	0.14	?

注：* 这是2013年发表在《草原文物》时采用的原报告的编号，经过与2017年刊登的金币图片比对后，有些编号因当时没有图片，无法对应。

** 257号与258号的图片与文字说明信息不符，应是对应错误。

*** 271号金片的文字说明有误，"直径0.17厘米，重1.9克"，但从图片看，该金片规格并未明显变小，且看起来很薄，十分脆弱，重量不会高达1.9克。故而此处标为直径17毫米，重0.19克。

第四节 拜占庭帝国中期的社会经济转型对丝路贸易的影响

关于中国所发现的有关拜占庭帝国的文献记载以及考古发现，会发现一个有趣的对比，在唐以后，特别是在唐王朝最为繁盛的贞观以及开元时期，中文史书中多次提到拂菻遣使来华，而明确记载着最早进入中国的基督教——景教——的大秦景教流行中国碑，其时间要到唐中期。而考古发现的拜占庭金币时间大多集中在北朝年间以及隋唐初年，与文献记载以及具有文化印迹之物所涉及的时间存在一定的间隔。那么，问题就出现了，为什么在中文史书中对拂菻遣使来华记载最为频繁的7世纪末8世纪初，到达中国的拜占庭金币数量会逐渐减少呢？

在第二章关于拜占庭帝国的分析当中，已经提到它在6世纪中期的查士丁王朝末期遭遇到严重的社会经济危机，而发生在此后的拜占庭金币东传的中断，则需要从这段时期的历史中寻找原因。

一般认为，7世纪的拜占庭帝国经历了一段深刻的转型时期。一方面，帝国领土遭到来自萨珊波斯以及之后新兴阿拉伯力量的剧烈冲击，东方的叙利亚、巴勒斯坦和埃及行省悉数丧失；另一方面，面对着内忧外患，帝国内部在社会经济、政治、文化等领域发生剧变，国家也最终完成从罗马时期的帝国向拜占庭的（或称希腊的）、东方的、基督教的帝国的转变。那么为什么在拜占庭帝国这样的转型时刻，他们的金币却在中国逐渐消失了呢？与此相参照的是，在欧亚大陆其他地区的考古发现也表明：不止在中国，在印度、中亚等地，甚至在欧洲北方，都存在这样的中断期，即7世纪出现了一个广泛范围的拜占庭金币中断期。下面，本书要从7世纪转型时期拜占庭帝国的社会经济变迁以及丝绸之路沿途发生的重大变化等内容，来探讨中国发现的拜占庭金币7世纪后数量减少之谜。

一、拜占庭帝国在7世纪的剧变

首先，拜占庭帝国在7世纪遇到前所未有的困境：经历过查士丁王朝的挥霍与包括地震、瘟疫等天灾人祸洗劫之后，帝国国力受到严重损害；来自北方游牧部落的迁徙和来自东方萨珊波斯以及之后阿拉伯人的进攻，改变了拜占庭帝国的疆域和社会结构，深深影响到社会生活的各个层面。

第一，拜占庭帝国疆域范围发生变化，大片领土丧失。查士丁尼皇帝的大规模战争曾取得一定成果，北非和意大利一些领土的收复是对传统的罗马帝国"伟大理想"的完美诠释；然而被战争和瘟疫耗尽的帝国却无力维持这些收复的土地，很快在6世纪末期，非洲和意大利的领土就在新一轮的蛮族入侵中丧失。

同样是在6世纪末，拜占庭帝国的腹地巴尔干半岛受到来自北方的阿瓦尔与斯拉夫民族的持续冲击，他们逐渐移居巴尔干半岛，使这里的经济环境发生重大变化。具体说来，从582年开始，阿瓦尔人攻占盘诺尼亚（Pannonia，今斯洛文尼亚和克罗地亚地区）的希尔姆（Sirmium）城；接着斯拉夫人进入塞萨利（Thessaly，现代希腊东部）和希腊（现代希腊中部）地区；拜占庭政府在多瑙河沿岸建立的边墙被废弃；帝国的第二大城市萨洛尼卡（Thessalonica）多次受到阿瓦尔人和斯拉夫人的围攻；更甚者，连通君士坦丁堡与萨洛尼卡的陆路交通曾被阻断。① 总之，巴尔干地区蛮族的入侵造成当地居民数量锐减、城市萧条乃至废弃，而以城市为中心的工商业活动以及整个地区的消费能力也大为降低，贸易活动仅限于生活所需。

还是从6世纪中后期开始，拜占庭帝国商业最发达、经济最富庶的省区——东方的叙利亚、巴勒斯坦以及埃及，因与首都和罗马教会的教义分歧与帝国政府渐行渐远。到7世纪前半期先是短暂地沦陷于萨珊波斯帝国；直至40年代最终被阿拉伯人永远占领。这些地区的丧失对拜占庭帝国的经济生活打击沉重，国库年收入减少1/3—1/2，例如：查士丁尼时代年收入为11万磅黄金，到伊拉克略时代为36667磅金子。② 这里作为帝国早期国际贸易的重要商站，它们的陷落对拜占庭帝国国际贸易的衰落至关重要。到7世纪中期，帝国的疆域范围已经严重收缩，仅限于从陶鲁斯山以西的安纳托里亚地区，包括塞浦路斯和克里特的爱琴海地区，以及巴尔干半岛的周边地区。

第二，拜占庭帝国的居民人口大幅减少，农村荒芜，城市衰落。帝国人口的减少开始于542年爆发的大瘟疫，那场惨剧之后，仅首都君士

---

① Dagron, G, "The Urban Economy, Seventh—Twelfth Centuries", *EHB*, p.397.
② Jones, *the Later Roman Empire* 284 – 602, p.178.

坦丁堡的居民在瘟疫最为肆虐时，每天就有 5000—10000 人死亡，街上空无一人，所有行业均停工。① 这种萧条一致持续到 8 世纪，当君士坦丁五世计划重新启用 626 年停止使用的沟渠时，竟然不得不从色雷斯（自爱琴海至多瑙河的巴尔干半岛东南部地区，今土耳其欧洲部分以及保加利亚地区）、希腊和亚洲征招工人来进行修复。② 造成城市人口减少的不只是瘟疫，瘟疫后接踵而来的天灾人祸也加剧了城市居民的逃亡与减少。根据塞奥法尼斯的记载，仅从 541 年到 557 年的十余年中，就爆发地震 7 次，其间还有饥荒、大水、海啸等灾难，特别是 551 年近东地区发生的地震非常剧烈，地震导致海边的一座山坍塌，海岸线发生改变，许多大型城市遭到严重损毁③，以城市生活为主要对象的商业活动几乎停滞。

各种自然灾害对以农业为主的经济生活带来严重损害，农业的减产导致城市粮食供应紧张，迫使更多人迁出城市。到 7 世纪中期，这种情况更加明显：一方面，埃及的沦陷导致长期以来官方控制的由埃及向君士坦丁堡的谷物供应终止，食物缺乏带来一定程度上的饥荒；另一方面，7 世纪以后来自阿瓦尔人、萨珊波斯人的武力入侵也威胁到首都正常的城市生活，种种原因导致首都居民数量减少。

作为帝国首都的君士坦丁堡尚且如此，其他省份城市的损失情况则更为糟糕。小亚、巴尔干地区许多城市已不复存在；而依然存在的城市则在规模和人口数量上大幅度缩减。例如：巴尔干地区靠近多瑙河的斯托比（Stobi）和希尔姆城已不复存在，而阿德里安堡（Adrianople，今土耳其境内的 Edirne）、菲利波波利（Philippopolis，今保加利亚南部城市普罗夫迪夫）等城市似乎仍有存在的迹象，却不太明显；文献记载也反映出这时许多不太重要的城镇已经不再被提及，表明它们已经消失；而此时召开的宗教会议上各地代表的数量和分布也明白地展示着城市的衰落和减少。④

与城市一样，农村的社会生活以及农业生产也遭受沉重打击。瘟疫

---

① Procopius, *History of the Wars*, Book ii, xxxiii 1 – 4, 15 – 19.
② Dagron, G, "The Urban Economy, Seventh—Twelfth Centuries", *EHB*, p. 398.
③ Theophanes Confessor, AM 6034 – AM 6058, (*The Chronicle of Theophanes Confessor: Byzantine and Near Eastern History, AD 284 – 813*, tr., C. Mango & R. Scott, Oxford: 1997), pp. 322 – 355.
④ Ibid., AM 6089, p. 400.

与战乱过后,大量农田被毁,农村空无一人,土地废弃无人管理,粮食生产难以维持生存。6—7世纪的各种天灾人祸,对农业生产的影响非常严重。例如608—609年因严寒造成农业歉收,渔业也由于近海海域结冰而遭受巨大损失,连着两年非洲与埃及的粮食供给中断,许多人死于饥荒。① 由于人口的减少,本就地广人稀的拜占庭帝国境内大量土地荒芜,某种程度上也为后来军区制的实施奠定基础。

伴随着农业萧条与人口减少的是城市公共生活的衰落。诸如上述提及的君士坦丁堡的一条沟渠在7世纪前期被废弃②,由于人口减少以及商业萧条,公共设施逐渐荒废,港口渐趋没落。总的说来,从6世纪晚期到7世纪,整个拜占庭帝国的城市居民与社会生活发生巨变,传统意义上作为一个相对自治的社会群体的城市已经无法完成,皇帝与政府不得不针对这一局面做出新的调整。

第三,与疆域收缩和人口减少相伴随的还有经济生活,特别是商业活动的衰落。

拜占庭帝国的人口减少以及疆域收缩本身就直接影响到商业活动,特别是6世纪末到7世纪接连不断的天灾人祸,导致商业活动日渐衰落。以在经济生活中占有重要位置的货币经济为例,7世纪出现的新变化值得注意。简单地说,拜占庭帝国境内以及近东和欧洲其他地区的货币考古发现表明,在7世纪后半期到9世纪前期之间存在着一个明显的断层,而且各地窖藏中发现的货币也主要为临近地区铸币厂的产品。例如,叙利亚南部的一座时间大致为6世纪末的窖藏中包含大量铜币,但是铜币大都是当时东部的主要铸币厂铸造的莫里斯铜币,而少数的几枚非洲、意大利等西部铸币厂发行的铜币则年代较早;同样的情况发生在爱琴海西岸:雅典的一座583年窖藏中主要以提比略与莫里斯的货币为主,铸造地点也多是君士坦丁堡、萨洛尼卡等东部铸币厂,其中若干枚查士丁二世或查士丁尼时期的货币则出于安条克和西西里;另一座601年的窖藏货币也主要以君士坦丁堡和安条克等东方铸币厂发行的查士丁二世和莫里斯的货币为主;在东方的小亚地区,虽然埃及等地沦陷后这里成为君士坦丁堡等大城市食物供应的主要来源,但是伴随着这种食物运输等

---

① Stratos, A., *Byzantium in the Seventh Century*, I 602 – 634, tr., Marc Ogilvie-Grant, Amsterdam, 1968, pp. 78 – 79; and Theophanes Confessor, AM 6101, p. 426.

② Dagron, G., "The Urban Economy, Seventh—Twelfth Centuries", *EHB*, p. 398.

商业活动的货币遗存并不存在，例如安卡拉地区发现的窖藏中没有一枚君士坦斯二世的货币；其他地区情况也类似。① 上述考古证据表明6世纪末到7世纪初，帝国内部跨地区的远途贸易不很明显，商业活动在范围上出现明显的收缩。

此外，虽然贵金属货币与铜币因价值差异而存在着传播方式的不同，贵金属货币可以通过外交等政治渠道传播，但是从考古发现的6世纪末7世纪初的贵金属散布情况来看，它们与铜币一样，也存在着一个明显的断裂期：与早期金银币在欧亚大陆的散布相比，此时散布的地域范围和数量明显减少。与中国境内7世纪以后金币数量明显减少甚至没有的情况一样，在中亚和印度同样存在着明显中断。② 同样的情况也表现在欧洲拜占庭帝国以外的地区，在对日耳曼米南德尔（Meander）地区的玛格奈西（Magnesia）的考古发现表明，没有668年和969年之间发行的铜币，仅有1枚君士坦丁五世的银币米利兰斯（miliarensis）。③ 可以说，世界范围内拜占庭货币考古的证据表明，7世纪中期拜占庭帝国的商业活动以及商业影响明显收缩与减弱。

与货币分布揭示出来的现象一致的还有对出土陶器的研究发现，陶器专家观察到从6世纪中期开始，地中海东西两大地区之间的交流减弱，并逐渐形成一种自给消费的趋势。④ 这些货币与陶器的考古发现表明：在6世纪末到7世纪初，整个帝国的货币交易在大范围内趋于减弱，大体上，古代晚期和拜占庭帝国早期繁荣的商业活动已不复存在；在生存受到严重威胁时，保证日常生活所需成为经济生活的重要内容，而在物资过剩状况下出现的繁荣的市场贸易，也在一定程度上被自给自足经济取代，商业经济严重衰落。

6世纪末7世纪初拜占庭帝国经济结构的转型，带来人口减少、战乱不断、城市萧条等问题。从6世纪末期开始，拜占庭帝国接连遭遇到地震、瘟疫、饥荒、战乱、干旱、严寒等诸多因素的侵袭，田地荒芜，城市被毁，人口锐减，古代的城市生活此时已不复存在。在各种天灾人祸的冲击下，人员的大量死亡给社会生活带来剧烈变化，周遭环境也发

---

① Morrisson, C., "Byzantine Money: Its Production and Circulation", *EHB*, pp. 954–955.
② Harl, *Coinage in the Roman Economy*, p. 301.
③ Morrisson, C., "Byzantine Money: Its Production and Circulation", *EHB*, p. 957.
④ Ibid., p. 955.

生变迁:瘟疫与战乱对人口的影响不止限于城市,农村的遭遇同样惨痛,大量人口的死亡导致大片土地荒芜,庄稼丰收而无人收割的场景遍布各地,农业生产遭到巨大破坏,而由此产生的食物短缺与饥荒又给瘟疫和战乱中的生活雪上加霜,特别是需要稳定食物供给的大型城市受饥荒的打击更甚,众多在瘟疫与战乱中幸免于难的人不得不在饥荒时节选择逃亡以求生存。被瘟疫、战争、饥荒等灾难夺去众多人口的城市,繁荣的市场贸易也因灾难重重、商品短缺、需求减少而没落,过去建立在充裕生活基础上的公共生活则完全被放弃,传统的竞技场、浴场早已废止,对奢侈品的热衷已成过去,生存成为死神肆虐时期人们关心的唯一问题。

二、拜占庭帝国的应对与转型

在不断产生的新问题面前,拜占庭政府竭力维持帝国的安全与生存,进行着各方面的调整与改革,从而给7世纪以后的拜占庭帝国带来根本变化,整个社会实现转型:包括军区制的设立,以及由此形成的防御型城市的出现、商品经济的收缩等内容。

面临来自北方蛮族部落的冲击,来自东方萨珊波斯帝国以及后来阿拉伯人的进攻,拜占庭帝国的主要目标变成如何在外敌入侵下维持生存。在这一新问题的要求下,7世纪的希拉克略皇帝开始实施军区制,它不但在相当长的时间内保证了帝国在军事上的有效抵抗,而且对整个帝国在经济、文化乃至社会构成都有深远影响。

军区制是希拉克略皇帝为应对内部财政亏空、军队缺乏战斗力以及外敌入侵而实行的,首先从亚洲开始,随后逐渐扩展到全国。具体地说,军区制的核心为以田代饷;重新确定军队等级编制,按照不同的军种与级别,分授土地充作军饷,士兵可以将这些军役地产的收入作为他们的军费开支,在驻地定居,平时经营土地,战时走向沙场,自备武装;田产与军役可以一起转让或一户或几户提供某个士兵的供给;服役期为15年,可以世袭。这些农兵仍然保持军队编制,随时受将军命令,随军作战。① 军区制的建立为拜占庭帝国保证了比较稳定的小农与士兵阶层,既解决了因人口减少、战乱等因素带来的土地荒芜问题,又满足大规模军队以及军事行动的给养需求,更重要的是建立了一套应对长期战争的

---

① 陈志强:《拜占庭学研究》,北京:人民出版社2001年版,第50—59页。

军队体制，能够有效地抵抗外敌的入侵。

伴随着军区制的设立，已经发生重大变化的城市也随之调整功能，从以商业为主的自治中心变为防御型的战备据点。在希腊，科林斯、雅典以及底比斯等城市规模收缩；在小亚细亚，许多地区都划归军区管理，而一些在战争中曾被摧毁的城市诸如以弗所（Ephesos），则完成了从商业中心向防御堡垒转变的过程：7—8世纪期间，以弗所的港口已经停止使用，而将精力投放在组编马匹、筹建教堂上来，这里买卖牲畜的卫城在9世纪成为相当活跃和富庶的区域，并成为该军区的省会。① 以弗所作为一座从古代商业中心向防御城堡过渡的典型，代表了7世纪以后拜占庭帝国内大部分城市，特别是边境城市的发展轨迹，即商业城市逐渐成为围绕着卫城或堡垒的一些农业区域的集合体。当时由于需要面对来自不同方向的敌人入侵，一定程度上，城市的功能主要是确保居民的安全，是周遭农村居民的避难所；它还是军队行进的休息站与补给点；它充当交换市场，在较小的、地区性的范围内提供商品交换的市场；它保证军队的流动以及在农村居民中税收的征收。因此，为满足帝国这种需求而建立起来的军区制度，反过来又促进帝国各地防御结构的变化，作为防御体系重要环节的城市职能转换也得以迅速完成。

军区制的另一影响是：对社会生活的军事化管理，一定程度限制了商业的恢复与发展。确立军区制后的帝国朝着一个庞大的、紧凑的、几乎自给自足的国家建设，它的根本目的和需要不是通过推动国际交换以促进经济繁荣和实现国家富足，而是通过对国内特别是边界地区的严格控制以及本国军队和防务的有效管理和运转，从而对抗外来入侵，对军用物资、基本的生活保障产品的管理非常严格。

拜占庭帝国早期负责管理对外贸易的商务代表，到希拉克略时期被"皇帝货仓代表"（αποθήκαι των βασιλικών κομμερκιάριοι）取代，其职责也由此前推动和管理国际贸易、征收关税等任务，变为盘查帝国的重要港口和交通要道的往来商人，其主要目的是保卫帝国商业活动的安全。在这种战备状态下，拜占庭本国以及其敌对国家的商人就很难自由地进行活动，但是日常生活对一个稳定市场的需求极为迫切，因此一些中间势力逐渐在拜占庭的商业活动中占据越来越重要的地位。例如，688

---

① Dagron, "The Urban Economy, Seventh—Twelfth Centuries", *EHB*, p. 400.

年拜占庭帝国与阿拉伯人签署一份协议,双方规定了塞浦路斯在两国之间的交往与通行:塞浦路斯人需要向两个国家分别缴纳贡赋,而且一旦某一方做出一些威胁另一方的军事行动,塞浦路斯人可以向另一方报告,作为回报,塞浦路斯人可以在两个国家间进行自由商贸活动。① 在拜占庭与阿拉伯之间紧张的局势下,帝国对商业活动控制的严密程度可见一斑。而军区制下农兵体制的确立与发展将农业生产与军队征募结合到一起,减少了中间可能产生的农产品销售、军费开支以及税收等环节的流通,整体上的商业活动仅限于生活必需品的交易,商业规模大幅收缩。

三、拜占庭帝国转型后的对外政策

从中国发现的几枚7世纪弗卡斯金币索里得以及希拉克略时期的金币等现象出发,还需要关注相关的7世纪拜占庭帝国的对外经济或政治关系。然而,这个时期史料的缺乏,以及各种频繁的军事行动和社会剧烈变迁,致使难以找到确切的关于此时拜占庭帝国与东方进行贸易的情况。为了对这部分历史有一个比较清晰的概念,则需要从这一时期拜占庭帝国的外贸特征以及与东方的外事交往等方面考察,以便理解中国发现此时金币的现象。

第一,7世纪以后拜占庭帝国虽然对货币体系进行了一些调整,但是作为帝国政治、经济、文化精神象征的金币索里得并没有发生明显改变,它仍然维持着比较高的纯度与购买力,依然受到国际市场的欢迎。此时的金币还是包括索里得、塞米塞斯和特莱米塞斯这3种金币单位,纯度保持在98%。不过,从7世纪80年代开始,金币中掺杂了一些合金,导致其含量和重量都有所降低,纯度降到96%,重量降为4.36克。② 这一细小的变化对拜占庭金币的国际通行能力究竟影响如何,由于此时国际贸易的衰落,尚无法找到明确证据,但其潜在影响仍然不可否认。

此时对外贸易尽管大幅收缩,但仍然存在。上面提到塞浦路斯人在拜占庭帝国与阿拉伯人之间的商业活动就是明确的例证,除与阿拉伯人的交易外,拜占庭帝国与周遭各民族的不同部落也有一定量的商业交易。

---

① Lopez, "The Role of Trade in the Economic Readjustment of Byzantium in the Seventh Century", *Dumbarton Oaks Papers* (1959), pp. 73 – 74.

② Morrisson, C., "Byzantine Money: Its Production and Circulation", *EHB*, p. 928.

不过，拜占庭金币作为帝国的一项重要战略物资，与前期一样，它们的传播并不仅限于完全经济意义上的对外交易。帝国早期以外交礼物、缴纳贡金以及支付赎金等外交方式导致的金币外流，此时仍然存在。因此，虽然与上述提及铜币窖藏所反映出的货币断层有一定共同性，但伴随着政治性的外交往来，仍然有一些贵金属货币流传到境外。例如，在乌克兰和俄罗斯南部以及高加索地区发现了这个时期的拜占庭金币索里得①，表明当时拜占庭帝国与北方民族之间存在着一定形式的交往，鉴于当时黑海北岸居民的商业活动并不兴盛，因此双方比较典型的交往显然是类似于支付给阿瓦尔人的贡金等形式。

这种以贡金为形式的货币流传还反映在东方，阿拉伯人取代萨珊波斯成为拜占庭帝国的东邻，他们除继承并扩大原萨珊波斯的疆域和臣民外，还继承了与拜占庭帝国的外交关系，主要表现为战争、使节往来、外交礼物以及各种贡金等方式。例如，705—711 年，查士丁尼二世送给哈里发瓦立德（al-Walid）一大笔黄金以及需要用 40 头骡子驮运的金制纪念品；8 世纪中期伊琳尼皇后向哈利发每年支付 140000 诺米斯玛、为期七年的年贡等。② 总的说来，尽管拜占庭帝国的社会经济以及商业发展在 7 世纪走向衰落，但这个依然庞大的帝国铸造的贵金属货币仍然具有极高的国际声誉，在一定范围内仍然继续向外传播。

第二，7 世纪以后关联到东方贸易的社会生活，与早期相比，明显区别在于，此时帝国不再像以前一样急需东方的生丝。查士丁尼时期拜占庭人有了蚕卵后，开始学习养蚕，并在随后的岁月中很快地掌握了这项技术，使曾经困扰帝国社会生活以及国际贸易的丝绸，转而成为皇帝的外交礼物和战略武器。10 世纪编纂的一本《市长书》（Book of the Eparch）中，有大量篇幅是描述丝绸的制造与买卖，其中关于蚕的饲养、作茧、缫丝以及纺织等程序都非常详细，还有关于丝织行业细致的分工与管理。③ 这些内容表明丝织业在拜占庭帝国非常发达，反映出丝绸在政治经济生活中的重要性。它作为一种品质高、外观精美的商品，包含着高超的技术工艺和丰富的艺术内涵，成为拜占庭帝国与周边国家政治经济交流的重要内容。例如，768 年君士坦丁五世曾用大量丝制服装从

---

① Morrisson, C., "Byzantine Money: Its Production and Circulation", *EHB*, p. 963.
② Laiou, "Exchange and Trade, Seventh—Twelfth Centuries", *EHB*, pp. 668 - 669.
③ Dagron, "The Urban Economy, Seventh—Twelfth Centuries", *EHB*, p. 438.

斯拉夫人手中赎回俘虏。① 丝绸行业的快速发展使拜占庭帝国摆脱了长期以来对东方生丝的需求，摆脱了对东部萨珊波斯帝国所控制的东方贸易的长期依赖，因此当埃及、叙利亚和巴勒斯坦等连通东方贸易的关键地区沦陷后，拜占庭人的生活并未因东方奢侈品的供给中断而引发剧烈动荡。

第三，拜占庭货币经济的对外影响，还涉及东部原拜占庭辖区在 6 世纪末到 7 世纪初期间的货币变迁，以及这个地区在国际贸易中的影响。埃及、叙利亚和巴勒斯坦等东方地区作为传统的商业发达区域，在 6 世纪末和 7 世纪的瘟疫、地震、战乱中同样受到波及，特别是随着萨珊波斯和阿拉伯人的先后到来，当地的社会经济发展与拜占庭帝国中心地区的差异愈发明显。

一方面，这些地区流通的货币发行，经历了从延续拜占庭式货币体制、拜占庭—阿拉伯双语制货币及至阿拉伯式货币的变迁过程，并直接影响到与该地区有商业联系的国家和地区。具体地说，在未沦陷之前，这里无疑依然遵循拜占庭帝国传统的铸币制度，按照皇帝的要求发行各种单位的货币。在短暂的萨珊波斯统治期内，这种情况并没有发生变化，与拜占庭帝国长期比邻而居的萨珊波斯帝国，也经常使用拜占庭帝国的货币，因此这些地区的铸币厂能够正常运转。到 7 世纪中期，阿拉伯人在近东确立自己的统治后，允许他们所辖区域仍沿用先前的货币制度，表现为原萨珊波斯境内继续发行银币，原拜占庭境内仍铸造金币。但是由于这些地区刚刚经受战乱，虽然货币管理体制没有发生剧烈变化，但是在管理过程中仍有一些缺漏，不能完全控制仿制现象。因此在叙利亚等地存在大量仿制品；这种不规范的现象还表现为：从 626 年直到 662 年，叙利亚和巴勒斯坦等地的一些货币仍然使用希拉克略名字缩写。这种阿拉伯统治时期的拜占庭式货币一直存在到 7 世纪 80 年代，直到新的阿拉伯—拜占庭式的双语货币的发行。哈里发马立克（Abd al Malik）在 697 年进行货币改革，发行阿拉伯式的铭文金币，才最终结束了这些地区沦陷后沿用拜占庭式货币制度的状况。②

另一方面，埃及、叙利亚和巴勒斯坦的经济生活在新主人的领导下也产生了新的变化。从 6 世纪开始的城市衰落与商业低迷影响到各个商

---

① Laiou, "Exchange and Trade, Seventh—Twelfth Centuries", *EHB*, p. 699.
② Morrisson, "Byzantine Money: Its Production and Circulation", *EHB*, p. 913.

业城市的发展，而在 7 世纪整个东地中海地区的城市农村化进程中，这些先后经历了萨珊波斯以及阿拉伯人统治的地区，同样进行着类似的变化。

以叙利亚为例，这里在 7 世纪也经历了商业萧条、城市衰落、经济布局改变的过程。例如，叙利亚的名城安条克，由于在 6 世纪时接连遭遇地震、瘟疫以及外敌入侵，虽然拜占庭的皇帝曾努力将其恢复到原先的繁荣，但是城中众多建筑被毁，经济生活仍然比较萧条。到倭马亚王朝时期，安条克成为穆斯林防御和进攻的一座重要军事基地，城市已经不复古时的面貌，只余一些教堂，大型公共建筑大都被废弃；郊区变得荒芜，此时的城市像一座城镇或村庄。① 此外，当地的经济重心也有转移，随着安条克等近海城市的没落，一些内陆接近沙漠的城市反而逐渐兴盛。②

东部的一些地区在 6—7 世纪期间，历经拜占庭帝国、萨珊波斯的统治，最终被阿拉伯人占领。伴随着这一过程的还有此时商业活动的衰落，而阿拉伯人的征服与统治对这一进程的影响并不显著。原因在于先前过着游牧生活的阿拉伯人并没有城市管理的经验，他们对叙利亚地区的城市生活也没有太大影响，除了在所到之处建立清真寺外，几乎没有给当地的社会生活带来剧烈变化。③ 也就是说，这里仍然按照原来的轨迹发展，以前繁荣的地区继续繁荣，以前开始衰落的地区则越发衰落。

与此相对的是，东方三大行省的沦陷，引起拜占庭帝国的社会经济结构发生重大变化，促使帝国在其他地区、其他领域内经济活动的发展。为此，洛佩兹认为 7 世纪拜占庭帝国经济状况的显著特点是半保守、半进取性的。④ 也就是说，在帝国经济遭遇到问题的同时，为了应对因这些阻碍而导致的需求危机，会通过其他方式来满足这些需求，从而促进其他行业或其他地区经济的发展。例如他认为，随着战争和蛮族内徙引

---

① Foss, C, "Syria in Transition, A. D. 550 – 750: An Archaeological Approach", *Dumbarton Oaks Paper* (1997), pp. 265 – 267.

② Kennedy, H., "The Last Century of Byzantine Syria: A Reinterpretation", *ByzF* 10 (1985), p. 180.

③ Foss, C, "Syria in Transition, A. D. 550 – 750: An Archaeological Approach", *DOP* (1997), p. 268.

④ Lopez, "The Role of Trade in the Economic Readjustment of Byzantium in the Seventh Century", *DOP* (1976), p. 70.

起驿站体制废弃后陆路交通的衰落，海路以及河道运输获得巨大机遇，因此这段时期拜占庭的水路运输以及航行技术有了比较明显的发展；而产粮大区埃及的沦陷则迫使帝国将粮食的供应地转到小亚，从而促进色雷斯以及阿纳托利亚地区的农业发展，以及一定范围内粮食贸易的增多；叙利亚作为传统的纺织工业中心，它的沦陷为君士坦丁堡和希腊地区丝织业的发展留下了空间。① 可以说，东方三大行省的丧失迫使拜占庭帝国经济进行调整与转型，而这些地区在阿拉伯人的统治之下，不仅政治、宗教和文化环境发生变化，经济生活也相应地有了调整。

四、拜占庭帝国与东方的交往

伴随着6—7世纪末拜占庭帝国及其周边地区的势力重组，连通东西方的交通商路路况也发生变化。而在各种挑战面前发生分化的原拜占庭属地，在东方商道上呈现的新局面面前，按照各自的经济状况做出不同的反映，这些表现与差异最终也反映到中国方面留下的拜占庭帝国痕迹上来，从而为7世纪的世界格局，特别是东地中海格局的变化提供线索。

中国考古发现的拜占庭金币及其仿制品的时间分布与中文史书中关于拜占庭帝国的记载，存在着一定反差。中国考古发现的金币的铸造时间主要分布在5世纪到7世纪初，然而中文史书中大秦以及拂菻使者的到访时间却主要在2—4世纪以及7世纪中期到8世纪，其间的三百年间虽然有一些文献提及拂菻国，但并没有明确的使节到访记载，反而在7世纪初隋末"炀帝常欲通之（拂菻），竟不能致"。那么为什么出现在中国的拜占庭金币反映出的时间与文献反映的使节到访时间会有如此鲜明的差别呢？

在前面的阐述中，曾对罗马帝国晚期（2—4世纪）"大秦人"入华与罗马帝国货币东传的联系加以说明，由于西方文献中并没有关于皇帝派出使节的记录，而且各位作家关于中国的记载也讹误重重。因此一般认为，一些罗马商人通过当时繁荣的国际贸易与比较通畅的东西交通到达中国，并以"使节"的名义面见皇帝。另一方面，经由国际贸易传到中亚和南亚的罗马货币却在当地政府的控制下，难以继续向东流通；而到达中国的罗马商人也比较倾向于用西方的商品进行交换，而非直接用金银币购买，故而虽然当时中国与中亚以及南亚之间有着繁茂的商贸及

---

① Lopez, "The Role of Trade in the Economic Readjustment of Byzantium in the Seventh Century", *DOP* (1976), pp. 71–72.

文化联系，却没有促成罗马货币在中国的出现。

那么2—4世纪期间罗马商人以及罗马货币与中国的这种关系，是否可以适用于后来的7—8世纪呢？在探究7世纪以后的拜占庭与中国交通特征之前，有必要先简要陈述此前两国之间的交通状况。

3—7世纪之间，拜占庭帝国与东方的隔绝，主要源于萨珊波斯帝国设置屏障、封锁拜占庭帝国通往东方的道路，以维护其在丝绸之路上获得的高额利润。虽然客观地讲，萨珊波斯人的封锁并不能完全隔绝拜占庭人的东方行程，例如拜占庭治下的埃及商人科斯马斯曾在6世纪到达印度；6世纪中后期拜占庭使节也绕经高加索山脉到达中亚的突厥帐庭。然而在这种严密控制与封锁下，拜占庭帝国与东方的联系毕竟受到沉重打击，导致出现在东方的拜占庭商人无论在人数、频率还是他们所到范围，都明显收缩；而且即使这些到达中亚与印度的拜占庭商人曾经前往中国，但是并没有最终到达宫廷面见皇帝。另一方面，由于这段时期位于丝绸之路沿线的各个民族，诸如萨珊波斯、粟特、西域地区的一些国家，都接受拜占庭金币以及萨珊波斯银币作为国际通行的货币，当通过包括商贸、外交等各种途径大量拜占庭金币传播到这些地区后，他们并没有像以前的安息帝国一样，将贵金属重新铸造成自己的货币，而是继续用于流通，故而在此时商业贸易比较发达的背景下，拜占庭的金币能够流传到中国境内。

当历史进入7世纪后，局势发生了变化。本节前面已经详细论述了从6世纪中期开始的、蔓延几乎整个东地中海的商业萧条与贸易收缩现象，特别是随着萨珊波斯帝国的灭亡，此前拜占庭金币流传的渠道发生变化，从而导致东方出现的拜占庭金币有了明显的减少现象。然而，与拜占庭金币的考古证据不同的是，中文史书中消失了几百年的使节，在7世纪中期再次出现，史载：贞观十七年（643年），拂菻王波多力遣使献赤玻璃、绿金精等物，太宗降玺书答慰，赐以绫绮焉。自大食强盛，渐陵诸国，乃遣大将军摩拽伐其都城，因约为和好，请每岁输之金帛，遂臣属大食焉；乾封二年（667年），遣使献底也伽；大足元年（701年），复遣使来朝；开元七年（719年）正月，其主遣吐火罗大首领献狮子、羚羊各二。不数月，又遣大德僧来朝贡；景云二年（708年），献方物；天宝元年（742年），遣大德僧来朝。①

---

① 《旧唐书》卷一九八《西戎传·拂菻》。

那么在欧亚大陆新出现的局势面前，这些使者是如何到达中国的呢？他们是真正的使节，抑或只是商人呢？为什么拜占庭使节再次出现的时节同样是货币考古证据相对薄弱的时期？

关于使节的身份，同罗马帝国时期出现在中文史书中的使节一样，拜占庭的史书中并没有皇帝派出使节前往东方的记录，因此同样可以推测 7 世纪以后再次出现在中国的拜占庭使节也是由商人冒名。不过，既然从 6 世纪末就已经开始了整个东地中海范围的贸易收缩，而且随着拜占庭人养蚕制丝技术的熟练，他们对东方生丝的需求已不再迫切，故而认为这些使节为商人冒名的推断仍有商榷之处。

由于没有直接证据判定他们是商人抑或使节，因此需要先讨论另一个问题，即通往东方的道路是否畅通。事实上，在 4 世纪到 7 世纪的漫长时间内，拜占庭帝国通往东方的道路一直被萨珊波斯严密封锁，冲破封锁的可能虽然存在，但是大规模的通使东方的行为毕竟比较困难。从中文史书的记载可知，在 643 年，拜占庭的使节到达长安面见皇帝，恰恰是这一时间给我们的研究留下很多线索。在此前的 628 年，经过长期与萨珊波斯的征战，拜占庭军队最终将其击溃；及至 642 年，萨珊波斯在与阿拉伯人的争战中彻底覆灭①，结束了波斯人在东西交通中几百年的霸权。大秦景教流行中国碑记贞观十二年（637 年）大秦国僧人抵达长安，并得以面见皇帝②，表明自拜占庭军队击溃萨珊波斯后，就已经连通通往东方的道路。可以说，波斯人的覆灭为拜占庭帝国连通东方留下广阔的空间，随着后来阿拉伯人开始对外扩张，拜占庭帝国与阿拉伯人的对抗主要发生在东部省区，而萨珊波斯帝国却要面对亡国的危险，因此 6 世纪上半期开始，萨珊波斯人对东方贸易的封锁已经废止，商人们可以通过受战争影响不是很明显的红海地区前往东方。

然而，在 7 世纪中期，又有什么原因推动拜占庭帝国派出前往东方的使者呢？中文文献对 643 年拂菻使节入华的记载，还提道："自大食强盛，渐陵诸国，乃遣大将军摩拽伐其都城，因约为和好，请每岁输之金帛，遂臣属大食焉。"③ 这些信息表明在这些入华拜占庭使节出发之前，阿拉伯军队已经开始大肆扩张，并曾进攻其"都城"，并以"每岁输之

---

① 陈志强：《拜占庭帝国史》，北京：商务印书馆 2003 年版，第 193—197 页。
② 《大秦景教流通中国碑》，王昶：《金石萃编》卷一〇二。
③ 《旧唐书》卷一九八《西戎传·拂菻》。

金帛"实现和平。然而事实上，阿拉伯军队首次进攻拜占庭首都君士坦丁堡的时间在655年①，显然上述被大食军队攻伐的"都城"并非君士坦丁堡，难道这"拂菻"实非拜占庭帝国？

不过这样的疑问并不能将拂菻与拜占庭帝国完全分离，经过历代学者的研究表明，拂菻确实当指拜占庭帝国，但拜占庭帝国早期庞大的疆域范围以及众多繁荣的中心城市，可能会给遥远的中国人带来一些疑惑，导致一些记载的错漏。事实上，拜占庭帝国早期的各行省，特别是诸如亚历山大里亚、安条克这样的大型商业、文化中心城市，一般都享有较大的自治权，且它们分别作为埃及以及叙利亚行省的省会城市，在各行省政治、经济以及宗教生活中的中心地位毋庸置疑，因此这些较大的城市可能在传闻或转译过程中被误解为首都。例如，《魏书》卷一〇二《西域传》载大秦国"都安都城"，从发音来看，此安都城当为叙利亚的安条克，很多学者由此对大秦与拂菻指代罗马—拜占庭帝国的观点提出质疑。而这恰恰是一种将帝国东部大省叙利亚的中心城市安条克误传为都城的例证，表明虽然拜占庭帝国与中国存在着直接联系，但由于语言以及地理知识的不足，仍然不可避免有误解的发生。

通过上面的分析，可以假设643年拜占庭使节对中国皇帝所说之被进攻的都城可能是叙利亚的安条克，不过，更可能为埃及的亚历山大。因为642年初，在阿拉伯军队的攻击下，大量难民涌入亚历山大，当时亚历山大大教长为避免生灵涂炭，代表埃及宣布投降。② 投降后的埃及与上文使节所描绘情况相符："每岁输之金帛"以及"臣属大食"等。而埃及、叙利亚以及巴勒斯坦等东方省区长期以来作为拜占庭帝国东方商贸的前沿阵地，在6—7世纪期间，虽然这里的居民由于宗教分歧对拜占庭政府怀有不满，但是他们仍然以"罗马人"为傲，以罗马帝国臣民的身份经营四方，故而在东方人眼中，他们就是拜占庭帝国的化身。因此，作者认为在643年面见唐太宗的拂菻使臣可能来自埃及，并将埃及发生的情况向中国皇帝做了描述。

不过，关于这些使者的身份与目的，依据目前的材料尚无法得出确实的结论。杨宪益先生认为，这些使者是拜占庭政府在阿拉伯人入侵的压力下，向中国派出的请援使团，其证据为当时"在大食威迫下，波斯

---

① 陈志强：《独特的拜占庭文明》，北京：中国青年出版社1999年版，第71—72页。
② 陈志强：《拜占庭帝国史》，北京：商务印书馆2003年版，第195页。

余众及中亚诸国都向中国乞援,东罗马亦不例外";而且"第一次东罗马来使时大食方战败东罗马军,侵入叙利亚、西里西亚而达黑海与君士坦丁堡附近。第二次来使为大食首次围攻东罗马的前一年,第三次来使正当大食第二次进犯之时,第四次与第五次来使正当大食二次围攻东罗马时。此后,东罗马用'希腊火'击退大食,大食未再能进犯东罗马国都,东罗马亦未再遣使中国"①。

杨的观点相当具有启发性,事实上,7世纪时拜占庭帝国确实具备向中国遣使的条件。此时的拜占庭政府与罗马帝国时期相比,对中西交通以及中国的认识已经有了很大变化。虽然罗马帝国时期也有商人到达中国,毕竟无论商人们活动的范围有多宽广,当这些信息无法为政府所知时,官方名义的使节活动仍不可能实现。

但是在6世纪后半期,拜占庭政府与东方的突厥汗国的使节往来,为皇帝们开启了了解东方的大门。一方面,通过与突厥汗国的交往,拜占庭的官员们熟悉了中亚的地理以及当地周遭的政治格局;另一方面,他们在与突厥人的交往中也增加了对中国的认识。例如,576年瓦伦提努斯(Valentinus)率领的拜占庭使团曾在突厥可汗的王帐中见到波斯的使臣②;595年在来自突厥可汗的一封信中提到与其毗邻的桃花石国(Taugast)③,一般认为它就是当时的中国。这个桃花石国的首领被称为"天子"(son of god),且与突厥汗国签订休战条约以认可新任可汗的合法地位;该国非常富庶,商业发达;养蚕织丝,且种类繁多;国主去世后,其众多妻子要着黑衣于陵墓旁守灵;很长一段时期内,该国曾以一条大河为界分为两国割据,在莫里斯(582年即位)统治初年,一方越过大河灭掉另一国后统治整个地区。④虽然上述对中国(Taugast)的描述尚不能称为准确,但考虑到当时东西交通的限制以及中文史料中对西方国家的记载特征,这样的认知已经相当丰富。就像中文史书载隋炀帝曾"欲通"拂菻一样,对于拜占庭官方来说,了解到东方这样一个大国的存在后,就有可能在某一时刻与其建立官方联系。因此到643年拜占

---

① 杨宪益:《译余偶拾》,北京:生活·读书·新知三联书店1983年版,第208—209页。
② Menander, *Fragment* 10. 3, p. 123.
③ Theophylact Simocatta, pp. 171 – 172 (*The History of Theophylact Simocatta*, *An English Translation with Introduction and Notes*, vii. 7. 7 – 10, tr. Whitby, Michael and Mary, Oxford, 1986)。
④ Theophylact Simocatta, vii. 9. 1 – 12, pp. 191 – 192。

庭帝国的使臣到达中国面见皇帝的可能性同样存在。

不过，从643年使节所反馈出的时局信息来看，显然他们来自刚刚受到阿拉伯攻击并已臣服阿拉伯统治的地区，当属埃及无疑。且埃及地区长期以来都与东方保持着紧密的商业联系，例如6世纪编撰《基督教国家风土记》的科斯马斯就是一位埃及人。当萨珊波斯在商路上的控制被击溃后，埃及人在商路上的活动更加活跃，范围也必将更加广泛。而且既然已经臣属于阿拉伯人，就没有可能放弃等待来自拜占庭的援兵，而向远在万里之遥的中国求救的道理。因而，笔者不太认同杨先生关于643年的拂菻使节为拜占庭方为阿拉伯战败，而向中国派出求救使团的观点。

事实上，虽然6—7世纪整个东地中海的商业交易规模大幅收缩，但某些地区的商业活动依然活跃，经济生活并未受到严重损害，埃及正在此列。例如当亚历山大城投降于阿拉伯军队后，领兵的将军在向哈里发报告中，称该城非常富庶，"城里有4000座别墅、4000个浴场、4万个纳人丁税的犹太人、400所皇家的娱乐场所"①。而且阿拉伯人的统治并没有给埃及人的生活带来明显变化，所以当埃及投降阿拉伯之后，埃及的商人们仍然可以以罗马人的名义与各地经商，故而在643年冒"拂菻使节"的名义来到中国宫廷。

至于其余几次使节的觐见，由于并未记述相关拂菻国的风情，故而无法做出判断。综合当时拜占庭帝国与阿拉伯帝国的对抗情形，以及阿拉伯人在东方扩张给中亚地区乃至中国带来的影响来看，杨先生的观点不失为一种可能。可以说，7世纪前半期发生在东地中海地区的大规模战争，给当地的政治、经济生活带来不同程度的影响，而萨珊波斯帝国衰落以及灭亡后，东西交通长期被封锁的格局被打破，也为东地中海地区的各方力量前往东方的旅途提供可能，从而在中国不断出现拜占庭使节的身影。

总的说来，通过本节的分析，可知，6世纪末到7世纪初，拜占庭帝国在地震、瘟疫、战乱、饥荒等天灾人祸的侵袭下，经济生活遭受巨大打击：人口剧减，农村土地荒废，有些地区农业生产陷于停滞；城市经济萧条，商业活动衰落；边疆地区在频繁战乱下几经涂炭，特别是东

---

① 希提：《阿拉伯通史》，马坚译，第164页，转引自陈志强：《拜占庭帝国史》，北京：商务印书馆2003年版，第195页。

部三省最终被阿拉伯人占领，帝国经济格局被迫转型。在各种危机面前，政治管理被迫改革，军区制的建立使帝国从古代的、开放的、商业城市+农村的社会，变成农村化的、防御的社会，帝国疆域收缩的同时，商业活动的范围也有相应收缩，并通过货币分布的形式反映到其在境外的影响上来，最终形成中国发现的拜占庭金币的铸造时间在 7 世纪中期以后出现一个明显的断层。而萨珊帝国灭亡后对东西交通封锁的解除，也为原拜占庭地域内人们的东游提供更多机会，中文史书也记录了 7 世纪中期到 8 世纪中期到达中国宫廷的拜占庭使节的身影，而关于东地中海的信息也通过使节们的入华传递到东方，完成了东西之间政治、经济以及文化的交流。

第二编

中国及周边地区发现的拜占庭金币与仿制品

527年的4月1日,统治了9年多的罗马皇帝查士丁一世觉得自己命不久矣,将他的侄子——凯撒(副皇帝)查士丁尼封为奥古斯都,正式授予其皇帝的尊号,4个月后查士丁一世去世。为了纪念这一共治盛况,帝国发行了两位皇帝坐于御座之上的并坐肖像,发行时间仅为4个月。由于发行时间短,数量十分有限,这种货币在拜占庭古币市场上十分少见。然而,在我国境内,固原的田弘墓与赞皇的李希宗妻崔幼妃墓分别出土两枚这样的金币索里得。足见当时拜占庭帝国与中国之间商贸往来之盛。

每一枚货币都有其特有的历史背景与故事,要想通过出土发现的金币探寻背后的历史现象,就需要钩沉每一枚金币的形制与特征,尽可能多地了解它,然后再去分析研究它。

第四章 中国及周边地区发现的罗马— 拜占庭货币分类与辨析

第一节 中国及周边地区发现的 罗马—拜占庭货币的类型

中国出现的可判定为拜占庭帝国早期的金币及其仿制金币可以依据不同特征，将其分为拜占庭金币真品与拜占庭式金币仿制品两大类。

一、拜占庭金币的制作与规格

"拜占庭金币真品"指的是可以断定为真币的、由拜占庭官方铸币厂铸造的金币；"拜占庭式金币仿制品"指的是从金币的直径、重量等物理特征以及形制、铭文的效果等角度，被认定为具有拜占庭金币的图案特征，但实际上并非拜占庭官方铸造的金币，包括"双面仿真仿制品"和"单面打压仿制金币"两种。① 本节将从拜占庭金币的制作与特

---

① 事实上，区分一枚金币是官方铸造还是仿制金币是一个非常复杂的问题，尤其在拜占庭帝国内部及其影响力所覆盖的地区。拜占庭金币因其较高的含金量和长期的稳定性在当时享有良好的声誉，在许多国家均可流通，其作用不亚于当今的国际通货。而拜占庭帝国周遭的一些小国或部落，深受拜占庭经济的影响，但同时又处于拜占庭经济圈的边缘地带，数量有限的官方铸造钱币无法满足这些地区的需求，从而导致各地拜占庭货币仿制金币（包括各种面值）的盛行。由于各地工艺水平的差距，有的仿制金币制作比较粗糙，易于识别；而有的仿制金币制作极其精良，比拜占庭官方钱币毫不逊色，甚至更为精美，比如西哥特王国铸造的索里得仿制金币（参见 Grierson, *Byzantine Coins*, 1982）。然而这些制作精良的仿制金币对于古币学家来说却比较麻烦，对于它们的鉴别，需要从发现地、发掘现场的各种信息，以及从其他钱币所得出的关于钱币的式样、雕刻风格等因素，并结合历史记载从而得出是否仿制金币、是何种仿制金币的结论。笔者在参考拜占庭古币学家所得出的这一类型仿制金币特征的基础之上，结合我国发现的拜占庭金币特征，将一些金币划为第二组——双面仿真仿制金币中。但必须强调的是，这一分组并非万无一失，如果有新的资料出现，那么我们就可能得出一个新的甚至完全相反的结论。不过从中国发现的拜占庭金币来说，即使由于缺乏鉴别拜占庭金币真仿的能力，而将一些当时制作的仿制金币定为金币真品，但是考虑到能够仿制出如此逼真钱币的仿制者必然对当时拜占庭金币的制作、刻模、铭文以及图案特征都非常了解，即使不是本国内的私人仿制，也可能是拜占庭帝国周遭民族，诸如萨珊波斯、西哥特王国等仿制，而且由于其具有同样的含金量以及流通能力，故而这些仿制金币在许多地方可以毫无阻碍地充当金币真品的用途。故而，从金币所反映之古代中国与东地中海世界的经济文化交往角度，这种类型的仿制金币无疑与金币真品具有同等的历史价值，具体分类是否确切，对于本书的考量影响不是很大。

征来阐述分类的根据与原因。

从古币学来讲，拜占庭钱币的主要制作方法是打压法（锤击法），具体程序为：用刻刀、钻子、凿子和冲子，在硬度不太高的铜块或铁块上刻出有凹纹图案的钱模。钱模又分两种：底模与面模。一般底模上刻着钱币的正面图案，模具比较厚重，固定在粗大的木桩上；面模则刻着钱币的背面图案，位于上方，为铸币工人手持，亦称打印器。制作钱币时，将预先浇铸的金、银、铜等圆形金属坯饼加热到可以锻打的程度，放在底模和面模之间，用铁锤锤击面模背面，使币坯印上凸起的图案，再经修整打磨成钱币。① 具体到拜占庭帝国货币的铸造，则沿用罗马帝国时期的制作工艺，即用经过高温处理的铁模，直接从铜棒或银棒上切割而获得钱坯，底模为锥形，以便固定在砧台上；打印器为柱状，以便于手持，更易于锤击，并可减少模具受损，提高钱币质量。② 还需要注意的是，罗马帝国以及拜占庭时期铸造的货币正背两面印模相对倒置，由于打制过程中时常出现偏差，因此拜占庭铸币的正背图案倒置角度并非绝对的 180 度，偏差较大时会出现 150 度、160 度，甚至角度更小的特例现象。

了解了拜占庭货币的制作工艺后，再来看货币的形制铭文。货币上的形制与铭文是先雕刻在模具上，然后打制到钱坯上。每当新皇即位，都会发行新的货币；有时在皇帝任期，也会对货币的形制进行调整，此时，模具上的形制与铭文都要发生相应的改变。不过虽然形制和铭文在具体内容上不断地进行调整，其大致格式并没有发生剧烈变化。以金币为例，进入拜占庭时期后，特别是从 5 世纪以后，与罗马帝国时期相比，金币的性质与铭文变化较少，比较单调。

相对于铭文来说，形制的变化较多，一时难以阐述清楚，具体变化以及符号意义将在下一章具体的金币类型分析中加以说明。这里先来解释铭文的组成与意义。金币正面的铭文为 DN + 皇帝名字 + PF（PP）+

---

① 杨谨：《希腊古代货币》，载《文博》，1994 年第 4 期。
② "the striking of coins " of the Instruction of " Coinage of the Byzantine Empire "from Dumbarton Oaks, 2005 - 09 - 11 < http: //www.doaks.org/CoinExhibition/Introduction/Frame _ Introduction. html >；以及陈志强：《拜占廷铸币研究中的某些误区》，载《南开学报》，2004 年第 5 期。

AVG：DN 为 dominus noster，表示"我们的主上"①，当有两个或两个皇帝以上共同出现在金币上时，会使用 DDNN、ddNN 来表示 DN 的复数；PF 为 pius felix，意为"虔诚的、幸福的"，PP 为 perpectuus，意为"永恒的"，拜占庭早期的金币一般采用 PF，从利奥一世皇帝开始普遍采用 PP（或者是 PERP，PERPET）②；AVG 为皇帝（augustus）的缩写。这段铭文的意思为"我们的主上，某某，虔诚的（永恒的）皇帝"。

金币背面左右两侧的铭文为"VICTORI – AAVGG + 希腊数字"表示的铸币局号，意为"全盛的皇帝们"。铭文中的 GG 表示两个皇帝，从阿卡狄乌斯（Arcadius，395—408 年在位）皇帝于 402 年将其子塞奥多西二世封为奥古斯都后，就用 GGG 来表示这时帝国的三个皇帝：东部皇帝阿卡狄乌斯、西部皇帝霍诺留（Honorius，393—423 年在位）和塞奥多西二世，这一格式——GGG 被沿用下来，几十年后，无论是铸造者还是使用者都不再深究其真实意义，而一直错误地使用这种格式，尽管后世也经常会采用 GG（很少使用一个 G 的格式）的样式，但是它并非明确表明此时统治的是两位皇帝（有时会表示皇后 Augusta），大多数情况下，这只是一种习惯性的错误。除上述 VICTORI—AAVGG 格式的铭文外，还有其他类似的带有祈福、祈祷胜利的背面铭文，后文再具体说明。背面下方的铭文为 CONOB，其中 CON 表示君士坦丁堡，OB 为 obryzum③ 的

---

① 罗马帝国晚期专制倾向加强，皇帝们的独裁愈来愈盛，到戴克里先统治时期，这种专制达到顶峰：他自比为宙斯，将自己提升到主宰者的地位；"我们的主上"（dominus noster）这一称呼由奥勒良（Aurelian，270—275 年在位）皇帝首次使用，戴克里先时正式应用。这些变化表明：皇帝已不再是帝国的首席公民，而是国家的主人，反映出这个时期罗马帝国君主中央集权制的强化。相关资料见 E. R. Boak，*A History of Rome to 565 A. D.*，the MacMillan Company，third Edition，New York，1946，pp. 438–439；D. L. Vagi，*Coinage and History of the Roman Empire*，*C. 82 B. C.—A. D. 480*，v. 2，Fitzroy Dearborn Publishers，1999，p. 40. 然而，这样的变化很快就被人们接受并习以为常，到后来甚至被渐渐遗忘，以至于到 7 世纪末，人们已经无法理解 DN 和 PFAVG 的意义了。相关资料参见：P. Grierson，*Byzantine Coinage*，Dumbarton Oaks，1999，p. 39.

② 在利奥一世皇帝以前，铸币正面的铭文一般采用 PF，利奥一世首次使用 PERPET 或 PERP 来表示 Perpetuus（"永恒的"），后来一般采用 PP 来表示。参见 R. A. G. Carson，*Coins of the Roman Empire*，New York，1990，p. 215.

③ Obryzum，也作 obrussa，希腊语为 ὄβρυζον，表示"足金的"。368 年瓦伦提尼安一世（Valentinian I，364—375 年在位）首次将之引入铸币。但是金子是不可能达到 100% 的纯度，而一般会将一种含量很高的金子视为纯金，当时的标准为 99%。见 Carson，*Coins of the Roman Empire*，p. 242.

缩写,表示"足金的"。① 由于拜占庭时期金币上的皇帝像比较僵化,缺乏个性特征,从图像无法明确辨认金币的铸造时间,而主要依据来自铭文,因此了解铭文的构成与意义是认识拜占庭铸币的基础。

拜占庭钱币按照质地、重量又分为不同的种类,目前中国出现的拜占庭金币真品当中主要以索里得为主,还有一枚塞米塞斯(tremissis)和2枚希斯塔麦农(histamenon)。上文提到的2枚拜占庭早期的银币和1枚希拉克略的铜币,也分别代表着与金币共同构成拜占庭帝国货币体系的银币米利兰斯和铜币弗里斯。中国出现的钱币类型之具体分类参见表5。

表5 中国发现的拜占庭钱币分类

质地	类型	年代	来源
金币	索里得及其仿制金币	420—900年	大多数为出土物,个别系博物馆征集
	塞米塞斯	400—500年	博物馆征集
银币	米利兰斯	300—400年	外地流入,境内发现
铜币	弗里斯	600年	私人捐赠

这些不同类型的拜占庭钱币在帝国的社会经济生活中,分别在不同时期承担着不同的使命,其作用与影响不尽相同。事实上,中国发现的拜占庭钱币所囊括之类型远远少于拜占庭帝国曾发行过的货币种类,在拜占庭帝国千余年的历史当中,随着社会经济、战争以及各种因素的影响,货币单位的发行、不同货币之间的比价不断进行着调整。一般来说,金币主要用于储藏、收税、纳贡,支付官员们的工资等。银币作为金币的辅助货币,其汇率与金子挂钩,充当次一级的功能,但由于金银比价的不断变化,银币大幅贬值,很快就退出流通;尽管它不时地被重新启用,但影响有限。当银币因贬值逐渐退出流通时,帝国还发行了一半的索里得(塞米塞斯)和三分之一的索里得(特莱米塞斯)来满足交换的

---

① 关于拜占庭金币铭文意义的相关说明,见 Grierson, *Byzantine Coinage*; P. D. Whitting, *Byzantine Coins*, Barries & Jenkins, 1973; Morrison, "Byzantine Money: Its Production and Circulation", compiled in Laiou, A. E., *The Economic History of Byzantium: from the seventh through the fifteenth century*, editor-in-Chief, English version by Dumbarton Oaks, Washington, D. C. 2003. 特别说明:"在拜占庭铸币上,从来没有出现过字母G,这个字母的通常形式为I或C",参见罗思:《大英博物馆拜占庭帝国古币目录》,转引自陈志强:《拜占庭学研究》,北京:人民出版社2001年版,第333页。本书为便于解释铭文意义,一律采用C来描述。

需求。铜币主要用于日常流通、买卖,汇率直接与金币连接,尽管也不时地出现贬值现象,但帝国政府总是不时地调整铜币币值,保证社会基本交换之需。除此之外,政府还发行过一些合金钱币,但数量有限。总的说来,拜占庭帝国中比较常用的钱币为金币和铜币,由于铜币价低,难以满足高额的奢侈品贸易需要,其国际影响力极为有限,因此拜占庭钱币中金币的影响力最著。

拜占庭帝国的金币体系当中,以索里得为基本单位,其他类型的金币大都以此为基础,作为索里得的辅币出现。① 索里得的正式出现在309年,其渊源则可以追溯到3世纪晚期戴克里先发行的金币奥里乌斯,当时皇帝为重振帝国经济,恢复在三世纪大危机中崩溃的货币体系,对货币单位进行大规模的调整:金币奥里乌斯由先前的每磅70枚减至每磅60枚,重量达到约5.25克;并规定一磅金子不得超过50000银币第纳尔以及各种不同单位铜币的重量。

然而戴克里先在稳定帝国政治方面的才能并没有扩展到货币制度上,他设立的新货币单位并没有实现稳定,各地发行的货币重量也不尽相同。在309年,时任高卢总督的君士坦丁改用一磅金子铸造72枚金币,并取名为索里得。当君士坦丁通过一系列战争,在皇位竞争中取得胜利后,对于混乱不堪、严重贬值的货币进行了改革,除了保持着戴克里先制定的金本位体制外,对各种货币的重量、不同货币之间的比价都进行了调整。直到324年索里得才成为帝国通用的金币单位;他还发行两种金币辅币,塞米塞斯和一种重9克拉的金币,后者在380年以后调整为8克拉,叫作特莱米塞斯(tremissis,即1/3的索里得),这两种货币除作为纪念币发行外,也有效地充当了索里得的补充用于流通。中国钱币博物馆收集到的69号马约良时期发行的特莱米塞斯就属于这一类型的辅币。以这枚金币为例,特莱米塞斯的正面形制为皇帝的侧身胸像,事实上,这也正是金币辅币形制的主要特征,与5世纪以后索里得上流行的皇帝3/4正面胸像有着明显差别,且在重量和直径上的差异使得它们易于辨别。

除金币外,君士坦丁也对银币和铜币进行了调整。新发行的银币分两种:米利兰斯和西里夸。前者主要用作纪念币,按照金币的标准,

---

① A. H. M. Jones, *The Later Roman Empire, 284-602*, Blackwell, 1986, p. 439; and Laiou, *The Economic History of Byzantium*, p. 611.

每磅银子铸造 60 枚或 72 枚；后者为每磅铸造 96 枚。新发行的银币西里夸较轻，形态各异。不过，君士坦丁发行的铜币比较失败，即使在其任内，铜币就已历经数次贬值，其影响甚微。① 就中国境内出现过的两枚银币——1915 年斯坦因在新疆叶城购得——它们分别重 5.5 克与 4.9 克，因此从重量来看，应当属于纪念币米利兰斯。虽然斯坦因文中所附图片极为模糊，根据对当时银币形制的研究成果与其进行对照，可知：君士坦丁二世的银币正面为皇帝右侧头像，头戴王冠，眼睛看向上方；君士坦斯银币正面为皇帝左侧头像，头戴王冠。由于金银比价的急剧变动，银币很快贬值，到 5 世纪中期逐渐退出流通。而在布哈拉地区出现的这两枚银币表明：至少在 4 世纪期间，银币作为一种贵金属货币，仍然在有效地流通，并经由丝绸之路，流传到东方的粟特地区。

虽然银币也发生贬值，但由于银子本身的贵金属特性以及金币辅币的补充，官方发行的银币虽然不是很成功，但银子仍然用作交换等流通途径，例如查士丁尼时期也可用银子来赎回战俘②。然而铜币的贬值却对社会经济带来很大影响，面对混乱的局面，498 年阿纳斯塔修斯一世皇帝进行金融改革，完善了铜币单位，为帝国的经济繁荣奠定基础。此前，帝国发行的货币只剩下索里得及其两种辅币，以及一种重 1/7200 磅的铜币，不足 1 克。为了重新确立铜币的流通，阿纳斯塔修斯一世制定了一整套铜币制度，基本单位为弗里斯，价值 40 努米③；分为四种不同的面值：标有希腊字母 M、代表 40 努米的弗里斯；标有 K、重 20 努米的一半弗里斯；标有 I、重 10 努米的铜币以及 512 年新加一种重 5 努米、标有 E 的铜币。④ 阿纳斯塔修斯一世的铜币改革奠定了后来拜占庭帝国的铜币制度基础，此时也成为公认的拜占庭古币学起始之年。

阿纳斯塔修斯一世的金融改革相当成功，他在稳定货币的同时，还

---

① Vagi, *Coinage and History of the Roman Empire*, v. 1, p. 485.

② Procopius, *History of the Wars*, book Ⅱ, xxviii 7 – 11, with an English translation by H. B. Dewing, Cambridge, 1990.

③ 努米，或称努姆斯，为 nummus，其复数形式为 nummi，它是用于铜币换算金币的一种单位，445 年时，1 索里得相当于 7000 或 7200 努米，到 498 年阿纳斯塔修斯一世改革之际，1 努米相当于 1/14400 索里得，重 0.54 克。因此在阿纳斯塔修斯一世的改革中，弗里斯（40 努米）为。参见 Harl, Kenneth W., *Coinage in the Roman Economy*, 300 B. C. – A. D. 700, The John Hopkins University, 1996, p. 480.

④ Grierson, *Byzantine Coins*, pp. 1 – 2, 17 – 18.

大力支持贸易活动,他在位期间拜占庭帝国的经济活动最为活跃,经济实力也最为强盛,因此我国发现的索里得中以他在位发行之索里得为最。不过,他金融改革的主要对象——铜币——并没有大量出现在丝路沿线,这当然与铜币本身的价值有关。我国上海博物馆出现的、由钱币收藏家杜维善先生捐赠的"丝绸之路钱币"之一的铜币,即为希拉克略一世铜币。到7世纪初年,铜币制度仍然比较稳定,"弗里斯还是一种尺寸和重量都能得到人们信任的精美货币"[1],虽然文中所附该币图片比较模糊,不过仍能清楚地辨认出铜币背面的M标志,正面的皇帝及其子站立像,都明确地表明这是一枚希拉克略一世时期发行的铜币弗里斯。

与银币和铜币的不停贬值与改革不同,以索里得为主的金币在相当长的时间内保持着惊人的稳定性,并且凭借其高价值、高纯度、高稳定性,在世界范围内广被接受,被誉为"中世纪的美元"。在这种强大的需求面前,尽管帝国很早就制定了禁止贵金属外流的法令,并不断强调严酷的刑罚予以维持,但仍然无法抑制这种局面。于是帝国政府开始发行一种减重索里得,这种金币在形制和大小方面与普通的索里得没有两样,但是重量略轻,通常在23克拉、22克拉、21克拉左右[2],为了能够标明这些索里得的不同,铸造者在模具上做出变化,即减重索里得背面底部的铭文不是普通索里得常用的CONOB,而是CON**、CONX等标记。[3] 这种减重索里得虽然有针对国外大量需求的用意,但流往东方的数量仍然有限,主要集中在拜占庭帝国控制较弱的省区,其发行也属铸币厂偶尔为之。

二、拜占庭帝国中期的货币发展

拜占庭帝国中期之后的货币在11世纪之前延续着早期的货币式样,仍然包括金银铜三种币种,只是银币与铜币受社会经济动荡的影响较大,不时地陷入货币贬值的境地,因此铜币与银币的式样经常出现变化。而金币索里得则一直延续自君士坦丁以来的式样,索里得的直径略有出入,

---

[1] Grierson, *Byzantine Coins*, p. 19.

[2] Grierson, P., *Catalogue of the Byzantine Coins in the Dumbarton Oaks Collection and in the Whittermore Collection*, v. 2, Phocas to Theodosius III, 602 – 717, Washington, D. C., 1968, p. 11.

[3] Grierson, P., *Catalogue of the Byzantine Coins in the Dumbarton Oaks Collection and in the Whittermore Collection*, v. 2, Phocas to Theodosius III, 602 – 717, Washington, D. C., 1968, pp. 11 – 13.

但一磅黄金制作72枚索里得的标准以及索里得的含金量没有发生变化。我国发现的希拉克略一世金币以及君士坦丁二世金币就属于中期发行的索里得，从形制上看，它们已经与拜占庭帝国早期的金币索里得出现了明显的差别，直径更大，正背面的图案与早期的差别日益明显。

从中国发现的4枚11世纪左右的金币形制可以发现：它们的图案、铭文特征与帝国早期的金币有很大不同。事实上，拜占庭社会从早期向中期的转型期间，社会经济以及宗教生活发生了较大变化，中期以后的金币无论是单位种类还是形制风格，都随之发生转变。尽管此时仍然维持着金、银、铜三种金属货币的格局，但实际上银币几乎已经退出流通。常用的货币有：三种金币和三至四种铜币。到9世纪末，常用的货币中金铜各剩一种单位，其他面值只用于发行纪念币；而一百年后，这些纪念币也消失不见。① 拜占庭的最大货币变革最终要等到10世纪末，新出现两种金币单位，分别为希斯塔麦农（histamenon）和泰塔泰龙（tetarteron）②，前者在纯度和重量上与传统的索里得一致，后者仅保持传统索里得的外形特征——小且厚，其实际重量却仅为索里得的1/4，故而叫作泰塔泰龙。此外还发行了一些银币，铜币除个头变大之外，变化不大。

关于拜占庭货币改革的原因，比较常见的说法是受到阿拉伯货币的影响，阿拉伯人的迪尔汗薄且宽，为11世纪拜占庭币制改革提供了基础，正是以这种薄且宽的货币形制为原型，新发行的希斯塔麦农采用这种薄片式形制；而传统的索里得（或称诺米斯玛），此时称为泰塔泰龙，则趋于更小、更厚。③

进入11世纪后，拜占庭的金币外形又发生了重大变革，这就是凹形

---

① Grierson, *Catalogue of the Byzantine Coins*, v2, p. 15.

② Tetarteron, 意为"四分的"。希腊语称索里得为 nomisma, 希腊语 νόμισμα 的拉丁拼写, 意为"货币", 特别指代金索里得。10世纪以后, 被一种较重的金币取代, 称为 histamenon; 较轻的称为 tetarteron。从1092年以后, 普遍称为 hyperpyron, 而轻重金币不再发行。Histamenon, 意为"标准"; tetarteron, 一种由 Nicephorus II 引入的轻重 nomisma, 大概发行了一个多世纪。1092年之后, 这个名字被用来指称从形状和厚度都比较接近11世纪中期的 tetartera 的一种小铜币。

③ Grierson, P., *Catalogue of the Byzantine Coins in the Dumbarton Oaks Collection and in the Whittermore Collection*, v. 3, Leo III to Nicephorus III, 717 – 1081, Washington, D. C., 1973. v. 3, part 1, p. 5.

货币①的出现,中国钱币博物馆馆藏有 2 枚这样的金币。这种形制最早出现在公元 1045 年,当时君士坦丁九世发行的第二款希斯塔麦农首次采用这种形状。直到科穆宁王朝的伊萨克一世（Isaac I, 1057—1059 年在位）才开始大量铸造,② 并成为此后拜占庭帝国货币的主要形状。

凹形货币的出现,标志着绵延 7 个多世纪、一直维持着高纯度的拜占庭金币,成色开始降低。这种变化显然与当时拜占庭帝国的国内外局势,以及由此造成的金矿来源减少有关:比如仅在曼兹克特（Manzikert）战役后的十余年间,诺米斯玛的成色降到 8 克拉左右。③ 然而,随着此后西方十字军的数次东征以及拜占庭帝国的逐渐衰落,特别是在 1204 年君士坦丁堡陷落后,帝国在拉丁人的统治下四分五裂,益发衰弱,此后经济始终无法恢复,一直持续到 1453 年被奥斯曼土耳其人灭亡。这段时期的拜占庭帝国无论经济还是社会都极为困弱,已经沦为东地中海的一个小国,甚至在 14 世纪以后还要模仿威尼斯人来发行自己的银币,因此此时拜占庭帝国的货币没有任何影响力,也难以到达遥远的东方。

我国境内出现的拜占庭帝国中后期的金币本身数量很少,但在这有限的金币当中,也有不同的类型,金币真品和金币仿制品。然而,与前文关于拜占庭帝国早期金币真品与仿制品的特征不同,就我国出现的拜占庭帝国的金币仿制品而言,这时的情况更为复杂,判断难度更大。

三、中国发现的拜占庭钱币的类型

目前,由于中国发现的大多数索里得都有磨损、剪边、穿孔的现象,其重量比普通索里得的标准重量 4.5 克少很多,因此有的研究者据此判断这可能为拜占庭帝国发行的减重索里得。这种判断过于武断,首先,减重索里得的发行时间比较短,主要集中于 6—7 世纪;其次,它们具有

---

① 凹形货币,也称"碟形货币"（见李铁生:《拜占庭币》,北京:北京出版社 2004 年版）。是指货币一面凸起、一面凹下,呈碗形的货币,英文名称为 trachy,这是用于称呼这种凹形钱币的一个希腊词汇,主要用于 electrum、billon 或铜币。其本意为"粗糙"或文中所用的"不平",也就是凹形。这种凹形的货币形制曾在其他地方出现过,如 1 世纪出现在印度的贵霜帝国金币。这里可能倾向于强调其形制。
② Grierson, *Catalogue of the Byzantine Coins*, v3, part 1, pp. 5 – 6.
③ Ibid., v3, part 1, p. 7.

很强的针对性,主要散布在拜占庭帝国控制较弱的省区;最重要的是,已发现的金币磨损、剪边、穿孔现象极为严重,仅从重量是无法判断金币的类型,由此得出的结论自然也不具说服力。

过去一般将中国发现的具有拜占庭特征的金币分为金币真品和仿制金币两类。金币真品指的是那些大致可判定为拜占庭官方造币厂制作的金币,而仿制金币则涵盖了所有携带拜占庭货币形制特征、大小的金制圆片。仿制金币当中除数枚双面仿制金币外,大多为单面打压而成的薄片。这种薄薄的金片具有拜占庭金币的图案特征,因此被称为拜占庭金币仿制金币。此前由于未曾亲手触摸此类金片,笔者认为:它们作为黄金制品,可能也像普通黄金制品一样,作为装饰或器皿之余,必要时或可具有流通功能;但当亲眼见到并亲手触摸过之后,上述想法被推翻,因为这样的金片很薄,重量很轻,看起来相当脆弱,与其他金片的差别在于其上的图纹,因此当时似乎不会用作财富储藏或交换货币,而仅用作装饰金片,图纹的作用在于装饰;与之类似的情况还包括一些具有双面形制,但很薄、重量很轻的金片,它们同样难以充作用于交换的货币,如1915年斯坦因在吐鲁番阿斯塔那墓葬中发现的第2枚金片,虽然具有双面形制,但仅重0.59克。① 这并非特例,在新疆吐鲁番刊登出的金片图录中,也有与之类似的双面金片。由此一来,将它们称为金币仿制金币就不太合适,更贴切的说法是具有拜占庭货币特征的金片。因此,本书将中国各地发现的这些金币和金片分为三类:金币真品、金币仿制币(是否双面与重要规格)以及金片。

如何区分拜占庭金币真品和金币仿制品一直是相关研究的难点。因为仿制活动本身大多为非官方,仿制的货币没有系统,缺乏统一规制,仿制币成品还会因仿制者的知识结构、技术水平不同表现出巨大差异。例如,新疆吐鲁番出土的单面金片中,有个别金片上的皇帝像很是规整,皇帝3/4侧身的角度,刻印上的五官以及冠带、铠甲上的细节与拜占庭金币索里底几乎没有差别,看起来相当精美,但却是仅有一面的金片。② 这一情况说明某些地区制作这种金片的技术非常高超,他们能做出如此

---

① Helen Wang, *Money on the Silk Road: The Evidence from Eastern Central Asia to c. AD 800*, the British Museum Press, 2004, p. 239.

② 金币的图片信息参见吐鲁番博物馆、吐鲁番学研究院编:《吐鲁番博物馆藏历代钱币图录》,上海:上海古籍出版社2013年版,第176—179页。

第四章　中国及周边地区发现的罗马—拜占庭货币分类与辨析 | 137

精致的金片，那么也可能制作出可媲美拜占庭官方索里得的仿制品。而2003年陕西西安史君墓中出土的金币仿制品的双面图案却非常粗糙，十分模糊①，显示了金片或金币仿制品是否双面无法成为猜测其制作者身份的依据。

辨别金币是官方铸造的真品还是仿制品并没有具体标准，只能针对每一枚金币的具体形制进行具体分析，看它是否符合已经判断出来的拜占庭官方各铸币厂制作的系列，如果不是，它有可能是仿制品。拜占庭古币学界目前大致能判断欧洲日耳曼人建立的王国仿制的金币以及亚洲的阿拉伯帝国仿制的铜币和少数金币，这是建立在某个地区此类货币的大量集中出土的基础上。② 而我国境内乃至中亚和东亚其他地区发现的拜占庭金币仿制品数量不多，分布零散，形制千差万别，各不相同，无法支撑任何关于其分类、分期的研究，只能大致判断其可能主要来自中亚地区。

再次，从金币的模压风格来看。对于古代的西方打制金属钱币来说，模具的制作非常重要，它直接关系着钱币的最终形态及其在市场上的流通效果。尤其是金币使用贵金属黄金制作，不仅作为货币是极为重要的政治宣传媒介，同时贵金属的管理与控制也是涉及国家战略安全、国力强弱的重要表征之一。由于这一地位，金币的形制相对比较复杂且质量要求更高，那么制作金币的模具就需要准确、完备地按照需要将规定内容表现在模具上。这对于帝国内的专业工匠来说不是问题，但不同地域的工匠在制作模具时难免会有自己的习惯做法或者某地区的传统式样影响，从而形成不同地区发行钱币的模压风格不尽相同。这些可以通过对钱币的大量接触逐渐总结出来。当境外地区开始仿制拜占庭帝国钱币时，这种风格上的差异就越发明显。有的仿制币制做得十分精美，与拜占庭的钱币很难区分，有的外观差别极大，通过重量和尺寸可以轻易辨别；还有些重量和尺寸差别不大，但钱币上的图案、线条上有些变化，可判定不是官方生产的。因此，通过模压风格来判断是否仿制仍然要十分谨慎。

---

① 郭云艳：《两枚拜占廷金币仿制品辨析》，载《考古与文物》，2008年第2期。
② Philip Grierson & Alfred R. Bellinger, eds., *Catalogue of the Byzantine Coins in the Dumbarton Oaks Collection and Whittemore Collection*, vol. II, Part 1, Phocas to Theodosius III, 602 – 717, Washington D. C., Dumbarton Oaks, 1993, p. 60.

具体到我国发现的这些金币和金片，可以大致依据下列方法辨识：

首先，从金币的外形看。中国出现的一些金片虽为圆形，并具有类似拜占庭金币的图案，但金片极薄，直径与拜占庭金币相当或略大，重量不足1克，大大小于金币的标准重量；且多数金币仅有一面图案，形成正背面图案的凹凸现象。因此，这些金片仅从外形即可看出：它们是按照拜占庭金币的样式，将金币的图案打制在薄金片上，来满足制作者的某种需求。这种类型的金币仿制品在我国出现的数量较多，绝大多数薄片金币都属这种类型。

其次，从金币的形制特征来看。除上述外形为薄金片的仿制品外，还有个别金币与拜占庭金币的直径、重量差异较小，因此只能从形制上来判断。我国出现的这种具有双面图案的拜占庭式金币仿制品有以下几种可能：

一是金币正背面的形制铭文都比较清晰，易于释读。不过在对照了各种拜占庭货币大全后，可以发现，这些金币的正背两面的形制分属不同时期发行的金币，从目前已知的货币考古研究看，拜占庭帝国的官方铸币厂并未发行过这种样式的金币。因此可以断定这是一种将不同时期的拜占庭金币式样合在一起铸造的金币仿制品，古币学界称之为"骡子"仿制品。由于制作比较精美，与真币难以分辨，它们在实际使用过程中几乎与拜占庭金币具有同样的功能。

二是具体到7世纪以后的金币索里得，由于阿拉伯人征服埃及、叙利亚等东方省份后，仍然继续发行拜占庭式的金币，因此具有希拉克略式形制的金币有可能为阿拉伯制作的金币仿制品。若判断这些仿制品，则要通过对阿拉伯制金币仿制品的研究成果出发，仔细对照金币的形制铭文，从而做出判断。与第一种一样，这种类型的金币仿制品同样具有拜占庭金币的流通功能。

三是一些具有双面图案的金币，形制铭文比较模糊，难以释读，其制作手法以及图案风格与上述薄金片制拜占庭式金币仿制品极为相似，当与它们属同一类型。

可以发现：拜占庭帝国5世纪通用的金币索里得正面形制——3/4侧身胸像——出现频率极高；6世纪之后常见的皇帝正面胸像的形制则稍逊一筹，但数量也比较丰富；7世纪前半期的弗卡斯金币正面形制以及希拉克略一世统治早期的金币正面形制在数量上更少一些。这三种形制几乎构成了中国发现拜占庭金币仿制品和金片的主体,而不在此类的也有一些仿自这个时期金币索里得的背面形制。这一特征进一步印证了5到7世纪前半期的拜占庭金币的形制特征在欧亚大陆上产生重要影响,促成大量仿制其性质特征的金币或金片出现在欧亚大陆的东端。

总的说来,关于我国发现的拜占庭金币、仿制品以及仿制金片金片的具体分类和数目始终处于变动之中,因判断一枚金币是否仿制需要许多细节,这要求有特别清晰的图片来观察,甚至直接观察实物,但我国目前关于各地出土金币的公开报道中,有的没有图片,有的没有配发清晰的彩色图片,实物更是难见。因此有些金币只能大致判断其所属年代,无法进行进一步的分析判定,没有配发图片的则无法判定究竟属于金片还是仿制金币。由此一来,下面所列的拜占庭金币、仿制品以及仿制金片的数量还会随着调查工作的进一步展开而发生变化。

第二节　拜占庭金币、仿制金币、金片的辨识

在中国出现的金币和金片的类型多样,因此需要对其加以区分。金币指的是那些可以确定为拜占庭帝国官方铸币厂制作或没有依据说明其为仿制币的金币;仿制金币指的是具有双面形制,图案或精美或不太精美,重量达到1.5克以上,具有拜占庭货币图案或铭文的金币,它们的产地、制作原因不尽相同,形制差别较大;金片总体上很薄很轻,大多不足1克,个别金片重量在1.5克左右,有的单面,有的双面,图案为拜占庭货币的正面或背面形制,其产地、制作原因同样不尽相同,难以追踪。

下面将按照皇帝统治的时间顺序对金币和仿制币的形制特征逐一说明,而金片则按照图案的特征加以分类。需要指出的是,本书对金币的描述除个别注明外,大多依据发表报告的文字说明及图片,鉴于一些金币和许多金片无法找到明确信息和清晰图片,因此只能在此列出,详细释读需待日后报告的刊发或进一步调查。

缩略语说明

文中金币和金片的直径和重量单位分别为毫米和克。所附图片并非原大。目录依据的货币大全见下:

DOC I = Bellinger, A. R. (1966), *Catalogue of the Byzantine Coins in* the Dumbarton Oaks Collection and in the Whittemore Collection, Anastasius to Maurice, 491–602, Vol. 1, Washington, D. C. 1966.

DOC II = Bellinger, A. R. and Grierson, P. , *Catalogue of the Byzantine Coins in the Dumbarton Oaks Collection and in the Whittemore Collection*, Phocas to Heraclius, 602–641, vol. 3. Part 1, Washington, D. C. 1968, second impression 1993.

RIC X = Carson, R. A. G. , Kent, J. P. C. and Burnett, A. M. (1994), *The Roman Imperial Coinage*, vol. 10, *The Empire divided and the fall of the western parts*, A. D. 395–491, London: Spink, 1994.

金币描述中使用的其他缩略语:

X? = 铭文释读中不太确定的字母;

? = 无法释读的符号;

[X] = 铭文被剪掉但可判断出的字母;

Off. = officina,即铸币局号;

剪边 = 金币外缘被剪掉,程度因币而异,有的轻微剪边,不影响铭文;有的严重剪边,铭文几乎所剩无几;

穿孔(X) = 表示金币或金片被穿孔,X 表示具体数量,孔的位置和大小各不相同;

镶环 = 表示金币或金片被额外镶上一个小环儿,与穿孔一样可能反映出其原先作为饰品部分的功能;

星星 = 若不特别说明,均表示八芒星;

含金量 = 表示金币或金片的黄金含量,对于金币来说,这也是判断是否为拜占庭金币和仿制金币的重要指标之一。

一、中国发现的拜占庭帝国金币辨识

1. 1 枚塞奥多西二世金币

塞奥多西二世(Theodosius II,402—450 年在位)从 402 年起被立为东部帝国的奥古斯都,在位时间长达半个世纪,发行的金币种类较多。在我国所发现的拜占庭金币及其仿制金币当中,曾被认为可能是塞奥多西二世金币的共有 4 枚:1976 年出于河北赞皇东魏李希宗夫妻合葬墓;1984 年出于内蒙古呼和浩特毕克旗水磨沟;1998 年出于甘肃陇西一遗址;2002 年出于青海都兰一北朝吐谷浑人墓。

这4枚金币，只有1976年赞皇李希宗墓出土金币为塞奥多西二世金币索里得（附录一的图1）。这枚金币直径21毫米，重3.6克，属于RIC X 225类型，正背角度为180°。正面：铭文从左到右围绕一周，读作DNTHEDO-［SI］VS AVG，表示dominus noster Theodosius pius felix Augustus，意为"我们的主上塞奥多西，虔诚的奥古斯都"；形制为3/4正面微向右侧胸像，头戴冠盔，盔顶饰有羽毛；王冠冠带露于左侧脑后，身着束腰外衣，外罩胸甲；右手持矛，矛头从右侧脑后露出，左肩处为盾牌，盾面图案为骑士持矛刺倒敌人像。背面铭文也是从左到右围绕一周，读作：VOT XX-MVLT XXXΘ，表示vota xx multa xxx，意为"已经取得了20年的成就，并为即将到来的10年祈愿"①；形制为带翼胜利拟人像向左前进像，手持镶满珠宝的长柄十字架，左侧上部有一颗星。底部铭文读作CON［O］B，铸币局号为Θ。

这种正面形制在塞奥多西二世索里得中比较普遍。该形制最早出现在君士坦提乌斯二世发行的索里得（379年）②中，然而他之后的皇帝并没有继续使用，而是直到塞奥多西二世的父亲阿卡狄乌斯（Acadius，391—420年在位）时期才比较频繁地采用这一形制作为索里得的正面图案，并且一直沿用到阿纳斯塔修斯一世统治早期。背面采用胜利像的形制最早于420年开始使用，在当时基督教影响逐渐扩张的背景下，启用拟人化的胜利形象很可能是出于祝愿与萨珊波斯战争的胜利③；背面铭文VOT XX – MVLT XXX表示塞奥多西二世统治的年份，虽然塞奥多西二世是在402年被授予奥古斯都称号的，即422年才可算作他统治的20周年，可实际上帝国在420年元月已经开始庆祝这一周年，因此从铭文可知，这一类型的金币于420年开始铸造。

这种新形制的具体内容中还有一些细节需要说明：关于胜利拟人像所持之镶满珠宝的长柄十字架，格列森认为它"所要表现的正是装饰富丽豪华的十字架，其起因在于419年发现的一件神迹，当时前往耶路撒冷的朝圣者们见证了基督在天空显灵的景象，而且所有旁观者的身上都出现了十字架。为了表达对这一神迹的尊崇，420年，皇帝在耶稣受难

---

① Vagi, *Coinage and History of the Roman Empir*, v. 2, p. 59.
② Carson, *Coins of the Roman Empire*, pp. 211 – 212.
③ Kent, *The Roman Imperial Coinage*, vol. X, pp. 75, 257 – 258. 2. *RIC*, v. X, p. 75.

地的祭坛上耗巨资树立起这样一枚装饰豪华的十字架"①。为纪念这一事件，金币背面出现了这种镶满珠宝的十字架。另外，金币背面的胜利拟人像所持十字架上方右侧有一颗星，对此学者有两种不同的解释：肯特认为这一类型主要在423—424年间铸造，因为422年三四月间出现了一颗彗星②；格列森则主张"这一类型一定是在423年1月2日奥多西亚（Eudocia）被封为皇后（augusta）之前开始发行的，因为所有奥多西亚的索里得上都有这样一颗星"，因此，格列森认为这一类型的发行时间应该是在422年或稍晚些时候，也就是在塞奥多西的第十次担任执政官（422年），直到他与瓦伦提尼安一起担任执政官的他的第十一个任期（425年）③，即这一类型索里得的发行时间应该是在423年到425年之间。综合上述两种观点，这种类型的索里得样式大致从423年开始铸造。

2. 两枚利奥一世金币

利奥一世（Leo I，457—484年在位）在457年被推举为奥古斯都，开始了利奥王朝的统治，我国发现的拜占庭金币及其仿制金币当中，曾被认为可能是利奥一世金币的共有3枚，它们分别是：1959年出于内蒙古呼和浩特西土默特左旗毕克齐镇隋墓；1996年中日联合考古队在宁夏固原西郊北周田弘夫妇墓（575年）中发现；1998年得自陕西省定边县一农民处。这3枚金币只有两枚经辨析后属于利奥一世金币索里得。

1981年内蒙古呼和浩特附近的乌兰不浪乡的河道中淘金时发现一枚金币，现藏于内蒙古博物院。该币严重剪边，直径12毫米，重2.3克，与RIC X 605型接近，正背角度为180°。这枚金币的原报告者称其为塞奥多西二世时金币。由于发表照片模糊不清，我们无法判断其推测的可靠性，仅从其辨识的拉丁字母并不能证实这种推断。而通过内蒙古博物馆提供给罗丰的两枚照片可以得知该币的具体形制。从图片看，该币正面形制隐约为：3/4正面微向右侧胸像，头戴冠盔，缨带结于脑后，两端朝下卷曲；盔顶饰有羽毛；身着束腰外衣，外罩胸甲；右手持矛，矛头从脑后露出；左手持盾，挡于身侧，位于左肩下方，盾面的图案非

---

① Grierson and Mays, *Catalogue of Later Roman Coins*, p. 142.
② Kent, *The Roman Imperial Coinage*, vol. X, p. 75.
③ Grierson and Mays, *Catalogue of Later Roman Coins*, p. 143.

常模糊，难以识别；铭文隐约读作 DNLEO??-RPETAVG；背面形制为：带翼胜利拟人像侧身向左行进，手持一较粗的长柄十字架，胜利拟人像背后的空档处隐约可见一星；铭文 VICTORI-AVGGGΛ，中央底部铭文 CONOB。据此，我们认为这枚金币应属利奥一世。

另一枚是1996年宁夏固原田弘墓出土的5枚金币之一，现藏于宁夏固原博物馆（附录一图2）。该币严重剪边，上下左右四角各穿一孔，磨损较重；直径15.4毫米，重2.5克，属于 RIC X 605 类型，正背角度为180°。这枚金币的正面铭文读作 DNLEOPE-RPETAVC；形制为3/4正面微向右侧胸像，头戴冠盔，皇冠顶部有装饰物，缨带结于脑后；盔顶饰有羽毛，盔前面为小圈形的饰纹；身着束腰外衣，外罩胸甲；右手持矛，矛头从脑后露出；左手持盾，挡于身侧，位于左肩下方，盾面的图案隐约为一骑士刺杀落地敌人像。背面铭文读作 VICTORI-AACCCCΓ，背面底部 CON??；形制为带翼胜利拟人像侧身向左行进，手持一镶满珠宝的长柄十字架，胜利拟人像背后的空档处有一颗星。

总的说来，利奥一世即位后，仍然延续过去的索里得形制，由于利奥（LEO）名字中所含字母太少，遂将索里得正面铭文后半部分的 PF 改为 PERPET，或者 PERP（perpectus 的缩写），意为"永恒不朽"。因此，利奥一世的钱币正面铭文一般为 DNLEOPE-RPETAVC，或者 DNLEOP-ERPAVC，表示 dominus noster Leo perpectuus Augustus，意为"我们的主上利奥，永恒的奥古斯都"。此后 PP、PERP 或 PERPET 也完全取代 PF，成为后世皇帝们发行的货币铭文中的定式。各皇帝所发行货币的铭文的差别也仅限于将名字更改，因此下文将不再对这种格式的铭文进行具体说明。

索里得的形制在利奥一世统治期间几乎没有变动，只是不同地点、不同时期所雕刻的铸模风格略有不同，会出现上面提到的铭文缩写方面的小差异，有的时候铭文会简略成 DNLEO-PPAVC。这种索里得形制的长期使用导致鉴定者在判断金币的铸造年代时，主要依据铭文做出，因此利奥一世的索里得只能限定在他统治的时间457年到473年内；而一旦铭文无法辨认，仅从形制很难分辨其铸造年代。

3. 2枚芝诺金币

芝诺（Zeno，474—475年，476—491年在位）为利奥一世的女婿，当皇位传给他的儿子利奥二世后，他作为共治皇帝掌控着实际权力，并在 474 年利奥早夭后成为唯一的奥古斯都。475 年芝诺在宫廷权力斗争中失利逃亡，在 476 年重新夺得皇位，稳固了自己的统治。由于芝诺第一次统治期间发行的货币数量有限，因此目前流传于世的绝大多数芝诺货币均为其第二次统治期间发行。我国所发现的拜占庭金币及其仿制金币的原始报道当中，没有一枚据称为芝诺的金币，但经一些学者的鉴定分析，有 2 枚金币被重新断定为芝诺金币，它们分别是：1998 年得自陕西省定边县一农民处，曾被认定为利奥一世金币，后郁离子认为当属芝诺金币；2002 年出于青海都兰一北朝吐谷浑人墓，初被认定为塞奥多西二世金币，后罗丰从图片上判断为芝诺金币，经反复推敲该图片后，笔者也同意罗丰先生的观点。

1998 年陕西定边的金币剪边，顶部镶有一环，环下有一从正面穿过去的穿孔，直径 17.4 毫米，重 3.25 克，属于 RIC X 905 类型，正背角度为 180°。2002 年青海都兰吐谷浑人墓葬出土的金币严重剪边（附录一图 4），上下各有一个从正面穿入的穿孔，币面有磨损，直径 14.5 毫米，重 2.36 克，属于 RIC X 905 类型，正背角度为 180°。

这 2 枚金币的形制差别不大，正面为：3/4 正面微向右侧胸像，头戴冠盔，皇冠缨带结于脑后；盔顶饰有羽毛，盔前面为小圈形的饰纹；身着束腰外衣，外罩胸甲；右手持矛，矛头从脑后露出；左手持盾，挡于身侧，位于左肩下方，盾面的图案难以识别，应该为一骑士刺杀落地敌人像。背面形制为：带翼胜利拟人像侧身向左行进，手持一镶满珠宝的长柄十字架，胜利拟人像背后的空档处有一颗星。只有正面形制中皇帝脑后的冠带形状不同，定边的金币冠带两端向上卷曲，青海的金币冠带向下卷曲。前者正面铭文读作??? -PERPAVC，背面铭文读作 VIC-TOR？-AAVCCCI，底部 CONO？；后者正面铭文读作 DNZENO-PERPAVC，背面铭文读作 VICTO?? -？AVCCCI？Γ，背面底部铭文为 CO???。

芝诺时期发行的金币索里得依然沿用以前固定下来的模式，不过据格列森观察，芝诺时期索里得正面的皇帝所戴皇冠的后缨开始朝下卷曲。[①] 笔者参照肯特所著《罗马帝国钱币》一书后文所附图片[②]发现，冠带后缨朝下卷曲的现象主要集中于芝诺统治后期，而此前发行的索里得上，要么有的像利奥一世索里得一般朝上卷曲，要么有一些像塞奥多

[①] Grierson and Mays, *Catalogure of Later Roman Coins*, p. 174.
[②] Kent, *The Roman Imperial Coinage*, vol. X, p. 307 and plate 30.

西二世索里得一般略成平行状。总之,这一变化比较细小,冠带的卷曲方向时有混杂,难以明确断定冠带后缨朝下卷曲就是芝诺索里得以及他之后索里得的主要特征。

芝诺时期金币索里得形制的另一处变化是:索里得正面图案中,马西安统治时期开始出现,并在利奥一世统治时期继续沿用的皇帝头盔顶部前方的三叶状装饰物,在芝诺的索里得上有时会被忽略,有时会用一枚小十字架取代,有时仍然继续使用这种三叶形装饰物。① 与利奥一世的索里得相比,因为芝诺名字中的字母多出一个,所以在使用 perpectus 时采用的缩写比较多的是以 PERP 出现,最为普遍的铭文格式为 DNZE-NO-PERPAVC。同样,就像利奥一世金币索里得一样,除了从铭文断定其大致年代外,并没有其他特征可以将铸造时间进一步缩小范围,故而芝诺索里得的铸造年代只能限定在 476—491 年。

如果索里得被剪边,那么从形制上判断利奥索里得和芝诺索里得的差别就比较困难,可以作为考虑因素的是前面提到皇冠后缨朝向上的变化:马西安之前,采用这种 3/4 正面微向右侧胸像模式的索里得上,皇冠后面的缨带一般没有什么特别形制,两端随便翘起;而利奥一世索里得上的皇冠缨带朝上卷曲,呈∽状;芝诺的索里得上皇冠缨带大多朝下卷曲,呈∼状。② 因此,当铭文无法阅读时,可以参照这个规律,观察被剪边后剩余铭文的痕迹所能显示的字母数量,从而大致推断出其发行时期。然而,这只是通过对比不同时期索里得形制得出的一般特征,并不能适用于这个时期发行的所有索里得,所以无法凭此得出确定的结论。

---

① Kent, *The Roman Imperial Coinage*, vol. X, p. 48.
② 由于利奥一世的索里得经常出现的是露出脑后缨带两端向上卷曲,而这一枚的缨带向下卷曲,大致说来,这种方向上的变化是开始于 Basiliscus (01/09/475 - 08/476) 统治时期,并且在芝诺统治时继续沿用,不过芝诺索里得的特征是:仍然有一些索里得保持缨带朝上卷曲的旧例,一直到阿纳斯塔修斯一世前期的索里得都采用的是这种缨带向下卷曲的模式。参见 Grierson and Mays, *Catalogue of Later Roman Coins*, p. 174, Plates。同样地,第 24 号的原始报道称其为查士丁一世索里得,笔者也有怀疑。首先,它与第 12 号的形制、风格相仿;其次,尽管查士丁一世早期的索里得延续了阿纳斯塔修斯一世晚期的索里得模式,但是这种模式与阿纳斯塔修斯早期的索里得有些许不同,即阿纳斯塔修斯晚期以及查士丁一世统治早期的索里得上,正面皇帝所戴皇冠的后缨不复出现;背面胜利拟人像所持之物也由镶满珠宝的长柄十字架变成一种顶部带有基督符号的长杖,本来在右侧(胜利拟人像身后)的星也移到左侧(长杖前方)(Bellinger, Alfred R., *Catalogue of the Byzantine Coins in the Dumbarton Oaks Collection and in the Whittemore Colletion*, V.1, from Anastasius I to Maurice (491 - 602), Washington D. C., 1966, pp. 35 - 36). 因此,第 24 号也应该为阿纳斯塔修斯一世的金币,而非查士丁一世时期铸造。

4. 10 枚阿纳斯塔修斯一世金币

491 年，芝诺死后因没有继承人，所以皇后在禁卫军中选择阿纳斯塔修斯作为她的丈夫，成为帝国的新任皇帝（Anastasius I，491—518 年在位），阿纳斯塔修斯一世作为一位天才的理财师，在缓和国内的政治斗争和教义冲突之余，通过减免税收、改革币制等措施，大力复兴帝国经济，使拜占庭帝国的国力达到鼎盛。

阿纳斯塔修斯一世的金币包括两种类型，正背面形制均相差不大，但辨识度比较高。类型一的正面形制为 3/4 正面微向右侧胸像，头戴冠盔；王冠冠带露于左侧脑后，身着束腰外衣，外罩胸甲；右手持矛，矛头从右侧脑后露出，左肩处为盾牌，盾面图案为骑士持矛刺倒敌人像。类型二的正面形制也是 3/4 正面微向右侧胸像，差别在于王冠冠带没有从脑后露出。背面形制：带翼胜利拟人像向左前进像，手持一柄顶部为⳨或☧的十字架①，右侧有一颗星。我国出土的拜占庭金币中共有 10 枚可确定是阿纳斯塔修斯一世金币索里得。

属于类型一的金币有 3 枚：

（1）1959 年在内蒙古呼和浩特水磨沟一尸体身侧的瓷瓶中，一起还发现了指环等其他物品，现藏于内蒙古博物院（附录一图 7）。这枚金币严重剪边，铭文仅余些许痕迹，磨损明显，直径 14 毫米，重 2.0 克，属于 DOC 1.3e，正背角度为 180°。正背面铭文均已剪掉，无法辨识。

（2）1998 年，有人从宁夏固原一农民处获得一枚金币，该币严重剪边，磨损明显，直径 17.6 毫米，重 3.1 克，属于 DOC 1.4a，正背角度为 180°，含金量为 99.2%。正面铭文为 DNANASTA-SIVSP-PAVG；背面铭文为 VICTORI-AAVGGG?，底部铭文 CONOB，铸币局号不详。

（3）2012 年，河南洛阳疑似北魏节闵帝元恭墓（葬于 532 年）出土一枚金币，现藏于洛阳博物馆（附录一图 6）。这枚金币十分完

---

① 一般认为☧以及⳨是传统的基督象征符号☧的一种变形，☧式的基督象征符号是 IXP 三个字母组合到一起的缩写，表示 'Iησοῦς Χριστός，"耶稣基督"，这种基督象征符号从君士坦丁大帝开始使用，后来演变为⳨的样式。学术界普遍认为，阿纳斯塔修斯一世所启用的☧和⳨式符号，也表示耶稣基督。

整, 亮洁如新, 几乎毫无磨损, 直径与重量不详, 属于DOC 1.3b, 正背角度为180°。正面铭文为DNANASTA-SIVSPPAVG; 背面铭文为VICTORI-AAVGGGI, 底部铭文为CONOB, 铸币局号I。

属于类型二的金币有7枚:

（1）1978, 年河北磁县茹茹公主墓（葬于550年）出土的两枚金币之一, 现藏邯郸博物馆（附录一图9）。这枚金币严重剪边, 直径16毫米, 重2.7克, 属于DOC 1.7g2, 正背角度为180°。正面铭文为DNANATA-SIVSPPAVG, 王冠顶部饰有三叶草; 背面铭文为VICTORI-AAVGG [G?], 底部为 [CO] N [O], 铸币局号不详。

（2）河南洛阳北郊不知何时挖掘的一座唐墓出土一枚金币, 现藏洛阳博物馆（附录一图10）。该币剪边严重, 磨损明显, 直径16.8毫米, 重2.7克, 属于DOC 1.7e, 正背角度为180°。正面铭文为DNANATA-SIVSPPAVG, 王冠顶部饰有三叶草; 背面铭文为VIC-TORI-AAVGGH, 底部为CONOB, 铸币局号H, 胜利拟人像手持顶部为♀的十字架。

（3）1997年, 河南洛阳东郊唐墓出土一枚金币, 现藏洛阳博物馆。该币剪边严重, 磨损明显, 直径16.6毫米, 重2.78克, 因图片比较模糊, 难以确定具体类型, 正背角度为180°。正面铭文为DNANATA-SIVSPPAVG, 冠顶饰有三叶草; 背面铭文为VICTORI-AAVGGGH, 底部为CONOB, 铸币局号H。

（4）年代不详, 工人在修建西安西郊的机场时发现, 藏于西安文管所（附录一图12）。该币略有剪边, 顶部有一处缺损, 磨损明显, 直径18毫米, 重2.3克, 属于DOC 1.7a, 正背角度为180°。正面铭文为DNANATA-SIVSPPAVG, 背面铭文为VICTORIA-AAVGG [L?], 底部为CONOB, 铸币局号L?。胜利拟人像手持顶部为♀的十字架。

（5）陕西西安文管所征集获得一枚金币, 同时征集到的还有数千枚开元通宝, 藏于西安文管所（附录一图13）。这枚金币严重剪边, 磨损明显, 直径17毫米, 重2.4克, 属于DOC 1.7h2类型, 正背角度为160°。正面铭文不太清楚, 似为DNANATA-SIVSPPAVG, 冠顶饰有三叶草; 背面铭文为VIC TORIA-AAVGGGZ, 底部为

CONOB，铸币局号Z。胜利拟人像手持顶部为⚥的十字架。

（6）2017年，陕西西安西咸新区西魏陆丑墓（步陆孤丑，葬于538年）发现的两枚金币之一（附录一图14）。略有剪边，直径为17毫米，重3.1克，属于DOC 1.7h2类型，正背角度为180°。正面铭文为DNANATA-SIVSPPAVG，冠顶饰有三叶草；背面铭文为VIC-TORI-AAVGGGS，底部为CONO，铸币局号S。胜利拟人像手持顶部为⚥的十字架。

（7）大约2000年，在陕西西安北郊北朝墓地出土，现藏陕西考古研究院。该币严重剪边，磨损明显，直径14—15.2毫米，重1.6克，属于DOC 1.7e类型，正背角度为180°。正面铭文前半部分缺损，仅余PPAVG；背面铭文为被剪掉，无法判断胜利拟人像手中十字架顶部为何种样式。

阿纳斯塔修斯一世时期发行的这两种金币索里得类型，据肯特的分类，第一种索里得类型为491年到498年铸造；后两种的铸造时间一致，应属于498—518年铸造之索里得。不过德国拜占庭钱币学家哈恩的分类与之不同，他认为第一种索里得形制为491—507年发行，后两种为09/01/507 – 517铸造。① 本书依据肯特的观点。

5. 5枚查士丁一世金币

查士丁一世（Justin I，518—527年在位）在阿纳斯塔修斯一世死后，被选为东部帝国皇帝，开始了查士丁王朝的统治。我国所发现的拜占庭金币及其仿制金币的原始报道当中，查士丁一世时期发行的金币索里得有5枚，包括两个类型。类型一与阿纳斯塔修斯一世的第二种索里得类型一致，正面形制为3/4正面微向右侧胸像，头戴冠盔，脑后无冠带露出；皇帝身着束腰外衣，外罩胸甲；右手持矛，矛头从右侧脑后露出，左肩处为盾牌，盾面图案为骑士持矛刺倒敌人像。背面形制为带翼胜利拟人像向左前进像，手持一柄顶部为⚥或⚔的十字架，右侧有一颗星。类型二的正面形制与类型一完全一致，也是3/4正面微向右侧胸像，

---

① Wolfgang Hann, *Money of the Incipient Byzantine Empire* (*Anastasius I-Justinian I*, 491 – 565), Band 6, Wien: 2000, Plate Anastasius I. Also in Wolfgang Hahn, *Moneta Imperii Byzantini*, *Band I*, *von Anastasius I bis Justinianus I* (491 – 565), Wien: 1973, Plate Anastasius I/Gold. And also Bellinger, *Catalogue of the Byzantine Coins*, v. 1, pp. 5 – 11.

脑后无冠带；背面形制改为带翼正面站立男性形象，身着束腰外衣和大披风；男性形象右手持长柄十字架，左手托十字架圆球，球下方有一颗星。

属于类型一的查士丁一世金币只有一枚，1996年宁夏固原北周柱国大将军田弘夫妻合葬墓出土的五枚金币之一，藏于固原博物馆（附录一图16）。该币略有剪边，上、左、右三个方向各穿一个小孔，磨损明显，直径18毫米，重2.3克，属于DOC 1.1h2，正背角度为160°。正面铭文仅余前半段，为DNIVS［TI］，冠顶装饰无法辨识；背面铭文为VICTO［RI］-AAVGGGI，底部为CO［NO］?，铸币局号I。胜利拟人像手持顶部为╄的十字架。

属于类型二的查士丁一世金币有4枚，分别是：

（1）1978年，河北磁县东魏茹茹公主墓（葬于550年）出土的两枚金币之一，现藏于邯郸博物馆（附录一图17）。该币略有剪边，磨损明显，直径18毫米，3.2克，属于DOC 1.2g，正背角度为180°。正面铭文为DNIVSTI-NVSPPAVG，冠顶饰有三叶草，胸甲由实线表示；背面铭文为VICTORI-AABGGGΓ，底部铭文CONOB，铸币局号为Γ。右侧有一颗星。

（2）1988年，陕西咸阳国际机场唐贺若氏墓（独孤罗妻，葬于621年）出土的金币，现藏陕西历史博物馆（附录一图18）。该币左右两侧各有一个从正面穿过的穿孔，直径20毫米，重4.1克，属于DOC 1.2g，正背角度为160°。正面铭文为DNIVSTI-NVSPPAVG，冠顶饰有三叶草，胸甲用实线表示；背面铭文为VICTORI-AAVGGGΘ，底部为CONOB，铸币局号Θ。右侧有一颗星。

（3）1997年，甘肃天水造纸厂附近的悬崖在清土处发现半枚金币，该币严重剪边，背面铭文第一个G处似乎有穿孔，直径16毫米，重1.2克，属于DOC 1.2，正背角度为160°。正面铭文为?-VSPPAVG，只能看出皇帝头部的右半部分；背面铭文为?-AAVGG-GI，底部为CONOB，铸币局号I，只见男性形象翅膀下半部分和一颗星。

（4）2004年，宁夏固原九龙山4号墓出土一枚金币，藏于固原博物馆（附录一图19）。该币剪边严重，磨损明显，左右两侧各有一穿孔（从正面穿过去），直径16毫米，重2克，属于DOC 1.2i，正背角度为 160°。正面铭文大部被剪去，无法辨识，胸甲用实线表示；背面铭文可大致判断出［VICTORI］-AA［V］GGGΘ，底部为 CONOB，铸币局号 Θ。右侧有一颗星。

类型一与类型二的变化时间是学界研究的问题之一，据哈恩的判断，索里得的形制在 522 年做出调整①：金币的正面形制不变；背面的带翼女性胜利形象被男性形象取代，侧身向右的姿势也改为正面站立，顶部带有各种基督符号的长杖变成无装饰物的长柄十字架，左手增加一颗十字架圆球。依据这样的分类，类型一的时间在 518—522 年间，类型二的时间在 522—527 年间。

6. 4 枚查士丁一世与查士丁尼共治金币

527 年 4 月，查士丁一世立查士丁尼为共治皇帝，从 4 月 4 日到 8 月 1 日，为期不足四个月。这段时间中，帝国还是发行了特别样式的索里得以诏告天下，不过由于时间有限，发行的索里得数量相对较少。我国所发现的拜占庭金币及其仿制金币的原始报道当中，有 4 枚金币被认定为查士丁一世与查士丁尼共治时期铸造，它们分别是：1976 年河北赞皇北齐李希宗夫妻合葬墓出土的 3 枚金币中的两枚；1996 年宁夏固原北周柱国大将军田弘夫妻合葬墓出土的 5 枚金币中的两枚。

这些金币的发行时间很短，其形制也没有十分明显的变化，大体相当，具体说来，正面为查士丁一世与查士丁尼一世的并立坐像，前者居左，后者居右。两人均身着袍服，细节无法辨析，两腿左低右高，袍服下摆顺势形成褶皱，左腿膝盖处较为突出。两人脑后均有一个圆圈表示圣光，两头像之间有一十字架。铭文字数较多，中间没有中断。背面为带翼男性形象正面站立像，身着束腰外衣，右手持长柄十字架，左手托十字架圆球。不过有些金币正面两位皇帝背后有一个大正方形，表示所坐的宝座，有的没有。

这 4 枚金币分别是：

---

① 哈恩对查士丁一世金币索里得不同类型的铸造时间分段为：背面形制为胜利拟人像手持顶部有斗长杖的索里得为 518—522 年发行；背面形制为男性形象的索里得的铸造时间在 522—527 年期间，参见 Hann, *Money of the Incipient Byzantine Empire*, Band 6, Plate Justin I. 而贝林杰的观点是，改变索里得形制的时间在 519 年，参见 Bellinger, *Catalogue of the Byzantine Coins*, v. 1, pp. 35 – 36.

第四章　中国及周边地区发现的罗马—拜占庭货币分类与辨析 | 151

（1）1976年，河北赞皇李希宗妻崔幼妃墓（葬于576年）身侧共发现3枚金币，现藏于河北考古研究所（附录一图21）。此类型金币的第一枚剪边严重，磨损明显，直径16.8毫米，重2.49克，属于DOC 1.5b，正背角度为180°。正面铭文读作DNIVSTINETIVS-TINANPPAVG，底部铭文CONOB，王座没有显示，两人左手位于身体外侧；背面铭文可大致判断出VICTO［RI］-AAVGGGΔ，底部为CONOB，铸币局号Δ。

（2）崔幼妃墓所处此类型的第二枚金币剪边严重（附录一图22），磨损明显，直径17毫米，重2.6克，属于DOC 1.3，正背角度为180°。正面铭文读作DNIVSTINET-IVSTINANPPAVG，底部铭文CONOB，背后有大方框表示的王座，两人左手位于身体内侧，右侧查士丁尼一世的手在方框之内；背面铭文同样为VICTO［RI］-AAVGGGΔ，底部为CONOB，铸币局号Δ。

（3）1996年，宁夏固原北周田弘墓（葬于575年）共出土5枚金币，现藏固原博物馆（附录一图23）。其中一枚剪边严重，磨损明显，左右两侧各有两个从正面穿过去的孔，直径16.2毫米，重2.6克，属于DOC 1.3，正背角度为170°。正面铭文读作DNIVS［TINETIVSTIN］ANPPAVG，底部铭文CONOB，背后有王座，两人左手位于身体内侧，稍向外偏移一些，画面右侧查士丁尼一世的手位于方框之内，但表示王座的方框不大，在查士丁尼一世左手处向外弯曲，形成了一截弧线，在画面左侧查士丁一世的右手手臂处也做弧线；背面铭文可大致判断出VICTORI-AAVGGGI，底部为CONOB，铸币局号I。

（4）田弘墓出土的另一枚金币略有剪边（附录一图24），上、左、右三个方向各有一小空，磨损明显，直径16.2毫米，重3.3克，属于DOC 1.3，正背角度为180°。正面铭文读作［DNIVST］INETIVS-TINANPPAVG，底部铭文CONOB，背后有大方框表示的王座，两人托圆球的左手位于身体外侧，画面右侧的查士丁尼一世左手压在方框之上；背面铭文可大致判断出VICT［ORI］-AAVGG［G］Γ，底部为CONOB，铸币局号Γ。

7. 7枚查士丁尼一世金币

查士丁尼一世（Justinian I，527—565年在位）于527年8月1日开始独自统治整个帝国，在国库充盈的强大财政支持下，他在内外事务上都有非常大的动作，拜占庭帝国的影响力一时达到顶峰。我国境内出土的拜占庭金币及其仿制金币的原始报道当中，有 7 枚金币为查士丁尼一世统治时期铸造，按照形制特征克分为两个类型。

类型一与查士丁一世的第二种索里得类型一致，正面形制为 3/4 正面微向右侧胸像，头戴冠盔，脑后无冠带露出；皇帝身着束腰外衣，外罩胸甲；右手持矛，矛头从右侧脑后露出，左肩处为盾牌，盾面图案为骑士持矛刺倒敌人像。背面形制为带翼正面站立男性形象，身着束腰外衣和大披风；男性形象手持长柄十字架，左手托十字架圆球，球下方有一颗星。类型二为皇帝正面胸像，头戴冠盔，冠顶一般是由三叶草或十字架，身着铠甲，右手握十字架圆球，左手持盾，盾牌位于身前左侧，盾面为骑士刺倒地敌人像。背面形制仍延续此前背面类型，带翼男性形象的正面立像，右手持⸺的十字架，左手托圆球或十字架圆球。

属于查士丁尼一世发行的类型一金币索里得的有 1 枚。2003 年陕西西安康业墓（葬于 571 年）出土，金币为墓主口含，现藏西安考古研究院（附录一图 25）。该币剪边，直径 18.1 毫米，重 2.1 克，属于 DOC 1.3i3 类型，正背角度为 180°。该币正面铭文读作 DNIVSTI-ANVSPPAVG；背面铭文读作 VICTORI-AAVGGGZ，底部铭文为 CONO [?]，铸币局号 Z。

属于查士丁尼一世发行的类型二金币索里得的有 6 枚，分别是：

（1）1996 年，宁夏固原北周田弘墓（葬于 575 年）出土的 5 枚金币之一，现藏固原博物馆（附录一图 26）。该金币略有剪边，磨损严重，直径 16.2 毫米，重 3.3 克，属于 DOC 1.3，正背角度为 180°。正面铭文读作 DNIVSTI-ANVSPPAVG，冠顶饰有三叶草；背面铭文同样为 [VICTORI]-AAVGGGA，底部为 CONOB，铸币局号 A。左手托十字架圆球。

（2）2000 年，青海乌兰一吐谷浑祭祀遗址处发现，存放在一个小罐中（附录一图 27）。该币剪边严重，磨损明显，直径 12 毫米，重 2.31 克，属于 DOC 1.9d，正背角度为 180°。正面铭文读作 [DNIVSTI]-ANVSPPAVG，冠顶饰有三叶草；背面铭文同样为 [VICTORI]-AAVGGGΘ，底部为 CONOB，铸币局号 Θ。左手托十字架圆球，球下的星星特别小。

（3）河南洛阳郊区唐墓出土一枚金币，发掘年不详（附录一图28）。该币图片不太清楚，上下各穿一从正面穿过去的小孔，直径20.9毫米，重4.2克，属于DOC 1.9b，正背角度为180°。正面铭文读作DNIVSTI-ANVSPPAVG，冠顶饰有三叶草；背面铭文同样为[VICTORI]-AAVGGGΓ，底部为CONOB，铸币局号Γ。左手托十字架圆球，球下的星星特别小。

（4）2004年，宁夏固原九龙山第33号墓出土的一枚金币，现藏固原博物馆（附录一图29）。该金币略有剪边，上方有一穿孔，直径18毫米，重3克，属于DOC 1.200，正背角度为170°。正面铭文读作DNIVSTIN [I] -ANVSPPAVG，冠顶饰有三叶草；背面铭文同样为[VICTORI] -AAVGGGΘS，底部为CONOB，铸币局号ΘS。左手托圆球。

（5）2005年，陕西西安西郊北周李诞墓（葬于564年）出土一枚金币，现藏西安考古研究院。该报告仅提到金币为查士丁尼一世金币，未见图片与其他文字说明。

（6）2012年，陕西西安北周张政墓（葬于572年）出土一枚金币，现藏西安考古研究院。该报告十分简略，仅称该币为查士丁尼一世金币，直径16.7毫米，重3克。

查士丁尼一世发行的索里得形制变革发生在538年，当时，他将传统的3/4正面微向右侧胸像的正面形制改用完全正面胸像①，自此，从4世纪末开始使用了一个多世纪的"3/4正面胸像"形制被完全取代，此后拜占庭的索里得全部采用正面人像。此外，查士丁尼后期的一些索里得背面男性形象所持之长柄十字架变成顶部为₽的长杖。我国发现的查士丁尼一世金币索里得的类型一金币剪边严重，无法看出是十字架顶部的图像，只能判断它们的大致铸造年代在538—565年间。故而，查士丁尼一世金币索里得的类型一铸造时间为527—538年，类型二为538—565年。

8. 1枚查士丁二世金币

查士丁二世（Justin II，565—578年在位）继查士丁尼而成为帝国皇

---

① Bellinger, *Catalogue of the Byzantine Coins*, v. 1, pp. 67 – 68.

帝，同时还需要面对因各种巨大开销、战争、瘟疫而导致的帝国萧条局面，在他去世之前，帝国的经济与社会状况已几近崩溃。我国出现拜占庭金币中被说成是查士丁二世金币索里得的有数枚，但经过辨析确认无疑且确定为中国出土的仅有一枚。这一枚是1953年陕西咸阳底张湾隋独孤罗墓出土（附录一图32），该币左右各穿一孔，直径21毫米，重4.4克，属于DOC 1.4g，正背角度为180°。金币正面为皇帝正面胸像，留有短须，头戴冠盔，盔顶饰有羽毛，冠顶有三叶形饰物，皇冠两端各垂下两串珠饰；身着胸甲，甲上有三颗小球的配件。右手托一颗球，球上为一个拟人胜利像为皇帝加花冠像。左手持盾，位于左肩前方，盾面的骑士图案因雕刻不经心已难以识别。背面为君士坦丁堡城标安淑莎①正面坐像，脸转向右，头戴盔，身着束腰上衣与斗篷。左肩上有羊皮盾，右手靠着一柄长矛。正面铭文读作：DNIVSTIN-VSPPAVC；背面铭文为：VICTORI-AAVCCCE；底部铭文：CON［O］B，铸币局号为E。

贝林杰认为，565—578年间查士丁二世发行的索里得正面形制采用皇帝无须像，而那些留有胡须的皇帝像，则可能是为了庆祝566年1月1日他正式即位而铸造发行的。② 中国发现的这枚金币有胡须，故而其大致铸造年代为566年以后。

9. 4枚弗卡斯金币

弗卡斯（Focas，602—610年在位）在602年谋杀皇帝莫里斯（Maurice，582—602年在位）后，自立为帝，直到610年被希拉克略推翻。

弗卡斯在位共8年，其发行的金币索里得特征十分醒目。正面形制为：皇帝正面胸像，留有山羊须，头戴皇冠，冠顶有十字架装饰，皇冠两端各垂下两串珠饰；身着褶皱式战袍，右肩有搭扣；右手握一颗十字架圆球；背面形制为正面站立之男性形象，身着束腰上衣和大披风，右手持顶部为₽的长杖，左手托一颗十字架圆球。

我国出土的弗卡斯时期发行的金币索里得有4枚，他们分别是：

（1）1989年，刘大有在甘肃天水一农民手中购得一枚金币（附

---

① 陈志强，《咸阳底张湾隋墓出土拜占庭金币的两个问题》，载《考古》，1996年第6期，第78—81页。

② Bellinger, *Catalogue of the Byzantine Coins*, v. 1, pp. 198 – 199.

录一图 38）。该币较为完整，直径 21 毫米，重 4.5 克，属于 DOC II. 5a. 1 类型，正背角度为 180°。正面铭文读作 ONFOCAS-PERPAVG；背面铭文同样为 VICTORIA-AVGGGE，底部为 CONOB，铸币局号 E。左侧有一黑点。

（2）1989 年，甘肃天水农田发现一枚金币，现为私人收藏家收藏。该币上下似各有一穿孔，直径 21 毫米，重 4.5 克，属于 DOC II. 5a 类型，正背角度为 180°。正面铭文读作 ONFOCAS-PЄRPAVG；背面铭文同样为 VICTORIA-AVGGGI，底部为 CONOB，铸币局号 I。

（3）2004 年，河南洛阳一座唐墓出土两枚金币，均为弗卡斯时期发行的金币索里得，现藏于洛阳博物馆。其中第一枚较为完整，直径 19.8 毫米，重 4.63 克，属于 DOC II. 5a 类型，正背角度为 180°。正面铭文读作？NFOCAS-PЄRPAVG；背面铭文同样为［VI］CTORIA-AVGE，底部为 CONOB，铸币局号 E。

（4）洛阳唐墓出土的另一枚金币也较为完整，直径 19.6 毫米，重 4.27 克，属于 DOC II. 5a 类型，正背角度为 180°。正面铭文读作？NFOCAS-PЄRPAVG；背面铭文同样为［VI］CTORIA-AVG？，底部为 CONOB，铸币局号无法辨识。

据拜占庭古币学家格列森的判断，君士坦丁堡铸造的弗卡斯金币索里得还可细分为四类：（1）602 年 11 月—602 年 12 月，皇帝身着传统的胸甲与战袍，头部两侧垂有珠饰，右手托顶有十字架的圆球，背面铭文为两个 C，即 AVCC；（2）603 年，皇帝身着执政官长袍，左手持十字架，右手持权杖玛帕，背面铭文为两个 C，即 AVCC；（3）603—607 年，皇帝身着传统的胸甲与战袍，头部两侧没有珠饰，右手托顶有十字架的圆球，背面铭文为两个 C，即 AVCC；（4）607—610 年，皇帝身着传统的胸甲与战袍，头部两侧没有珠饰，右手托顶有十字架的圆球，背面铭文结尾为 Avsч。[①] 从中国发现的此 4 枚弗卡斯金币的形制来看，它们均

[①] 607 年，弗卡斯皇帝将金币的背面铭文结尾部分，从 AVCC（Augustorium）改成 Avsч（Augustus），意味着将不会出现两个共治皇帝。这种强行将共治概念剔除的想法应该发生在 607 年，当时由于帝国内兴起一股要求他的女婿 Priscus 与其共治的运动，弗卡斯被触怒，于是在金币铭文上也表现出他的这种情绪。参见 Grierson, *Catalogue of the Byzantine Coins*, v. 2, pp. 133 – 4.

属皇帝身着传统的铠甲与战袍,且两侧有垂珠的第一类金币索里得。因此它们的发行时间应在 602 年的 11 月到 12 月间。

此外,在弗卡斯统治时期发行的索里得上出现了一些陌生的铭文符号,例如 AvsЧ、Є等。这些字母的拼写带有明显的希腊字母特征,表现出进入 7 世纪后的拜占庭帝国官方的希腊语化日益明显。当查士丁尼为恢复旧日罗马帝国荣耀的努力以帝国国力的耗尽和失败告终后,这一理想逐渐被人们搁置,长期浸淫其中的东方希腊特征逐渐上升挑战着象征罗马的拉丁影响。一直到 7 世纪以后,社会上广泛通行的希腊语言也反映到铸币上来,显然铸币模具的雕刻工匠们已经逐渐淡忘了拉丁语,凭传统惯性而存在的拉丁铭文逐渐被一些希腊字母代替,并在未来被大量取代。

10. 1 枚希拉克略一世金币

希拉克略一世(Heraclius I, 610—640 年在位)在 610 年推翻弗卡斯昏庸的统治,为应对来自帝国内外的危机,他实行军区制,对政治、经济进行改革,完成了拜占庭帝国从罗马时期向拜占庭时期的过渡,奠定了拜占庭帝国完全东方化及其独特文明的基础。

希拉克略一世在位期间发行过多种金币索里得,我国境内出现的主要是一大一小两个并立胸像的类型,且我国境内出土的据称是希拉克略一世发行的金币当中,只有一枚接近金币真品,无证据表明是仿制品。这就是 1992 年辽宁朝阳唐墓出土的金币。此枚金币比较完整,正面底部有一从背面向正面的穿孔,直径 20 毫米,重 4.4 克,属于 DOC II. 20e. 1 类型,正背角度为 180°。其正面形制为:两个正面胸像,希拉克略一世较大,居左,蓄有短须;希拉克略·君士坦丁较小,居右。两人服饰相仿:身着胸甲,披战袍;头戴皇冠,两侧有珠垂下,冠顶有一小圈,上饰一十字架;两人头部之间有一枚十字架。正面铭文为 [ddNNh] ERA-CLIUS ET hERACONSTPPAVG.。背面形制为三级台阶上立一枚粗大十字架①,铭文为 VICTORIA-AVsЧAΘ;背面底部铭文依然是 CONOB,铸币局号为 Θ。

---

① 这种十字架通常称为强力十字架,即 "cross potent" ✠,是一种上、左、右各端均有一横杆的十字架样式。From "Cross Potent" of Cunnan, 2005 - 11 - 18: < http://cunnan.sca.org.au/wiki/Cross_potent >.

具体说来，希拉克略一世发行的金币索里得的形制变化，可直观地从正面图案中的肖像个数以及样式判断，因为它们随其继承人的成长而不断变化，因此能从他发行的索里得上看到其长子逐渐长大的过程。依据索里得正面上的人像数目，以及希拉克略·君士坦丁的逐渐变大，格列森将希拉克略一世的索里得大致分为四类：1. 610—613 年，一个单独的正面胸像，留有胡须；2. 613—629 年，两个正面胸像，居左的希拉克略一世的较大，留有短须；3. 629—631 年，两个正面胸像，希拉克略一世留长须；4. 632—641 年，三个站立的正面立像。①

11. 中国钱币博物馆馆藏拜占庭金币说明②

(1) 1 枚格拉先金币

西部皇帝格拉先（Gratianus，367—383 年在位）在 367 年被封为奥古斯都，375 年其父瓦伦提尼安一世死后，成为西部帝国的最高皇帝。金文中的 1 号金币即为格拉先时期发行的索里得，为银行从社会上收兑，后转交中国钱币博物馆收藏，直径 21.3 毫米，重 4.45 克。

该币正面形制为皇帝右侧胸像，头戴王冠，王冠呈双排联珠纹形制，冠带两端系于脑后；身着传统的执政官长袍，搭扣现于右肩。铭文读作：DNGRATIA-NVSPFAVG，表示 dominus noster Gratianus pius felix Augustus，意为"我们的主上格拉先，虔诚的奥古斯都"。背面形制为：两皇帝并列坐于同一宝座，身着执政官长袍，两人左腿分别露于袍外，左侧皇帝左手托一颗球；两人头部之间有一带翼男性形象。铭文读作 VICTOR-IAAVGG，表示 victoria augusti，意为"全盛的皇帝们"；底部下方铭文据报告者称为"THOBT"，从图片上看似乎为"TROBT"，"TROB"表示 Trie Obyryzum，意为特里而（Trie）铸币厂铸造的纯金金币，最后一个"T"表示铸币局号。③

(2) 1 枚霍诺留金币

西部皇帝霍诺留（Honorius，393—423 年在位）为塞奥多西一世次子，393 年被立为奥古斯都，统治西部帝国。金文中的 2 号金币为霍诺

---

① Grierson, *Catalogue of the Byzantine Coins*, v. 2, p. 217.
② 以下部分内容经改编后发表在《中国钱币》2015 年第 1 期的《再论中国发现的六枚拜占庭中期的金币》。
③ Grierson & Mays, *Catalogure of Later Roman Coins in the Dumbarton Oaks Collection and in the Whittemore Collection*, Washing D. C., 1992, pp. 54, 69.

留时期发行的金币索里得,直径21.1毫米,重4.46克。

该币正面形制为皇帝右侧胸像,头戴王冠,王冠呈双排联珠纹形制,冠带两端系于脑后;身着传统的执政官长袍,搭扣现于右肩。铭文读作:DNHONORI-VSPFAVG,表示 dominus noster Honorius pius felix Augustus,意为"我们的主上霍诺留,虔诚的奥古斯都"。背面形制为:皇帝正面像,其左脚抬起脚踏敌人,左手擎一座带翼胜利拟人雕像,她正为皇帝加冠;右手持一柄方形战旗,旗面图案不清;图像两边分别刻有一个字母,为 M、D;铭文读作 VICTORI-AAVGGG,表示 victoria augusti,意为"全盛的皇帝们";背面下方铭文据报告称为"CRMOB",不过根据对图片的观察以及拜占庭金币索里得的背面底部铭文的发展,应为"CO-MOB",COMOB 即为 CONOB 的变形,但变化原因不明,表示 Constantinople obryzum,意为君士坦丁堡的纯金标准。MD 为米兰铸币厂的标志,米兰古称 Mediolanum;由于米兰铸币厂并不是始终发行货币,在霍诺留任奥古斯都时期,米兰铸币厂在404年就不再发行货币,因此此枚金币应为394—402年间米兰铸币厂铸造。从图片看,此枚金币与格列森与梅斯(1992年)年中的怀特摩尔博物馆所藏的第712号金币相仿。①

(3) 2枚塞奥多西二世金币

金文中的3号金币严重剪边,直径16.5毫米,重2.59克。4号金币比较完整,直径20毫米,重3.89克。两枚金币正面形制属于塞奥多西二世发行量较大的3/4正面微向右侧胸像,差别不是很大;背面形制不太一样。

3号金币的背面形制为君士坦丁堡拟人形象的正面坐像,可见身后宝座轮廓;头戴盔,偏向左;左手托十字架圆球②;左手持一柄长棍形权杖,左脚向前踩向隐约为船形的前端,左侧放置一面盾牌;右边的空档处有一颗星;铭文为 VOTXXX-MVLTXXXX,底部铭文 CONOB。由于十字架圆球上十字架的影响,报告者误将铭文读作 VOT XXXV-MVLT

---

① Grierson and Mays, *Catalogure of Later Roman Coins*, pp.63, 198–199, Plate 27.
② 十字架圆球是一种顶着十字架的圆球图案,是拜占庭社会中一个很常见的符号,表示基督之光照耀整个世界,通常拜占庭的皇帝都会手托这样一颗球,意谓他经基督授权统治整个世界。究其渊源,这种十字架圆球来源于表示地球的圆球,在晚期罗马帝国发行的钱币上曾经出现过圆球的符号,例如阿卡狄乌斯发行的索里得;后来随着帝国内基督教地位的不断攀升,这种基督创造并照耀整个世界的观念影响愈来愈强,曾经是某位神祇在人间之代表的罗马帝国皇帝也转变为基督在人间的代表,而这种表示基督照耀世界的符号正是这一观念的直接体现。它在阿卡狄乌斯统治时诞生,并首次用在塞奥多西二世发行的货币上,即423—4年开始铸造的索里得和铜币。详情参见 Grierson and Mays, *Catalogure of Later Roman Coins*, pp.138, 145.

XXXX。

4号金币的背面形制为双人像。左侧的塞奥多西二世为正面坐像，右侧为西部的新任执政官瓦伦提尼安立像，两人均身着执政官长袍，左手持十字架长柄权杖，右手握玛帕（mappa）①，币面顶部塞奥多西二世头部右侧有一颗星；铭文为SALVSREI-PUBLICAE，底部铭文CONOB。

根据3号金币的背面铭文VOT XXX MVLT XXXX可知，这枚金币的发行时间为430—440年之间，也就是皇帝即位的30周年之际。背面的君士坦丁堡拟人像的采用，则是由于430年为君士坦丁堡落成100周年，在这一批金币索里得的背面上采用这种符号以示纪念。根据4号金币背面形制中有两位皇帝，表明这是为纪念瓦伦提尼安三世担任执政官并即将成为西部帝国皇帝而铸造的，由于瓦伦提尼安三世是在424年10月开始担任执政官，因此这一类型索里得的铸造时间在425—430年②。背面周边的铭文SALVS REI PVBLICAE表示Salus Reipublicae③，意为"共和国的昌盛"，一般用于执政官或皇后纪念币。

（4）1枚尤里乌斯·尼洛斯金币崔米塞斯

金文中的5号金币，据报告者称为西部执政官马约良（Julius Majirianus，457—518年在位）时期铸造的金币崔米赛斯，不过笔者通过对图片所示金币正面铭文的分辨，认为铭文读作DNIYLNE-? OSPFAVC，应是西部执政官尤里乌斯·尼洛斯（Julius Neros，474—480年在位）发行的金币崔米塞斯。尤里乌斯·尼洛斯的实际统治时间很短，475年就开始逃亡，476年西部罗马帝国灭亡后，他仍然坚持到480年，终被暗杀。④

这枚金币形制比较完整，直径12.6毫米，重1.44克，是我国境内仅现的1枚崔米赛斯（tremissis），意为"三分之一的索里得"。其正面形制为皇帝右侧胸像，头戴王冠，王冠呈双排联珠纹形制，冠带两端系

---

① Mappa，是拜占庭皇帝们用以表现皇帝权威的权杖，到7世纪以后，大量出现在货币上，是一种用布卷着的松软物，经常与皇帝身穿的长袍一起使用，被举在肩膀上，到8世纪后被akakia取代，最后出现在Leontius的货币上。参见Grierson, *Catalogue of the Byzantine Coins*, v. 3, part 1, p. 133。

② Kent, *The Roman Imperial Coinage*, vol. X, p. 77.

③ Grierson and Mays, *Catalogue of Later Roman Coins*, p. 8.

④ Grierson and Mays, *Catalogure of Later Roman Coins*, p. 266.

于脑后，铭文读作 DNIYLNE-? OSPFAVC；背面形制为圆形花环中一枚十字架图案，两边没有铭文，底部铭文读作 CONOB。

（5）两枚阿纳斯塔修斯一世金币

金文中的6号、7号金币为阿纳斯塔修斯一世金币。形制比较精美，均为典型的3/4正面微向右侧胸像以及胜利拟人像向左前行。只有铭文和物理特征略有不同。

6号金币严重剪边，略有磨损，直径16.5毫米，重2.76克。正面铭文读作 DNANASTA-SIVSPPAVG；背面铭文为 VICTORIA-AVGGGH，底部铭文 CONOB，铸币局号为 H。7号金币也严重剪边，略有磨损，直径17毫米，重2.61克。正面铭文为 DNANASTA-SIVSPPAVG；背面铭文为 VICTORIA-AVGGGH，底部铭文 CONOB，铸币局号为 H。

（6）两枚查士丁尼一世金币

金文中的8号、9号金币为查士丁尼一世金币。正面形制均是皇帝3/4正面微向右侧胸像，头戴冠盔，皇冠顶部有三叶形装饰物，脑后无缨带露出；盔顶饰有羽毛，盔前面为小圈形的饰纹；身着束腰外衣，外罩胸甲；右手持矛，矛头从脑后露出；背面带翼男性形象正面立像，属于典型的查士丁尼一世金币索里得，这里仅说明铭文和物理特征。

8号金币严重剪边，略有磨损，直径16毫米，重2.67克；正面铭文读作 DNIVSTIANVS???，由于该币剪边，正面下方的图案缺失严重，仅见左侧之盾尖，盾面图案难以识别；背面铭文因剪边，只余一半，尚可读作 VICTORIAAVCCCΔ，底部铭文 CONOB，铸币局号为 Δ。9号金币比较完整，直径20.49毫米，重4.45克；正面铭文读作 DNIVSTIANVSP-PAVG；背面铭文为 VICTORIAAVCCCΔ，底部铭文 CONOB，铸币局号为 Δ。

（7）1枚弗卡斯金币

金文中的10号金币为弗卡斯金币，该币比较完整，直径20毫米，重4.42克。该币正面为皇帝正面胸像，皇帝留有山羊须，铭文读作 DNNFOCAS PERPAV［?］；背面为带翼男性形象正面立像，左手持长柄十字架，铭文读作 VICTORI-AAVGV［?］，底部铭文为 CONOB，铸币局号不详。

（8）1枚希拉克略一世金币

金文中的11号金币为希拉克略一世金币，该币比较完整，直径20

毫米，重 4 克。该币正面为皇帝正面胸像，留有短髯，头戴冠盔，盔顶饰有羽毛，冠顶有十字架装饰，皇冠两端各垂下两串珠饰；身着褶皱式战袍，右肩有搭扣；右手握一枚十字架；铭文为 dNhЄRAC—＜IЧSPPC。背面形制为四级台阶上立一枚大十字架，背面铭文为：VICTORI-AVSUO，底部铭文 CONOB，铸币局号不详。这属于希拉克略一世早期发行的金币索里得，发行时间在 610—613 年。

（9）2 枚君士坦斯二世金币

君士坦斯二世（Constans II，641—668 年在位）为希拉克略一世之孙，在希拉克略一世过世后爆发的皇位继承战中获得最后胜利，在他统治期间，军区制得到巩固。金文中的 12 号、13 号金币为君士坦斯二世金币索里得。

12 号金币比较完整，直径 20.14 毫米，重 4.36 克。据报告者称，"正面为右手持球（球上有十字架）的皇帝正面半身像，身穿披风。文字：DN CONSTAN ΓINЧSPPAV。背面为四阶上十字架，文字：VICTORIA AVCЧ3，最后一个字母为官方记号，文字大意和前面基本一致，但采用了部分希腊文字"。①

根据拜占庭钱币大全的描述，通过观察此枚金币的图片，可以就其形制做出更为详细的说明。正面形制为：皇帝正面胸像，头戴王冠，脸部两侧有垂珠；身着战袍，搭扣位于皇帝右肩，搭扣用大量联珠纹表现其复杂与高贵；右手托一颗十字架圆球，象征基督统治的世界。由于此枚金币正面的左上方有些磨损，该处铭文不甚清楚，因此铭文读作 oN-cONs?? -τINЧsPPAs。背面形制仍然沿用 7 世纪初确立的大十字架的图案，十字架右侧有 i 的符号，意义不明；铭文为 VICTORIA-AVCЧΘ，底部铭文还是 CONOB。

13 号金币略微剪边，直径 18.85 毫米，重 4.22 克。据报告者称，"正面为君士坦斯二世和他儿子君士坦丁四世半身像，文字：DNCONS-TU。背面是君士坦斯二世的另外两个儿子的立像，中间为阶上十字架，象征基督的墓地，左边大的为赫拉克略，右边小的为提比略，均手持家族式"干"形十字架，文字 VICTORIAAYSЧXL；背面虽然仍为

---

① 金德平：《考说在中国发现的罗马金币——兼谈中国钱币博物馆 17 枚馆藏罗马金币》，载《中国钱币》，2005 年第 1 期。以下段落中描述金币时所引用的原始报告，均来自本文，下文不再特别注明出处。

CONOB，意钱币制造地是君士坦丁造币厂，实际上该币是在西西里的锡拉库斯造币厂铸造的。662—668 年间，君士坦斯为躲避阿拉伯人，曾迁到西西里，最后死在锡拉库斯，估计这枚币就是当时在锡拉库斯用君士坦丁堡造币厂的模子铸造的"。

报告者的描述依据《拜占庭币》，对该币铸造时间与地点的描述比较准确。不过根据该币的图片，还可以对金币的形制做出比较详细的说明。该币正面形制为：两位皇帝正面胸像，左侧人像稍大，留有长须，为君士坦斯二世，右侧人像略小，无须，为君士坦丁四世；两人均戴王冠，冠顶饰有十字架，头部两侧有垂饰，君士坦斯二世除王冠外，戴盔，盔顶以方形表示羽毛饰物；两人头部之间有一枚小十字架；正面铭文由于剪边，缺失较多，隐约可辨。背面形制在报告中已经介绍，需要说明的是希拉克略与提比略手中所持之"干"形十字架，这种十字架称为主教十字架，即一种有两条横线的十字架，上短下长的十字架①。

（10）一枚塞奥菲鲁斯金币

塞奥菲鲁斯（Theophilus, 829—842 年在位）为阿莫里斯王朝的第二任皇帝，继位过程也比较顺利。金文中的第 14 号金币为塞奥菲鲁斯金币。据报告者称，该币由银行从社会上收兑，后转交中国钱币博物馆。该币直径 19.79 毫米，重 4.39 克。"正面为其穿盔甲、披风正面像；文字：希腊文帝名 ҜЄOFILOS—bASILEO，西奥菲雷斯巴西勒（希腊教父）。背面是和其共帝的迈克尔二世（他父亲）一起的图像，希腊文：MIXAHL SCONSτAnτin，迈克尔二世。"

据格列森的分类，君士坦丁堡铸造的塞奥菲鲁斯金币共有五种：1. 829—830（831）年，皇帝胸像+主教十字架；2. 830 年或 831 年，皇帝胸像+君士坦丁胸像；3. 830（831）—840 年，皇帝胸像+米哈伊尔二世和君士坦丁的胸像；4. 时间不定，皇帝胸像+Theodora+daus；5. 840—842 年，皇帝胸像+米哈伊尔三世胸像。② 通过比对图片显示出的形制特征，可知此枚金币属塞奥菲鲁斯在 830—840 年间发行的第三种索

---

① 主教十字架✠，即"patriarchal cross"或"archiepiscopal cross"，from 'archiepiscopal cross' of New Catholic Dictionary, 2005 - 12 - 12：< http：//www.catholic-forum.com/Saints/ncd00733.htm >.

② Grierson, *Catalogue of the Byzantine Coins*, v. 3, part 1, p. 408, 425.

第四章　中国及周边地区发现的罗马—拜占庭货币分类与辨析 | 163

里得，即正面为皇帝正面胸像，留胡，身着短斗篷，头戴顶部嵌有十字架的皇冠。右手手执主教十字架；左手握权杖阿卡其亚（akakia）[①]。正面铭文读作＊ΘEOFI-LOSbASILEΘ；背面为两并列胸像，其中居左、较大留须者为其过时不久的父亲米哈伊尔二世，居右、较小无须者为其刚刚夭折的儿子君士坦丁；两人都身着短斗篷[②]，头戴顶部嵌十字架的皇冠。在两人中间上方还有一枚十字架。背面铭文读作＋MIXAHL S CONSTANTIN'。

此枚金币与我国以往发现的金币索里得差别较大，原因在于经过百余年的变迁，拜占庭帝国中期以后，深入人们生活的宗教以及希腊语言、文化的影响逐渐外露在艺术、印章以及铸币上来，因此此时的金币索里得的图案和铭文与早期差别较大。就塞奥菲鲁斯此枚金币而言，与早期索里得的差异很明显。首先从图案上说：一、金币正面的皇帝肖像仍沿用其诸位前任们的形制，皇帝的服饰自从弗卡斯之后就主要以皇冠＋短斗篷为主；二、皇帝的右手食指指向自己的脸部，这种手势从尼基弗鲁斯一世（Nicephorus I，802—811 在位）开始，一直到利奥六世（Leo VI the Wise，886—912 在位），其意义目前仍然无法明确[③]；三、皇帝右手握主教十字架。这些特征作为拜占庭帝国中后期货币形制中的主要组成部分，是理解拜占庭帝国中期的宗教、文化发展的重要参考。

其次，从铭文上看：正文铭文由＊＋皇帝名字＋皇帝称号三部分组成，具体地说，包括＊＋ΘEOFI LOS＋bASILEΘ 三部分，意为"＊塞奥菲鲁斯皇帝"。这一铭文中大量使用希腊字母来表示，例如：皇帝的名号（Θεοφίλος βασιλέο）都主要用希腊字母表示，其中 Θεοφίλος 为

[①] 阿卡其亚（Akakia），是拜占庭皇帝们用以表现皇帝权威的权杖，从 7 世纪起，主要使用玛帕（mappa），参见弗卡斯金币的描述。到 8 世纪初，mappa 完全变成 akakia，akakia 是一种圆柱形，顶部有圆头的长棍。与 mappa 不同的是，货币上的 akakia 不再与长袍结合在一起，而是放在身前或身侧。最清楚地表现这一权杖的画面是圣索菲亚的亚历山大皇帝的马赛克，皇帝右手垂直握在身前，是一个暗红色的圆柱，两端包着平行的紫色线条，以及圆形的金饰物。在伊苏里亚王朝和阿莫里王朝时期，这是最为常见的君主象征，几乎所有皇帝在任何时候都握着这样的权杖；867 年以后，其热度有些减退，原因可能是马其顿皇帝喜欢十字架或可以两个皇帝一起握的徽章。然而，在利奥六世和君士坦丁七世时仍不时地使用，到 11 世纪，变得比较罕见，只是偶尔出现在一些金币上。参见 Grierson, *Catalogue of the Byzantine Coins*, v. 3, part 1, p. 133.

[②] Chlamys，皇帝的紫色斗篷，在右肩处用一搭扣固定，这是古希腊男子穿着的一种短斗篷。参见 Grierson, *Byzantine Coins*, p. 54.

[③] Grierson, *Catalogue of the Byzantine Coins*, v. 3, part 1, p. 114.

Theophilos，铭文中用的是主格，只有 F 和 L 使用拉丁字母；βασιλέο 为 basileos（皇帝，βασιλεύς，或直译为瓦西里），此处用呼格，只有 S 和 L 采用拉丁字母。这种文字的变化表明，中期拜占庭帝国的希腊语化已经非常深入。此外，Basileos 作为拜占庭皇帝们的称呼，早在晚期罗马帝国时期就已开始，当时在文学和正式演讲中就以此名来称呼皇帝。而它最早与皇帝名称结合起来应该追溯到希拉克略一世，当他在 629 年从波斯战场上凯旋时，一条当年的法令就如此称呼。一百年之后，它首次出现在货币上，特别是在利奥三世的新米利兰斯上 A 或 bAS' 的缩写形式出现过，并从此一直出现在货币的铭文中，或长或短。

此枚金币的背面铭文主要作为图案的标记，当图案中包括数个肖像时，铭文就会包括每个人的名称，以便注明其人为谁。故此，此枚金币背文表示 Μιχαιλ 和 Constantin，意为米哈伊尔和君士坦丁，其中两人名字中间的 S 表示"和"，即希腊语中的 και，在铭文中常以 C、S 或 CE 表示。有趣的是此铭文为拉丁语希腊语混合而成，前者的名字显然为希腊语，而后者的名字在表示时仍然沿用拉丁字母，而非希腊语的 Κωνσταντίνος，反映出拜占庭社会中"罗马""罗马帝国"的印象以及拉丁文化的残余。

从上述关于此枚金币正背面铭文的变化来看，拜占庭金币的铭文组成已经发生了变化。从晚期罗马帝国开始以来，正面铭文 DN + 皇帝名 + PPAVC 的格式一直沿用到 7 世纪末；到 8 世纪，仍有些索里得还有 DN、DNO 或 D 的铭文。① 但是 9 世纪中期以后拜占庭货币的铭文，已慢慢反映出社会上希腊语取代拉丁语的趋势，并在以后的岁月中逐渐成为货币铭文的主流。

（11）一枚罗曼努斯三世金币

罗曼努斯三世（Romanus III，1028—1034 年在位）为马其顿王朝晚期的皇帝，通过与公主联姻而登大宝，在位时间仅 4 年。金文中的第 15 号金币为罗曼努斯三世金币，直径 25 毫米，重 4.38 克。据报告者称，"正面是耶稣坐像，文字：+ I hSXISREXRESNA NTInm，耶稣基督王中之王；背面表现的是皇帝加冕仪式，圣母玛利亚在为

---

① Grierson, *Catalogue of the Byzantine Coins*, v. 3, part 1, p. 114.

罗曼努斯加冕，文字：OCEbHORWmΛNw，罗马人的圣母，均为希腊文"。

由于原报告者对此枚金币形制的描述比较简单，根据原文所配发的照片，参考关于这个时期的货币大全，可对其形制加以详细描述：正面图案为基督正面全身坐像，其后正方形宝座清晰可见，宝座两边以联珠纹表示；基督头微向右转，留长须，头部有十字光环，十字架双臂比较宽；身着束腰外衣和大长袍，双脚露于袍外；右手抬起祝福，带起外袍悬起；封皮装饰着∴的图案的福音书放在左膝上，左手扶住书的上缘以维持平衡；正文读作 + lhSXISREX – RESNΛNTIhm，表示 Ιησους Χριστός Rex Regnantium，意为"耶稣基督，王中之王"，这段铭文中的耶稣基督分别用希腊字母"IhS"和"XIS"表示，而"王中之王"的铭文却用拉丁文表示。图案外有两圈联珠外缘。

背面图案为两立像：左边为皇帝立像，身着改良长袍①，头戴顶部嵌十字架的皇冠，两侧有垂珠，右手抚胸，左手托顶部有十字架的圆球；右边为圣母立像②，脑后有光环，身着束腰外衣和斗篷③，左手抚胸，右手高举于皇帝头顶，为其加冕。两人头部之间有铭文 M Θ，表示希腊语 Μήτηρ Θεού，意为"神之母"；背文读作 ΘCEbOHΘ' RωMΛnω，表示 Θεοτόκε βοήθει Ρωμάνω（Theotoke help the Romans），意为"圣母助佑

---

① 改良长袍，即 amended loros，这是在传统的执政官长袍基础上进行调整的长袍。拜占庭时期的传统执政官长袍是一件长长的、镶满珠宝的、缠绕在身上的长布围巾，一端搭在前面，另一端搭在向前伸出的左臂上。9 世纪后期，这种长布围巾开始一种头上戴着的简化围巾取代，后者通常被称为改良长袍，穿着方式一样，只是形式略有变化，图案更为繁复。货币上的传统长袍与改良长袍易于辨认，前者在佩戴者的胸前表现出斜纹图案，后者采用垂直或水平图案。罗曼努斯二世的改良长袍：这是一种含有丰富的绣花条纹的布料，长约 1 英尺，12 英寸，有 3 个孔，适于脑袋穿过。它在身体前后垂下，前面接近膝盖，后面有一个较短的拖裙，而不是像传统长袍那样将后摆搭在左臂。罗曼努斯二世改良后的长袍图案包括水平平行的四个方形板，每个重心都有一个小方形饰物，与相邻的方形用一排圆珠分开。这种改良长袍用一种丝绸或其他柔软织物制成，只到膝盖下，袖子宽松，肩膀下方的上臂处装饰有圆形花饰；前后袍尾底部均有一排花饰。由于没有难以固定的衣褶，这种改良长袍比传统长袍更易穿着，但后面被折起的拖裙却又丑又不舒服。参见 Grierson, *Byzantine Coins*, p. 57.

② 罗曼努斯三世之所以将圣母像广泛运用在其钱币上，既有他自己"对圣母特别的尊崇"的原因，也是这个时期圣母崇拜的风行，表现在各种圣母像以各种方式出现在拜占庭帝国社会生活中的各个角落。参见 Grierson, *Byzantine Coins*, p. 35.

③ 这种斗篷称为 maphorion（μαφόριον）或称 veil，从圣女的头部一直延伸到脚踝以下。在 maphorion 的前额与两肩处，装饰着一组四个小球组成的十字架形状。参见 Grierson, *Catalogue of the Byzantine Coins*, v. 3, part 1, p. 170.

罗曼努斯"①。图案外有两圈联珠外缘。

从上枚塞奥菲鲁斯金币所反映出的9世纪金币形制特征到此枚金币所代表的11世纪样式，金币形制发生了重大变化。从图案上看，一直作为金币正面主要图案内容的皇帝肖像已经为基督肖像取代；从铭文上看，由于基督像被固定地用于钱币正面图案，因此与基督像伴随的基督铭文也频繁出现。基督肖像上的头部两侧常有 IC XC，或 IS XS 的符号，是耶稣基督的缩写；有时在货币的铭文中会使用 IhSҶS XRISTOS，不过最常用的还是 lhS XPS RЄX RЄSNANTIhM 的格式，这种格式的铭文从瓦西里二世（Basil II Bulgaroctonos，976—1025年在位）的时候与基督坐像同时使用，并一直沿用到11世纪以后。而背面铭文则主要采用拉丁文形式的 IhSҶS XRISTҶS NICA 格式，这种格式从利奥三世（Leo III the Isaurian，717—741年在位）统治时期开始使用，一直延续到11世纪。它取代了从5到7世纪一直用作货币背面铭文的 Victoria Augustorum 格式。②

（12）一枚君士坦丁九世金币

君士坦丁九世（Constantine IX，1042—1055年在位）作为公主佐伊（Zoe）的第三任丈夫，继任皇位，同时他的即位也是拜占庭帝国转向衰弱的标志。金文中的第16号金币为君士坦丁九世时期发行，直径27.5毫米，重4.30克。据报告者称，"正面为耶稣半身像，文字：+ IhCXICRCXRCSN Ntih 耶稣基督王中之王。背面为左手持球（球上十字架），右手持长十字架的皇帝着盔甲半身正面像，文字：CωnτANτnOSbASR（币面不清晰，查对资料猜测可能为这些文字），君士坦丁罗马国王"。

由于原报告者对此枚金币形制的描述比较简单，根据原文所配发的照片，参考这个时期的钱币大全，对其形制可作如下描述：正面为基督

---

① 铭文中的 Θεοτόκος 一词意为圣母玛利亚，常用其呼格于诗歌；Ρωμανώ用于动词后，为 Ρωμανός 的宾格。在祈求圣母助佑时，曾经一度使用 Maria 来称呼圣母，后来比较常用"上帝之母"，即 Μήτηρ Θεού，缩写为 MP ΘV 或 M Θ；若直接请求圣母帮助时，通常的格式为"O Mother of God, aid ..."，也就是 Θεοτόκε βοήθει..., 常被简化作 ΘKE ROHΘEI（或者 ROHΘ 或 RΘ…），这种格式在11世纪以后非常普遍。参见 Grierson, *Catalogue of the Byzantine Coins*, v. 3, part 1, pp. 179 – 183.

② Grierson, *Catalogue of the Byzantine Coins*, v. 3, part 1, p. 182.

第四章　中国及周边地区发现的罗马—拜占庭货币分类与辨析 | 167

胸像①，留须，脑后为十字光环，光环中的左上、右上框中分别有一颗新月图案，基督身着束腰外衣和长袍；右手举起祝福，外袍因而悬起，左手将福音书合在胸前，福音书封皮上装饰物因金币下部略有磨损而无法识别。正文没有中断，但由于前半部分铭文太小，并且金币照片反光，难以清晰识别，只能根据《拜占庭钱币大全》来一一比对，并参考原报告对铭文的识别，可以释读为：+ lhCXICRCXRES NΛNTIhM，表示Iησους Χριστός Rex Regnantium，意为"耶稣基督，王中之王"。② 图案外有三圈联珠外缘。

背面为皇帝正面胸像，留须，身着简化外袍，上有衣领，头戴顶上嵌十字架的皇冠，两侧有垂珠，右手握顶部为十字架的王杖，左手握顶部为十字架的圆球。从背面看，金币左下方有些磨损，铭文本身也比较小，因而读起来有点困难，同样参考《拜占庭钱币大全》来比对铭文，可以释读为：? cωns Λτh bΛ'ILcЧSRM，表示 Κωνσταντίνος βασιλεύς Ρωμαίων，意为"君士坦丁，罗马人的皇帝"。图案外有三圈联珠外缘。

（13）一枚米哈伊尔七世金币

米哈伊尔七世（Mixael VII，1071—1078 年在位）身为马其顿王朝的倒数第二位皇帝，通过与公主的联姻得登大宝，他对于治理国家没有什么能力，他的各位共治皇帝能够为他分担，而他的主要精力就投入货币的管理中，他对于帝国政府的开销、税收，乃至货币的铸造过程中的各个步骤都一清二楚。他的金币以后来成为主流的凹形和品质低下著称。③金文中的第 17 号金币为迈克尔七世时期发行，直径 29 毫米，重 4.22 克。据报告者称，"正面为耶稣半身像，文字：IC XC 耶稣基督；背面是

---

① 这种基督胸像，称为普世式基督，即 Pantocrator（Παντοκράτορ），字面意为"宇宙之主"。自罗马努斯三世开始，这种确定下来的基督胸像出现在金币上，这种图像中的基督略向前倾，这样不但使基督将书合在胸前的姿势更为协调，还可使他能够俯瞰整个教堂，而教堂内的装饰和人们的集会就象征着他所创造并予以统治的世界。这种基督形象经常被汇在教堂正殿穹顶的最高处，从而更好地表现基督统治、看顾世界的意义。From 'Pantocrator' of Wikipedia-the free encyclopedia, 2005 - 12 - 12：< http：//en. wikipedia. org/wiki/Pantocrator >.

② 这段铭文中的耶稣基督分别用"IhC"和"XIC"表示，在拜占庭铭文中经常用 C 表示 S，因而我们可以看到罗曼努斯三世的金币正面铭文中同样的铭文用"S"，而这里却用"C"；"王中之王"的铭文却用拉丁文表示，只是个别字母有些变形，例如用"C"来代替"E"，用"Λ"表示"A"。

③ Grierson, *Catalogue of the Byzantine Coins*, v. 3, part 2, p. 2.

身穿盔甲的皇帝半身像，左手持十字架球，右手持东罗马帝国后期军旗①，希腊文：+MIXΛHΛRCIΛOΛ，迈克尔·杜卡斯国王"。

由于原报告者对此枚金币形制的描述比较简单，根据原文所配发的照片，参考关于这个时期的钱币大全，可对其形制加以详细描述：正面图案为基督正面胸像，长须下垂，脑后为十字光环，十字架的两臂很宽，未被遮挡的三个方向的十字架臂中分别有∵的图案；据《拜占庭钱币大全》总结说，这种类型的金币上基督的胳膊上也分别有∵的图案，但是由于照片反光，基督胳膊的部位难以看清，因而无法断定此枚金币上基督胳膊上是否有类似的图案；基督右手举起于胸前，拇指与无名指、小指靠拢，食指和中指翘立做祝福状；左手托福音书，从金币上只能看出封皮上装饰着▦图案的福音书，而不见从下托着福音书的手。基督双肩上方左右两边分别有 IC 和 XC 的铭文，这是表示基督的名号，为希腊语耶稣基督 Ιησούς Χριστός 的缩写，字母上方的"—"线表示着重。在拜占庭的装饰艺术中，经常用 C 来表示 S。正面无铭文，而图案外有两圈联珠外缘。

背面图案为皇帝正面胸像，留须，身着改良长袍，上绣衣领，头戴顶部嵌十字架的皇冠，两侧有垂珠。右手执顶部为饰有∵的军棋的王杖，左手握顶部为十字架的圆球。图案外有两圈联珠外缘。背文读作：+MIX·ΑΗΛ RA'IΛOΔ，意为 Μιχαήλ βασιλεύς Δούκας，表示"米哈伊尔皇帝杜卡斯"②。

综合罗曼努斯三世、君士坦丁九世和米哈伊尔七世的金币，可以发现这个时期金币上出现了基督的形象，而罗曼努斯三世的金币背面还有

---

① 军旗，称为 labarum，最早在尤西比乌斯的文中提道：当君士坦丁和他的军队看到天空中出现的十字架后，在此启发下他制作了包含十字架的新军旗。这是一支镀金长矛，长矛上部有一支横杆，从而形成十字架样式；横杆顶部有一束用金子和宝石组成的花冠，花冠中间为一枚基督象征符号 Chi-Rho。这种标准的军旗样式在应用中常有些变化，在许多货币上，军旗表现为一支长矛上悬挂下来的方形横杆，里面装饰着基督象征符号。4 世纪晚期，货币不再采用军旗的图案，直到塞奥菲鲁斯才重新启用，以军旗节笏的形式出现。最初它似乎倾向于完整的军旗，大约有五六英尺高；但是从罗曼努斯一世开始，它还是以节笏的形式、配以一支长约 3 英尺的杆子出现。从塞奥菲鲁斯到君士坦丁七世早期，军旗节笏就是在一支旗杆上加入一枚十字架。从君士坦丁八世以后，比较流行的设计是：四角各有一点的方形，中间装饰着梅花图案，以及一个圆点组成的十字架。这种军旗或者军旗节笏与军事的联系仅是表面的，因为它无法与任何军事内容联系起来；事实上，它仅仅只是一种节笏的形式。参见 Grierson, *Catalogue of the Byzantine Coins*, v. 3, part 1, p. 134.

② Grierson, *Catalogue of the Byzantine Coins*, v. 3, part 2, p. 879.

圣母为皇帝加冠的形象。而在我国发现的所有拜占庭金币中，其他所有金币上都没有基督的形象，比较突出的特点只是十字架形状的演变。考虑到拜占庭东正教的教义发展，以及随之而生的社会演变，货币上基督形象的出现反映出毁坏圣像运动之后，圣像崇拜在艺术领域内的发展以及在社会日常生活中的体现，而正是这段时期发展成熟的圣像绘制理论与实践为此后发扬光大并绵延至今的拜占庭艺术奠定了基础。

总的说来，从我国发现的拜占庭金币类型来看，金币的铸造时间大体从公元5世纪一直延续到11世纪，而主要集中的是5世纪到7世纪东部皇帝们发行的金币。这些金币的形制变化反映出拜占庭社会文化从早期向中后期发展过渡期间的一些渐变过程，是认识与理解拜占庭文化的一种途径。

二、中国发现的早期拜占庭金币仿制币辨识

1. 1枚塞奥多西二世金币的"骡子"仿制币①

"骡子"是拜占庭古币学界对那种将不同索里得的正反面集中到一起制成的仿制金币的称呼。在我国发现的仿制金币中，有相当数量为这种"骡子"形式。目前仿自塞奥多西二世时期发行的金币索里得的"骡子"金币有一枚。

1998年在甘肃陇西南郊元华光寺遗址的一个瓷瓶中发现一枚金币。该币剪边，磨损严重②，直径18毫米，重2.306克，仿制原型接近RIC X?类型，正背角度为180°。

报告中甘肃陇西的金币照片并不是很清楚，因此只能从报告对它们的描述来加以判断。根据报告说明以及参考图片后，可知此枚金币正面为皇帝3/4正面微向右侧胸像，头戴冠盔，盔顶饰有羽毛，脑后露出冠带，冠带呈30°角分开；身着束腰外衣和胸甲，右手持矛，矛头从脑后露出；左手持盾，盾上纹饰难以识别。铭文为 DNTHEODO-SIVSPFAVC。背面图案不太清楚，依稀可辨带翼胜利拟人像侧身向右前行，右手握长柄十字架，背后似有一星。铭文从图片中难以辨认，据报告称 VICTORI-

---

① 本小节部分内容见《两枚拜占廷金币仿制品辨析》，载《考古与文物》，2008年第3期，第87—91页。内容有些许调整。

② 牟世雄：《甘肃陇西发现拜占庭金币》，载《甘肃金融·钱币研究》，1999年第9期，第52页；其节略篇参见：《中国钱币》，2000年第1期。

AAVCCC，底部铭文为 CONOB。

若仅从铭文和正面形制看，这显然是塞奥多西二世金币，然而根据拜占庭古币学对塞奥多西二世时期发行的金币索里得的研究成果，这种形制的金币并不是官方发行的索里得，而是一种仿制金币。肯特在他的《罗马帝国钱币》第 10 卷中将君士坦丁堡铸造的塞奥多西二世索里得分成 16 种类型，其中没有一种背面铭文为 VICTORI-AAVCCC，相反，他明确指出这种金币"都是将早期的正面图案和稍晚一些时期的背面图案杂交在一起的古代仿制金币"①。而"胜利拟人像 + 十字架"和"VICTORI-AAVCCC"铭文结合在一起的背面形制只是在 450 年之后，也就是马西安统治时才首次采用，并且成为 6 世纪以前拜占庭帝国铸造之索里得的固定模式。②因此，我们唯一可以肯定的是这枚金币应该铸于 450 年之后。

还需注意的是，这种形制的仿制金币与塞奥多西二世的一种索里得形制非常相似，即背面形制为"胜利拟人像 + 十字架"和"VOT XX-MVLT XXX"的索里得，例如 1976 年李希宗墓出土的塞奥多西二世金币，可以它为依据对这种金币仿制品的特征进行说明。拜占庭帝国官方发行的金币索里得，正面形制与上述仿制金币一致，为皇帝 3/4 正面微向右侧胸像，头戴冠盔，盔顶饰有羽毛，脑后露出冠带；身着束腰外衣和胸甲，右手持矛，矛头从脑后露出；左手持盾，盾上纹饰为一名骑士持矛刺向坠落的敌人。铭文为 DNTHEODO-SIVSPFAVC。背面的图案也与上述仿制金币一致，为胜利拟人像侧身向右前行，右手握长柄十字架，有的金币在靠近十字架右上方有一颗八芒星。而差别在于官方发行的索里得背面铭文为 VOT XX-MVLT XXX，即 vota XX multa XXX，"已经取得了 20 年的成就，并为即将到来的 10 年祈愿"③，这段铭文明确表明这一系列索里得的铸造时间在 420 年以后；此后塞奥多西二世发行不同种类索里得的时候，都会在背面铭文中表明发行时间，诸如 VOT XXX-MVLT XXXV（30 年到 35 年），VOT XXXV-MVLT XXXX（35 年到 40 年），而与 VICTORI-AVCCC 铭文一起出现的背面图案通常为手捧桂冠的胜利拟人像（塞奥多西二世金币的具体分类参见前章"塞奥多西二世金币"节）。④ 塞奥多

---

① Kent, *The Roman Imperial Coinage*, vol. X, p. 81.
② Grierson & Mays, *Catalogue of Later Roman Coins*, p. 158.
③ Vagi, *Coinage and History of the Roman Empire*, v. 2, p. 59.
④ Kent, *The Roman Imperial Coinage*, vol. X, pp. 73–74.

西二世发行的金币索里得中没有将胜利拟人像与VICTORI-AVCCC铭文刻在一起的例子。

通过上述"骡子"仿制金币与官方发行的塞奥多西二世索里得相比,可以发现:仿制金币并不一定是一些画面模糊不清、制作粗糙、比例失调的钱币。在当时拜占庭帝国内外,拜占庭金币凭其纯度高、稳定以及帝国经济的繁荣,索里得被广为接受,成为"中世纪的美元"①。然而,由于金子的供应量有限,虽然帝国在全国各地设立许多铸币厂,但并不是所有的铸币厂都有权铸造金币;即使能够铸造,数量也非常有限,甚至帝国内部的需求也难以满足,更别说帝国以外的地区。为了满足自身对拜占庭索里得的需求,一些周边国家遂发行仿索里得的金币,以满足自身的流通、财政或收藏需求。如此一来,因各地、各国经济实力不一,铸造技术千差万别,有的地区铸造的仿制金币非常差,有的地区仿制金币的精美程度甚至超过拜占庭官方产品,例如西哥特王国铸造的阿纳斯塔修斯一世的索里得仿制金币相当精美②。尽管我国发现的索里得仿制金币不太可能为西哥特王国仿制,但在拜占庭的东方,也有同样熟悉拜占庭索里得、拥有强盛经济实力和优秀技术工艺的国家(以波斯为例),它完全有能力铸造出优质的索里得仿制金币。例如,1991年在约旦南部沙漠中的胡梅玛(Humeima),发现了5枚波斯仿制的阿卡狄乌斯索里得③。然而,这并不一定表明此类仿制金币为波斯仿制,在拜占庭帝国与中国之间的民族与国家都有仿制的可能。

2. 6枚阿纳斯塔修斯一世金币的仿制币

目前大体能够判断为阿纳斯塔修斯一世索里得仿制金币的共有6枚,制作的精细程度不一,下面一一分说。

(1)④ 1966年,西安南郊何家村附近唐墓出土一枚金片(附录

---

① R. S. Lopez, "The Dollar of the Middle Ages", *The Journal of Economic History*, Vol. ii, No. 3, (Summer, 1951), pp. 209-234.

② Grierson, *Byzantine Coins*, p. 355, Plate 15.

③ Erik de Bruijn; Dennine Dudley, "The Humeima Hoard: Byzantine and Sasanian Coins and Jewelry from Southern Jordan", *Ameriacan Journal of Archaeology*, vol. 99, No. 4 (Oct., 1995), pp. 688, 697.

④ 本小节部分内容见《两枚拜占廷金币仿制品辨析》,载《考古与文物》,2008年第3期,第87—91页。内容有些许调整。

—图 44)。该币直径 18 毫米,重 3.5 克,与拜占庭金币在细节处相差较大,找不到货币大全中的同样类型,正背角度为 180°。

金币的正面形制为皇帝 3/4 正面微向右侧胸像,头戴冠盔,盔顶饰有羽毛,脑后露出冠带;身着束腰外衣和胸甲,右手持矛,矛头从脑后露出;左手持盾,盾上纹饰应该是骑士持矛刺倒地敌人的图案,但是此枚金币图案中盾上画面并不清楚,似乎为一人像。正面铭文为 DNΛM(?)ΛSTΛИ SIVSPPΛVC。背面图案为正面站立之男性形象,其右手持长柄十字架,左手托一顶上为十字架的球,球下方有一颗星;两侧的铭文为 VICTORI-ΛΛVCCCΛ,底部铭文为 COMOC。

与上面塞奥多西二世索里得仿制金币相同,若仅从铭文和正面形制看,这显然是阿纳斯塔修斯一世金币,然而这种正面站立男性形象的背面形制最早却是在 522 年由查士丁一世(Justin I,518—527 年在位)首次发行①,因此该金币是 522 年以后,根据阿纳斯塔修斯一世的索里得正面与查士丁一世的背面形制,将两者合铸到一起的仿制金币。

此外,这枚金币的形制还有一些细节和官方铸造的大多数索里得有些许差别。正面的铭文并不是阿纳斯塔修斯一世索里得常用的 DNANASTA-SIVSAVCCC,而将第二个 N 误刻成 M;在左边铭文的最后多出一个 И,这是阿纳斯塔修斯名字中没有的字母;和普通的索里得不同的是,此枚金币正面的铭文中间似乎只有一个很模糊的头盔装饰隔开,由于它极为模糊,几乎要连接在一起。背面底部的铭文 COMOC 也不同于普通的 CONOB,尽管在 5 世纪的时候,COMOB 曾经也出现过表示与 CONOB 同样的意义,但就此枚金币而言,显然 M 与 C 更可能是出于雕刻时的失误。

笔者曾经就此枚金币的形制求教拜占庭古币学家莫里森博士(Cécile Morrisson),她认同这是一枚"骡子"仿制金币,其正面图案应是仿自头盔上饰以十字架的阿纳斯塔修斯一世的金币,这种类型的金币见于哈恩在《拜占庭帝国早期的钱币》第 1 卷附图。而且总体说来,她认为这枚仿制金币"是相当忠实于其原型,并且制作

---

① Hahn, *Moneta Imperii Byzantini*, *Band I*, Plate Justinus I/Gold. 不过贝林杰认为这种背面形制从 519 年开始,参见 Bellinger, *Catalogue of the Byzantine Coins*, v. 1, p. 36.

相对比较精良"。

虽然此枚金币的仿制程度要逊于上面的塞奥多西二世仿制金币，但是从其做工来看，其仿制也是比较精心的，似乎要力求达到与拜占庭的索里得相仿的精美，然而仿制者对拜占庭帝国的语言以及索里得的一些惯用特征都不够清楚，在一些细节上的把握还不够，从而造成一些比较细小的失误。

（2）1981年，宁夏固原南郊史氏墓地中史道德墓出土一枚拜占庭式仿制金币，墓主史道德葬于唐仪凤三年（678年）。该币双面，直径20毫米，重4克，正背角度为180°。

据报告者称，该币正面是一东罗马皇帝的正侧面肖像，头戴冠盔，头盔由小联珠组成，耳际有垂索。身穿铠甲，甲的边缘也由小联珠纹组成，肩扛一短矛或标枪。铭文由于磨损而模糊不清。其正面顶部有一小穿孔。背面为一胜利拟人像，十分模糊，大概为手中握一长十字架，另一手执一小金球，基本局限于一个长方框中，周围为一圈铭文。铭文是拉丁文，一般采用省略的缩写。左侧铭文前几个字中有一个完全不清，另一个字母好像是"E"，其余几个是清楚的"NO"，接下来是"KI"。右侧有两个字母可以看清"DN"，其余的铭文均已不清。①

对于该币的特征，罗丰先生已经描述得非常详细。通过该币照片所示，该币正面为皇帝3/4正面微向右侧胸像，头戴冠盔，身着铠甲。除却罗丰描绘的细节外，皇帝脑后的冠带向下卷曲，其余模糊无法辨识。金币背面似乎为一立像，币面左侧有一根长长的器物，由于顶部比较模糊，无法判断是否为十字架；币面右侧更为模糊，据罗丰描绘为"执一小金球"。从图片上无法清晰识别金币铭文，可以罗丰描述为准。

综合该币的形制与铭文特征，罗判断"虽然这枚金币的直径和重量都与真币相差无几，但很可能是东罗马金币的仿制金币。整个打压的王像等图案很不清楚，字母也并非像真正的东罗马金币那样采用规则的拉丁文，而是有些变形。它所依据的原型应当是5世纪的拜占庭的芝诺（或称差诺）金币"。然而，对于这一判断，笔者

---

① 关于该币所引之原始报告均来自罗丰：《固原隋唐墓中出土的外国金银币》，见罗丰：《胡汉之间——"丝绸之路"与西北历史考古》，北京：文物出版社2004年版，第168—170页。

略有疑义。从金币正面形制以及隐约可辨之铭文来看，应当仿自芝诺发行的索里得；而且该币正面的皇帝肖像瘦长，与1992年出版的《敦巴登橡树园及怀特莫尔馆藏晚期罗马货币大全》后所附图版642相仿，因此，该币正面无疑仿自芝诺索里得之正面图案。

由于背面图案太过模糊，几乎难以确认其形制。据罗氏所述，此像一手"握一长十字架，另一手执小金球"，然而拜占庭官方发行的金币索里得的背面形制从未出现过这种姿势的胜利拟人像，因为在晚期罗马帝国和早期拜占庭帝国时期，流行的索里得背面形制为侧身向右前行的胜利拟人像，她头侧向右，手持镶满珠宝的长柄十字架，在币面上表现为一枚粗大的十字架；胜利拟人像的双翼在其身后露出；这种式样在阿纳斯塔修斯一世统治时期做了调整，胜利拟人像所持之十字架换成较细的、顶部或为✠或为⳨的基督符号的长柄权杖。然而在查士丁一世统治的522年，他停止使用这种使用了近百年的索里得背面形制，改为正面站立之男性形象，男性形象右手持一枚柄杆较细的长柄十字架，左手托一颗十字架圆球。这一形制一直沿用到莫里斯统治时期，期间除去查士丁二世采用君士坦丁堡城标为背面形制外，几无例外。由此可以判断，如果此枚金币的背面形制确为一双手"分别握长十字架、执小金球"的立像，那么它应该仿自521年以后的索里得背面形制了；因币面过于模糊，从图片也可推断其为侧身像，币面右侧的长形图案也可推断为胜利拟人像背后双翼，然而其左侧之物貌似细长，因此不是镶满珠宝的十字架，从而确定它不是仿自498年阿纳斯塔修斯一世调整之前索里得背面形制。因币面模糊，又无法识别其顶部究竟为何种形状，也难以确定它仿自498年到521年之间的背面形制。

综上所述，通过对该枚金币的形制与铭文的辨释，可以大致确定其正面仿自芝诺的索里得正面形制；背面的图形有两种可能，一是仿自521年查士丁一世改革之后的正面站立男性形象的背面形制；二是仿自498年到521年之间的胜利拟人像手执基督权杖的索里得背面形制。而要进一步确认该币背面图案，需要有该币实物，并细心观察。遗憾的是，笔者曾亲到宁夏固原博物馆考察，当时此枚金币与另外两枚仿制金币一起出展，不在馆内，因而无法目睹，难得定论。而宁夏固原地区除此枚仿制金币外，还发现大量拜占庭金币和金片,说明该地区在古代中西方经济文化交流中的重要地位。

宁夏固原古称原州,又称高平,为丝绸之路陇西道通往西安的重要驿站,自20世纪80年代至今,在这一地区有数枚拜占庭金币或仿制金币出土,尤其是北周田弘墓和粟特后裔史氏墓葬群是拜占庭金币或仿制金币的主要出土地;而宁夏固原也同新疆和陕西一起成为我国发现拜占庭金币及其仿制金币的主要地区,使我们能够重新认识这个地区在历史上的重要性。

(3) 2017年陕西西安西咸新区西魏陆丑墓出土的两枚金币中,一枚为阿纳斯塔修斯一世金币真品,另一枚为仿制金币(附录一图46)。这枚仿制金币略有剪边,直径17毫米,重3.1克,正背角度为180°。

该币的仿制特征十分明显,正面铭文仅为数个符号,难以辨识。形制为3/4正面微向右侧胸像,皇帝头戴冠盔,身着铠甲,脑后有冠带飘出。但皇帝右手持矛的矛头并未从脸的左侧(也就是画面右侧)露出,左肩处的盾牌略有轮廓,完全无法辨识上面图案。背面铭文同样仅为数个符号,难以辨识。形制为带翼胜利拟人像向左前行像,手持镶满珠宝的十字架,但十字架十分纤细,变形严重,反映出制作者对十字架毫无了解,只是简单的模仿勾勒轮廓,从而造成过大误差。由此可以判断这是一枚仿自类似于阿纳斯塔修斯一世早期发行的金币索里得的仿制金币。

(4) 1993年陕西商州唐墓出土一枚拜占庭式仿制金币,直径18毫米,重2.8克,仿制类型难以辨识,正背角度也无法确定。

报告者称之为拜占庭金币,该币"纯金模压,正面为一王者的半身像,王者头戴宝冠,稍向左侧身,右手斜持矛头权杖。自王者右手起有铭文展开,铭文中段脱压,仅识铭文:N…H□VVG。金币背面为一身着长袍、目视右方、体态轻盈的女神像。女神右手托一圆球,圆球上有十字架,左手置于腰间,垂手所提之物莫辨。周围有铭文一周,右半边脱压,仅识左边铭文:HAAT…",并认为该币"与咸阳飞机场出于贺若氏墓中的东罗马时期(568—578年)金币相似"①。

---

① 王昌富:《商州市北周、隋代墓葬清理简报》,载《考古与文物》,1997年第4期。

显然，报告者对此枚金币的判断有误，从图片来看，这是一枚双面仿制的金币，但其制作效果与一般的单面打压金片类似。具体地说，该币正面形制为：皇帝3/4正面微向右侧胸像，头戴冠盔，身着铠甲，头上似皇冠位置处为一些联珠纹，而上面的盔形以及翎羽均不可见；皇帝头部左侧有矛头露出，脑后无冠带；右侧的右手因剪边或磨损无法看清，左侧胸前隐约为一面盾牌，盾形由联珠纹组成，盾面图案难以识别。周边铭文不甚清楚，约略可识：N …. -OVVCI。从正面形制看，这枚金币应该仿自507年到538年发行的阿纳斯塔修斯一世或查士丁一世，或查士丁尼的金币索里得。

背面形制为一胜利拟人像侧身向左行进像，隐约可见胜利拟人像背后的双翼，而其身前图案看不甚清；铭文从图片难以识别。不过从图像上看，其仿制原型为5世纪20年代以后直至521年发行的拜占庭金币索里得。综合金币正背面的形制特征，可以大致断定此枚金币仿自同一种金币索里得，那么这一原型就应该是507年至521年间发行的阿纳斯塔修斯一世或查士丁一世的金币索里得。

（5）1993年，在陕西商洛发掘的一座唐墓的尸体颈部发现一枚金币。该币图案线条很浅，仿制痕迹十分明显，顶部有一穿孔，直径18毫米，重2.8克，正背角度约为100°。

该币正面铭文前半部分完全无法辨识，后半部分隐约可见为N. OVVGG?，形制为3/4正面微向右侧胸像，脑后无冠带，但制作十分模糊，冠带与衣饰细节无法分辨。背面的图更加模糊，无论是铭文还是形制都难以辨认。暂时将之归为阿纳斯塔修斯一世金币索里得的仿制金币。

（6）新疆吐鲁番阿斯塔纳墓群中发现一枚双面金币，具体发掘年份与出土墓葬号不详，仅见公布出的图片，没有直径与重量描述，无法确定是金币还是金片，暂且以金币待之。

该币正面铭文难以释读，形制为正面胸像，头戴冠盔，身着铠甲，王冠冠带露于脑后右侧（画面左侧），左肩处有盾牌；正面的皇帝像动作与3/4正面胸像类型接近，但没有微微侧身。背面铭文仅可努力辨识出 VICTOR? -?；形制为带翼胜利拟人像向左前行像，手持镶满珠宝的十字架，底部铭文无法释读。暂且归为阿纳斯塔修斯一世时期金币索里得的仿制金币。

总体上看，因拜占庭帝国与中国距离遥远，出现在我国境内的拜占庭钱币中有相当一部分为仿制金币，但是如何区分仍然是一个难题。以第一枚陕西西安的这枚仿制金币为例，我国学者康柳硕认为从"图像、铭文等制作来看，它可能是仿制金币"①。尽管他的推断正确，然而，仅从"制作"是无法确切地分辨仿制金币的，因为拜占庭的金币并非全部制作精良，有的可谓"制作粗糙，比例失调线条简单者，印铸深浅不一，铭文变形"②，若仅从外观来判断，很容易导致错误。

由于金币仿制品和金片的形制千差万别：有的还相当精美，图案清晰，能够明确判断出其所仿原型的具体时间；有些图案并不能完全限定到某一位皇帝的具体统治时期，只能大致判断其所属时代，为列表方便，暂时以货币数量较多的皇帝名称代表某一特定类型。如阿纳斯塔修斯一世金币仿制品指的是正面为3/4正面微向右侧胸像、背面是侧身向右前行胜利拟人像的金币，由于这种形制是拜占庭帝国在5世纪到6世纪初的金币索里得的通用样式，而仿制品中有的铭文难以释读，有的图片不清晰，难以断定其模仿的是哪一位皇帝发行的金币，我国发现的金币当中以阿纳斯塔修斯一世金币数量最多，这里统一称为阿纳斯塔修斯一世金币仿制品。

3. 两枚查士丁尼一世金币索里得的仿制金币

在我国出土的拜占庭金币或金片的报告中，被称为查士丁尼一世金币仿制品的很多，但能够称得上是仿制金币的目前仅有两枚。

第一枚是1897年英国上尉从新疆和田的当地人手中购得的金币，据说这枚金币是在沙漠中与一些印章被一同找到（附录一图49）。金币的直径与重量不详，从图片看，该币压痕不甚清晰，特别是背面核心图案模糊，正背角度约为180°，仿制原型接近于DOC. I9d2型。

这枚金币的正面铭文为难以辨识的符号，形制为皇帝正面胸像，头戴冠盔，身着铠甲，右手握十字架圆球，左手持盾牌。背面铭文读作VICTORI-AAVGGG?，底部铭文为CONO；形制疑似男性正面坐像（或立

---

① 康柳硕：《中国境内出土发现的拜占庭金币综述》，载《中国钱币》，2001年第4期。
② 陈志强：《我国所见拜占廷铸币相关问题研究》，载《考古学报》，2004年第3期。

像),左手托十字架圆球,右手持长柄十字架。

第二枚金币为1896年瑞典探险家斯文·赫定在新疆和田从当地人手中购入的3枚金币之一,先收藏于瑞典斯德哥尔摩的远东古物博物馆,1938年相关资料被整理发表①,虽然图片不太清晰,但仍然能够展现这3枚金币的情况,其中一枚的仿制金币,两枚为金片。

其中编号为5的金币仅可见正面,该币剪边,顶部镶有一环,形制接近DOC i.9d2,正背角度约为180°。形制为皇帝正面胸像,头戴冠盔,王冠顶部装饰着三脚架形符号,两耳处有垂饰,身着铠甲,身前左侧有盾牌,右手握十字架圆球,铭文读作ONIVSTINI-NS??。背面根据文字描述为带翼胜利拟人像。这应当是一枚制作比较精良的查士丁尼一世金币仿制金币。

4. 一枚查士丁二世索里得仿制币

1995年,宁夏固原南郊史氏墓地再次发掘,在史道洛墓(葬于658年)中发现一枚金币(附录一图51)。该币直径21毫米,重量不详,正背角度约为160°,仿制原型类似DOC I.4g型。

该币正面铭文读作?? - NVSPPAVC,形制为正面胸像,右手持胜利拟人像为皇帝加冕像,左手持盾。背面铭文为?? - VG? H,底部没有铭文;形制为君士坦丁堡拟人像正面坐像,头转向左,左手持长柄十字架,右手托十字架圆球。

5. 一枚弗卡斯索里得仿制币

1981年,河南洛阳安菩墓(葬于709年)出土一枚金币,现藏于洛阳博物馆(附录一图52)。报告称其为弗卡斯金币索里得,但经过对图片的仔细分辨后,确定其为仿制金币。该币表面磨损严重,直径22毫米,重4.3克,仿制原型类似DOC II.5a,正背角度约为180°。

该币的形制与弗卡斯金币索里得的形制没有太大差别。正面为皇帝正面胸像,留有山羊须,头戴皇冠,冠顶有十字架装饰,皇冠两端各垂下两串珠饰;身着褶皱式战袍,右肩有搭扣;右手握一颗十字架圆球;背面形制为正面站立之男性形象,身着束腰上衣和大披风,右手持顶部为♀的长杖,左手托一颗十字架圆球。但铭文比较扭曲,正面铭文读作??ҺOCAS-? ER???;背面铭文难以释读,底部铭文:CONO。

---

① Montell, Gösta, "Sven Hedin's Archaeological Collections from Khotan", part II, *Bulletin of the Museum of Far Eastern Antiquities*, X (1938), pp. 95, 112 and PL VII.

6. 4枚希拉克略一世索里得仿制金币

目前中国境内出现的希拉克略一世金币索里得的仿制金币大多属于一大一小正面并立胸像。具体形制为左侧希拉克略一世较大，蓄有短须；右侧希拉克略·君士坦丁较小；两人服饰相仿，身着胸甲，披战袍；头戴皇冠，两侧有珠垂下，冠顶有一小圈，上饰一十字架；两人头部之间也有一枚十字架。背面形制为三级台阶上立着粗大十字架。4枚仿制品的详情如下：

（1）1961年，陕西西安土家村唐墓出土一枚金币，经夏鼐先生鉴定为希拉克略一世金币索里得的仿制金币，可能为中亚某地仿制（附录一图53）。具体说来，这枚金币比较完整，直径21.5毫米，重4.1克，仿制原型类似DOC II. III. C，正背角度约为180°。

该币正面铭文为数个符号，难以辨识；形制上看，右侧希拉克略·君士坦丁稍微大一点。背面铭文为ILΔIOEI-ΠΟVΛΠYΛ，底部铭文难以辨识。左侧空白处有一枚十字架，右侧空白处有一颗星。

（2）1970年陕西西安何家村窖藏货币中有一枚金币，现藏陕西历史博物馆。这枚金币比较完整，直径20毫米，重4.1克，仿制原型类似DOC II. II. B，正背角度约为180°。

该币正面铭文为 > I l.；画面左侧的希拉克略较大，留短须；右侧的希拉克略·君士坦丁较小；背面铭文为uBV-HnAVI，底部铭文为OV? I，空白处无其他图案。

（3）2001年，山西太原郊区唐墓出土一枚金币，墓葬情况不详（附录一图55）。该币比较完整，直径约20毫米，重量不详，仿制原型类似DOC II. II. C，正背角度约为180°。

该币正面铭文难以辨识，相比其他金币，画面希拉克略·君士坦丁稍微大一点。背面铭文为 OC <? VШΛAVΛ??，底部铭文为VOHP，左右两侧空白处分别有一个由五个黑点组成的十字架。

（4）河南洛阳市郊唐墓出土一枚金币，发掘年份不详，现藏洛阳博物馆。此枚金币比较完整，直径23毫米，重3.2克，仿制原型类似DOC II. II. b，正背角度约为90°。

该币正面铭文难以辨识，画面右侧的希拉克略·君士坦丁稍微大一点。背面铭文为VICTORV-AvsЧ C，底部铭文为COHOB，空白处没有其他符号。

7. 一枚君士坦丁四世索里得仿制金币

陕西西安南郊唐墓出土一枚金币，发掘年不详，现藏于陕西考古研究院（附录一图57）。该币剪边，金币中央有一穿孔，直径18.8毫米，重2.2克，正背角度约为180°，含金量为84.29%。

君士坦丁四世（Constantine IV，668—685年在位）为君士坦斯二世长子，此前他的父亲长期驻跸西西里，并在那里被刺杀①，当他镇压西西里暴动返回君士坦丁堡后，又于681年成功地将两名弟弟排除在皇权之外。他统治期间最具代表性的事件是率领拜占庭抵抗阿拉伯军队的猛烈攻击，凭借"希腊火"将之击退。

此枚金币的出土报告尚未见诸报刊，但在张绪山老师的《中国与拜占庭帝国关系研究》一书中提到，据山西省考古研究院的邵安定先生称，此枚金币发现于一唐代早期墓葬，"呈不规则圆形，剪边，直径约18毫米，中心有一小孔，孔径约1.3毫米，重约2.2克；但该金币的成分比较特殊，并非纯金制品，含汞量达13%左右"。张老师在文中称，根据照片，铭文比较模糊，仅从图像比对，该币为"君士坦丁四世皇帝所铸造"。

从书中所附图片来看，金币正面为皇帝正面微侧胸像，但与此前其父祖们的金币正面图案不同，皇帝不再仅仅头戴王冠、身着袍服，而是按照5—6世纪早期的样式，戴头盔，盔顶饰有羽毛，盔前面为小圈形的饰纹；身着胸甲；右手持矛，矛头从脑后露出；左手似乎持盾挡于身侧，但图案非常模糊。金币背面为他两位弟弟的立像，中间为阶上十字架，象征基督的墓地，左边大的为赫拉克略，右边小的为提比略，均手持十字架，但比较模糊，可大致判断为家族式"干"形十字架。背面的铭文隐约可以辨识出左侧的 ICTO？，底部的 CONO。虽然正面铭文不可辨识，但从图案还是能够判断出其为君士坦丁四世时期发行。君士坦丁四世的绰号是"大胡子"，一般其金币索里得正面的皇帝像上有明显的胡须，但该枚金币穿孔位置恰在皇帝面部，因此这一特征难以识别。

根据格列森的分类，君士坦丁四世所发行的索里得共有四种。第一种延续君士坦斯二世金币样式，皇帝头戴王冠，身着袍服，手托十字球，

---

① Bury, *Later Roman Empire*, v. 2, p. 302.

只是铭文略有不同；这种样式的发行时间很短，仅在668年底持续数星期，颇为罕见。第二种与第三种均为皇帝头戴头盔、身着胸甲，背面为两位共治皇帝分居十字架两侧的形制，只是第二种的金币索里得正面皇帝头盔后无飘带露出，左手未持盾，而第三种飘带露出头盔后，左手持盾；前者的发行时间为668—673年，后者的发行时间为674—681年。第四种金币索里得的正面样式与5—6世纪初的索里得正面样式相似，为3/4正面胸像，背面仅余十字架；其发行时间为681—683年。①

根据上述分类以及图片显示出的特征，西安的这一枚君士坦丁四世金币正面的皇帝脑后确实有飘带露出，左手所持物有些模糊，似乎也像是盾牌，因此可以判断其为668—673年间发行的君士坦丁四世金币索里得。

三、中国发现的早期拜占庭金币式金片辨识

（一）发现地点说明

新疆吐鲁番墓葬群中发现的金片大多含于墓主口中，但关于这些墓葬的考古信息不够详细，发现金片的墓葬号和数量仍无法像中原地区那样确定。同时，将近40枚的金片中仅有数枚找得到清晰图片，无法对金片进行逐一辨析和明确分类。

吐鲁番地区发现金片的墓葬群有6处，分别为：

1. 阿斯塔纳墓群（TAM），位于吐鲁番城东40公里处，高昌故城以北6公里，是当时的公共墓地。20世纪初，斯塔因在此盗掘数座墓葬（Ast.），发现3枚金片，现藏大英博物馆。② 从1959年至今，新疆博物馆考古队展开系统的保护性发掘，发现10余枚金片，现存新疆自治区博物馆。③

---

① Grierson, *Byzantine Coins*, pp. 97 – 98.

② 参见 Stein. A, *Innermost Asia*: *Kansu and Eastern Iran*, Oxford, 1928, vol. I. ; Wang H., *Money on Silk Road*, London: British Museum Press, 2004.

③ 参见新疆维吾尔自治区博物馆编：《吐鲁番阿斯塔那——哈拉和卓古墓群清理简报》，载《文物》，1972年第1期，第8—29页；新疆维吾尔自治区博物馆：《1973年吐鲁番阿斯塔那古墓群发掘简报》，载《文物》，1975年第7期，第8—26页；新疆文物考古研究所：《阿斯塔那古墓群第十次发掘简报》，载《新疆文物》，2000年第3—4期，第81—167页；新疆文物考古研究所：《阿斯塔那古墓群第十一次发掘简报》，载《新疆文物》，2000年第3—4期，第168—214页；《吐鲁番阿斯塔那古墓葬群发掘墓葬登记表》，载《新疆文物》，2000年第3—4期，第215—243页。

2. 哈拉和卓墓群（TKM），位于吐鲁番城西。1963 年、1969 年和 1975 年，新疆博物馆考古队三次对 105 座墓葬开展保护性发掘，发现数枚金片，现存新疆自治区博物馆。①

3. 采坎墓群（TCM），位于交河故城以南，距离吐鲁番 10 公里。1976 吐鲁番文管所展开保护性发掘，发现 2 枚金片，现藏新疆自治区博物馆。②

4. 巴达木墓群（TBM），位于吐鲁番东巴达木村东南，距离高昌故城 4 公里，阿斯塔纳墓群东 3.5 公里处。2004 年，吐鲁番考古队对 79 座墓葬展开保护性发掘，发现 8 枚金片。现藏吐鲁番博物馆。③

5. 木纳尔墓群（TMNM），位于吐鲁番东木纳尔村。2004—2005 年，吐鲁番考古队三次进行保护性发掘，从 43 座墓葬中发现 7 枚金片。现藏吐鲁番博物馆。④

6. 交河故城墓群（TYGXM），位于吐鲁番西。2004—2005 年吐鲁番考古队对 36 座墓葬展开保护性发掘，发现 2 枚金片。现藏吐鲁番博物馆。⑤

除吐鲁番外，和田以及中原的西安、固原等地也发现了金片，具体发现地点如下：

7. 和田，19 世纪末，斯文·赫定从当地人手中购得 3 枚金币，其中两枚为金片。⑥

---

① 参见新疆维吾尔自治区博物馆编：《吐鲁番阿斯塔那——哈拉和卓古墓群清理简报》，载《文物》，1972 年第 1 期，第 8—29 页；新疆维吾尔自治区博物馆编：《新疆哈拉和卓古墓群发掘简报》，载《文物》，1978 年第 6 期，第 1—14 页；《吐鲁番阿斯塔那古墓葬群发掘墓葬登记表》，载《新疆文物》，2000 年第 3—4 期，第 215—243 页。
② 参见吐鲁番文管所：《吐鲁番采坎墓地发掘简报》，载《新疆文物》，1990 年第 3 期，第 1—7 页。
③ 参见吐鲁番地区文物局：《新疆吐鲁番地区巴达木墓地发掘简报》，载《考古》，2006 年第 12 期，第 47—72 页；储怀贞、李肖、黄宪：《吐鲁番巴达木墓地出土的古钱币》，载《新疆钱币》，2008 年第 3 期，第 49—52 页和吐鲁番博物馆与吐鲁番学会编：《吐鲁番博物馆古钱币目录》，上海：上海古籍出版社 2013 年版。
④ 参见《新疆吐鲁番地区木纳尔墓地的发掘》，载《考古》，2006 年第 12 期，第 27—46 页；吐鲁番博物馆与吐鲁番学会编：《吐鲁番博物馆古钱币目录》，上海：上海古籍出版社 2013 年版。
⑤ 参见《新疆吐鲁番地区交河故城沟西墓地康氏家族墓》，载《考古》，2006 年第 12 期，第 12—26 页；吐鲁番博物馆与吐鲁番学会编：《吐鲁番博物馆古钱币目录》，上海：上海古籍出版社 2013 年版。
⑥ Montell, Gösta, "Sven Hedin's Archaeological Collections from Khotan", part II, *Bulletin of the Museum of Far Eastern Antiquities*, X (1938), pp. 94 – 95, 112 and Pl. VII.

8. 史氏墓地，位于宁夏固原南郊。1980—1990 年代，固原考古队对两个史氏家族的墓葬进行发掘，共发现方萨珊波斯金币式金片一枚，具有双面形制的拜占庭仿制币两枚以及两枚单面金片。①

9. 西安唐墓，1981 年和 1989 年在西安的两座唐墓中分别发现一枚单面金片。②

10. 洛阳，1931 年一位西方传教士从当地人手中购得一枚金片，双面均为侧面头像。③

(二) 金片情况说明

由于绝大多数金片上的铭文难以释读，仅能从其形制判断仿制原型。然而，我们现在找到的图片大多不够清楚，这种的识别和判断也难以完成。因此，下面仅粗略列举其信息：

1. 12 枚形制为"3/4 正面微向右侧胸像，脑后有飘带"的金片

这种类型的金片的共同特征在于其主要形制为皇帝的 3/4 正面微向右侧胸像，这种形制在 4 世纪末开始出现，在 5 世纪最为流行，一直到 498 年或 512 年发生变化。因皇帝微向左侧，故而右侧耳朵露出。皇帝头戴冠盔，身着铠甲，右手持矛，矛扛在肩上，矛头从脸部左侧露出，一般在左耳附近。头盔呈弯月形，以弧形实线或弧形联珠线表示，顶部有一些竖线表示盔顶的羽毛。王冠与头盔重叠，有时会在王冠中间装饰图案，冠带在脑后露出，有时以两个呈八字形的短线表示，有时以 S 形表示。

通常，这种形制中，皇帝身穿铠甲，铠甲的纹饰一般分为两层，最上层由较短的竖线或斜竖线组成表示前襟，有时用联珠线，下层通常用横线表示。身前左侧有一盾牌，盾牌上的图案一般是骑士刺敌图，即一个骑马的人在马匹行进中，手中长矛斜插入前马蹄下倒下的敌人。即便在正式发行的金币上，盾牌上的图案也大多难以辨识，在仿制金片上模

---

① 参见罗丰：《固原南郊隋唐墓地》，北京：文物出版社 1996 年版。原州联合考古队编著：《北周田弘墓》，北京：文物出版社 2009 年版；宁夏文物考古研究所：《宁夏固原九龙山隋墓发掘简报》，载《文物》，2012 年第 10 期，第 58—65 页。

② 参见张海云、廖彩梁、张铭惠：《西安市西郊曹家堡唐墓清理简报》，载《考古与文物》，1986 年第 2 期，第 22—26 页；张全民、王自力：《西安东郊清理的两座唐墓》，载《考古与文物》，1992 年第 5 期，第 51—57 页。

③ W. C. White, 'Byzantine Coins in China', *Bulletin of the Royal Ontario Museum of Archaeology*, No. 10 [1931], pp. 9–11.

糊程度更为严重。

（1）TAM116:30，1969年发现于阿斯塔纳墓群第116号墓，该墓出土一块墓碑，墓主人为张元子妻范氏，614年入葬。编号TAM116:30的金片仅有单面图案，直径15毫米，重0.35克，穿一孔。仅大致判断其为3/4正面微向右侧胸像，脑后无冠带，细节无法获知。

（2）TAM191:83（附录一图60）：1972年发现于阿斯塔纳墓群第191号墓，该墓出土的文书显示入葬时间在680年之后。编号TAM191:83的金片双面均有图案，直径17毫米，重1.4克。正面为3/4正面微向右侧胸像，铭文读作OIΛIIΛ-? ΛO???；背面为胜利向左前行立像，持长十字架，铭文读作VΛIII? -T-IVU??? O。

（3）TAM222:21：1972年发现于阿斯塔纳墓群第222号墓，该墓出土的文书显示入葬时间在671年之后。编号TAM222:21的金片仅有单面图案，正面右上角有三角形缺口。直径20毫米，重1.55克。正面为3/4正面微向右侧胸像，但头盔、饰物均极为怪异。

（4）Ast.i.6.03（附录一图62）：1915年奥瑞尔·斯坦因发现于阿斯塔纳墓群第6号墓，该墓入葬时间不详。这枚金币仅有单面图案，直径16毫米，重0.85克。正面的一周铭文难以释读，看起来像XΠ?-X X GG（X似为小十字架）。

这枚金片的图片十分清晰。可以看出正中为典型的3/4正面微向右侧胸像。皇帝的头盔与铠甲还有右侧的盾牌由均匀的联珠线条构成，头部上方王冠位置则是由七个较大的均匀圆球表示。皇帝脸部的脸颊明显隆起。左侧的右手线条清晰，握手姿势表现准确，但难以找到矛柄。右耳后的冠带呈弯曲线垂直而下。身前左侧的盾牌上的图案也比较清楚，能看出为一名骑士，构图比较复杂，马头比较显眼。周围铭文看起来像XΠ?-X X GG（X似为小十字架）。

（5）TBM238:5（附录一图63）：发现于吐鲁番巴达木墓群第238号墓，入葬时间在640年左右。该币同样仅有单面图案，共三个穿孔，顶部一个，右上角一个较大，左上角有一个穿孔的痕迹，但并未穿透。直径14.5毫米，重0.6克。

这枚金片的图案中，皇帝的头盔与铠甲还有右侧的盾牌由均匀的联珠线条构成，头部上方王冠位置则是由六个较大圆球表示。皇帝脸部的脸颊明显隆起。左侧的右手线条清晰，握手姿势表现准确，但难以找到矛柄。右耳后的冠带呈弯曲线垂直而下。周围铭文看起来像 XII？-X X GG（X 似为小十字架）。图案与 Ast. i. 6. 03 几乎一致。

（6）TBM103：1（附录一图 64）：发现于吐鲁番巴达木墓群第 103 号墓，入葬时间不详。该币图案十分精美，但仅有单面图案，剪边，直径 18 毫米，重 0.5 克。

这枚金片与众不同，从形制上看几乎无法区分它与正式发行的拜占庭金币有何区别，唯一差别是它只是薄薄的单面金片。皇帝的头盔、铠甲、盾牌的造型都很准确，一周的铭文可轻易辨识，为 DNANASTA-SIVSPPAFG，显然是按照阿纳斯塔修斯一世金币仿造而成的金片。皇帝脑后的冠带横向深处，呈 20°夹角的两个反向 S。

（7）TBM234：5（附录一图 65）：发现于吐鲁番巴达木墓群第 234 号墓，入葬时间不详。金片仅有单面图案，顶部有一穿孔，直径 12 毫米，重 0.4 克。

这枚金片的形制也比较准确，皇帝头部上边与头盔连接处由七个较大联珠圆球组成，铠甲上图案分为两层，每层用不同的线条表示。左侧盾牌的轮廓为一个三角形，盾面图案不甚清楚。脑后冠带平行伸出，顶端由两个略向下的圆点表示。一周的铭文为：⌒⊃-ΔI-??。

（8）TBM304：5：发现于吐鲁番巴达木墓群第 304 号墓，入葬年代在 658—681 年之间。金片顶部有缺损，不是圆形；仅有单面图案，顶部上方一个穿孔，右侧有一个穿孔，直径 11.9 毫米，重 0.4 克。

这枚金片中皇帝的冠盔与铠甲同样由联珠纹组成，铠甲的图案似乎也用不同的线条表现不同部分。一周有些符号，但图片不清楚，难以辨识。

（9—10）TMNM103：3-1，2：发现于吐鲁番木纳尔墓群第 103 号墓，墓主为夫妻。丈夫宋佛住葬于 627 年，妻张氏葬于 632 年，两人各口含一枚金片，编号分别为 3-1、3-2。

TMNM103：3-1 号，金片有一纵向折痕，直径 13.8 毫米，重 0.4 克。皇帝的脸部有些鼓胀，冠盔、铠甲和盾牌同样由联珠纹线表示，一周铭文处似有一些符号，难以辨识。

TMNM103：3-2 号（附录一图 68），金片看起来十分脆弱残破，顶部有两个挨着的穿孔，下方一穿孔，直径 14 毫米，重 0.4 克。皇帝的冠盔、铠甲和盾牌同样由联珠纹线表示，脑后的冠带向左上方飞出，在边缘处折转向下，顶端用圆球表示，两条线平行。一周铭文处的符号勉强辨别出??-VVI?。

（11）TYGXM11：6：发现于吐鲁番交河故城墓群第11号，墓主名康□香，似乎是粟特后裔，葬于640年。这枚金片正中的肖像外有宽1毫米左右的外缘，直径14毫米，重0.2克。

因图片不甚清晰，隐约可见头部周遭有一些杂乱的纹饰，脑后有冠带，但具体形状难以分辨。

（12）西安唐墓：1989年，西安东郊一座唐墓出土的一枚金片，它也有宽1毫米左右的外缘，直径20毫米，重0.8克。

据报告者称："皇帝身上的冠盔与铠甲的轮廓及金币的周边都用联珠纹表示。头的两侧有拉丁字母的铭文，个别字母模糊不可分辨，铭文为：DNAN τ....τ. VSAVG?"，一周铭文前半段无法辨识，读作?? ΠΛΠ-Λ??；"再补上省略的拉丁文字母，铭文可复原如下：D（omihus）N（osten），Ana□...□us，□AVG（ustus）"，通过"查阅公元498年以前东罗马皇帝的世袭，发现唯有阿纳斯塔修斯一世的拉丁字母Anastasius与此铭文吻合，故推测它是从阿纳斯塔修斯一世金币仿制而来"。① 对于此枚金片，罗丰老师认为："金币为单面打压，本身很薄，只有正面图案。图案本身也十分模糊，磨损太甚，王冠上只有一些联珠纹样，面部五官略显，右耳很大，在左耳际露出肩扛矛的矛头。简报作者所述的左肩上的盾牌也基本上看不见，更不用说像发掘者描述的那些'盾牌表面一个骑士以矛刺敌的图案'等细节了。"对于原报告对此枚仿制金币所作的鉴定结论，罗丰认为"这枚仿制金币上的铭文是变形的而且不清楚。换句话说，根据这枚金币上的字母，是判定不出其原型属阿纳斯塔修斯一世金币"。②

根据图片，该金片图案比较模糊，且有磨损，但仍能看出这是皇帝3/4正面微向右侧胸像，隐约可见皇冠上的联珠纹，而盔顶的装饰模糊不可辨；除却露于头部左侧的矛头外，一般索里得上的右手持矛柄的部分完全没有，整个头部以下包括盾牌的图案都难以辨认，因此原报告所称之"身穿交领铠甲""左肩上的盾牌表面一个骑士以矛刺敌的图案"等描述不当。

---

① 张全民、王自力：《西安东郊清理的两座唐墓》，载《考古与文物》，1992年第5期，第51—57页。

② 罗丰：《关于西安所出东罗马金币仿制品的讨论》，载《中国钱币》，1993年第2期，第18页。

另一方面，从图片中铭文似乎能够辨识出 DNAN ?? .. — .. ?? ... VSAV?，若说此枚金币为阿纳斯塔修斯一世索里得仿制金币也无不可。

2．8 枚形制为"3/4 正面微向右侧胸像，脑后无飘带"的金片

这种类型的金片的共同特征在于：其主要形制仍然为皇帝的 3/4 正面微向右侧胸像。细节部分与第一类十分类似，仍然是皇帝微向左侧，右侧耳朵露出。皇帝头戴冠盔，身着铠甲，右手持矛，矛扛在肩上，矛头从脸部左侧露出，一般在左耳附近；头盔呈弯月形，以弧形实线或弧形联珠线表示，顶部有一些竖线表示盔顶的羽毛；从正面看头盔上仍然有王冠，但脑后无冠带露出。

这种形制中皇帝的服饰也没有变化，同样身穿铠甲，铠甲的纹饰一般分为两层，最上层由较短的竖线或斜竖线组成，有时用联珠线。身前左侧有一盾牌，盾牌上的图案一般是骑士刺敌图，即一个骑马的人在马匹行进中，手中长矛斜插入前马蹄下倒下的敌人。即便在正式发行的金币上，盾牌上的图案也大多难以辨识，在仿制金片上模糊程度更为严重。

（1）史索岩墓：1985 年出于宁夏固原南郊史氏墓地中史索岩墓，唐麟德元年（664 年）入葬（附录一图 72）。这枚金片剪边，边缘参差不齐，顶部穿一小孔，直径 19 毫米，重 0.8 克。[①]

发掘报告称，该金片正面"为一东罗马皇帝的本身肖像。其头戴盔，身穿甲铠，肩扛一短矛，耳际似有飘带。头盔完全由小联珠纹组成。虽有铭文，但大都已经模糊不清，难以识辨"。

从图片来看，此金片也为单面，从正面看，斜向有一条深深的折痕。图案也是典型的 3/4 正面微向右侧胸像，冠盔用醒目的联珠纹表示，盔顶羽毛则是杂乱的短横、短撇。脑后并无冠带，报告中的"耳际似有飘带"实为折痕的阴影与边缘。右耳形似一个反向问号，旁边的短斜线和斜线边缘的圆点与弧线，表示皇帝的右手，以右手所握矛柄。铠甲由三条平行的 90°折线表示，盾牌位置的线条杂乱难以形容。金片一周的铭文读作 IUI 一?? VV?，应当是仿自查士丁尼一世改革金币索里得形制（538 年）之前的索里得正面。

[①] 在《中国境内发现的东罗马金币》中，关于史索岩墓和史诃耽墓所出两枚金片的图片与文字说明出现错位，本书以 1996 年的《固原南郊隋唐墓地》以及此文的文字说明为依据。参见罗丰：《中国境内发现的东罗马金币》，见罗丰：《胡汉之间——"丝绸之路"与西北历史考古》，北京：文物出版社 2002 年版，第 168—170 页。

(2) 史诃耽墓：1985 年出于宁夏固原南郊史氏墓地中史诃耽墓，唐咸亨元年（670 年）入葬（附录一图 71）。这枚金片有一圈外缘，宽度在 2—3 毫米，外缘十分平整，没有刻痕，直径 23 毫米，重 2 克。

发掘报告称，该金片"正中为一东罗马皇帝肖像。其头戴盔，身穿铠甲，肩扛一短矛。有一周铭文，铭文大多已经变形，除去个别字母外，很难辨认"。

从图片看，此金片为单面，背面只是压刻出正面图案的痕迹。图案外有一圈宽的外缘，有 2—3 毫米。正中的图案由一个标准的圆圈围住，形制是典型的 3/4 正面微向右侧胸像，但线条比较刻板，铠甲仅由三条或直或弯的线条表示，盾牌中以类似"人"的图案表示。脑后并无飘带，右耳处只是一个微向上的圆点，圆点下方一条微弯线条，但这是右手所握的矛柄。此金片一周铭文读作 OIIY？-II?VIC，应当仿自查士丁尼一世改革金币形制（538 年）之前的索里得正面。

(3) TMNM102：11（附录一图 73）：发现于吐鲁番木纳尔墓群第 102 号墓，墓主武欢，656 年入葬。这枚金片顶部镶有一环，直径 14 毫米，重 1.05 克。

从图片看，这枚金片的形制比较精致，皇帝脸部较为瘦削，冠盔、铠甲、盾牌均与拜占庭帝国正式发行的金币索里得相差无几，冠盔由四条弧线构成，最上面三条由较为密实的联珠纹线构成，头部上方有密实的大圆球；铠甲上部由斜线、弧线组成上襟，下方由数层实线夹两个圆球来表示。身前左侧的盾牌类似于 80°三角形，盾牌图案比较清晰，但仍没有准确表达骑士刺敌的主题。一周铭文所用符号读作 OVVI-VNPVI。

(4) TAM105：6（附录一图 74）：1969 年发现于吐鲁番阿斯塔纳墓群第 105 号墓，墓主情况不详，墓葬年代约为 7 世纪。这枚金片顶部穿有一孔，直径 17 毫米，重 0.58 克。

这枚金片的图片比 TMNM102：4-11 的图片模糊，但看上去十分相似，皇帝的冠盔、铠甲、盾牌均与拜占庭帝国正式发行的金币索里得相差无几，冠盔由四条弧线构成，头部似乎是大圆球组成的联珠线；铠甲上部由斜线、弧线组成上襟，下方由数层实线来表示。身前左侧的盾牌类似于 80°三角形，盾牌图案隐约可见。一周铭文所用符号读作 OVVI-VNPVI。

(5) TAM92：1966 年发现于吐鲁番阿斯塔纳墓群第 92 号墓，墓主情况、墓葬年代均不详。最初的发掘报告称该墓中发掘一枚金币，但是配备一张图片，图片很不清晰，难以辨识，只能判断是 3/4 正面微向右侧胸像，脑后无飘带。其他信息缺乏。

（6）Ast.i.3：1915 年吐鲁番阿斯塔纳墓群斯坦因发掘的 3 枚金片之一的 3 号。墓主情况不详，墓葬年代不详。这枚金片顶部穿有一孔，直径 11 毫米，重 0.48 克。

（7）Ast.i.5：1915 年吐鲁番阿斯塔纳墓群斯坦因发掘的 3 枚金片之一的 5 号。墓主情况不详，墓葬年代不详。这枚金片剪边，直径 16.5 毫米，重 0.59 克。

此枚金片比 3 号略大，正反两面，正面为典型的 3/4 正面微向右侧胸像，脸部较宽，头盔与脸部相邻处用十颗略大圆球组成的联珠纹线表示，脑后无冠带。身着铠甲。上层用斜线和折线表示，下层用三条平行直线表示。一周的铭文隐约可见：?? -SICP? μs。背面为正面男性形象，身后能够看出张开的双翼，右手持长柄十字架，左手十字架圆球，两侧铭文同样难以辨识，似乎为 CΓCL-?? CC??，底部铭文难以辨识。据蒂埃里文称底部铭文应为 CONOB，是查士丁尼一世索里得仿制金币。

（8）TBM301：1：吐鲁番巴达木墓群第 301 号墓出土，墓葬情况不详。报告中刊发的黑白照片①极为模糊，只能看到轮廓，顶部有一 U 形缺口，下方有一个小穿孔。直径与重量不详。金片上隐约有些图案，难以分辨。

3.4 枚形制为"正面胸像"的金片

这种类型的金片的共同特征在于：其主要形制是皇帝的正面胸像，从 538 年查士丁尼一世启用后一直延续到 602 年莫里斯统治结束。皇帝采用正面胸像，头上戴冠盔，头盔顶部用竖线表示羽毛，王冠正中有装饰，5 世纪时用来装饰的是三叶草，即顶部带有三条竖线的圆圈，6 世纪时开始采用十字架；两耳处有垂饰，垂饰分别用两条竖线或者垂珠表示。皇帝身着的铠甲没有太大变化，仍然分为两层，身前左侧仍保留了骑士刺敌像的盾牌，右手握顶部有十字架的圆球。

（1）TAM138：10（附录一图 80）：1969 年吐鲁番阿斯塔纳墓群第 138 号墓出土，墓葬情况不详。这枚金片剪边，有些许轻微折痕，直径

---

① 储怀贞、李肖、黄宪：《吐鲁番巴达木墓地出土的古钱币》，载《新疆钱币》，2008 年第 3 期，第 49 页。

17毫米，重0.35克。

从图片看，皇帝的脸颊较宽，头盔下方依然用大联珠圆球表示，右手握着十字架圆球，身上铠甲线条清晰，左侧盾牌因图片较暗，难以分辨。一周铭文隐约可辨：D？ΛHΛH-???。

（2）TBM235：1（附录一图81）：吐鲁番巴达木墓群第235号墓出土，墓葬情况不详。该金片略有剪边，直径14毫米，重0.7克。

从图片看，皇帝脸部五官清晰，冠盔与铠甲采用均匀大小的联珠纹线构成。右手不可见，但圆球十字架比较清晰。一周铭文可辨识一部分：I？ΛI-IPINΛI。

（3）TMNM214：3-1：吐鲁番木纳尔墓群第214号墓出土，墓主人为麴胜，660年入葬。该金片有三处明显折痕，一条横穿整个金片，另两条较短。直径13毫米，重0.6克。从图片看，右侧因折痕难以辨识，左侧能清楚看到半边的冠盔与铠甲，十字架圆球比较清晰，没有铭文，似被剪掉，或本来就没有。

（4）1981年西安曹家堡唐墓出土一枚"金饰片"①，金片为单面打压，图案为一胡人头像，胡人深目高鼻，颧骨较高。直径20毫米，重0.97克。这枚金片有时被计入拜占庭金币及仿制品之列，有时不计入。实际上，这枚金片的图案虽然与拜占庭货币形制差别较大，却与具有拜占庭货币形制特征的金片比较接近，因此有必要搜集其信息，与其他金片一起加以分析。

4.1枚弗卡斯索里得正面金片

这种类型也属于皇帝正面胸像，由于弗卡斯发行的金币索里得都有十分鲜明的小胡须，故而十分容易分辨。皇帝头戴王冠，冠顶镶有大大的十字架，两耳有垂饰；身着袍服，袍服左侧有平行竖线、中间圆球表示的搭扣，袍服其他部分用曲线或波浪线表示；皇帝右手握十字架圆球。

TAM213：47（附录一图84）：1972年吐鲁番阿斯塔纳墓群第213号墓出土，墓葬入葬时间在640年之后。该金片用一圈均匀的联珠圆形分割内外两部分，外缘较宽，有2—3毫米，内部为弗卡斯正面胸像。没有剪边与穿孔，直径21.5毫米，重0.45克。

---

① 张海云、廖彩梁、张铭惠：《西安市西郊曹家堡唐墓清理简报》，载《考古与文物》，1986年第2期，第22—26页。

第四章　中国及周边地区发现的罗马—拜占庭货币分类与辨析 | 191

图片比较模糊，仅能看出皇帝脸部较宽，顶部似乎有装饰物，但难以辨识，身上衣服用两处突出表示，一周似有铭文，模糊不可辨识。

5. 2枚希拉克略一世索里得正面金片

这种类型的金片图片比较易于辨识，虽然希拉克略统治时期发行了多种形制，但仿制最多的是早期发行的他与长子希拉克洛纳斯的一大一小两并立胸像。两位皇帝的服饰与弗卡斯相似，均头戴顶部饰有十字架的王冠，两边有垂饰；身着袍服，搭扣在右肩。

（1）TAM214：107：1972年吐鲁番阿斯塔纳墓群第214号墓出土，墓主人为麴胜，660年入葬。该金片看上去比较完整，直径17毫米，重1.07克。

图片中的这枚金片上半部分被标签挡住，下半部分有考古人员用碳素笔记的编号，妨碍了对于形制细节的分析。可以判断出图片显示的金片的背面，从正面看左侧人物较大，脸部较宽，似乎没有胡须；右侧人物较小。

（2）TMNM302：1（附录一图86）：吐鲁番木纳尔墓群第302号墓出土，墓葬情况不详。这枚金片的圆形不太规则，有约1毫米宽的外缘，外缘似乎联珠压痕。直径为17.1毫米，重1.15克。

从图片看，左侧人物较大，下巴下方用几个大圆球表示络腮胡，能够辨识出两头像之间的十字架以及袍服上的搭扣。铭文不可辨识。

6. 2枚索里得背面形制金片

这是1897年斯文·赫定在新疆和田发现的3枚金币中的第8号，直径与重量不详。它只是单面金片，曾被数次折叠，故而折痕十分严重；仅能隐约看出图案为侧身向左前行的带翼胜利像，边缘处有铭文VIC…AD LVCCC，底部铭文为CON。

第2枚具有索里得背面形制的金片[①]需要特别说明。

这是2003年陕西西安北周史君墓出土的一枚金币，该币直径17毫米，厚0.5毫米，重1.75克。金币出土在石椁内人骨的中部，大体与金戒指、耳坠在同一部位，而后者显然都是死者身体佩戴之物。宁夏罗丰在鉴定此枚金币时，指出"这枚金币虽然是双面打压，两面图案也各不

[①] 本部分内容见《关于西安北周史君墓出土金币仿制品的一点补充》，《文博》2007年第6期，第41—44页。内容有些许调整。

相同,却不能明确地分辨出金币的正面和背面,以下分别用 A、B 表示史君墓这枚金币的两面。A 面,币面图像比较模糊,仔细辨认,似有一人面向左侧,侧身,手执一地球,地球上有一十字架。周围有一周铭文,铭文从左起至右结束,左侧上部铭文已完全不清,残存有:"VOT???";右侧自上而下为:"HVL? X? XX";人物足下铭文是:'ONOB'。"①

通过观察 A 面,能够隐约看出变形的铭文与罗所述一致,为 VOT???—HVL? X? XX,下方铭文是 ONOB。仅从这些铭文可以判断,此枚金币所仿之原型的背面铭文应该是 VOT … MVLT …。在晚期罗马帝国和早期拜占庭帝国时期,比较常用这种背面铭文格式的是塞奥多西二世发行的索里得,尽管他之前的皇帝们也经常采用这种形制的铭文,但是该铭文一般不在币面周围,而是位于币面中央的胜利拟人像所捧之盾牌中,该铭文的意义为"已经取得了……年的成就,并为即将到来的……年祈愿"。这种格式作为背面周边铭文始于塞奥多西二世即位后的第 10 年,为了庆祝他统治 10 周年,旧有的背面铭文被 VOT X-MVLT XV 或 VOT X-MVLT XX 取代,随后在塞奥多西二世统治的第 20 年、30 年、35 年都采用这样的铭文格式。因此此枚金币 A 面可能仿自塞奥多西二世统治时发行的某一种索里得背面形制。

再看它的图案。由于 A 面的图案极为模糊,辨识非常困难,因此很难确定其所仿索里得背面原型究竟如何。不过,从图片中仍能隐约看出:币面中央为一坐像,左侧有一明显的顶上带有十字架的圆球,这种顶着十字架的圆球是拜占庭社会中一个很常见的符号,表示基督之光照耀整个世界,通常拜占庭的皇帝都会手托这样一颗球,意为他经基督授权统治整个世界。然而这一图形符号是在 5 世纪的时候才出现在钱币上,因此有助于我们断定其仿制原型的年代。究其渊源,这种十字架圆球来源于表示地球的圆球,在晚期罗马帝国发行的钱币上曾经出现过圆球的符号,例如阿卡狄乌斯发行的索里得②;后来随着基督教在帝国地位的不断攀升,这种基督创造并照耀整个世界的观念愈来愈强,曾经是某位神祇在人间之代表的罗马帝国皇帝也转变为基督在人间的代表,而这种表

---

① 罗丰:《北周史君墓出土的拜占庭金币仿制品析》,载《文物》,2005 年第 3 期,第 57 页。
② Bellinger, *Catalogue of the Byzantine Coins*, v.1, Plate5, 6.

示基督照耀世界的符号正是这一观念的直接体现。它在阿卡狄乌斯统治时诞生,并首次用在塞奥多西二世发行的货币上,即 423—424 年开始铸造的索里得和铜币①。由于 A 面其他图案非常模糊,难以识别,因此只能根据这种坐像以及左侧的十字架圆球来追溯其原型。

在对塞奥多西二世金币的认识与了解过程中,发现一种与上述特征非常接近的索里得类型。这是君士坦丁堡铸币厂在 430—439 年期间发行的索里得,这种索里得的正面仍然采用皇帝 3/4 正面微向右侧胸像,而背面形制略有不同。背面图案为:君士坦丁堡城标安淑莎坐在宝座上,侧身向右(观看者的左侧),右手托十字架圆球,左手持长柄王杖;左脚踏船头,身体左侧有一面盾牌;盾牌上方有一颗星;背面周边铭文读作 VOT XXX-MVLT XXXX,底部铭文为 CONOB。② 中国发现的拜占庭金币当中也有 1 枚这种类型的索里得,即中国钱币博物馆馆藏的一枚塞奥多西二世金币,其背面形制以及此枚仿制金币的 A 面图案非常接近,而且起初疑云重重的铭文 VOT???—HVL? X? XX,此时也可确定为 VOT XXX-MVLT XXXX。综上所述,此枚金币 A 面所仿原型是塞奥多西二世在 430—439 年期间发行的索里得。

再看 B 面,B 面的图案凸起,比 A 面清楚,从附录—图 58 可以看出:图案为背生双翼的胜利拟人像侧身向右行进,手持一柄顶部为⚹符号的长杖,长杖前方有一颗星;这明显是阿纳斯塔修斯一世在 507—517 年期间铸造的索里得背面形制,在 517 年以后他的索里得背面形制中胜利女神手持之物从顶部为⚹符号的长杖变为顶部为⚹符号的长杖,并且在查士丁一世统治之际继续沿用(详情参见前章"阿纳斯塔修斯一世金币"节)。因此,此枚仿制金币 B 面所仿造之原型应为 507—517 年的阿纳斯塔修斯一世的索里得背面图案。

而罗丰在分析此枚金币的仿制原型时,对 B 面的图案解释为:"中央似为一站立人像,头部呈不规则三角状,面目不清。身左侧有长羽,羽上有芒星,左手举一长十字架,脚下一横杠。周围有拉丁字母,大体能分辨的右侧'VI'不多的二三个字母,左侧字母为'VGGG'。"对于这种形制,罗认为"狄奥多西二世(即塞奥多西二世)金币的背面除上

---

① Grierson and Mays, *Catalogure of Later Roman Coins*, pp. 138, 145.
② Ibid., pp. 138, 144.

述宣誓典礼铭文外,也有用胜利女神来表示胜利的铭文,两侧铭文连起来是帝国胜利的含义",并且罗综合 A 面仿自"狄奥多西斯宣誓典礼金币的背面"这一情况,认为"金币 A 面所模仿的样本当在公元 448 年左右制成。……B 面金币仿制样本大约与 A 面同时或稍晚点的马西恩(马西安)、利奥一世,5 世纪下半叶金币被仿造的可能性很大"。① 罗从 A 面铭文得出的结论比较正确,而对于金币 B 面所仿金币原型的追寻则有些差错,他忽略掉一些细节:第一,官方铸造的塞奥多西二世金币索里得中从未出现过胜利拟人像与铭文 VICTORI-AAVCCC 一起出现的现象;第二,胜利拟人像手持着的不是长柄十字架,而是顶部有基督象征符号⯑的长杖,这种样式的索里得只出现在 507 年以后发行的阿纳斯塔修斯一世索里得上。

总之,通过上述分析论证,这枚金币的 A 面仿自 430—439 年发行的塞奥多西二世金币索里得背面;B 面仿自 507—517 年发行的阿纳斯塔修斯一世金币索里得的背面。然而,从出土该金币的墓葬主人墓志铭中可知,该墓主卒于北周大象元年(579 年),早年随家族迁居长安,后来在西魏大统初年(535—551 年)曾任"萨保判事曹主",并可推算出他生于 493 年。② 从史君的经历来看,虽然无法确定此枚金币的具体制作年代,但可以大致断定在其迁居长安之前,他们就已经得到了仿制金币所需的至少两枚拜占庭金币,特别是 507—517 年期间发行的阿纳斯塔修斯一世的金币索里得,能够在史家迁居长安之前(535 年之前)传至粟特地区,可见东西方商业交往的频繁与兴盛。

此外,还可以让我们浮想联翩的是,史氏家族在迁往长安时,制作上述金币的两枚金币原型必然在他们手中,而其墓中仅存一枚这样的仿制金币,那么其两枚原型流落到哪里了呢?很巧,中国钱币博物馆征集到的拜占庭金币当中正好有两枚金币索里得完全符合上述两种金币形制,此两枚金币均为中国钱币博物馆在建馆之前从社会上征集,因此它们为中国出土的可能性很大,我们是否可以设想这两枚拜占庭金币就是制作此枚金币的参考原型呢?而它们在史君家族于长安或凉州生

---

① 罗丰:《北周史君墓出土的拜占庭金币仿制品析》,载《文物》,2005 年第 1 期,第 58 页。

② 西安市文物保护考古所:《西安北周凉州萨保史君墓发掘简报》,载《文物》,2005 年第 3 期。

活之际，作为礼物赠送给朋友，导致了金币原型与仿制金币的分离；而千余年后，通过墓葬保留下来的三枚金币又一起面世，完成了跨越千年的重逢！

7. 3 枚形制为"左侧或右侧胸像"

在中国境内发现的金片中，还有一些明显不属于拜占庭金币索里得的仿制金片，但图片不清晰，金片上的图案大多比较怪异，难以判断究竟仿自哪里，在报告中一般与拜占庭式仿制金片混在一起，故而在此集中说明。

（1）1931年，一位西方传教士在洛阳发现一枚双面金片，据说是从当地农民手中购入。币面较为完整，很薄，直径与重量不详。从黑白图片看，该金片一面为左侧胸像，一面为右侧胸像，难以确定。

（2）TBM255：22：吐鲁番巴达木墓群第255号墓出土，墓葬情况不详，直径与重量不详。报告中刊发的黑白照片①极为模糊，隐约能看出为胸像。

（3）TBM106：1：吐鲁番巴达木墓群第106号墓出土，墓葬情况不详，金币有一圈外缘，约1毫米左右，直径为17.8毫米，重0.45克。储怀贞的描述为"谢顶侧面人像，颈部后压印卍字符，该字在梵文中有吉祥万德的含义"②。从图片看，这是人物右侧胸像，谢顶的头部呈云朵形，下巴有络腮胡；脑后有一竖着似飞鸟的线条，金片右侧，即脸前——有一长竖线串联8条平行短横线组成的图案。无法确定其源头，似乎仿自中亚某地的某种图案。

此外，1985年出于宁夏固原南郊史氏墓地中唐咸亨元年（670年），入葬的史铁棒墓也出土一枚金片，该金片仅有单面，顶部有一穿孔，直径25毫米，重7克。形制模仿的萨珊波斯银币的正面，即国王右侧胸像，头戴王冠，身着华服，颈部有豪华项链，一周有铭文，但明显不是银币所采用的巴列维字母。③

---

① 储怀贞、李肖、黄宪：《吐鲁番巴达木墓地出土的古钱币》，载《新疆钱币》，2008年第3期，第49页。

② 储怀贞、李肖、黄宪：《吐鲁番巴达木墓地出土的古钱币》，载《新疆钱币》，2008年第3期，第49页。

③ 罗丰：《中国境内发现的东罗马金币》，见荣新江主编：《中外关系史：新史料与新问题》，北京：文物出版社2004年版，第169—171页。

8. 其他未能明确墓葬号或未见图片的金片出土情况

除上述通过各种途径刊发的图片所示金片外,还有一些在出土报告中曾经提到过且有编号的金片,但在后来的整理文章中未见图片,有的仅有简短的文字说明,有的甚至文字说明都没有,只能暂且列出,以后若有新资料新看法,再做更新。

表6 有待继续查证的金片

	墓葬号	墓葬说明	出处
1	66TAM48:9	出伏羲—女娲图,出萨珊银币	鲁礼鹏(2000年);罗丰(2005年)
2	69TAM118	—	罗丰(2005年)
3	72TAM150.19	17毫米,1.9克;晚于645年	鲁礼鹏(2000年)
4	72TAM153:8	18毫米,0.28克;640年前	新疆-10(2000年);鲁礼鹏(2000年)
5	72TAM188:40	21毫米,0.38克	鲁礼鹏(2000年)
6	73TAM530	—	鲁礼鹏(2000年)
7	69TKM36	—	鲁礼鹏(2000年);罗丰(2005年)
8	75TKM87	破损,671	鲁礼鹏(2000年);罗丰(2005年)
9	75TKM105:6	17毫米,0.58克	鲁礼鹏(2000年);罗丰(2005年)
10	76TCM3:19	17毫米,?克	新疆—采坎(1990年)
11	76TCM1:19	?毫米,?克	新疆—采坎(1990年)
12	2005TYGXM20	仅余1/3	吐鲁番—交河(2006年)
13	2005TMNM312	—	吐鲁番—木纳尔(2006年)

9. 中国钱币博物馆征集的5枚拜占庭式仿制金片

中国钱币博物馆历年来通过征集和收购,获得5枚仿制金片,无法确定是否为中国境内出土。这5枚金片或为单面,或为双面,略不相同,其详情如下[①]:

---

① 金德平、于放:《考说在中国发现的罗马金币——兼谈中国钱币博物馆22枚馆藏罗马金币》,见《新疆钱币:中国钱币学会丝绸之路货币研讨会专刊》,2004年第3期,第53页。

(1) A：单面，直径 18 毫米，重 0.67 克。据报告者称，此币"正面人物图像制作清楚，右手持矛，币面上文字不多，且字形不准确，此币可能仿制的是怎诺（芝诺，或称差诺）的币"。

(2) B：双面，报告称：打制在金质薄片上，直径 16 毫米，重 0.58 克。该币正反面图案上下翻转 180°；正面右上角有两道明显折痕，造成币面不平；正面打印较浅，中间是一帝王半身像，图案不清，周围珠圈和文字不见，而正面所现的阴文痕迹显然是背面图案造成的。背面主图是手持长十字架的胜利拟人像，隐约可见 vic... 字样，应是胜利之意，左边一星。图以线条构成，线中又往往以凸现的点连接而成，似是仿者制模时有意为之。

(3) C：单面，直径 17.5 毫米，重 0.33 克。报告者称：此币仿制程度较精，单面打制出的是金币背面图案。主图是胜利拟人像，背有翅，手持杖，有明显点凿作图的情况。币边有轮廓线，线内有文字，但文字不清晰，且文字仿得似是而非。阳文图案左上角处有折痕。

(4) D：单面，直径 21 毫米，重 0.71 克。报告者称：此币曾受折损，在折印上有三处明显残裂。此币制作粗疏，正面周围为珠圈，左面 1/4 珠点未打上，珠圈中间是大小两人的胸像，之间有一些文字，文字不清，有的未打上。

(5) E：单面，直径 17.9 毫米，重 0.7 克。报告者称：图案比较接近希拉克略共治时期钱币的风格，图案为两人半身像，一年老，一年轻，中间是一十字。

第三节　蒙古突厥壁画墓出土金币与金片辨析[①]

2001 年，在蒙古国布尔干省巴彦诺尔（Baiannuur）发掘的突厥壁画墓出土 41 枚金银币[②]，这些金银币的发现对于考察中国乃至东亚周边地

[①] 下面内容部分见郭云艳：《论蒙古国巴彦诺尔突厥壁画墓所出金银币的形制特征》，载《草原文物》，2016 年第 1 期，第 115—123 页。关于这座墓葬墓主突厥贵族的身份，参见林英、萨仁毕力格：《族属与等级：蒙古国巴彦诺尔突厥壁画墓初探》，载《草原文物》，2016 年第 1 期，第 124—129 页。

[②] 阿·敖其尔、勒·额尔敦宝力道：《蒙古国布尔干省巴彦诺尔突厥壁画墓的发掘》，萨仁毕力格译，载《草原文物》，2014 年第 1 期。文中所参考的金银币图片及其直径、厚度和重量的信息均以敖其尔（Ochir）的蒙文原文为依据。后文不再赘述。具体参见 Ochir, Ayudai & Erdenebold, Lkhagvasü, *Ertnii nüüdelchdiin bunkhant bulshny maltlaga sudalgaa* (*Excavation report on an ancient nomadic underground tomb*). Ulaanbaatar: Mongol ülsyn Shinjlekh ukhaany Akademiin Tüükhiin khüreelen, 2013.

区出土的西方货币及其仿制品的相关问题极其重要,丰富了东亚地区发现的西方货币仿制品的类型,是对东西方经济文化交流的重要补充。本书基于发掘报告以及相关研究文章和图片资料,结合中国发现的拜占庭金币及仿制品的发现情况对这些金银币的具体形制加以详细梳理,介绍截至目前亚洲东部所见拜占庭金币仿制品的类型与特征,以增进对东西方经济文化交流的了解。

上一章简单列举蒙古布尔干省巴彦诺尔突厥壁画墓出土的 40 枚金币与金片的情况,下面结合发掘报告的说明和图片对其进行细致的解读与分类。

报告称这些为"东罗马帝国和波斯萨珊王朝的钱币",这一说法并不准确。这 40 枚当中有些完全不具备货币的形状,呈三角形或不规则形状;虽然大多数为圆形,但其中仅有 4 枚较重,双面均有图案,其余 36 枚均为单面打压的小薄片,图案有些仿自拜占庭的钱币,有些仿自萨珊波斯银币以及其他货币类型。根据币面的形制特征,为方便认识,暂将其归为四类:一、按照萨珊波斯银币背面仿制而成的金片;二、按照类似拜占庭金币塞米塞斯或其他右侧头像仿制的金币;三、拜占庭金币索里得,可确定为仿自索里得的仿制金币以及按照拜占庭金币索里得仿制的金片;四、图案难以辨识的金片和残破无法确定属性的金残片或金块。

一、突厥贵族墓出土金片的分类与辨析

(一) 萨珊波斯银币仿制金片

这种类型的金币仿制品共有 7 枚,单面打压,外围两周或三周凸起的线纹(萨珊波斯钱币通常是三周联珠纹[①],这些仿制品大都没有真正地以联珠形式表现出来);币面上的图案中间为圣火祭坛,两侧祭司持杖而立。左右两边还有巴拉维语的铭文,分别表示铸造年份以及铸造地点。与萨珊波斯银币通用的背面形制相比,这些仿制品仅保留中间主体图案,线纹最外侧即为金片边缘,没有上下左右四个方向的新月抱星纹。

由于这些金片都是单面打压,无法通过形制区分正反,内蒙古科技大学的宝力道教授提供的照片标示有 A 面与 B 面,但其分法随机而定,

---

[①] 关于萨珊波斯王朝银币的形制特征,参见夏鼐:《综述中国出土的波斯萨珊朝银币》,载《考古学报》,1975 年第 1 期,第 91—110 页;孙莉:《萨珊银币在中国的分布及其功能》,载《考古学报》,2004 年第 1 期,第 35—54 页。

为了描述方便，若以萨珊波斯银币的标准背面形制——铸造年份铭文在左、铸造地点铭文在右——为正面，那么根据现有图片，可分辨出有的金片正面各线条凸起，是为阳文，有的正面线条凹下，是为阴文。7 枚金片的情况如下：

1. 2017.245（编号 XXM2012.5.135，附录二图 245），直径 20 毫米，重 0.20 克。金片单面打压，正面阳文，外围三周类联珠式线纹，图案比较清晰，压刻痕迹较重；能看出中间的圣火祭坛与熊熊火焰，两位祭司持杖分别立于祭坛左右，画面左侧祭司脸部呈倒三角形，两眼处突出明显；画面右侧祭司脸部以紧密挨着的联珠纹长方框表示。左侧的纪年铭文和右侧的制作地点铭文比较清楚。左侧铭文上方外缘处有一小块压痕。

2. 2017.256（编号 XXM2012.5.147，附录二图 256），直径 20 毫米，重 0.40 克。金片单面打压，两面均附着浅浅的黑色黏胶物质，画面看上去十分斑驳，影响对于金片形制细节的观察。外圈隐约有两周线纹，中间部分可见左右各一位祭司，中间的祭坛难以分辨，左右两边的铭文似乎存在，但难以辨清。金片的上、下、左、右四个角度对称处各有一个极小的穿孔。

3. 2017.260（编号 XXM2012.5.120），直径 20 毫米，重 0.14 克。金片单面打压，正面阳文，图案比较清晰，外围两周线纹，中间的圣火祭坛与两位祭司压痕较重，祭坛上方圣火较为清晰，但圣火与画面右侧祭司头部之间的一小块整体突出，磨损明显；祭坛的底柱部分有些杂乱，轮廓不显。左右两位祭司的表现形式以及左右两边的铭文均与第 245 号相同。

4. 2017.262（编号 XXM2012.5.152），直径 17 毫米，重 0.27 克。金片单面打压，无边缘线纹，压制痕迹较浅，左右两侧的铭文隐约可见，但无法辨识，似乎为正面阳文。隐约可见中间的圣火祭坛、两侧祭司及其所持之杖，顶部火焰部分与祭司的头部比较模糊。金片上部有轻微压折痕印。中间的祭坛难以分辨。金片的上、下、左、右四角也各有一个极小的穿孔。左右铭文本不甚清楚，左侧铭文处的小孔正好破坏了铭文，只能判断出它们与第 245 号金片的铭文不同。

5. 2017.264（编号 XXM2012.5.121），直径 21 毫米，重 0.17 克。金币单面大眼，正面阳文。外缘有两周线纹，中间为圣火祭坛与两祭司，祭坛上方的圣火与祭台上半部轮廓较为清晰，左右两位祭司的表现方式以及左右铭文的书写样式均与145号相同。

6. 2017.265（编号 XXM2012.5.128），直径21毫米，重0.22克。金片单面打压，图案比较清晰，正面阳文。外圈可见两到三周线纹（上方两周，下方三周），中间的圣火祭坛与祭司轮廓不是太清楚，祭坛顶部的熊熊火焰相对易于辨识，两侧的祭司同样左手压叠右手，表示身体与权杖的垂直竖线不甚清楚。左右两位祭司脸部的表现形式以及左右两侧铭文的书写方式与第245号相同。

7. 2017.279（编号 XXM2012.5.119），直径19毫米，重0.11克。金片单面打压，图案比较清晰，正面阳文。外圈可见两到三周线纹（左侧三周，右侧两周），中间的圣火祭坛与两侧祭司的形象与其他几枚金片类似，只是这枚金片上方有一弧形折压痕迹，压痕几乎平行横向截断圣火，将圣火分为上下两部分。两位祭司的脸部以及左右两侧铭文与第245号相同。

上述7枚金制金片的图案均仿自萨珊波斯帝国的银币背面形制，且细节比较接近，除第256号与第262号外，其他5枚几乎完全一样。画面中的圣火祭坛与两位祭司所占空间平均，整体比较修长；祭坛的柱子中间细，上下两端越来越粗，中间似乎有某种装饰物，类似于夏鼐先生称为"细腰鼓形"① 的祭坛柱形。画面左侧的铭文为，也可能是，这是巴拉维语数字，表示"30"（即 si 或 sih），意为某国王（银币正面为国王像，也有铭文表明国王尊号）在位的第30年②；右侧铭文为，亦可能是，它们分别表示铸币厂的缩写 ML 或 PL，前者 ML 指代 Merv③，表示麦尔夫（Merv）的铸币厂，后者 PL 尚不清楚为哪处铸币厂，辛德尔认为它可能指波斯帝国中部的拂拉特·麦散（Forāt mēšān）。④ 中文古籍称麦尔夫为木鹿或马鲁，今土库曼斯坦的巴伊拉姆

---

① 夏鼐：《新疆吐鲁番最近出土的波斯萨珊朝银币》，载《考古学报》，1974年第4期，第211页。

② Valentine, W. H., *Sassanian Coins*, Delhi: Rahul Publishing House, 1993, p. 31.

③ Thomas, E., 'Notes Introductory to Sassanian Mint Monograms and Gems. With a Supplementary Notices on the Arabico-Pehlvi series of Persian Coins', *Journal of the Royal Asiatic Society of Great Britain and Ireland*, Vol. 13 (1852), p. 401.

④ Schindel, N. "Sasanian Coinage." In: D. Potts, *The Oxford Handbook of Ancient Iran*. Oxford: Oxford University Press, 2013, p. 847.

阿里城附近，位于波斯帝国辖下的呼罗珊地区东北，是伊朗与中国间的交通要道。

根据金片上铭文提供的信息，可知其所仿原型为萨珊波斯帝国某位国王在其统治的第 30 年发行的银币背面，而在 5—7 世纪的两百多年中，只有两位国王的统治时间超过 30 年，即库思老一世（Chosroes I，531—579 年在位）和库思老二世（Chosroes II，590—628 年在位）。由于金片仿制的是银币背面，无法了解其原型正面究竟是哪位国王，只能通过祭司正面站立，持杖于身前，且祭坛的"细腰鼓形"柱子判断，其原型为萨珊波斯帝国中后期发行。① 比较两位国王发行的银币背面形制②，可以确定这些金片的仿制原型是库思老二世在即位后的第 30 年（即 619 年）发行的银币。事实上，库思老二世时期发行的银币在东方广为流传，也为这些金片的仿制提供了条件。

（二）疑似拜占庭塞米塞斯仿制金片

在这 40 枚金币与金片当中，还有 3 枚的图案为侧身胸像，且蓄有短须，眼大鼻高，头顶似发髻，亦似帽子，难以确定，脑后两条发带尾梢向上飞起；一周还有一串无法识别的符号。3 枚金片情况如下：

1. 2017.248（编号 XXM2012.5.124，附录二图 248），直径 18 毫米，重 0.11 克。金片单面打压，图案比较清楚，两面图案完全一样。外圈有一明显的圆框，金片从中心往下，共有 7 个穿孔。

2. 2017.266（编号 XXM2012.5.127），直径 18 毫米，重 0.12 克。同样是金片单面打压，与第 248 号的形制毫无差别。这枚金片比较完整，没有穿孔，A 面左上角边缘处有些断裂。

3. 2017.269（编号 XXM2012.5.123，附录二图 269），直径 18 毫米，重 0.17 克。中间从上到下有 3 个穿孔，A 面右下角边缘处有一处微有断裂。

这 3 枚金片均是单面打压，形制一模一样，人物的眉毛长度与弧度，

---

① 夏鼐：《新疆吐鲁番最近出土的波斯萨珊朝银币》，载《考古学报》，1974 年第 4 期，第 57—66 页。
② Curtis, V. S. (Askari, M. E. & Pendleton, E. J., *Sasanian Coins*: *A Sylloge of the Sasanian Coins in the National Museum of Iran (Muzeh Melli Iran)*, Tehran, Vol. II. London: the National Museum of Iran and the British Museum, 2010, Plates.

短须，周遭难以辨识的铭文形状，特别是脑后发带的弯曲角度和上扬位置，毫无二致，因此可推测这 3 枚金片应是根据同一枚货币制作而成。

在古代的货币历史上，采用左侧或右侧胸像的频率非常高，罗马帝国时期的货币几乎都采用侧身头像或胸像，进入拜占庭时期，君士坦丁一世改革后的金银铜三种单位均采用侧身胸像，即使从 5 世纪初开始在金币索里得上广泛采用 3/4 正面微向右侧胸像的形制，但金币辅币塞米塞斯、崔米塞斯以及银币仍然采用侧像。同时，萨珊波斯帝国发行的货币始终采用国王的侧身像。仅从侧像来看，这种金片的原型几乎不可考。

而且仔细分析这 3 枚金片上的图案，会发现它们既不像罗马—拜占庭式的侧像，与萨珊波斯银币上的侧像也相去甚远。银币上的波斯像细节十分重要，因为每位国王开始发行自己的货币时，都会更换模具，将自己的形象展示于货币上，区别的重要依据就是国王的头盔与发饰，当然铭文也起到一定作用。而这 3 枚金片的形制与萨珊波斯国王的王像相差较大。反而是相对简单的发饰、偏短的头发以及脑后飞起的发带以及身上有曲线表示的长袍比较接近罗马—拜占庭帝国的侧身胸像样式，只是经过调整，头像下巴的微抬角度以及络腮胡带有强烈的异域色彩。因此，大胆地猜测这 3 枚金片仿制的原型是在中亚某地改良后的拜占庭塞米塞斯，这里用"拜占庭塞米塞斯"指代罗马—拜占庭帝国式的侧身头像或胸像；当这种货币形制传入中亚或邻近地区时，当地人或当地某政府借鉴这种样式，按照自身的文化或政治需求，加以修改后发行了自己的货币，并在某个时期被用作这些金片的仿制模板。

（三）拜占庭金币索里得及仿自索里得的金币与金片

在这 40 枚金币与金片中，具有拜占庭货币特征的金币和金币数量较多，按照形制分为金片和金币两类，具有完整的双面形制，重量较重的拜占庭金币或仿制金币共有 4 枚，其编号分别为 272、259、276、278，因比较复杂，下一节专文阐释。

除了 4 枚金币外，还有 17 枚金片，仿自不同时期的拜占庭金币或类似于拜占庭金币的其他仿制货币，打压痕迹有浅有深、仿制形制有正有背，不一而足。下面根据其仿制原型的可能时代先后为序加以分说。

1. 3枚仿照3/4正面微向右侧胸像的金片

2017.241（编号XXM2012.5.131），直径17毫米，重0.09克。金片单面打压，币面上不少区域平滑没有图案，仅中部及左侧与下方有图案，大体能够看出为3/4正面微向右侧胸像，与5世纪中后期的拜占庭金币索里得的正面形制类似，皇帝头戴冠盔，身体左侧似有盾牌，无法分辨脑后是否有冠带。

2017.242（编号XXM2012.5.120.132），直径19毫米，重0.12克。金片单面打压，中间偏下方有一穿孔；币面上有许多与本身形制无关的压痕，使得辨识更为困难。皇帝头像下巴下方有一孔，似磨损折叠所致。图案非常模糊，隐约可辨为一皇帝3/4正面胸像，与5世纪中后期的拜占庭金币索里得的正面形制类似，可大致辨别皇帝头戴冠盔，身着铠甲，身体左侧有盾牌，脑后似有一矛。

2017.257（附录二图257），直径18毫米，重1.01克。该金片被黑色黏胶物质附着，旁边还粘连着一小块儿半月形金片，故而另一个直径为26毫米，重量也较其他金片重。金片似是单面打制，阳面左上角有些破损；形制为皇帝3/4正面微向右侧胸像，能清晰地看到五官，头戴冠盔以及右手持矛。俄罗斯学者尤里·冈察洛夫（Iurii Goncharov）判定其为提比略二世金币索里得的仿制品①，笔者对此表示不赞同，目前图片呈现出的信息不足以支撑该论断。

2. 5枚仿照正面胸像的金片

2017.244（编号XXM2012.5.136，附录二图244），直径21毫米，重0.68克。金片单面打压，正下方有一穿孔。图案极为模糊，大致可以判断出是一人物正面胸像，右下角小孔旁似乎为一面盾牌。

2017.253（编号XXM2012.5.154，附录二图253），直径16毫米，重0.18克。金片单面打制，图案非常模糊，仅能隐约看出似乎有头像轮廓。边缘很薄，有些地方曾被折叠，打开后折痕明显。四周上下左右各有一个小孔。

2017.270（附录二图270），直径21毫米，重2.42克。金片单面打

---

① Yatsenko, S. A., "Image of the Early Turks in Chinese Murals and Figurines from the Recently-Discovered Tombs in Mongolia", *The Silk Road*, Vol. 12（2014），pp. 17, 24.

压，两面图像相近，一面为阳文，一面阴文。顶部镶有一个较粗的金环儿。从阳文一面看，圆形框里正中为一正面人像，框外有宽约 2 毫米的外缘。人像的五官清楚，头部轮廓似乎表示头戴冠盔，但总体比较扭曲，脸颊突兀地向里收缩。从图片看，金片较厚，再加上金环儿的重量，故而达到 2.42 克。

2017.271，直径 17 毫米，重 0.19 克。金片单面打压，两面图像一阴一阳。阳文为 3/4 正面微向右侧人像，仅见头部部分，脖子下方的弧线似乎表示其胸部。整体上人像线条十分粗糙、扭曲。

2017.277（编号 XXM2012.5.164），直径 19 毫米，重 0.32 克。金片单面打压，两面图案一阴一阳。图案为 3/4 正面微向右侧胸像，身着铠甲，右手握长矛，长矛扛于肩上，图案上半部分比较平滑，几乎没有压印，无法分别细节。头部后方似乎有一些符号。

3. 8 枚仿照希拉克略一世式一大一小两并立胸像的金片

2017.243，直径 18 毫米，重 0.24 克。金片单面打压，表面几近平整，隐约可见正中似乎有一脸型，其旁边还有一些痕迹。图案十分模糊，只能大致判断为一大一小两并立胸像。

2017.249（编号 XXM2012.5.123，附录二图 249），直径 20 毫米，重 0.25 克。金片单面打压，虽然经过清洗，仍能看出原先被一些黑色黏胶物质黏着。金片的图案为一大一小两并立人像，模仿的是希拉克略一世早期与长子希拉克略·君士坦丁并立胸像的形制。但从两人所穿服饰（搭扣在左为正面）来看，左边的希拉克略·君士坦丁很小，右边的希拉克略一世较大。两人都身着长袍，头戴王冠，冠顶饰有十字架，两人头部之间还有一枚十字架。上、下、左、右四个方向各穿一小孔。

2017.252，直径 20 毫米，重 0.53 克。金片单面打压，一面为左小右大两并立胸像，形制与第 249 号类似，更为清晰。另一面为附着的另一个金片。

2017.258，直径 18 毫米，重 0.43 克。金币单面打压，两面均附有黑色黏稠物质，将金片严密包裹，仅通过深浅痕迹能判断出这似乎是两个正面胸像，大的胸像较为清楚，旁边小的胸像十分模糊，因无法辨别其身上的长袍搭扣，故而无法判定究竟一大一小两胸像如何排列。

2017.261，直径 19 毫米，重 0.30 克。同样是单面打制的金片，币面图案十分模糊，仅隐约显现出两个并立胸像，有一个头像稍大，另一个难以辨识，与第 258 号比较接近。金片的左上、左下、右上、右下四个方向各穿一小孔。

2017.263（编号 XXM2012.5.141），直径 21 毫米，重 2.75 克。这枚金制品从重量上看，将之归为金片有些不合适。由于未见实物，仅从图片看，该币分为两面，一面为左小右大两并立胸像，图案十分清楚。两人均身着长袍，搭扣在右肩（画面看人像的左侧），头戴冠帽，两侧卷发飞翘，冠顶都有十字架，两人头部之间也有一十字架。右侧人像蓄络腮胡。周围一遭符号类似铭文，无法识别。另一面被黏胶物质附着另一个金片。故外缘较大，似乎略厚一些，另一面与另一枚金片相连，故而无法判断它是单面打压或双面打压。此处暂归金片一类。

2017.273（编号 XXM2012.5.148，附录二图 273），直径 20 毫米，重 0.45 克。金片单面打压，图案为左小右大两并立胸像，右侧较大人像蓄有络腮胡，头戴冠帽，冠顶饰有十字架，两人头部之间有十字架。周遭有一些符号，可能表示铭文，从形制上看，与第 263 号几乎一样。

2017.275，直径 20 毫米，重 0.17 克。金片单面打压，图案也是一大一小两并立人像。根据搭扣的位置，可判断出依然是左侧人像较小，较大人像在右，蓄络腮胡。头部的冠帽不清楚，仅在较大人像头上方隐约有一十字架。虽然线条较细较浅，仍可判断出与第 263 号几乎一样。

4. 1 枚仿照十字架台阶的背面形制的金片

2017.267（编号 XXM2012.5.144），直径 19 毫米，重 1.95 克。金片难以确定是单面抑或双面。其中一面一周铭文比较清晰，但字符难以辨识。中央似乎为台阶，上方应为十字架，只是十字架十分模糊难辨。另一面中心区域为黑色黏胶物质遮挡，仅看到边缘处的线条和几个难以识别的字符，无法判断是何种形制。

（四）9 枚无法识别或无法归类的金片与金块

2017.240，直径 17 毫米，重 0.09 克。金片无法辨识任何图案，有一些不规则压痕，似是曾经有图案，但被压平。

2017.254，直径 17 毫米，重 0.18 克。金片破损，其本身压痕不明显，且曾附着有一些其他物质，完全无法辨识。

2017.255，直径 17 毫米，重 0.21 克。金片似乎也曾经有过压印的图案，但十分浅且有磨损，已不可辨。金片的边缘处有两个裂口。

2017.268（编号 XXM2012.5.130），直径 19 毫米，重 0.42 克。单面打压，图案为一堆弯弯曲曲的符号，难以辨识。

2017.274（编号 XXM2012.5.151），直径 17 毫米，重 0.22 克。单面打制，有破损，穿有一孔，密密的凸起，难以辨识。

2017.246（编号 XXM2012.5.145），形状不规则，长 25 毫米，重 19 毫米。有一些几何图案。

2017.247（编号 XXM2012.5.150），呈三角形，最宽处有 20 毫米，最窄处 16 毫米，上面刻有密密麻麻的小点。不太清楚源于何种样式钱币。

2017.250，直径 16 毫米，重 0.12 克。金片残破严重，从痕迹看，曾被对折两次，有很重的十字折痕。因为曾折叠又展开，中部、边缘有数处破损。

2017.251，形状不规则，长 18 毫米，宽 13 毫米，重 0.14 克。金片上有深浅不一的各种不规则压痕。

以上为巴彦诺尔突厥贵族壁画墓出土的除 4 枚金币外的金片等的详情，由此可知，这些金制品除一些难以辨别的不规则金片外，主要是按照萨珊波斯银币、拜占庭金币或有类似形制的其他仿制货币制成的金片。从一些金片的孔洞来看，作为饰物的可能性最大。

二、突厥贵族壁画墓发现的 4 枚拜占庭金币或仿制金币

在这 40 枚金币与金片中，具有拜占庭货币特征的较多，按照形制分为金片和金币两类，具有完整的双面形制，重量较重的拜占庭金币或仿制金币共有 4 枚，其编号分别为 272、259、276、278，从图片看，四枚金币的形制特征存在明显不同。

272 号金币（附录二图 272）直径 21 毫米，重 4.6 克，正面顶部穿有一金制小环，环高 4 毫米。金币略有磨损，正面的外缘有一圈较为紧密的联珠纹，圈中为两并排胸像，两人均头戴王冠，冠顶镶十字架，身着褶皱式袍服，右肩处可见搭扣；左侧人物较大，脸型方正，蓄短络腮胡；右侧人物较小，似乎也留有短须；两人头像之间还有一枚较大十字架。铭文读作 ddNNhεRACLI-?? hεRACONSPPAVC，但整段铭文不像其他此类索里得那样围成一圈，前半段铭文似乎出现错位，位置逐渐偏向外

缘，而在这段铭文与左侧人像之间似乎隐约另有一圈铭文逐渐延伸与后半段铭文连接。①

背面为三级台阶与十字架，底部铭文为 CONOB，但 C 似乎更像 Σ，位置明显偏下，与 ONOB 不水平，且 O 的下方似乎还有一个类似于 I 或弯月形的图形；一周铭文读作 VIITORIA-AVIЧI。从小环的位置可发现该币的正背图案角度为 150°，而非通常的 180°。

根据多种国际权威拜占庭货币大全对比可知②，这种形制属于拜占庭皇帝希拉克略一世（Heraclius I，610—641 年在位）在 610—623 年间发行的第二类金币索里得，左侧为希拉克略，右侧为其长子希拉克洛纳斯（Heraclonas）。该枚金币与 DOC 图版 13i 高度相似。此种类型索里得的发行量很大③，其流通范围的扩大得益于希拉克略一世远征萨珊波斯帝国。拜占庭帝国战胜波斯一事使其在东方的影响力大为提升，直接促使这种类型的拜占庭金币在东方多地分布，同时其仿制比例也相应提高。中国境内出土的拜占庭金币中这种类型的有 4 枚，其中 1 枚可能是拜占庭官方制作，其余 3 枚为东方其他族群仿制。④

从形制和重量上看，272 号金币很可能是在拜占庭帝国官方严格管

---

① A. Ochir & L. Erdenebold, *Cultural Monuments of Ancient Nomads*, p. 230.

② Cecile Morrison, *Catalogue des monnaies byzantine de la Bibliotheque Nationale（491－1204）*, Paris：Biliotheque nationale, 1970. P. Grierson and M. Mays, *Catalogue of the late Roman Coins in Dumbarton Oaks Collection and in the Whittemore Collection*, Washingtonm D. C.：Dumbarton Oaks Research Library and Collection 1992. W. Wroth, *Catalogue of the Imperial Byzantine coins in the British Museum*, London：Order of the Trustees, the British Museum 1908. N. Goodacre, *Handbook of the Coinage of the Byzantine Empire*, London：Spink and Son Ltd. 1957. D. R. Sear, *Byzantine Coins and Their Values*, London：Seaby Audley House, 1974. W. Hahn, *Moneta Imperii Byzantini*, *Rekonstruktion des Prageaufbaues auf Synoptisch-tabellarischer Grundlage*, Wien：Verlag der Osterreichischen Akademie der Wissenschaften, 1973. M. Hendy, *Studies in the Byzantine Monetary Economy*, *C. 300 – 1453*, Cambridge, 1985. P. D. Whitting, *Byzantine Coins*, New York：G. P. Putnam's Sons 1973. D. L. Vagi, *Coinage and History of the Roman Empire*, *c. 82 B. C. -A. D. 480*, Chicago：Fitzroy Dearborn Publishers 1999. J. M. Fagerlie, *Later Roman and Byzantine Solidi Found in Sweden and Denmark*, New York：the American Numismatic Society 1967. W. Hummel, *Katalog der byzantinischen Muenzen*, St. Gallen：Das Museum 1982. Tony Hackens, *Le Monnayage byzantin*：*émission*, *usage*, *message*, Louvain-la-Neuve：Séminaire de numismatique Marcel Hoc, Collège Erasme 1984.

③ A. R. Bellinger, and P. Grierson, P., *Catalogue of the Byzantine Coins in the Dumbarton Oaks Collection and in the Whittemore Collection*, *Phocas to Heraclius*, 602－641, vol. 2. Part 1, Washington, D. C. 1968, second impression 1993, p. 221.

④ Guo Yunyan, "Classification of Byzantine Gold Coins and Imitations Found in China", *Journal of Ancient Civilizations*, forthcoming.

控的铸币厂生产的金币索里得。虽然其正面铭文前半段出现错位、背面底部铭文 C 更接近 Σ，但并不能据此判定它非拜占庭人制作。其重量为 4.6 克，超过索里得的正常重量 4.4—4.5 克。超重的原因是该金币被焊接了挂饰用金环。若除去这一因素，其重量符合 4.4—4.5 克的标准。

259 号金币（附录二图 259）直径 22 毫米，重 3.45 克。从实物表层观察，推测币面曾被一层黑色黏胶物质覆盖，可能用以保护金币免受磨损，经过清洗后仍可见胶状物质，难以完全洗清。背面顶部外缘处略有腐蚀或缺损。①

经与多种拜占庭货币大全比对，此枚金币形制与 272 号金币相似，也是希拉克略一世发行的第二类索里得，即两并排胸像，均头戴王冠，冠顶镶十字架，左侧希拉克略一世较大，右侧希拉克洛纳斯较小，类似于 DOC 版图 12.2，印模上的两人脸型偏瘦。正面图案在清洗后仍留下较明显污渍，故虽能看出一周有铭文，但难以辨识。背面为三级台阶与十字架，十字架右侧空白处有一字符 Γ，底部铭文读作 COИOB，两侧铭文读作 VICTORIA-AVIЧЄ。参照图片上金币边缘缺损位置，可发现该币正背面图案角度为 90°。

笔者倾向于认为这是一枚希拉克略一世金币的仿制币。理由是正背面图案的角度不符合拜占庭帝国官方发行金币的惯例，且图案与铭文的线条比较随意，与拜占庭货币的形制风格不符，带有萨珊波斯银币正背面图案典型角度的特征。更重要的是，此枚金币重量仅为 3.45 克，即便外缘略有腐蚀或缺损，在直径没有严重减小的情况，重量与 4.4—4.5 克的标准重量相差 1 克，反映出其重量不足的问题，从而可确定它非拜占庭帝国官方铸币厂生产。

276 号金币（附录二图 276）直径 20 毫米，重 3.9 克。此枚金币保存完好，正背面均有明显外缘。正面为皇帝正面胸像，蓄有山羊胡；头戴皇冠，冠顶镶十字架，头部两侧有垂饰；身着褶皱式袍服，右肩可见搭扣。右手握一颗十字架圆球，圆球很小，仅能看到十字架部分。铭文左侧的前半部分磨损，仅剩 CAS-PЄRPΛVCΓ。背面为三级台阶与十字架，十字架的十字部分偏上，几乎与一周铭文混淆；底部铭文读作 CO-

---

① A. Ochir & L. Erdenebold, *Cultural Monuments of Ancient Nomads*, p. 226.

HO，两侧铭文读作 B9V⊃ V?-NΛIPO > THC。①

经比对可知，这种正面形制属于拜占庭皇帝弗卡斯（Phocas，602—610 年在位）在 603—607 年间发行的第三类金币索里得。② 这种类型的索里得发行量较大，在中国境内出土的拜占庭金币中此种类型的有 4 枚，其中 1 枚可确定为仿制币。③

从成色上看，此枚金币所用黄金的纯度不高，故而尽管金币较为完整，但重量不足，只有 3.9 克。这枚金币的背面图案不属于弗卡斯发行的金币索里得。根据学者研究，"三级台阶与大十字架"样式最早出现于提比略（Tiberius II，574—582 年在位）时期，但弗卡斯时期仍沿用早期查士丁尼一世（Justinian I，527—565 年在位）开始使用的正面站立男性形象印模，直到希拉克略一世才再次改用三级台阶与十字架的图案。④ 所以，这枚金币显然是采用了弗卡斯金币的正面形制与三级台阶十字架式的背面形制，属于两种拜占庭金币的仿制币。

278 号金币（附录二图 278）直径 23 毫米，重 2.92 克。此枚金币同样保存较好，也有明显外缘。⑤ 正面为皇帝 3/4 正面微向右侧胸像，头戴帽子式冠盔，冠顶呈锯齿状，锯齿上方有一圈联珠纹，似表现头盔；脸的两侧均有垂饰垂下，垂饰样式很像早期的条状冠带的冠尾。皇帝身着铠甲，铠甲结构由联珠纹构成，左肩处隐约似盾牌，盾牌上图案可能为骑士骑马像，难以辨识。铭文很小，似为 ⊃ΠOΠc-OΠV。背面为三级台阶与十字架，十字架的下柄处有一圆形压痕，两侧的空白处各有一颗八芒星，铭文为 ⌐⏋⏋ ⌐ИOCΛHΓO，难以释读；下侧铭文隐约可辨为 COΠO?。

此枚金币的形制最为特殊。3/4 正面微向右侧胸像为 5 世纪中期到 6

---

① A. Ochir & L. Erdenebold, *Cultural Monuments of Ancient Nomads*, Ulaanbaatar 2017, p. 231.

② A. R. Bellinger, and P. Grierson, *Catalogue of the Byzantine Coins in the Dumbarton Oaks Collection and in the Whittemore Collection*, Phocas to Heraclius, 602 – 641, vol. 2. Part 1, Washington, D. C. 1968, second impression 1993 , pp. 151 – 155.

③ Guo Yunyan, "Classification of Byzantine Gold Coins and Imitations Found in China", *Journal of Ancient Civilizations*, forthcoming.

④ A. R. Bellinger, (1966), *Catalogue of the Byzantine Coins in the Dumbarton Oaks Collection and in the Whittemore Collection*, Anastasius to Maurice, 491 – 602, Vol. 1, Washington, D. C. 1966, p. 266; A. R. Bellinger and P. Grierson, *Catalogue of the Byzantine Coins in the Dumbarton Oaks Collection and in the Whittemore Collection*, Phocas to Heraclius, 602 – 641, vol. 2. Part 1, Washington, D. C. 1968, second impression 1993, p. 98.

⑤ A. Ochir & L. Erdenebold, *Cultural Monuments of Ancient Nomads*, Ulaanbaatar 2017, p. 232.

世纪初拜占庭金币索里得的常用形制，7 世纪中后期的皇帝君士坦丁四世（Constantine IV，668—685 年在位）统治时期曾发行过类似的正面图案为印模的金币索里得①，此后再未出现。但这里的 3/4 正面微向右侧胸像却不同于拜占庭索里得的样式，最顶部的弧形联珠纹表现 5 世纪时皇帝所戴头盔；头部两侧垂饰则类似于 6 世纪时普遍采用正面胸像时皇冠的垂饰，其锯齿形则完全不见于拜占庭金币，不知从何仿制而成。正面形制可以看作是将 5 世纪与 6 世纪索里得正面印模中的皇帝肖像结合起来而制成的图案。背面形制中出现在十字架下柄处的圆点难以解释。通常下方的三阶台阶上方短横为十字架的组成部分，此枚金币上十字架却与这一短横相距甚远，呈现出一枚十字架立于四级台阶之上。左右空白处同时出现两颗八芒星也比较罕见。

因此，根据上述关于金币印模的分析，可知此枚金币是在 6 世纪拜占庭金币索里得的正面胸像基础上，融入了"3/4 正面"像；背面采用 7 世纪的索里得形制，并作出一定改动。从其成色上看，该币明显呈现出青乌色，与纯金的金黄色相去甚远。且其直径 23 毫米，重量仅 2.92 克，重量和含金量明显不足。

经过对 4 枚金币的印模分析，可知除 272 号希拉克略一世金币外，其余 3 枚均为仿制币。② 史籍以及相关研究已充分论证了拜占庭帝国自 6 世纪中后期开始与西突厥汗国经由草原丝路有着频繁的政治联系③，斯塔克认为拜占庭金币索里得作为政治礼物赠送给突厥可汗，特别是在 7 世纪 20 年代希拉克略一世为了联合突厥攻击萨珊波斯，很可能再次赠送了他发行的一些金币。④ 这枚希拉克略一世金币很可能通过这一途径进

---

① A. R. Bellinger, and P. Grierson, *Catalogue of the Byzantine Coins in the Dumbarton Oaks Collection and in the Whittemore Collection*, *Phocas to Heraclius*, 602 – 641, vol. 2. Part 2, Washington, D. C. 1968, second impression 1993, p. 514.

② 萨仁·斯塔克对此 4 枚金币也做出同样的判断：参见 Sören Stark, "Aspects of Elite Representation Among the Sixth-and Seventh-Century Türk", in N. Di. Cosmo, M. Maas eds., *Empires and Exchanges in Eurasian Late Antiquity: Rome, China, Iran and the Steppe, ca. 250 – 750*, Cambridge: Cambridge University Press, 2018, 333 – 356.

③ R. C. Blockley, *the History of Menander the Guardsman*, Liverpool: Francis Cairns, 1985；研究文章见张绪山：《6—7 世纪拜占庭帝国与西突厥汗国的交往》，载《世界历史》，2002 年第 1 期，第 81—89 页。王政林、左永成：《论西突厥汗国与拜占庭帝国的结盟》，《河西学院学报》，2013 年第 6 期，第 83—88 页。

④ Sören Stark, "Aspects of Elite Representation Among the Sixth-and Seventh-Century Türk", p. 349.

入西突厥汗国,再辗转被东突厥的这位墓主得到。但在转手过程中,该金币显然被穿孔加环做成饰品,退出流通。

而另外三枚仿制金币则更加复杂,它们不是拜占庭帝国官方铸币厂制作的金币,那么它们由何人仿制?仿制地点在哪里?仿制目的是什么?这些问题的解答要从历史中寻找。

拜占庭金币的仿制行为是否与突厥贵族有关?这4枚金币和其他金片共同出土于蒙古国巴尔干省巴彦诺尔东北的突厥贵族墓葬。此处位于迈罕山南麓,东北距土拉河约6公里,南距辽代乌兰和日木古城3公里①,从古至今都是游牧活动的核心区域。6世纪中期该地区由新兴的东部突厥统治。显然,东部的突厥人不是这些仿制币的制作者。游牧族的生活虽然推动了各地区间物资的交换,但这并不意味着货币在商品交换中的普遍应用。突厥人擅长的冶铁技术②也不意味着他们熟练掌握了黄金的提炼与锻造技术。更何况制作这样的金币还需要对拜占庭帝国的文化以及拜占庭金币的形制特征有相当深入的了解才能完成。

那么仿制金币与西突厥汗国有关吗?斯塔克认同林英的观点,认为西突厥可汗通过与拜占庭帝国的政治联系得到拜占庭金币后,会将这些金币再次作为政治礼物赠送给东部的其他贵族和其他政权。然而斯塔克还认为西突厥可汗会要求按照拜占庭金币的样式仿制更多的金币以满足赠礼所需。③ 从统治者的角度来看,其治下的贵金属当然属于重要的战略资源,金币的制作与生产也必然需要得到西突厥统治者的首肯。

那么仿制拜占庭金币是否始于西突厥汗国治下呢?事实上,随着考古发现的拜占庭金币以及仿制金币的数量越来越多,林英在文章中提到的流入中国的金币集中在"北朝后期至隋这个狭窄的时间段"④ 这一结

---

① 阿·敖其尔、勒·额尔敦宝力道:《蒙古国布尔干省巴彦诺尔突厥壁画墓的发掘》,萨仁毕力格译,载《草原文物》,2014年第1期,第14页。

② 《周书·突厥传》载突厥人"居金山之阳,为茹茹铁工"。柔然蔑称突厥为"锻奴","而是我锻奴,何敢发是言也?"([唐]令狐德棻:《周书》卷五十《突厥传》,北京:中华书局1971年版,第907—908页);研究文章见包文胜:《读〈暾欲谷碑〉札记——türk sir与'锻奴'》,载《敦煌学集刊》,2012年第3期,第101—109页。

③ 林英:《西突厥与拜占廷金币的东来》,见林英:《唐代拂菻丛说》,北京:中华书局2006年版,第61—68页;Sören Stark, "Aspects of Elite Representation Among the Sixth-and Seventh-Century Türk", p.350.

④ 林英:《西突厥与拜占廷金币的东来》,见林英:《唐代拂菻丛说》,北京:中华书局2006年版,第59页

论已不再适用。更多资料表明突厥人兴起之前占据中亚的嚈哒汗国时期也有大量拜占庭金币流通于中亚,耐马克的研究就表明中亚地区发现的拜占庭金币主要集中于 5 世纪初至 7 世纪末①,而且目前可以确定中国发现的拜占庭金币的时间最早在 532 年,远远早于突厥人的兴起,故而突厥人不是与拜占庭帝国建立使节往来后才看到精美的拜占庭金币,自然也不会将金币作为重要的政治赠礼而加以仿制。

通常认为这种类型的拜占庭金币仿制品由生活在中亚地区的当地居民仿制②,其中粟特人被看作最有可能制作这种仿制金币的民族,他们以善商贾著称,在东西方史料中频繁出现。③ 因此,上述 3 枚仿制金币也可能是中亚地区的粟特人或其他族群制作。这些仿制者需要熟练掌握金银币的打制工艺和流程,同时还要非常熟悉拜占庭金币的印模式样,通晓拜占庭人的文化及语言。另外制作精致的模具也是制作这类高品质仿制金币的必要环节。

中亚地区早在希腊化时期就已经开始按照西方货币制作工艺发行金币、银币,因此其货币制作技术基础扎实。中亚地区使用贵金属货币的习惯也传承下来,尽管政权频繁更迭,但新任统治者都会发行各自的金银币。④ 根据巴克特里亚文书的记录,中亚地区早在 4 世纪初就明确采用**金币第纳尔**支付违约金。⑤ 根据考古发现的多种金币类型,此期金币可能属于萨珊波斯帝国发行的金币或中亚寄多罗国王发行的金币。⑥ 随着历史的发展,中亚地区通行的金币类型也发生变化,一方面粟特商人

---

① A. Naymark, *Sogdiana, Its Christians and Byzantium: A Study of Artistic and Cultural Connections in Late Antiquity and Early Middle Ages*, Ph. D. Dissertation, Indiana University, 2001, pp. 130 – 131.

② 夏鼐:《西安土门村唐墓出土的拜占廷式金币》,载《考古》,1961 年第 8 期,第 446—447 页。

③ 林英:《九姓胡与中原地区出土的拜占庭金币仿制币》,见林英:《唐代拂菻丛说》,北京:中华书局 2006 年版,第 75—97 页。

④ R. S. Poole, Percy Gardner, *The Coins of the Greek and Scythic Kings of Bactria and India in the British Museum*, London: Gilbert and Riveington, 1886, pp. xviii – xix.

⑤ 〔英〕尼古拉斯·辛姆斯-威廉姆斯:《阿富汗北部的巴克特里亚文献》(上册),李鸣飞、李艳玲译,兰州:兰州大学出版社 2014 年版,第 219 页。

⑥ Joe Cribb, "the Kidarites, the Numismatic Evidence. With an Analytical Appendix by A. Oddy", in: Michael Alram, eds., *Coins, Art and Chronology in the First Millenium C. E. in the Indo-Iranian Borderlands*, Wien: Verlag der Österreichischen Akademie der Wissenschaften, 2010, pp. 91 – 146.

常年往来于东西方进行贸易,能够获得一定数量的拜占庭帝国金币,另一方面,这里与萨珊波斯帝国毗邻且联系密切,经由萨珊波斯帝国也有一定数量的拜占庭金币进入此地。这些金币的数量有限,虽然使得当地人对其有所了解,但远远无法满足贸易流通的需求。当中亚新兴的嚈哒汗国从 5 世纪中期开始在军事和政治上攻击萨珊波斯帝国后,也经由后者获得了大量的拜占庭金币。此后我们发现,尽管嚈哒汗国也发行带有嚈哒君主头像的金币和银币,但出现在中亚的拜占庭金币数量急剧增加,其中还有相当数量的仿制币。因此可以说,正是在嚈哒人治下,拜占庭式的金币逐渐和萨珊波斯式银币一起成为中亚地区广为流通的通用货币,中亚地区也开始大规模仿制拜占庭金币,制作用于流通的金币。这种习惯做法在突厥人推翻嚈哒成为中亚地区的统治者后也延续下来。虽然西突厥汗国没有像嚈哒帝国那样对萨珊波斯帝国形成政治上的压制,但它经由北方草原丝路与拜占庭帝国的通使通商,也促成拜占庭式样的金币继续在中亚地区流行。因此在 6—7 世纪以后依然能够看到相当数量的拜占庭金币和仿制金币在该地区流行。

根据上述 3 枚仿制金币的形制,可知制作模具的工匠非常熟悉拜占庭金币的尺寸、印模、式样,也相当了解拜占庭帝国的文化及语言,从而能够做出足以仿真的精致模具。只是由于他们仿制的是"外邦"货币,虽然形象和字符大体不错,但构图细节诸如线条、十字架等仍然能够看出异样。如果我们仔细对比 259 号与 276 号的铭文,就会发现两者的线条粗细与角度比较相似,可能这两枚金币由同一群工匠制作。

三、突厥壁画墓出土金币所反映的问题

蒙古国巴彦诺尔发掘的这座突厥贵族壁画墓一次性出土 4 枚金币和金片,虽然其中绝大部分是仿制金币和金片,但对于研究中古时期突厥汗国经由丝绸之路与西方之间的经济文化交流仍具有重要意义,反映出丰富的历史信息。

首先,正如亚申科所言,这些金币及仿制品的出土不能为进一步限定该墓葬的入葬年代提供太多帮助。根据现有墓葬中出土的中国官员形象的陶俑以及马匹所佩鞍带的类型,大致可判断该墓入葬时间为 7 世纪

中期之后，也就是东突厥汗国正式被纳入唐帝国之后。① 然而，这些金银币仍然能够透露出一定的时间信息，从而对上述判断加以印证。

　　墓葬出土的拜占庭金币及仿制品中具有明确时间信息的是两枚希拉克略统治早期的金币索里得，因此可将时间限定在620年之后，当然这个过程中还要考虑这些索里得在流通、转赠过程中的所需时间。另外还需要注意的是8枚仿照希拉克略一世的这种索里得制作的仿制品。这些仿制品借鉴了希拉克略索里得的形制特征，但又进行了改动，将左大右小的格局调转为左小右大。另外，前文提到的骡子形索里得仿制品的制作时间同样要在7世纪之后。这些经过改动的双面金币显然不会仅仅作为佩戴的装饰物，但究竟承担何种用途，鉴于资料的限制，如今很难做出明确判断。不过，可以确定的是从了解索里得的形制特征到按照制作流程自行制作模子，并制作出相当精美的金币需要一段相当长的时间，因此这座墓葬的时间还可以再推后，遗憾的是无法进一步明确。

　　其次，此次出土的众多金银币的仿制品极大扩充模仿西方货币制作出来的金银仿制品的类型。中国境内出现的西方货币的仿制品大体分为三类：第一种是单面打制的金片，以拜占庭帝国的金币索里得的正面形制或背面形制为原型制作而成，此类仿制品主要出现在新疆吐鲁番阿斯塔纳墓地以及宁夏固原的史氏墓葬群，偶尔零散现于其他墓葬，与前文所述的单面仿制品形制类似；第二种是双面仿制，但制作相当粗糙，其代表是2003年陕西西安北周史君墓出土的金币仿制品②，该币虽然是双面，但仅厚0.5毫米，重1.75克，币面模糊，与金币索里得有较大差别；第三种初看起来与拜占庭金币索里得的真品毫无二致，但经仔细甄别即可发现这些是将不同时期的金币索里得的正背面形制置于同一金币之上，虽然形制类似，但并非拜占庭帝国官方造币厂生产，拜占庭古币学界称此类仿制品为"骡子"，在境外地区通常可以与拜占庭金币索里得混同。我国也曾发现数枚这种混合型"骡子"仿制金币。

　　除中国境内发现的这些仿制品外，在亚洲东部其他地区也发现了不

---

　　① Yatsenko, S. A., "Image of the Early Turks in Chinese Murals and Figurines from the Recently-Discovered Tombs in Mongolia", p. 18.
　　② 关于该币信息，详见罗丰：《北周史君墓出土的拜占庭金币仿制品析》，载《文物》，2005年第3期；郭云艳：《关于西安北周史君墓出土金币仿制品的一点补充》，载《文博》，2007年第6期。

同类型的仿制品。地处南亚的印度发现了大量拜占庭帝国的金币及以其为模板的仿制品,在这些仿制品中既包括仿真度极高或可以假乱真的双面精美金币,也有单面打制,一面凹陷、一面凸起的金片。比较特别的是印度发现的拜占庭金币仿制品中的一枚:双面,直径 2.2 厘米,重 7.03 克,一面为联珠纹中侧向右的皇帝胸像,另一面光滑平整。① 这种形制的出现很可能是因为制作时仅有一个模子,它不仅反映出以西方货币为代表的金融体系因东西方经济文化交流而向东传播,同时也反映出西方货币制作文化的东传。

蒙古国巴彦诺尔突厥壁画墓所发现的西方金银货币以及各种不同类型的仿制品也是如此。一方面,在此之前中国公开发表的各地发现的拜占庭货币当中,大多数为金币索里得及其仿制品,而此次发现的 3 枚侧身胸像反映出中亚地区对于西方货币的学习借鉴模式。另一方面,此墓葬中的 7 枚萨珊波斯银币的仿制金片是首次出现,相对而言,银币的价值要比金币低,各种文献资料以及考古发现都证明了萨珊波斯帝国与亚洲东部间的政治经济文化交流相当频繁,而且中国境内发现的萨珊波斯银币数量数以千计,分布极广;在这种背景下,此墓葬的主人竟然要制作仿制品,其原因颇耐人寻味,它可能反映出很重要的历史变迁或当地习俗,有待学者们进一步研究。

总的说来,蒙古国巴彦诺尔突厥壁画墓的发掘意义重大,仅从墓中出土的这些金银币或仿制品而言,它们是 5—7 世纪西方与亚洲东部之间繁盛的经济文化交流的重要证据,将相关领域的学术研究向前推了一大步,意义非凡。

---

① 关于印度发现的拜占庭金币及仿制品的具体信息,参见 Darley, *Indo-Byzantine Exchange, 4th – 8th centuries: a Global history*, Appendix, p. 264; and also in A1. 3, p. 3; 19; 28.

第五章 从钱币看拜占庭帝国与中国及周边地区

第一节 中国及周边地区发现的拜占庭金币及仿制币的时间问题

第四章详细描述了中国发现的拜占庭金币、仿制金币及仿制金片的形制特征与解读,当对每一枚金币或金片的信息加以综合分析时,一些与历史有关的信息就会显现出来,暴露出此时拜占庭帝国的政治经济发展变化在东方的影响。

一、中国出土拜占庭金币、金片的形制数量

在逐一介绍了中国出土的每一枚金币和金片的形制特征后,可以将他们按照类别整理出来,各个不同时期的数量就一目了然。拜占庭金币共有 37 枚金币,当然目前这些金币只是基本可确定为拜占庭官方铸造,或尚无证据说明其为仿制品,它们是:

(1) 塞奥多西二世(Theodosius II, 408—450 年)　　　　1 枚
(2) 利奥一世(Leo I, 450—474 年)　　　　　　　　　　2 枚
(3) 芝诺(Zeno, 474—491 年)　　　　　　　　　　　　2 枚
(4) 阿纳斯塔修斯一世(Anastasius I, 491—518 年)　　　10 枚
(5) 查士丁一世(Justin I, 518—527 年)　　　　　　　　5 枚
(6) 查士丁一世与查士丁尼一世共治(527 年 4 月到 8 月)　4 枚
(7) 查士丁尼一世(Justinian I, 527—565 年)　　　　　　7 枚
(8) 查士丁二世(Justin II, 565—578 年)　　　　　　　　1 枚
(9) 弗卡斯(Phocas, 602—610 年)　　　　　　　　　　4 枚
(10) 希拉克略一世(Heraclius I, 610—640 年)　　　　　1 枚

我国发现的 17 枚拜占庭式仿制金币具体包括:

（1）塞奥多西二世金币仿制品　　　　　　　　　1枚
　　（2）阿纳斯塔修斯一世金币仿制品　　　　　　　6枚
　　（3）查士丁尼一世金币仿制品　　　　　　　　　2枚
　　（4）查士丁二世金币仿制品　　　　　　　　　　1枚
　　（5）弗卡斯金币仿制品　　　　　　　　　　　　1枚
　　（6）希拉克略一世金币仿制品　　　　　　　　　4枚
　　（7）两种索里得背面形制金币仿制品　　　　　　1枚
　　（8）君士坦丁四世金币仿制品　　　　　　　　　1枚

相对而言，有关金片的数据比较麻烦，目前关于金片的统计数据本身不是很确切，有些虽然曾经在报告中提到过，但要么一直未见图片，要么在近年来的整理文章中没有出现，有关数据可能还会因为未来的某份报告再次发生变化。如今只能根据有记录的44枚金片中见到图片的32枚来进行统计：

　　（1）左侧或右侧胸像　　　　　　　　　　　　　3枚
　　（2）3/4正面胸像、脑后有冠带　　　　　　　　13枚
　　（3）3/4正面胸像、脑后无冠带　　　　　　　　9枚
　　（4）正面胸像　　　　　　　　　　　　　　　　3枚
　　（5）弗卡斯金币正面形制　　　　　　　　　　　1枚
　　（6）希拉克略一世金币正面形制　　　　　　　　2枚
　　（7）胜利侧身前行的背面形制　　　　　　　　　1枚

二、中国出土拜占庭金币、金片的形制数量

拜占庭金币按照皇帝统治先后进行排列，这也是国际拜占庭古币学界的通用做法，从数量分布上看，可知中国发现的拜占庭金币索里得当中，数量最多的是5世纪末到6世纪初阿纳斯塔修斯皇帝在位时发行的金币，并且总体上此后一直到7世纪初的金币数量都处于一个较高峰值。这说明在当时的欧亚大陆上，5世纪发行的西方货币（拜占庭金币）首先沿某种途径涌入东方，到5世纪末时，金币涌入数量达到高峰，6世纪时，金币在数量分布上保持着整体较高的水平，但6世纪中期以后的金币似乎突然减退，直到7世纪初又出现一个小高峰。

当我们需要对仿制金币以及金片加以时间上的分辨时，会发现它们有的没有铭文、有的图片不够清晰，无法界定其属于哪位皇帝发行金币

的仿制品。如此一来，按照皇帝统治次序就无法完成分类的需要。要想将这些仿制金币和金片按照一定的原则加以分类，就需要另寻他法，故而金币或金片上的形制特征就成为我们鉴定分类的主要依据。

在拜占庭帝国的货币体系当中，索里得最为重要，其形制特征有着严格管理和鲜明特征，且中国境内发现的金币以及仿制品的原型也大多为索里得，下面就依据索里得正面的形制变化，将从5世纪到7世纪出现过的形制分为四种：

（1）420年到498年，这个时期的索里得正面为皇帝3/4正面胸像，脑后有飘带露出，背面为胜利拟人像手持镶满珠宝的长柄十字架①，从塞奥多西二世中后期一直使用到阿纳斯塔修斯一世统治前半期。

（2）498年到538年，这个时期的索里得正面形制主要可细分为三种：一是正面为皇帝3/4正面微向右侧胸像，脑后无飘带，背面为胜利拟人像手持顶部为꿔的十字架②，从阿纳斯塔修斯一世后期到查士丁一世统治初期，也就是498年到522年；二是正面为皇帝3/4正面微向右侧胸像，脑后无飘带，背面为正面站立男性形象，左手托一颗十字架圆球，右手持长柄十字架，时间为522年到538年③；第三种是查士丁一世和查士丁尼一世共治金币，正面为两位皇帝并排坐像。

（3）538年到602年，这个时期的索里得正面可细分为两种。第一种正面为皇帝正面胸像，头戴冠盔，身着铠甲，右手托顶部为十字架的圆球，左手持盾，位于左肩前方，这种形制出现在查士丁尼一世后期（538—565年）、提比略二世（Tiberius II，578—582年在位）以及莫里斯（Maurice，583—602年在位）的金币索里得上，其中提比略二世的金币索里得中有一些形制是皇帝右手持权柄，且索里得背面为四级台阶＋十字架。第二种是正面为皇帝正面胸像，头戴冠盔，身着铠甲，右手托一圆球，球上为以胜利拟人像为皇帝加冠像，左手持盾；背面为君士坦丁堡城标安淑莎坐像④，该形制主要出现在查士丁二世的金币索里得上。

---

① Grierson & Mays, *Catalogue of Later Roman Coins in the Dumbarton Oaks Collection and in the Whittemore Collection*, Washing D. C., 1992, p. 142.

② Wolfgang Hann, *Money of the Incipient Byzantine Empire* (*Anastasius I-Justinian I，491－565*), Band 6, Wien: 2000, Plate Anastasius I. also in Wolfgang Hahn, *Moneta Imperii Byzantini*, Band I, *von Anastasius I bis Justinianus I (491－565)*, Wien: 1973, Plate Anastasius I/Gold.

③ Hann, *Money of the Incipient Byzantine Empire*, Band 6, Plate Justin I.

④ 陈志强：《咸阳底张湾隋墓出土拜占庭金币的两个问题》，载《考古》，1996年第6期。

(4) 602 年到 640 年，这个时期的索里得正面仍然主要是皇帝正面胸像，与前期的差别在于，皇帝仅头戴皇冠，两耳有垂饰，身着褶皱式长袍，右肩有搭扣。但皇帝的胡须式样不同，可进一步细分。第一种是脸型瘦削、留着山羊胡的弗卡斯，背面为正面站立男性形象，与前期相同。第二种是脸型较宽、留络腮胡的希拉克略一世，时间在 610—613 年；第三种是希拉克略一世与其子希拉克略·君士坦丁并排胸像，希拉克略居左，留络腮胡，希拉克略·君士坦丁较小，时间在 613—629 年；第四种还是两人的并排胸像，大小相当，希拉克略一世留长须，希拉克略·君士坦丁留络腮胡，时间在 629—631 年；第五种为三位皇帝并排立像。①

除这四大类形制外，中国境内出土的金币仿制品和金片还有其他形制：一种是头部侧像，它属于 5 世纪之前罗马帝国普遍使用且 5 世纪之后在索里得以外的其他金币上广泛采用的类型；另一种虽正面是 3/4 正面胸像，但其风格与 5 世纪到 6 世纪初的形制风格明显不同，其背面为台阶十字架＋左右两站立人像，这属于 7 世纪后半期君士坦丁四世（Constantine IV，668—685 年）统治时发行的金币索里得的形制②。如此，仿制金币和金片也可按照这个时间段来统计数量。

下面将金币、仿制金币和仿制金片按照这 6 个时间段加以统计，可得出各种类型在不同时期的数量，如表 7 所示：

表 7 中国各地发现金币、仿制品和金片的时间分布

时间	类型	金币数量		仿制金币数量	金片数量
5 世纪之前	头部侧像	0		0	3
420—498 年	3/4 正面胸像，有飘带	9		4	14
498—538 年	3/4 正面胸像，无飘带	第一种	8	4	9
		第二种	5		
		第三种	4		

① Grierson, *Catalogue of the Byzantine Coins*, v. 2, p. 217.
② 邵安定、杨忙忙、刘呆运、李明：《西安南郊出土一枚拜占廷金币的科学分析与制作工艺研究》，载《考古与文物》，2013 年第 5 期；另见张绪山：《中国与拜占庭帝国关系研究》，北京：中华书局 2012 年版，第 213 页。

（续表）

时间	类型		金币数量	仿制金币数量	金片数量
538—602 年	正面胸像，戴盔着铠甲	第一种	6	2	3
		第二种	1	1	
602—640 年	正面胸像，戴冠着长袍	第一种	4	1	1
		第三种	1	4	2
668—685 年	君士坦丁四世仿制品		0	1	0
合计			37	17	32

若将这些不同形制的金币、仿制金币、金片数量用图表呈现，就会使得数量上的差别更直观地表现出来（见图1）：

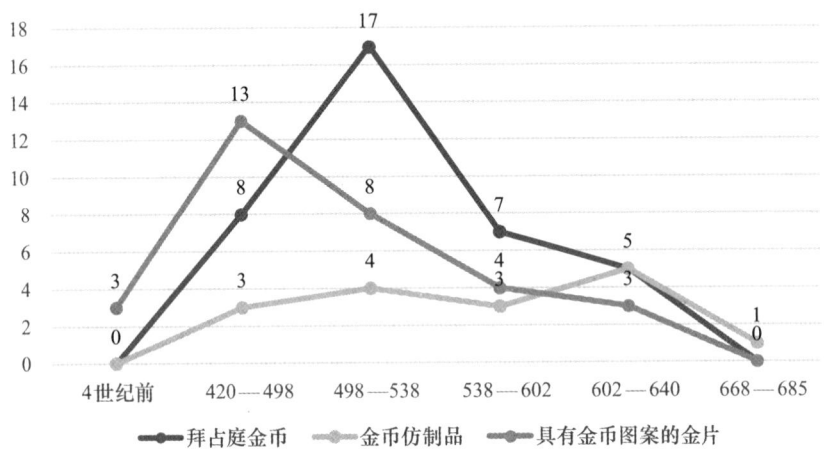

图 1 中国各地发现金币、仿制品和金片的时间分布

综合图1反映出的信息，可以了解拜占庭帝国在不同时期对外贸易或者对外经济影响力方面的表现。第一，拜占庭帝国的货币（金币）在5世纪时开始影响并出现在欧亚大陆尤其是东亚；第二，拜占庭帝国货币在欧亚大陆以东地区的影响力在5世纪末6世纪初达到最高峰；第三，这种影响力在6世纪得以持续，但似乎在6世纪末略有削弱；第四，拜占庭帝国货币的影响力在7世纪前半期再次出现小高潮，但随后突然消退，虽仍有个别8世纪以后金币出现，但总体呈衰减趋势。

三、蒙古突厥贵族墓出土金币、金片的时间问题

第四章还详细辨析了蒙古巴彦诺尔发现的突厥贵族壁画墓出土的金币和金片，虽然它们都出自同一墓葬，其反映出的时间问题不太全面，但可以提供参考。这些金制品中有 9 枚完全无法辨识，其余金币与金片中还分为萨珊波斯银币背面仿制金片、类似拜占庭式塞米塞斯的侧身胸像仿制金片和拜占庭式金币与金片，因此分类标准要做出调整。

先以数量最多的拜占庭式仿制金片为主，只能将其分为 3/4 正面胸像、正面胸像和一大一小并立胸像三类，其中 3/4 正面胸像的类型大都难以辨识脑后是否有冠带，故而将其时间大概对应前面提到的（二）、（三）、（四），即 498—538 年、538—602 年、602—640 年。4 枚金币中的第 278 号仿制金币虽然正面为 3/4 正面胸像，但显然不属于 538 年前的类型，从背面形制可判断出这是 7 世纪以后的仿制币，故而也归于 602—640 年。7 枚萨珊波斯银币背面形制的仿制金片因仿制原型为库思老二世统治的第 30 年发行的银币，故而对应于 602—640 年，3 枚侧身胸像的原型形制时间很难确定，暂且不论。这 28 枚的具体数量如下（见表 8）：

表 8　蒙古发现的突厥贵族壁画墓出土金币、金片的时间分布

时间	类型	金币数量	仿制金币数量	金片数量
498—538 年	3/4 正面胸像，无飘带	0	0	3
538—602 年	正面胸像，戴盔着铠甲	0	0	5
602—640 年	正面胸像，戴冠着长袍	1	3	16
合计		1	3	22

如表 8 所示，这些金币与金片绝大多数为 7 世纪时拜占庭金币以及萨珊波斯银币形制的仿制品，这当然是由于这些形制最接近墓主的生活年代。但反过来考虑，说明此前无论是 5 世纪通行的 3/4 正面胸像还是 6 世纪流行的正面胸像曾在蒙古及以西的地区广泛存在，才能为墓主制作金片提供不同种类的素材。

第二节　中国及周边地区发现的拜占庭金币及仿制币的空间分布问题

同样地，拜占庭金币、仿制金币及仿制金片在中国各地区的数量分

布以及所有者身份同样携带着重要的历史信息，只有对它们进行全面的梳理、分类、对比，才能从纷繁的数据中发现历史留下来的线索。

目前，中国发现的金币和金片可明确为考古出土的也就是第四章列出的98枚，其中能够提供比较有效的考古数据从而通过其入葬特征及墓主信息来判断其用途的金币和金片不足半数，这些数据无法充分支撑关于其用途的任何主张。然而，并不能就此放弃关于这些问题的探讨，我们仍需依据现有的考古信息，尽力寻找与之有关联的资料，提出各种可能的途径和用途，以期接近历史的真相。

值得庆幸的是，虽然这些金币和金片所能够提供考古信息的数量有限，但若将这些信息与上一节的形制分类结合起来，一些原先隐藏在众多考古信息中的特征就会浮现，为了直观地呈现这些特征，下面通过表格将这些金币和金片出土的考古信息做展示。

一、与拜占庭金币有关的考古信息

过去在梳理金币、仿制品时，往往将所有信息放在一张表格中，有些问题很难显现。随着中国境内发现金币数量的增多，为分类研究提供了条件。而且经过分类后，会发现与金币、仿制金币、金片有关的考古信息并不完全一致，有必要分类辨析。中国境内出土的拜占庭金币的考古信息详情见表9。

表9　中国发现的拜占庭金币的考古信息

身份	名字	表1序号	出土地点	数量	出土位置	物理特征
皇帝	元恭	92	洛阳	1	身侧	精美，完整
高官显贵	独孤罗	9	咸阳	2	不详	穿孔（2）
	贺若厥	41			口含	穿孔（2）
	崔幼妃	27—29	赞皇	3	身侧	全部穿孔（2），其中两枚剪边
	茹茹公主	30—31	磁县	2	—	全部剪边
	田弘	47—51	固原	5	一枚口含，其他不详	全部剪边，一枚完整，其余穿孔（都在3个孔以上）

(续表)

身份	名字	表1序号	出土地点	数量	出土位置	物理特征
其他官员	张政	91	西安	1	不详	剪边
	陆丑	97	西安	1	镶环	剪边
粟特后裔	康业	62	西安	1	口含	剪边
印度后裔	李诞	90	西安	1	口含	剪边
吐谷浑祭祀遗址		57	乌兰	1	不详	剪边
某吐谷浑人		58	都兰	1	不详	剪边，穿孔（2）
不详	不详	55	天水	1	农田	不详
	不详	56	清水	1	农田	穿孔（1）
	不详	57	天水	1	悬崖一侧	仅剩左侧半边，穿孔（1）
	不详	46，52	固原	2	农田	剪边
	不详	11	呼和浩特	1	瓷瓶	严重剪边
	不详	36	呼和浩特	1	河滩	严重剪边
	不详	54	定边	1	农田	剪边，镶环
	不详	33—34	西安	3	农田	缺损，似被穿孔，剪边
	不详	93—95	洛阳	5	不详	剪边，两枚完整
	不详	44	朝阳	1	墓中的一个陶罐内	穿孔

通过表9可以看出：在37枚拜占庭金币当中，可判断身份或来源的仅有12处19枚，其中包括1位皇帝、5位达官显贵、2名官员（将军）、1名粟特后裔、1名印度后裔以及两处发现自吐谷浑地区。此外，这些金币普遍存在剪边、穿孔的情况，为推测它们在被赠献之前的用途提供了一定的依据。

从出土地点的分布来看，上述37枚金币中洛阳6枚，陕西的咸阳、定边与西安共9枚，甘肃天水3枚，宁夏固原8枚，河北磁县与赞皇共5

枚，内蒙古呼和浩特 2 枚，青海乌兰、都兰 2 枚，辽宁朝阳 1 枚。这些地区大多在中古时期丝绸之路的陆路通道附近，因此这种地区上的数量分布也反映出不同地区在丝绸之路中的参与和影响。

二、与拜占庭式仿制金币有关的考古信息

与上述拜占庭金币的情况不同，具有双面图案的仿制金币在图形的品质方面存在较大出入，下面我们根据已有图片反映给出来的仿制品品质来列表说明，见表 10。

表 10　中国发现的拜占庭金币仿制品的考古信息

可辨识程度	数量	出土地点	表1序号	所有者身份	出土位置	金币仿制品原型	物理特征
与金币无异，铭文怪异	4	陕西西安	10	唐	—	希拉克略一世	完整
		陕西西安	12	刘震①	窖藏		精致完整
		山西太原	59	—	—		精致完整
		河南洛阳	94				精致完整
边缘磨损，铭文怪异	1	河南洛阳	36	安菩	口含？	弗卡斯	磨损
图案本身清晰规整，正背面形制不同时代	4	甘肃陇西	53	—	农田	塞奥多西二世	剪边
		新疆和田	3	—		阿纳斯塔修斯一世	剪边
			1				磨损
			2	可能为商人	沙漠	查士丁尼一世	剪边，镶环
图案比较清晰，细节略显粗糙	2	陕西西安	60	唐	—	君士坦丁四世	中间穿孔
			98	陆丑墓	饰物	阿纳斯塔修斯一世	用作戒指

---

① 关于何家村窖藏的所有者，最初的假定是邠王李守礼，可这种说法的缺漏较多，只是因无法明确判定，一般依惯例沿用。比较新的观点主张，这是唐德宗建中四年（783 年）尚书租庸使刘震因"泾源之乱"出逃时埋藏起来的官家财产，参见齐东方：《何家村遗宝的埋藏地点和年代》，载《考古与文物》，2003 年第 2 期。

(续表)

可辨识程度	数量	出土地点	表1序号	所有者身份	出土位置	金币仿制品原型	物理特征
图案比较清晰，但细节比较粗糙	2	陕西西安	38	—	口含	阿纳斯塔修斯一世	略有剪边
		新疆吐鲁番	82	阿斯塔那墓群	口含		略有剪边，穿1孔
图案模糊，打压痕迹较浅	4	陕西商州	45	—	隋墓	阿纳斯塔修斯一世	剪边、穿孔
		宁夏固原	46	史道洛		查士丁二世	打磨严重，上下两孔
		宁夏固原	38	史道德		阿纳斯塔修斯一世	打磨严重，图案位置偏，穿1孔
		陕西西安	61	史君，粟特后裔		两种索里得背面形制	

表12中列出的"图案比较清晰，与拜占庭官方金币相差无几"的金币，实际上其价值在当时的中原地区与拜占庭官方制作金币并无明显不同，显见其在使用、传播方面也与金币真品相似。故而，这样的一枚仿制品能够出现在何家村窖藏中，可能是作为租庸征收上来。此外，这些金币仿制品无论本身是否精工细作，大多被剪边、穿孔，这些特征与前面提到的拜占庭金币的情况类似，表明其在被收藏前也曾用作饰品。

与金币的出土情况表现出明显差别的是：第一，在这15枚具有双面形制的拜占庭金币仿制品中，可判断身份的有6人，其中属达官显贵的有1处，吐鲁番阿斯塔纳墓葬群中有1处，粟特后裔4处，与金币所有者中身份显赫的达官显贵占明显多数的情况不同；第二，在出土地点的分布上，它们与金币的情况也有些许差别，中原北方地区仍然是主要的发现区域，洛阳2枚，陕西西安与商州共6枚，甘肃陇西1枚，宁夏固原2枚，山西太原1枚，而新的特征是在新疆吐鲁番与和田至少发现4枚。

三、与拜占庭式仿制金片有关的考古信息

相比拜占庭金币与仿制金币，仅有单面形制的金片的出土比较集中于一些特定的地区，与一些特定的人群有着联系，详情参见表11。

表 11　中国发现的具有拜占庭金币特征的金片的考古信息

发现地区	数量	表1序号	所有者身份	物理特征
新疆和田	1	4	不详	十字折痕
新疆吐鲁番	27	5—7，13—25，66—82	阿斯塔纳墓葬群；巴达木墓地，木纳尔墓地，交河故城	有的穿孔，1枚残缺，有些有严重折痕
宁夏固原	2	39，40	粟特后裔，史诃耽、史索岩	有折痕；完整
陕西西安	2	36	唐墓	联珠纹＋胡人像
		39	不详	完整
河南洛阳	1	8	不详	完整

在出土地点的分布方面，这些金片绝大多数发现自新疆吐鲁番，中原地区仅发现5枚，西安2枚，宁夏固原的粟特后裔史氏家族墓葬中发现2枚，河南洛阳1枚。由于西安两枚金片的所有者无法判定身份，仅从现有的资料来看，金片的使用与新疆吐鲁番以及粟特后裔存在着紧密的联系。

四、与拜占庭金币、金片有关的地点与所有者信息

综合上述三项内容所反映出的信息，金币或金片的所有者身份与数量有一定的联系，可以通过图表来直观反映这种联系。由于新疆的和田地区以及吐鲁番不同墓葬群难以明确每一座墓葬主人的身份，且具有共同特征，因此下面也将新疆和田、新疆吐鲁番分别作为不同类型来加以对比，详见图2。

根据图2中不同色柱的分布与高低，可知：在中国发现的这些拜占庭金币、金币仿制品和金片中，可判定为拜占庭官方制作的金币索里得大多在包括皇帝在内的皇亲国戚、达官显贵手中，即便是仿制品，也是图案以及形制都足够精致，可媲美于拜占庭金币的金币；内迁的粟特后裔持有各种类型的金币，以双面仿制品居多，多数仿制痕迹明显，币面图案与拜占庭官方的金币存在较大差异；新疆吐鲁番地区虽偶有发现双面仿制品，但单面的金片数量极多，少数几枚双面仿制品也多来自和田，而非大量发现金片的吐鲁番。当然由于考古发现本身存在着巨大的偶然性，上述总结可能无法反映真实的情况，随着考古工作的不断展开，还会出现新的调整，但总体分布与特征应不会有太大出入。

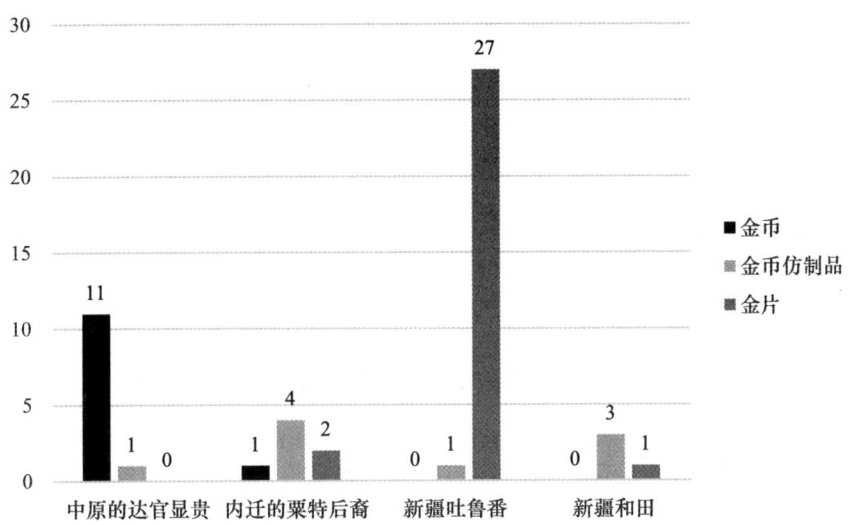

图 2　中国境内出土拜占庭金币、仿制品和金片的所有者身份与数量分布

这些金币、仿制品和金片的地域分布反映出北方各地在中古时期围绕着陆路丝绸之路的中西政治经济文化交往中的参与程度,参见图 3 (由于新疆发现的金片数量高达 34 枚,其中经图片确定为金片的有 28 枚,这一数据远远高于金币、仿制品的数据,因此为了更好地呈现不同地区数量分布的变化,图 3 中将"28"暂时以"10"计算)。

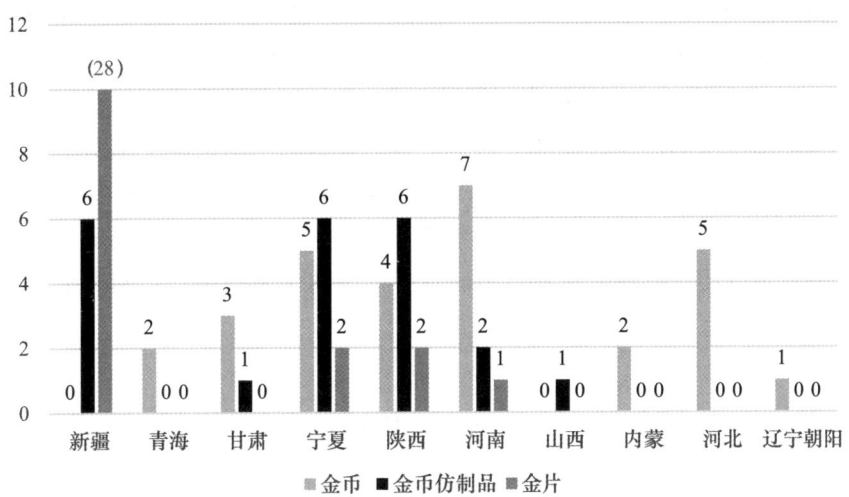

图 3　中国境内出土拜占庭金币、仿制品和金片的发现地域与数量分布

图 3 表明新疆、宁夏、陕西与河南发现的金币、金币仿制品和金片的数量最多，新疆的和田与吐鲁番是丝路要冲、陕西以及河南洛阳则是丝绸之路的终点，其数量较多。而宁夏固原地区不仅在田弘墓以及粟特后裔史氏墓葬群有集中发现，民间也有数次发现的记录，这为我们探寻固原（古原州）当时在丝路中的地位与影响可提供有力的材料和证据。同样地，其他地区发现的金币数量虽然较少，但仍是研究中比较重要的材料。

第三节　中国发现的拜占庭金币的研究意义①

自 19 世纪末以来，我国境内的 6—8 世纪墓葬或其他遗存中时不时地会发现来自西方的拜占庭金币和萨珊波斯银币，这些西方贵金属货币在中国的发现引起人们的广泛兴趣，不仅每次的重要发现都会被媒体争相报道，而且还掀起了民间的收藏热潮。从学术角度来说，这些拜占庭金币的研究意义重大，它们更新了学界关于中国与拜占庭之间沟通途径的认知，对以古代丝绸之路为媒介的东西方经济、文化、政治交往提供极其重要的研究数据。

事实上，其研究意义曾经被明确展现。1955 年，齐思和先生曾在《中国和拜占庭帝国的关系》一书中指出："拜占庭买自中国的奢侈品，用来和中国进行交换的也是一些奢侈品。而并不是如以前资产阶级历史家所说，完全是用现金偿付的。"② 然而，1959 年夏鼐先生鉴定并报道了在 1953 年陕西咸阳底张湾隋墓发现的查士丁二世金币索里得，这一发现以及随后发现的拜占庭金币更新了学者们过去的判断，需要重新思考拜占庭帝国在购买来自中国的奢侈品时所采用的支付手段。1980 年，夏鼐先生以一篇《中世纪中国和拜占廷的关系》③ 的报告将拜占庭金币在中国的发现介绍给拜占庭学界，引起世界范围内学者的关注；同时也推动了我国拜占庭史研究的开展与推进。

---

① 这部分内容见郭云艳：《在中国发现拜占庭金币》，载《光明日报》，2017 年 8 月 14 日。此处内容略有调整。
② 齐思和：《中国和拜占庭帝国的关系》，载《北大学报》，1955 年第 1 期，第 135 页。
③ 夏鼐、丁钟华：《中世纪中国和拜占廷的关系》，载《世界历史》，19840 第 4 期，第 3—4 页。

随着中国出土拜占庭金币及具有拜占庭货币特征的金片数量不断增多，其研究意义将更加凸显。一方面，金币携带着鲜明的拜占庭货币形制特征，这一特征如此鲜明，以至于无论经过多少人的转手，无论由哪些人加以仿制，都可以追踪到拜占庭的源头。与之相比，中国境内出土的玻璃器皿或金银器皿虽然也具有极其鲜明的西方或地中海风格，但却难以确定其来源究竟是地中海、萨珊波斯，抑或希腊化后的巴克特里亚地区。因此，具有拜占庭货币特征的金币或金片在中国境内的发现对于研究东西方经济、文化交流意义重大，可以依据它们在时间和空间上的分布点来还原拜占庭经济、文化在具体时期、具体地区的传布和影响。

另一方面，这些具有拜占庭货币特征的金币、金币仿制品和金片的制作、流传是人类活动的结果，它们在出土时所伴随的信息，为研究者考察这个时期东西方之间各人群、国家的活动与相互影响提供了重要的研究数据。

首先，中国以及其他地区发现的拜占庭金币及其仿制品有助于推动对拜占庭帝国历史的研究。无论是拜占庭金币，还是金币仿制品或仿自某种形制的金片，都可以依据拜占庭古币学的研究成果来判断其原型出现的大致年代，考察币面上的不同形制所提供的时间信息，可以分析拜占庭帝国在不同时期对境外地区的经济和文化影响，为研究拜占庭帝国的对外关系提供参考。以中国发现的拜占庭金币为例，数量最多的是皇帝阿纳斯塔修斯一世（491—518 年在位）发行的索里得，而非名声更响的查士丁尼一世（Justinian I, 527—565 年在位）发行的金币；类似的数据也可以从金币仿制品和金片上得出。这些信息提供了非常有用的线索，帮助研究者重新思考早期拜占庭帝国与东方的往来特征与影响。

其次，这些拜占庭金币或金片本身的物理特征有助于推动对中亚社会经济生活的研究。拜占庭帝国对于制作金币的黄金严格管理，黄金的含金量极高，这样的标准在较长时间里保持稳定；而拜占庭以外地区制作的仿制品则在黄金成色、重量、币面图案的风格上存在差异，因此如果对各地发现的拜占庭金币、仿制品和金片的成分加以科学检测，可以根据所得信息进一步细化仿制品和金片的类型，判断其产地，推测其制作过程以及制作者身份。此外，这些拜占庭金币、仿制品以及金片普遍存在着剪边和穿孔现象，它们对于分析推测其用途极为重要，如果将不同地区发现金币和金片的穿孔特征加以对比，则可以了解作为饰物其在不同地域的差异。如中国发现金币的穿孔位置多种多样，有单孔、双孔、三孔、四孔，且位置变化较多；蒙古发现的金片则多为上下左右四个极小的孔；印度地区发现的拜占庭金币和仿制品则是两个位置相邻的孔。这些穿孔位置的差异展现的是不同地区在将其作为配饰时的文化差异。

再次，与拜占庭金币或金片有关的考古信息有助于推动对东西方之间政治关系、经济交流和文化影响的研究。这些信息包括金币或金片所有者的身份、发现地点和金币在墓中的具体位置等等。所有者的身份极为重要，相关信息帮助研究者追踪东西方之间的政治往来。如 2012 年北魏末年皇帝元恭墓出土的阿纳斯塔修斯一世金币，币面完整，色泽光亮，几乎未经磨损。元恭身为皇帝但又是事实上的傀儡，这一身份使其不可能直接从商人那里获得赠礼得到金币，再结合史书中记载的此前几年中萨珊波斯、嚈哒使团的到访①，那么这枚金币很有可能反映出北魏末年中原王朝与亚洲西部国家的政治往来。再如，河北磁县茹茹公主墓发现的 2 枚金币展现出柔然在中国与拜占庭经济文化往来中的作用与影响；这 2 枚金币以及赞皇李希宗墓的 3 枚金币提醒研究者关注东魏、北齐时期华北地区与西域乃至西方交往的通道等。另外，所有者的身份和金币发现地点还为粟特商胡的研究提供新线索。如固原发现的粟特后裔墓群和陕西、洛阳等地发现的粟特后裔墓葬，共出土了金币索里得、仿制品和小金片三种类型，与金币集中在中原和一些贵族手中以及金片集中出现在吐鲁番墓群的现象形成对比，从而提供了粟特人与这些不同类型金制品东传间联系的线索。尽管拜占庭金币本身以及墓葬中出土的信息极为有限，无法就上述问题作出分析与解答，但它们提供的问题线索，则是研究者深入考察的方向。

最后，中国位于丝绸之路为载体的东西方政治、经济、文化交流的东端，这些出现在中国的拜占庭金币、仿制品和金片又主要集中在 5 到 7 世纪，无论时间还是空间都只是东西方历时千年、跨越万里的漫长商途中的一小部分。因此，我们还可以基于这些拜占庭金币的发现，通过与其他地区、其他时期的西方货币的考古发现情况进行横向和纵向的比较，来获取更多的知识。例如，通过横向对比，分析中国以及中亚、印度考古发现的 5 世纪到 7 世纪的拜占庭帝国钱币情况，勾勒、完善中国与拜

---

① 关于这枚金币其背后反映中国与萨珊波斯、嚈哒以及拜占庭间政治往来关系的分析，笔者在另一文章中曾展开论述，见《嚈哒与拜占庭帝国的交往及其对丝绸之路的影响》，待刊。

占庭帝国的经济文化交往全貌；通过纵向对比中国、中亚、南亚等地发现的罗马帝国时期货币以及拜占庭帝国时期的货币，分析不同时期丝路贸易的差异及其背后的原因等等。

  总之，拜占庭金币和以之为模板制作的仿制品和金片在中国境内的大量出土，为研究者提供了丰富的信息和广阔的空间。虽然具体研究过程中会受到资料有限的束缚，但倘若理清思路，对资料进行足够认真细致的梳理、鉴别与分类，将问题逐一列出，综合其他有关的考古数据和历史资料，仍然能够有新的发现。这项研究工作也不能仅限于考古与史学分析，还应借助工科的技术，如陕西考古研究院与北京科技大学冶金与材料史研究所的重要尝试，对金币本身的成分、制作工艺进行分析①，获取更多的数据、信息；借助其他学科——如人类学、货币金融学的理论方法，拓展思路，丰富我们的研究，获得更多、更有意义的成果。

---

  ① 邵安定、杨忙忙、刘呆运、李明：《西安南郊出土一枚拜占廷金币的科学分析与制作工艺研究》，载《考古与文物》，2013 年第 5 期。

第三编

中国境内发现的拜占庭金币与仿制品的历史考察

一枚金币很小，直径未经剪边时约 21 毫米，重量在 4.55 克左右。倘若拿到一枚金币，除了根据币面上的铭文和形制确定其何时何地制作外，什么也不能做了。

一枚金币也很重要，2012 年河南洛阳出土了一枚阿纳斯塔修斯一世时期发行的金币索里得，这枚金币看上去很完整，重量不会少于 4.55 克。然而，更让研究者看重的是，这枚金币出土的墓葬所有者可能是北魏末年的节闵帝元恭。这是第一次在皇帝级别的墓葬中发现拜占庭金币，也是中国境内发现拜占庭金币中年代最早的墓葬。而通过史书的记载钩沉元恭的生平，发现他本人即位前除宗室身份外，并无特别之处，甚至为避祸长期隐居。从这枚金币及元恭本人的经历完全无法解释该金币如何到的他的墓中。然而若跳出来，考察这个时期拜占庭帝国与东方的交往，考察介于两大世界之间的其他国家的中介作用，就会发现它很可能与嚈哒有关。

故而，对金币及仿制品的历史考察当然要从与金币有关的历史线索出发，但又不能仅限于金币，而是要结合此时的历史大背景，以大见小，寻找历史发展大脉络下的细微之处，也通过细小的考古发现印证宏观的历史脉络。

第六章　拜占庭与中国交往所涉及的丝路国家

第一节　萨珊波斯帝国对拜占庭帝国东方贸易的影响

随着罗马—拜占庭帝国从三世纪大危机中逐渐恢复，一度衰落的国际贸易有所好转。但是此时阻在商人们东去道路上的已不再是安息帝国，而是来自伊朗高原、推崇昔日波斯荣耀的萨珊波斯人。因此，在拜占庭金币东传道路上，首先遇到的就是萨珊波斯帝国。

萨珊波斯作为拜占庭帝国的东邻，两国在政治、经济、文化各方面都有非常频繁的交流，由于各种利益引发的争端、战争、协商以及贸易，构成了两国交往的重要内容。具体到东方贸易，萨珊波斯在拜占庭通往东方的绝大多数关口都进行严密封锁；为了突破封锁，拜占庭帝国与波斯人在北至亚美尼亚、高加索地区，南至波斯湾、红海的广大区域内，展开激烈争夺。下面所要探讨的是，作为中路商路中的强盛国家，萨珊波斯在拜占庭金币东传过程的影响与作用。

一、萨珊波斯帝国的交通优势

首先，凭借位于东西交通要冲的优势地理位置，萨珊波斯对东西商贸活动实行严格的垄断，对拜占庭人的东去路径进行严密封锁。

萨珊波斯帝国在推翻安息帝国之后，不仅恢复了古代波斯的强盛以及与西方的敌对态势，还试图从疆域范围方面重振波斯帝国的辉煌。到4世纪后半期，萨珊波斯帝国不仅完全占据原安息帝国的疆域，还向西扩展到亚美尼亚以及伊比利亚东南大部，将波斯湾西侧的阿拉伯半岛海岸划入自己的势力范围,其边界线西迄美索不达米亚东部,东至巴克特里亚的中亚两河流域以及印度河边缘,北接高加索山脉东麓、里海南岸,南抵波斯湾以及印度洋南岸。总的说来,萨珊波斯帝国地处东西交通之要冲,拥有陆海两道的控制权。

陆路上,波斯商人可以在波斯境内,即西迄拜波边界、东抵中亚阿富汗的广大地区内自由经商;海路上,波斯帝国控制着波斯湾和阿拉伯海,与印度王公关系友好,在印度和锡兰经商的波斯商人,可以享受免税权以及很多特权,并拥有实力强大的居留地①,因此整个丝路沿线都活跃着大量波斯商人。为了维护波斯人在东西商路中的优势地位以及巨额利润,萨珊波斯对外族商人的活动进行严格限制。一位麦加的商人由于被禁止前往伊拉克经商,而抱怨说:"在这条路上,由于我们未得到暴虐的国王的授权,因此一旦进入到他的领地,我们就陷入危险之中:对我们来说,他的土地不是经商的场所。"② 正是凭借着在本国疆域内对东西方商贸活动的垄断,萨珊波斯人对拜占庭人——东方贸易的巨大消费市场——拥有绝对的主导权。从 3 世纪晚期开始,罗马—拜占庭帝国就一直处于对萨珊波斯商人的依附地位。到查士丁尼时代,君士坦丁堡的丝绸供应几乎完全依靠波斯,这一局面迫使皇帝绞尽脑汁地寻找各种方法打破波斯人的垄断,以获得东方贸易通道的控制权。

由于萨珊波斯帝国对东西商贸的严密封锁,拜占庭帝国的国内需求只能通过与萨珊波斯商人的交易来满足。一份 359(或 360)年的匿名文献中描绘了波斯人在拜占庭边境贸易中的突出影响,文中提到印度人将货物在波斯境内销售,然后由波斯人在罗马边境的尼西比斯以及埃德萨等地销售给罗马人,尽管罗马人对这些波斯人深恶痛绝,认为他们"精于各种罪恶,好战,无礼"等,却不得不承认"他们似乎拥有所有东西"。③ 显然,甚至拜占庭帝国的普通臣民都对萨珊波斯人在商贸中的霸主地位极为不平,因此拜占庭皇帝们尝试各种方法打破波斯人垄断的努力就极易理解。从 3 世纪晚期开始,拜占庭帝国与萨珊波斯发生冲突,经历了此消彼长、断断续续的战争后,最终双方以 363 年和约的签订,

---

① 汤普逊:《中世纪经济社会史》(上册),北京:商务印书馆1997年版,208 页。
② Kitāb al-Aghānī, XIII, p. 207, 转引自 Etienne de la Vaissiere, *Sogdian Traders*: *A History*, tr. J. Ward, Boston: 2005, p. 230.
③ Wiesehöfer, *Ancient Persia*, p. 194.

实现了比较长久的和平，并划定两国疆域；后来在409年补订的条约中，规定在两国之间设立三座通商口岸①，比较公平地平衡了双方利益。在此后的百余年间，拜占庭帝国与萨珊波斯维持着正常的经济交流。虽然拜占庭帝国仍然需要从萨珊波斯人手中购买东方商品，但两国间的和平状态促进了贸易的顺利进行及日益繁荣。由于史书关于两国间贸易活动的记录极少，因此无法列出大量例证，但相比于史书大书特书的冲突与战争，毫无疑问，两国间的日常商贸交易是其交流的主要内容。

二、萨珊波斯帝国获取大量拜占庭金币

萨珊波斯帝国作为拜占庭帝国东方的最大国家，在拜占庭金币东传的过程中，必然会有大量金币传入萨珊波斯帝国；而传入的方式却并不仅限于商贸交易一途。总的说来，除经济交流引起的商贸活动外，由战争引发的战俘赎金、大笔年贡以及战利品；两国之间的移民以及边境地区领土的争夺，都促成拜占庭金币东流进入萨珊波斯境内。

第一，作为两大并立的政权，拜占庭帝国与萨珊波斯帝国间的商贸活动无疑非常频繁，大量拜占庭金币也随之流入萨珊波斯帝国。例如，561年两国订立的50年和约规定，经营各种商品的罗马与波斯商人，以及类似的经商者，都需要按照已经订立的规则，在特别指定的通商口岸进行贸易。② 通商口岸的指定始于戴克里先时期，298年首次尼西比斯设立关卡③；到408年通商口岸增设为尼西比斯、卡林库姆与阿塔克萨塔（或称Dvin）④。前文引述的4世纪中期关于拜波边境波斯商人的活动，也反映出两国间存在繁盛的商业往来。

不过通常情况下，一些普通用品的交易不涉及贵金属货币。一方面因拜占庭金币具有较高的价值，不适于价格较低的日用商品的交易；另一方面由于贵金属作为国家的重要战略资源，为了保证本国的货币供应与财政需求，政府有意限制贵金属的出土，明文规定私人不得用贵金属货币与外族贸易。《查士丁尼法典》中收录了一条374年或375年签发的法令："黄金不仅不得提供给蛮族；甚至一旦发现蛮族人持有拜占庭之黄

---

① Wiesehöfer, *Ancient Persia*, p. 195.
② Menander, *Fragment* 6.1, p. 71.
③ Wiesehöfer, *Ancient Persia*, p. 311.
④ *Codex Iustinianus*, IV. 36, 4.

金，必须以智谋取回。此后若有商人因购买奴隶或其他商品而将金子支付于蛮族，他们不会被罚款，而是处以死刑；若有法官发现此类罪行而不予处罚，甚或助之隐瞒者，以同犯论处。"① 这样的法令在拜占庭的法典当中有很多，从 10 世纪的文献中，也能找到相关的规定。

然而对于拜占庭所需要的诸如丝绸之类的高价商品，则必须以同等价值的金币来购买。不过对于贵金属货币的外流控制并没有与从国外进口丝绸发生冲突，因为从戴克里先皇帝开始，由于罗马帝国在东方贸易中的失势，为了保证国内皇室与贵族对丝绸的需求，同时也为了防止国内因丝绸紧缺而造成的物价哄抬，帝国政府实行丝绸国家专营制。查士丁尼时期的一项法令表明生丝价格已经上涨到每磅 15 索里得，而早些时候查士丁尼曾制定丝制服装价格为每磅 8 索里得。② 这一价格表明丝绸由于非常贵重，通常是用金币来购买的。而拜占庭政府从戴克里先开始，在设置通商口岸时，还委派专门的商业代表负责与萨珊波斯交易，按照规定好的最高限价，统一购入丝绸。因此大量拜占庭金币通过国家垄断的商贸活动，流向萨珊波斯帝国。

此外，同样源于国内丝绸需求形成的巨大市场，在法律与政府控制之外，也必然存在非法的黑市交易，法律规定的三令五申，以及对犯罪者的严刑，都表明这种现象的存在。总的说来，通过国家垄断、黑市等形式的外贸交易，大批拜占庭金银流入萨珊波斯帝国境内。

第二，拜占庭金币还通过战争掠夺、赔款以及赎回战俘等外交方式，流入萨珊波斯帝国。战争作为拜占庭帝国与萨珊波斯关系的一项重要内容，其带来的影响同样非常巨大。上一章第二节与第三节，已经对拜占庭帝国早期与萨珊波斯的战争以及战争引起的金币外流现象做了具体阐述，此处仅略做分析。

战争的直接后果是在对方疆域的劫掠，而生活于这个区域内的居民

---

① *Codex Justinianus*, IV. 63. 2: Imperatores Valentinianus, Valens: Non solum aurum barbaris minime praebeatur, sed etiam si apud eos inventum fuerit, subtili auferatur ingenio. si ulterius aurum pro mancipiis vel quibuscumque speciebus ad barbaricum fuerit translatum a mercatoribus, non iam damnis, sed suppliciis subiugentur, et si id iudex repertum non vindicat, tegere ut conscius criminosa festinat. 拉丁文图书馆，2003 – 04 – 16，from < http：//www.thelatinlibrary.com/justinian/codex4.shtml >. 英译文见司格特：《民法大全》，第 13 卷，125 页。

② Oikonomides, "Silk Trade and Production in Byzanium from the 7 Century to the 9 Century.", *DOP* (1986), pp. 33 – 34.

则不停地更换着国籍，其所使用货币同样因此不停地在两国之间更迭。例如，戴克里先时期设定与萨珊波斯进行商贸往来的唯一关口尼西比斯，在363年和约中被划到萨珊波斯境内，而该城所拥有的财产自然成为波斯政府的囊中之物。类似的劫掠现象在拜波边境地区非常普遍。另外，随着两国交战导致的边境线改变，也导致边境贸易城市中大量货币的易主。例如，540年波斯人攻陷安条克，在城中大肆掠夺后退去。① 安条克作为拜占庭帝国东方诸省的货币供应地，城中设有官方铸币厂，波斯人的劫掠无疑将铸币厂的金源储备以及铸好的金币掠夺一空。

战争的另一后果就是大量被俘人员需要用金银来赎回。战俘赎回是西欧中世纪典型的敛财方式，在东方的拜占庭帝国也很常见。由于拜占庭帝国的东、北、西面均有敌人，常年的战争造成大量人员被俘，通过战俘赎回的原则，有许多家属能够将被俘的亲人救回。民间、政府甚至皇帝都亲自参与战俘赎回事务。查士丁尼统治时期，大规模战争所带来的大量俘虏正是通过这种方式回到罗马帝国的，按照当时的价码：20000名士兵需要200磅金子②。战俘的赎金多少取决于战俘的地位与能力：通常一位地位较高的人的赎金在10000索里得左右；而平民的赎金大概最多为10索里得。③ 就在上面提及的540年萨珊波斯攻陷安条克之后，安条克大主教被俘，邻城的主教用200磅黄金将其赎回。④ 可以说，战俘赎回行为已经变成一种习惯，亨迪总结道"战俘赎回是一种习惯性放弃使用（禁止贵金属外流的法令规定）的场合"。⑤ 拜占庭帝国与萨珊波斯之间的连年战争必然产生大量战俘，赎回这些战俘所需的金银币由此流向波斯，因此赎买战俘的行为也成为拜占庭金币东流的途径之一。

另外，战争还导致拜占庭帝国在战后需缴纳巨额年贡。拜占庭帝国的富庶是帝国臣民骄傲的资本，同时又成为周边民族寻找财源的目标，仅以萨珊波斯为例，拜占庭帝国支付的大笔贡金对其财政的补充极为重

---

① Greatrex & Lieu, ed., *The Roman Eastern Frontier and the Persian Wars*, Part II, pp. 103 – 105.
② Gibbon, E., *The Decline and Fall of the Roman Empire*, vol. 2, New York, 1931, p. 263.
③ Morrisson C., and Cheynet, Jean-Claude, "Prices and Wages in the Byzantine World", *EHB*, pp. 846 – 847.
④ Greatrex & Lieu, ed., *The Roman Eastern Frontier and the Persian Wars*, Part II, pp. 103 – 105.
⑤ Hendy, M., *Studies in the Byzantine Monetary Economy*, C. 300 – 1450, v. 2, Cambridge University Press: 1985, p. 260.

要。例如，4世纪末期，塞奥多西一世统治期间，皇帝就用支付金钱的方式，得到萨珊波斯人和平的保证①；561年签订的50年和约规定罗马人每年向波斯人支付30000金索里得②；575年拜占庭与萨珊波斯签署为期1年的停战协议，拜占庭政府向波斯支付45000金索里得；546年再次签订3年和约，每年支付30000金索里得。③ 通过年贡的形式，大量拜占庭金币传入萨珊波斯帝国。而拜占庭帝国的金币之所以能够作为年贡源源不断地被外族索取，是因为这些金币含金量高，价值得到广泛认同；同时这些金币作为重要的战略资源，对于该民族自身的发展也颇有助益。在这样的广泛共识下，许多民族普遍要求用金币支付贡赋，有时外族挑起战争的目的只是为了得到金子。事实上，在拜占庭史书中，关于帝国以各种原因付给外族贡赋的记载随处可见，虽然有一些并没有真正支付，但是大多数还是兑现了的。正是通过这样的方式，拜占庭帝国的大量金币以支付给萨珊波斯帝国年贡的形式流到东方。

故而，拜占庭帝国与萨珊波斯帝国间长年战争，在给人们生活带来损害的同时，客观上促成大量拜占庭金币流传到萨珊波斯境内，实现了金币的东传。

第三，除去商贸活动、战争影响等因素导致的拜占庭金币东传，两国间的大量移民也是金币传入萨珊波斯境内的重要途径。由于拜占庭帝国与萨珊波斯帝国数百年的近邻关系，以及在政治、经济、文化、军事上的紧密交流，两国之间存在大量的移民现象，而且造成移民的原因也不一。

有的移民现象是战争的产物。当两大帝国由于战争而导致边境线不断变更时，生活在边境线内的居民则不得不随时更换国籍，因此就会有一些原先为拜占庭帝国臣民在被萨珊波斯占据之后，就将先前的拜占庭金币带入萨珊波斯帝国内。此外，除这种完全被动的移民外，还有一些是生活在对方疆域内的民族，比如萨珊波斯境内的基督徒，或拜占庭疆域内的波斯人。这些人群在社会安定的时候，与当地居民和睦相处。一旦发生战争，他们就成为被屠杀或制裁的对象。例如420年，由于萨珊

---

① John, Lyd. De Mag. III. 52 – 53 (212. 14-214. 7)，转引自 Greatrex & Lieu, ed., *The Roman Eastern Frontier and the Persian Wars*, 2002. p. 20.

② Menander, *Fragment* 6. 1, p. 61—63.

③ Menander, *Fragment* 18. 1 – 5, pp. 159 – 163.

波斯境内残害基督徒，导致一些基督徒逃亡君士坦丁堡，波斯国王因要求遣返这些人被拒绝而发动战争。① 这些人的逃亡过程必定带着一些财产，他们逃亡的成功则实现了财产在两国间的转移。由于两国间频繁的战争，这一现象相当普遍。561 年签署的 50 年和约明确规定："如果在敌对期间从罗马逃往波斯，或者从波斯逃往罗马的任何人想放弃流浪生活，回到自己家里，他将不得被禁止这样做，而且不得阻挡他的回家之路。"② 这一项内容表明因这种原因而出逃的居民人数应不在少数，可见在两国发生战争的时候，有大量居民迫不得已地发生改变，而其结果就是以其为媒介造成拜占庭金币的东传。

除上述战乱期间的非法移民外，拜占庭帝国与萨珊波斯之间还存在着合法的自由迁徙，很多时候这种非战争期间的移民多数出于本国生存环境的恶化。例如，由于查士丁尼皇帝实行丝绸统制政策，不仅将丝绸买卖控制在国家手中，而且还将与丝绸相关的一些行业，诸如织花、染色、加工、制衣等行业均收为国有，由国家统一制定任务，这一措施导致拜占庭帝国的大量丝绸商人和工匠破产，这些人群无奈之中只能纷纷逃往波斯，由于这些人具有专业技能，故而得到波斯国王的欢迎。③ 同样，这些非战争状态下人口迁徙的现象也非常普遍，"50 年和约"还明确限制这些迁徙人口的返家，"如果那些在和平时期从一方逃到另一方的人将不被接受，但是如果他们想逃走的话，将会采用任何方式将他们抓回"④。总体上，拜占庭帝国与萨珊波斯之间存在大量的移民现象，仅就从拜占庭帝国移往萨珊波斯帝国的居民来说，他们在客观上构成了拜占庭金币流传至拜占庭帝国的媒介之一，影响到金币的东传。

作为介于拜占庭帝国通往东方商路的重要政治势力，萨珊波斯帝国是拜占庭金币前往东方的第一站，由于两国之间复杂且频繁的政治、经济、文化交往，通过商贸活动、战争、民间交流等途径，均有大量拜占庭金币流向萨珊波斯帝国。而接下来，拜占庭金币又是如何在萨珊波斯境内继续东传，进而传播至中亚地区的呢？

---

① Greatrex & Lieu, ed., *The Roman Eastern Frontier and the Persian Wars*, Part II, pp. 36 - 37.
② Menander, *Fragment* 6.1, p. 73.
③ Oikonomides, "Silk Trade and Production in Byzanium from the 7 Century to the 9 Centuy.", *DOP* (1986), p. 33.
④ Menander, *Fragment* 6.1, p. 73.

要分析拜占庭金币如何从萨珊波斯帝国继续向东流传的问题，先需了解这些金币在萨珊波斯帝国境内的使用问题，即它们是否会像罗马时期的金币在安息帝国的遭遇一样，被熔铸成新的货币？还是继续以拜占庭索里得的身份继续流通？很显然，萨珊波斯境内出现的大量拜占庭金币以及金币在东方以至于中国境内的大量出土，均表明拜占庭金币没有被大批熔铸，而是仍然以其原来形式存在。

促成这一结果的原因在于，萨珊波斯境内的拜占庭金币仍然能够像在本国一样继续流通。《南史》卷七九《波斯传》载，"波斯国……市买用金银"，表明萨珊波斯帝国使用金银钱流通的事实。然而实际上，萨珊波斯帝国虽然也发行金币，但主要用于纪念性质，数量并不大，而是主要采用拜占庭的金币用于流通。不过，由于缺乏比较明确的文献材料，拜占庭金币与萨珊银币的并行流通只能从当代考古资料加以佐证。中国境内发现的拜占庭金币与萨珊波斯银币在发现时间以及分布地域的相似，表明两者有着非常紧密的关系。实际上，在整个中亚和西亚地区，拜占庭金币与萨珊波斯银币一起作为国际贸易中的通用货币，共同承担着流通的使命。这显然与拜占庭金币索里得的稳定性以及较高的含金量有关。从君士坦丁大帝发行重约 4.5 克的金币索里得以来，这种货币很快受到各地的欢迎，在帝国境外也广为接受。起初，由于萨珊波斯帝国通过商贸往来或战俘赎金、年贡等方式得到的拜占庭金币还比较有限，于是有些人根据阿卡狄乌斯皇帝的索里得样式，制作在重量、形制、成色上都与拜占庭官方发行金币几乎没有差别的金币，以弥补需求的短缺[1]，表明萨珊波斯帝国内拜占庭金币用于流通的事实。

此外，拜占庭金币还作为财富的象征，得到世界范围的欢迎。金币在帝国境内作为财政、税收、储藏的主要内容，自然是财富的符号，例如塞奥多西二世的皇后奥多西亚从其父亲那里得到 100 索里得的嫁妆[2]。然而当金币的影响范围愈来愈广，它们在其他民族眼中也成为财富的象征，为此，拜占庭周边国家均要求用黄金来作为他们停战的条件，而且

---

[1] Erik de Bruijn; Dennine Dudley, "The Humeima Hoard: Byzantine and Sasanian Coins and Jewelry from Southern Jordan", *American Journal of Archaeology*, vol. 99, No. 4 (Oct., 1995), p. 688, 697.

[2] John Malalas, III. 33 (*The Chronicle of John Malalas*, tr. by Elizabeth & Michael Jeffereys and Roger Scott, Melbourne, 1986).

这一现象几乎成为拜占庭帝国外交的一大特色。仅以萨珊波斯帝国为例，通过时断时续发生的战争，以及战后签订的年限不一、数额不等的赔款协议，大量拜占庭金币由此流向萨珊波斯帝国，保证了波斯境内金币的需求。

而萨珊波斯国王之所以允许拜占庭金币在本国的自由流通，同样出于金币的高值性。萨珊波斯人发行银币的同时，也曾铸造正面为王像的金币，为此，拜占庭作家普洛柯比还狂傲地说："虽然在波斯人的王国中存在着这样的金币，但波斯国王或者其他任何蛮族领地内的君主都无权将他们自己的形象铸在金坯上；因为他们无法让那些经商的人使用这样的货币。"① 虽然无法判断究竟出于什么原因萨珊波斯国王放弃金币而主要使用银币，但是显然拜占庭金币具有极强的竞争力，欧洲其他王国发行金币的失败均证明了这一点。

三、萨珊波斯在拜占庭金币东传中的作用

通过上面的分析，可知拜占庭金币凭借其极强的竞争力受到东西方各国的欢迎，保证它们能够在萨珊波斯境内继续流通。下面要讨论这些大量存在于萨珊波斯的拜占庭金币又是如何流向东方的。

得益于位于东西商贸交通要道的地理位置，萨珊波斯帝国不但与西方的拜占庭帝国有着密切的联系，同样与东部中亚地区乃至东亚的中国也有极为紧密的政治、经济、文化联系。当大量拜占庭金币经由政治、经济交往等途径传入萨珊波斯帝国后，伴随着波斯与东方的各种交往，萨珊波斯境内的黄金，特别是以货币为形式的拜占庭式金币，也继续流传到中亚和东亚。具体说来，拜占庭金币由萨珊波斯境内向东的流传，同样借助商贸流通、战争外交等途径。

首先来看拜占庭金币如何经由萨珊波斯与东方的商贸活动实现东传。萨珊波斯人无疑在东方贸易中享有霸权地位。一方面，波斯帝国幅员辽阔，控制各条商业要道：其东部边疆北迄粟特地区、南至印度北部；北接里海南岸、高加索山区；南控波斯湾及印度洋诸口岸。凭借着地理优势以及国家对其商业活动的支持，波斯商人可以顺畅地到达任何地区，经营贸易。例如，波斯作家玛尼（Mani）曾记录一位波斯商人首领，他

---

① Procopius, *History of the Wars*, Book vii, xxxiii 6.

手下有大量商人正欲往印度贸易。① 另一方面，萨珊波斯东部地区小国林立，多以粟特地区诸国为代表的商贸小国，由于他们必须借道波斯境内从事商贸活动，因此对波斯商人在中亚乃至西域地区的活动比较开放。故而，萨珊波斯商人在东西商贸中具有独一无二的优势地位。虽然没有关于中亚地区波斯商人活动的直接文献证据，但中文史书中关于萨珊波斯与中国的交往却有丰富记载，几乎历朝历代都有关于"波斯遣使贡献"的记载。可见曾有大量波斯人参与到深入中国内地的商贸活动。从现今的考古发现来看，从西域一直到中原各地，甚至广州、湖南等地发现的萨珊波斯银币，表明波斯人在东西方商贸活动中具有至关重要的影响。

萨珊波斯人在东方贸易中的霸权还可以通过其他国家试图打破波斯控制的失败尝试反映出来。例如，拜占庭人曾试图以埃塞俄比亚为中间人，来分享波斯人从丝绸买卖中赚取的利润，最终陷于失败②；557 年以后，以粟特人马尼亚赫为代表的突厥使团曾出访萨珊波斯帝国，请求允许粟特人经由波斯境内，把生丝卖给其他民族，而萨珊波斯国王则按照市价将粟特人的生丝买下后全部烧毁，以此来表现他们不愿意让别的商人经营丝绸的决心。接着，突厥可汗再次派出使节，试图劝服萨珊波斯王，使节却被毒杀。③ 此外，波斯人对其他民族的严密防范，在中文史料中也有反映，《隋书》卷八三《波斯传》载，"突厥不能至其国，亦羁縻之"。可以说，在突厥人从北路草原到达君士坦丁堡之前，萨珊波斯对东西方贸易的控制非常严密，从而也保证了波斯商人在这条商路上的霸主地位。

波斯人对东方商贸中货币流通的重要影响，除带来萨珊银币的广泛传播外，还将他们在境内使用的拜占庭金币带至东方。中国境内发现拜占庭金币的同时，常常出现大量萨珊波斯遗存共生的现象，比如：萨珊波斯银币、萨珊波斯锦、萨珊波斯器皿等，详情如下：

第一，萨珊银币：

> 1915 年出土 8、9、10 号拜占庭式金币仿制品的新疆吐鲁番 1 区

---

① Wiesehöfer, *Ancient Persia*, p. 195.
② Procopius, *History of the Wars*, Book I. xix. 1, 17 – 22, xx. 1 – 13
③ Menander, *Fragment* 5. 3, p. 51.

的张氏墓地，同时出土萨珊银币3枚①；

1970年，出土希拉克略金币的西安何家村窖藏同时发现萨珊银币一枚②；

六七十年代新疆吐鲁番阿斯塔那哈拉和卓墓地中出土大量拜占庭金币仿制品与萨珊银币，大多为墓主口含，有的金银币被穿孔③；

八九十年代发现44、45、46号金币或仿制品的宁夏固原史氏墓地，出土萨珊卑路斯银币、萨珊阿尔达希尔三世金币仿制品各一枚④；

1998年，甘肃陇西的两个瓷瓶除出土一枚拜占庭金币外，还有萨珊银币7枚⑤；

2000年，青海乌兰祭祀遗址处共发现一枚拜占庭金币，5枚萨珊波斯银币。⑥

第二，萨珊波斯锦⑦：

---

① Stein, *Innermost Asia*, vol. 3, pp. 645—649.
② 陕西省博物馆、文管会：《西安南郊何家村发现唐代窖藏文物》，载《文物》，1972年第1期。
③ 参见罗丰：《西安史君墓金币》，载《文物》，2005年第1期。
④ 罗丰：《固原南郊隋唐墓地》，北京：文物出版社1996年版，第37、59—61、92页。
⑤ 牟世雄：《甘肃陇西发现的波斯银币》，载《中国钱币》，2002年第1期，第49—50页。
⑥ 李生程：《陕西定边县发现东罗马金币》，载《中国钱币》，2000年第2期。
⑦ 夏鼐先生认为："新疆维吾尔自治区吐鲁番的阿斯塔那墓中，在7世纪开始出现一种织锦，和一般中国汉锦织锦不同，在纺织技术方面，他们所用的丝线，都加捻得很紧；不像汉锦的丝线那样多不加捻，或加捻很松。他们在织法上是采用斜纹的重组织，纬线起花，夹经常是双线的。这种织法在萨珊朝波斯锦中很通行。"1933年和1937年在叙利亚的帕尔米拉所发掘的古墓中，出土了好几件"汉式组织"的暗式绮。这些墓葬的年代为公元83—273年。花纹图样主要由两横列的椭圆圈组成，圆圈的边圈蓝或绿，厚0.8—0.9厘米，边内布满十六个白色的圆球。这种以联珠组成圈的圆饰（Medllion with pearl-border），是波斯萨珊朝的常见图案。据阿克曼的研究，斯坦因所发掘的阿斯塔那墓地出土的猪头纹锦（Ast. i. 6.01）有绶带的立鸟纹锦等都是斜纹纬锦，它们可能是萨珊朝波斯东部即中亚地方所织制的。我们这次在阿斯塔那的发掘中，在325号墓（661年）的出土物中，也有猪头纹锦，在332号墓（665年）也出土有颈绕绶带的立鸟纹锦，这些织锦的花纹图案自成一组，都是所谓萨珊式立鸟纹的特征。萨珊波斯朝银器刻纹上，都有这些特征的立鸟纹。这些动物纹，一般都围绕以联珠缀成的圆圈（即所谓的"球路"纹），这也是萨珊式花纹的特点。参见夏鼐：《新疆新发现的古代丝织物——绮、锦和刺绣》，载《考古学报》1963年第1期，第45—74页。

1915 年，发现 8、9、10 号金币仿制品的新疆吐鲁番 1 区隋唐古墓中，发现带有明显萨珊风格的丝制覆面（或称面衣）、织锦等物；①

1966—1969 年，在发现 14（TAM 48）、16（TAM 92）、20（TAM 138）号金币仿制品的新疆吐鲁番阿斯塔那——哈拉和卓古墓群第三期"盛唐"墓葬群中，也出土带明显萨珊风格的织锦。第 48 号墓葬出隋代联珠对雀"贵"字锦（TAM 48：6），含橙、白、蓝、绿四彩；唐代的联珠孔雀纹锦（TAM48：1），黄地白珠圈内作对孔雀纹样；第 92 号墓中出有唐时对鸟对狮"同"字锦（TAM92：37），为一珠圈内作对鸟、对兽，圈外有"同"字；唐时对鸭纹锦（TAM92：4），大联珠圈内作对鸭图案；第 138 号墓中出有唐时联珠立鸟纹锦 2 件（TAM138：17；TAM138：10），红地大联珠圈内作一立鸟纹样。② 这些织物采用波斯萨珊王朝喜用的联珠对禽、对兽图案，如联珠对孔雀"贵"字纹锦、联珠对鸟对狮"同"字纹锦。这种外国风调的对禽对兽纹样，7 世纪初在我国内地也颇为流行，称为"陵阳公羊"。

第三，萨珊波斯器皿：

1970 年，出土希拉克略金币的西安何家村窖藏中包括 3 件典型萨珊风格的鎏银杯。③

1986 年，发现 46 号金币仿制品的宁夏固原史诃耽墓出土一枚刻有中古波斯文的蓝色圆形宝石印章。④

1959 年，发现 13 号利奥一世金币的内蒙古呼和浩特毕克齐镇商人墓的出土物中，还包括一件略呈弯月形，长 21 厘米，宽 4 厘米，

---

① Stein, *Innermost Asia*, vol. 3, p. 995, pl. CXX, 15 – 17.
② 参见新疆维吾尔自治区博物馆：《吐鲁番县阿斯塔那—哈拉和卓古墓群清理简报》，载《文物》，1972 年第 1 期，第 8—19 页；新疆社会科学员考古研究所编：《新疆考古三十年》，乌鲁木齐：新疆人民出版社 1983 年版，第 100 页。
③ 陕西省博物馆、文管会：《西安南郊何家村发现唐代窖藏文物》，载《文物》，1972 年第 1 期。
④ 关于此枚印章的分析研究参见罗丰：《固原南郊隋唐墓地》，北京：文物出版社 1996 年版，第 240 页；林梅村：《汉唐西域与中国文明》，北京：文物出版社 1998 年版，第 198 页。

重12.2克的金饰片,其图案带有明显的异族色彩,还有两枚特别的镶宝石戒指和一件残破的高足杯。①

上述情况表明拜占庭金币及仿制品与波斯萨珊银币的出土情况十分相似,有力地证明拜占庭金币与萨珊银币在东传过程中的相伴特征。

无论是各个国家试图打破波斯对商贸活动控制的努力,还是中国境内的波斯遗存,以及中文史书中关于波斯遣使中国的记录,都表明波斯人在从萨珊波斯境内通往东方的商路中具有重要影响。因此,在萨珊波斯境内流通的拜占庭金币,有可能经由波斯商人为主的商贸活动,传至中亚、粟特以及中国境内。

其次,一些拜占庭金币还通过政治、外交途径传至东方。在萨珊波斯帝国的东部,虽然长期存在着一些商贸小国,但不时地也会出现一些比较强盛的,诸如嚈哒、突厥等国家,与萨珊波斯在中亚发生冲突。5世纪初,一支中文史书称为滑的民族在中亚逐渐强盛,并建立嚈哒汗国,控制着阿姆河以及锡尔河流域的粟特地区,5世纪后半期与波斯人在中亚进行了大规模争夺霸权的战争,在465年和484年,萨珊波斯两次大败于嚈哒,被迫缴纳大量金银作为贡赋。② 484年,萨珊波斯王卑路斯战死,新任波斯国王为筹措支付嚈哒人的大量金银,要求拜占庭皇帝给他们黄金,结果引发战争。③ 另外,一位叙利亚作家记述了这场战争后嚈哒人对萨珊波斯国王的要挟,称:"对我们来说,波斯人给我们的贡赋是远远不够的……罗马国王曾派他的大使向我们许诺,一旦我们解除与你们波斯人的友谊,他们会给我们更多贡赋。"④在从5世纪到6世纪中期嚈哒为萨珊波斯与突厥联手消灭之前,通过外交贡赋等方式,大量黄金流入嚈哒汗国,进而出现在中亚乃至中国西域的市场中。

继嚈哒汗国控制中亚地区的突厥人,同样继承了与萨珊波斯在中亚

---

① 内蒙古文物考古队、内蒙古博物馆:《呼和浩特市附近出土的外国金银币》,载《考古》,1975年第3期。我国其他地方也出现过类似的高足杯,一般认为这是波斯等中亚、西亚风格的杯,但北京大学齐东方认为这是拜占庭风格的高足杯。齐东方:《唐代银高足杯研究》,见北京大学考古系编:《考古学研究》,北京:文物出版社1992年版,第213—214页。

② Wiesehöfer, *Ancient Persia*, pp. 311 – 312.

③ Josh. Styl. 18 (247.25-248.12), 19 (248.21 – 8), see Greatrex & Lieu, ed., *The Roman Eastern Frontier and the Persian Wars*, Part II, pp. 60 – 61.

④ de la Vaissiere, Sogdian Traders: A History, p. 230.

地区的冲突。萨珊波斯与突厥联盟灭掉嚈哒之后，立刻陷入对中亚粟特地区的争斗中。前文曾提到的突厥使臣在波斯帝国的遭遇，也反映出波斯人对突厥势力崛起的抗拒；同时波斯人斩杀使者的行动也挑起两国间的战争。例如：574 年，突厥人约拜占庭军队联手攻击萨珊波斯帝国，并最终取得胜利，萨珊人不得不同意向突厥人缴纳总数为 40000 索里得的年贡；588 年，在两国的再次交锋中，突厥战败，在波斯王霍尔米兹德四世（Hormisdas IV，579—590 年在位）的强烈坚持下，突厥人不得不向"萨珊波斯支付一份同样为 40000 金币的年贡"①。同样通过外交贡赋的形式，大量黄金由萨珊波斯帝国流入突厥境内。

在萨珊波斯称霸西亚及至中亚的数百年时间内，它与其东西各邻国均发生过无数战争，当 561 年萨珊波斯代表与拜占庭使者商讨和约之际，曾称他们在东方消灭了以嚈哒为代表的数十个政权，并让他们缴纳年贡。② 虽然这位代表没有明确指出以何种形式缴纳的年贡，不过，根据上述萨珊波斯与突厥汗国之间的年贡支付方式来看，以拜占庭金币为形式的黄金即使不是年贡支付的唯一方式，也是比较常见的形式之一。

上面关于萨珊波斯帝国与东方各政权的政治冲突以及解决方法，反映出作为东地中海地区的通行货币以及财富象征的拜占庭金币，在中亚地区同样具有类似的功能。正因为此，中亚地区战争的双方都以支付黄金作为战败方缴纳贡赋的方式，从而促成大量拜占庭金币继续流传到东方。

总的说来，由于萨珊波斯帝国与中亚以及东方各民族之间密切交往，存在波斯境内的拜占庭金币通过波斯人与东方的政治、经济、文化联系，继续向东流传，进入中亚或者中国境内。

第二节 嚈哒与拜占庭帝国的往来及其在丝绸之路上的影响

嚈哒是 5 到 6 世纪中期控制着中亚地区的强大政权，它位于萨珊波斯帝国以东，强盛时西域各国纷纷依附，控制着以商贸著称的粟特地区，西北自咸海起向东到达塔里木河中游，向南扩至整个印度河流域直到印度洋。在军事上曾对萨珊波斯帝国造成巨大压力，影响其国王的废立，

---

① Theophanes Confessor, AM 6057, p. 354.
② Menander, *Fragment* 6.1, p. 51.

曾派兵对拜占庭帝国的边境要塞发起攻击；也曾数次到访中国，在正史中留下比较详细的记载。因其所处的关键地理位置以及在东西方政治生活中的显著存在，研究者很早就开始关注它。然而，由于嚈哒没有自己的文字，周边国家关于它的记载也很有限，因此关于嚈哒的研究大多为钱币铭文的释读以及对其历史发展的钩沉，且仍"没有跨出假说的阶段"①。而有关嚈哒在东西方贸易中的地位与影响，虽有个别提及，但不是过于笼统，就是在资料和论述方面仍有缺憾②。

事实上，就中古时期的中亚社会而言，嚈哒与此前的大夏、此后的突厥类似，均承担着政治管理的社会职责，而其他居民则履行生产、贸易等职能，所以王国维称"西域人民，……遂专业职业，不复措意政治之事。是故希腊来则臣希腊，大夏、月氏来则臣大夏、月氏，嚈哒来则臣嚈哒，……突厥来则臣突厥，大食来则臣大食"③。也就是说，在参与东西方之间政治、经济、文化交流的过程中，嚈哒和突厥的影响属于一类，均是通过其掌握的政治权力以及有利地理位置来架设起连通东西方的桥梁。而且嚈哒汗国的强盛时期正逢拜占庭帝国早期的繁荣强盛时期，当西突厥汗国在6世纪末与拜占庭帝国频繁通使时，后者已经开始衰落。因此，我们有必要考察拜占庭帝国强盛时期嚈哒与其的交往，并以此为基础探索嚈哒在丝绸之路上产生的影响，从而全面认识此时丝绸之路所承载的亚欧大陆东西两端的政治、经济、文化往来。

一、嚈哒与拜占庭帝国的政治军事往来

嚈哒与古代历史上该地区的其他政权一样，并没有撰史留下自己的

---

① 余太山：《嚈哒史研究》，北京：商务印书馆2012年版，第9页。
② 目前国内关于嚈哒的研究以余太山为最，重点关注嚈哒是怎样形成、发展的，除《嚈哒史研究》外，还可参见其文章：《汉文史籍关于嚈哒的记载》（上、下），载《贵州师范大学学报》，2016年第1期，第62—76页；2016年第4期，第71—82页。国外研究嚈哒的学者，如Etienne de la Vaissière、Nicholas Sims-Williams、Klaus Vondrovec、Nasim Khan、Etsuko Kageyama、Ardogdy Kurbanov等等，也主要是通过对考古发现的资料，包括古币、古文书、壁画等的释读与分析，探查嚈哒帝国自身的经济、政治、社会生活等问题，偶尔涉及其与邻国的关系。以上著作关于嚈哒在东西方经济文化交流中的作用均笼统提及。关于嚈哒在东西方丝绸贸易中的影响，张爽曾专文论述，参见《5—6世纪亚欧大陆的政治联系与丝绸贸易——以嚈哒帝国为中心》（《社会科学战线》，2013年第4期，第130—134页），但并未充分展开，该领域仍有巨大的挖掘空间。
③ 王国维：《西胡考》，李锦绣编辑，欧亚学研究网站扫校版，2004年7月31日，http://www.eurasianhistory.com/data/articles/a05/684.html，2016年10月3日

记载,只能通过周边其他民族的记录来探寻其过往。由于资料的限制,学界关于嚈哒的研究存在很多争议,例如:其族源与族属问题、使用的语言以及与周围国家的关系等等。① 不过,幸好拜占庭的一些史家们记录下东方的"Hephthalites"或称"白匈奴"(the White Huns),也就是中文史书中的"嚈哒""嚈噠""挹怛""滑国"等②,这些为我们梳理了解嚈哒与拜占庭帝国的政治往来提供了条件。

嚈哒在拜占庭史料中的频繁出现主要集中于5世纪中后期到6世纪初。我们参考的资料主要来自三位史家:修行者约书亚(Joshua the Stylite,生卒年不详,著作完成于507年)和米蒂利尼的扎哈里阿(Zaharias of Mytilene,约465—约536年)以及普罗柯比(Procopius,约500—约554年)。前两位都是帝国东部边境地区的主教,对于这里的情况更为熟悉,由于他们各自的《编年史》和《教会史》分别用叙利亚文撰写,因此其记述内容很少被其他拜占庭史家使用;普罗柯比由于亲身参与波斯战争,有机会调查了解更丰富的信息,并在《战史》中记述其来龙去脉。此外,6世纪末的米南德(Menander the Protector,约550—约605年)撰写的《历史》记载着嚈哒被突厥消灭的信息;塞奥法尼斯(Theophanes the Confessor,约758—818年)于9世纪完成的《编年史》也曾提及嚈哒,但材料均引自早期史书,也比较简略。因此,考察这个时期嚈哒与拜占庭帝国的联系主要参考前三位史家的记录。

这个时期嚈哒之所以频繁出现在拜占庭史书当中,主要源于萨珊波斯国王卑路斯(Peroz,459—484年)与嚈哒的征战以及其子卡瓦德与嚈哒的合作。通过修行者约书亚的记录,可以了解卑路斯与嚈哒之间的交往。具体说来,其交往可分为三个阶段:一、卑路斯在与嚈哒(文中称匈奴)交战时不幸被俘,后通过缴纳赎金恢复自由,卑路斯与嚈哒缔结

---

① 关于嚈哒的族源及族属问题的不同观点包括:高车说、大月氏说、康居说、匈人说、柔然说、蒙古说、突厥说、伊朗说、悦般说、高句丽说等等,参见余太山:《嚈哒史研究》,北京:商务印书馆2012年版,第11—52、199—215页。以及 Kazuo Enoki, "on the Nationality of the Ephthalites", *Memoirs of the Research Department of the Toyo Bunko*, No. 18, Tokyo: the Toyo Bunko, 1959, pp. 1-59; Ardogdy Kurbanov, *The Hephthalites: Archaeological and Historical Analysis*, PhD Thesis of the Free University of Berlin, 2010, p. 3.

② 有学者认为西方文献中的 Hephthalites 并非中文史书中的嚈哒,而是小月氏的后代,这仅仅一家之言,本书仍以学界的通识为准,参见王德龙:《Hephthalites 是嚈哒吗?》,载《史学月刊》,2007年增刊。

和约，承诺不再发动攻击。二、不久后卑路斯背约再次挑起战争，再次兵败被俘，这一次，卑路斯以其名誉发誓，并承诺用 30 头骡子负载的银币来换取自己的安全，结果由于国库空虚，无法凑够所需银币，只能把儿子卡瓦德作为人质留在嚈哒，他回到国内通过征收新的人头税才凑够足够的金额换回儿子。三、不久之后，卑路斯第三次发动对嚈哒的战争，但不幸的是他本人在战斗中阵亡。① 拜占庭帝国与嚈哒间的联系就是以上述萨珊波斯在政治上的重大变故为背景的。

第一，萨珊波斯因嚈哒的威胁而向拜占庭帝国索要钱财。当遭遇来自嚈哒的威胁时，萨珊波斯的国王们数次要求拜占庭皇帝为他们提供资金，作为对抗匈奴、保护罗马帝国不受蛮族进攻的费用，但均遭到拜占庭皇帝们的拒绝。这一点也可以从后来卡瓦德写给查士丁尼一世的信中得到印证：

> 卡瓦德，日出之地的众王之王，致月落之地的弗拉维乌斯·查士丁尼·凯撒（Flavius Justinian Caesar）。我在古代记录中看到我们互为兄弟，而且如果一方需要兵力、需要金钱，另一方就需要为其提供。从那时一直到现在，我们始终如此坚持。有的民族兴起后威胁到我们，威胁我们必须起而抗击；有的民族我们成功地用金钱礼物说服其臣服：无论是哪个民族，显然我们需要动用国库。我们曾就此事知会阿纳斯塔修斯（Anastasius I，491—518 年）和查士丁（Justin I，518—527 年）两位皇帝，但我们一无所获……②

波斯人所依据的"古代记录"是 363 年皇帝朱维安（Jovian，363—364 年）时签订的，针对的对象是从黑海与里海之间的高加索关口对拜占庭

---

① Joshua the Stylite, *Chronicle of Joshua the Stylite*, 10 – 11, trans. William Wright, Cambridge: Cambridge University Press, 1882, pp. 18 – 19. Greatrex 在书中引述了此段内容，但称卑路斯与嚈哒之间的战争是两次，一次被捕，一次被杀，见 Geoffrey Greatrex & Samuel N. C. Lieu, ed. & compiled, *the Roman Eastern Frontier and the Persian Wars*, *A Narrative Sourcebook*, London and New York: Routledge, 2002, p. 46.

② John Malalas, *The Chronicle of John Malalas*, book 13：42, trans. E. Jeffreys, M. Jeffreys and R. Scott, Melbourne: Australian Assoc. for Byzantine Studies, 1986, pp. 263 – 264.

帝国以及萨珊波斯帝国均造成重大威胁的匈奴人。① 而嚈哒位于萨珊波斯东北,其威胁仅仅针对萨珊波斯,拜占庭帝国一般不受影响,因此皇帝们大多表示拒绝,认为波斯人要自己应对嚈哒,无权要求罗马人支付这笔钱。②

第二,个别拜占庭皇帝曾出钱资助萨珊波斯帝国与嚈哒的战争。在皇帝芝诺与国王卑路斯统治时期,拜占庭帝国与萨珊波斯帝国关系很是不错。在前面提到的修行者约书亚的叙述中,卑路斯正是在罗马帝国资金的支持下,才发动了对嚈哒的第一次战争;当他第一次被捕时,也是芝诺皇帝动用自己的"私库"来将他赎回③;当其在484年最后一次发动对嚈哒的战争时,随行的人员当中就有来自拜占庭的使者,即由皇帝芝诺委派的尤西比乌斯(Eusebius)④,并且当卑路斯率军深入嚈哒境内时,只有尤西比乌斯一人敢于当面劝卑路斯不要继续冒进,而其他波斯大臣均不敢这么做。⑤ 由此可见,此时拜占庭帝国与萨珊波斯帝国在政治上处于合作状态,因而通过萨珊波斯帝国对嚈哒的情况多有了解。

第三,拜占庭帝国与嚈哒汗国还存在着直接接触。米蒂利尼的扎哈里阿曾提到嚈哒对波斯发动攻击后,萨珊波斯国王询问嚈哒为何要打破

---

① John Lydus, *De magistratibus* iii. 52, in Geoffrey Greatrex & Samuel N. C. Lieu, eds., *The Roman Eastern Frontier and the Persian Wars*, *A Narrative Sourcebook*, London: Routledge, 2002, p. 20. 关于罗马帝国与萨珊波斯帝国就高加索关口的防御事宜,详见该书第 171、188—194 页。

② 利奥一世(Leo I, 457—474 年在位)曾拒绝过这种要求,后来在卑路斯死后成为波斯"众王之王"的巴拉什(Balash, 484—488 年在位)也曾要求芝诺支付萨珊波斯军队抗击嚈哒人的费用,但遭到拒绝,参见 Joshua of Stylite, *Chronicle of Joshua the Stylite*, 12, p. 19. 关于阿纳斯塔修斯一世对卡瓦德要求的拒绝,参见 Procopius, *History of Wars*, I. vii. 1 - 2, trans. H. B. Dewing, New York: The MacMillan CO., 1914, pp. 49 - 51.

③ 萨珊波斯国王卑路斯成功地从拜占庭政府拿到抗击嚈哒军队的金钱,这一点也可以在修行者约书亚的《历史》中得到印证,他说:"卑路斯,波斯人的国王,由于他对贵霜(Kushanaye)或匈奴人(Huns)的战争,经常从罗马人这里拿钱,然而不是以贡赋的名义,而是因其宗教热情而兴奋,似乎他所进行的战斗是为了罗马人的利益,他说,'他们将不会进入你们的疆域'。"见 Joshua of Stylite, *Chronicle of Joshua the Stylite*, 9. p. 18.

④ 有学者指出这位尤西比乌斯是芝诺为观摩波斯与嚈哒的这场战争而特意派来的,见 Beate Dignas & Engelbert Winter, *Rome and Persia in Late Antiquity*: *Neighbours and Rivals*, Cambridge: Cambridge University Press, 2007, p. 36; 但普罗柯比的希腊文原文并未提到这位尤西比乌斯出使之前的职务,只是说"随行的人员当中有罗马使臣尤西比乌斯,他是芝诺皇帝派来的",并未明确说明其就是为这场战争而特意派遣的,详见 Procopius, *History of Wars*, I. iii, 8, pp. 15 - 17.

⑤ Procopius, *History of Wars*, I. iii, 13 - 19, p. 19.

他们之间的盟约入侵波斯人的疆土①,嚈哒人回答道:

> 波斯人的王国通过贡赋给我们的,对于我们蛮族人来说远远不够,……我们凭借自己的武器、自己的弓箭、自己的刀剑生存;我们依靠各种各样的生鲜食物供养自己;罗马人的皇帝通过其使者向我们承诺,如果我们解除与你们波斯人的友谊,那么他们就会给我们两倍的贡赋;于是我们就做好准备来到这里,你们如果给我们像罗马人那么多的贡赋,我们就与你们缔盟,否则,那么就接受战争吧。②

另外,普罗柯比在描述502年萨珊波斯国王卡瓦德对拜占庭帝国的进攻时,称其原因是卡瓦德要求皇帝阿纳斯塔修斯一世借给他钱,以支付给嚈哒,作为嚈哒之前帮助他夺得王位的回报,但阿纳斯塔修斯与众臣僚商议后,认为罗马人"花钱来维系他们的敌人与其朋友之间的友谊,这么做非常不明智;对于罗马人来说,更好的办法是尽可能离间他们的关系"③。

虽然米蒂利尼的扎哈里阿关于事件中的人物和时间描述存在错误,

---

① 原文是"当波斯人的国王卑路斯统治时,正逢阿纳斯塔修斯即位的第13年(502/503年),匈奴人从波斯人把守的关口发起攻击,从那里的山区入侵了波斯人的疆土",这里的人物、事件和时间出现了错误,由于后面说到卑路斯在对"匈奴人"的战争中死去,尸体没有找到,所以此处的"匈奴人"当指嚈哒,因为历史上也只有卑路斯是在对嚈哒(亦称白匈奴)的战争中阵亡的。不过这一事件发生在484年,而非阿纳斯塔修斯即位(491年)后的第13年(即502/503年),后者是卑路斯之子卡瓦德对拜占庭发起攻击的时间。因此,扎哈里阿说的事情应当发生在芝诺统治时期。但在前文已引述普罗柯比在《战史》中的记载,称卑路斯在率军攻入嚈哒时,跟随大军出发的还有芝诺皇帝派来的拜占庭使者尤西比乌斯。如果真的如有的学者认为的那样,这位尤西比乌斯是专为这场战争而来的,那么,在罗马帝国恶意诱导嚈哒人发动战争的情况下,芝诺竟然特意派使节前来观战,且卑路斯还如此看重罗马帝国的使者,显然不合情理,但从行文看,扎哈里阿的描述非常详细,其中还包括为嚈哒服务的拜占庭商人尤斯提斯(Eustace)的活动,因此其有一定的依据;而普罗柯比以古代史家为榜样,也尽量做到有据可依,且我们目前也没有资料证明他们说的这些事实不存在,因此如果扎哈里阿和普罗柯比的记述都准确,那么唯一合理的解释是:这位拜占庭使者确实在萨珊波斯对嚈哒的战争中随行,但他不是为这场战争特意派遣而来,而是数年前被皇帝派往波斯帝国的使者,因故留在波斯帝国,并得到国王卑路斯的看重。相关内容参见 Zacharias of Mitylene, *The Syriac Chronicle* (*The Syriac Chronicle Known as that of Zachariah of Mitylene*), trans. F. J. Hamilton & E. W. Brooks, London: Methuen & CO., 1899, pp. 152 – 153; Procopius, *History of Wars*, I. vii, 2, p. 51.

② Zacharias of Mitylene, *The Syriac Chronicle*, pp. 152 – 153.

③ Procopius, *History of Wars*, I. vii, 2, p. 51.

让读者无法明确判断是拜占庭帝国的哪位皇帝、在何时、派遣何人前去与嚈哒商谈两倍贡赋以及共同对付萨珊波斯的事宜；普罗柯比记录的也只是一个提议，未见其落实的情况。但它们共同反映出：到5世纪后期，随着萨珊波斯帝国与嚈哒之间频繁的战争、联盟等交往，嚈哒与拜占庭帝国已经有条件进行直接接触，并且这种接触影响着拜占庭帝国与萨珊波斯帝国的力量平衡。

到6世纪初，已经有确切证据说明嚈哒与拜占庭帝国的直接军事冲突。当卡瓦德在502年对拜占庭边境的要塞阿米达（Amida）、泰拉（Tella）、哈兰（Harran）和埃德萨（Edessa）[①]发起攻击时，他们的军队中就有挥舞着狼牙棒的嚈哒士兵。502年9月，驻守哈兰的将军理菲特（Rifite）在一次秘密出城行动时，与一支嚈哒军队狭路相逢，最终杀死60名嚈哒士兵，并俘获他们的首领，由于该首领身份较高，颇受波斯国王看重，因此理菲特与哈兰人在得到其承诺不攻击哈兰后，不仅将其释放，还赠送1500只羊及其他物品作为礼物。[②] 普罗柯比也提到一些嚈哒士兵在阿米达城外遇到虔诚的雅各（Jocabus）以及随后发生的事情[③]，这些新情况说明6世纪初拜占庭帝国与嚈哒汗国之间的政治、军事交往很是频繁。

不过，虽然史书记录显示5世纪中后期和6世纪初嚈哒与拜占庭的联系最为频繁，但并不能确定两国的联系最早在5世纪中期确立。在此之前两国之间的交往是否存在？如何表现？由于资料的限制，关于这一问题的讨论仍困难重重。其原因在于嚈哒历史本身就充满了争议和不确定性，因此其与拜占庭帝国的最早接触时间也存在争议。一般认为，嚈

[①] 阿米达（Amida），今土耳其东南部最大城市迪亚巴克尔（Diyarbakir）。泰拉（Tella），希腊人称为康斯坦缇娜（Constantina），泰拉是当地的叙利亚语称呼，今土耳其东南部维兰谢希尔（Viranşehir）。哈兰（Harran）位于今土耳其东南部巴勒克河畔，阿密阿那斯·玛西里那斯称之为Carrhoe。埃德萨（Edessa）是拜占庭帝国治下美索不达米亚极北地区的重要城市，坐落于西尔特河（Scirtus）河畔，关于其建城时间和缘由，众说纷纭。基督教兴起以后，这里以其神学研究著称，各地研究者纷至沓来，在聂斯托利派教义纷争中这里是重要的参与者。这里位于拜占庭帝国与萨珊波斯帝国的交界处，饱受战火，但因宗教缘故它也被誉为上帝庇佑的城市，曾多次在战争中幸免；6世纪末被库思老一世焚毁。多位主教以此地为中心编撰历史，因此也是现代学者研究的一个重点。相关资料参见 A. P. Kazhdan, ed., *The Oxford Dictionary of Byzantine*, vol. 1 - 2 - 3, Oxford: Oxford University Press, 1991, pp. 77, 497; William Smith, *Dictionary of Greek and Roman Geography*, vol. 1, London: The British Museum Press, 2003, pp. 806 - 807.

[②] Joshua of Stylite, *Chronicle of Joshua the Stylite*, 62, 59, pp. 154, 150.

[③] 详见 Procopius, *History of Wars*, I. vii, 7 - 11, p. 51 - 53。

哒迁徙到中亚并建立政权的时间在5世纪初,也就是408年前后。① 也有观点认为嚈哒在4世纪中期,即366—376年之间进入中亚两河流域的粟特地区;到5世纪30年代末,嚈哒继续向西迫使生活在吐火罗斯坦,由国王寄多罗(Kidarite)统治的大月氏国向西迁徙,在富楼沙建立小月氏国。② 由于嚈哒的历史源起如此扑朔迷离,似乎探索其与拜占庭帝国最早接触的时间问题就无法成立。

然而,普罗柯比在介绍嚈哒时曾提道:这个国家毫不逊色于罗马人和波斯人,"他们除了有一次与波斯人(Median)的军队一起入侵罗马人的疆域外,再也没有发动过别的入侵"③。这段话的信息量比较丰富:一方面,在卑路斯时期嚈哒已经是能够媲美于拜占庭帝国与萨珊波斯帝国的政权,说明他们足够强大;另一方面,嚈哒参与了波斯军队对拜占庭帝国的进攻。那么,这次联合进攻发生在何时?进攻的是哪座城市呢?

前文提到502年围攻埃德萨时出现在波斯军队的嚈哒士兵,那么普罗柯比的这句话是否指的是这次军事行动呢?从《战史》本身的行文逻辑来看,这种说法并不合适。普罗柯比是在讲述波斯国王卑路斯与嚈哒作战时(484年之前某年)特意对后者做了简单介绍,并指出他们曾与波斯人"一起进攻罗马人的疆域",接着他详细描述卑路斯进攻嚈哒遭遇惨败并阵亡的整个过程以及卑路斯去世后波斯政局的动荡;而嚈哒与波斯一起进攻埃德萨的时间(502年),是卑路斯的儿子卡瓦德第二次夺取政权后的数年之后。普罗柯比以古代史家为效仿对象,在叙述卑路斯末年的战事时不可能将20多年后的情况作为前情回顾,这不符合逻辑顺序。因此,在卑路斯统治之前,嚈哒确实曾与波斯合作参与到对拜占庭城市的进攻,可惜普罗柯比没有说明时间。

这个问题在前面提到的三份史料中均找不到答案,只能从别的途径寻找。4世纪时曾作为士兵参与波斯战争的阿密阿那斯·玛西里那斯(Ammianus Marcellinus,约325—约391年),在其用拉丁文撰写的《历史》(Res Gestae)中,提到了位于波斯东北部的一个叫作匈尼特(Chionites)的部落,该部落曾在360年由国王格伦巴特(Grumbates)率军参

---

① A. Cunningham, "Later Indo-Schythians. 'Ephthalites, or White Huns'", *The Numismatic Chronicle and Journal of the Numismatic Society*, Third Series, Vol. 14 (1894), pp. 243–293.
② 余太山:《嚈哒史研究》,北京:商务印书馆2012年版,第71、89—90页。
③ Procopius, *History of the Wars: the Persian War*, I. iii. 1–5, pp. 13–15.

与波斯军队对阿米达城的进攻。① "匈尼特（Chionitae）"一词源于巴列维语的 Xyōn 或 Hyōn，古代晚期时，生活在巴克特里亚和中亚两河流域。关于他们与后来西方史书中经常出现的 Huns，以及中文史书中的"匈奴"有何关系，特别是与本文论及的嚈哒人是何种关系，目前学术界仍存较大争议。起初，法国学者吉尔诗曼（R. Ghirshman，1895—1979 年）根据其对一枚中亚货币铭文的释读，主张匈尼特与嚈哒是同一民族，但后来奥地利学者戈布尔（R. Göbl，1919—1997 年）对该铭文的释读提出异议，从根本上瓦解了吉尔诗曼的主张。② 因此，当今学术界对匈尼特与嚈哒是同一民族的主张总体上持否定意见。由此一来，360 年匈尼特与波斯对阿米达城的进攻，就没有证据证明是普罗柯比提到的嚈哒与波斯对拜占庭城市的进攻。

不过好在本书考察的是东西方的交流与沟通，而非中亚民族史，不需要对嚈哒的民族来源分说清楚。即便匈尼特与嚈哒存在差异，但可以确定的是：在 4 世纪中期，位于萨珊波斯帝国以东的中亚部族或政权已经参与到萨珊波斯与拜占庭帝国的军事冲突当中，这些匈尼特人与阿密阿那斯·玛西里那斯在文中第 3 卷记录的匈奴人（Huns）不同，并没有在黑海周边定居下来，而是回到中亚；此外，新近发现并释读出的巴克特里亚文献中，有两封信件中出现了 Gurambad（γοραμβαδο）的名字，其中一份的时间在 430 年左右③，与匈尼特国王的名字 Grumbates 几乎一样，也印证了匈尼特人的中亚身份。所以阿密阿那斯《历史》中的这则记录可以看作中亚地区政权与拜占庭帝国的早期接触。如果匈尼特不是嚈哒的祖先，那么在此后也可能有一支与嚈哒很接近甚至属于嚈哒的军队曾帮助萨珊波斯进攻拜占庭帝国，可惜未被记录下来。

总体上讲，从 5 世纪中期到 6 世纪初，由于嚈哒汗国对萨珊波斯帝国在军事和政治上的巨大优势，其影响延伸到拜占庭，从而与拜占庭帝

---

① Ammianus Marcellinus, *The Roman History of Ammianus Marcellinus*, trans. by John C. Rolfe, vol. 1, XVIII: 7 – 8, London: William Heinemann Ltd., 1935, pp. 449 – 469. 关于匈尼特与匈奴、嚈哒的联系，参见 Etienne De La Vaissiere, *Sogdian Traders, A History*, trans. James Ward, Leiden: The Neitherlands Koninklijke Vrill NV incorporates the imprints Brill Academic Publishers, Martinus Nijhoff Publishers and VSP, 2005, p. 99.

② Felix, Wolfgang, "Chionites", *Encyclopedia Iranica Online Edition*, updated in 2011 – 10 – 18, http：//www.iranicaonline.org/articles/chionites-lat, 2016 – 10 – 05.

③〔英〕尼古拉斯·辛姆斯—威廉姆斯：《阿富汗北部的巴克特里亚文献》（上），李鸣飞、李艳玲译，兰州：兰州大学出版社 2014 年版，第 311—312 页。

国在政治和军事上发生了接触。这些接触的政治影响虽不显著,却是中亚地区与拜占庭帝国交往的重要体现,因为政治接触与联系是地区间经济、文化与社会交往繁盛基础上的结果,有限的政治、军事交往背后往往存在着更为频繁的经济、文化交往。

二、史书中反映出的嚈哒与拜占庭的民间往来

当我们试图从史料中探寻嚈哒与拜占庭帝国的经济、文化联系时,发现这种考察比梳理其政治、军事往来还要难,因为史书通常记录的是重大政治事件和军事冲突,不会专门记录两地之间的民间往来,因此,我们只能从史书的字里行间来寻找答案。而答案是:在 5—6 世纪中期,嚈哒治下的中亚地区与拜占庭之间的民间交往是畅通的。

首先,信息传播渠道比较畅通。从 6 世纪时的各位拜占庭史家的历史写作来看,此时拜占庭人对于嚈哒已有一定的了解。关于卑路斯国王与嚈哒的冲突,在修行者约书亚于 507 年撰写的《历史》中①有非常详细的说明,这也是关于这些冲突的最早记录。虽然他没有详细介绍这支"匈奴人"的情况,没有明确区分他们与黑海、高加索地区的匈奴人的区别,但叙述的详细程度说明他获得的信息主要围绕着这些事,从而能够将其记录下来。

其他史家关于嚈哒的记载则能反映出他们对嚈哒社会的了解。如米蒂利尼的扎哈里阿在说明里海附近生活着的其他民族时,特意提到了一些部落,有 the Abdel、the Ephthalite②,说他们"生活在帐篷中;食用牛肉、鱼肉以及野兽的肉,以武力谋生"③。而普罗柯比却说嚈哒早就开始了定居生活,由一位国王统治,建立了以法律为基础的国家制度,"拥有一部合法的宪法,在处理对外与对内事务时谨守权利与正义"④。这两段说明之间显然存在着矛盾。但这种矛盾并非特例,在中文史书中也有不同说法。《北史》和《隋书》都称嚈哒"无城无镇,王居无定所"⑤,北

---

① Joshua of Stylite, *Chronicle of Joshua the Stylite*, Preface and pp. 1 – 9.
② 现代学者认为两个名称是不同地区对嚈哒的称呼,希腊语读作 Ephthalite (或 Hephthalite),叙利亚语读作 Abdel,参见余太山:《嚈哒史研究》,北京:商务印书馆 2012 年版,第 11 页。
③ Zacharias of Mitylene, *The Syriac Chronicle*, XII. viii, p. 328.
④ Procopius, *History of Wars*, I. vii, 2, p. 51.
⑤ 〔唐〕李延寿:《北史》卷 97《嚈哒传》,北京:中华书局 1974 年点校本,第 3023 页。

魏时宋云、慧生等人曾在519年抵达嚈哒,他们说那里"居无城郭,游军而治。以毡为屋,随逐水草。夏则随凉,冬则就温"①,南梁元帝萧绎绘制的《职贡图》中称滑国(嚈哒)"无城郭、毡屋为居,东向开户"②;但同时史书也称其有首都拔底耶城。对此有学者解释为:嚈哒崛起以后与其他游牧民族建立的政权一样,开始在城镇当中定居,且不断有新的部落加入,不同的史籍记录了其不同时期的生活片段。③

上述观点有一定道理,但中亚地区的社会比较复杂,正如本书开始时提到的,嚈哒只是统治者,他们的生活方式与其统治的居民不见得完全一致。如果如中文史书描述的那样,嚈哒"王居无定所",那么扎哈里阿的记录似乎更为准确。反过来,普罗柯比对嚈哒的记录曾引起学者的质疑,卡梅伦认为他刻意模仿希罗多德,在描述嚈哒时增加了一些他的想象与讹误④,因为嚈哒汗国似乎与"宪法""权利与正义"很难联系起来。但其他材料却验证了普罗柯比的正确。阿拉伯史家泰伯里曾记录了卑路斯在嚈哒帮助下夺取王位的过程:当卑路斯提出请求时,嚈哒的国王并没有立刻同意,而是在获得消息称霍尔姆斯(Hurmuz III,卑路斯的弟弟,457—459年)确实非法占有王权后,才以霍尔姆斯"不义、不公正"的名义派兵帮助卑路斯。⑤ 从这一点看,至少在波斯人的传言当中,嚈哒国王是讲究"权利与正义"的。另外,威廉姆斯新释读的巴克特里亚文书中,有一份年代在527年的购地和约,明确提到需要缴纳的嚈哒税(Hephthalite tax),该文件一式两份,其中一份已被打开,另一份封存完好,和约规定:当出现纷争时后者需当着官员或仲裁法官的面才能打开。⑥ 这一资料表明嚈哒治下的社会确实是依法治理,且很有秩序。因此,普罗柯比的记载也是真实的,他所获得的信息渠道也是畅通

---

① 〔北魏〕杨衒之著,杨勇校笺:《洛阳伽蓝记校笺》,北京:中华书局2006年版,第211页。

② 〔南梁〕萧衍:《职贡图》残卷,"滑国使臣图题记"。

③ B. A. Litvinsky, "The Hephthalite Empire", in B. A. Litvinsky, ed., *History of Civilizations of Central Asia*, V. III, *The Crossroads of Civil: A. D. 250 to 750*, Paris: UNESCO, 1996, p. 140.

④ Averil Cameron, *Procopius and the Sixth Century*, p. 221.

⑤ al-Tabari, *The History of al-Tabari*, v. 5, *The Sasanids, the Byzantines, the Lakmids, and Yemen*, 898, trans., C. E. Bosworth, New York: State University of New York Press, 1999, pp. 107 - 108.

⑥ 威廉姆斯:《阿富汗北部的巴克特里亚文献》(上),兰州:兰州大学出版社2014年版,第227—232页。

的。扎哈利阿与普罗柯比记载的差异，反映的是嚈哒治下中亚社会的不同阶层、不同地域的生活。

其次，拜占庭与嚈哒之间的人员商贸往来也是畅通的，这一点可以从各种不同史料中找到证据。

（1）普罗柯比从波斯人那里听到这样一则逸闻：当卑路斯在484年对嚈哒的战争中阵亡后，他右耳佩戴的鼎鼎大名、精美异常的宝石耳饰也失去踪迹，而拜占庭的芝诺皇帝曾派人与嚈哒联系，打算购买这枚耳饰，遗憾的是当时嚈哒国王并不知道该耳饰究竟在何处，后来找到以后被卖给了波斯国王卡瓦德。① 虽然拜占庭人未能成功购得这枚耳饰，但它说明两国之间存在着直接交易。

（2）米蒂利尼的扎哈里阿记录道：当嚈哒发动对萨珊波斯帝国的进攻（484年之前）时，有一名来自阿帕米亚（Apamea）② 的商人尤斯塔斯（Eustace），当"'匈奴人'（嚈哒）的400位首领聚在一起开会时"，尤斯塔斯也在场，此人"非常聪明，他们都要听取他的建议"，当面对人数众多的波斯大军时，也是他鼓励"匈奴人"不要气馁，最终战胜波斯人。③ 这一则记录说明拜占庭帝国的商人能够到达嚈哒，并在嚈哒汗国颇受重视。

（3）《魏书》卷五《高宗文成帝纪》载："太安二年（456年），嚈哒、普岚国并遣使朝献。"④ 关于这里的"普岚"，伯希和、白鸟库吉、陈连庆都主张这是"拂菻"的另一种版本⑤，笔者也认同这一观点。事实上，在隋朝正式统一拜占庭帝国的称呼为"拂菻"之前，南北朝时期的史书中关于这个国家的名称五花八门，有蒲林、普岚、伏卢尼、拂懔、

---

① Procopius, *History of Wars*, I. iv. 13 – 16, p. 15.
② 在古代的小亚细亚、叙利亚甚至波斯等地有数个以阿帕米亚（Apamea）命名的城市，此段记录中的商人尤斯提斯（Eustace）是典型的希腊名字，因此应当指的是拜占庭帝国辖下的城市，此时帝国东部影响最大的阿帕米亚城市是奥伦特河（Orontes River）右岸的原塞琉古时期（Seleucids）的首都，位于今叙利亚哈马（Hama）西北55公里处。拜占庭帝国时期是阿帕美纳省的首府，6世纪时曾是统辖七个副主教区的大主教区，6世纪时被库思老一世率军摧毁。详见William Smith, *Dictionary of Greek and Roman Geography*, vol. 1, pp. 152 – 153.
③ Zacharias of Mitylene, *The Syriac Chronicle*, VII. iii, p. 153.
④ 《魏书》卷5《高宗文成帝纪》，第115页，同卷第123页，和平六年（465年），"普岚国献宝剑"；同书卷6《显祖献文帝纪》："皇兴元年（467），于阗、普岚、粟特国各遣使朝献"，第128页。
⑤ 张绪山：《"拂菻"名称语源研究述评》，载《历史研究》，2009年第5期。另见陈连庆：《公元七世纪以前中国史上的大秦与拂菻》，载《社会科学战线》，1982年第1期。

汎憛、汎慄、泛憛、拂林等等，这些称呼也与现在关于"拂菻"词源的解释相符，即从 Rom 到 From 再到 Forom、Forin 的转译过程。由于拜占庭的史书始终找不到派遣使者到中国来的记录，那么这次来到北魏宫廷的使者就很可能是拜占庭的商人。这也是嚈哒和拜占庭"使臣"到达中国宫廷的最早记录①，结合拜占庭商人尤斯塔斯在嚈哒的活动，我们可以很乐观地想象：这些拜占庭商人正是随着嚈哒使团一路向东来到中原，毕竟对于前往东方这样遥远又陌生的地域来说，跟随大型政治使团要相对安全得多。

再次，嚈哒与拜占庭帝国间的文化沟通渠道也是畅通的。聂斯托利派基督教（景教）的传播是东西方文化交流史上的重要内容，它发源于 5 世纪的拜占庭帝国东部，创始人是时任君士坦丁堡牧首的聂斯托利（Nestorius，428—431 年在位），由于其主张遭到拜占庭帝国内许多主教的反对，于 431 年被定为异端后不断遭受打压。此后，聂斯托利派基督教被迫向东发展，在萨珊波斯境内传教，成为波斯仅次于琐罗亚斯德教的第二大教。在此背景下，随着萨珊波斯与嚈哒的紧密联系，聂斯托利派基督教也传到嚈哒境内。东方教会的圣徒传记《马·阿巴传》载：549 年，"嚈哒人的首领派遣一名主教来见众王之王，嚈哒的许多基督徒也写信给圣人（马·阿巴），请他为整个嚈哒王国委任一名主教"，最后，圣马·阿巴认真挑选出一位主教，派他去往嚈哒。② 从这则记录可知：此前聂斯托利派基督教已经在嚈哒传播开来，但从教义到教会的组织管理，嚈哒的基督徒遵奉的是波斯教会的牧首马·阿巴，说明虽然聂斯托利派产生于拜占庭帝国，但却在萨珊波斯帝国发展起来，并影响到嚈哒，实现了文化上的传播。

最后，上述表现在信息、人员与商贸、文化层面的联系在一定程度上以萨珊波斯帝国为媒介，在此之外，丝绸之路上大名鼎鼎的粟特商人同样在嚈哒汗国与拜占庭帝国之间往来交易。《三国志》所附《魏略》

---

① 目前，学界认定的中文史籍中关于"拂菻"及类似名称的最早记录来自《前凉录》，"张轨时，西胡致金胡饼，皆拂菻作，奇状，并人高，二枚"，见《太平御览》卷 758《器物部三》引《前凉录》，北京：中华书局 1985 年影印本，第 4 册，第 3365 页上栏。但这是拂菻物品的最早记录，而其商人朝觐并被记录下来的最早时间是 456 年。

② *Life of Mar Aba*, 37, trans. Roger Pearse, Ipswich, UK, 2013, http://www.tertullian.org/fathers/life_of_mar_aba_1_text.htm, 2016 – 08 – 29.

载:"奄蔡国一名阿兰,皆与康居同俗。西与大秦、东南与康居接。"①说明3世纪时粟特人就在亚欧大陆经商,并且与罗马帝国保持比较频繁的商贸联系。

关于5—6世纪时嚈哒治下的粟特社会,虽然文字资料不多,但随着考古工作的不断展开,可大致勾勒出这个时期粟特人的生活概况。考古资料显示:5—6世纪的粟特地区人口显著增加,农业社区数量较多;原有城市不断扩建,一些新的城镇建立,城市商业网络更加发达,在整个地区拥有了商业、文化以及社会层面上的优势,从而进一步推动粟特商胡贸易活动的繁荣。② 而突厥人推翻嚈哒、征服该地区时迅速快捷,并未对粟特地区造成太大破坏,这才促成粟特商人马尼亚赫(Maniach)建议突厥可汗帮助他们参与生丝贸易③,这一提议背后的基础是:粟特人的商业活动比较兴盛、规模较大,很有影响。

反过来,作为统治者的嚈哒凭借其强大的军事实力,在5世纪后半期到6世纪前半期对萨珊波斯帝国保持着压制,特别是波斯帝国每年支付的大笔贡金,不仅让统治的嚈哒人富有,也使得其治下的地方经济更加繁荣,而粟特商人则大大受益。此外,有证据表明嚈哒治下的粟特人与统治者保持着良好的关系。正如后来马尼亚赫作为西突厥可汗的使臣前往拜占庭帝国一样,在6世纪前半期,粟特人同样作为使者代表嚈哒前往中国。《职贡图》中的"滑国使臣图题记"明确提道:"普通元年(520年),王妻□□亦遣使康符真同贡物。其使人蓬头剪发,著波斯锦褶,□锦袴,朱麂皮长靿靴。"④ 此处的康符真就是典型的粟特人名字。

如此一来,我们再看米南德记录下来的西突厥汗国与拜占庭帝国建交的起因就会有新发现。先是突厥与萨珊波斯合击消灭嚈哒,后来粟特商人代表请求突厥可汗派使者前去萨珊波斯帝国,要求允许粟特商人在其境内贩卖生丝,结果遭到拒绝,其所携带生丝被烧毁。⑤ 米南德的记

---

① 《三国志·魏书》卷30后附《魏略·西戎传》,北京:中华书局1982年点校本,第865页。

② Etienne De La Vaissière, *Sogdian Traders, A History*, pp. 103 – 110.

③ Menande the Guardsman, *The History of Menander the Guardsman: Introductory Essay, Text, Translation, and Historiographical Note*, Fragment 10.1, trans. R. C. Blockley, Liverpool: F. Caims, 1985, pp. 111 – 115.

④ 〔南梁〕萧绎:《职贡图》残卷,"滑国使臣图题记"。

⑤ Menander, *Fragment* 10.1, pp. 115 – 117.

录有两点值得注意：第一，使团是带着生丝去的，说明他们觉得萨珊波斯拒绝的可能性不大，否则他们如果能预见这一结果，又怎会带着大量昂贵的丝绸前去冒险；第二，拒绝并烧毁生丝不是萨珊波斯国王的主意，而是来自逃亡到萨珊波斯帝国避难的一个嚈哒人，他建议波斯国王拒绝，并用如此恶毒的方式拒绝突厥使者的提议。如果我们把这两点理顺，可以发现：粟特商人提出到萨珊波斯帝国境内贩卖生丝并非非分之想。事实上，在嚈哒控制中亚时期，作为嚈哒治下臣民的粟特人是能够在波斯境内从事商业活动的；当突厥与嚈哒完成了新旧更替，萨珊波斯帝国也从原先受嚈哒压制的境遇下挣脱出来，自然不会对突厥太客气，再加上嚈哒旧臣的挑唆，从而导致突厥治下的商胡无法进入波斯经商，只好转而向北寻求新的商道。而且波斯人在丝路贸易中主要遏制的是其竞争对手拜占庭，对于东方民族的贩卖丝绸并没有太多限制，在泰伯里的记载中，突厥与萨珊波斯发生冲突的起因与丝绸贸易和商人毫无关系，只是突厥要求萨珊波斯向其缴纳贡赋。① 而马尼亚赫劝突厥可汗寻求北道的建议则表明他对拜占庭帝国以及周围地理概况的熟悉程度，说明此前粟特商胡与拜占庭帝国之间存在着比较频繁的商贸往来，从而积累出丰富的地理和商业知识，而这些正是曾经拥有强大军事实力的嚈哒汗国为其创造的。

因此，虽然在嚈哒与拜占庭帝国之间隔着萨珊波斯帝国，但由于嚈哒在军事上对波斯的压制，使其与拜占庭帝国之间在信息传播、人员间的商贸交流、文化交流方面，保持着比较通畅的交往，参与其间的除了萨珊波斯人和拜占庭商人之外，还有中亚地区的粟特商人，他们共同构建起两个地区之间的经济文化往来。

三、嚈哒汗国对丝绸之路的影响

通过前面两部分的论述，可知嚈哒汗国与拜占庭帝国之间存在着政治、军事、经济、文化上的交流。对于地处中亚、联结东西的嚈哒来说，它不仅与亚欧大陆西端的拜占庭帝国建立了联系，而且还与东端的中国往来频繁，从而对经由丝绸之路的东西方政治、经济、文化交流产生重要影响。

---

① al-Tabari, *The History of al-Tabari*, v. 5, *The Sasanids, the Byzantines, the Lakmids, and Yemen*, 896, p. 153.

嚈哒在东西方贸易中的参与和影响可对比于西突厥汗国，他们作为统治者管理生活在中亚地区的各个民族（包括粟特商人），而自己并不直接从事贸易活动。换句话说，中亚地区作为丝绸之路的必经之路，嚈哒汗国的存在就必然影响丝绸之路上的贸易与活动，而其所建立的强大政权，特别是在政治和军事上对萨珊波斯帝国的长期威压，为其境内的商胡提供了非常好的贸易环境。前面提到在嚈哒人中间出现的阿帕米亚的尤斯提斯，则是嚈哒作为拜占庭商人商业目的地之一的重要证据。另外，太安二年（456 年），有可能是拜占庭的商人跟随嚈哒使臣来到中国，并跟随使团觐见北魏皇帝，从而史书出现了"嚈哒、普岚国并遣使朝献"的记载。嚈哒辖下的粟特商人更是受益匪浅。粟特地区被嚈哒征服之后，大量来自萨珊波斯帝国的银币进入流通，使得商业有了显著发展。而嚈哒将整个中亚地区纳入统一政权治下，也为建立共同市场提供了条件，粟特商人通过居间贸易，积累起丰厚资本，再进而扩大自己的商业规模。①

嚈哒对于东西方经济交流产生的最重要影响体现为流通货币的变化。首先，嚈哒的存在促成了萨珊波斯银币在丝绸之路上通货地位的确立。由于卑路斯的数次战败，波斯需要向嚈哒支付数量庞大的赎金，及至卡瓦德时期每年也要缴纳大笔年贡，这种状况一直持续到库思老一世即位。这些萨珊波斯银币进入嚈哒境内后，影响到当地的货币构成。

从考古发现来看：每年大量的银币涌入后，有的会被刻上巴克特里亚铭文，标注嚈哒的所有权，然后投入流通。这样的银币在中亚地区大量发现，目前中亚古币学家已经能够对这些银币加以分类。② 此外，嚈哒各个地区还根据自己的传统，按照萨珊波斯银币的形制制作本国货币，正面为国王侧面头像，背面为祆教祭坛，差别在于周遭的铭文用本地语言，例如巴列维语、巴克特里亚语、巴拉米语。③ 这些银币以及其他那些被刻上嚈哒铭文的萨珊波斯银币一起进入中亚地区的市场，直接用于流通，并随着丝绸之路上的贸易活动遍及整个中亚、西域乃至中原内陆，从而促成银币在我国新疆以及河西走廊地区的广泛流通。

---

① Etienne De La Vaissière, *Sogdian Traders*, *A History*, pp. 111 – 112.

② Michael Alram, "Hunnic Coinage", *Encyclopedia Iranica Online Edition*, updated in 2012 – 03 – 23, http://www.iranicaonline.org/articles/hunnic – coinage, 2016 – 10 – 05.

③ Ardogdy Kurbanov, *The Hephthalites: Archaeological and Historical Analysis*, p. 91.

据不完全统计，中国发现的萨珊波斯银币有 2000 多枚，数量最多的是库思老二世银币，有 1300 多枚，这主要归因于 1959 年在新疆乌恰发现的钱币袋子，而数量居次席的是卑路斯时期的银币，按孙莉 2004 年文章的统计，中国发现的卑路斯银币有 400 多枚①，由此可与中亚地区发现的大量卑路斯银币相对应。而这个时期的萨珊波斯帝国因嚈哒在帝国东境所造成的巨大压力，其在东西方贸易中的参与必然不会远远超过其他时代，而这么庞大数量的卑路斯银币传入中国的主要原因，就是嚈哒所获得的大笔年贡在嚈哒广泛流通之余，随着东西方贸易进入中国。更有力的证据是 1964 年在河北定县北魏塔基舍利函中发现的银币，这座佛塔本是北魏孝文帝（时年 15 岁）与文明太后共同发愿出资建造，存放这些宝物的舍利函上有铭文，标注其埋藏时间为太和五年（481 年）。这些银币包括 41 枚耶斯提泽德二世（Yazdegerd II，438—457 年在位）银币和 37 枚卑路斯银币，特别是其中的"7∶3"号银币，银币的"正面联珠纹圆框以外的边缘上，右边有一个 S 形的符号，下边有一行铭文"②，正是嚈哒当时所使用的巴克特里亚铭文③，这枚带有嚈哒印记的银币证明了其他银币的来源，可能是 456 年嚈哒与普岚使者一并进贡朝献时献给北魏的④，笔者比较赞同这一观点。不过，也有可能是在嚈哒生活着的商胡因经商到达中原后，通过种种渠道进献上去。因此，这一批银币是嚈哒在东西方经济文化交流中具有重要影响力的有力证据。

其次，嚈哒的存在促成了拜占庭金币在东方的传播及其形制在整个地区的影响。前面两小节已充分论证嚈哒与拜占庭帝国在政治、军事、商业、文化层面上的联系。无论是通过军事胜利后的直接掠夺，还是通过战俘的赎回，抑或拜占庭帝国远交近攻的政治需求，必然有相当多的拜占庭金币进入嚈哒治下的中亚地区，此外还有一定数量的金币间接地经由萨珊波斯帝国以贡品或赎金的形式交给嚈哒，因此文献资料能够证明大量拜占庭金币进入了嚈哒治下中亚地区。

---

① 前面关于萨珊银币的数量分布主要参考孙莉：《萨珊银币在中国的分布及其功能》，载《考古学报》，2004 年第 1 期；亦见夏鼐：《综述中国出土的波斯萨珊朝银币》，载《考古学报》，1974 年第 2 期。
② 夏鼐：《河北定县塔基舍利函中的波斯萨珊朝银币》，载《考古》，1966 年第 2 期。
③ 林梅村：《上海博物馆藏中亚三语钱币考》，载《中国钱币》，1998 年第 4 期。
④ 孙莉：《萨珊银币在中国的分布及其功能》，载《考古学报》，2004 年第 1 期，第 54 页注 53。

在中亚地区发掘的考古遗址中，根据库班诺夫的统计，有54处可大致判断有属于嚈哒时期的地层，通过对这些遗址的发掘与研究，除上述提到的各种类型的萨珊银币外，各地还存在着一些按照拜占庭货币形制制作的金币，币面上是国王或王后的形象。此外，在塔吉克斯坦的旁及镇（Panj）东南13公里处的拜图达斯特（Baitudasht）墓葬群，也发现了一些拜占庭皇帝阿纳斯塔修斯一世的金币。① 威廉姆斯新释读的巴克特里亚文书中，可明确为嚈哒时期的资料中，"金币"频繁出现。嚈哒税一般是以"金币和羊"来缴纳；当双方签订买卖和约时，如果有一方违约，那么违约方需要"支付20第纳尔铸制金币之罚金给皇家财库，并支付同样数额给对方"，这种违约金的数额应当是双方约定好的，从20第纳尔到50第纳尔、80第纳尔、100第纳尔不等，有的甚至高达1000第纳尔。② 这些资料表明：在嚈哒治下的中亚地区，除作为主要流通货币的银币外，拜占庭的金币也广泛存在，且其货币功能也得到认可，从而使得仿制的情况比较普遍。

由于未能见到中亚地区考古发现的拜占庭式金币仿制品的图片，难以判断它们的形制、类型以及大致年代，无法进一步论述。不过，幸好我们有中国境内发现的拜占庭金币和拜占庭式金币仿制品的时间分布，它印证了嚈哒汗国对拜占庭金币在东方流通、传播中的重要影响。

笔者经过仔细梳理，根据目前的各种公开报道，中国发现的可明确为境内出土的拜占庭金币以及拜占庭式金币仿制品共有近104枚，其中金币真品以及双面打制的金币仿制品共58枚，527年（即查士丁尼一世即位时）之前制作的金币或以其形制制作的双面仿制品有30枚，其中尤以阿纳斯塔修斯一世金币的数量为最；而在其他薄片式或制作十分粗糙的双面金币仿制品中，也有多半仿自5世纪到6世纪初盛行的金币索里得的正面形制——皇帝3/4正面微向右侧胸像。而嚈哒汗国统治中亚的时间是在5世纪到6世纪中期，也就是查士丁尼一世去世前不久才被萨珊波斯与突厥合击消灭，因此这些金币及其形制在东方的传播与嚈哒有很大关系。

---

① 参见 Ardogdy Kurbanov, *The Hephthalites: Archaeological and Historical Analysis*, pp. 91 - 92, 126.

② ［英］尼古拉斯·辛姆斯-威廉姆斯：《阿富汗北部的巴克特里亚文献》（上），李鸿飞、李艳玲译，兰州：兰州大学出版社2014年版，第217—279页。

除了上述金币和金币仿制品形制的时间分布外，在中国发现的拜占庭金币中还有 3 枚值得特别注意，它们的出土信息有力地证明了嚈哒在丝绸之路上货币及货币文化传播中的影响。这 3 枚金币涉及三座墓葬：一是 1978 年河北磁县出土两枚拜占庭金币的茹茹公主墓①；二是 2013 年河南洛阳发现一枚阿纳斯塔修斯一世金币的疑似北魏节闵帝元恭墓②；三是 2017 年西安西咸新区西魏陆丑墓出土两枚金币，一枚阿纳斯塔修斯金币，一枚为阿纳斯塔修斯金币仿制币。③ 三座墓葬的入葬时间分别是 550 年、532 年和 538 年。

第一座墓葬的主人茹茹公主是柔然可汗阿那环的孙女，于兴和四年（542 年）奉旨嫁给北齐权臣高欢之子高湛，当时仅有 5 岁，而她去世时才 13 岁。墓葬出土的两枚拜占庭金币作为她生前喜好之物，很可能是她嫁到北齐时带去的。而柔然与嚈哒常年互动，那么这两枚金币就可能通过嚈哒传到柔然，再传到茹茹公主手中，而后一起来到中原及至最后被埋入地下。

第二座墓葬的主人据报道可能是北魏节闵帝元恭，元恭在 531 年春被立为皇帝，改年号为普泰，532 年 4 月被废后不久被杀，之后以王礼下葬。④ 纵观元恭的生平，他担任皇帝的时间只有 14 个月，此时北魏政局动荡，未见外国使节朝献的记录，且作为傀儡皇帝，也不可能得见其他西域商胡，那么此枚金币很有可能是其在被立为帝之前获得。延昌中年（513 年）到建义元年（528 年），他担任过通直散骑常侍、给事黄门侍郎、散骑常侍等职，虽中间"称疾不起"，但总的说来，他在肃宗统治时期（515—528 年）时常出入宫廷；而这段时间也是西方各国到北朝朝献的密集期，在 513 年到 528 年间，嚈哒朝献 6 次⑤，因此元恭可能在此期间从到访使者处得到此枚金币。

第三座墓葬的主人是西魏陆丑之墓，陆丑为鲜卑人，本姓步陆孤，北魏末年曾任冠军将军、中散大夫等职，东西两魏分立时，随宇文氏西迁，历任平北将军、大中大夫等职，大统四年（538 年）病逝。陆丑墓

---

① 磁县文化馆：《河北磁县东魏茹茹公主墓发掘简报》，载《文物》，1984 年第 4 期。
② 崔志坚：《洛阳疑现北魏节闵帝元恭墓》，载《光明日报》，2013 年 10 月 29 日；刘斌、严辉：《洛阳北魏晋憨帝元恭墓》，载《大众考古》，2014 年第 3 期。
③ 张小刚：《古墓葬现国内迄今最早西方货币》，载《华商报》，2017 年 7 月 11 日。
④ 《魏书》卷 11《前废帝纪》，第 273—277 页。
⑤ 参见《魏书》卷 9《肃宗孝明帝纪》，第 223—233 页。

中的两枚金币叠在一起作为金戒指的部分出土，而这样一种饰物的获取有许多可能。根据现有资料，对陆丑生平尚不甚了解，他作为鲜卑豪族步陆孤家族的成员，有可能是亲戚朋友获得后转赠，也有可能是在西魏征战或任职过程中他人贡献。但这个时候，嚈哒仍然是中亚地区实力强大的政权，这些金币在东方的出现与其向东扩展战略有关。

从理论上讲，西域地区的高昌、于阗、库莫奚等国也多次遣使朝献，但从此枚金币的品相来看，他们带来的可能性不大。感谢摄影师高虎拍摄的清晰图片①，它帮助我们更好地了解此枚金币的形制特征。金币正面是典型的拜占庭帝国5世纪到6世纪初的形制，皇帝头戴冠盔、冠带自右耳露出；身着铠甲；左手持盾，盾面图案为骑士刺杀敌人像，右手持矛，矛头自左肩露出；铭文读作 DNANASTA-SIVSPPAVC。背面则是侧身向右前行的胜利拟人像，手持镶满珠宝的长柄十字架，翅翼后有一颗八芒星；左右两边铭文读作 VICTORI-AAVCCCI；底部铭文为 CONOB。可见这是阿纳斯塔修斯一世统治的491—507年间发行的金币索里得。②这枚金币图案清晰、色泽明亮，没有剪边，几乎没有任何磨损痕迹，说明其在商人间的辗转流传时间很短，制成后不久即被收藏。联系到502—506年发生在萨珊波斯帝国（以及一定数量的嚈哒军队）与拜占庭帝国之间的战争，那么这枚金币流传的轨迹可能是作为战利品为某位将领获得，而后在权贵间辗转经由使臣传入元恭手中。无论其直接媒介是波斯抑或嚈哒使臣，对于在5到6世纪前半期雄踞中亚的嚈哒汗国来说，这枚拜占庭金币的出现都是其在东西方经济文化交往中的参与和影响的重要证据。

经过以上论证，可以说，在5到6世纪中期时，嚈哒控制着中亚的大片地区，军事实力强大，是堪与拜占庭、萨珊波斯并称的大帝国，并

---

① 崔志坚：《洛阳疑现北魏节闵帝元恭墓——出土一枚拜占庭金币》，载《光明日报》，2013年10月29日。

② 阿纳斯塔修斯一世的金币分为两大类，以金币背面胜利拟人像手持之十字架类型为标志，镶满珠宝的十字架属早期类型，晚期类型为顶部为☧或⚜的异形十字架，其变更时间，一说为498年，一说为507年，前者见 Bellinger, Alfred R., *Catalogue of the Byzantine Coins in the Dumbarton Oaks Collection and in the Whittemore Collection*, V.1, from Anastasius I to Maurice (491–602), Washington D. C., 1966, pp. 5–11；后者参见 Wolfgang Hann, *Money of the Incipient Byzantine Empire (Anastasius I-Justinian I, 491–565)*, Band 6, Wien: 2000, Plate Anastasius I. Also in Wolfgang Hahn, *Moneta Imperii Byzantini, Band I*, von Anastasius I bis Justinianus I (491–565), Wien: 1973, Plate Anastasius I/Gold. 今采用哈恩的观点。

通过对萨珊波斯帝国的霸权获得了大量萨珊波斯银币和较多拜占庭金币。由于其货币管制相对宽松，除大量使用萨珊波斯银币或仿制萨珊式银币外，还使用拜占庭金币用于流通，促使拜占庭金币及其形制在中亚地区的传播，体现在中国史书中，则出现了"河西诸郡或用金银之钱，而官不禁"①的记载，中国境内出土的拜占庭金币及金币仿制品也有半数为这个时期。因此，嚈哒对于丝绸之路的重要影响在于它促使沿线商贸活动中的货币结构发生了转变，使得拜占庭金币和萨珊波斯银币成为主要的流通货币。

四、嚈哒与拜占庭帝国联系的终结及嚈哒的灭亡

嚈哒的这种盛况维持时间并不很长。在拜占庭史家普罗柯比的记载当中，查士丁一世以后再也未见与嚈哒（或白匈奴）有关的报道。有的研究者认为这个时期（520 年左右）是嚈哒最兴盛的时期②，这也就意味着研究者认为此后嚈哒走向了衰落。不过，从现有资料来看，嚈哒与拜占庭帝国联系的终结是由萨珊波斯帝国以及嚈哒汗国政治发展方向变化引起的。

首先，萨珊波斯帝国在卡瓦德以及库思老一世的统治下，进行税制改革，重新招募军队③，实现了强势"复兴"。在普罗柯比的《战史》中，当拜占庭帝国面对来自萨珊波斯帝国的侵略战争时，只能勉力应对，大部分情况下就只能任波斯军队在拜占庭帝国的东部地区横扫，像安条克（Antioch）这样的大都会也被库思老一世洗劫一空、付之一炬。④ 这些战争给拜占庭帝国的东部地区带来巨大破坏，使这里正常的经济生活秩序混乱停滞，不可能继续 5 世纪中后期时与萨珊波斯帝国以东地区的交往。库思老之所以能够数次率军对拜占庭帝国的东部疆域加以劫掠，也是因为他成功完成国内改革，解决了贵族对王权的威胁⑤，且其东部

---

① 〔唐〕魏征：《隋书》卷 24《食货志》，北京：中华书局1973 年点校本，第 691 页。
② Etienne De La Vaissière, *Sogdian Traders*, p. 111
③ 〔伊朗〕菲尔多西：《列王纪全集》（第 5 卷），张鸿年、宋丕方译，长沙：湖南文艺出版社 2001 年版，第 330 页。
④ Procopius, *History of Wars*, II. ix, pp. 335 – 343.
⑤ 关于这部分内容，参见 al-Tabari, *The History of al-Tabari*, v. 5, *The Sasanids, the Byzantines, the Lakmids, and Yemen*, 898, pp. 157 – 158；就此问题的现代研究评论，参见 Touraj Daryaee, *Sasanian Persia: The Rise and Fall of an Empire*, London and New York: I. B. Tauris & Co. Ltd, 2009, 2013. pp. 28 – 29.

边境相对平静，在 5 世纪中后期以及 6 世纪初给波斯带来巨大压力的嚈哒此时与萨珊波斯帝国保持和平态势。

萨珊波斯帝国新政治动向的直接结果就是嚈哒不再对其东北部边境造成威胁。一方面，卡瓦德时期的萨珊波斯帝国每年向嚈哒缴纳贡赋。① 原因是卡瓦德即位后的第 9 年（496 年）遭遇到贵族的反对被关押，后来从狱中逃出后向嚈哒求助，嚈哒国王派遣 30000 人帮助他成功夺回王位，但代价是萨珊波斯将石汗那（Chaganiyan）② 割让给嚈哒，每年向嚈哒支付贡赋。有的学者认为这一沉重负担也是库思老一世对拜占庭帝国发动战争并大肆劫掠钱财的原因之一。③ 不过，这一政策不但为萨珊波斯的复兴赢得了宝贵的时间，可能其负担也没有那么严重，从中国境内发现的萨珊波斯银币来看，卑路斯时期的银币远远多于卡瓦德银币，说明卡瓦德时期流向嚈哒的银币数量远远少于前期，因此这一政策有效地保护了萨珊波斯帝国的经济与金融安全。

另一方面，库思老一世即位后实行强势外交，不但停止缴纳年贡，还加强防御工事使嚈哒无法再对萨珊波斯带来威胁。他将帝国分成四个大区（isbahbadhs），改革军制，提升军队战斗力，在西北、西南、东南、东北四个方向修筑类似中国长城的防御工事，其中东北方向设在戈尔甘（Gurgan）平原以抵御嚈哒。④ 这一防御工事非常有效，当后来突厥人要进攻萨珊波斯，打算像嚈哒那样获得波斯人的年贡时，庞大的军队在高

---

① Litvinsky, "The Hephthalites Empire", p. 140.
② 中文称石汗那或斫汗那（Chaganiyan），位于阿姆河右侧支流苏尔汉河（Surkhan Darya）中上游，今乌兹别克斯坦中部地区。
③ Greatrex & Lieu, eds., *The Roman Eastern Frontier and the Persian Wars*, *A Narrative Sourcebook*, p. 102.
④ 戈尔甘，Gorgan 或 Gurgan，古时指里海南岸的大片区域，包括今伊朗伊斯兰共和国戈勒斯坦省的全境和马赞德兰省东部地区以及土库曼斯坦共和国南部。普罗柯比在《战史》中记嚈哒的首都为 Gorga，一般认为就是这个地区的中心城市。根据泰伯里的《历史》可知，波斯帝国从卑路斯时就开始在戈尔甘地区修建工事，卡瓦德则继续以更大规模修建，库思老即位后针对戈尔甘平原上的一些空档又兴建新的工事，从而形成坚固的防御体系，目的就是防御游牧民族的快速袭击。见 *The History of al-Tabari*, v. 5, 895, pp. 151 – 152. 此后，《列王纪》中还称颂库思老一世在戈尔甘地区防御工事的经营："他又把军队往古尔冈开去，王冠与王座也一起带去。……将一座碉堡深建在水中，十套索的高墙直上云空。水下奠基用石头和灰浆，碉堡高得要能顶到太阳。要在通道上设置上路障，不让敌人再来侵犯伊朗。……"见〔伊朗〕菲尔多西：《列王纪全集》（第 5 卷），张鸿年、宋丕方译，长沙：湖南文艺出版社 2001 年版，第 349—352 页。关于库思老时期的防御，参见 R. N. Frye, "The Sasanian System of Walls for Defense", *Studies in Memory of Gaston Wiet*, Jerusalem, 1977, pp. 7 – 15.

大的防御工事面前只能选择退却。① 除了修建防御工事外，库思老一世还与嚈哒交战，但规模可能不大。普罗柯比《战史》中称库思老即位后不久即与拜占庭帝国签署《无限期和约》，这是为了应对国内危机②，也可能是他要在东部边境有所动作。他在东部边境加固防线，威慑阿兰人（the Alans），还收复了信德（Sind）、吐火罗斯坦（Tukharistan）等地，说明他确实曾在东部与控制这里的嚈哒（或滑国）交战。③ 但其在东部的动作可能并不很大，因此能够很快转向西方对拜占庭帝国发起大规模战争。总体上讲，自卡瓦德即位后，萨珊波斯通过向嚈哒缴纳年贡换取和平，并在6世纪30年代强盛起来，使得嚈哒对于萨珊波斯帝国曾有的军事威压不复存在。

其次，嚈哒的政治扩张转而向东、向南，对萨珊波斯投入的精力减少，也就相应地导致其在拜占庭史书中的销声匿迹。这种变化在中文史书中也表现明显。嚈哒使臣来华的最早记录是前面提到的太安二年（456年），此后一直到6世纪初，正史中再未见其到访记录。但从507年开始，《魏书》中关于嚈哒的朝贡记录如井喷般出现：如宣武帝元恪在位（499—515年）的16年间，嚈哒使者到访5次④；孝明帝元诩在位（515—528年）的13年间，到访5次；此后在孝武帝（532—534年）时的太昌元年（532年）6月的一个月时间里两次朝献。⑤ 在延昌中（513—514年）高徽奉旨出使嚈哒时，看到的嚈哒"西域诸国莫不敬惮之"⑥；519年经过此处的宋云也称其"受诸国贡献，南至牒罗，北尽勑

---

① *The History of al-Tabari*, v. 5, 896, p. 153.

② Procopius, *History of Wars*, I. xxii, 8, p. 205.

③ *The History of al-Tabari*, v. 5, 894, p. 150. 但关于这一记录，学界观点不一，有的认为这些地区的收复是库思老在与西突厥消灭嚈哒后实现的，有的认为在与西突厥联盟之前做到了一部分，详情参见该书第150页注387。还有学者认为这表明此时库思老曾与嚈哒进行了一场战争，参见 Parvaneh Pourshariati, *Decline and Fall of the Sasanian Empire: The Sasanian-Parthian Confederacy and the Arab Conquest of Iran*, London: I. B. Tauris & Co Ltd, 2008, p. 116.

④ 学术界一般认为嚈哒在6世纪初，也就是509年左右，达到极盛，因为在这一年他们征服了巴克特里亚地区。《魏书》卷8《世宗纪》载，永平二年（509年），"嚈哒薄知国遣使来献"，一般认为，这里的薄知国就是大夏（Bactria）地区的首府 Balkh，而"嚈哒薄知"的共同出现"反映了他们之间的隶属关系"。见余太山：《中文史籍关于嚈哒的记载》（上），第66页。因此，这则记录被看作是嚈哒鼎盛的标志，参见 B. A. Litvinsky, "The Hephthalite Empire", p. 141; Ardogdy Kurbanov, *The Hephthalites: Archaeological and Historical Analysis*, p. 181.

⑤ 关于这个时期嚈哒的朝贡记录参见《魏书》卷8、9、10、11的诸帝本纪，比较清晰的整理可见余太山：《中文史籍关于嚈哒的记载》（上），第66页。

⑥ 《魏书》卷32《高湖传》，第754页。

憨,东被于阗,西及波斯;四十余国,皆来朝贺"①。这说明嚈哒此时向东扩张的态势,并且在数十年间一直保持着这一威势。

嚈哒向南扩张进入印度北部,推翻印度河流域的笈多王朝②。当宋云于520年到访印度北部的坎大哈时,这里已被嚈哒占据多年③,拜占庭的科斯马斯在535年抵达印度时,也曾提到"印度北部地区有白匈奴。……(其王)是印度的主人,迫使人们向他缴纳贡赋"。④ 到7世纪中期,前往印度求佛的玄奘曾提到"桀迦国",学者们认为统治这里的曾经就是嚈哒,玄奘记道:"几百年前,有一个叫作摩醯逻矩罗(Mihirakura,大唐语言是大族)的国王,以这里为都城,统辖印度境内各国。大族王很有才智,性格勇猛刚烈,邻境各国无不臣服。"⑤ 有的学者提出:印度北部的嚈哒政权是中亚嚈哒的分支,印度本地称之为"Huna",两国虽有影响,但互不统属。⑥ 这个国家中译为"滑国",主要出现在南朝的史书当中,或可印证中亚的政权称为嚈哒(Hephthalites),而印度北部的政权称为滑国(Huna)的判断。这个滑国在6世纪中前期比较频繁地遣使南朝。《职贡图》中的"滑国使臣图题记"以及《梁书·诸夷传》都记录了其到建康的记录,分别在天监十五年(516年)、普通元年(520年)、普通七年(526年)、大同元年(535年)、大同七年(541年)。⑦ 印度北部地区考古发现的嚈哒货币证明了嚈哒在此地的统治。⑧

---

① 杨衒之:《洛阳伽蓝记校笺》,第211页;关于嚈哒在西域地区的扩张,亦见《魏书》卷102《西域传》,第2265—2278页。

② 关于嚈哒对印度北部的征服,学者们讨论较多,可参见 B. A. Litvinsky, "The Hephthalite Empire", p. 143;以及余太山:《嚈哒史研究》,北京:商务印书馆2012年版,第104—120页。

③ 原文为:"至正光四年(520)中旬入乾陀罗国。土地依与乌场国相似,本名业波罗国,为嚈哒所灭,遂立勑懃为王。治国以来,已经二世。"杨衒之:《洛阳伽蓝记校笺》,北京:中华书局2006年版,第213页。

④ Cosmas Indicopleustes, *The Christian Topography of Cosmas, An Egyptian Monk*, trans. & ed., J. W. McCrindle, Cambridge: Cambridge University Press, 2010, pp. 370 – 371.

⑤ 季羡林等:《〈大唐西域记〉今译》,西安:陕西人民出版社1985年版,第122—123页。

⑥ 戈布尔(R. Go bl)认为这是另一个与嚈哒无关的国家,根据发掘出土货币上的铭文,称其为 Alchons;不过多数学者仍然主张它们都是嚈哒,其为中亚嚈哒政权的分支,参见 Ardogdy Kurbanov, *The Hephthalites: Archaeological and Historical Analysis*, pp. 96 – 100.

⑦ 〔南梁〕萧衍:《职贡图》残卷"滑国使臣图题记";另见《梁书》卷3、30、54各本纪与列传;比较清晰的整理可见余太山:《中文史籍关于嚈哒的记载》(上),第62—63页。

⑧ Michael Alram, "Hunnic Coinage", *Encyclopedia Iranica Online Edition*.

这些情况表明嚈哒在6世纪初向南扩张，在540年之前，他们仍控制着北印度，尚未感受到严重的外敌威胁。

因此，6世纪20年代以后拜占庭史书中嚈哒的销声匿迹，或者说嚈哒与拜占庭帝国政治、军事联系的终结，是源于萨珊波斯以及嚈哒的政治新动向，一个逐渐强盛起来，一个专注向东、向南扩张，故而留给西部一个比较和平的时期。

最后，6世纪末的拜占庭史书中记载，西突厥汗国在6世纪中期与萨珊波斯联手灭掉嚈哒。① 然而，米南德关于嚈哒的寥寥数笔无法完全展示其被灭之前的状态。前已论证了6世纪的最初40年间，嚈哒与周边国家关系比较平稳，保持着其威慑影响。从西突厥前往拜占庭的使者那里可知，在560年（通常认为是565年）左右，萨珊波斯帝国与西突厥联合击溃嚈哒，并瓜分其疆域。且中文史书也明确记载545年突厥因西魏使者的到来而欢欣雀跃，认为这是国家强盛的标志，紧接着第二年突厥与柔然反目。② 因此，突厥对嚈哒的威胁在此之后才发生，两者之间此消彼长的过程，可以通过中文史书中的朝贡记录略窥一斑。

表12　6世纪中嚈哒与突厥的政治活动对比③

年代	嚈哒	突厥
大统十一年（545年）	—	太祖遣酒泉胡安诺槃陁使焉。其国相庆曰：今大国使至，我国将兴也。
大统十二年（546年）	嚈哒遣使献方物。	土门遣使献方物。
549年	嚈哒基督徒请求圣马·阿巴派一名主教。	
大统十七年（551年）	—	土门求婚，以长公主妻之，是岁帝崩。土门遣使来吊。赠马二百匹。

① Menander, *fragment*. 10. 1, p. 136.
② 参见《周书》卷56《异域传下·突厥》，第907页，关于突厥与柔然反目的原因，周书载：546年突厥作为柔然的"铁工"帮助柔然击败铁勒，当突厥土门可汗希望求娶柔然公主时，不仅被拒绝，还遭受辱骂称："尔乃我锻奴，何敢发是言也。"见第908页。
③ 本表所引材料除特别注明出处外，均引自《周书》卷56《异域传下》"突厥"和"嚈哒"条，第907—909、918页。

(续表)

年代	嚈哒	突厥
废帝元年（552年）	—	正月，土门发兵击茹茹，大破之于怀荒北。阿那瓌自杀……土门死，子科罗立。
废帝二年（552年）	嚈哒遣使献方物；波斯遣使献方物。	三月，突厥科罗遣使献马五万匹。
554年		库思老一世娶突厥可汗女。①
恭帝二年（555年）	—	科罗死，弟俟斤立。……（俟斤）性刚暴，务于征伐。……乃率兵击（茹茹）邓叔子，灭之。……俟斤又西破嚈哒，东走契丹、北并契骨，咸服塞外诸国。
明帝二年（558年）	嚈哒遣使献方物。②	俟斤遣使来献方物。
保定元年（561年）		又三辈遣使贡其方物。

《魏书·嚈哒传》称嚈哒"永熙（532年）以后，朝献遂绝"③，此时北魏内乱，萨珊波斯帝国的库思老一世即位后在东部边境兴建碉堡，发动战争，这可能给嚈哒造成一定的影响。而嚈哒再次出现的时间是546年，也就是突厥刚刚兴起且与柔然冲突的时节，只是史家并没有留下此时双方冲突的记载。中文史书也未记载突厥兴起后在西部的活动，东西突厥的正式分立以土门可汗之孙大逻便于587年的西走为标志。④无论这时土门可汗与其兄弟室点密可汗之间究竟是完全独立还是完全一起联动，可以肯定的是室点密可汗的封地在西部，当东突厥不断扩张时，西突厥同样遵循类似的模式来改善自己的生存空间。因此，546年嚈哒使臣到访中原，很可能是嚈哒感受到突厥带来的压力来西魏寻求助力。

---

① 关于萨珊波斯与西突厥联姻的详情，参见菲尔多西：《列王纪全集》（第5卷），张鸿年、宋丕方译，长沙：湖南文艺出版社2001年版，第505页；关于萨珊波斯帝国、西突厥与嚈哒三者之间的冲突，国内学者研究很多，参见兰琪：《西突厥汗国与萨珊波斯的关系》，载《贵州师大学报》，1986年第2期；王政林：《西突厥与萨珊波斯合击嚈哒始末》，载《昌吉师范学报》，2015年第3期；等等。

② 《周书》卷4《明帝纪》，第55页。

③ 《魏书》卷102《西域传·嚈哒传》，第2278页。

④ 〔法〕沙畹：《西突厥史料》，冯承钧译，北京：中华书局2004年版，第200—207页。

同样，前文提到的549年嚈哒基督徒到萨珊波斯帝国拜见国王，并请求牧首马·阿巴派遣一名主教到嚈哒，也可能是在突厥扩张的压力下，嚈哒的基督徒为了国家的存亡前往萨珊波斯帝国求助。①

在突厥兴起后的十年间（545—555年），它与西魏保持着频繁的联系，共派使节6次，且迎娶了西魏公主，参加西魏皇帝的葬礼，大量赠送马匹，还成功地将在西魏避难的蠕蠕邓叔子要过来杀死。553年，萨珊波斯与突厥结成联盟，波斯国王库思老一世迎娶土门可汗之女，并约定共同对付嚈哒。就在这个时候，嚈哒遣使来华，虽然史书没有记载他们的诉求，但考虑到四五年之后波斯就将与突厥联合消灭嚈哒②，因此结合上述表格的内容，突厥兴起后必然与中亚霸主嚈哒发生冲突，随着突厥的勃兴，嚈哒受到的威胁越来越重，故而在这段时期内两次遣使来华，以向西魏寻求帮助。只是这些求助没有取得什么效果，嚈哒最终在萨珊波斯与突厥人的夹击下灭亡，他们的国王、他们的大多数士兵都被突厥人杀死，只有少数嚈哒人避居到粟特地区和阿姆河上游一带。③ 由此一来，统治了中亚地区150多年的嚈哒汗国正式灭亡。

总的说来，在6世纪初，嚈哒仍然延续着5世纪后半期对萨珊波斯帝国的威慑，特别是因为帮助卡瓦德重新夺回王位，从而与波斯建立比较稳固的联盟，该联盟的基础是波斯每年向嚈哒缴纳的贡赋。这一联盟关系一方面稳定了萨珊波斯帝国的东部边境，另一方面也迫使萨珊波斯帝国将贡赋的压力转嫁给拜占庭帝国，通过卡瓦德以及库思老一世时期的大规模战争，以劫掠、贡赋等方式从拜占庭帝国获得大量财物，维持其与嚈哒汗国的联盟与边境稳定。到532年时，嚈哒在中亚的地位尚无太大变化，但萨珊波斯已强势复兴，直到546年突厥兴起后，波斯与突厥的迅速结盟给嚈哒带来灭顶之灾，因此在很短的时间内，曾经辉煌百余年的嚈哒就在合击之下，在556—557年被消灭。不过，对于中亚社会来说，变化不过是统治者由嚈哒换成突厥而已，在西突厥势力未曾达到的中亚中南部以及印度北部地区，原先臣服嚈哒的各小国再次独立。总

---

① Erica C. D. Hunter, "The Church of the East in Central Asia", *Bulletin of the John Rylands University Library of Manchester*, 78, p. 134.

② 由于西突厥使者到达拜占庭时（558年），他们已经消灭嚈哒，说明嚈哒灭亡的时间在此之前。

③ *The History of al-Tabari*, v. 5, p. 153, note 393.

体上，虽然战争以及政权更迭必然给经济和社会生活带来一定的影响，但这种影响不是根本上的，沿丝绸之路的东西方经济、文化、思想交流还在延续，"金银钱"将继续作为国际通货广泛存在于中亚乃至西域和中国。

综合分析可知：5世纪初出现在中亚地区的嚈哒，凭借其强大的军事实力，对萨珊波斯帝国造成巨大压迫，影响其政治发展，并进而影响到拜占庭帝国，在政治、军事上与后者有了联系。另一方面，构成这一政治、军事联系基础的是两地在信息、经济、文化方面的交往，而且在这个过程中，不仅仅是萨珊波斯人居间作为媒介，嚈哒治下的粟特商人也相当活跃。这些不同层面上的联系使得嚈哒汗国有条件在连通东西方的丝绸之路上产生重大影响，这不仅仅是其凭借地理优势而推动的人员与商业的往来，更在于其政治军事霸权导致大量拜占庭金币和萨珊波斯银币涌入中亚地区，这些货币直接用于流通，从而改变了丝路贸易的货币结构，促使"金银钱"成为从中亚到中国西部的主要通货。虽然嚈哒在565年左右被萨珊波斯帝国与西突厥汗国联手消灭，但此前已经形成的货币结构并未改变，"金银钱"还将继续作为丝路贸易的主要通货。东西方之间的经济、文化交流在嚈哒汗国统治时出现了变化，此后统治着中亚地区的西突厥汗国将进一步推动东西方在各层面上的交往。

总体上讲，嚈哒和突厥在中古时期的中亚社会扮演着提供军事保护的政治管理者的职能。与粟特商人不同，粟特人直接参与贸易，通过穿针引线、商品转运、居间翻译等途径推动丝绸之路上各种政治、经济、文化联系的展开，嚈哒和突厥这样的政治管理者，则是通过政治活动对东西方的互动产生影响。当围绕着突厥在亚欧大陆的活动及影响的研究越来越多，突厥之前的嚈哒也需要得到同等重视。本书正是出于这一考虑，综合东西方有关嚈哒的史料与考古发现，通过考察嚈哒与拜占庭帝国的联系，从而还原其在东西方之间、经由丝绸之路的政治、文化、经济交往中的作用，强调其对中古时期丝路货币结构变化产生的重要影响，以补充相关研究的不足。

第三节　西突厥汗国对拜占庭东方贸易的影响

北路丝绸之路，指的是横贯欧亚大陆的北方草原连通东西方贸易往来的道路。这条道路的开通应归功于北方的游牧部落,拜占庭的史书详细记述了 6 世纪下半期,西突厥可汗派遣使者经由北方草原,绕过萨珊波斯控制区域到达君士坦丁堡的事件,可以说它标志着北方草原丝路重新恢复生机。

新兴的突厥人在 6 世纪中期征服了东亚和中亚北方草原地区的各种势力,在涵盖中亚和东亚的广袤草原地区建立了强大汗国,并控制了西域的丝绸贸易利润。然而这并不能与萨珊波斯人控制的巨额利润相比,为了能够从波斯人获取的利润中分得一杯羹,西突厥汗国曾多次与萨珊波斯开战,却均无果而终。最后不得不从北方草原绕道前往君士坦丁堡,并与拜占庭帝国建立直接的使节往来,从而在北方草原建立起拜占庭帝国与东方的联系。沿着这条北路,拜占庭人可从小亚直接转向北到达里海北岸,并从那里直接前往咸海,到达粟特地区,然后再由此向东越过帕米尔高原或天山,进入西域突厥人的控制地区,再通往中原。因此,拜占庭的金币从北路到达中国,则应主要归结于西突厥汗国及其属民的活动与影响,下面本节将对西突厥汗国在拜占庭金币东传过程中的作用展开论述,来探询金币东传之谜。

一、相关研究概述

关于西突厥汗国在拜占庭帝国与中国政治经济联系的问题,张绪山老师以及林英老师都做过专题论述。张绪山老师在《6—7 世纪拜占庭帝国与西突厥汗国的交往》一文中仔细梳理了 6 世纪中期西突厥汗国与拜占庭帝国建立使节级外交关系的具体过程以及使节往来详情。林英老师在《西突厥与拜占廷金币的东来》一文中,从一份"有关'金钱'的吐鲁番文书"入手,分析西突厥汗国与拜占庭帝国之交往,突厥人对金子的钟爱,以及他们与中原皇朝的交往与关系,从而得出中国出现的拜占庭金币为西突厥汗国得自拜占庭,赠予中国皇帝后,再由皇帝赐予各位功臣,认为"这一时期一部分东来的金币不是东西方贸易的结果,而是当时国际政治与外交关系的体现"[①]。通过林英老师的层层论证,这一结论对于研究拜占庭金币如何传入中国,以及在中国如何传播,显然具有一定的说服力,却仍有值得商榷之处。

---

① 林英:《西突厥与拜占廷金币的东来》,见林英:《唐代拂菻丛说》,北京:中华书局 2006 年版,第 21—37 页。

首先，整个论证包括以下几个环节：1. 西突厥汗国于567年与拜占庭帝国建立使节关系，通过两国间的商业往来及政治联盟，大量拜占庭金币由此汇向西突厥汗国；2. 突厥人本身是一个嗜金的民族，当作为拜占庭权力象征的金币大量涌入西突厥汗国后，这些金币也被可汗当作是权力与强大的标志，用于转赠或赐予；3. 上述那份6世纪初的吐鲁番文书，记载了西突厥首领随信附赠予高昌王室"金钱"的行为，表明西突厥人确实将这种金币用于赠予；4. 北朝之际，中原两朝争相与突厥交好，突厥人在享受皇帝们的谦恭之时，将一些金币赠给他们，以示笼络；而皇帝则再将此金币转赐臣下。以上四点环环相扣，勾勒出一幅拜占庭金币经由西突厥汗国进入中原的图画。

然而，仔细斟酌之余，仍存几点疑问。

第一，"西突厥人以金钱作为礼物赠予"的行为，依据的是一份吐鲁番文书，其内容为西突厥部落某首领致高昌王室的信件中曾随附一枚金钱，以及高昌发现的其他几份关于随信附赠金钱的文书；故而指出突厥和高昌地区比较流行用金钱作为信物以表示信件的贵重。正是通过对突厥与高昌间的随信附赠金钱行为，引申到金钱可能作为西突厥可汗安抚中国皇帝礼品。北朝时，中原地区与突厥的关系微妙，"北朝晚期，北齐与北周为了争夺中原，连年战争，突厥成为双方极力笼络的对象"①，并引《隋书·突厥传》记载，"时佗钵控弦数十万，中国惮之，周、齐争结姻好，倾府藏以事之。佗钵益骄，每谓其下曰：'我在南两儿常孝顺，何患贫也。'"由此，林英老师指出突厥可汗为显示"霸权"而将金币作为外交礼物，赠予中国的皇帝们。

突厥汗国是否会以这种赐赠"金钱"的方式展示对中原皇朝的"霸权"呢？笔者对此略有疑义。一方面，突厥嗜爱黄金，在拥有"霸权"地位时，为什么会仅仅为了宣扬自身的强大，而将自己喜欢的金币转赠中原呢？事实上，从突厥与中原王朝的交往来看，前者更倾向于从中原攫取财物，《隋书》卷八四《突厥传》载隋文帝杨坚对北朝时期突厥与中原关系的认识：

> 往者魏道衰敝，祸难相寻，周、齐抗衡，分割诸夏。突厥之虏，

---

① 林英：《西突厥与拜占廷金币的东来》，见林英：《唐代拂菻丛说》，北京：中华书局2006年版，第30页。

俱通二国。周人东虑，恐齐好之深，齐氏西虞，惧周交之厚。谓虏意轻重，国逐安危，非徒并有大敌之忧，思减一边之防。竭生民之力，供其来往，倾府库之财，弃于沙漠，华夏之地，实为劳扰。犹复劫剥烽戍，杀害吏民，无岁月而不有也。

从此段记载中，可以看出突厥的"霸权"地位的主要表现方式是接纳财物，即中原的北周、北齐王朝需"倾府库之财"，以"供其来往"。《周书》卷三三《杨荐传》中明确记载，北周保定四年（564年）杨荐为使者，"又纳币于突厥"。种种信息表明：突厥与北朝时期中原皇朝的关系，主要表现为北周、北齐两朝以大量财物向突厥汗国的输出，来换取突厥对自己的支持。

另一方面，用诸如"金钱"之类的财物作为赐予诸蕃的礼物，是中原皇朝的传统。而北方游牧民族并没有这种习惯，从整个欧亚大陆的农耕定居世界与北方游牧世界的共存与斗争历史来看，由于游牧地带生产增长率较低，长期停留在淳朴而落后的状态①，物质生活较差。故而与南方定居民族间的贸易往来就变得非常必要，当正常贸易难以继续时，武力劫掠就取而代之。在中国历史上，总是有大量北方游牧民族劫掠城镇的记载，且很多北方游牧民族发动的战争，也是旨在获取财物。6世纪后，突厥人在边境上的劫掠，在很长时期内构成了中原皇朝北方外交事务的主要问题，史书中有大量关于突厥寇边的记载：

"（北齐河清三年）秋（565年），突厥寇幽州，入长城，虏掠而还。"②

"（北周宣政元年）夏四月壬子（578年），初令遭父母丧者，听终制。庚申，突厥入寇幽州，杀掠吏民。"③

"每岁河冰合后，突厥即来寇掠。"④

....

如此种种，不胜枚举。而反过来，突厥带给中原的大多为"方物"，

---

① 吴于廑：《世界史总序》，见吴于廑、齐世荣主编：《世界史·古代史编》（上卷），北京：高等教育出版社1994年版，第17—18页。
② 《北齐书》卷七《武成帝本纪》。
③ 《周书》卷六《武帝纪下》。
④ 《周书》卷二七《列传第一九·宇文测传》。

其中除突厥盛产的马匹及皮革外，还包括突厥治下各属国所产之物。史书多次提及"突厥遣使献方物"，然而这些"方物"究竟为何，却只有在《隋书》卷八四《突厥传》中略有记载：

"其年（开皇七年，587年），（处罗侯）遣其母弟褥但特勤献于阗玉杖，上拜褥但为柱国、康国公。明年，突厥部落大人相率遣使贡马万匹，羊二万口，驼、牛各五百头。"

从这段记载可知，突厥献来的"方物"中有和田玉以及马匹、羊、驼、牛等牲畜。而这些物品特别是牲畜作为游牧部落赖以生存的财产，是他们生活及用于交换的主要物品，故而成为突厥与中原通过朝贡关系交换的主要内容。

这些是一般意义上突厥与中原交易的物品内容，对于当时的突厥人来说，他们没有必要在占尽上风之际，用拜占庭金币来安抚中原王朝。而事实上，与拜占庭帝国建立外交联系的西突厥汗国，长期以来与东部突厥的关系并不和睦；随着东西突厥汗国的分裂，双方互相敌对，多次征战，因此东突厥汗国很难从西突厥那里得到大量拜占庭金币。而西突厥汗国与隋王朝也并不十分密切，双方互相利用以对付东突厥汗国，而他们之间的朝贡联系并不是非常频繁。直到隋炀帝大业年间，裴矩经营西域之际，与西突厥汗国的联系才渐渐增多。双方的物品交流也多以皇帝的丰厚赏赐为主①，及至唐初，西突厥处罗可汗曾"献大珠于高祖"，以示衷心。而谈论到这位可汗时，唐太宗说"人穷来归我，杀之不义"，可见此时西突厥汗国国力较弱，以这样的实力，应该无力向中原皇朝提供赏赐众将的拜占庭金币。事实上，唐以后拜占庭金币在中国的数量已经变少，主要以仿制金币的形式出现。

第二，林英老师认为中原皇帝将"金钱"转赐予功勋臣子，以示嘉奖，并且所封赏对象"都曾参与中原王朝同漠北游牧民族的战争"，由于他们"都曾为朝廷在漠北立下汗马功劳，皇室遂将来自可汗的'金钱'赐予他们，以资纪念"②。

古代历史上，皇帝为奖励在某方面取得突出成绩的臣子，确曾将来自当地的珍异物品赐予这些将官，以资纪念与鼓励。史书也略有述及，

---

① 参见《隋书》卷八四《北狄传·突厥传》。
② 林英：《西突厥与拜占廷金币的东来》，见林英：《唐代拂菻丛说》，北京：中华书局2006年版，第32页。

《隋书》卷六七《裴矩传》载:"帝遣将军薛世雄城伊吾,令矩共往经略。……矩又白状,令反间射匮,潜攻处罗,语在《西突厥传》。后处罗为射匮所迫,竟随使者入朝。帝大悦,赐矩以貂裘及西域珍器。"① 此段记载明确提到皇帝为奖励裴矩在处理西突厥可汗问题上的谋划,以"西域珍器"赐之以示鼓励。

然而若将此"珍器"理解为金钱,则略显牵强。皇帝以金钱赐予臣下以示嘉奖的行为,在古代历史上比较常见。具体到北朝隋唐之际,史书记载之赐予金钱现象,反而略有减少,从《北史》与《隋书》中只能找到隋炀帝赐金钱于杨素子玄奖的记载:"拜素子玄奖为仪同,赐黄金四十斤,加银瓶,实以金钱,缣三千段,马二百匹,羊二千口,公田百顷,宅一区。"林英老师曾引此段文字来证明皇帝赐予臣下金币现象的存在,并认为这里的"金钱"即为拜占庭金币。然而笔者认为,对于这段文字中的金钱并不能如此武断地加以界定。一方面,假如这些"金钱"为拜占庭金币,那么要充实一个银瓶需多少金币方可?中原的皇帝是否可以得到如此大量的拜占庭金币用于充实这一银瓶呢?通过前一部分的论证,这一可能性很值得怀疑。在新旧唐书中,曾有皇帝播撒金钱的一些记载,而且目前的考古工作也发现了金开元通宝和银开元通宝,并最终判定唐朝时皇帝用于赏赐、赠予的金钱为开元通宝,并且这些金银开元通宝也是针对这一需求而制造。② 那么,是否也可以假设这些"金钱"是隋朝用于赏赐而铸造之金币呢?

另外,在皇帝对杨玄奖的赏赐物品当中,有黄金、银瓶、缣、马、羊、田地以及宅院,而"金钱"只是用以充实银瓶。那么以这种附属姿态出现的"金钱",如何担当皇帝赐予"立下汗马功劳"的臣下们的奖赏呢?或者,可以把它的出现理解为偶然现象?我们在皇帝赐予杨素的另一次赏赐中,也看到类似的记载,隋文帝曾因素功勋卓著,"赐田三十

---

① 裴矩离间射匮与处罗事见《隋书》卷八四《北狄传·西突厥传》,西突厥处罗可汗起初对隋炀帝不恭,借故推辞皇帝的召见。当西突厥的另一位部落酋长射匮前往隋庭请婚之际,裴矩因常年经营西域,了解到射匮与处罗之间存有旧怨,射匮本为可汗,后因"失职,附隶于处罗",故而裴矩上奏皇帝,扶植射匮的力量,许诺封他为大可汗,并挑起他对处罗的不满,最终使他"兴兵袭处罗"。处罗可汗在射匮攻击下,仓促东逃,最终不得不依附隋庭。
② 陕西省博物馆、文管会:《西安南郊何家村发现唐代窖藏文物》,载《文物》,1972年第1期。

顷，绢万段，米万石，金钵一，实以金，银钵一，实以珠，并绫锦五百段"①。对比杨氏父子的封赏物品，若按照林英老师之推理则略显不通：平定漠北局势中功勋高者莫过于杨素，而这种作为"纪念"的"金钱"赏于杨玄奖而非杨素，实在难以解释。仔细端详这些赏赐物品，可以发现这些牲畜、宅院、丝绸锦缎、黄金、米粮等物，都涉及衣食住行等生活必需品，而内部盛满金银、珠玉的"金钵""银钵"以及"银瓶"，则可以看作皇帝对杨氏一家永享富贵的许诺，金钱等器物的长期保值特性以及金银、珠玉的富贵象征，都是中国历史上比较常见的表达方式。皇帝通过这些赏赐，要向有功臣子表达他对他们衣食无忧、富贵延年的保证。其中瓶钵内究竟实以"金"还是"金钱"本身并不是很重要，因为它们都只是富贵的代表符号。

通过对上述两点疑问的分析与论证，作者认为林英老师的观点尚有不足之处：在拜占庭金币传入中国的过程中，与拜占庭帝国有外交联系的西突厥汗国无疑具有重要的历史地位，但是若仅从政治外交来考虑其作用，并据此认为"这一时期一部分东来的金币不是东西方贸易的结果，而是当时国际政治与外交关系的体现"，则失于片面。

那么究竟该如何理解西突厥汗国在拜占庭帝国与中国间往来的作用呢？要解决这个问题，还是得先将草原丝路以及6世纪中后期西突厥与拜占庭的通使情况介绍清楚。

二、北方草原丝路

北方草原的通道主要是指北纬45°附近的草原地带联结东西交往的通道，具体地说，是指从蒙古高原直接往北，到达贝加尔湖，向西沿今西伯利亚铁路所经森林地带向西，一直到达东欧；抑或从蒙古高原向西越杭爱山，沿阿尔泰山西行，再折向南进入天山以北草原，沿天山北麓至伊犁河，再西行过碎叶川、塔剌思河，抵锡尔河，沿河而下至咸海，顺其北岸西行，过乌拉尔河、伏尔加河，直至黑海东岸或北岸②，再经由黑海进入小亚。

欧亚草原因其纬度偏高形成特殊的气候特征，影响到这里特殊的地理环境，形成从东北亚的大兴安岭到黑海的大片草原地带，故而称为北

---

① 《隋书》卷四八《杨素传》。
② 刘迎胜：《丝绸之路》（草原卷），杭州：浙江人民出版社1995年版，（绪）第3页。

方草原。北方草原的地理环境并非完全一致,由于这里的生态环境比较脆弱,又有一些山脉和大海交错其间,形成了不同的地理区域,包括山区、沙漠、森林、河流三角洲等等。这里自然降水较少,不适于农业种植,形成了以游牧为主要特征的文化圈。一直以来,北方的游牧世界与相邻的农耕世界不断的交流与碰撞,共同孕育出各个伟大的文明;同时游牧世界特有的流动性也使北方草原成为最早联结东西方的通道。例如,目前学术界一般认为,草原地区为后来广泛分布在欧亚大陆的印欧人的发源地①,正是通过从草原向其他地区的迁徙,才形成遍布各地的印欧人后裔。随着北方草原游牧部族的不断流动与南迁,这片土地上不断出现新的游牧民族,诸如匈奴、突厥等,这些民族永不停歇的流动时不时地冲击着南方的定居文明,给他们带来新鲜的血液,并增进欧亚大陆两端不同文明之间的交流。

目前关于北方草原之路在东西丝绸贸易中地位的研究表明,早在人类文明之初,经由北方草原就可以实现东西方文明的交通。除上述提及的印欧人(或称雅利安人)迁徙带来的影响外,游牧部落的流动还将锡等金属带到各处定居文明中;而且在从斯堪的纳维亚到蒙古高原的阿尔泰地区的广泛区域内,风格类似的太阳战车,反映出东西方之间的文化交流。② 在公元前后的斯基泰人(the Scythians)③、萨尔马提亚人(the Sarmatians)④ 以及匈奴人的活动,也给东西方经济文化交流带来重要影响。例如,匈奴人在草原以及绿洲地区的影响,为张骞"凿空"后中国与西方政治、经济文化的交流奠定基础。

游牧民族的天性使得他们到处流动,不会长期停留在同一地方。到4世纪以后,随着游牧部族的南迁,北方草原地区的居民又出现新的身影。从东亚的大兴安岭一带到阿姆河以及锡尔河的中亚两河流域地区,

---

① 刘迎胜:《丝绸之路》(草原卷),杭州:浙江人民出版社1995年版,第7页。
② Sinor, D., *The Cambridge History of Early Inner Asia*, Cambridge: 1990, pp. 95 – 96.
③ 斯基泰人(Scythians)是在公元前8—7世纪从中亚移居罗斯南部的伊朗高原上的一支游牧部落,以今克里米亚地区为中心建立了自己的游牧帝国,在公元前4世纪以后,逐渐被另一支游牧民族萨尔马提亚人消灭。引自 Encyclopædia Britannica. 2006. Encyclopædia Britannica online. 18 Mar. 2006 < http://www.search.eb.com/eb/article – 9066426 >
④ 萨尔马提亚人(Sarmatians)也是源于伊朗高原的一支游牧部族,他们在公元前6—4世纪从中亚迁往乌拉尔山脉一带,最终停留在罗斯以及巴尔干东部一带,370年被西迁的匈奴消灭。引自 Encyclopædia Britannica. 2006. Encyclopædia Britannica online. 18 Mar. 2006. < http://www.search.eb.com/eb/article – 9065786 >

分别被柔然、高车、嚈哒等民族控制，直到6世纪中期突厥部落崛起，在从东北亚到中亚的广泛区域内建立了庞大的突厥汗国。而在西边，先后从东方迁移来的匈奴人、阿兰人①以及阿瓦尔人（the Avars）②，在黑海东北岸不时地短暂停留。不过，虽然这些游牧民族在东西方之间的迁徙，在一定程度上带动了经济文化交流，但这种交流更多出于自发，他们的迁徙源于生存需要，而且是单向的，故而东西方之间经由北方草原的自觉的、主动的双向经济交流尚未发展成形。

三、突厥兴起与北方草原丝路

历史进入6世纪以后，在欧亚大陆的中部偏北区域，一支游牧部落逐渐崛起，它改变了此前东西商业交往的地理格局，这就是突厥。

关于突厥的源起因中文史籍中的多种传说，目前众说纷纭，未有定论。普遍的观点是其为原居于咸海东岸，后迁往漠北的某游牧民族之阿史那一系，他们在不断的游牧迁徙过程中，曾从漠北来到过河西走廊的平凉地区；然而大约在439年之后，阿史那部西渡流沙，途中曾经高昌，隐于高昌北山，最后在6世纪初年到达金山。③ 金山即为阿尔泰山，此处成为该族繁衍生息的地区；此时中亚及漠北地区最为强盛的政权为蠕蠕汗国，为谋生存的阿史那部遂"臣于蠕蠕"，为其冶炼锻造铁器，被唤为"锻奴"，并以此为名，号为突厥。突厥人崇拜的图腾为狼，其血液中狼的性格也孕育其不甘为人所制的反抗精神：到6世纪中期，突厥人在其首领土门的率领下，逐渐强盛，不仅东与中原王朝建立联系，而且还在552年推翻灭掉柔然汗国，随后土门自称伊利可汗，自此突厥汗

---

① 阿兰人，目前学术界并没有完全确定他们的族源，Sinor 认为他们是萨尔马提亚人的一支，也有观点称其为斯基泰人。在1世纪时，罗马帝国的文献中就提到居住在黑海东北地区草原的阿兰人，370年，阿兰人受到向西迁徙匈奴人的进攻，被击败后迁往西部，构成了冲击罗马帝国的众多游牧部落中的一支。另一些阿兰人则留在黑海东北岸的高加索地区，最终成为今格鲁吉亚境内的奥塞梯人。引自 Encyclopædia Britannica. 2006. Encyclopædia Britannica online. 18 Mar. 2006. < http://www.search.eb.com/eb/article - 9005349 >.

② 阿瓦尔人（the Avars）是一支6—9世纪在东欧具有重要影响的游牧部落，对拜占庭帝国以及西部的墨洛温王朝都带来很大冲击。然而目前关于其族源尚无定论，他们在558年首次出现在高加索地区，并受到一支来自突厥人的追击，故而一些学者认为他们是中文史书中出现的柔然民族；也有学者认为其为高车后裔，但均未广被接受。引自 Encyclopædia Britannica. 2006. Encyclopædia Britannica online. 18 Mar. 2006. < http://www.search.eb.com/eb/article - 9011403 >.

③ 薛宗正：《突厥史》，北京：中国社会科学出版社1992年版，第39—77页。

国建立。这样一个民族的崛起对中亚历史的影响将是颠覆性的：它的强大将最终改变整个亚洲，特别是中亚与西亚的民族构成。

崛起后的突厥给中西交通带来的第一个冲击，就是阿瓦尔人的西迁。拜占庭史家米南德（Menander the Guarder）最早记录了被突厥人追赶的阿瓦尔人，综合他在各部分的描述，可以大致判断出阿瓦尔人的经历：阿瓦尔人在5世纪晚期与拜占庭帝国有过接触，到555年被突厥人击溃后，开始西迁。557年他们遇到驻守于拉齐卡的查士丁，被安排前往君士坦丁堡觐见查士丁尼皇帝，然而皇帝只是给了他们丰厚的礼物，却未给他们安排土地或容身之处。①

不过对于这支突然出现在欧洲的游牧民族究竟为此前东方的哪个民族，目前学术界尚无定论。传统的观点认为这就是在552年被突厥人推翻的柔然人②；也有学者认为他们是中文史料中提到的高车③；然而近年来对于阿瓦尔人即柔然的观点受到不同程度的质疑，研究者对拜占庭史书中所记录的阿瓦尔人的活动轨迹的分析，在时间上难以与东方某民族的历史相吻合④。然而，无论这支阿瓦尔人族属为何，可以肯定的是他们是迫于突厥人的攻击而无奈西逃的。在他们的逃亡过程中，突厥人不仅以收留阿瓦尔人为借口，与萨珊波斯联合出兵嚈哒；还再三要求拜占庭皇帝不要为阿瓦尔人提供帮助。可以说，突厥汗国的兴起除激起欧亚大陆上游牧民族西迁的又一次多米诺效应外，还在一定程度上改变了中亚的势力分布；而其对敌人穷追猛打的行为，也促成了位于欧亚大陆两端、距离遥远的两个国家之间的首次正式通使。

崛起后的突厥给中西交通带来的第二个冲击，就是与波斯联合消灭嚈哒。嚈哒，在突厥兴起之前，介于萨珊波斯与柔然之间，控制着阿姆河以及锡尔河流域的粟特地区，在享受粟特商人与丝路贸易中所获巨额利润之外，他们还是粟特民族从萨珊波斯帝国处争取贸易优惠权的代言人。他们与萨珊波斯在5世纪进行数次战争，484年，萨珊波斯王卑路

---

① Menander, *Fragment* 5.1–2, pp. 49–50.
② 〔法〕沙畹：《西突厥史料》，冯承钧译，北京：中华书局2004年版，第204—205页。
③ 薛宗正：《突厥史》，北京：中国社会科学出版社1992年版，第107页。
④ C. A. Macartney, 'On the Greek Sources for the History of the Turks in the Sixth Century', *Bulletin of the School of Oriental and African Studies*, University of London, v. 11, No. 2 (1944), pp. 266–275.

斯战死，被迫向北纳贡，嚈哒汗国获得大量金银。① 对于新兴的突厥汗国来说，嚈哒必然会成为其扩张道路上的重要敌人，然而突厥可汗究竟在多大程度上意识到嚈哒的威胁，从而使他们在结束对原柔然境内势力的镇压后，立刻与萨珊波斯帝国达成共击嚈哒的同盟？目前很难说得清楚。突厥人出兵嚈哒的借口是其收容阿瓦尔人，无论这是真正原因抑或借口，战争的结果是曾经雄踞中亚的嚈哒王国在萨珊波斯与突厥人的夹击下灭亡，并被瓜分，阿姆河成为波斯与突厥的边境②，而阿姆河东岸的粟特区域就成为突厥人的属地，原先嚈哒享受的丝绸贸易利润也转而充盈着突厥汗国的国库。

嚈哒灭亡之后，中亚遂成萨珊波斯帝国与突厥两强相争之地。除对于原嚈哒境内领土归属的争端外，双方争夺的另一重点则是东西方贸易所带来的利益。突厥人得到粟特地区后，当地以经商为主的粟特人的经济利益就与突厥汗国的财政收入直接联系起来，这其中东西方商业交往中最为重要的丝绸贸易无疑是粟特商人的主要利润来源。然而此时波斯已能制造蚕丝，遂厉行丝禁以保证本国的商业垄断。③ 粟特商人们面临着严重的困境，于是在这些商胡的鼓动下，突厥西面室点密可汗派遣粟特人马尼亚赫（Maniach）为代表出使波斯，觐见库思老一世，请求开放丝绸贸易，最终谈判以失败告终。567 年，突厥再次遣使交涉，仍然无法达成协议，使者反而被杀。④ 于是突厥与波斯开始交恶，在与波斯兵戎相见之余，粟特商人在可汗的支持下，寻找通往西方拜占庭帝国的其他通道。

接下来，崛起后的突厥给中西交通带来第三个冲击。由于萨珊波斯帝国控制了沿里海南岸前往东地中海的各个关卡，以马尼亚赫等粟特商人为主体的突厥使团遂转向北方探询西去之路。在使团的西寻之路中，此前阿瓦尔人的逃亡路线为其提供了灵感。

目前，关于阿瓦尔人逃亡欧洲的路线，因史料有限，尚无法得出确

---

① Josh. Styl. 18 (247. 25 – 248. 12), 19 (248. 21 – 8), (Joshua the Stylite in J. B. Chabot, *Incerti Auctoris Chronicon Pseudo-Dionysianum culgo dictum*), see Greatrex & Lieu, ed., *The Roman Eastern Frontier and the Persian Wars*, Part II, pp. 60 – 61.

② Widengren 认为在霍尔米兹德四世（Hormizd IV，579—590 年在位）统治之前，波斯的东部边境包括阿姆河北岸。参见 Menander, p. 252, note 16.

③ 薛宗正：《突厥史》，北京：中国社会科学出版社 1992 年版，第 106 页。

④ Menander, *Fragment* 5. 3, p. 51.

定结论。然而，根据当时欧亚大陆的政治地理格局，能够允许阿瓦尔人通行的方式并不多。离开嚈哒境内之后，阿瓦尔的西去之路就要面临两种选择，一是向西南，沿里海南岸进入伊朗高原，然后谋求安身之地，不过这一选择则需要面对萨珊波斯帝国。后人无法完全理解阿瓦尔人面临的困境，不过从拜占庭史书的描绘中，他们显然与萨珊波斯没有过多接触，因此可见其没有取道波斯，而是选择了另一条道路。阿瓦尔人的另一选择是继续向西北，经咸海西去，可达今里海北部低地的乌拉尔河流域，这段路途并非阿瓦尔人所创，从粟特地区出发的粟特商人们无疑也曾由此进入里海北岸。那么，阿瓦尔人经由何处从乌拉尔河流域前往拜占庭帝国呢？

米南德对阿瓦尔人的逃亡有简短说明："在四处流浪了很久之后，他们来到阿兰人境内，请阿兰人的首领萨逻修斯（Sarosius）帮他们引见罗马人。"在阿兰人的帮助下，他们见到时任拉齐卡驻军元帅的查士丁，并在查士丁的建议下，派使者前往君士坦丁堡面见皇帝查士丁尼。[1] 由此可以判定阿瓦尔人在6世纪中期的逃亡路线，是从里海北岸的乌拉尔河流域，向西越过伏尔加河，然后进入位于里海与黑海之间的高加索山脉北部，进入当时居住于此的阿兰人境内。并在阿兰人的鼓动下，向西南迁徙来到拉齐卡地区，在那里等待查士丁尼皇帝的答复。面对阿瓦尔人以进攻作为要挟换取领土或者西进通道的要求，时已垂暮的皇帝查士丁尼采纳了元老们的建议，用包括金子、丝袍在内的贵重礼品换取阿瓦尔人与其结盟，实际上充当对付拜占庭帝国北部诸蛮族部落的工具。[2] 在对北方各部落的战争过程中，阿瓦尔人逐渐沿着黑海北岸西进，进入多瑙河流域北界。

如果没有接下来以粟特商人为主体的突厥使团的到访，阿瓦尔民族的这次逃亡与此前匈奴人西迁所经历的路线相当，甚至于他们所引起的游牧部落迁徙运动也有些类似。然而6世纪时丝绸之路上的贸易利润以及粟特民族的商业冲动显然已有很大变化，由于萨珊波斯帝国的阻挠，在巨额利润的驱使下，以马尼亚赫为首的突厥使团踏上了各游牧部落向西迁徙的轨迹，寻找直通拜占庭帝国的道路。

在描述突厥使团通往君士坦丁堡的路线之前，有一疑问需要解决，

---

[1] Menander, *Fragment* 5.1, p. 49.
[2] Ibid., *Fragment* 5.3, p. 51.

即北方草原之路源远流长,却为何在东西商业交流中,一直处于边缘?为什么在突厥使团之前,丝路上的商人们,或者谋求越过萨珊波斯控制抵达东方的拜占庭皇帝们,没有意识到这条通道的可能呢?反而是突厥使团在6世纪后半期实现了这条通道的商业功用呢?

事实并非如此,罗马—拜占庭帝国与北方草原的商贸联系早已存在,萨尔马提亚人占据高加索地区时,就与希腊以及罗马商人保持着稳定的联系,罗马帝国的陶器、装饰品、葡萄酒以及金银器曾到达这里。① 进而在米南德的记述中,也可发现拜占庭帝国与阿兰人紧密的政治联系,双方必然存在同样稳定的经济文化交往。实际上,高加索以及亚美尼亚地区作为联结东西方商业交往的重要地区,长期以来都受到拜占庭帝国与萨珊波斯的争夺。虽然没有证据表明6世纪之前从欧洲的罗马—拜占庭商人经由此路直接到达中亚,但不可否认的是经由亚美尼亚、高加索乃至里海北岸,存在着连通东西方的中转贸易,故而,在拜波两国势力争夺中,高加索以及亚美尼亚地区除其地理因素外,两地所蕴含的商业利益同样是他们争夺的焦点。

但是由于北方草原环境以及居民的特殊性,经由这里的商贸活动又有其局限性。主要原因在于北方草原的民族构成及其生活特性:草原民族的游牧性、部落制度的相对孤立,这里没有成熟稳定的驿站制度。虽然草原之路很早就已连通,但不可忽视的是此前游牧部落之间承载着的文化交流是自发而非自觉的,是各部落流动所造成的客观结果,而非某一人群的特意努力。因此北方草原上各部落的不断迁徙,以及在此消彼长之余的势力更迭,都导致这里不利于商队通行:第一,各个相互独立的部落互不统属,很难保证商队行进中的安全;第二,游牧部落长期逐水草而居,生活资源有限,无法为商队正常行进提供稳定的驿站保证;第三,游牧部落生活中特有的劫掠性,对商队来说是致命的。因此,尽管北方草原通道早在公元前就已经实现了东西方之间的文化交流,然而,其特有的游牧性质导致它无法形成像中路丝绸之路那样繁荣与持续的商路。

到6世纪中后期突厥兴起之后,适逢北方草原之政治格局发生变化,为商路的直接贯通奠定基础。其一,整支部落移动的阿瓦尔人成为突厥

---

① Sinor, *The Cambridge History of Early Inner Asia*, p. 115.

使团的探路者，客观上为其肃清了路途中一些可能出现的问题与障碍。在阿瓦尔人西进的过程中，究竟遇到过哪些民族，发生了什么样的冲突，目前由于缺乏资料，难以说得清。然而可以肯定的是，在其西进过程中，由于其人数众多的部落活动，必然会与当地居民发生碰撞，此时，阿瓦尔人的态度是坚决予以攻击。例如，当他们来到查士丁尼的宫廷寻求帮助时，他们自称是"不可战胜的民族，会轻易地摧毁挡住他们去路的所有人"①。可以想象，在西进途中，阿瓦尔人曾为此与沿途部落发生冲突。因此，当突厥使团经由北方草原前往拜占庭帝国时，所经区域刚刚遭受阿瓦尔人的洗劫，道路相对通畅。

其二，6世纪中期以后，拜占庭帝国控制了高加索地区的西南部分，为突厥使节直接到达拜占庭境内做好准备。例如，561年查士丁尼与萨珊订立的50年和约规定：通过叫作宗（Tzon）的关口以及通过里海大门（Caspian Gates），波斯人将允许匈奴人、阿兰人或其他蛮族通往罗马帝国；而罗马人则承诺不在当地或波斯疆界的附近地区派兵攻击波斯人。②这份协议保证后来在568或569年从高加索山脉以北到来的突厥使团能够进入罗马帝国境内。

其三，新兴的突厥汗国在不断的西扩过程中，为由其保护的商队活动提供必要的物质与安全保障。突厥人从6世纪中期兴起后，在短短十余年的时间内建立起庞大的汗国，可见其军队战斗能力之盛。因此，可以想象在突厥汗国的威名之下，其使团所遇阻力自然有所减弱。

在上述北方草原政治新格局的背景下，突厥使团在粟特人马尼亚赫的带领下，紧随阿瓦尔人西进的路线，从阿姆河出发，绕过里海北岸的乌拉尔河以及伏尔加河，到达高加索山脉的伊比利亚地区，并从那里进入小亚，于568年或569年抵达君士坦丁堡谒见拜占庭皇帝查士丁二世。米南德详细描绘了马尼亚赫使团的行进路途："他经过许多蛮荒地区，越过无数障碍，翻过几近云端的高耸山脉，穿过平原与森林，渡过沼泽与河流，然后越过高加索山脉，最终来到拜占庭。"③ 关于此次出使拜占庭帝国的任务，使臣们用委婉的外交辞令予以表达，主要突出的是和平与结盟，米南德记录着使节的谈话："他们在列举了臣属突厥的各部落后，

---

① Menander, *Fragment* 5.1, p.49.
② Menander, *Fragment* 6.1, p.71.
③ Menander, *Fragment* 10.1, p.115.

希望皇帝与他们建立和约,并签署两国共同攻防协议;他们还说他们希望击碎那些威胁他们领土的罗马国家的敌人们。"① 事实上,突厥使团的主要使命除联合对付他们的共同敌人萨珊波斯外,真正让突厥人抑或说粟特商人们最为关心的则是直接与拜占庭帝国建立商贸关系,将远东的丝绸销到拜占庭——这个粟特商人眼中丝绸需求量最大的国度。

突厥使团对经济利益的追逐,不仅可以从其取道北方草原,历经各种险阻寻找拜占庭帝国的行动看出:在突厥使团带来的可汗礼物中,最重要的内容就是大量生丝。② 此外,这一点还可以从他们在拜占庭帝国的遭遇反映出来:当使团们将作为礼物的生丝展现于拜占庭皇帝面前时,令使者惊异的是拜占庭人并未表现出预料中的热情,反而在查士丁二世皇帝的带领下,这些使节参观了拜占庭帝国自己的养蚕业与制造生丝的过程,使他们大为惊讶。③

尽管突厥使团对商业利益的积极预期在遇到拜占庭帝国的蚕丝制作后,有所挫败,但此时拜占庭的蚕丝业尚处于摸索阶段,未进入成熟的生产领域;直接与突厥建交,不仅可以越过萨珊波斯以较低的价格得到远东的生丝,还可以与突厥联合对付其宿敌,可谓两全其美。因此拜占庭皇帝非常高兴突厥使团的到访,并立即派出一支使团随同马尼亚赫一同返回突厥可汗王帐,实现了两国的正式建交。自此,经由北方草原的东西商路正式确立,为远东与拜占庭帝国的经济文化交流提供更为有效的途径。

四、拜占庭帝国与西突厥汗国的通使

随着突厥汗国的崛起,经由北方草原的东西商路得以正式启动,拜占庭帝国所发行的金币也通过两国的政治与商业往来,传入东方。那么究竟拜占庭金币是怎样到达突厥人手中,怎样被带到中亚的呢?

首先,自589年拜占庭帝国与突厥汗国建交之后,两国之间频繁往来的使节交往,既是政治对话的媒介,又是商品文化交流的渠道。目前,从拜占庭的原始文献可以整理出两国间的使节往来共13次④,详略不一:

---

① Menander, *Fragment* 10.1 – 2, p.117.
② Menander, *Fragment* 10.1, p.113—115.
③ Ibid., *Fragment* 10.1 – 2, p.117.
④ 文中所列使节往来记录资料,前十一条记录参见 Menander, *Fragment* 10.1 – 3, 13.4 – 14.2, and notes, pp.113 – 117, 123, 147, 267, 274;后两条参见 Theophylact Simocatta, pp.171, 188.

第一，568（569）年，粟特人马尼亚赫率领的突厥使团首次抵达君士坦丁堡。

第二，569 年，查士丁二世皇帝派遣一支以吉马库斯（Zemarchus）为首的使团前往突厥，吉马库斯做好准备之后，在 8 月份与突厥使团一起返回可汗驻地。

第三，571 年，吉马库斯返回拜占庭，突厥可汗派遣了第二支使团随同前往。此时使团首领由一位名叫塔姆加（Tagma 或 Tarkhan）的人率领，且马尼亚赫之子也在其列。

第四，突厥汗国曾派遣一支使团前往君士坦丁堡，要求查士丁二世与其合击萨珊波斯，并最终导致拜占庭帝国与萨珊波斯的战争。

第五，尤提齐斯（Eutychius）率领的一次出使，带回一名叫作阿纳哈斯（Anakhast）的突厥人。

第六，希罗迪安（Herodian）率领的一次出使，带回一些突厥人。

第七，西西里人保罗（Paul the Cilician）率领的一次出使，带回一些突厥人。

第八，提比略被任命为恺撒之际（575 年），后来的突厥可汗 Turxanthus 曾前往君士坦丁堡以示祝贺。

第九，瓦伦提努斯在 576 年被派往突厥汗国之前，曾经出使过一次，并带回一些突厥人。

第十，在瓦伦提努斯领导的使团前往突厥汗国之前，有来自突厥属下各个部落的大约 106 人在不同时期抵达君士坦丁堡，并已居住了相当长时间。

第十一，提比略任恺撒的第二年（576 年），皇帝派瓦伦提努斯率领使团出使突厥，随行的还有长期滞留于此的各部突厥人。然而当拜占庭使团到达新任的 Turxanthus 可汗驻地后，受到可汗的质问与监禁；随后突厥人又进攻博斯普鲁斯海峡（今克里米亚地区），两国的合作盟友关系宣告破裂。

第十二，莫里斯收到一封据说是突厥可汗在 598 年写给皇帝的信，信中他"吹嘘其胜利"以及突厥军队取得的军事胜绩。

第十三，624（或 625）年，拜占庭皇帝希拉克略一世在萨珊波斯帝国大兵压境的危机时刻，除布置防守外，他还亲率一路大军集结于拉齐卡,并"邀请东方的突厥人(此时称 Chazars)为其盟友",共同对抗波斯军队。

以上各次使节往来是拜占庭文献中隐约提及的,可以看出:两国之间使节往来非常频繁;某方使团踏上返程之途时,总是与另一方新派出使团同行。自 569 年建交之后,两国之间始终保持使节联系,因此经由北方草原的经济文化交流非常繁荣。

然而这条北方草原丝路的运行主要依赖拜占庭帝国与突厥汗国的使节往来,一旦这种联系发生断裂,相应的商贸活动就会随之中断。从文献中论及的几次重要出使事件可以发现:两国之间的外交蜜月期从 569 年到 576 年,仅仅维持了 7 年。当 576 年,瓦伦提努斯率领的使团到达突厥可汗帐庭后,新任的 Tiurxanthus 可汗严厉指责拜占庭人与"他的奴隶阿瓦尔人"结盟,随后还将这种愤怒扩展到使团的行进路线上,指控拜占庭人到处都是谎言,让人难以相信;可汗不仅将瓦伦提努斯与其他随从一起送到驻于金山的大可汗 Tardu 那里软禁,还屡次虐待他们。在表示了他对拜占庭帝国的强烈不满之后,Tiurxanthus 可汗派遣军队前往 Bokhan,并与早已驻扎在 Anagai 的军队一起合击并攻陷博斯普鲁斯(今克里米亚),两国关系由此破裂。① 576 年之后,拜占庭帝国与突厥汗国不再互相遣使,没有了这些承载者之后的北方草原丝路受到了很大影响。然而,一定程度上的交往依然存在,6 世纪末期莫里斯皇帝能够收到突厥可汗的来信,表明两国之间也维持着政治交往。

拜占庭帝国与突厥汗国的有限往来,在 7 世纪初再一次回光返照之后,最终走向终结。当希拉克略一世率军驻扎于拉齐卡时,为了抵御萨珊波斯人的进攻,他邀请当时的突厥人一起作战。突厥人接受了请求,并发兵从黑海海口攻击波斯人,希拉克略则从拉齐卡发兵夹击。在击溃波斯军队、两军会师之际,突厥军队首领 Ziebel 快步上前,亲吻皇帝脖颈,表示效忠;在 Ziebel 离开时,留下一支突厥士兵以帮助拜占庭军队攻打波斯。至此,似乎拜占庭帝国与突厥汗国久违了的亲密盟友关系再次确立,然而事情的发展很快证明这只是两个国家交往的最后一次闪亮。625 年,希拉克略对波斯发动进攻,然而留下来的突厥人以冬季不宜开

---

① Menander, *Fragment* 19.1 and notes, pp. 171, 268.

战为由，纷纷离开战场，弃拜占庭军队于不顾。① 尽管由于萨珊波斯内乱，希拉克略取得战争的胜利，但由于突厥人的中途退出，拜占庭帝国与突厥人的合作关系走到终点。随着7世纪中期阿拉伯人的兴起，亚洲政治格局发生变化，拜占庭帝国与位于东方的突厥汗国的早期交往告一段落，一直到9世纪以后，当塞尔柱突厥人逐渐西迁至西亚后，拜占庭人与突厥人的交往拉开了新的篇章。

其次，通过以上几部分的论证，可以判断至少在一定时期内，经由北方草原前往东方的道路不仅畅通，而且还具备了必要的中介：这些来往频繁的使团队伍无疑是拜占庭金币流向东方的直接承载人。那么，这些使团队伍是如何将拜占庭金币带往东方的呢？

前人关于西突厥汗国与拜占庭帝国关系的论述中，倾向于从两国的直接交往证明必然有拜占庭金币的传递②；此外，林英则认为两国间的政治外交带来了拜占庭金币的东传③。事实上，关于拜占庭金币进入使者队伍的方式以及数量，史料中没有明确记载，因此难以判断金币具体以何种途径传入突厥汗国。虽然在东方与拜占庭帝国有明确使节往来的国家当中，突厥汗国与中国的距离最近，影响也最为明显，但是并不能因此将拜占庭金币的东传，完全笼统地归结为拜占庭帝国与突厥汗国的直接交往。要具体分析金币究竟如何从拜占庭帝国传入中亚，则需要通过对拜占庭帝国的外交政策与策略，金币在此过程中的作用，以及伴随着使团交往而产生的商贸活动等内容，来探究金币在北方草原商路上的流传。

从拜占庭帝国早期的对外交往来看，大量金银钱以礼物、贡赋或者赎金等方式支付给周边民族，例如558年查士丁尼皇帝给阿瓦尔人的金银礼物，以及每年支付给萨珊波斯帝国的大笔贡赋等，故而完全有理由认为金币也可能以这样形式传播到突厥汗国。不过与上述两件事例不同的是，史书并没有关于拜占庭帝国送给突厥汗国金银礼物的记录，反而有关于这一时期新任皇帝查士丁二世收缩财政的记载。上一章第二节中

---

① Theophanes Confessor, AM 6117, pp. 446—447.
② 张绪山：《6—7世纪拜占庭帝国与西突厥汗国的交往》，载《世界历史》，2002年第1期。
③ 林英：《西突厥与拜占廷金币的东来》，见林英：《唐代拂菻丛说》，北京：中华书局2006年版，21—37页。

曾论及拜占庭帝国到查士丁二世即位时,财政陷入危机,国库极度空虚。正是为此,查士丁二世断然停止向萨珊波斯缴纳 50 年和约中规定的高额年贡,从而引发战争。① 而查士丁尼对阿瓦尔人的慷慨则更多的是出于一位年迈皇帝厌恶战争的心理。② 因此,在此背景下,查士丁二世又如何会在国库空虚的时候,用大量金银来作为给新到访的突厥使者的礼物呢。当然,由于相关史料的缺乏,没有明确证据表明拜占庭帝国与突厥汗国之间不存在这种外交礼节,因此仍然无法否认它的存在,不过可以肯定的是,两国之间通过政治外交关系实现的金币东传数量并不多。

同样,商业交流作为拜占庭帝国时期金币等贵金属外流的主要途径,同样在与突厥汗国的交往中存在。虽然帝国一直沿用 4 世纪禁止贵金属出口的法令,但与突厥汗国的商业贸易显然并不属于私人交易的范畴。对于突厥使团带来的大量生丝,虽然查士丁二世皇帝向他们炫耀拜占庭的养蚕业,但此时的帝国尚无法完全摆脱对东方生丝的需求,皇帝的做法或可压低丝绸的价格。因此,通过丝绸交易,必然有一定量的拜占庭金币以商业交流的方式流传到突厥汗国。

除外交礼节、商业交流等方式实现金币东传外,还有其他途径促成金币传入突厥人手中。大约在 579 年,当瓦伦提努斯率领的拜占庭使节被困于突厥汗国后,突厥可汗派兵进攻博斯普鲁斯③,并攻占那里。虽然这里位于黑海北岸,远离帝国中心,但这里却有一处皇家铸币厂,因此突厥人对该城的攻陷,也能获得一定数量的拜占庭金币。

总的说来,虽然目前并没有直接的文献证据,表明拜占庭帝国与突厥汗国的通使关系造成大量拜占庭金币东传,但从当时国际关系,特别是两国交往的时间和内容上看,通过有限的外交礼物、商业贸易以及攻城掠夺等方式,仍有一定量的金币直接从拜占庭帝国流传到中亚,实现金币的东传。

再次,经过前面部分的论述已知,拜占庭帝国与突厥汗国之间可经粟特地区、里海北岸以及高加索山区进入拜占庭控制区域。对于沿途路

---

① *The Cambridge Ancient History*, v. XIV, pp. 91 – 92.

② Chrysos, E., "Byzantine Diplomacy, A. D. 300 – 800: Means and Ends", compiled in Shepard & Eranklin ed., *Byzantine Diplomacy*, Ashgate: 1992, p. 27.

③ 此处的博斯普鲁斯指的是亚速海通往黑海的刻赤海峡(the Kerch)西侧,克里米亚半岛上的 Panticapaeum, 即今乌克兰境内的刻赤(Kertch)港,参见 Menander, *Fragment* 19.1, p. 179.

况,米南德也做了详细描述,使后人了解经由北方草原的商贸往来的具体路线,并可勾勒出拜占庭金币传入突厥汗国的路径。然而,由于笔者缺乏相应的对中北亚考古成果的了解,无法直接运用考古证据来印证这些路线。因此只能通过文献资料,对这些路线进行描绘,以资参考。

为了引述方便也易于了解使者们的路线,笔者先将史书中关于571年吉马库斯使团返程以及576年瓦伦提努斯使团前往突厥的沿途经历,列举在此:

第一,吉马库斯使团的返程①:

> 吉马库斯……他们一起踏上回家的路,首先离开 Kholiatai 城②,然后又穿过许多城堡。
>
> ……吉马库斯及其队伍走了很远,来到了宽阔却不知名的湖畔,并在穿越 Oekh 河③时被 Kholiatai 的使者赶上。吉马库斯在那里休息三天,并遣一名叫作乔治的人先带信回去,禀报皇帝他们已从突厥人那里返回。
>
> 乔治与12名突厥人一起沿着缺水、完全沙化,却比较近的道路回拜占庭。吉马库斯等人则沿着沙化的海岸线走了12天,然后绕过一些难走的地带,来到 Ikh 河、Daikh 河,后来又渡过一些其他湖泊,最终到达 Attila。④ 然后他们来到乌古斯人(Ugurs)境内,乌古斯人告诉他们在 Kophen 河旁的一片树林中⑤,有4000波斯人在那里等着他们。因此,乌古斯人的首领(仍臣服于 Sizabul 的权力)用皮

---

① 重新构建 Zemarchus 的返程之路的依据只有这段描述,学者们运用各种想象力为其中提到的地名以及部落名称寻找历史与现实的坐标。然而由于中亚地理环境的变迁,以及当时游牧民族所留下来的文献资料有限,关于这些地名、部落名称仍然没有形成定论。不过,本书的目的不是考证这些地点的现代坐标,而是描述使团的行进方向,因此下面本书将引用前人的研究成果对其中一些地名做出标注,以便从现代地理概念上理解经北方草原联系东西商业文化的道路情况。

② Kholiatai 城,不详。

③ 一般认为 Oekh 河即为阿姆河(the Oxus)或锡尔河(the Jaxartes),由于中亚地区许多古代河流都消失了,所以也可能是一条今人未见的河流;而这个宽阔的、不知名的湖泊,一般认为就是咸海。此外,Blockley 认为此湖泊为里海,笔者不太认同。参见 Menander, pp. 265 – 266。

④ Ikh 河、Daikh 河以及 Attila 河分别为今天的恩巴河(the Emba)、乌拉尔河以及伏尔加河,参见 Menander, p. 266。

⑤ 关于 Ugurs 人,他们肯定位于伏尔加河西岸,沙畹认为是 Uighurs 人,Turtledove 认为是 Utigurs 人,Blockely 认为也有可能为 Urogi 人。关于 Kophen 河,Blockely 认为是阿富汗境内喀布尔河的古名,这条河一定在伏尔加河西部,对此,笔者难以认同,参见 Menander, p. 266。

袋装满水，然后交给吉马库斯及其随从，以便他们能够在穿越沙漠时有水喝。他们来到一个湖畔，渡湖而过，此时他们已到达柯芬河（Kophen）流域的湖泊群中，从这里，他们派出探子在前查看是否有波斯人埋伏，在彻底搜查之后得到没有波斯人的报告。然而他们还是选择前往阿兰人的土地，因为他们非常害怕奥罗穆斯基人（Oromuskhi）的部落。①

当他们到达阿兰人的领地后，……阿兰人首领 Sarosius 建议不要从 Miusimians 人的领地通过，因为波斯人在 Suania 那里埋伏着等待他们，他们最好能够从 Dareine 绕道回家。于是吉马库斯派遣十名搬运工带着丝绸提前上路，并装出他要在次日上路的样子。当搬运工离开后，吉马库斯则绕过左边据说波斯人设下伏兵的 Miusimia 境，向右取道 Dareine 到达 Apsilii 人境内，到达 Rogatorium，从而抵达黑海，从那里他乘船来到法西斯河（Phasis）②，又换乘另一艘船到达特拉布宗（Trapezeus）。从那里，他经由公共驿站到达拜占庭，面见皇帝。③

第二，瓦伦提努斯使团的行程：

576 年，瓦伦提努斯率领的使团从位于黑海南岸的锡诺普（Sinope）港口搭乘快速商船，直接穿越黑海，到达黑海北岸克里米亚半岛南段西岸的科尔松港（Cherson）④，登陆后，经阿帕图拉（Apatura）和福来伊（Phouloi）使团队伍步入一片沙地，然后越过延伸

---

① Oromuskhi 人目前还没有公认的论断，Doblhofer 认为他们是普洛柯比《战史》中提到的"居住在山里的 Moskhoi 人"，然而 Blockley 认为普洛柯比称这些人住在 Lazica 与伊比利亚之间的山里，而这里的 Oromuskhi 人却要在阿兰人以北，应该不是同一部落。

② 法西斯河（Phasis）即为今格鲁吉亚境内的里奥尼河，拜占庭另外一位作者阿加提亚斯（Agathias）说缪希米亚人（Miusimians 人，也作 Misimians）位于阿普西里人（Apsilii）东北，普洛柯比的《战史》中提到阿普西里人（Apsilii）居于法西斯河（Phasis）北岸（Procopius, History of the Wars, book viii, ii. 32 – 33）。达莱内（Dareine）是阿兰人穿越高加索进入阿普西里（Apsilia）地区的一个关口，很可能是今格鲁吉亚境内的马米松山口，洛格托利亚（Rogatorium）则是山南位于高加索山脉南部的黑海沿海的一座城镇。

③ Menander, *Fragment* 10. 3 – 5, pp. 123 – 127.

④ 锡诺普（Sinope），位于小亚北端，黑海南岸的一个港口，今土耳其境内的锡诺普（Sinop）港；科尔松（Cherson）位于克里米亚半岛南段西海岸，今乌克兰境内的塞瓦斯托波尔（Sevastopol）港口。

向南的桃里斯（Taurice）山脉①，到达大片沼泽地带，艰难地渡过由芦苇、灌木和沼泽组成的区域后，到达 Akkagas 地区，这里居住着由一位女王统治着的斯基泰人。总之，他们经历了许多道路和艰难，然后到达 Turxanthus 的帐营。②

上述两段史料虽然夹杂许多古代地名与部落名称，但却详细描绘从拜占庭帝国通往突厥汗国的两条路线，大体上都是从拜占庭帝国境内前往黑海右岸，再向东北前往里海北岸、乌拉尔河流域，之后向东南进入阿姆河流域的粟特地区，再穿越那里到达可汗王庭。沿着这一方向，我们可依据文献对使者行进路线的描绘，从而追索拜占庭金币流向东方的途径。

从君士坦丁堡前往黑海东岸的选择相对比较安全，由于这里为拜占庭帝国控制，因此史书中并没有明确记载。不过仍然可以从只言片语中略推一二：（1）使团们可以经由国家设立的驿站，穿越小亚进入黑海东南沿岸，然后从那里经陆路越过高加索山脉，或者由海路直到黑海东岸港口，从而转由陆地前往乌拉尔河流域。关于经由海路的旅程，上述吉马库斯使团的回程已有详细介绍：可以从特拉布宗登船出发，沿海路途经黑海东岸诸港，到达高加索山脉北麓，再由那里前往里海北岸。（2）除经由小亚前往黑海东岸的海路选择外，从瓦伦提努斯所走的路线看，还可以经由拜占庭在黑海沿岸的其他港口乘船到达黑海北岸，从那里登陆后一直向东行进前往里海。

综合对比这两条路的路况，可知前者仍为首选，因为小亚地区作为拜占庭帝国的重要区域，驿站制度比较成熟。而经由黑海北上的海路不但危险，到达黑海北岸后，还需要经过亚速海附近的沼泽地带以及不知名的部落领地，因此危险系数很高。不过由于在 576 年拜占庭帝国与萨珊波斯发生战争，以前作为使节通道的拉齐卡以及高加索山口，如今不

---

① 桃里斯（Taurice）即克里米亚半岛的另一名称，从地理上看，这条山脉应当是克里米亚半岛南部的 Trapezus 山。布劳克利（Blockley）认为阿帕图拉（Apatura）为科尔松港（Cherson）北部的一个叫作尤帕托利（Eupatoria）地方，因此瓦伦提努斯的使团应该是从科尔松港登陆后，向北到达尤帕托利 Eupatoria，然后从那里越过克里米亚中部地区到达福来伊（Phouloi），它可能是亚速海南岸的小镇索尔卡特（Solkhat）。从那里他们向东则会遇到亚速海岸边的沙漠，而且从这里看，克里米亚的山脉就在南边。参见 Menander, notes, pp. 275 – 276.

② Menander, *Fragment* 19.1, pp. 171 – 173.

是被萨珊波斯占领，就是处于战火之中①，因此，瓦伦提努斯的选择实为无奈之举。简言之，拜占庭帝国经由与突厥汗国的使节往来而到达境外的金币，主要是通过小亚、拉齐卡地区以及高加索关隘来实现的。

从黑海东北沿岸东去里海的道路则比较复杂，这里常年居住着一些游牧部族，他们要么与拜占庭帝国保持稳定关系，如阿兰人，要么转向波斯帝国，有时还会臣属于突厥汗国；而且东南又有强敌波斯伺机偷袭，因此这里的路况安全性较低，也是使团行进路途中最危险的区域。从上述吉马库斯在归程中的遭遇为例，他们自从到达伏尔加河以后，共遇到乌古斯人、阿兰人、阿普西里人（Apsilii）等三个部落，还有他们避开的奥罗穆斯基人和缪希米亚人（Miusimi）。这些部落当中有的臣属于突厥，如乌古斯人；有的与拜占庭帝国来往密切，如阿兰人；有的则靠近萨珊波斯帝国，如可能帮助波斯人设下埋伏的缪希米亚人；还有些部落名声不好，让拜占庭人不敢靠近，如奥罗穆斯基人。因此，从高加索山脉以北向伏尔加河流域的路线需要根据当地部落的态度而定，这些部落态度的变化以及来自萨珊波斯的未知威胁都阻碍了商贸往来的通畅。

从伏尔加河流域沿里海北岸转向粟特地区的道路，由于附近区域均属于突厥汗国的势力范围，因此安全度较高，但是路况却不尽如人意。这一区域不但要穿越大河，还要越过沙漠、沼泽等。上述吉马库斯在到达伏尔加河之前就是沿着里海东岸而来的，其中包括"沿着沙化的海岸线走了12天"，后来又"绕过一些难走的地带"，这些地带应该就是沼泽区。但是如果直接穿越内陆进入粟特地区，也不是一个好的选择，当吉马库斯派乔治先回拜占庭送信时，为了尽快缩短行程，乔治等人选择的应该就是直接穿越内陆，而非吉马库斯等人选择的海岸线②，但这里却是"缺水、完全沙化"的大沙漠，也不太容易行走。

上述两段史料向后人揭示出从拜占庭帝国前往东方的突厥汗国的两条道路，但是从史书中，似乎还可以发现另外的道路，即沿里海与黑海北部的草原一直向西进入欧洲，从多瑙河北部向南进入拜占庭帝国。仅从史料中似乎没有使节从这条路去往突厥，因为它要跨越无数山脉，途经无数部落和茫茫草原，路途极为遥远。然而突厥人却对这条道路感兴

---

① Menander, *Fragment* 18.6, pp. 165-169.
② 关于乔治等人的行走路线，仍然有许多不同的说法，而笔者比较赞同 Blockley 的观点，即他们可能直接穿越沙漠，前往里海北岸。

趣,并且当瓦伦提努斯率领的使团到达可汗王帐后,关于拜占庭人对这条道路的隐瞒,可汗曾大发雷霆:

> 关于你,罗马人,为什么你们只带着我们的使臣从高加索山到拜占庭,谎称没有其他路途可以抵达?你这样做是不想让我知道可以从不同地区攻击罗马帝国。但是我很清楚 Danapris 河的流向,以及多瑙河与 Hebrus 河,就是从那里我的奴隶阿瓦尔人穿越罗马帝国的疆土。我知道你的力量,因为从远东一直到达西陲的整个世界都向我开放。记住,混蛋,阿兰人也是 Unigur 的部落。他们曾经充满自信并笃信他们自己的力量,当他们遇到突厥人的不可战胜的军队时,依然如此,然而他们的希望化为灰烬,所以他们的臣民就为我们的奴隶数量做了些贡献。①

虽然突厥可汗知晓从北方草原一直向西,绕道多瑙河北部,直达君士坦丁堡的道路,但由于该路过于遥远,在东西方的经济文化交流中成本过高,难以付诸实现。因此当579年突厥人发动对拜占庭帝国的战争时,也仅只攻占亚速海南部的刻赤港(突厥人称为博斯普鲁斯),限于黑海北岸,未向南深入。

此外,除通过拜占庭帝国与突厥汗国的直接接触造成金币东传外,通过欧亚大陆的政治外交等途径,拜占庭金币同样可以到达中亚的突厥汗国。例如,588年,萨珊波斯帝国与突厥爆发战争,突厥战败,结果在波斯国王的强烈坚持下,突厥人不得不向萨珊波斯缴纳一份总量为40000金币的年贡,并且说这是此前萨珊波斯帝国向突厥人缴纳的数目。②虽然现在无法证明这些金币是否就是拜占庭帝国发行的金币,但从当时欧亚大陆的货币格局来看,萨珊波斯能够从拜占庭帝国得到大量金币索里得,而其自己除发行少量金币用于奖赏等特殊用途外,流通数

---

① Menander, *Fragment* 19.1, pp. 175 – 176. 文中所提到的 Danapris 河即为第涅伯河,Hebrus 河为位于色雷斯境内的一条河流;突厥人对阿兰人的征服发生在572年,当时阿兰人曾经在拜占庭帝国与萨珊波斯的战争中支持拜方;而突厥可汗的话则表明,随着突厥人的向西扩张,不仅破坏了与拜占庭帝国的联盟,例如攻击拜占庭帝国同盟的阿兰人,而且还因地理上的逐渐接近,形成互相防备的态势,因此当拜占庭帝国精心防备之际,突厥人已经掌握了攻击君士坦丁堡的路线。

② Theophanes Confessor, AM 6101, p. 426.

量很少。而且此处拜占庭作家神父塞奥法尼并没有特别指出这些金币非拜占庭铸造，而在拜占庭人的意识中，金币只有拜占庭帝国能够铸造且使用。所以，我们有理由认为这些金币就是拜占庭金币，并且可以由此判断，突厥人得到拜占庭金币的途径不仅是与拜占庭帝国的直接交往，通过诸如萨珊波斯帝国这样的中介国也可以得到大量金币。再者，突厥人能够一时之间拿出如此众多的金币，说明他们手中拥有相当数量金币。如此巨额的金币数量显然主要通过萨珊波斯帝国的政治贡赋才有可能实现。

本节通过对途经北方草原的东西经济文化交流路线的说明，可知尽管草原之路作为连通东西方文明的重要通道，从公元前就开始产生影响，但由于这个地域特定的地理环境以及土著居民的游牧特性，很难为纯商业的贸易活动提供安全保证，因此没有发展成为稳定持续的商路。而在6世纪中后期，随着突厥汗国的崛起以及势力扩张，在拜占庭帝国以及突厥汗国的政治支持下，以使团为载体联结东西方的商业文化活动展开，然而这种交通带有浓厚的政治色彩，建立在两国政治合作基础之上；一旦这种政治联合破裂，伴之而生的商业往来也旋即中断。而由这条通道传至突厥汗国的拜占庭金币无论在数量还是方式上都无法形成比较稳定的规模运动，因此这条道路在拜占庭金币东传过程中虽然占有一定地位，但其影响仍然相对有限。

第四节　柔然在拜占庭金币传入中国过程中的影响

虽然西突厥汗国在拜占庭帝国以及中原地区之间的联系沟通，并不足以证明有一部分拜占庭金币是通过当时国际政治与外交关系而非东西方贸易传入东方的观点，但是在中国发现的拜占庭金币当中，有两枚很可能是当时西域国家与中原地区政治外交关系的体现。

1978年，河北磁县的东魏茹茹公主墓出土两枚拜占庭金币，从时间上看，这是中国发现的入葬最早的金币，在东魏天保元年（550年）；从身份上看，墓葬主人茹茹公主为当时雄霸西域的茹茹汗国公主，后嫁于东魏权臣高欢第九子高湛为妻，死后葬于河北磁县高氏墓茔。这位茹茹公主及其墓中出土的两枚金币，是北朝时期西域与中原地区政治和外交关系的直接产物。

首先，4—6世纪茹茹民族（《魏书》称蠕蠕，南朝称芮芮，而自号柔然）在西域建立了强盛的汗国，成为雄踞草原的霸主，与中原皇朝关系密切。对这一政权，学界一般称为柔然汗国。柔然这个民族属北方游牧部落，关于其族源：一说为"东胡苗裔"，与鲜卑族同源，《魏书》卷一〇三《蠕蠕传》载：

> 蠕蠕，东胡之苗裔也，姓郁久闾氏。始神元之末，掠骑有得一奴，发始齐眉，忘本姓名，其主字之曰木骨闾。"木骨闾"者，首秃也。木骨闾与郁久闾声相近，故后子孙因以为氏。木骨闾既壮，免奴为骑卒。穆帝时，坐后期当斩，亡匿广漠溪谷间，收合逋逃得百余人，依纥突邻部。木骨闾死，子车鹿会雄健，始有部众，自号柔然，而役属于国。后世祖以其无知，状类于虫，故改其号为蠕蠕。

一说为"匈奴别种"，南朝《宋书》卷九五《索虏传附芮芮传》载：

> 芮芮一号大檀，又号檀檀，亦匈奴别种。自西路通京师，三万余里。僭称大号，部众殷强，岁时遣使诣京师，与中国亢礼，西域诸国焉耆、鄯善、龟兹、姑墨东道诸国，并役属之。

又见《梁书》卷五四《西北诸戎传·芮芮传》：

> 芮芮国，盖匈奴别种。魏、晋世，匈奴分为数百千部，各有名号，芮芮其一部也。

也有说为"塞外杂胡"，《南齐书》卷五九《芮芮虏传》载：

> 芮芮虏，塞外杂胡也。编发左衽。晋世什翼主入塞内后，芮芮逐水草，尽有匈奴故庭，威服西域。

对于这些纷乱的记载，目前学界比较倾向于"东胡苗裔"说，即与鲜卑人同源，在拓跋鲜卑兴起之初，曾为臣属，后脱离西去。后来，在其首领郁久闾的率领下，柔然部落开始兴起，建立柔然汗国，到 5 世纪初，作为西域最为强盛的政权，在从西域到东北亚的广泛区域内建立了自己的霸权，西域诸国皆臣于柔然。《魏书》卷一〇三《蠕蠕传》载：

> （蠕蠕），号为强盛。随水草畜牧，其西则焉耆之地，东则朝鲜之地，北则渡沙漠，穷瀚海，南则临大碛。其常所会庭则敦煌、张掖之北。小国皆苦其寇抄，羁縻附之，于是自号丘豆伐可汗。"丘豆伐"犹魏言驾驭开张也，"可汗"犹魏言皇帝也。

柔然汗国兴起后，与当时雄踞中原北部的拓跋鲜卑北魏王朝联系频繁。当柔然于西域大肆扩张之际，北魏王朝的管理重心却发生转变，5 世纪初，北魏皇帝拓跋宏改姓为元，迁都洛阳，实行汉化，无形中减弱在西部地区的经营与布防，为扩张中的柔然留下更多的空间。例如，北魏皇兴四年（470 年），柔然进攻于阗，于阗向北魏求救，并称西方诸国都已服属柔然，北魏却以路途遥远为由没有派兵①。魏孝明帝熙平年间（516—518 年），柔然豆罗伏跋豆伐可汗丑奴遣使于魏，态度傲慢；朝廷有人主张不予复书，未被采纳。② 总的说来，北魏时期柔然汗国在南北朝之间摇摆，分别与北魏和南齐通婚，以谋取利益。进而到北魏分裂东西（534 年）后，东西两魏为互相打击对方，又争相与柔然联姻，分别与之通婚，使柔然在北方地区的影响进一步加强。

其次，柔然汗国与中原王朝的关系以通婚及纳贡等形式为主。简言之，东西两魏"竞结阿那瓌为婚好"。起初，西魏在争取柔然的支持中占据上风，西魏初年，文帝元宝炬以宗室女化政公主嫁柔然可汗阿那瓌兄弟塔寒，自己又废掉原来皇后，娶阿那瓌长女为皇后（魏悼后）。③ 除通婚外，为拉拢柔然，还"以金帛诱之"，数次"纳币于蠕蠕"，"赐黄金

---

① 《魏书》卷一〇二《西域传·序》，"显祖末，蠕蠕寇于阗，于阗患之，遣使素目伽上表曰：'西方诸国，今皆已属蠕蠕，奴世奉大国，至今无异。今蠕蠕军马到城下，奴聚兵自固，故遣使奉献，延望救援。'"

② 《北史》卷二一《张衮传附白泽子伦传》，"熙平中，蠕蠕主丑奴遣使来朝，抗敌国之礼，不修臣敬，朝议将依汉答匈奴故事，遣使报之。伦表以为：'虏虽慕德，亦来观我。惧之以强，傥或내附；示之以弱，窥觎或起。《春秋》所谓以我卜也。高祖、世宗知其若此，来既莫逆，去又不追。必其委贽玉帛之辰，屈膝藩方之礼，则丰其劳赉，藉以珍物。至于王人远役，衔命虏庭，优以匹敌之尊，加之想望之宠，恐徒生虏慢，无益圣朝。'不从"。

③ 《北史》卷九八《蠕蠕传》。

十斤，杂彩三百匹"①。

540 年魏悼后因病去世后，柔然与东魏的联系渐趋密切。东魏以魏悼后死因为由离间柔然与西魏的关系②，最终导致柔然"归诚于东魏"，确立一系列联姻活动：兴和三年（541 年），东魏孝静帝以"常山王骘妹乐安公主"，改封为"兰陵郡长公主"，嫁柔然可汗子庵罗辰；兴和四年（542 年），阿那环将自己的孙女邻和公主，嫁于高欢第九子高湛，孝静帝下诏赐婚；武定四年（546 年），阿那环又将自己的女儿嫁于高欢。③

上述联姻活动波及的阿那环孙女邻和公主，即为本节开始所提到的茹茹公主，《北齐书》卷七《武成帝本纪》载："神武方招怀荒远，乃为帝聘蠕蠕太子庵罗辰女，号'邻和公主'。"史书中也明言当时东魏权臣高欢希望"招怀荒远"，才为高湛娶来柔然可汗的孙女，而当时高湛年仅九岁。此外，关于茹茹公主的情况，还可以通过她的墓志加以佐证。墓志"魏开府仪同长广郡开国高公妻茹茹公主闾氏铭"载：

> 公主讳叱地连，茹茹主之孙、谙罗辰可汗之女也。……茹主钦挹风猷，思结姻好，乃归女请和，作嫔公子。……以武定八年四月七日薨于晋阳，时年十三，即其年岁次庚午，五月己酉朔十三日辛酉，葬于釜水之阴、齐献武王之茔内。天子下诏曰：长广郡开国公妻茹茹邻和公主，奄至丧逝，良用嗟伤……送终之礼，宜优常数。……④

通过对史书记载与墓志铭的对照，可以发现，这两位承担着柔然与

---

① 《周书》卷三三《杨荐传》。
② 《北史》卷九八《蠕蠕传》，"阿那环女妻文帝者遇疾死，齐神武因遣相府功曹参军张徽纂使于阿那环，间说之。云文帝及周文既害孝武，又杀阿那环之女，妄以疏属假公主之号，嫁彼为亲。又阿那环度河西讨时，周文烧草，使其马饥，不得南进，此其逆诈反覆难信之状。又论东魏正统所在，言其往者破亡归命，魏朝保护，得存其国，以大义示之。兼诈阿那环云：近有赤铺步落坚胡行于河西，为蠕蠕主所获。云蠕蠕主问之：'汝从高王？为从黑獭？'一人言从黑獭，蠕蠕主杀之。二人言从高王，蠕蠕主放遣。此即蠕蠕主存大国宿昔仁义。彼女既见害，欺诈相待，不仁不信，宜见讨伐。且守逆一方，未知归顺，朝廷亦欲加诛。彼若深念旧恩，以存和睦，当以天子懿亲公主结成姻媾第 03264 页，为遣兵将，伐彼叛臣，为蠕蠕主雪耻报恶"。
③ 《北史》卷九八《蠕蠕传》。
④ 磁县文化馆：《河北磁县东魏茹茹公主墓发掘简报》，载《文物》，1984 年第 4 期，第 8 页。

东魏两国政治联姻重担的都还只是孩子，茹茹公主去世时年仅13岁，也就是说542年嫁给高湛时，仅5岁。由此可见，茹茹公主嫁于东魏高湛，正是当时中原与西域之间政治外交的结果之一。

最后，柔然与东魏的联系作为东西方交通的一部分，与拜占庭金币的东传也存在一定联系。茹茹公主墓中有两枚拜占庭金币，分别为铸于498—518年的阿纳斯塔修斯一世金币，以及铸于522—527年的查士丁一世金币。这两枚金币本身所反映出的铸造时间表明：在被带入墓葬之前，这两枚金币从铸造完成，到穿越东西方间的漫长商路，到达茹茹公主手中，最终随公主埋入地下，之间相隔时间最短竟不过20余年，可见当时中西方交流的通畅。而这些金币东传的具体途径，仍需细细探究。

一方面，不能排除茹茹公主到达东魏后得到这两枚金币的可能。由于葬于北齐武平五年（574年）的东魏李希宗妻崔氏身侧也发现3枚拜占庭金币，因此东魏王朝也可能通过其他途径得到拜占庭金币。然而另一方面，就茹茹公主来讲，也存在着这两枚金币作为茹茹公主嫁妆的可能，即来自柔然汗国。相比于前一种的纯粹推测，后者从金币的来源方面显得更具说服力。

柔然汗国作为草原地区的霸主，它可以通过很多途径获得拜占庭金币。柔然汗国疆域广阔，西至焉耆，东至朝鲜，控制着丝绸之路进入西域到达敦煌前的东段部分，作为这里的主人，来往胡商手中的拜占庭金币必然能够流传到柔然宫廷，此其一。柔然强盛之时，包括高昌在内的诸西域小国纷纷依附于它，年年朝贡，朝贡之物当中也可能有拜占庭金币，此其二。不过这两种可能同时也为中原皇朝所分享，丝绸之路通往长安或洛阳，西域诸国的频繁进贡，因此不能作为柔然汗国掌握优势的依据。

实际上，丝绸之路贸易所产生的巨大利润除被波斯帝国占去大部分之外，在柔然汗国以西，还有一个国家也从中分享着利润，这就是嚈哒。嚈哒与柔然保持友好的关系，中文史书载：嚈哒"与蠕蠕婚姻"①，表明两国之间保持着稳定的政治交往。通过前文的论述可知，嚈哒汗国从臣属他们的粟特商胡以及与萨珊波斯帝国的战争、外交贡赋等联系得到大

---

① 《魏书》卷一〇二《西域传·嚈哒传》；中国科学院历史研究所史料编纂组：《柔然资料辑录》，北京：中华书局1962年版；周伟洲：《敕勒与柔然》，上海：上海人民出版社1983年版。

量金银，其中就包括拜占庭的金币。而嚈哒人与柔然的通婚关系，必然会促成一些拜占庭金币通过政治联姻传入柔然。此其三。

无论柔然汗国以何种方式得到拜占庭金币，可以肯定的是作为控制草原的霸主，柔然人与中原皇朝相比，无疑能够获得大量拜占庭金币。进而可以设想，当年幼的邻和公主尚未出嫁时，这两枚小小的、图案精美的奇特金币就成为她钟爱的玩具，并随她一起为了政治联姻来到高府，一直到550年过世，这两枚金币作为公主生前"随身之物"，也被放入"冢中"。虽说"随身诸物，皆置冢中"为嚈哒葬俗，但这种习俗一则符合人之常情，二则柔然与嚈哒通婚，也会受一些影响，因此在茹茹公主的墓葬中能够发现这两枚金币。

总之，这两枚拜占庭金币作为体现西域政权与中原皇朝政治交往的物证，表明一些拜占庭金币确是当时国际政治与外交关系的体现。

第七章 拜占庭与中国交往涉及的其他丝路民族与政权

拜占庭帝国与中国之间，不同历史时期存在着许多民族和政权，其地理位置必然导致他们会参与到东西方的经济、文化交流，在不断丰富自己的物质与文化生活时，也反过来推动东西两大世界的往来。对这一往来发挥推动作用的不止上一章提到的萨珊波斯帝国、嚈哒汗国、西突厥汗国等强大政权，还有一些其他的位于中亚的民族或国家产生了一定的影响。

第一节 中国发现的拜占庭钱币涉及族群

然而，欧亚大陆上东西两大世界之间曾经出现过的族群浩如烟海，只能通过与中国发现的拜占庭钱币相关的考古信息来从中择选。

正如前面提到的，相较于其他考古发现的文物，中国发现的拜占庭钱币的优势在于它们清晰表明了来处，即便是他人仿制的货币也是拜占庭帝国经济文化在东方影响的结果。然而，若要具体分析，钱币本身尚不足以支撑论证，还需要与之相关的考古信息来提供线索和证据。虽然前面提到的拜占庭金币、金片并不是全部都有完备的考古信息，但有限的一些还是为研究者提供了大量线索。在中国境内发现的拜占庭金币和金片的考古信息中，涉及其他族群的有：

（1）4—6世纪，一吐谷浑人葬于青海都兰，其墓出一枚芝诺（476—491年）金币，埋铸时间差约为一个多世纪，金币剪边，穿2孔。在都兰下辖的乌兰县发现的一处吐谷浑人祭祀遗址中也发现一枚查士丁尼一世金币，制作时间为545—565年。

（2）564年，一位生活在长安的罽宾婆罗门李诞去世，墓中口含一枚拜占庭金币，金币情况不详。

（3）571年，迁居长安并继承父业为"大天主"的康业去世，墓中口含一枚查士丁尼一世早期发行的金币（527—538年）；579年，已迁居长安的一个粟特族群的首领史君（凉州萨保）去世，其墓中口含一枚仿自两种拜占庭索里得背面形制的金币。

（4）隋际，一名行商客死异乡，葬于内蒙古呼和浩特城郊，其墓出一枚金币，为5—6世纪初的拜占庭金币，因剪边严重，无法断定具体时代。除此以外，在宁夏固原、甘肃天水曾数次出现农民在农田中耕作时发掘出金币、在施工过程中于崖壁中发现的情况，说明这些拜占庭金币并不是作为随葬品被放入地下，有可能是在行商或旅行途中为避祸而临时埋藏，或无意间遗落。

（5）唐初（7—8世纪），一名富商，葬于辽宁朝阳，墓中的一残漆器中发现一枚希拉克略一世金币（616—625年），埋铸时间差约为100年，该币穿一孔。

（6）隋末唐初，一支史姓的粟特后裔迁居原州（宁夏固原），并在那里繁衍生息：658年，史道洛去世，墓中随葬一枚查士丁二世（565—578年）索里得的仿制金币；661年和669年，史索岩与史诃耽先后去世，他们的墓葬中各有一枚仿自5世纪末6世纪初拜占庭索里得形制的金片一枚；678年，史道德去世，入葬时随葬一枚仿自5世纪拜占庭索里得的金币。在河南洛阳，709年，故"六胡州大首领"安菩去世，随葬一枚弗卡斯（602—610年）金币仿制币，埋铸时间差大致为100年，该币曾被锤打，币面有些变形。

这些信息显示出除当时生活在青海的吐谷浑人所有外，中国的拜占庭金币中有一些可能为行商途中遗落或临时埋藏，还有一些则是迁居至中原的外族后裔所有。这些墓主的不同身份与拜占庭金币传入中国的途径和方式有着什么样的联系呢？

首先，一些"行商""商人"的墓葬中拜占庭金币的出土，是东西方贸易对金币东传之重要影响的直接证据；而且从上述出土地点分布还可看出东西方贸易在中原其他地区的蔓延。1959年夏天，在内蒙古呼和浩特以西土默特左旗发现拜占庭金币的墓葬，据报告者称，"在尸骨旁没有发现棺椁等葬具的痕迹，或许是一个商队的商人暴死于路而加以掩埋的"，而且"据死者身上携带的茹圈足银杯等物品，其掩埋时间，可能为隋唐时代和稍早一些"①。从这一墓葬所反映的信息来看,此枚金币正是经商贸活动被带入中国的一个有力证据。

北朝与隋唐之际,呼和浩特西面的阴山山口正处于丝绸之路的"居延道"或"草原道",即从关中或河南北上经漠南、阴山至河西走廊北面的居延海(今内蒙古额济纳旗)。它作为从北方草原进入中原地区的一条主要道路,特别是在东西两魏分立后,成为东魏——北齐通往北方以及西域的咽喉要道,并且一直延续到隋唐。大业三年(607年),隋炀帝在榆林(今内蒙古准格尔旗北部的十二连城)接见突厥启民可汗及西域、东胡君时,就是经由此路北上。②

这是除陇西道外,联系北方游牧民族、通往西域的重要商路,而在这条路线沿途发现的拜占庭金币以及萨珊波斯银币,都可以证明北朝隋唐之际这条道路的兴盛。除上述提及的1959年发现的拜占庭金币外,1980年在附近的毕克旗水磨沟,也发现一枚拜占庭金币,该币因剪边无法确定具体年代,但从形制上看,与前者类似。1965年,在呼和浩特市西北坝口子村西南古城中还发现4枚萨珊波斯银币,分别为卡瓦德一世银币一枚和库思老一世银币3枚。据报告称,此4币为1965年当地在建设水利工程时发现,同时还挖出许多陶器残片和五铢钱,与这4枚银币同时出土的还有唐代的兽面及莲花纹圆瓦当等物。③

上述发现拜占庭金币以及萨珊波斯银币的地点,正是位于阴山南麓、处于道路咽喉附近的休息点:出土拜占庭金币的水磨沟及出土萨珊朝银币的坝口子,并在阴山南麓,处于从唐都长安经单于都护府直通阴山之北的大道上,都是通往大青山南北的重要孔道;坝子口不仅是控扼阴山的咽喉,还是沿阴山南麓东去或西行的必经地,它是畅通四方的商旅通行大道;水磨沟居阴山南麓,也是通往山后的山口。

具体地说,经由阴山可以多种方式进入中原。第一,从阴山山麓下向东,可抵达今天辽宁地区(唐时称营州)。1996年辽宁朝阳唐墓中一枚拜占庭金币,为拜占庭皇帝希拉克略一世时期铸造,时间在618—629

---

① 内蒙古文物工作队:《呼和浩特市附近出土的外国金银币》,载《考古》,1975年第3期,第183页。
② 内蒙古文物工作队:《呼和浩特市附近出土的外国金银币》,载《考古》,1975年第3期,185页。
③ 内蒙古文物工作队:《呼和浩特市附近出土的外国金银币》,载《考古》,1975年第3期,第184页。

年。据报告称，发现金币的这一墓葬 M3 与其同时发掘的其他两座墓葬 M1、M2 相比，有一定关联性，在时间上略晚；但从形制、结构和出土遗物来看，M3"形制结构相对复杂且规模较大"，且"虽被盗扰，但仍残存金币、金牌饰、金戒指等"，故而判定 M3 的墓主人"可能是中小地主和富裕的商人"。① 唐初，营州一带聚集大量胡人，后被任命为节度使且发起"安史之乱"的安禄山正是这一地区的粟特胡人后裔，表明古代营州地区是东西贸易的一处重要商业中心，故而大量商胡聚集。

第二，从阴山山麓向南，可循炀帝北上榆林路线，由河套地区前往陕北，再经由黄土高原而下进入秦川。1999 年在陕西定边发现一枚拜占庭金币，其出土情况不详，仅知为一农民耕地时发现②；定边地处陕西西北，北靠蒙古，西邻宁夏，南接甘肃，在北朝至隋唐之际，历称盐川、五原、盐州，由于这里地势较低，不但是抵挡北方民族入侵的重要军事要地，还是边贸往来的重要地区，因此近年来在这里发现了大量唐朝时期的货币窖藏。③ 由于此枚金币的发现没有任何其他资料可以加以佐证，而且历史上的定边曾经是与北方民族进行边塞贸易的地方，因此此枚拜占庭金币也有可能由商贸交换得来，表明经由定边连通长安与北方草原道路在东西商道中也占有一席之地。

第三，若从阴山向东南，则可经由平城（今大同）到达晋阳，然后从那里或沿汾河通往长安，或由娘子关向东进入今河北地区，直接通往东魏首都邺城。目前公开发表的报刊当中，山西尚无出土拜占庭金币的报道，然而笔者曾在"中国丝绸货币"论坛上发现一枚利奥一世金币出现在山西侯马，侯马地区位于汾河流域，是从晋阳（今太原）通往长安的必经之路。这枚金币的发现，既可以证明从北方草原东来，经阴山山口通往中原各地之商路的存在，也可表明山西是连接阴山一带与长安、洛阳等大都市的通道。

从内蒙古呼和浩特、陕西定边、辽宁朝阳以及未曾发表的山西等地所发现之拜占庭金币，再结合这些地区发现的萨珊波斯银币，可以勾勒出从草原地区，经诸游牧汗国，绕过阴山，通往中原各地的大致路线，

---

① 辽宁省文物考古研究所：《朝阳双塔区唐墓》，载《文物》，1997 年第 11 期，第 56 页。
② 李生程：《陕西定边发现的拜占庭金币》，载《中国钱币》，2000 年第 2 期。
③ 定边在北朝时期的建制，参见《隋书》卷二九《地理志·盐川郡》；窖藏货币的发现，参见王延林：《定边出土的钱币窖藏》，载《考古与文物》，1994 年第 5 期。

其沿线地区发现的拜占庭金币和萨珊银币,则是这条道路上所承载之东西方贸易留下的痕迹。

此外,东西方贸易对拜占庭金币传入中国的影响,还可以通过1980年河南洛阳发现的唐安菩墓中出土的金币反映出来。安菩作为唐时入华粟特人之后裔,他手中的金币与东西贸易的关系毋庸置疑。而洛阳一地作为丝绸之路的重要站点,从北朝时期就聚集了大量商胡,在一份4世纪一位粟特商人写给友人的信件中,曾提到匈奴人刘渊攻破当时都城洛阳,并纵火焚烧的事件,并说在那场灾难中,许多商胡因没有来得及逃走,而死于乱军之中。① 由此可见,当时洛阳城中商胡云集的事实。该信件作者还提到自己在家乡有一笔金币,虽然他没有将金币带在身边,而中原地区存在的大量商胡中,未必没有人携带,故而粟特商胡的入华同样是拜占庭金币东传的重要媒介与途经。这样一来,有理由推测:安菩作为入华粟特的后人,从其父辈那里继承一枚拜占庭金币,并随他一起长眠地下,为我们今天的研究留下线索。不过,笔者将在后文对粟特商胡后裔与拜占庭式金币仿制品的铸造与传入进行分析,鉴于发现拜占庭金币的墓葬中仅有此一例粟特商胡后裔墓葬,因此作者在这里不做详细阐述,而于后文一并讨论。

无论是从出土拜占庭金币的墓葬情况,还是从这些金币在中国的散落地点,都可以发现这些金币主要散落在中国境内的丝路沿线,而且有些持有者为商人或商人后裔,表明东西方贸易在拜占庭金币传入中国过程中具有重要作用。

第二节　粟特商胡在拜占庭金币进入中国过程中的影响

从一些考古发现来看,粟特人在拜占庭金币以及金币仿制品东传过程中起到非常重要的作用,因此,关注中国发现的拜占庭金币也就不可避免地要考虑粟特民族的具体影响。目前国内外关于粟特民族的研究已经取得丰硕成果,仅粟特人在拜占庭帝国与东方之间往来中的作用,也

---

① 〔美〕安妮特·朱丽安娜、朱迪思·莱莉:《古粟特文信札(Ⅱ号)》,苏银梅译,载《考古与文物》,2003年第5期。

有数位学者专文论述，其论证有据，观点中肯①，对于理解这个问题十分重要。这里谨在前辈学者的研究基础之上，对这个问题加以梳理。

一、粟特与粟特商人

粟特人是长期居于中亚阿姆河和锡尔河之间粟特地区（Sogdian，音译称索格狄亚那）的一个民族，中文文献记载：他们"始居祁连北昭武城，为突厥（实为匈奴）所破，稍南依葱岭，即有其地"。后来各枝庶分里为王，"曰康，曰安，曰曹，曰石，曰米，曰何，曰火寻，曰戊地，曰史，世谓'九姓'，皆氏昭武"②，故而我国先民称之为"昭武九姓""九姓胡"等等。昭武九姓以善商贾为名，又被称为"商胡"，他们穿行于中亚、西亚和东亚，中文史书称其为"利之所在，无往不利"，而后人则盛赞其为"亚洲内陆的腓尼基人"③。

粟特商人在拜占庭金币东传过程中的重要作用，首先表现为他们在东西方商贸交往中的活跃。《通典·康居传》云，康居"善商贾，诸夷多凑其国"，表明粟特人的主要国家康国（即撒马尔罕）是中亚地区商业贸易的主要聚居地。西方文献同样记录了粟特人的商业特性，拜占庭史家在记述粟特商人马尼亚赫作为突厥使臣出访萨珊波斯时，明确指出突厥可汗之所以会派使出行，乃是出于"原先臣属嚈哒的粟特人，随着突厥汗国实力的增强，请求可汗与波斯人交涉，以允许他们经由该境进

---

① 相关研究有：林英：'Western Türks and Byzantine Gold Coins Found in China', *Transoxiana*, 6（2003.07）. 2004-03-04：http：//www. transoxiana. com. ar/0106/lin-ying_Türks_solidus. html（中文版为《西突厥与拜占廷金币的东来》，《华夏文明与西方世界》，香港：博士苑出版社 2003 年版）；《金钱之旅——从君士坦丁堡到长安》，北京：人民美术出版社 2004 年版；'Sogdians and Imitations of Byzantine Gold Coin Unearthed in the Heartland of China', *Transoxiana* 6,（2003.10）. 2004-03-08, from：http：//www. transoxiana. com. ar/Eran/Articles/lin_ying. html.（中文版为《九姓胡与中原地区出土的仿制拜占庭金币》，见余太山主编：《欧亚学刊》第四辑，北京：中华书局 2004 年版）。罗丰：《北周史君墓出土的拜占庭金币仿制品分析》，载《文物》，2005 年第 3 期；《固原南郊隋唐墓地》，北京：文物出版社 1996 年版；《关于西安所出东罗马金币仿制品的讨论》，载《中国钱币》，1993 年第 4 期；《胡汉之间——"丝绸之路"与西北历史考古》，北京：文物出版社 2004 年版；《宁夏固原出土的外国金银币考述》，载《故宫学术季刊》第 12 卷，1995 年第 4 期；《中国发现的东罗马金币》，《新疆钱币》（中国钱币学会丝绸之路货币研讨会专刊），2004 年；《中国境内发现的东罗马金币》，见荣新江主编：《中外关系史：新史料与新问题》，北京：文物出版社 2004 年版，第 49—78 页。以及张绪山：《我国境内发现的拜占庭金币及其相关问题》，《西学研究》第一辑，北京：商务印书馆 2003 年版。等等。

② 《新唐书》卷二二一下《西域传》。

③ 蔡鸿生：《唐代九姓胡与突厥文化》，北京：中华书局 1998 年版，第 46 页。

行生丝买卖"①。这段话透露出两点信息：一、粟特商人在波斯境外长期从事丝绸贸易，且生丝是他们经营的主要商品；二、他们了解到波斯帝国西方的民族是生丝销售的巨大市场，因此请求突厥可汗的外交协助。

粟特人长期游走于中亚不时兴起的各种政权之间，常年经商的训练使他们能够在各种势力之间应对自如，能够迅速获得自己的商业需求。对于这一民族特性，王国维称其"嚈哒来，则臣嚈哒；突厥来，则臣突厥"②。因此根据粟特人在突厥统治下的这种举动，完全可以想象到当他们臣属嚈哒时，同样曾提请嚈哒王为其西去贸易道路寻找通道；当嚈哒国在战争中击败波斯军队后，两国所签署的协议中必然会像拜占庭与萨珊波斯人签署的和约一样，包括商人自由通行的条款。然而由于笔者缺乏关于中亚地区的文献史料，这种结论只能是一种假设，无法找到论据进行证明。不过考古资料提供了一些证据，例如：1905年斯坦因在西域购买的两枚拜占庭早期银币，就是从粟特地区的布哈拉带过来的③；而耐马克（Naymark）博士也描述了粟特地区考古发现的四五十枚拜占庭金币及金币仿制品。粟特地区墓葬中发现的大量拜占庭金币以及金币仿制品等文物④，以及粟特商人对波斯帝国西部商业需求的了解，表明至少在一定时间范围、一定区域内，粟特商人的活动是广泛的，他们能够接触到足够的拜占庭金币。

活跃于中亚以至东亚地区的粟特商人与波斯人之间的商贸活动，因资料缺乏故而无法判断其具体规模。不过客观地说，萨珊波斯帝国控制的是经由其境内对西方拜占庭帝国的生丝供应，而不是整个东部的商业活动；并且从东西方的各种历史文献中，关于粟特人的经商活动特别是中文史料中关于他们"善商贾"的描述却见诸各处。可以说在中亚及至东亚各地，商贸活动最为活跃者为粟特人，他们构成了东方丝路贸易的主体，因而必然成为拜占庭金币东传的重要载体。

二、与中国出土的拜占庭金币、仿制品有关的粟特入华后裔

从当今中国境内的拜占庭金币、金币仿制品以及拜占庭文化遗存的

---

① Menander, *Fragment* 9.3, p. 111.

② 王国维：《西胡考》，转引自蔡鸿生：《唐代九姓胡与突厥文化》，北京：中华书局1998年版，第1—2页。

③ A. Stein, *Serindia*, vol. 3, p. 1340.

④ Naymark, *Sogdiana, Its Christians and Byzantium: A Study of Artistic and Cultural Connections in Late Antiquity and Early Middle Ages*, Dissertation in Indiana University, 2001.

考古发现看，粟特人与拜占庭金币乃至拜占庭文化的东传都有着非常重要的联系。前面已列举了我国发现的拜占庭金币及仿制品的拥有者中的入华粟特人，那么将他们的生活时间与钱币特征相对比，还会有一个有趣的发现：

表13　中国境内出土拜占庭金币（金片）的粟特主人

入葬时间（年代）	墓主身份	生活地区	金币（金片）类型与特征
571，北周天和六年	康业	西安	查士丁尼一世金币（527—538年）
580，北周大象二年	史君	西安	仿制金币（两种背面）
658，唐高宗显庆三年	史道洛	固原	仿制金币（查士丁二世）
661，唐高宗麟德元年	史诃耽	固原	仿制金片（5—6世纪之交）
669，唐高宗总章二年	史索岩	固原	仿制金片（5—6世纪之交）
678，唐高宗仪凤三年	史道德	固原	仿制金片（芝诺）
709，唐中宗景龙三年	安菩	洛阳	仿制金币（弗卡斯）

具体说来，据表13可知，除康业墓的出土外（从图片看，应是金币索里得），其他墓葬中出土的均为仿制金币和金片，而且制作工艺差别较大，既有安菩墓那种尺寸规格与金币索里得相差不多的高仿，也有像史道洛与史道德墓那样的略差一些的仿制金币，而史君墓出土的仿制两种背面形制的更为少见，且制作十分粗糙，几乎难以辨识。这说明入华的粟特后裔能够接触到拜占庭金币及金币仿制品，且数量与种类较多，显示出粟特人与这些金币、金片之间有着十分紧密的联系。

上述出土拜占庭金币或金币仿制品的墓葬主人，分别涉及粟特的康、安、史、何四姓。

康姓粟特有康业以及史诃耽、史道洛的妻子。据康业墓志载：康业字元基，先祖为康居王族，父亲在西魏大统十年（544年）由车骑大将军、雍州呼药、胡国豪族等举荐为大天主，北周保定三年（563年）去世，享年60岁。①

安姓粟特有河南洛阳安菩，据安菩墓志载：其先为安国大首领，破

---

① 西安市文物保护考古所：《西安北周康业墓发掘简报》，载《文物》，2008年第6期，第34—35页。

匈奴（实为突厥）后归附中国，受封为定远将军，同京官五品。①

史姓粟特有：宁夏固原的两个史氏家族。一、史索岩为史道德叔父。他们自称先为建康飞桥人，因宦需要而家原州。建康属河西凉州，十六国时前凉张骏设置。② 史书明确记载十六国时一些粟特胡人迁居内地；其他文献也有自称建康飞桥史姓的记载。因此，史道德和史索岩虽自称建康飞桥人，但仍可以断定他们为粟特胡人。史索岩在武德年间曾担任"平凉郡都尉、骠骑将军"，卒于高宗显庆元年（656年）；史道德曾为唐给事郎兰池正监，卒于高宗仪凤三年（678年）。③ 二、史诃耽与史道洛为兄弟，在固原发现的史氏墓地中，出土萨珊卑路斯银币的墓主史射勿，以及出土萨珊金币仿制品的墓主史铁棒与此二人同族。由四方墓志可以断定四人的关系是：史射勿卒于隋大业五年（609年），长子诃耽，六子道洛（道乐），孙史铁棒卒于唐高宗乾封元年（666年）。墓志明确记载"其先出自西国"（史诃耽墓志称自己为"史国王之苗裔也"），后迁居"平高"（即高平，固原之古称）。史射勿曾为隋骠骑将军；史诃耽曾为唐高级翻译，位居三品；史铁棒曾为唐"右十七监"，司职牧马。④

史姓粟特还有陕西西安的史君，从该墓出土的中文、粟特文双语铭文来看，史君名尉各伽（Wirkak），其祖先曾是史国萨保，后迁居中原，曾被任命为凉州萨保。⑤

何姓粟特有：安菩妻何氏，据墓志称为"何大将军长女"。

从上面所列中国发现之拜占庭金币仿制品的粟特后裔主人，可以看出这些金币与粟特民族的联系紧密，从而有可能成为其东传过程中的

---

① 安菩夫妇生平参见其出土墓志：洛阳市文物工作队：《洛阳龙门唐安菩夫妇墓》；赵振华、周亮：《安菩墓志初探》，载《中原文物》，1982年第3期。安金藏生平见《新唐书》卷一百九十一《忠义传上·安金藏》。

② 《十六国疆域志·前凉》卷七载："建康郡，安郡盖张氏置《图经》，张骏置建康郡属凉州。"《魏书·私署凉州牧张寔传（附张骏传）》卷九十九记：张骏时"分武威、武兴、西平、张掖、酒泉、建康、西海、西郡、湟河、晋兴、广武十一郡为凉州，以长子重华为刺史"。罗丰：《固原南郊隋唐墓地》，北京：文物出版社1996年版，第196页。

③ 罗丰：《固原南郊隋唐墓地》，北京：文物出版社1996年版，第44—49，93—96，196—206，213—215页。

④ 罗丰：《固原南郊隋唐墓地》，北京：文物出版社1996年版，第16—18，68—72，82—84，185—196，206—213，216页；雷润泽：《宁夏固原中日联合考古发掘获重大成果》，载《中国文物报》，1996年10月13日。

⑤ 西安市文物保护考古所，《西安北周凉州萨宝史君墓发掘简报》，载《文物》，2005年第3期，第23—33页。

媒介。

从上面所列信息来看，这些粟特人墓中出土一枚拜占庭金币、5 枚拜占庭金币仿制品，由此可见粟特民族与金币之间具有紧密的联系。那么，这个民族在历史上究竟如何影响着拜占庭金币的东传呢？

三、粟特人的经商特征与金币入华

从史书对粟特民族与中原联系的记录来看，拜占庭金币经粟特人东传的方式，大致可分两种：一为商贸活动；一为居民迁徙。从粟特人作为中亚乃至东亚地区最为活跃的商业民族来看，拜占庭金币经由商业活动的东传现象比较显著。

今天，我们可以从史料中找到很多粟特商人积极寻求开辟东西商路的证据。中文史料比较笼统，大都直述粟特人善于经商，例如《通典·康居传》云，康居"善商贾，诸夷多凑其国"，表明粟特人的主要国家康国（即撒马尔罕）是中亚地区商业贸易的主要聚居地。西方文献同样记录了粟特人的商业特性，拜占庭史家在记述粟特商人马尼亚赫作为突厥使臣出访萨珊波斯时，明确指出突厥可汗之所以会派使出行，乃是出于"原先臣属嚈哒的粟特人，随着突厥汗国实力的增强，请求可汗与波斯人交涉，以允许他们经由该境进行生丝买卖"①。这段话透露出两点信息：一、粟特商人在波斯境外长期从事丝绸贸易，且生丝是他们经营的主要商品之一（由于拜占庭帝国非常渴求丝绸，因此即使粟特商人经营的商品不会只限于丝绸，而在拜占庭人印象最深的莫过于丝绸了）；二、他们了解到波斯帝国西方的民族是生丝销售的巨大市场，因此请求突厥可汗的外交协助。

由于萨珊波斯帝国希望自己垄断东西方之间的丝绸贸易，所以拒绝了粟特商人经由波斯境内进行商业活动的要求。但是粟特人长期游走于中亚不时兴起的各种政权之间，常年经商的训练使他们能够在各种势力之间应对自如，对此，王国维称其"嚈哒来，则臣嚈哒；突厥来，则臣突厥"②。同样，根据粟特人在突厥统治下的这种举动，完全可以想象当他们臣属嚈哒时，同样曾提请嚈哒王为其西去贸易道路寻找通道；而且

---

① Menander, *Fragment* 9.3, p. 111.
② 王国维：《西胡考》，转引自蔡鸿生：《唐代九姓胡与突厥文化》，北京：中华书局 1998 年版，第 1—2 页。

嚈哒国王也有能力实现他们的要求。5世纪初，一支称为滑的民族在中亚逐渐强盛，建立自己的汗国，中文史书称之为嚈哒；这个王国控制着阿姆河以及锡尔河流域的粟特地区，并在5世纪后半期与波斯人进行了争夺中亚霸权的大规模战争，拜占庭的史书记录了这些战争。465年和484年，萨珊波斯两次大败于嚈哒，被迫缴纳大量金银作为贡赋。① 另外，一位叙利亚作家记述了战后嚈哒人对萨珊波斯国王的要挟，称："对我们来说，波斯人给我们的贡赋是远远不够的……罗马国王曾派他的大使向我们许诺，一旦我们解除与你们波斯人的友谊，他们会给我们更多贡赋。"② 这样一来，在5世纪到6世纪中期，通过外交贡赋等方式，大量黄金流入嚈哒汗国，进而出现在中亚乃至中国西域的市场中，而在这个市场当中，粟特人无疑占据着主导地位。此外，当嚈哒国在战争中击败波斯军队后，两国所签署的协议中必然会像拜占庭与萨珊波斯人签署的和约一样，包括商人自由通行的条款。然而由于笔者缺乏关于中亚地区的文献史料，这种结论只能是一种假设，无法找到论据进行证明。

　　随着嚈哒汗国灭亡、突厥兴起，转而臣属突厥的粟特人虽然遭遇到萨珊波斯国王的拒绝，继续寻找其他方式与西方进行直接商贸往来。于是，马尼亚赫在突厥可汗的支持下，率领突厥使团，从阿姆河出发，绕过里海北岸的乌拉尔河以及伏尔加河，到达高加索山脉的伊比利亚地区，并从那里进入小亚，于568年或569年抵达君士坦丁堡谒见拜占庭皇帝查士丁二世。③ 自此，拜占庭帝国与东方的西突厥汗国之间建立了正式的官方联系，尤其在最初几年，两国官方互访非常频繁，到576年之后两国发生分歧，关系趋冷，不过两国之间的交往并未中断，直到7世纪前期，拜占庭皇帝希拉克略还邀请突厥军队一起进攻波斯。④ 从粟特商人马尼亚赫率领使团开辟这一通道来看，此后的两国使团交往之中必然

---

① Wiesehöfer, J. *Ancient Persia: from 550 BC to 650 AD*. tr. Azizeh Azodi, New York: 1996, pp. 311-312.

② de la Vaissiere, Etienne, *Sogdian Traders: A History*, tr. J. Ward, Boston: 2005, p. 230.

③ *The History of Menander the Guardsman: Introductory Essay, Text, Translation, and Historiographical Note*, by R. C. Blockley, Liverpool, 1985 Fragment 10.1, p. 115.

④ 相关资料参见 *The History of Menander the Guardsman*, Fragment 10.1-3, 13.4-14.2, and notes, pp. 113-117, 123, 147, 267, 274；以及 *The History of Theophylact Simocatta, An English Translation with Introduction and Notes*, vii. 7.7-10, tr. Whitby, Michael and Mary, Oxford, 1986, pp. 171, 188.

存在着粟特人的身影。虽然无法断定这种交往方式能够为金币东传带来多大程度的影响，但必然会有一定数量的金币被带到东方，流入粟特人手中。

粟特人能够大量接触到拜占庭金币，这一点也可以从当代的考古发现来加以证明，例如：1905年斯坦因在西域购买的两枚拜占庭早期银币，就是从粟特地区的布哈拉带过来的①；而耐马克博士也描述了粟特地区考古发现的四五十枚拜占庭金币及金币仿制品②。粟特地区墓葬中发现的大量拜占庭金币以及金币仿制品等文物，以及粟特商人对波斯帝国西部商业需求的了解，表明至少在一定时间范围、一定区域内，粟特商人的活动是广泛的，他们能够接触到足够的拜占庭金币。

活跃于中亚以至东亚地区的粟特商人与波斯人之间的商贸活动，因资料缺乏故而无法判断其具体规模。不过客观地说，萨珊波斯帝国控制的是经由其境内对西方拜占庭帝国的生丝供应，而不是整个东部的商业活动；并且从东西方的各种历史文献中，关于粟特人的经商活动、特别是中文史料中关于他们"善商贾"的描述却见诸各处。可以说在中亚及至东亚各地，商贸活动最为活跃者为粟特人，他们构成了东方丝路贸易的主体，因而必然成为拜占庭金币东传的重要载体。

关于粟特人与中国之间的交流联系，中文史料中可以找到大量证据。从这些记录来看，拜占庭金币经粟特人东传的方式，大致可分两种：一为商贸活动；一为居民迁徙。特别是前者，应该是拜占庭金币东传的主要途径。

中文史料中有明确关于粟特商人入华经商的记载。例如，西汉时期粟特人就曾派王子入质中原，以实现通商的目的。③ 及至北朝以后，粟特"遣使来献"的记录散见于各个王朝。《魏书·西域传》载，粟特"其国商人先多诣凉土贩货"。对于粟特商人这个群体，中国古人通称为胡商。到隋唐之际，由于中原统一，社会安定繁荣，粟特人的商业活动凸现出来，呈现出万胡来华的大唐盛世。《新唐书·西域传》载："开元盛时，税西域商胡以供四镇，出北道者纳赋轮台。"吐鲁番出土文书也有

---

① A. Stein, *Serindia*, vol. 3, p. 1340.
② Naymark, *Sogdiana, Its Christians and Byzantium: A Study of Artistic and Cultural Connections in Late Antiquity and Early Middle Ages*, Dissertation in Indiana University, 2001.
③ 《通典》卷一九三《边防·康居》。

相关记载,《唐开元二十年瓜州给西州百姓游击将军石染典过所》载,石染典入沙州贸易时,需检查人畜名数,据此征收市税。①

粟特人遗留的文献也能反映大量商人在中国各地经商的状况。1907年斯坦因曾在敦煌以西长城烽燧遗址中发现一组粟特信札,其中发现号为 T. XIIa. ii. 2,大英博物馆馆藏编号为 8212/95 的信件,描述了写信人在中国经商时的经历,写信者为居住在甘肃金城(今兰州)的粟特代理商那耐·万达克(Nanaivandak),由于中国局势动荡,他在写给撒马尔罕的老板的书信中,讲到许多居住在河西地区的粟特朋友的近况,而生活在内地洛阳或长安的粟特商人却凶多吉少;还有关于他们在河西一带销售亚麻布的基本状况,以及由于动荡而在粟特商人圈子中引起的惶惶情绪;他还特意提到曾请一个叫作潘萨可克(Pesakk)的朋友保管他的金币,现在请求他的老板帮助他把这笔钱存起来,交代了钱的用途。②除这封信外,其他多数信件都是关于他们商业经营的内容,涉及其经营商品,以及诸如前往楼兰经商的内容。

从这些信札可知,4 世纪初粟特商人的活动主要以临时的商业代办为主,这些被派驻各地的商人总领一方的商业运作,并不时向总部的老板报告情况。事实上,上述那耐·万达克虽驻守金城,但其财产以及生活重心仍然在撒马尔罕,他说在中国"只能仅仅维持生活,我们没有亲属,……"情况非常糟糕,非常渴望能够回到撒马尔罕。由于中国的战争纷乱,入华的粟特商人生活遭受损害;不过战乱是偶然的,这种长期驻外经营的商业活动必然是粟特人经商的一个重要组成部分。

总体上说,从公元初年开始,粟特民族就在东西方商路上追逐着利润,他们经营的商品包罗万象,足迹遍布各地。他们的这种商业本能自然很快捕捉到拜占庭金币价高量足的优点,从而保证金币随着他们的脚步而传布。

再者,粟特人的迁徙活动同样促成拜占庭金币的广泛传播。当然粟特人的迁徙并不仅限于东迁至中国,但他们的迁徙活动仍然与商业经营紧密地融合在一起。许多粟特人出于各种原因进行集体搬迁,并在迁居地围成粟特居住区,成为商业经营必需的落脚点;这些人当中有的继续

---

① 陈喜霖:《唐代过所与胡汉商人贸易》,载《西域研究》,1995 年第 1 期。
② 〔美〕安妮特·朱丽安娜、朱迪思·莱莉:《古粟特文信札(II 号)》,苏银梅译,载《考古与文物》,2003 年第 5 期。

商业活动，有的则转而开辟新的生活。因此，中国作为粟特民族的重要商业对象，也吸引到大量迁徙而来的粟特人。

粟特人东迁的最早聚居区主要集中在西域，诸如怛逻斯、碎叶、于阗、高昌等地。《宋高僧传》卷十八《僧伽传》记："释僧伽者，葱岭北何国人也，自言俗姓何氏……详其何国在碎叶国东北，是碎叶附庸耳。"对于这段描述，张广达先生认为这一何国不是康国之西的何国，而是何国移民在碎叶城东北建立的聚居地。① 此外，阿拉伯文的《布哈拉史》中也说明了怛逻斯城附近哈木卡特（Jamukath）城建造的原因，是由于一些布哈拉的贵族与商人因暴政而逃难至此。② 汉文文书 Mazar Tagh 092（Or. 8212/1557）唐时残过所，记"副使康云汉、作人石者羯、奴伊礼然、奴伏浑"等名字，因此荣新江推断这是一支经过于阗北方的唐代称为"神山"的边镇的使团队伍。③ 而玄奘也在其《大唐西域记》中记怛逻斯"城周八九里，诸国商胡杂居也"；素叶水"城周六七里、诸国商胡杂居叶"。以上所有材料均表明粟特人出于各种原因迁徙到其他地区，按照原先的生活方式建立新的定居点，为整个粟特商胡的经营活动提供了便利。

关于粟特人在商路沿线的迁徙定居，最具代表性且资料最为丰富的是高昌地区的粟特人聚落。在经过多年的研究基础上，荣新江先生认为"粟特人应当早在5世纪前半叶即已进入高昌，其聚落的位置很可能在高昌故城东部"。高昌地区的考古发现也进一步证明了荣的观点，在高昌城东发现一座胡天神祠，这是粟特人的宗教总部；近年在高昌古城外东北方向的一座墓地中，发现延昌十四年（574年）的《康房奴及妻竺氏墓表》，以及延寿七年（630年）的《康浮面墓志》④，表明墓地附近确曾存在过一个粟特人聚落。而从吐鲁番出土文书中也能发现大量粟特人的身影，他们中有的仍然参与商业活动，如阿斯塔那48号墓葬中出土的高昌延昌年间的《兵部条例买马用钱头数奏行文书》中就有诸如翟呼典畔陀、曹呼□、康缛但等卖马人的记录。⑤ 总之，徙居高昌的粟特人，有

---

① 张广达：《唐代六胡州等地的昭武九姓》，载《北京大学学报》，1986年第2期。
② 荣新江：《西域粟特移民聚落补考》，载《西域研究》，2005年第2期。
③ 陈国灿：《斯坦因所获吐鲁番文书研究》，武汉：武汉大学出版社1994年版，第503页；以及荣新江：《西域粟特移民聚落补考》，载《西域研究》，2005年第2期。
④ 荣新江：《西域粟特移民聚落补考》，载《西域研究》，2005年第2期。
⑤ 《吐鲁番出土文书》第二册。

的则定居从事其他行业，甚至已经与当地的汉族贵族实现通婚；而上述两座康氏墓葬表明，居住在高昌地区的粟特人已经开始接受汉族土葬的方式。

此外还有居住在长安、武威、姑臧等中原内地的大量粟特聚居区。例如2003年发现的陕西西安史氏墓，从墓葬出土的壁画、铭文来看，这个家族刚刚从西部迁徙而来，墓主仍然还使用原来的名字和语言，其名字还没有确定下相应的汉字。再者，90年代发现固原史氏墓地，其中史索岩与史道德的墓志均称，其先为"建康飞桥人"，"远祖因官来徙平高，其后子孙因家焉，故今为县人也"。这里史氏所自称的建康乃是位于凉州的建康郡，《十六国疆域志·前凉》卷七载："建康郡，案郡盖张氏置，领县一。张骏置建康郡属凉州。"然而具体到建康史氏，就有比较多疑问，中国传统姓氏中就有史姓一支，《元和姓纂》载："史，周太史史佚之后，有建康、宣城、高密、京兆、陈留诸望。"那么史索岩这支史氏究竟为粟特还是汉人后裔呢？罗丰对此做了详细论证。上述粟特信札已经表明，十六国时期河西地区已经居住着大量粟特人，当北魏破北凉时，"杂人降者亦数十万"，而后"冬十月辛酉，车驾东还，徙凉州民三万余家于京师"①。据此，罗认为史索岩家族可能为北凉时期居于建康的胡人，后因北魏破城，而被迫东迁，从而定居固原；至于他们自称"建康人"，则是出于汉化以后附会望族之举。② 上述固原史索岩家族的墓志表明，北朝初期居住在内地的粟特后裔，随着时代的变迁，几乎完全放弃过去的商胡生活，逐渐汉化，参与到当时的社会生活甚至统治阶层中。

与固原史索岩家族类似的情况还有很多，隋唐之际活跃于政治舞台的风云人物当中有许多粟特后裔，最著名的当属发起"安史之乱"的安禄山与史思明。不过，粟特后裔参与政治的过程应当是缓慢的，他们因行商与统治阶级熟悉，并时而为其效力，以至逐渐进入官僚阶层。例如，《周书》卷五十《西戎传·突厥传》载：西魏大统年间，太祖遣往突厥的使臣为酒泉胡安诺槃陀。当然，除早期居于河西并逐渐汉化的粟特后裔外，还不断地有粟特人从中亚迁徙而来。诸如前面提到的陕西西安发现的北周史君墓，他迁徙入华后，曾被

---

① 《魏书》卷四上《世祖纪上》。
② 罗丰：《固原南郊隋唐墓地》，北京：文物出版社1996年版，第196—204页。

封为凉州萨保①，表明凉州作为粟特人的聚居地，已经得到中央王朝的默许。因此当玄奘西游经过凉州时，见到"凉州为河西都会，襟带西蕃、葱右诸国，商旅往来，无有停绝"②。

总而言之，以商贾为生计的粟特商人在漫长的岁月中，在东西方之间四处游走，通过各种途径进行商贸活动，在这个过程中，他们以各种方式获得的拜占庭金币逐渐传至中国，因此，我们现在不仅能在中亚经和田、高昌、河西乃至中原的商路沿途，发现拜占庭金币及金币仿制品，而且中国境内的拜占庭金币和金币仿制品的最后拥有者也有相当数量的粟特后裔。

四、粟特后裔与拜占庭金币仿制问题

在粟特人与拜占庭金币东传的关系上，还有一个现象值得注意，这就是粟特人与拜占庭金币仿制品的关系。在第一节已经指出，中国境内出现的拜占庭金币和金币仿制品当中，有一枚金币的拥有者为粟特后裔安菩，其他5枚粟特后裔拥有的金币均为仿制品。特别再联系到目前中国境内出土的拜占庭金币仿制品当中，除新疆吐鲁番发现22枚仿制品外，其他仿制品主要集中在新疆和田、宁夏固原以及陕西西安，共计20枚。它们为：20世纪初西方探险家在新疆和田发现3枚；固原南郊唐史氏墓地出土4枚；2003年西安北周史君墓葬出土1枚；新中国成立前洛阳似乎也出土1枚；西安还有3枚仿制品出土；此外，中国钱币博物馆近年来征集到5枚这样的仿制品。因此，事实上，能够明确金币仿制品拥有者身份的也主要是粟特后裔，而发现大量金币仿制品的吐鲁番地区，在高昌王国时期也是粟特人大量聚居的地点之一。因此，粟特人显然与拜占庭金币仿制品在中国的出现与传播关系密切，引起学者们的特别关注。

关于这一问题，林英做出非常有意义的研究。她在其《九姓胡

---

① 关于"萨保"（或称"萨宝""萨堡""萨薄"）一词，目前一般认为表示主持祆教仪式的领头人，且中国人理解为首领；而荣新江先生近年的研究认为，萨保来自梵文 sarthavaha，本意为商主；美国的丁爱博（Albert E. Dien）则从帕尔米拉的商队及商队首领分析，指出萨保与"商队"在语言学上的联系。参见丁爱博：《帕尔米拉的商队及商队首领》，见"'粟特人在中国'国际学术研讨会综述"。

② 〔唐〕慧立、彦悰：《大慈恩寺三藏法师传》，北京：中华书局1983年版，第11页。

与中原地区出土的仿制拜占庭金币》①一文中，从中国与粟特地区发现的拜占庭式金币仿制品及其随葬位置出发，就粟特民族对货币特别是金币的推崇观念进行分析，认为"7世纪拜占庭式金币仿制品的出现更可能是深思熟虑后的选择，是粟特传统的表现"。随后，她对拜占庭金币在粟特地区的出现和用途，以及粟特人的发式特征与拜占庭金币上皇帝肖像的联系进行论证，指出由于相比于粟特地区大量存在的萨珊波斯银币而言，拜占庭金币以及其他类型的金币数量有限，故而其价值更高且受到粟特人的珍视；这种影响甚至表现在生活与文化领域，即粟特人仿造拜占庭金币上的国王形象来装扮自己的国王；正是出于这种对金币的热衷与对金币上王像的追慕，粟特人以拜占庭金币为原型，制作许多以金币正面的皇帝肖像形制为内容的金币仿制品。总的说来，林英老师经过层层深入，阐述粟特人铸造拜占庭式金币仿制品的动机与原因，虽然对于这种单片式拜占庭式金币仿制品的研究具有启发意义。不过，笔者对于粟特人与中国出现的拜占庭金币仿制品之间的关系，有一些不同的看法。

首先，中国发现的拜占庭金币仿制品在品质与形态上千差万别。通过对有迹可查的金币仿制品的考察，可对其进行分类：有的从外观上看，其效果丝毫不亚于官方铸造，诸如西安发现的一"骡子"②仿制品；有的制作比较精良、双面打制，不过在形制图案上逊色不少，诸如固原史道德墓出芝诺式金币仿制品，以及西安北周史君墓所出之仿自两种索里得背面图案的金币；还有的制作比较粗糙，只是用比较薄的金片打压而成，目前绝大多数金币仿制品都属这种类型。如果说前两种仿制币还有用于流通的可能的话，那么最后一种仿制品则更多的是对金币图案的仿制，而且与粟特人可以联系起来的金币仿制品除上述两位史氏墓地出现的两枚虽双面打制、图像却很模糊的金币外，其余均属此类。在分析粟特人与这些金币仿制品的关系之前，要先在这些差异明显的仿制品上寻找制作者的特征。

---

① 'Sogdians and Imitations of Byzantine Gold Coin Unearthed in the Heartland of China', Transoxiana 6, (2003.10). 2004-03-08, from: http://www.transoxiana.com.ar/Eran/Articles/lin_ying.html.

② "骡子"仿制品是指将不同时期的拜占庭金币式样合在一起铸造的金币仿制品，拜占庭古币学界称之为"骡子"仿制品。

显然，金币仿制品形制上的优劣区别主要源于仿制者的背景以及需求的差异。以我国境内出现的"骡子"式仿制品为例，在拜占庭古币学界中，这一名称特指将两种不同时期的金币正背面图案制作到一起的现象。大体上，这种类型的仿制品与拜占庭官方铸造的金币没有明显的优劣分别，在帝国内外可以自由流通。这些金币的制作者既可能为拜占庭的臣民，甚至还可能为铸币厂工人错用了模具；也可能为境外民族，诸如哥特王国或萨珊波斯人。制作这些金币的原因在于，当地拜占庭金币的供应量无法满足其需求，因此，这种仿制品与拜占庭官方铸币承担同等的流通任务，其制作也必须比较精良。从这个意义上讲，对于拜占庭帝国之外特别是东方的商业民族以及收藏者来说，这种类型的仿制品与拜占庭官方制作之金币具有同等价值，更直接地说，他们分辨不出两者的差别。故而，中国发现的"骡子"仿制金币，与流传至此的拜占庭官方金币在传播途径以及用途方面是共通的，具有同等的历史价值。

若以此类金币仿制品的铸造目的为考量依据，那么后两种仿制品的出现则可能出于以下三方面的原因：一、仿制者对拜占庭金币本身及其铸造过程并不熟悉；二、仿制的行为比较零散，没有组织，不成规模；三、仿制有着特定的用途，对于金币的形制没有严格的要求。

具体到中国发现的这两种金币仿制品，制作比较粗糙的双面仿制品与单面打压仿制品在总体特征上比较接近，其制作者也具有共性。从这些仿制品的形制、制作工艺可以看出：虽然制作者手中有一些拜占庭金币，但是他们并不熟悉拜占庭金币的形制特征，而且工艺相对简陋。以2003年西安北周史君墓所出之金币仿制品为例，该币币面制作较粗，图像模糊不清，直径1.75厘米，厚0.05厘米，重1.75克①。它是依据两种拜占庭金币的背面形制仿制而成，似乎属于上述"骡子"式金币范畴。然而这种两面均为背面图案的金币，显然无法混作拜占庭官方金币，难以在拜占庭帝国或者帝国之外经常且大规模使用官方金币的地区充当货币；且其制作粗糙、币面模糊难辨，重量不足。同样上述这些问题在单面打压仿制品上表现得更为清楚，以1915年斯坦因在新疆吐鲁番发现的一枚仿制品为例，该币仿自5世纪中后期流行的拜占庭金币索里得的正面形制，图案比较清楚，但是与原型相比，多处略显扭曲变形。总体

---

① 西安市文物保护考古所：《西安北周凉州萨保史君墓发掘简报》，载《文物》，2005年第3期；以及同期刊登的罗丰：《北周史君墓出土的拜占庭金币仿制品析》。

上讲，此枚金币的制作者很努力地复制原型的各种特征，但由于不熟悉拜占庭人的服饰特征以及国王戎装肖像的意义，因而制作出来的金币与拜占庭官方金币相差很多。

综合上述两种仿制金币的这些特征，可以想象：第一，它们的制作者虽曾接触不少拜占庭官方金币，但并不熟悉拜占庭官方金币的形制特征与铸造工艺。因此他们应当是距离拜占庭帝国较远，却又能接触到大量拜占庭金币的人群。由于中古时期拜占庭金币作为国际货币广为传播，因此从理论上讲，那些距离拜占庭帝国较远但又与其建有联系的地区均有可能仿制。事实上，现代考古曾在北欧地区发现过这种类型的仿制品①。第二，这些制作者比较重视拜占庭金币。正是出于对于拜占庭文化，或者说对于拜占庭金币式样的喜爱，这些人群才会制作这样的金币仿制品用于装饰或者其他用途。第三，仿制金币的行为是私人的、偶然的，而非有组织计划的。仅从中国境内发现的拜占庭金币仿制品来看，金币在大小、重量方面相差较多，且所仿原型也不尽相同。总之，根据中国发现的拜占庭式金币仿制品的铸造特征来推断：它们的仿制者可能为东方的某个民族或者某些人群，这些人能够得到大量拜占庭金币，但又对拜占庭文化以及生活习俗不是特别熟悉，只是根据个人的喜好制作这些仿制品；可能这种仿制行为会被别人借鉴，但却没有形成有组织的仿制活动。

在对金币仿制品做出这些分析之后，粟特人是否就是这些仿制品的制作者呢？从理论上讲，中亚和西域地区的所有民族都有制作仿制金币的可能。毕竟，通过东西商贸有大量拜占庭金币流传到中亚和西域，那里分布着许多小王国，根据中文史书记载，这些国家的民风类似，都嗜好金银。但无论史料还是考古资料均表明粟特人能够接触到许多拜占庭金币，而且粟特人距离拜占庭帝国遥远，对其虽有所认识却并不十分熟悉，因此，粟特人作为这些拜占庭金币仿制品的制作者无疑极具说服力，而且许多学者也通过各种方式加以论证。

林英在论述粟特人与拜占庭式金币仿制品的关系时，引《通典》卷一九三韦杰撰《西番记》中对康国的描述："以六月一日为岁首，至此日，王及人庶并服新衣，剪发须。在国城东林下七日马射，至欲罢日，

---

① 转引自罗丰：《固原南郊隋唐墓地》，北京：文物出版社 1996 年版，第 153、167 页。

至一金钱于贴上,射中者,则得一日为王",认为这段关于粟特人节日生活的记录,表现出:金币作为拜占庭帝国的皇权象征,在粟特地区虽然作为游戏之物,但其中却包含着粟特人对金钱与王位的认识;并通过对粟特国王冠带与拜占庭金币上皇帝肖像的比对,得出粟特人受到拜占庭皇帝着装的影响,并因此大量仿制拜占庭金币,特别是制作仿自包含皇帝肖像的金币正面图案的金币,以实现他们对国王的尊崇。① 这一新材料反映出粟特地区金钱的用途及意义,也为粟特人与拜占庭式金币仿制品的关系提供了有力的证据。就此问题,罗丰从固原地区出土的拜占庭式金币仿制品,认为它们可能为粟特地区铸造②,后来根据耐马克对粟特地区出土的拜占庭金币以及金币仿制品的分类与辨析,以及这段史料,指出这是"东罗马金币仿制品由粟特地区制造,然后流入中国的直接证据"③。

根据耐马克博士在粟特地区的考古发现,6—8世纪之间的粟特墓葬中发现大量索里得真币和仿制品。这些金币共41枚,据博士对其所做的分类看,共有拜占庭式金币仿制品22枚以及1枚铜币仿制品;大多数仿制品重量不超过1克。博士还对这些仿制品进行了逐个分析,寻找其原型。在22枚仿制品当中,有14枚为皇帝身着戎装像的图案,还有一些弗卡斯、希拉克略一世以及希拉克略与君士坦丁共治时期的金币。对比粟特地区发现的拜占庭式金币仿制品与中国地区发现金币的特征,可以发现:无论在金币的大小、重量,还是金币仿制的图案种类以及精美程度方面④,这些仿制品都非常接近。特别是中国出土拜占庭式金币仿制品的墓葬主人多为迁往中原的粟特后裔,因此笔者也赞成粟特后裔手中的拜占庭式金币仿制品很可能就是由他们自己或本民族成员制作而成。

那么,再进一步,林、罗两位先生都主张中国境内的拜占庭式金币仿制品均为粟特地区流入,这一观点是否成立呢?通过前文关于仿制品特征的分析,这种样式的金币并不需要非常高明的制作工艺及手段,只

---

① 林英:《西突厥与拜占廷金币的东来》,见林英:《唐代拂菻丛说》,北京:中华书局2006年版,第21—37页。
② 罗丰《宁夏固原出土的外国金银币考述》,载《故宫学术季刊》,第12卷第4期,第39—52页。
③ 罗丰:《北周史君墓出土的拜占庭金币仿制品析》,载《文物》,2005年第3期,第59页。
④ 关于中国出土之拜占庭式金币仿制品的图案及原型种类,参见本文第三章。

要手里有拜占庭金币就可以制作，因此可以断定粟特人根据拜占庭金币制作这种仿制品，是一种家庭的、缺乏组织的行为，也就是说，每一个粟特家庭或粟特人完全有可能自己制作这些仿制品。这一点也可以从粟特民族的特性来略窥一二，中文史书载，粟特民族善商贾，每个孩童出世以后，家长的教育就是要孩子们学会甜言蜜语以用于商业买卖，懂得生财之道掌握金钱①，因此这种用金子仿制拜占庭金币的做法也可能在家庭中完成。那么，由此一来，迁居到中原内地的粟特后裔们，还需要从粟特地区带来这种金币仿制品吗？

当然不排除这种可能，以陕西西安发现的史君墓地为例，该墓入葬时间为北周大象二年（580年），从墓葬的壁画以及史君的墓志铭看出，他在壮年时代从粟特的史国迁居长安②，故而他手中的金币仿制品有可能是从粟特地区带来。不过据耐马克博士介绍，发现大量拜占庭金币及其仿制品的墓葬多为6—8世纪，而中国地区发现的金币仿制品也大约在这段时期：吐鲁番地区的墓葬由于合葬现象较多，时间分布较长、难以具体限制在某一时期，大体上从隋末唐初到盛唐，即在6世纪末到8世纪初；特别是中原地区发现的仿制品因数量较少，时间更是相对集中在6—8世纪。也就是说，在粟特地区、高昌以及中国内地出现的拜占庭式金币仿制品的时间大体相当，而没有形成金币或习俗传入会产生的时间差。

而通过分析，我们也可以从固原史氏墓地中发现的金币仿制品上发现另一可能。固原出土拜占庭式金币仿制品的史氏属两个家族：一是自西域史国迁居固原的史射勿家族；一是自称建康人的史索岩家族。这里的建康即为河西凉州所辖区域，在北朝时期也为粟特人聚居之地。从史索岩家族自称建康人这一点来看，他们祖先从粟特迁居建康的时间很早，在那里生存繁衍了许久之后，又再次迁到原州，在这个漫长的过程中，他们不太可能将从粟特带来的金币仿制品一直保存到原州，而且直到7世纪中后期才随其后裔一起入葬。事实上，建康、原州均位于丝绸之路

---

① 《晋书》卷九七《西戎传·康国传》载："生子必以石蜜纳口中，明胶置掌内，欲其成长口常甘言，掌持钱如胶之黏物。…善商贾，争分铢之利。男子年二十，即远之旁国，来适中夏，利之所在，无所不到。"

② 西安市文物保护考古所：《西安北周凉州萨保史君墓发掘简报》，载《文物》，2005年第3期。

的重要站点，频繁往来之商业活动也将拜占庭金币带入了中原，特别是建康，隋书所记载的后周时期"或用西域金银钱"的陇西诸郡即包括此地。因此，笔者比较倾向于认为这些粟特后裔虽然不再从事商业活动，但是往来于建康或原州的商贸活动，仍然可以为其提供拜占庭金币原型，而粟特居民的仿制金币行为也影响到这些后裔们的生活，故而，不能排除中原地区拜占庭式金币仿制品为粟特后裔制作的可能。

同样，对于吐鲁番高昌末年及至盛唐时期墓葬中出土的大量拜占庭式金币仿制品，也不能排除当地人自制的可能。第一，这里大量存在的口含币葬俗，对金银币的需求非常巨大，目前排除吐鲁番地区猖獗的盗墓因素，仅考古发掘已经出土 22 枚拜占庭式金币仿制品，其数量与粟特地区相仿，从这个意义上讲，对于如此大的需求量，显然遥远的粟特人是没有办法予以满足的。第二，高昌地处丝路商道之要冲，不仅有稳定的拜占庭金币传入，还生活着大量粟特人；因此不能排除粟特人用金子仿制拜占庭金币，并传到高昌上层贵族的可能。第三，这种类型的仿制品并不需要繁复的工艺和有效的组织，吐鲁番墓葬的考古信息显示，这些口含金银币的墓主大多属于高昌地区的豪门贵族，对于葬俗所需的大量仿制金币，他们完全有能力制作。故而，笔者倾向于认为：吐鲁番地区的拜占庭式金币仿制品也可能为高昌当地人制作。

经过上述分析，可知：东方出现的拜占庭式金币仿制品与粟特民族有着重要联系，粟特人由于频繁的商业活动对拜占庭帝国比较了解，但由于文化差异较大，他们对金币上的一些细节以及象征意义并不非常熟悉。而粟特人对金子以及钱币的嗜好，促成他们对拜占庭金币的钟爱，并且制作仿制金币。随着粟特后裔向中原地区的迁徙，这种仿制金币的做法也传至西域，并被带到中原。在高昌地区的口含币葬俗盛行一时之际，日常用作装饰的拜占庭式金币仿制品显然无法满足入葬的需求，因而高昌人开始按照粟特人的做法自己制作仿制品。而入华定居之粟特后裔虽然在一定程度上接受了中原汉人的生活方式，担任政府官吏，但常年聚居而延续下来的粟特民族习惯仍然存在，有条件的时候，他们也会与其继续生活在故地的同族人一样，制作拜占庭式的金币仿制品。

综上所述，粟特人在拜占庭金币的东传以及金币仿制品在东方的出现过程中起到非常重要的作用，他们不仅通过自身的商业活动，在东西方之间建立起经济桥梁，使得拜占庭金币这种商贸流通媒介传播到东方，而且还通过自己的行动，使得拜占庭文化以制作拜占庭式金币仿制品的方式传播到东方，实际上承担起东西方之间政治、经济、文化传播桥梁的作用。

第三节　吐谷浑与拜占庭金币的东传

青海地区吐谷浑人墓葬中出土的拜占庭金币，反映出北朝至隋唐时期，位于青海地区的吐谷浑王国在中国境内丝路沿线的影响。2002 年，青海都兰县香日德镇一座北朝吐谷浑人墓葬中，发现一枚拜占庭金币，①报告者称其为塞奥多西二世索里得，而罗丰据图片认为应当是芝诺索里得，笔者同意后者的观点。不过，报道并未详细阐明该墓的其他出土情况，因此只能从青海都兰在 4—7 世纪在东西交通中的地位，以及吐谷浑民族的参与情况，来探询丝绸之路青海道在拜占庭金币传入中国境内过程中的作用。

一、吐谷浑概述

吐谷浑人也属鲜卑族一支，329 年，在青海东南部的草原上建立王国，以都兰作为都城。史书中对于吐谷浑族源的记载有："吐谷浑分绪伪燕，远辞正嫡，率东胡之余众，掩西羌之旧宇。"②《魏书》卷一〇一《吐谷浑传》载："吐谷浑，本辽东鲜卑徒河涉归子也。"在此后的南北朝时期，吐谷浑作为紧邻中原、北可通魏、南接南朝的西部政权，于南北间周旋；至隋时，已有所衰弱，因此裴矩会得出吐谷浑"易可并吞"的结论；及至 663 年，吐谷浑为吐蕃所灭，沦为吐蕃治下一邦国，这片西通西域、东摄中原的青海则成为吐蕃赞普逐鹿称霸的舞台。

青海位于中原与西域之间，地理位置至为重要：向西，可经今柴达木盆地进入鄯善（今若羌）；向北，越祁连山可至河西走廊；向东，则可经渭水直通关中。不过，这里地势较高，途中需经诸多关口，因此在张骞凿空之后，河西走廊成为联结中原与西域的主要通道。东汉末年，各地割据势力并存，河西地区数个政权并立，而青海地区相对独立的吐谷浑政权凭借其比较稳定的局势，逐渐吸引到更多商胡，由此途经青海

---

① 刘宝山：《青海都兰出土拜占庭金币》，载《中国文物报》，2002 年 7 月 24 日。
② 《晋书》卷九七《四夷传·北狄传附匈奴传》。

的商贸活动逐渐增多。同时河西走廊的存在也与经由青海前往西域的道路结合,为商胡使节的来往提供多种选择:既可直接向西,经柴达木盆地抵达西域;也可经祁连山各山口到达河西走廊,由那里进入西域。东晋时,法显即从此路前往印度求法:东晋安帝隆安三年(399年),法显由长安出发,经金城郡(兰州市西)溯湟水到南凉国都乐都,经西平郡(今西宁)向北经大通、门源越祁连山过扁都口(古称大斗拔古)到张掖,再西往鄯善越葱岭到印度。① 简言之,北朝初年,途经青海地区的商道逐渐兴盛,构成丝绸之路中国段的一个重要组成部分。

二、经由吐谷浑的丝绸之路

进入南北朝之后,青海道在新的局势下越发繁荣。420年,北魏统一北方,与南朝形成对峙;柔然在漠北对北魏造成威慑;而吐谷浑则在甘南、青海地区取代原先的南凉、西秦、北凉等国家,控制了河西走廊南部、祁连山后的地区。在此情况下,柔然、吐谷浑与西域诸国和中原的南北两朝均有联系,但由于经由漠北或陇西的道路均由北魏掌控,南朝只能从西北的四川经吐谷浑境内通往柔然和西域。"青海路"由此更为兴盛。史书记载,北魏太平真君六年(445年),北魏高凉王拓跋那征吐谷浑慕利延,在魏军的追击下,慕利延就是从青海湖东南的曼头城向西逃至白兰,然后经柴达木盆地西入鄯善、于阗,所逃路线即为青海道的路途。②《宋书》卷九六《鲜卑吐谷浑传》中,史官对吐谷浑人有着这样的评语:"见珍殊俗,徒以商译往来""事惟贾道",一方面反映出吐谷浑国家对商业的重视,另一方面也表明途经吐谷浑商贸的兴盛,特别是他们身处东西重要商道之侧,更易于控制往来商胡及其贸易活动。因此隋朝裴矩在考察了陇西以及西域的局势之后,向炀帝禀报称"但突厥、吐谷浑分领羌胡之国,为其拥遏,故朝贡不通"③。裴矩的这一判断表明:隋际,吐谷浑与突厥一起作为中原地区通往西域道路上的力量,控制联结东西经济政治交往的道路,导致西域与中原的阻隔;也反映出西域与青海的吐谷浑政权往来紧密。

吐谷浑毗邻中原南北两朝,在商路无法直达中原时,从吐谷浑这里

---

① 夏鼐:《青海西宁出土的萨珊朝银币》,载《考古学报》,1958年1期。
② 参见《魏书》卷一〇一《吐谷浑传》;卷一〇二《西域传·于阗传》。
③ 《北史》卷三八《裴佗传附讷之子矩传》。

采购他们所需之中原商品不失为一种选择。西魏大统（536—551年）中，凉州刺史史宁曾经截获一支吐谷浑从北齐返回的使节队伍，在其俘获品当中就有百余名商胡以及"杂彩丝绢"等物，表明吐谷浑在西域与中原地区商业交往的中转地位。① 既然史书称吐谷浑人喜好珍异物品且重视商业利润，那么通过如此频繁的商业贸易，必然会有不少出现西域的物品流传至此，比如波斯萨珊的银币与拜占庭金币。

正是在这样的背景下，今天在青海地区的考古发现中出土了不少金银币以及相关西域器物。比如，除2002年在都兰吐谷浑墓葬中发现的此枚拜占庭金币外，2000年，青海乌兰县东部铜普乡大南湾遗址的祭祀遗址中也发现一枚拜占庭金币，不过该遗址的考察无法断定确切年代，相邻的一些墓葬因曾被盗掘，也无法提供参考信息。从报告对该金币的描述以及判断可知，此为查士丁尼发行的索里得，同时该遗址还出土6枚波斯萨珊银币，报告者称其中一枚为卑路斯时发行。② 除这两处关于拜占庭金币以及波斯萨珊银币的出土报道外，青海地区还有一些关于波斯萨珊银币以及一些波斯器物的发现。例如，1955年青海西宁一次出土76枚波斯萨珊卑路斯（457—483年）王朝的银币③。显然，这些拜占庭金币与萨珊波斯银币及其他器物一起，以"珍异物品"的身份经由商贸往来传播到青海。

上述金银币与西方器物在青海地区的发现，对于研究青海历史和丝绸之路的学者们来说，是论证青海道在东西方商业交通中重要地位及影响的有力证据。④ 而对于我们所要讨论的这个论题，即：拜占庭金币如

---

① 《周书》卷五〇《异域传下·吐谷浑传》载："大统中……夸吕又通使于齐氏。凉州刺史史宁觇知其还，率轻骑袭之于州西赤泉，获其仆射乞伏触扳、将军翟潘密、商胡二百四十人，驼骡六百头，杂彩丝绢以万计。"

② 青海省文物考古研究所：《青海乌兰县大南湾遗址试掘简报》，载《考古》，2002年第12期。

③ 夏鼐：《青海西宁出土的萨珊朝银币》，载《考古学报》，1958年第1期。

④ 青海省文物考古研究所所长许新国通过对都兰出土的大量丝绸制品和其他文物的研究，证明从青海西宁经都兰，穿越柴达木盆地，直至甘肃敦煌，是6世纪到9世纪前半叶古代丝绸之路的一段重要干线。经过学者们的分析研究，目前已得出由青海经柴达木盆地通西域的道路，大致有三条：一是由伏俟城经白兰（今青海都兰、巴隆一带），西北至今小柴旦、大柴旦，到今甘肃之敦煌，再由敦煌西出阳关至西域鄯善。二是由伏俟城［古吐谷浑都城，位于今青海省海南藏族自治州共和县石乃亥乡以北、莱济（切吉）河南，在青海湖西十五里］经白兰，西至今格尔木，再西北经尕斯库勒湖，越阿尔金山至西域鄯善；三是由伏俟城经白兰、今格尔木，再往西南之布伦台，溯今楚拉克阿干河谷入新疆，西越阿尔金山，顺今阿牙克库木湖至且末。参见吴景敖：《西陲史地研究》，转引自周伟洲：《敕勒与柔然》，上海：上海人民出版社1983年版，第136页。

何从西域进入中原这一问题来说,则具有更深的意义。

吐谷浑在中原动荡之际,崛起于青海,强盛期甚至"士马桓桓,控弦数万,孤将振威梁益,称霸西戎,观兵三秦"①。当中原皇朝忙于应付内斗之际,吐谷浑不但完全控制着经由青海的商业活动,还对途经祁连山以北之河西走廊的商贸活动带来极大威慑,正是源于吐谷浑这个绝佳的地理位置,才使得它能够控制西域连同中原之路,将东西方之间的商贸活动掌控在自己手中。因此,出现在青海境内的两枚拜占庭金币,是通过西域与青海地区的商贸活动传入,反映出商贸活动在拜占庭金币东传中国过程中的作用。

第四节　中古时期海上丝路对拜占庭帝国东方贸易的影响

当罗马帝国在三世纪大危机中摇摇欲坠之际,国内需求的降低以及政治权力的削弱,导致罗马帝国在商路沿线的势力范围大幅收缩,进而影响到罗马商人的商贸活动。然而从南路商贸活动本身来说,罗马帝国的衰落并没有严重影响其繁荣程度,差别仅在于:一、商路所带来的巨大利润被新兴的萨珊波斯帝国以及红海沿岸的阿拉伯部落和埃塞俄比亚的阿克苏姆王国分享;二、罗马商人的活动受到萨珊波斯帝国的排挤和封锁,直接通往印度的难度增加;简言之,三世纪大危机之后,罗马帝国无法再从繁荣的南海商路中分享丰厚利润。

一、4世纪前后罗马—拜占庭帝国在海上丝路的参与

对于致力复兴罗马旧日辉煌的拜占庭帝国来说,帝国在南海商路中的退出只是暂时的,一旦国内秩序安定,外部威胁解除,帝国政府就会转来寻求在商路中分一杯羹的机会。3世纪末4世纪初罗马帝国的皇帝们逐渐稳定内乱、恢复秩序,330年帝国重心随着迁都君士坦丁堡而转向东方,在近东地区与萨珊波斯帝国实现分庭抗礼,以及重新争夺在南方海路贸易,成为其东方战略的主要目标。罗马帝国势力范围的收缩,为商路沿岸的民族留下分享利润的空间,具体到海上商路,从西到东分

---

① 《晋书》卷九七《四夷传·西戎传附吐谷浑传》。

第七章　拜占庭与中国交往涉及的其他丝路民族与政权 | 331

别被东非的埃塞俄比亚人、阿拉伯半岛南部（今也门地区）的希米亚里特人以及雄踞亚洲中部的萨珊波斯人所控制。因此，拜占庭的皇帝们所要面对的是在这些势力当中寻找突破口，重新夺取失去的势力范围。

在拜占庭皇帝们眼中，红海地区的商贸利润只是帝国东方贸易的一部分，由于萨珊波斯帝国崛起后对中部传统古商道的严密封锁，以及在北部亚美尼亚和高加索地区的争夺，使帝国政府不得不集中精神在西亚与波斯人对抗。然而，这并不意味着完全放弃红海地区的商贸利润，事实上，由于埃塞俄比亚地区的居民绝大多数信奉基督教，在宗教上与拜占庭帝国有着天然的亲缘关系。故而虽然5世纪时拜占庭曾一度对埃塞俄比亚地区的大量移民表示担心①，但最终发现这些人并没有对罗马商人们的活动带来太多阻碍。由于拜占庭帝国早期关于南方海路贸易的记载并不像古代那么丰富，因此无法对这段时期的贸易活动做出比较公正的判断。

不过，需要注意的是，3世纪末期，地中海地区与印度乃至中国之间的直接交往，并没有像伯里认为的那样几乎完全中断②，而是依然存在着有限的联系。西晋殷巨在《奇布赋及序》中曾提到"泰康二年（应为太康，281年），安南将军广州牧滕侯作镇南方，余时承乏，忝备下僚，俄而大秦国奉献琛，来经于州，众宝既丽，火布尤奇"③，很快3年之后，"太康五年，大秦国遣使贡献"④。这两段记录描述了3世纪晚期，罗马商人经由海路到达广州，并见到当时广州的地方官员的情景。可见尽管在3世纪末期，随着罗马帝国势力范围的收缩，罗马商人通往东方的商路受到一定封锁，但仍然存在直接通往印度乃至中国的可能。

同样中文史书中的相关史料，也反映出4世纪左右西方的变化。经过长年战争之后，拜占庭帝国与萨珊波斯最终签订了363年的停战条约，为两国带来了长达百余年相对和平的时期。在这段时期内，通过官方设定的关税口岸，拜占庭帝国可以从萨珊波斯购买丝绸。而且这个时期

---

① Priscus frg. 10.9 – 15（cf. Jord. *Rom.* 333），tr. Blockley, revised, compiled in Meijer & van Hijf, *Trade, Transport and Society in the Ancient World*, p. 46.
② Bury, *History of the Later Roman Empire*, p. 318.
③ 《艺文类聚》卷八五《布部》晋殷巨《奇布赋及序》。
④ 《晋书》卷三《武帝本纪》。

两国皇室之间的关系相对友善,虽然萨珊波斯人仍然维持着对拜占庭帝国通往东方商路的封锁,但比较宽松,故而仍然有一些商人能够直接到达东方。中文史书中也有这段时期罗马商人的记录,东晋"兴宁二年(364年)闰月,蒲林王国新开通,前所奏表诣先帝,今遣到其国慰谕"①,显然,从4世纪中后期开始,出现在中国的罗马商人已经由大秦变成蒲林(即拂菻),反映出发生在地中海世界政治中心的变化。

随着拜占庭帝国与萨珊波斯人关系的恶化,进入6世纪后,东方商路的争夺再次成为焦点。两大帝国除了在西亚以及北方的亚美尼亚和高加索地区进行争夺外,南方的红海商路也纳入双方的争夺中来。作为红海地区直接冲突方的背后支持者,罗马帝国与萨珊波斯相继介入红海事务,并左右当地政治力量的分布与平衡。

二、阿克苏姆王国与红海纷争

红海地区直接参与冲突的两种势力分别是位于红海西侧东非埃塞俄比亚的阿克苏姆王国(Aksumite),和位于红海东侧阿拉伯半岛南部的希米亚里特政权。阿克苏姆王国以埃塞俄比亚地区的阿克苏姆城(Aksum)为中心,大约在公元初年出现,直到5—6世纪开始兴盛,王国的中心区域在今天厄立特里亚(Eritrea)、迪格雷(Tigray)、拉斯塔(Lasta,即今威罗 Welo)南部的高地以及安哥特(Angot)一带;在王国的最盛期,他的统治者控制区域北至今苏丹境内的 Sawakin,向南到达今索马里的柏培拉(Berbera)地区,向西深入内陆到达今苏丹的尼罗河谷。② 红海东侧阿拉伯半岛的也门地区作为半岛的绿洲,很早就出现了定居社会,特别是在希米亚里特地区兴起一些政权,与阿克苏姆人争夺在红海商贸中的利益。

拜占庭帝国介入红海事务的直接诱因是红海两岸政权的争斗。6世纪初,阿克苏姆王国与控制着希米亚里特地区的犹太王国,为争夺红海地区的商业利润发生冲突。恰逢此时,希米亚里特的犹太国王杜·努瓦斯(Dhu Nuwas)在国内大肆屠杀基督徒,为笃信基督教的阿克苏姆国王的出兵提供了完美的借口。为了有效地打击希米亚里特的抵抗,他向

---

① 《晋起居注》,见《太平御览》卷七八七《四夷部八·蒲林国》。
② Munro-Hay, S., *Aksum: An African Civilisation of Late Antiquity*, pp. 20–23.

拜占庭皇帝查士丁一世发出请援要求，希望能够帮助他们击败对手。525年，一支拜占庭舰队进入红海地区对希米亚里特发起进攻，很快杜·努瓦斯的统治被推翻，埃塞俄比亚人成功地控制了阿拉伯半岛南部地区。① 虽然埃塞俄比亚人在阿拉伯半岛南部的统治很快被当地的阿拉伯人推翻，但是他们在红海商路上的影响仍然比较强大。按照6世纪前半期科斯马斯的记载，就在查士丁一世统治时期，他曾经游历到埃塞俄比亚，并说在这里遇到一些当地讲希腊语的居民。② 显然，阿克苏姆人学习希腊语的目的，不止是为了学习希腊文的基督教经典，更重要的是希腊语方便他们与拜占庭商人的商品交易，毕竟拜占庭帝国作为东方商贸的最大消费者，同样也是阿克苏姆人利润的主要来源。

阿克苏姆王国在红海商路上的重要地位还可以从6世纪中期拜占庭皇帝的态度上反映出来。当查士丁尼发动了与萨珊波斯的战争之后，两国之间的商品贸易中断，导致拜占庭帝国的生丝供应骤然紧张。面对这样的困境，查士丁尼多方努力寻找解决问题的方法：他试图通过北路到达东方的努力成为泡影；两名僧侣从东方带回了蚕卵，为拜占庭帝国生丝制造业的开始提供条件；此外，皇帝还尝试推动阿克苏姆人直接从印度商人处购买丝绸，以突破萨珊波斯的控制。

查士丁尼皇帝在南海商路努力的具体情况为：皇帝在550年派使节前往红海地区，当时阿克苏姆王国除控制着埃塞俄比亚地区外，海峡对面的希米亚里特也是由阿克苏姆国王委任的人予以管理，因此皇帝"要求这两个民族看在他们与罗马人同为基督徒以及双方在宗教上的交流，与罗马人结成同盟，共同对抗波斯"。具体地说，他希望阿克苏姆人能够"直接从印度购买丝绸，在罗马人中出售从而赚取高额利润"，如此一来，罗马人的钱将被阿克苏姆人赚走，而不需"再被迫将他们的钱支付给他们的敌人"——波斯人；他希望希米亚里特人能够将马德尼部的阿拉伯人组建成军队，并委任当时逃亡在那里的原拜占庭将军卡伊苏斯（Caïsus）为元帅，从西南攻击波斯人。③

同样是普洛柯比，当他详细描述了查士丁尼皇帝的出使时间与出使目的后，还描绘了这次出使任务的失败以及原因。他说虽然阿克苏姆国

---

① Meijer & van Hijf, *Trade, Transport and Society in the Ancient World*, p. 78.
② Cosmas Indicoleusteus, book II. p. 72.
③ Procopius, *History of the Wars*, Book I. xix. 1, 17 – 22, xx. 1 – 13.

王和希米亚里特国王都答应皇帝的使臣按照他要求的那样做,但实际上,"没有一方按照他们答应的去做。对于埃塞俄比亚人来说,是不太可能从印度人那里购买丝绸的,因为波斯商人一直居住在印度商船出发的每个港口(因为他们居住在相邻的国家),并且已经习惯于购买这些货物;同时对于希米亚里特人来说,跨越一个范围极广且需要长途跋涉的沙漠,就需要花费极高的代价且非常困难,更别说继续前去进攻一个比他们自己更加尚武的国家"。后来在原罗马公民阿伯拉姆(Abramus)推翻希米亚里特的阿克苏姆政权,并巩固了自己的地位后,曾向查士丁尼皇帝多次许诺进攻波斯,但是仅尝试一次后,就立即返回。① 最终,由于条件所限,虽然6世纪中期红海两岸的政权都与拜占庭帝国保持着友好的关系,但是他们并没有实力打击萨珊波斯人在东方贸易中的绝对优势,对于皇帝的要求也只能流于口头应付。

红海商路的势力分配在6世纪晚期发生了变化,与先前拜占庭皇帝的策划与失败形成鲜明对比的是,萨珊波斯人对红海地区的干预,最终改变了阿克苏姆人在红海地区长达百余年的商业霸权。579年,萨珊波斯王库思老接受希米亚里特王公的求援,派兵击退意欲再次控制希米亚里特的阿克苏姆军队。② 随后数十年间,在萨珊波斯帝国的压力下,阿克苏姆王国不但失去他们在阿拉伯半岛西南端的领地,还失去了东非靠近红海的大部分海岸,并逐渐收缩到陆地,到7世纪末,几乎完全退出红海贸易。③

总的说来,在拜占庭帝国早期,经由海上商路的拜占庭商人虽然也遇到萨珊帝国的封锁,但是仍然有机会到达东方。显然这种零星的机会对于拜占庭帝国的消费需求来说,是远远不够的。因此当进入6世纪后的拜占庭帝国因国际贸易的中断而陷入严重的困境时,海上商路也成为皇帝力图突破萨珊波斯封锁的选择。

不过对于拜占庭来说,从海路上打破萨珊波斯帝国封锁的机会并不大,虽然萨珊波斯没有直接控制红海地区的商贸活动,但是他们在波斯湾及以东地区的控制非常严密,甚至在印度各港口也具有绝对优势,从

---

① Procopius, *History of the Wars*, Book I. xix. 1, 27 – 37, xx. 1 – 13.
② Meijer & van Hijf, *Trade, Transport and Society in the Ancient World*, p. 137.
③ Phillipson, David W., *Ancient Ethiopia: Aksum, its antecedents and successors*, London, 1988, p. 238.

而保证他们在与印度贸易中独一无二的霸权地位。对于阿克苏姆人以及希米亚里特人来说，他们的利润也需仰仗萨珊波斯人，普洛柯比的记载非常明确：一方面，他们需要从萨珊波斯手中购买丝绸等商品，然后再向东地中海地区转售；另一方面，即使他们可以等待季风，直接跨越海洋抵达印度西岸，但在印度沿岸各港口大量居住的萨珊波斯商人同样控制着他们的采购活动。最终，拜占庭帝国在红海商路上的些许影响，以萨珊波斯在6世纪末将埃塞俄比亚人挤出红海沿岸而告终，在南路上打破萨珊波斯人封锁的努力流于失败。

三、拜占庭帝国与东方的海上通道

前面主要从地中海通往印度的角度，对南路商路的开辟、发展进行阐述，而从拜占庭帝国到达中国的道路，还需要继续从印度出发，选择不同的道路前往中国。下面对印度与中国的交通情况做一下简单描述。

目前关于从印度到达中国的路线众说纷纭，裴矩在《西域图记》中描绘之南道要从各个港口，向北穿越印度次大陆，再向东越过帕米尔高原，沿着塔克拉玛干沙漠南线的各个绿洲前往敦煌；而中文史书中还提到另外两条道路，一条是"通益州永昌"的"水道"，即从印度东侧的孟加拉湾，经由缅甸境内的河道，溯流而上进入中国境内的西南丝绸之路，另一条是"循海而南，与交趾七郡外夷通"的海路，即从海道经东南亚到达中国南方海港的海上丝绸之路。[①] 前面所列举的中文史书中关于大秦国以及拂菻使节的记述，也大多涉及这些道路。诸如，经由南方海路到达中国的罗马使臣有：东汉延熹九年（166年）大秦王安敦派来的使节；东吴孙权黄武五年（226年）到达南京的大秦贾人秦论；西晋太康二年（281年）到达广州的大秦人；等等。

虽然中文史书中关于大秦以及拂菻使节到达中国的记载，大都经由南方海路到达，但是关于经由西南水路以及北方陆路连通印度的描述同样相当丰富。早在张骞凿空之时，就通过与大夏国人的交谈发现西南成都地区有近道可通印度[②]，直至东汉永平十二年（69年）才将这条道路全线开通，其基本路线为从成都经永昌郡（今云南西部）到达身毒（今印度）。而西北陆路则在张骞凿空后，伴随着河西走廊的开辟，与通往中

---

① 《三国志》卷三〇《魏书》。
② 《史记》卷一二三《大宛传》。

亚乃至东地中海商路一起，构成最为繁荣的陆路丝绸之路。具体地说，经由西域南北两道到达中亚后，除继续向西经伊朗高原进入西亚的两河流域，及至东地中海各地区外，还可以直接从今阿富汗境内的喀布尔向南，进入印度半岛。这条道路作为狭义上丝绸之路的一个重要分支，也是古代联结中国与印度半岛间政治、经济、文化交往的主要通道。佛教正是经由这条道路传播到中国，并在以后的岁月中见证了中印之间佛教文化的交流与影响，著名高僧法显、玄奘等人也是从这条道路去到印度的。

简言之，在4—7世纪，从印度半岛出发，可选择陆路、水路以及海路三条道路到达中国。虽然这段时间从东地中海直接到达印度半岛的商人数量并非很多，进而继续从印度前往中国的商人则更为稀少，但印度与中国之间多种道路选择，繁盛的政治、经济、文化交流，有可能将印度地区存在的拜占庭金币带入中国，从而促成金币在东西方经济活动中的传播。

经过上面对途经南道丝绸之路的东西经济文化交往路线，以及沿途国家、民族的分析，可知在拜占庭帝国时期，这条商路一定程度上虽然也遭到萨珊波斯帝国的封锁，但仍然是拜占庭商人通往东方的有效商路。有限的拜占庭商人在冒险精神以及利益的刺激下，到达印度或锡兰，将拜占庭的金币带到印度，从而实现以金币为媒介的地中海与印度的经济文化交流。另一方面，萨珊波斯人在南路商贸活动的活跃，以及他们在沿途各港口的重要影响，也可能将一些在萨珊波斯境内出现的拜占庭金币带到印度，间接地实现地中海与印度半岛之间的经济文化交流。进而，从印度往东，拜占庭帝国与中国之间经由南道商路的经济联系同样可以成为现实，中文史书明确记载大秦（或拂菻）国可从印度出发，经由海北陆路、南方海路以及西南水道到达中国，并且一些关于大秦和拂菻使节入华的记载也明确提到他们的来华路线，表明南道海上商路是联结拜占庭帝国与中国经济文化交流的重要通道。

然而，一方面由于拜占庭商人在中国的交易并非主要以贵金属金币作为交换手段，另一方面也由于西南以及海道周边环境不利于古代遗存的保留，因此虽然文献证据表明西南水道以及南方海道是中拜两国交往的重要通道，但并没有相应的古币发现。反过来，经由海北陆路从印度抑或中亚等地来到中国的拜占庭商人，在中文史书中并未留下非常明确的记载，只是通过裴矩的《西域图记》可以大致判断当时西域地区确实有拜占庭人的存在，并为裴矩描绘了本国的地理风物以及通行道路。与另外两条通道不同的是，葱岭东部和田地区的沙漠环境有利于古物的保存，因此在中国和田地区发现的拜占庭金币及其仿制品，有可能是经由南道商路从拜占庭帝国流传到中国境内的，进而表明经海洋转印度到达中国的这条南海商路，也是拜占庭金币东传的重要途径。

第八章　中国境内拜占庭金币、金片的传布与用途

第一节　关于新疆吐鲁番地区古高昌王国的"金钱"

新疆吐鲁番盆地处丝绸之路要冲，5世纪到7世纪时在这里建立的高昌王国也曾是丝绸之路上的重要角色，对东西方的经济文化交流产生重要影响。近年来，随着高昌故地考古资料的不断发现，关于高昌王国的研究也日益增多，笔者在考察中国发现的拜占庭金币和金币仿制品的过程中，也注意到在吐鲁番考古发现了大量拜占庭金币仿制品，而且与这些金币仿制品相伴的还有众多信息，这些都为研究这些金币仿制品的用途和来源提供了条件。而高昌王国作为丝绸之路上的重要参与者，当年的商贸活动非常发达，学界一般认为这里的流通货币为"金银钱"，其中"银钱"无疑是来自萨珊波斯的银币，而"金钱"则是拜占庭金币。但也有学者认为，"银钱"与波斯银币的关系可以确定，但无论是出土文献还是金币出土证据，都不足以支撑金钱即为拜占庭金币一说。因此，流通于高昌的"金钱"究竟是不是拜占庭金币，仍有很大的商榷空间。那么，吐鲁番墓葬群中发现的大量金币仿制品和我们认为的用于流通的"金钱"有着怎样的关系呢？"金钱"是拜占庭的金币吗？还是这种薄片式的金币仿制品呢？如果"金钱"指的是金币索里得，那么为什么墓葬中出现的是索里得的仿制品呢？

下面，我们就对这些问题进行具体分析。

一、新疆吐鲁番地区出土的拜占庭金币仿制品概况

在我国各地发现的拜占庭金币和金币仿制品中，新疆吐鲁番是一个

非常重要的地区，这里不但是中国境内最早发现拜占庭式金币的地方，也是相关金币出土得最为集中、考古资料最为丰富、最具特色的地区。

一方面，开始关注中国发现的拜占庭式金币，就是从这里开始的，正是1915年斯坦因在阿斯塔纳墓地中发现3枚拜占庭金币仿制品，国际上的学者们才开始意识到曾经在地中海地区盛极一时的东罗马帝国的影响也到达过遥远的东方。新中国成立之后，随着我国考古工作的有序展开，在新疆吐鲁番墓葬群中逐渐发掘出很多类似的拜占庭式金币，一方面为研究古代中国与西方的经济文化交流提供了丰富有力的证据，另一方面也表明新疆吐鲁番地区在以丝绸之路为媒介的东西经济文化交流中有着非常重要的地位。

截至2017年，我国公开报道且确定为中国境内出土的拜占庭金币和金币仿制品共99多枚，其中新疆出土的约有44枚，而这其中仅有4枚为双面较重的仿制金币，其余近40枚为薄薄的金片，且除和田发现的一枚金片，3枚仿制金币外，全部出自吐鲁番地区的墓葬群。

第四章关于金片的辨识部分列举了目前吐鲁番地区已发掘的墓群，每座墓群都曾出土金片：

A. 阿斯塔那墓群（TAM），位于吐鲁番城东40公里处，高昌故城以北6公里，是当时的公共墓地。20世纪初，斯坦因在此盗掘数座墓葬（以Ast.编号）发现3枚金片，现藏大英博物馆。从1959年至今，新疆博物馆考古队展开系统的保护性发掘，发现10余枚金片，现存新疆博物馆。

B. 哈拉和卓墓群（TKM），位于吐鲁番城西。1963年、1969年和1975年，新疆博物馆考古队三次对105座墓葬开展保护性发掘，发现数枚金片，现存新疆博物馆。

C. 采坎墓群（TCM），位于交河故城以南，距离吐鲁番10公里。1976年吐鲁番文管所展开保护性发掘，发现2枚金片，现藏新疆博物馆。

D. 巴达木墓群（TBM），位于吐鲁番东巴达木村东南，距离高昌故城4公里，距阿斯塔那墓群东3.5公里。2004年，吐鲁番考古队对79座墓葬展开保护性发掘，发现8枚金片，现藏吐鲁番博物馆。

E. 木纳尔墓群（TMNM），位于吐鲁番东木纳尔村。2004—2005年，吐鲁番考古队三次进行保护性发掘，从43座墓葬中发现7枚金片，现藏吐鲁番博物馆。

F. 交河故城墓群（TYGXM），位于吐鲁番西。2004—2005 年吐鲁番考古队对 36 座墓葬展开保护性发掘，发现 2 枚金片，现藏吐鲁番博物馆。

下面根据历次发掘报告以及其他老师的整理文章为据，将公开报道中提到过的吐鲁番墓葬出土金片情况加以整理，见表 14：

表 14　新疆吐鲁番发现的拜占庭金币列表

序号	发现时间（年份）	墓号	编号	钱币种类	直径/重量（mm/g）
1	1915①	Ast. i. 3	IA. XII. a. 1	单面金片	11/0.48
2	1915①	Ast. i. 5	IA. XII. b. 1	单面金片	16.5/0.59
3	1915①	Ast. i. 6	IA. XII. c. 1	双面金片	16/ 0.85
4	1966②	TAM 48：9			不详
5	1967	TAM92	?	单面金片	不详
6	1967	TAM105	?	?	24.7/不详
7	1969	TAM 118	?	?	不详
8	1969	TKM36	?	?	不详
9	1969	TAM138	?	单面金片	不详
10	1972③	TAM 150	19	单面金片	21/0.38
11	1972③	TAM 153	8	单面金片	18/0.28
12	1972③	TAM 188	40	单面金片	17/1.9

---

① Stein. A, *Innermost Asia*：*Kansu and Eastern Iran*, Oxford, 1928, vol. I.；Wang H., *Money on Silk Road*, London：British Museum Press, 2004. 第 4 列的编号为大英博物馆馆藏编号。

② 新疆维吾尔自治区博物馆：《吐鲁番阿斯塔那——哈拉和卓古墓群清理简报》，载《文物》，1972 年 1 期。这篇文章介绍了 1966—1969 年在吐鲁番阿斯塔纳古墓群的挖掘工作，文中提道"死者口中往往含有钱币，波斯萨珊朝银币较多，也有东罗马金币"，只是并没有详细列出共有多少金片，以及分别出自哪座墓葬；仅仅附有两枚金片的图片，分别出自 TAM92 和 TAM138，见第 10—11 页。其他金片的消息源于除去其他注明出处的金币，以下所有关于金币出土的信息均参见罗丰：《北周史君出土的拜占庭金币仿制品析》，载《文物》，2005 年第 1 期。罗文中注金币相关信息引自《新疆文物》2000 年第 1 期。不过，笔者搜集了从 1988 年到找到 2000 年的所有《新疆文物》，也未见相关文章与内容。以下金片若不注明出处，皆引自罗文。

③ 新疆文物考古研究所：《阿斯塔那古墓群第十次发掘简报》，载《新疆文物》，2000 年第 3—4 期，第 84—128 页。此文介绍了 1972 年末到 1973 年初发掘清理的 63 座墓葬情况，提到 3 枚金片，分别是麹氏高昌时期的第 153 号墓和唐西州时期的第 150、188 号墓，未配图片。

(续表)

序号	发现时间（年份）	墓号	编号	钱币种类	直径/重量（mm/g）
13	1973①	TAM 191	83	单面金片	16/ —
14		TAM 116	30	同墓出两颗玻璃	15/ —
15		TAM213	47	金片	21.3/ —
16		TAM214	107	金片	17/ —
17		TAM 222	21	金片	20/ —
18	1973②	TAM530	?	金片	—
19	1975③	TKM87	?	金片	不详
20	1975	TKM105	?	残损厉害	17/ 0.4
21	1976④	TCM1	19	金片	
22		TCm3	19	金片	17/0.4
21	2004⑤	TYGXM11	6	金片	18/?
22		墓葬不详	—	残存1/3	—
23	2004⑥	TBM103	1	形制极佳	18/?
24		04TBM106	1	侧身胸像	21.5/?
25		04TBM234	5	穿孔	/?
26		04TBM235	1	不详	18/?
27		04TBM238	5	两个小孔	/?
28		04TBM255	22	不详	/?
29		04TBM301	1	几乎无图案	/?
30		04TBM302	5	两个穿孔	/?

① 新疆文物考古所：《阿斯塔纳古墓群第十一次发掘简报》，载《新疆文物》，2000年第3—4期，第168—194页，此文是对1973年春发掘的20座墓葬的整理说明，并未统计各墓出土多少枚金片，但在191号墓的平面示意图下标注第83号文物为金币，但未见图片与其他文字说明，后面附的出土文物登记表中，不仅介绍了191：83金币的重量，还指出第116、213号墓分别出土一枚金币，见第176、199—200、205页。

② 鲁礼鹏：《吐鲁番阿斯塔纳古墓群发掘墓葬登记表》(《新疆文物》2000年第3—4期)，列表第320条，称73TAM530出土物中有"金片"，第229—231页。

③ 鲁礼鹏：《吐鲁番哈拉和卓古墓群发掘墓葬登记表》，载《新疆文物》，2000年第3—4期，第238—243页。新疆博物馆考古队：《吐鲁番哈喇和卓古墓群发掘简报》，穆舜英执笔，《文物》1978年第6期，第2页。另刊于《新疆考古三十年》，乌鲁木齐：新疆人民出版社1983年版，第116—124页。

④ 吐鲁番文管所：《吐鲁番采坎墓地发掘简报》，载《新疆文物》，1990年第3期，第1—7页。

⑤ 吐鲁番地区文物局：《新疆吐鲁番地区交河故城沟西墓地康氏家族墓》，载《考古》，2006年第12期，第13—14、21页。

⑥ 吐鲁番地区文物局：《新疆吐鲁番地区巴达木墓地发掘简报》，载《考古》，2006年第12期，第47—72页；储怀贞、李肖、黄宪：《吐鲁番巴达木墓地出土的古钱币》，载《新疆钱币》，2008年第3期，第49—52页。

（续表）

序号	发现时间（年份）	墓号	编号	钱币种类	直径/重量（mm/g）
31	2004①	04TMNM 102	11	不详	18/?
32		04TMNM	—	不详	
33		04TMNM	—	不详	
34		04TMNM203	33	不详	
35		04TMNM214	1	不详	
36		04TMNM 302	1	不详	22/?
37		04TMNM		残破	

  这些金币仿制品的出现反映出金子或金钱质物在古高昌王国生活中的重要地位，而且与这些金币仿制品同时出土的大量银币以及随葬衣物疏，都为研究古代高昌王国的经济生活以及这些金币在其中的价值和用途提供了条件。

  在吐鲁番墓葬中出土的大量随葬衣物疏当中，经常会出现"金钱一百"或"金钱一万枚"等字样，与之相伴的还有经常出现的关于"银钱"的记载。通过学者们对于古代高昌王国的经济生活以及相关考古材料的佐证，一般认为，萨珊波斯银币在当时的高昌王国充当着流通货币的功能，这一点已经成为共识。另一方面，由于随葬衣物疏中常见的"金钱"以及考古挖掘发现的这些拜占庭式金币仿制品，因此，一般也认为在高昌王国当时流通的金银钱中，银钱是指萨珊波斯银币，金钱即为拜占庭金币。

  然而，萨珊波斯银币在古代高昌社会中的通货地位，可以在文字记录和考古发现中得到相互印证，而这些金币仿制品则不然，毕竟这种形制的金币仿制品与拜占庭金币本身相差很远，而且其中大多数为薄片制成，没有统一的规格，倘若不是上面印刻着与拜占庭金币相仿的图案，很难会被看作货币。那么，当初在高昌王国中流通的"金钱"究竟是什么呢？是这种类型的金币仿制品？还是来自拜占庭帝国的金币索里得？倘若是后者，那么为什么与萨珊波斯银币共同用于随葬品的却是这种类

---

① 吐鲁番地区文物局：《新疆吐鲁番地区木纳尔墓地的发掘》，载《考古》，2006 年第 12 期，第 27—46 页。

型的仿制品呢？只有弄清了这两个问题，才能对高昌王国流通的"金钱"做出比较肯定的判断。

二、吐鲁番地区的"金钱"

事实上，关于在高昌到唐西州时期文献中出现的"金钱"是否为拜占庭金币一说，尚未形成定论。由于《隋书·食货志》载北周时期（557—580年）"河西诸郡或用西域金银之钱，而官不禁"，因此许多研究者以此为依据认定拜占庭金币曾于高昌王国作为通货使用[①]；与新疆地区发现的萨珊波斯银币的数量相比，拜占庭金币的数量极为有限，且九成为拜占庭式金币仿制品，在此基础上，一些学者从金币的数量、当地人对金钱的概念等方面加以阐述论证，对金钱在新疆吐鲁番地区的流通作用持保留态度。[②] 那么，新疆吐鲁番地区是否曾用拜占庭金币作为通货呢？

关于这个问题，除前引《隋书·食货志》关于河西地区使用西域金银钱的记载外，可作为吐鲁番社会货币使用情况证明的文献资料，主要是吐鲁番墓葬中出土的文书，这些文书主要分为两类：一是直接记录高昌社会生活，后被用来制作随葬品的一些文献；一是记录死者随葬物品的清单，称为随葬衣物疏。前一种文书能够直接反映吐鲁番社会的经济、文化等日常生活的方方面面；而后者则除间接反映吐鲁番社会生活外，还表现出当地居民对死亡的认识：因此吐鲁番文书是学者们研究吐鲁番社会的重要资料。

目前已发现的吐鲁番文书中有大量使用银钱的记录，却并未发现相关的金钱记载；而随葬衣物疏中"黄金""金钱"出现的频率很高：后者构成了研究古代吐鲁番社会金钱使用的重要来源，但也反映出现实生活与理想状态的差别。

从吐鲁番出土随葬衣物疏中关于金钱的记载，一些学者主张高昌时期曾以金钱为货币，例如，姜伯勤先生认为这些"以金钱为虚构的随葬物，反映出高昌麴氏时期，拜占庭金币已实际上成为高昌这个丝路城郭

[①] 持这种观点的学者有钱伯泉：《麴氏高昌王国通行的东罗马金币波斯银币及物价状况》，载《新疆钱币》，2002年期；姜伯勤：《敦煌吐鲁番文书与丝绸之路》，北京：文物出版社1994年版。

[②] 郭媛：《试论隋唐之际吐鲁番地区的银钱》，载《中国史研究》，1990年第4期。

地区的国际标准通货"①。同样由于直接反映社会生活的文书中金钱记载得较少,以及随葬衣物疏的虚拟色彩,有的学者倾向于认为金钱在高昌尚不是主要货币②。这两种观点均基于对吐鲁番出土文书的分析,也都有一定道理。事实上,仅从目前的文献资料以及出土文书,尚无法明确判定高昌时期吐鲁番地区是否确曾使用金钱作为货币,还需再参考其他相关问题的研究,加以深入分析。

能够作为参考对象的就是吐鲁番地区使用的"银钱"。吐鲁番文书中有大量使用银钱情况的记载,随葬衣物疏中也记有"金银"等内容;现代吐鲁番的考古发现中,不仅墓葬中出土许多萨珊波斯银币,且窖藏银币数量相当丰富。因此,目前学术界对于麹氏高昌王国通行银钱的研究比较丰富③,也是研究拜占庭式金币仿制品在高昌王国的功能这一问题的重要参考。

具体说来,一方面,新疆地区考古发现的萨珊波斯银币数量十分充足,能够满足流通所需。1974年,夏鼐先生统计我国共出土萨珊银币1174枚;到2004年为止,新疆吐鲁番(包括乌恰在内)共发现萨珊波斯银币1368枚。就高昌地区而言:窖藏发现130余枚;阿斯塔那墓葬中也频繁出土。④特别是1959年新疆乌恰发现的一批萨珊波斯银币,除13根金条外,银币共计947枚。⑤另一方面,萨珊波斯银币纯度较高,本身也具备充当国际货币的品质基础。萨珊银币的标准含银量为85%—90%,库思老二世银币的含金量更是高达95%⑥,因此颇受欢迎。再者,吐鲁番文书中关于银钱

---

① 姜伯勤:《敦煌吐鲁番文书与丝绸之路》,北京:文物出版社1994年版,第10—11页。
② 郭嫒:《试论隋唐之际吐鲁番地区的银钱》,载《中国史研究》,1990年第4期。
③ 就波斯萨珊银币在中国的用途:夏鼐先生认为它们在"西北某些地区(例如高昌)是曾流通使用的,但在其他广大地区,则是作为值钱的银块或银制装饰物看待的"(夏鼐:《综述中国出土的波斯萨珊朝银币》,107页);法国学者蒂埃里也认为这些铸币"在中国本土并不充当货币,而只是作为贵金属或珍宝看待";英国的汪海岚认为"至少在新疆地区,银币确实曾用于流通"(Helen Wang, "Money on the Eastern Silk Road in the pre-Islamic Period", *Internationaler Numismatischer Kongress*, Berlin, 1997, p.1358);美国的斯加夫认为4世纪晚期,银币只是作为贵金属成批地运往东方的商品,而到6世纪晚期和7世纪,银币在新疆地区开始充当钱币(斯加夫:《吐鲁番发现的萨珊银币和阿拉伯-萨珊银币》,张莉译,《敦煌吐鲁番研究》第四卷,北京:北京大学出版社1999年版,第448页)。
④ 孙莉:《萨珊银币在中国的分布及其功能》,载《考古学报》,2004年第1期。
⑤ 新疆社会科学院考古研究所编:《新疆考古三十年》,乌鲁木齐:新疆人民出版社1983年版,第161—162页。
⑥ 斯加夫:《吐鲁番发现的萨珊银币和阿拉伯-萨珊银币》,张莉译,《敦煌吐鲁番研究》第四卷,北京:北京大学出版社1999年版,第420页。

使用的大量记载，也反映出银币在高昌用于流通的历史事实。① 总之，无论是萨珊银币本身、我国发现的银币数量，还是文献资料，都能够证明它们曾在西域用于流通。

与对萨珊波斯银币在高昌时期用途的研究相比，由于拜占庭金币的出土数量、金币的物理特征以及文献所反映出的社会状况，都难以就其在高昌社会中的流通作用加以确认。从吐鲁番出土金币来看：截至目前，新疆吐鲁番阿斯塔那—哈拉和卓墓地，共发现拜占庭式金币仿制品约22枚，其中包括1915年英国探险家斯坦因所得3枚，以及新中国成立以后考古发现之19枚。从已知资料来看，这些金币均为拜占庭式仿制品，因此无论从数量还是品质上，这些金币都不足以证明自己像萨珊波斯银币一样，曾于高昌社会作为通货存在。

因此，关于拜占庭金币在高昌地区的用途研究，就只能从文献资料入手：

第一，《隋书·食货志》关于河西地区使用西域金银钱的记载，隐含着西域地区使用金银钱的内容，因此这段记载可以作为高昌使用拜占庭金币用于流通的证据之一。

第二，再看吐鲁番文书的记载。在大量出土的吐鲁番文书当中，最常出现的货币形态是"银钱""钱"，却没有发现相关"金钱"的记录。不过考虑到金银的比价，也可大致明了这种差别的原因：吐鲁番文书记载的都是关于高昌社会日常交易的内容，从购买日用织物、器物、粮食和肉类等物品、刀器等金属制品，乃至征税、雇工、租赁活动，都使用银钱。② 显然，这些记录表明吐鲁番地区的日常生活所用货币多为银钱，并以之为基本货币。③ 而由于金钱具有较高价值，即使用于流通，却不常用于这些日常交易，故而金钱在文书中出现的几率较小。

第三，吐鲁番墓葬出土的随葬衣物疏中关于金银钱的记载大致相当。而且从记录黄金之出土随葬衣物疏的入葬时间来看：5世纪以前，随葬衣物疏中"金钱"字样并不多见，大多称为"黄金千两"或"黄金千斤"。6

---

① 郑学檬：《十六国至麴氏王朝时期高昌使用银钱的情况研究》，见韩国磐主编：《敦煌吐鲁番出土经济文书研究》，重庆：重庆大学出版社1986年版，第293—318页。

② 郑学檬：《十六国至麴氏王朝时期高昌使用银钱的情况研究》，见韩国磐主编：《敦煌吐鲁番出土经济文书研究》，重庆：重庆大学出版社1986年版，第293—318页。

③ 日本学者池田温认为：7世纪末期之前，银钱是吐鲁番地区的基本通货，参见姜伯勤：《敦煌吐鲁番文书与丝绸之路》，北京：文物出版社1994年版，第34页。

世纪中叶至 7 世纪中叶，即麴氏高昌盛期，"金钱"大量出现于随葬衣物疏中，写作"金钱百枚"乃至"金钱千枚"或"金钱万枚"等。如一份高昌延昌三七年（597 年）武德随葬衣物疏中，记"金银二万文"①。及至 640 年麴氏高昌被唐军灭后，随葬衣物疏中记载着的金钱也逐渐消失，仍采用黄金。例如，641 年唐幢海随葬衣物疏称"黄金白银尽足"，673 年唐咸亨四年左幢喜生前功德及随葬钱物疏称"将白银钱叁斤"。②

仅从随葬衣物疏所反映的情况来看，黄金、白银似乎具有相似的功能，因此随葬衣物疏似乎表明当时吐鲁番地区在使用银钱用作通货时，同样使用金钱。然而，随葬衣物疏本身所包含的虚拟色彩，却又减低了它们的证明能力。那么这些随葬衣物疏中所列举的内容，能否直接反映真实的社会生活？抑或它只是出于现实社会中金币的缺乏，因而人们寄希望于另一个世界中金银币数量充沛呢？倘若如此，随葬衣物疏的记录就不能直接证明金币在该地区充当通货的结论。

第四，当正史、文书、随葬衣物疏等资料，对金钱在高昌地区的流通作用无法做出确定判断时，另一份史料为我们的研究提供证据。《大慈恩寺三藏法师传》中提到当玄奘途经高昌时，高昌王麴文泰提供"黄金一百两，银钱三万，绫及绢等五百匹，充法师往返二十年所用之资"③。这份记录明确指出高昌王提供的三种物品——黄金、银钱、绫绢是作为货币使用的，而且吐鲁番出土文书中也反映出银钱以及绫绢等物在高昌王国作为通货的地位，因此，黄金在高昌王国甚至西域地区的流通作用是可以肯定的。

通过上述四方面的论证，可知麴氏高昌时期黄金与银钱、绢帛等物一起在吐鲁番地区承担着流通的作用。目前的考古发现已经表明，此处的银钱大多为萨珊波斯银币，而黄金也可能为拜占庭金币。然而，拜占庭金币究竟在多大程度参与到高昌王国的商贸流通中呢？对于这一问题，结论并不容易得出。

从上述四方面的资料来看：一方面，银钱——特别是来自西方的萨珊波斯银钱曾有大量存于高昌王国，并且承担着日常交换功能；另一方面，无论是考古发现还是文书记载的金币数量都不很丰富，而高昌王送给玄奘法师的资费中含黄金 300 两，表明黄金价值极高，以至于随葬

---

① 《吐鲁番出土文书》第四册，"补遗"（73TAM517：24）第 4 页。
② 《吐鲁番出土文书》第四册，32—33 页；第六册，第 402 页。
③ 〔唐〕慧立、彦悰：《大慈恩寺三藏法师传》，第 21 页。

衣物疏中期许在另一个世界中可以得到大量黄金。总的说来，已有资料表明：高昌王国拥有的黄金数量似乎不是很充足。就此现象，有的学者认为，由于中国发现的拜占庭金币打过穿孔，且高昌王国西北部的西突厥汗国与拜占庭帝国建立使节关系后，一些金币通过政治途径传入东方，因此高昌地区的"金钱"不是经济活动的主角，而是葬仪中的一种道具。① 对此，还有学者不赞同就此否认"金钱"在吐鲁番地区的流通作用，认为"吐鲁番地区在流通银钱的同时，也使用金钱，但在当时整个货币交易中，金钱的使用，尚属于一种个别的现象"②。

关于这一点，笔者认为并不能就此确定"金钱"在吐鲁番没有用于流通。陈寅恪先生曾指出，历史只能证实，不能证伪。证实某件事物或某件事情的存在只需要一个证据，但证伪则必须全盘考察确定其确实没有。因此就吐鲁番的"金钱"而言，文书中记录的"金钱"数量虽然不是很多，但仍然有一定量金钱的存在，且应用于经济交换。不过，具体说来，由于黄金本身的价值偏高，一般不用于日常消费，因此反映高昌社会生活的文书中关于金钱的记载较少。另一方面，相对于用"文""枚"做单位的萨珊波斯银币，高昌王国都用"斤""两"来计量黄金，那么难道这些黄金不是拜占庭式的铸币？由于考古发现的黄金主要为拜占庭式金币仿制品，故而上面的假设无法成立，事实上，黄金的高价特征常常招致各种剪边盗取黄金的行为，我国境内发现的拜占庭金币几乎均有剪边的事实正反映出这一现象，由此一来，被剪边后的金币就无法按照数量来流通，而需以重量计算，也就无可厚非了。简言之，拜占庭金币在麴氏高昌时期曾与萨珊波斯银币一起充当货币，用于流通。

当通过各种证据得出拜占庭金币曾于吐鲁番流通的结论后，新的问题接着产生，现代考古发现的吐鲁番墓葬中出土的拜占庭式金币仿制品，是否就是承担流通所用的"金钱"呢？

三、拜占庭式仿制金片是"金钱"吗？

具体到这种拜占庭式的金币仿制品是否是流通用的"金钱"，涉及与之相关的另一问题，即墓葬中的口含币习俗。目前，新疆吐鲁番墓葬

---

① 林英：《九姓胡与中原地区出土的仿制拜占庭金币》，见余太山主编：《欧亚学刊》第四辑，北京：中华书局2004年版，第58页。
② 郭媛：《试论隋唐之际吐鲁番地区的银钱》，载《中国史研究》，1990年第4期。

中共出土拜占庭式金币仿制品22枚，其具体特征为：有的较厚，两面均有图案；大多数为金片，仅单面打制图案。从出土信息来看，除一些出土情况不甚明了的墓葬外，已知拜占庭式金币仿制品之出土位置者，均含于墓主口中。同时，发现口含金片的墓葬中还有墓主人手握萨珊波斯银币的现象，那么这些拜占庭式金币仿制品是否就是与萨珊波斯银币同样以流通货币的身份用作随葬品的呢？如果不是，那么为什么会出现这种样式的金片用于口含呢？如果是，那么在高昌王国的经济生活中，这种仿制的金片和拜占庭金币在使用过程中是否存有差别呢？

首先，来看一下墓葬中金片和银币的情况。

新疆吐鲁番墓葬的考古发掘表明：从隋末到盛唐期间，高昌人的墓葬中口含币习俗颇为流行。以吐鲁番墓葬出土的拜占庭式金币仿制品为例，已知22枚金币中，有19枚可以明确为墓主口含。而萨珊波斯银币与金币具有相似的特征：吐鲁番墓葬中出土的波斯萨珊银币中，绝大多数也为口含，个别银币覆于眼上。此外，吐鲁番地区的墓葬中还出现过极个别口含铜币的现象，但由于报告不甚详细，无法做出确切的统计，只是根据报告中提及或墓葬随葬品分布图之文字标识，来确定一些铜币的口含情况。为了对吐鲁番墓葬中的口含币现象有比较全面深入的了解，笔者就目前所知道的关于这里考古发现的口含币现象加以归类，制成表格（见表15），以供进一步分析。

表15　新疆吐鲁番墓葬中的口含币现象

出土年份	顺序号*	序号	钱币类型	墓号与器物号**	墓葬年代	出土情况	其他特征	直径/重量（mm/g）
1915①		1	金	Ast. i. 3/IA. XII. a. 1	约7世纪	死者口中	顶部穿孔	11/0.48
	1.1		银	Ast. i. 3/IA. XII. a. 2		死者眼睛上	很轻	29*28/1.84
	1.2		银	Ast. i. 3/IA. XII. a. 3		死者眼睛上	—	31*30/2.95
	—	2	金	Ast. i. 5/IA. XII. b. 1		死者口中		16.5/0.59
	—	3	金	Ast. i. 6/IA. XII. c. 1		死者口中	—	16/0.85
	—	—	铜	Ast. i. 6/IA. XII. c. 2		死者头部附近	北魏或隋五铢	23.5/2.92
	—	—	铜	Ast. i. 6/IA. XII. c. 3				23/2.33
	1.3	4	银	Ast. v. 2/IA. XII. e. i		死者口中	萨珊银币残片	—

① Stein. A, *Innermost Asia: Kansu and Eastern Iran*, Oxford, 1928, vol. I.; Wang H., *Money on Silk Road*, London: British Museum Press, 2004.

(续表)

出土年份	顺序号*	序号	钱币类型	墓号与器物号**	墓葬年代	出土情况	其他特征	直径/重量（mm/g）
1928①	3.1		银	雅尔湖古墓	约7世纪	死者口中		27/3
	3.2	5	铜			死者口中	开元通宝	
1956②	11.1		银	雅尔湖古墓 T5	约7世纪	未提及		
	11.2		银	雅尔湖古墓 T56		未提及		
1959③	17,a	6	银	59TAM/302：25	653	II 女尸口中	伊嗣侯三世	26*28/2.9
	17,b		银	59TAM/302：27		I 女尸口中		31/3.9
1960	17,c	7	银	60TAM/319：013	—	尸体口中	正面人像，穿孔④	31/3.45
	17,d	8	银	60TAM 322：024	663	尸体口中	剪边	27/2.9
	17,e	9	银	60TAM 325：027/1	656	尸体口中	锈重	—
	17,f		银	60TAM 325：027/2		尸体口中	锈重	—
	17,g	10	银	60TAM 332：019	665以后	女尸口中	—	3*31/2
	17,h	11	银	60TAM 337：08	657	墓室扰土中	锈重	29/2.1
1960	17,i	12	银	60TAM 338：011	667	墓室扰土中	AFID 铭文	30/3.45
	17,j	13	银	60TAM 339：043	626	墓室扰土中	—	31/1.8
1964	29,a	14	银	64TAM 20：27	706以后	女尸口中	剪边	27/2.3
	29,b	15	银	64TAM 29：68	685以后	男尸口中	—	31/3.9
1964	29,c	16	银	KM8：1	唐墓	尸体口中	—	27*29/3.1

---

① 夏鼐：《中国最近发现的波斯萨珊朝银币》，载《考古学报》，1957年第2期，第49—60页；另收录于《考古学论文集》，北京：科学出版社1961年版，第117—128页。

② 夏鼐：《中国最近发现的波斯萨珊朝银币》，载《考古学报》，1957年第2期，第49—60页；另收录于《考古学论文集》，北京：科学出版社1961年版，第57页。

③ 夏鼐：《综述中国出土的波斯萨珊朝银币》，载《考古学报》，1974年第1期，第110页。以下银币若不注明，均引自该问。

④ 新疆博物馆考古队：《阿斯塔那古墓群第二次发掘简报》，载《新疆文物》，2000年第3—4期，第14页。

(续表)

出土年份	顺序号*	序号	钱币类型	墓号与器物号**	墓葬年代	出土情况	其他特征	直径/重量（mm/g）
1966		33	金	66TAM 48:9	617以后	尸体口中	—	
			铜	66TAM 48:8	596以后	尸体口中		
	30,a	17	银	66TAM 48:15	604以后	女尸口中	鎏金，穿一孔，焊接一环	26.5/4.07
	30,b	18	银	66TAM 73:22	唐墓	女尸口中	锈重，有残缺	30/3.8
1967	21	19	银	67TAM 363:7	710以后	尸体口中		32/2.9
1967①	—	—	银	67TAM 76/?	—	—	银币	—
1967	22	20	银	67TAM 77:8	唐墓	女尸口中	—	
	31,a	21	银	67TAM 78:11	638	男尸口中	—	30*31/3.2
1967②	31,b	22	银	67TAM 92/?	639	女尸口中	合葬，相隔57年	30/3
	—	28	金	67TAM 92/?		尸体口中		
1967		29	金	67TAM 105/?	645以后	—		
1969③	—	—	银	69TAM 115/?	—	—		

---

① 夏鼐先生的文中没有此枚银币，但在鲁礼鹏整理的《吐鲁番阿斯塔纳古墓群发掘墓葬登记表》（《新疆文物》2000年第3—4期，第215—237页）中，列表的第119条列出67TAM76墓中出土"陶碗、陶罐、握木、木鸭、银币、葫芦片、谷子、麻布片、丝织品"等，而且第120条和第121条的TAM77和78，也分别列出墓葬出土"银币"，见第223页。

② 《吐鲁番阿斯塔纳古墓群发掘墓葬登记表》第135条，没有特别注明67TAM 92墓中出土金币，只列出银币，第224页。

③ 《吐鲁番阿斯塔纳古墓群发掘墓葬登记表》第165条，注明69TAM 115出土文物中有"银币"，第226页。

(续表)

出土年份	顺序号*	序号	钱币类型	墓号与器物号**	墓葬年代	出土情况	其他特征	直径/重量（mm/g）
1969	23	24	银	69TAM 118:01	唐墓	尸体口中	—	29/ -
	—	31	金	69TAM 118/?	唐墓	尸体口中		
	—	32	金	69TKM36/?	唐墓	尸体口中		
	32	23	银	69TKM39:8—	唐墓	男尸口中	残朽成屑	
	—	30	金	69TAM 138/?	623以后	尸体口中	顶穿1孔	
1972	26	25	银	72TAM 149:6	唐墓	女尸口中	鎏金，穿2孔	31/4
1972①	—	34	金	72TAM 150/19	645以后	尸体口中	—	21/0.38
	—	35	金	72TAM 153/8	麴氏	尸体口中		18/0.28
	—	—	银	72TAM159/?				
	—	36	金	72TAM 188/40	715	女尸口中		17/1.9
	—	37	金	73TAM 191/83	680以后	死者口中	—	16/1 -
1973	27	26	银	73TAM 206:057/2	689	女尸左眼上	剪边，右眼上的已被盗	27/3.1
1973②	33	27	银	73TAM 115:37	高昌末	—	人像顶部穿一孔	26/2.2
	—	38	金	116/?	614	死者口中	—	
	—	39	金	213/?	唐	死者口中		
	—	40	金	214/?	660	死者口中		
	—	41	金	222/?	671以后	死者口中		

① 《吐鲁番阿斯塔纳古墓群发掘墓葬登记表》的第209、219条，称72TAM159、72TAM169出土物中均"银币"，第229—231页；金币信息参见新疆文物考古研究所：《阿斯塔那古墓群第十次发掘简报》，载《新疆文物》，2000年第3—4期，第84—128页，以及《阿斯塔纳古墓群第十一次发掘简报》，载《新疆文物》，2000年第3—4期，第168—194页。

② 这条以及以下金银币的口含情况参见罗丰：《西安史君墓金币》，载《文物》，2005年第1期。关于墓葬的信息可能有误，73年发掘的墓葬编号从191开始，不应该出现73TAM115和73TAM116的编号。

(续表)

出土年份	顺序号*	序号	钱币类型	墓号与器物号**	墓葬年代	出土情况	其他特征	直径/重量（mm/g）
1975①	—	42	金	75TKM87/？	唐墓	不详	残损厉害	
		43	金	76TKM105	唐墓	不详		17/0.4
1976②	—		金	76TCM1/19	—	—	金片	—
			银	76TCM1/20	—	—	锈蚀	30/？
			金	76TCM3/19	—	—	金片	17/？
			银	76TCM4/？	—	—	锈蚀	
2004③	—	—	银	04TAM396/5	719 后	尸体身下凉席下面		30/？
2004④	—	—	银	04TYGXM1/27	—	不详		18/？
			银	墓葬不详	—	—	2 枚残损	
			金	04TYGXM11/6	—	—	金片	18/？
			金	墓葬不详	—	—	残存 1/3	
2004⑤	—	—	银	采坎 M1		位置不详	完整	
			金	04TBM103/1	2004 年以后发掘的墓葬群中，虽然发现不少金币、银币，但并未说明它们是否含于墓主之口。由于吐鲁番地区墓主口含金银广为人知，大多数墓葬被盗掘，尸体开着口的往往因此而来。故而吐鲁番地区的金银币默认为口含。		形制好	18/？
			金	04TBM106/1			侧身胸像	21.5/？
			金	04TBM234/5			穿孔	/？
			金	04TBM235/1				18/？
			金	04TBM238/5			两个小孔	/？
			金	04TBM255/22				/？
			金	04TBM301/1			磨损严重，几乎无图案	
			金	04TBM3025			两个穿孔	
			银	04TBM216/6			模糊不清	30/？

① 新疆博物馆考古队：《吐鲁番哈喇和卓古墓群发掘简报》，载《文物》，1978 年第 6 期。另刊于《新疆考古三十年》，乌鲁木齐：新疆人民出版社 1983 年版，第 116—124 页。

② 吐鲁番文管所：《吐鲁番采坎墓地发掘简报》，载《新疆文物》，1990 年第 3 期，第 1—7 页。

③ 张永兵、陈新勇、舍秀红：《新疆吐鲁番阿斯塔那墓地西区 2004 年发掘简报》，载《文物》，2014 年第 7 期，第 32—34，48—49 页。

④ 吐鲁番地区文物局：《新疆吐鲁番地区交河故城沟西墓地康氏家族墓》，载《考古》，2006 年第 12 期，第 13—14，21 页。

⑤ 吐鲁番地区文物局：《新疆吐鲁番地区巴达木墓地发掘简报》，载《考古》，2006 年第 12 期，第 47—72 页；储怀贞、李肖、黄宪：《吐鲁番巴达木墓地出土的古钱币》，载《新疆钱币》，2008 年第 3 期，第 49—52 页。

(续表)

出土年份	顺序号*	序号	钱币类型	墓号与器物号**	墓葬年代	出土情况	其他特征	直径/重量 (mm/g)
2004①			银	04TBM225/9		2004年以后发掘的墓葬群中，虽然发现不少金币、银币，但并未说明它们是否含于墓主之口。由于吐鲁番地区墓主口含金银广为人知，大多数墓葬被盗掘，尸体开着口的往往因此而来。故而吐鲁番地区的金银币默认为口含。	模糊不清	27/?
			银	04TBM244/1			不规则圆	27/?
			银	04TBM301/44			残破鎏金	22/?
			银	04TBM303/8			较完好	32/?
2004②	—	—	金	04TMNM 102/11			镶环	18/?
			金	04TMNM				
			金	04TMNM				
			金	04TMNM203/33				
			金	04TMNM214/1				
			金	04TMNM 302/1				22/?
			金	04TMNM				
			银	04TMNM203	32			
			银	04TMNM301	1			35/?
			银	04TMNM306	24			28/?
			银	不详	不详	不详	残破	

* "顺序号"为夏鼐在《综述中国出土的波斯萨珊朝银币》一文中的银币列表中的序号，"序号"为罗丰2005年《西安史君墓金币》"中国境内出土的贴身随葬外国金银币统计表"中所列序号。此处引用以便于查询。

*** 未注明器物号，以"?"表示者，意器物号不详。

从表15中可以清楚地看出高昌地区的口含币葬俗非常流行，其存在时间主要集中在7—8世纪，且普及率相当高。正因为此，当1915年斯坦因在吐鲁番探险，进入阿斯塔那墓地后，随同前来的向导非常自然地从死者口中寻找钱币，这一举动令斯坦因极为惊讶；据该向导说，墓葬

---

① 吐鲁番地区文物局：《新疆吐鲁番地区巴达木墓地发掘简报》，载《考古》，2006年第12期，第47—72页；储怀贞、李肖、黄宪：《吐鲁番巴达木墓地出土的古钱币》，载《新疆钱币》，2008年第3期，第49—52页。

② 吐鲁番地区文物局：《新疆吐鲁番地区木纳尔墓地的发掘》，载《考古》，2006年第12期，第27—46页。

中的口含币现象是众所周知的。① 由此可见，高昌王国至唐西州时期，墓葬中口含币习俗非常普遍，且主要以金银币为主，铜币比较罕见。

总的说来，墓葬中的口含物均为钱币，从这个意义上讲，拜占庭式金币仿制品应当是作为钱币用于口含。那么，这些仿制品就是曾于高昌用于流通的"金钱"吗？当然，这并非不成立，若以"斤""两"计算，任何形式的黄金都是具有同等的价值与功能。然而，如果这些金币仿制品曾作为"金钱"于实际生活中流通；那么，当时高昌王国通过商贸交往得到的拜占庭金币，为何没有出现在墓葬口含之列呢？莫非口含主要以仿制品为主？倘若它们不是"金钱"，那么，它们又为什么会与其他钱币一起作为口含物品出现于墓葬中？看来要回答这一问题，需要从随葬仪式、随葬品的意义来寻找。

以吐鲁番墓葬出土的随葬衣物疏为例，疏中记录内容主要是家属为死者准备的陪葬物清单，《汉书》卷九十二《原涉传》载，最初的衣物疏为"削牍为疏，具记衣被棺木，下至饭晗之物"。经过历史的演进，衣物疏也逐渐发生变化：汉代为木质，其后多为砖石质，吐鲁番所出则为纸质；所记内容除随葬衣物外，并有死者乡里、死亡时间等。随着历史的演进，衣物疏所记内容也不仅限于与实际物品一致的随葬目录，而是包含了诸如宗教、祈愿等因素。例如，建平六年（约 442 年）② 张世容随葬衣物疏中，记录"右条以上杂物，悉张世容所有，若有人仞名，诣太平事讼了"③，此份衣物疏明显表露出时人对死后世界的观念，即衣物疏上所列物品为满足死者在另一世界的需要，因此就不仅仅是对随葬品的描述，而是增添了一些虚拟色彩。

同样，入葬时间在 6 世纪到 7 世纪初期——麹氏高昌时期的墓葬所出衣物疏中，大量关于随葬黄金、白银的记载，也带有这种虚拟特征。例如一份高昌延昌三十二年（592 年）的缺名衣物疏列有："黄今（金）千斤，白银钱百两，今（金）钱千文，银钱白文，锦千张，绢万匹，百（白）绫百匹，细布百匹，细叠百匹，白绫裙褶一具，井绫裙褶一具，

---

① A. Stein, *Innermost Asia*, vol. 3, p. 699.
② 据吴震先生考证，这里的"建平"是北凉沮渠牧犍在 437 年启用的年号，一共 6 年，所以建平六年是 442 年。参见吴震：《吐鲁番文书中的若干年号及相关问题》，载《文物》，1983 年第 1 期，第 26—34 页。
③ 唐长孺主编：《吐鲁番出土文书》第一册，北京：文物出版社 1994 年版，第 184 页。

细布裙衫依据，奴婢十具。"① 显然这么大量的金银不太可能真的随葬墓中，而很可能以其他代用品的形式表现出来。这是因为虽然许多墓葬因被盗掘，无法确知墓中是否曾随葬同等数量的金银；但个别未经盗掘墓葬中也并未发现衣物疏所述的大笔金银。而且从常识上讲，如此大量的金银并非寻常人能够筹集，即使以高昌王之尊、以其崇佛之盛，麴文泰赠予玄奘的钱物中仅有黄金300两，而衣物疏所列黄金动则"千斤""千文"；此外倘若果真随葬如此数目众多的金银，很快就会遭到盗墓者的洗劫，作为祈愿逝者入土为安、来世更隆的亲属，又如何甘冒如此风险！因此，麴氏高昌时期的随葬衣物疏中，所列清单包含之金银绝非实物，可能会用一些其他形式的替代品表示。

事实上，直到今天，很多地方仍然以烧纸钱的方式为死者提供死后所需钱财，其中更有用金色、银色纸张做成元宝等，以示向死者提供金银。由于吐鲁番地区并未发现此类纸制金银替代品，因此尚无法完全确定替代品的形式。

然而，从随葬衣物疏反映出的随葬观念来看，用替代品入葬应当比较常见。由此，我们是否可以假设墓主口含之金钱也是一种替代品呢？如果是，那么为什么高昌人要口含拜占庭式金币仿制品，而非拜占庭金币真品呢？

表15已清楚地展现出口含币中不同质地间的数量对比，萨珊波斯银币无疑数量最多，金币次之，铜币再次之：这三种质地钱币的数量比例恰与高昌社会中使用之货币的比例相仿。前文在论及金钱于吐鲁番地区的用途之际，已阐明当地使用银钱用于赋税、买卖、借贷等经济活动；铜钱数量较少；金钱却由于价高、量少而越发珍贵。在这一背景下，若用金币真品用于口含则比较紧张。

具体地说，其一，据前面的分析可知，高昌地区的金钱供应并不像银钱一样充分；而且从6世纪末到7世纪前半期，包括东地中海在内的欧亚大陆西部出现比较明显的经济动荡，国际贸易日益衰落，虽然直到7世纪前半期，仍然有不少拜占庭金币传播到东方，但数量已经在下滑：可以说，在6世纪到7世纪前半期的麴氏高昌末年，吐鲁番地区的金钱数量比较有限。而从发现口含币葬俗的墓葬年代来看，大量口含币现象

---

① 唐长孺主编：《吐鲁番出土文书》第一册，北京：文物出版社1994年版，第185页。

集中在 6 世纪晚期到 8 世纪初，尤以 7 世纪中期为最（参见表 15），这段时间正是拜占庭金币东流数量大幅减少之时，因此，从数量供给上无法满足吐鲁番地区的入葬口含之需。

其二，虽然用于口含的金币仅需一枚，但如果普遍采用拜占庭金币真品，仍然会引起需求紧张，甚至会影响到国家的金融安全。已知一枚完整的拜占庭金币重约 4.5 克，即使像中国发现的金币那样经过严重剪边，仍然可以维持在 2—3 克；而拜占庭式的金币仿制品则主要采用薄金片制作，重量较轻，目前关于吐鲁番地区发现的金币仿制品中，仅知 1915 年斯坦因发掘的 9 号仿制品重 0.85 克，1976 年 31 号仿制品重 0.4 克，与金币真品的重量相差悬殊。虽然吐鲁番也曾发现双面仿制、略重的金币，但总的说来，若将这种既具备金币外形，同时又不花费大量黄金的金币仿制品，用作金币的替代品充实死者口中，既可以满足口含币葬俗之需求，又可以减少对黄金的消耗；比较适于实际运用。

其三，还可以从口含葬俗中萨珊波斯银币与金币的差别，看出对金币的重视。例如，1966 年同一座墓葬中合葬的三位墓主中，位于中间者口含金币（报告称金片），位于左侧者口含银币，位于右侧者口含铜币①。而通常情况下，合葬墓中位于中间者，为家主，地位较高。此外，1915 年斯坦因发现的 ast. I3 墓葬中，同一位死者头部有三枚钱币，口含一枚金币仿制品，双眼各覆盖一枚银币；而在其他墓葬中，墓中没有发现金币，墓主口含一枚银币。② 这也反映出当同时将金币与银币用于随葬时，金币用于口含；当只有银币时，才采用银币用于口含。上述口含币现象表明：即使这些是重量很轻的金片仿制金币，仍然比银币珍贵，才用于家主口含；那么比仿制品重很多的金币真品则愈加贵重，因此不方便直接用于口含。

综合上述三方面的论述，笔者认为：高昌王国及至唐西州时期，随着口含币葬俗的日渐流行，鉴于黄金本身的高价值，难以满足普通人随葬口含的需求，故而，一些刻压上金币形制的薄薄金片被用作随葬品；甚至还可能由于金片的大量需求，高昌当地应该有类似的作坊，借助市面上流通的金银币制作仿制金片。也就是说，在高昌王国的社会生活中，拜占庭金币作为"金钱"参与流通，而为满足口含币葬俗的需求，一些

---

① 新疆维吾尔自治区博物馆：《吐鲁番阿斯塔那——哈拉和卓古墓群清理简报》，载《文物》，1972 年 1 期。

② A. Stein, *Innermost Asia*, vol. 3, p. 645.

拜占庭式的金币仿制品被制作出来用于墓主口含，并与一些萨珊波斯银币和铜币一起进入墓葬中，并被保存至今。这些金币仿制品作为金币的替代品用作随葬，而不参与社会上的贸易交换。

总之，通过以上对吐鲁番地区所使用"金钱"以及墓葬中口含的拜占庭式金币仿制品的分析，可知：吐鲁番地区作为5—7世纪东西商路的重要中转站，曾大规模地参与国际商贸；反过来，与国际商贸的紧密联系，也促成与欧亚大陆西部流通的拜占庭金币和萨珊波斯银币传入，并继续充当通货之作用。但是由于拜占庭金币价值较高，且数量也比萨珊波斯银币要少，是故一般不用于日常贸易，因此吐鲁番文书的金钱记载较少。另一方面，6世纪末吐鲁番地区开始流行口含币葬俗，鉴于金币量少而价高，为了满足口含币葬俗对金币的需求，拜占庭式金币仿制品遂作为金币的替代品，被含在尸体口中埋入地下。世事变迁之后，吐鲁番的地上只剩下高昌古城残余的土堆展示着如今的荒凉，曾用于流通的拜占庭金币或被带往他方，或被熔铸以资他用，或许也埋入地下，但至今未被发现；然而，随墓葬主人埋入地下的拜占庭式金币仿制品却在20世纪的考古发掘中重见天日，与墓葬中的其他随葬品一起，为后人重新认识高昌王国的历史与文化提供了线索。

第二节　关于新疆吐鲁番地区口含币葬俗的一点思考

在我国境内出现的口含币葬俗，大体上包括口含金币、口含银币和口含铜币三种，金银币主要是从西方传入的拜占庭金币或金币仿制品以及萨珊波斯银币，而铜币则是中原地区流通的铜钱。总体上，口含金银币现象主要集中在新疆吐鲁番的阿斯塔那墓葬群中，在内地的宁夏固原、陕西等地或有出现，但比较零散，且数量有限。而口含铜币现象也有发现，一般在中原地区，数量十分稀少。这一方面是由于中原地区的古墓多被盗掘，出土铜币难以判断具体出土位置，另一方面也表明口含铜币的入葬习俗并不盛行。故而，新疆吐鲁番的口含金银币现象就显得很突出，引人深思。

通过对2017年之前新疆吐鲁番墓葬的考古发掘进行整理分析，可知：从隋末到盛唐期间，高昌人的墓葬中口含币习俗颇为流行。吐鲁番地区墓葬出土的萨珊波斯银币与拜占庭式仿制金片几乎都用于口含：个别银币覆于眼上。此外，吐鲁番地区的墓葬中还出现过极个别口含铜币的现象，但由于报告不甚详细，无法做出确切的统计，只是根据报告中提及或墓葬随葬品分布图之文字标识，来确定一些铜币的口含情况。为了对吐鲁番墓葬中的口含币现象有比较全面深入的了解，笔者就目前所知道的关于这里考古发现的口含币现象，加以归类（详情参见本章表15），以供进一步分析。

从表15可以看出：高昌地区的口含币葬俗非常流行，其存在时间也主要集中在7—8世纪，普及率相当高。正因为此，当1915年斯坦因在吐鲁番探险，他的向导才会非常自然地从死者口中寻找钱币。[1] 由此可见，高昌王国至唐西州时期，墓葬中口含币习俗非常普遍，且主要以金银币为主，铜币比较罕见。

一、关于中国境内口含币现象的不同解释

目前关于墓葬口含币习俗的渊源与流传，虽是学者们关注的焦点，却一直没有形成定论。自1915年发现该葬俗以来，随着新疆吐鲁番墓地以及内地一些地方口含币现象的不断发现，从最初发现的口含金币，到口含银币及至口含铜币现象，口含、手握货币的葬俗不停地更新着学者们的认识。截至目前，根据各位前辈学人的研究成果，可以为口含、手握币葬俗找到若干解释，有助于理解其意义。

关于口含币葬俗的源起，学术界的观点大致可分为两种：一种认为源于西方；一种认为源于中原内地。主张口含币葬俗西来说的学者对于其源头又有不同的认识，有古希腊、印度和波斯祆教等说法。

具体地说，斯坦因曾提出两种可能，认为来自古希腊神话或印度的佛教故事。古希腊缘起说的根据是：在古希腊，为了让死者的亡魂顺利到达冥府，要在死者口中放一枚钱币（通常为一奥博尔，obol），以作为向斯蒂克斯河（Styx）的摆渡神卡戎（Charon）支付的摆渡钱。[2] 日本学者小谷仲男也赞同这一观点。他列举了中亚地区的考古发现，证明中亚地区从1世纪到8世纪的墓葬中，都有死者含钱的现象。因为古希腊的

---

[1] Stein, M. A., *Innermost Asia: detailed report of exploration in Central Asia, Kansu and Eastern Iran*, v. 3, Oxford, 1928, p. 699.

[2] Stein, *Innermost Asia*, v. 2, p. 646.

口含币习俗比中亚地区要早些,亚历山大东征造成中亚地区希腊化的同时,也有可能使当地人接受希腊人的殡葬礼仪。但是小谷先生认为中亚并没有完全照搬,而是将自己的文化与思想融入当中,形成了中亚文化与希腊神话交融下的口含币习俗。这种习俗沿着丝绸之路进入中国,在西汉时稍有影响,到隋唐之际的高昌王国大盛。①

印度佛教缘起说的根据是佛教中有一些口含金的记载,例如《六度集经》第68品中的一则故事就讲到有人为贿赂贪得无厌的国王而从过世的父亲口中取出当时含着的金。② 不过佛经故事中并没有明确说明口含之金为金币。

此外,口含币葬俗西来说中还包括源于波斯祆教的观点。主张此观点的是罗丰。他认为中国新疆与内地发现的死者口含币习俗与中亚地区一脉相承,它们都具有同样的宗教意义,受到祆教的影响。

与口含币习俗西来说相对的是,许多中国学者主张这本是中国古俗。持这种观点的有夏鼐、徐苹芳、王维坤、张绪山等。在谈到7世纪高昌末年至唐代西州时期墓葬中,盛行以波斯萨珊银币或拜占庭金币含殓于口中的现象时,徐称此为"中国的传统葬俗"③。而论及口含币习俗西来说的观点时,夏称此为"中国文化西来说"的流毒。他也主张口含、手握钱币葬俗源于我国内地:"我国在殷周时代便已有死者口中含贝的风俗,考古学和文献记录都有许多证据。当时贝是作为货币的。秦汉时代,贝被铜钱所取代,将铜钱和饭及珠玉一起含于死者口中,成为秦汉及以后的习俗。广州和辽阳汉墓中都发现过死者口含一两枚铜钱。"④ 我国大部分学者都采取这种观点,肯定新疆的口含币习俗源于中国内地⑤。但是这种观点也受到质疑,小谷仲男就对口含究竟如何从具有神秘力量的珠玉转为用于流通的货币表示疑问。对此,张绪山老师还是强调在中国

---

① 〔日〕小谷仲男撰:《关于死者口中含币的习俗——汉唐墓葬中的西方因素》(一、二),王维坤、刘勇译,载《人文杂志》,1991年第5期,1993年第1期。
② 吴康居国沙门康僧会译:《六度集经》第68品,中华电子佛典协会,2002年。
③ 徐苹芳:《考古学上所见中国境内的丝绸之路》,载《燕京学报》,1995年第1期,第306页。
④ 夏鼐:《咸阳底张湾隋墓出土的东罗马金币》,载《考古学报》,1959年第3期。
⑤ 李朝全也主张新疆高昌地区口含金银币习俗为中原传入,参见《口含物习俗研究》,载《考古》,1995年第8期。西北大学王维坤认为"是通过著名的丝绸之路先从中原内地传到甘肃、新疆,然后再不断地向西传到了中亚和西亚",参见《丝绸之路沿线发现的死者口中含币习俗研究》,载《考古学报》,2003年第2期。

传统葬俗中饭唅习俗在思想本质上的一贯性，主张口含币习俗就是传统的饭唅葬俗的发展①。

在关于口含币习俗来源的众说纷纭之中，大多数外国学者都主张"西来说"，而中国学者多赞同"中国本土说"，那么究竟该如何理解中国境内出现的口含币葬俗呢？如何来理解口含着来自异国他乡的金币和银币的现象呢？从目前各地的考古发掘来看，没有一个地方发现的口含币现象如吐鲁番地区那样集中与普遍，因此有必要对这里进行有针对性的分析。

二、新疆吐鲁番口含币现象的特征

从表 15 可以看出：吐鲁番地区的口含币葬俗主要流行于 7—8 世纪，且普及率甚高，以金银币为主，口含铜币较少。正是由于用于口含的金币和银币都不是中国传统使用的货币，具有非常鲜明的西方文化色彩，才会引发中国"口含币西来说"的观点。而"中国传统饭唅演变观"也没有在中原地区找到足够多的口含币现象来加以佐证。

那么我们是否可以从吐鲁番地区的地区特色和历史发展背景找找线索，看看能不能从这里的墓葬特征和当时的社会状况来寻找这种口含币现象的源起。

吐鲁番地区位于东西商贸交通要道，便于吸收来自东西两大文明的文化因素，这里还聚集着大量来自西域的胡人，尤以粟特人为最。因此，从地理位置上来看，吐鲁番地区出现的口含币葬俗是有可能源于西方的。然而，倘若这种葬俗来自西方，那么必然需要一定的人群、一定的传播范围来满足这种葬俗从欧洲向中亚乃至东亚的传播。从传播范围来看，中亚地区从 1 世纪到 8 世纪的墓葬中，都有死者含钱的现象。② 这一点或可解释为这里从希腊化时期就受到希腊文化的影响，希腊神话中关于死者需要向摆渡神支付金币的传说，也影响到中亚地区的入葬习俗。那么从中亚地区向西域的传播又是怎样的呢？目前，西域地区的死者含钱现象仅现于吐鲁番地区，而且是集中在 6 世纪到 8 世纪的吐鲁番阿斯塔纳墓葬群中，并没有在相邻的其他诸如于阗、且末等同为丝路重镇的地区发现。因此，口含币习俗西来说从传播范围来讲无法自圆其说。

---

① 张绪山：《中国与拜占庭帝国关系研究》，北京：中华书局 2012 年版，第 236—237 页。
② Stein, *Innermost Asia*, v. 2, p. 646.

再从传播人群来看：我们通常把金币和金币仿制品与粟特人联系起来，不仅仅是因为他们作为商业民族，嗜好金钱，能够获取大量金钱，而且也是因为他们行走于丝绸之路沿途各地，熟悉各地的风土人情，当这些人大量聚居于吐鲁番地区时，就有可能将西方的一些文化风俗带入这里。然而，在具体分析墓葬时，发现吐鲁番地区死者含钱现象的墓葬大多是高昌或西州时期的汉族贵族，而同期的粟特人墓葬中却没有这种现象。因此我们再次质疑口含币葬俗西来说，因为最有可能传播这种风俗的粟特人并不是吐鲁番地区口含币现象的主要人群。

当我们在批驳口含币葬俗西来说的时候，也注意到吐鲁番地区所现的口含币葬俗在时间和空间上的鲜明特征，也就是：时间集中在6世纪到8世纪初，即麹氏高昌王国和唐西州时期；墓葬的主人多为麹氏高昌和唐西州时期的汉族贵族。这一特征的原因在于当时吐鲁番地区在政治和社会生活方面的独特性：它不同于其他西域国家，而是由来自河西的汉族移民建立的王国，虽然与周遭的胡人经年生活，特别是生活在高昌地区的大量商胡移民，使高昌人的习俗糅合多种文化因素，呈现出极具活力的开放态势；但作为统治阶层的汉族移民仍然保留了许多汉文化传统，比如文字、官制等等。《周书》卷五十《高昌传》载："文字亦同华夏，兼用胡书，有毛诗、论语、孝经。置学官弟子，以相教授。"大量出土口含金银币的吐鲁番墓葬主人张氏家族，即为从凉州迁移而来的汉族后裔，《武周张怀寂墓志》载其先"襄避霍难，西宅敦煌，余裔迁波，奄居蒲渚，遂为高昌人也"。现在的研究成果表明高昌王国的统治阶层，大多为徙居于此的汉人，如高昌王族为金城（今兰州）麹氏后裔，此外还有敦煌张氏、敦煌令狐氏、西平麹氏、敦煌阴氏、敦煌汜氏、张掖巩氏、武威袁氏等等[1]，可见吐鲁番地区的口含币葬俗是与当地的汉族移民紧密联系在一起的。

各种资料均表明，虽然这些汉族人士因战乱避居西域，但他们的汉文化情结一直非常浓厚。尽管有些学者对高昌汉族移民的民族渊源进行论证后，认为这些河西望族大多为匈奴等北方少数民族后裔，不能称其为汉族移民。[2] 然而他们虽在族属源头上为北方胡族，可其文化感情却

---

[1] 陈国灿：《从吐鲁番出土文献看高昌王国》，载《兰州大学学报》，2003年第4期。
[2] 李志敏：《关于麹氏高昌王国主题居民族属问题》，载《喀什师范学院学报》（社科版），1999年第9期。

是汉族。自东汉以来，北方长期处于战乱，偏于一隅的河西相对比较安定，成为中土士族避难之所，不仅保存了传统学术文化，而且还有所发扬。陈寅恪先生曾对河西地区保存中原学术文化的原因做出分析，指出河西地区"文化学术遂渐具地域之性质，此河陇边隅之地所以与北朝及隋唐文化学术之全体有如是之密切关系也"①。

河西地区望族的传统儒学情结很重，他们在迁居高昌之后，虽然身为高昌王族或者社稷股肱之臣，其儒学传授并未停止。史书载高昌人学习诗经、论语、孝经等书，并派遣子弟前往长安学习儒经。② 高昌人对于儒学经典的学习与重视，还可以得到墓葬文物的佐证，例如：阿斯塔那313号墓出《义熙元年辛卯抄本〈孝经解〉残卷》；169号墓出古写本《孝经》以及《〈论语〉习书》。③ 由此可见，高昌的汉族移民非常尊崇传统的中国文化，而在儒学经典中《孝经》无疑颇受重视。

高昌之河西移民对于中原的归属感还表现在他们对于回归中原的渴望，6世纪初，高昌王麴嘉上表北魏皇帝，请求"内徙"，得不到允许之后才"疏于"与中原王朝的联系。

高昌汉族移民具有浓厚的传统汉文化情结，那么饭唅作为一种中国传统丧仪，展示出古代中国的孝道、生死、等级观念，也就有可能跟随汉族移民出现在吐鲁番地区。至于口含之物是玉、是璧，抑或金银，则没有太大的不同。成书于唐贞观十年（636年）的《周书》卷五十《高昌传》，记载高昌婚姻礼俗称"其刑法、风俗、婚姻、丧葬，与华夏小异而大同"，此时距侯君集率兵灭高昌还有4年，唐人对高昌生活习俗的认识应该不甚陈旧，而且正是口含金银币葬俗大盛之时，可见这里的"丧葬"也包括口含钱币一项。

具体到饭唅葬俗由玉、璧向钱币的过渡，也并不像小谷仲男所质疑的那样困难，而是具有一贯性。唐时为了重申饭唅丧仪的规则，明确规定："皇帝及三品以上饭粱含璧，四品、五品饭稷含碧，六品以下饭粱含贝"④。对于贝与钱的关系，北宋司马光有明确解释："（古者）饭用贝，

---

① 陈寅恪：《隋唐制度渊源略论稿》，北京：生活·读书·新知三联书店2000年版，第19—20页。
② 《旧唐书》卷一三九《儒学》。
③ 国家文物局古文献研究室，新疆维吾尔自治区博物馆，武汉大学历史系编：《吐鲁番出土文书》第二册，北京：文物出版社1981年版，第267—273、279、354页。
④ 《通典》卷四一《开元礼》。

今用钱，犹古用贝也。……钱多既不足贵，又口不所容，珠玉则更为盗贼之招，故但用三钱而已。"① 因此，口含钱币的葬俗在唐朝官员看来很正常，即使高昌地区多用金银作为口含之物，却并不算违制，因为六品以下均可含贝。对于中国人来说，口含钱币习俗完全是古时含贝习俗的继承。从汉末，就零星出现一些口含铜钱的现象。敦煌文书 S5553《佚题诗》中也叹道："多求积贮蒙缭乱，死去只得一钱含。"②

因此，通过上述几点论证，可以判断，吐鲁番地区在 6 世纪出现在墓葬中的口含币葬俗乃是中国传统饭唅葬俗的一种发展，是随着当地汉族贵族从陇西地区移居吐鲁番地区而来的，并不广泛适用于西域的其他民族。

而且，如果我们进一步分析吐鲁番地区发现口含币葬俗的墓葬的具体年代，还能够进一步证明上述观点。从吐鲁番地区的墓葬考古可以发现，在从十六国时期到麴氏高昌初年的墓葬中，尚未出现较多口含现象。王素先生也讲到，这个时期的吐鲁番地区还处于以货易货阶段，没有稳定的流通货币。而从表 15 列 6 可知，在已知出土口含钱币的墓葬中找到的相关纪年文物中，年代最早的为 6 世纪末期，诸如 1966 年 TAM48 中下葬最早的死者身上有 596 年衣物疏，其口含一枚铜币；1976 年挖掘的 TCM1、2、3 座墓葬分别发现口含金币，其年代在 5—6 世纪。大多数墓葬年代集中在 7 世纪中期，时间最晚的墓葬在 8 世纪初，且数量有限（参见图 4）。

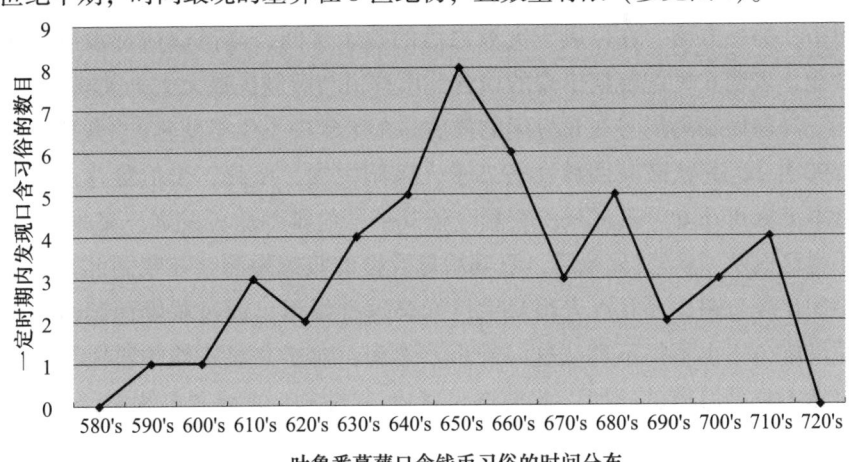

图 4　吐鲁番发现的口含钱币习俗墓葬的时间分布表

---

① 司马光：《司马氏书仪》卷五，见《丛书集成初编》，北京：中华书局 1985 年版。
② 段小强：《敦煌文书中所见的古代丧仪》，载《西北民族研究》，1999 年第 1 期。

当然，考虑到一些墓葬的入葬时间并不是很精确，图 4 的具体数据尚有讨论空间，但总体上能看出吐鲁番口含钱币习俗大致的时间分布状况，并可以判断出：吐鲁番地区的口含钱币葬俗从麴氏高昌末期或中期较晚些时候开始出现，在 7 世纪中期，也就是麴氏高昌末年逐渐流行，及至唐西州初期达于鼎盛，而到 8 世纪逐渐减少。再结合吐鲁番地区葬俗的总体特征，可知 6 世纪晚期之前的丧仪比较简单，没有特别随葬金银的现象。从考古工作者对新疆吐鲁番墓葬的分期来看，自晋至南北朝中期，墓葬中随葬品常为陶罐、壶、碗、盘，以及一些木制随葬俑；及至南北朝中期到初唐，随葬品采用专门用于墓葬的彩绘陶器、彩绘木器等等；到盛唐时期，随葬品与前一期大致相当，其制作精细程度不一，口含习俗比较常见。① 而通过表 15 中发现口含钱币葬俗的墓葬年代的列表，可以发现：早在第二期墓葬中就已存在口含钱币现象，而且多以金银钱为主。那么，在麴氏高昌末年，究竟发生了怎样的变化带来了口含钱币葬俗的大面积流行呢？

6 世纪中后期麴氏高昌王国发生的重大政治事件，主要是与突厥的联姻，以及隋统一中原后的西扩运动。由于墓葬口含金银币习俗主要流行于盛唐，开始于麴氏高昌末年，即 6 世纪的最后十年间。虽然高昌与突厥的联姻发生在 6 世纪中期，但一方面，突厥民族没有口含币的丧葬习俗；另一方面，在臣属于突厥之后的数十年间，高昌葬俗都没有发生变化，表明 6 世纪晚期出现的口含钱币葬俗与突厥民族无太大关联。

高昌面临的局势在 6 世纪的最后一个十年中发生了变化。"开皇十年（590 年），突厥破其四城，有二千人来归中国。坚死，子伯雅立。其大母本突厥可汗女，其父死，突厥令依其俗，伯雅不从者久之。突厥逼之，不得已而从。"② 父兄死后，妻其后母及嫂的收继婚制，在我国北方民族中间比较普遍，而且汉人很早就已知晓这种婚俗，通过联姻而远嫁的各位汉族公主也不得不遵从这一习俗。然而，对于高昌王麴伯雅来说，这显然不只是习俗的问题，此突厥可汗女，本嫁于伯雅之祖麴宝茂③，称

---

① 新疆维吾尔自治区博物馆编：《新疆考古三十年》，乌鲁木齐：新疆人民出版社 1983 年版，第 80—81、92—93 页。
② 《隋书》卷八三《高昌传》。
③ 马雍：《突厥与高昌麴氏王朝始建交考》，见《向达先生纪念论文集》，乌鲁木齐：新疆人民出版社 1984 年版。

为"大母",后来宝茂死后,成为伯雅后母,及至最后他自己"不得已"娶之为妻。对于娶一位原本为其祖母之人,伯雅显然不愿意;而且对于尊奉儒家经典的高昌贵族们来说,这种婚俗与其伦理观念相悖:此两方面因素造就伯雅的不从。史书对于麴伯雅这次不得已遵从突厥婚俗之后的高昌王室没有详说,然而这件影响如此之大的事件定然会有余波。

就在高昌王族受逼于突厥婚俗的前一年,开皇九年(589年)隋文帝统一中原,结束长达数个世纪的动荡分裂,它对高昌社会的影响无疑颇具威力。前文已经提及高昌王国的统治阶层均为迁自河西地区的望族,他们对于传统儒家文化以及中原王朝的归属情结非常强烈,因此当中原实现统一,又遭受突厥在婚俗上的威逼侮辱后,整个高昌的汉族贵族阶层兴起一股复兴汉俗的风潮。

尽管麴氏王族渴望的内徙并没有实现,并且受到反对势力的攻击,高昌上层贵族们的汉文化情结仍然存在,并继续发展。直到590年之后,面对中原的一统以及来自突厥的威逼,高昌王国的汉族移民中间再次兴起回复汉俗的运动。当麴伯雅第二次觐见炀帝,并娶隋华容公主为妻后,遂在高昌国内发起"解辫削衽"运动。大业八年(612年)麴伯雅返回高昌,下令"夫经国字人,以保存为贵,宁邦缉政,以全济为大。先者以国处边荒,境连猛狄,同人无咎,被发左衽。今大隋统御,宇宙平一,普天率土,莫不齐向。孤既沐浴和风,庶均大化,其庶人以上皆宜解辫削衽"①。高昌王的这一行为虽然受到炀帝刻意宣耀的舆服仪仗的影响,但更为深刻的原因在于,早在20多年前,高昌的汉族贵族中已经出现改用汉俗的呼声。因此从表15中可以发现最早在596年出现口含铜币的葬俗,而在这同一个墓葬中,后来在604年与617年下葬的尸体口中分别含有一枚银钱与一枚金钱。而到麴伯雅下令改俗之后,又有两例口含金银钱的墓葬,表明此时高昌王国正在推行"解辫削衽"的改俗令。

不过这场改俗运动并未达到高昌王的预期目标,由于来自国内以及外部势力的干涉,"解辫削衽"改俗令以失败告终,《隋书·高昌传》载:"伯雅先臣铁勒,而铁勒恒遣重臣在高昌国,有商胡往来者,则税之送于铁勒。虽有此令取悦中华,然竟畏铁勒而不敢改也。"不仅如此,

---

① 《隋书》卷八三《西域传·高昌传》。

"解辫削衽"令还引起了震撼高昌政权的"义和政变"①，在经历了数年内战之后，麴伯雅最终重掌政权，武德二年（619年）伯雅死后，其子麴文泰即位。虽然不再大力推广"解辫削衽"令，仍然有相当一部分人改以汉俗，改穿汉服。因此墓葬中发现的口含钱币习俗增至6例。

唐贞观十四年（640年），太宗以高昌王麴文泰"时遏绝西域商贾，太宗征文泰入朝，而称疾不至"② 为由，派侯君集灭高昌，设立西州。而西州时期的吐鲁番地区，口含钱币葬俗进入鼎盛，一直延续到8世纪初。这一现象表明，唐在西州设立的政府并没有干涉高昌地区的口含钱币葬俗。而且这种不干涉并不是出于对当地生活习俗的保护，而是出于认同。前面提及《周书》所记高昌婚姻礼俗称"与华夏小异而大同"，以及唐西州以后口含币葬俗的越发广布，均表明唐人对这一葬俗的认同。

论述至此，可以基本肯定，新疆吐鲁番地区的麴氏高昌末年以及唐西州时期的口含钱币葬俗，为继承中原传统文化的高昌汉族移民在特定历史条件下的一种有意选择，并且具有一定的原创性。

三、新疆吐鲁番口含币现象的源起假说

在判断吐鲁番地区口含钱币习俗为当地自主选择后，我们要面对的问题是，上文称高昌汉族贵族来自河西，那么为什么河西地区乃至中原地区并未出现大规模金银币口含现象，而且为什么生活在高昌地区的粟特人墓葬也未见相关葬俗？

首先说第一个问题，前文已经阐述了高昌汉族贵族墓茔中的口含金银币现象主要集中在高昌王国末年及唐西州时期，也就是说这是他们迁居西域百余年后，在新的历史条件下出现的新现象。事实上，葬俗作为人类社会文化的一项重要内容，既有一定的传承性，也有自身的创造性。饭晗传统体现着中国人对于生死的认知，在这一大原则之下，随着时代不同、地域不同，具体的口含物、具体的解释则会出现不同，比如早期的含贝、含饭到后来的含玉、含钱，无论这些物品如何变化，其始终围绕着一个中心，即传统的"缘生以事死，不忍虚其口"的思想。具体到当时的高昌王国，这里与中原的最大不同在于此处是东西商贸交通要道，

---

① 关于"义和政变"的起因与发展，参见宋小梅：《高昌国——公元五至七世纪丝绸之路上的一个移民社会》，北京：中国社会科学出版社2003年版，第134—175页。

② 《旧唐书》卷六九《侯君集传》。

汇集了西方的大量金银钱，特别是银钱可以在高昌作为货币流通。因此，口含金银币就因高昌地区的地域特色而成为可能，相应地，河西地区虽也有很多金银钱，并且出现"流通或用金银钱"的现象，但当地汉人却没有高昌汉族贵族的经历，没有出现将金银币用作口含物的现象。

其次，关于高昌地区的粟特人与口含金银币的关系却有些复杂。主张口含币西来说的学者会将这种习俗的传入归结到在亚欧大陆四处游走的粟特人身上，而内地的固原地区出现的粟特后裔口含、手握金币的现象①，似乎更能说明这一问题。但实际上，固原粟特后裔的口含金银币现象在中原地区发现的粟特人墓葬中并不十分普遍，而且从西域到中原也并没有从时间和地域上发现口含币葬俗逐渐东传的轨迹，相反，固原粟特后裔均属史氏家族，他们已相当汉化，且墓葬年代在7世纪中后期，显然无法对6—7世纪初西域高昌地区的葬俗产生影响。

其复杂性主要表现在另一方面，即前面我们一直称高昌地区的口含金银币葬俗，实际上，用于口含的金币并非来自西方拜占庭的金币索里得或其他类型，而是刻压着拜占庭金币正面或背面图案的金片，即拜占庭金币仿制品。学术界一直困惑于这些仿制品的来源，由于这些仿制品发现的同时经常会有粟特人的痕迹，因此，通常认为粟特人大量制作了这样的金币仿制品。②因此，若将金币仿制品、粟特人和高昌联系起来，就会产生很多疑问，诸如，粟特人带到高昌的究竟是金币还是仿制品？当时的高昌社会上存在的是金币还是金币仿制品？金币和金币仿制品在高昌是否均用于流通？如果市面上是金币，为什么贵族们反而用金币仿制品来充实死者之口呢？

鉴于篇幅，前几个问题本书无法展开，仅就最后一个问题简单提出自己的看法。通常，金的价值远远大于银，而且用于日常市场流通的通常是银，而金价值很高，通常用于大宗商品交易。因此，市场上必然的结果就是银币数量多而金币相对要少。考古和文献资料均表明，高昌地区存在着大量萨珊波斯银币，从而保证了银币在流通的同时，能够被直

---

① 关于固原地区粟特后裔史氏墓葬，参见罗丰：《固原南郊隋唐墓地》（北京：文物出版社1996年版）和《胡汉之间——'丝绸之路'与西北历史考古》（北京：文物出版社2004年版)，及其论文《中国境内发现的东罗马金币》，见荣新江主编：《中外关系史：新史料与新问题》，北京：文物出版社2004年版，第49—78页。

② 林英：《九姓胡与中原地区出土的仿制拜占庭金币》，见余太山主编：《欧亚学刊》第四辑，北京：中华书局2004年版。

接用于口含葬俗。反过来，金币数量相对较少，每一枚的价值都很高，无论它们是否用于流通，都无法满足墓葬中死者口含的需求，而这时候出现的拜占庭金币仿制品无疑更适宜随葬，其价值没有那么高，又具备金币的高价值属性，因此才能大量出现于墓葬之中。当然，如果市面上流通的就是这样的金币仿制品，那么它们作为口含物出现于墓葬中，也就更加理所当然了。

因此，河西地区因环境和个体因素不同，无法复制高昌地区汉族贵族墓葬中的口含金银币葬俗；同样，粟特人虽然与从西方来的拜占庭金币、金币仿制品以及萨珊波斯银币有着密切关系，但并没有证据表明他们将这些金银币大量用于墓葬，因此也就不存在高昌地区口含金银币葬俗受粟特人影响的结果。

北朝隋唐之际我国境内一些地区出现的口含外国金银币现象引起学界的关注，而新疆吐鲁番地区墓葬中的口含金银币现象数量庞大，且很集中，是一个重要的文化现象。经过上文分析，笔者认为，6世纪中后期到7世纪初，高昌地区汉族贵族墓葬的口含金银币现象，是汉族后裔在特定的历史背景下，结合高昌地区当时的社会经济文化特色，对汉民族传统的饭含习俗的延续和发展，在继承传统的同时又有一定的原创性。该现象表明外来钱币在当地社会经济生活中的深入影响，体现出中西文化交流的深度和广度，说明这个地区在中西文化交流中占据着的重要地位和影响，也是中原文化在西域地区传播并结合当地特色有所发展的直接体现。

第三节　拜占庭金币在中原地区的用途

关于中国境内发现的这些拜占庭金币和具有拜占庭文化特征的金片，研究者感兴趣的是它们如何被带到遥远的中国，它们在中国有着怎样的用途。

这两个问题最常被问到，但因资料的限制同样也最难分说清楚。关于其传播路径，由于这些金币和金片发现于中国，虽然在中亚地区也出土了不少拜占庭金币以及仿制品，但因考古地点分散以及考古发现本身的偶然性，目前仅从考古数据来看尚无法为拜占庭金币东传勾勒出充分完整的路线。关于其用途，中国发现的金币和金片可明确为考古出土的仅有表1中的98枚，且其中能够提供比较有效的考古数据从而通过其入葬特征及墓主信息来判断其用途的金币和金片不足半数，这些数据无法充分完整地支撑关于其用途的任何主张。然而，并不能就此放弃关于这些问题的探讨，我们仍需依据现有的考古信息，尽力寻找与之有关联的资料，提出各种可能的途径和用途，以期接近历史的真相。

一、关于拜占庭金币、仿制金币在中国用途的探讨

当1953年第一枚拜占庭金币于陕西咸阳底张湾出土后，夏鼐先生在辨识这枚金币后，就曾提出这种类型货币在古代中国的流通作用：以《隋书·食货志》载北周时期（557—580年）"河西诸郡，或用西域金银之钱，而官不禁"①的记载为基础，就日本学者桑原骘藏关于此处金银钱为萨珊波斯金银钱的论断提出疑义，简短介绍拜占庭帝国的货币、萨珊波斯的货币以及阿拉伯人扩张后的货币发行情况后，认为此处的西域金银钱当指拜占庭帝国的金币以及萨珊波斯帝国的银币。② 及至1977年，在考释赞皇出土的3枚金币后，夏先生指出赞皇所在的古代赵郡并不在河西地区，不是使用西域金银钱的范围，而且有的金币钻孔，有的剪边严重，重量大幅降低，已经失去了流通的价值，显然作为佩饰之用。甚至将其与吐鲁番地区墓葬中口含金片以及中原一些地区口含五铢钱的现象联系起来，认为这些金币原本放在死者口中，作为口含之用，只是后来因盗墓者扰乱而不在原位。③

夏鼐先生的两篇文章基本确定了拜占庭金币在中国用途的研究基调，此后学者们的分析主要围绕三点展开，即佩饰、随葬与流通。对于前两者通常没有争议，因为钱币被穿孔以及墓葬出土这两个事实直接证明了这两种用途的存在，但关于流通争议颇大。夏鼐先生虽然提出佩饰和随葬品的可能性，但仍然肯定河西地区的西域金银钱就是拜占庭金币和萨珊银币的观点，货币史专家彭信威老师也认同这一点，认为西域的金钱就是拜占庭金币。康柳硕老师在综述中国境内出土发现的拜占庭金币时，也肯定了金币作为流通货币的事实。他说尽管"几十年来，我们并没有

---

① 〔唐〕魏征：《隋书》卷24《食货志》，北京：中华书局1973年版，第691页。
② 夏鼐：《咸阳底张湾隋墓出土的东罗马金币》，载《考古学报》，1959年第3期，第70—71页。
③ 夏鼐：《赞皇李希宗墓出土的拜占廷金币》，载《考古》，1977年第6期，第405—406页。

发现在河西地区和西域使用拜占庭金币和萨珊银币的直接记载,我们见到的出土资料和文书所记载的是使用金钱和银钱",但考古发现的许多拜占庭金币、出土文书中记载的金币购物记录,特别是金币本身的磨损程度,均表明他们曾经用于流通。①

然而,仍有许多学者对拜占庭金币曾经与河西地区流通一事持怀疑态度。罗丰老师认为尽管萨珊波斯银币的流通作用已经得到认可,但并不能就此推论金银钱中的金钱就是拜占庭金币,而中国境内各种以"金钱"为名的行为往往证实的只是铜钱,而黄金一般作为皇帝封赐之用,故而对拜占庭金币在中国的流通作用持否定态度。② 李一全以中国境内出土的拜占庭金币数量远逊于高达 3000 多枚的萨珊波斯银币,否认金币作为货币的流通功能,并将其功能归纳为口含随葬、其他方式随葬、奠基宝物以及饰物佩戴四种。③

关于这个问题,陈志强认为,目前中国境内出土的拜占庭金币只是真实存在过的金币中的一小部分,不能就此否认未来会发现拜占庭金币窖藏的可能;而何家村窖藏中的那枚拜占庭金币(尽管是仿制)仍然有力地证明了金币曾经在中国境内起到过流通的作用。④ 也就是说,历史学家对史料的研究往往只能证实、不能证伪。夏鼐先生当年在河西走廊考古时,听说康阿达墓葬出土一枚金币,但被人拿去熔化了,这证明甘肃地区是存在金币的。中国钱币博物馆和甘肃钱币博物馆都从民间征集到一些拜占庭金币,尽管无法确定来源,但其中一些明显为中国境内,还有刘大有等民间钱币爱好者从多种途径获得了许多这样的金币,证明在公开报道之外还有大量的拜占庭金币存在,只是未能进入研究者的视野。再深想一下:埋于地下、散落于黄土间的金币并不是只有现代人才能找到,在过去的一千多年时间里,曾经有多少这样的金币被人无意捡拾;吐鲁番各墓葬群有限的几次发掘就能发现近 40 枚金片,那么又会有多少金片被历代的盗墓者取走!而即便这样计算进来的金币数

---

① 康柳硕:《中国境内出土发现的拜占庭金币综述》,载《中国钱币》,2001 年第 4 期,第 9 页。
② 罗丰:《中国境内发现的东罗马金币》,见荣新江主编:《中外关系史:新史料与新问题》,北京:文物出版社 2004 年版,第 153 页。
③ 李一全:《略谈我国出土的东罗马金币》,载《考古与文物》,2005 年第 1 期,第 58 页。
④ 陈志强:《拜占廷铸币研究中的某些误区》,载《南开学报》,2004 年第 5 期,第 64 页。

量也远远达不到中国境内曾经存在过的拜占庭金币数量,毕竟现实中存在的货币只有一小部分才会因各种原因埋入地下,又机缘巧合地被现代人所知晓。

因此,拜占庭金币在中国的出土为我们打开了一扇大门,让我们意识到曾经来自遥远西方的货币或者以它们为模板的仿制货币在中国北朝末年广泛存在于中国北方地区;而不断更新的考古数据,使我们能够更清晰、具体地看待它,从而展开更深入的分析研究。例如林英以磁县茹茹公主墓发现的两枚金币为引,钩沉南北朝时期各个文献中关于"金钱"的记载,提出这些金钱可能就是传入中国的拜占庭金币,那么这些钱既可能是北齐皇帝高湛"布献席下"的金钱,也可能是胡王"金钱买含笑"的金钱等。①

在此,仅就目前掌握的信息来看,若要讨论拜占庭金币在中国境内的用途,仍然逃不脱流通、饰物、收藏与随葬四种。但可以结合各地出土金币的一些考古信息来具体解释。

关于"流通"。中文史籍明确提及中古时期西域、河西地区使用西方金钱、银钱的习惯。《隋书·食货志》载北周时期(557—580年)"河西诸郡,或用西域金银之钱,而官不禁"②;到唐初玄奘前往印度时,他路过凉州讲经,会后,当地人的布施中有"金钱、银钱、口马无数"③。从目前考古发现的比例来看,最可能是这种"西域金钱"的就是拜占庭金币。如果按史书所载,金币(拜占庭金币)在北周时期的河西地区确曾作为通货存在,那么作为北周柱国大将军的田弘、出身关陇贵族的独孤罗与贺若厥夫妻以及其他北周至隋唐初年的达官显贵们,也就有条件获得这些金币,并在生前把玩,死后随葬。再者,前面提到的一些无法提供详细考古信息但可以肯定是在平整土地时被发现的拜占庭金币,它们可能是在作为通货被携带时无意散落或有意埋藏。因此,可以说考古发现进一步印证了北周时期河西地区使用拜占庭金币这种西域金钱作为流通货币之一的记载。

关于"佩饰"。前面在论述金币、金仿制品被严重剪边、穿孔(含

---

① 林英:《磁县东魏茹茹公主墓出土的拜占庭金币和南北朝史料中的"金钱"》,载《中国钱币》,2009年第4期,第58—61页。
② 〔唐〕魏征:《隋书》卷24《食货志》,北京:中华书局1973年版,第691页。
③ 〔唐〕慧立、彦悰:《大慈恩寺三藏法师传》,北京:中华书局1983年版,第11页。

穿多孔）和镶环的问题时，已经做出详细分析。经过这种方式的加工后，金币的流通功能被严重削弱，但拜占庭帝国境外的剪边行为显然并非为了盗取黄金，而是出于祈福、辟邪、美观等原因，与穿孔或镶环的金币一样，被改造成饰物，从而退出流通。如河北赞皇李希宗墓的妻子崔幼妃墓中发现金币位于身侧，可能就是作为饰物为其陪葬的。

关于"收藏"。从出土信息看，无论是河北磁县的茹茹公主墓，还是宁夏固原的田弘墓，以及陕西咸阳出土的贺若厥与独孤罗合葬墓，都没有把金币当作饰物的痕迹，说明在经历了被剪边、穿孔的饰物之旅后，有些金币被献给掌握实权的各国政要，从而使金币转而成为"收藏把玩"的对象。而它们之所以能够成为达官贵人们赏玩的对象，则在于这些金币鲜明的异域特色以及高纯度的黄金属性，使其具有作为珍品用来献礼、馈赠的价值，能够流转到这些达官贵人的手中。

关于"随葬"。中原地区的拜占庭金币和金币仿制品的入葬情况，由于金币数量不多，入葬方式差别较大，无法总结出典型性的特征，只能针对具体情况具体分析。而新疆吐鲁番地区大量发现的具有拜占庭特征的金片和萨珊波斯的银币多数用于口含，那么在某特定地区或某些特定人群，金片以及口含葬俗的集中出现究竟存在着怎样的联系，值得研究者去深挖探索。

那么如何挖掘呢？

二、金币物理特征分析

要试图讨论金币的用途，就需要深入挖掘中国境内发现的拜占庭金币、仿制品和金片在出土时揭示出来的信息。在第五章第二节整理了中国发现的拜占庭金币与仿制金币的考古信息，说明这些金币大多存在穿孔、剪边的现象：

表16 中原地区的拜占庭金币与仿制金币的剪边、穿孔现象

序号	制作时间	数量	剪边与穿孔情况	直径（mm）
1	塞奥多西二世	1	穿2孔	21
2	塞奥多西二世金币仿制品	1	剪边	18
3	利奥一世	2	严重剪边	12
			严重剪边	15.4

(续表)

序号	制作时间	数量	剪边与穿孔情况	直径（mm）
4	芝诺	2	镶环，剪边较重	17.4
			严重剪边，上下穿孔	14.5
5	阿纳斯塔修斯一世	10	严重剪边	14
			剪边较重	17.6
			完整，磨损度极低	?
			严重剪边	16
			严重剪边	16.8
			严重剪边	16.6
			剪边	18
			剪边较重	17
			剪边较重	17
			严重剪边	14—15.2
6	阿纳斯塔修斯一世金币仿制品	6	剪边	18
			比较完整，穿一孔	20
			剪边较重	17
			金边，制作粗糙	18
			剪边，顶部穿孔	18
			不详	—
7	查士丁一世	5	剪边，穿3小孔	18
			剪边	18
			完整	20
			严重剪边	16
			严重剪边	16
8	查士丁一世与查士丁尼一世共治	4	严重剪边	16.8
			剪边较重	17
			严重剪边	16.2
			严重剪边	16.2

(续表)

序号	制作时间	数量	剪边与穿孔情况	直径（mm）
9	查士丁尼一世	7	剪边	18.1
			严重剪边	16.2
			严重剪边	12
			上下穿孔	20.9
			剪边，上方穿孔	18
			不详	—
			严重剪边	16.7
10	查士丁尼一世金币仿制品	2	严重剪边	不详
			严重剪边	不详
11	查士丁二世	1	左右穿孔	21
12	查士丁二世金币仿制品	1	完整	21
13	弗卡斯	4	完整	21
			完整	21
			较为完整	19.8
			较为完整	19.6
14	弗卡斯金币仿制品	1	完整	22
15	希拉克略一世	1	底部穿孔	20
16	希拉克略一世金币仿制品	4	4枚均完整	21.5；20；20；23
17	君士坦丁四世金币仿制品	1	正中穿一孔	18.8
18	两种5、6世纪索里得背面形制金币仿制品	1	剪边严重	17

首先说穿孔，在上述37枚拜占庭金币当中，穿孔或被镶环的有17枚，说明它们曾被用于垂挂等饰物。

其次，与穿孔相比，这些金币被剪边的比例更高，仅目测上述金币当中有明显被剪边痕迹的有23枚。拜占庭的金币索里得有严格标准，由一磅黄金制作成72枚金币，每枚金币重约4.55克①，拜占庭人在计量金币时有时以重量，有时以数量，查士丁尼的民法大全和史家们的史书都

---

① Laiou, *The Economic History of Byzantium*, p. 611.

有相关记录。例如,芝诺皇帝曾发布法令规定官员渎职和伪造文件所受到的处罚,其中对那些为其提供帮助的人要罚没 50 磅黄金①;504 年,拜占庭的阿米达城(Amida)不得不花费 1100 磅黄金从波斯人那里赎回他们已经饱受劫掠的城市。② 另外,一磅黄金相当于 72 枚金币索里得,所以也通用索里得来计数,如 561 年拜占庭帝国与萨珊波斯帝国签署的和约规定罗马人每年向波斯人支付 30000 金索里得,571 年和约规定每年支付 45000 索里得③;在战俘赎回时,通常地位较高的人的赎金在 10000 枚索里得左右,平民的赎金大概为 10 索里得。④ 因此,拜占庭政府要保护货币的价值与重量,从而维护国家金融体系的安全稳定,剪边等对害货币的行为被严格禁止。然而,事实上,金币价值降低又是无法避免的,长期使用必然带来金币的磨损,还有社会上普遍存在的将金币用于饰物的现象。例如,一条法律规定"用于首饰的古老金币和银币的用益权可以继承"⑤。这意味着在拜占庭帝国即使金银币遭受损伤,仍具有财产的价值,不过因为法律的规定,其损伤程度不会特别严重。

考古信息无法提供中国发现的这些金币为什么被剪边以及剪边后的用途,但剪边行为无疑损害到金币的流通价值。那么这些被剪边的金币能做什么呢?一方面作为黄金制品,它们能够以黄金的属性充当等价交换物,不过无法按照数量来计量价值。另一方面,不同金币被剪去的幅度差别较大,似乎没有特别的规律,但币面中央的皇帝像几乎毫无例外地保存完好;一些金币在被剪边后又被穿孔。那么剪边的目的是否为了使它在直径上符合某种特定的需求,诸如镶嵌在饰物上,而这种需求最看重的恰恰是上面的皇帝肖像,因此肖像周边的铭文有时甚至被彻底剪掉,如呼和浩特发现的两枚金币皆是如此。因此金币被剪边、穿孔的现象恰恰说明它们曾经被用于饰物。

那么这些金币的流通功能呢?虽然剪边与穿孔损害了其流通价值,

---

① *Codex Justinianus*, XII. 49. 10. (2), tr. S. P. Scot, *The Civil Law*, XIII, New Jersey, the Lawbook Exchange, LTD. , 2001.

② Zach. *HE* VII. 3 −4 (22. 22 −31. 14); VII. 5 (33. 21 −34. 20), see Greatrex & Lieu, ed. , *The Roman Eastern Frontier and the Persian Wars*, Part II, London:Routledge, 2002, pp. 66.

③ Menander, *Fragment* 6. 1, pp. 61 −63, 159 −163.

④ Morrisson C. , and Cheynet, Jean-Claude, "Prices and Wages in the Byzantine World", *EHB*, pp. 846 −847.

⑤ *Digest*. 7. 1. 28, Latin Library, 2017/4/29 from < http://www.thelatinlibrary.com/justinian/digest7.shtml > .

作为饰物后也退出了流通，但这既不能否认其在被剪边穿孔之前的流通功能，也不能否认此后其作为贵金属本身成为等价交换物的特性。中国境内发现的金币大多不是作为饰物最终埋入地下的，例如田弘墓中的5枚金币虽然全部剪边，且有4枚穿有多孔，但从其出土位置来看，至少在田弘手里时它们不再是饰物，这说明被剪边和穿孔后，它们的用途再次发生了转化。尤其是在中国发现的那些无法判定所有者身份的金币大多是在平整土地时出现在农田、崖壁、河滩等地，这意味着它们在被遗失前可能是随身携带，很有可能在其所有者那里是作为流通的货币或贵金属来使用的。

三、如何理解金币在中国的用途

先来看中国境内的拜占庭金币，它们经由丝路贸易或中原王朝与西北诸民族的政治外交往来，传入中国境内后，在传到各位高官显贵们的手中之前，有着怎样的用途？它们是否可以用于流通？若流通，是否又有一定的范围限定？若不流通，又以何种形式存在？

随着中国社会的不断发展与变迁，各地之间的政治、经济、文化特征的不停转换，不同时期、不同地域，拜占庭金币的用途也不尽相同。《隋书·食货志》对"后周时，陇西诸郡或用西域金银钱，而官不禁"的记载，明确表明金钱的来源、流通时间以及流通地域。关于"西域金银钱"，通常认为是来自西域的金钱，《通典》卷九《食货九·钱币下》对此钱略有解释，称："汉书西域传，罽宾国以金银为钱，文为骑马，幕为人面。幕即漫也。乌弋山离国之钱，与罽宾国同，文为人头，幕为骑马，加金银饰其厌。安息亦以银为钱，文为王面，幕为夫人面，王死即更铸。大月氏亦同。"不过，上述所描绘的各种样式的钱币并没有相应的考古实物证据。而现代考古成果发现，这些"西域金银钱"，很可能是经由东西方商业贸易流传至西域的拜占庭金币和萨珊波斯银币。其流通时间为北周时期，流通地域为"河西"，这也与河西一带发现的拜占庭金币相吻合。那么为什么在北周时期的河西地区会出现拜占庭金币的流通呢？而在中原的其他地区，这些金币又有着怎样的用途呢？

首先，南北朝时期的动荡不安致使货币流通产生极大混乱：各王朝均曾铸钱，却又缺乏有效的管理，钱币标准不一，形制各异，钱币流通范围非常有限。在此背景下，河西地区由于地处丝路要冲，商业活动繁盛；也是靠近长安、抵御北方少数民族入侵的战略要地；同时却又在内乱之际，数易其主，造成陇右地区在社会组成、文化内涵以及民情民风等方面，都发生了明显变化。

"河西诸郡"，指黄河以西，以敦煌、武威、张掖、酒泉四郡为代表的河西走廊地区。汉武帝破匈奴后，在河西走廊设立上述四郡，遂称河西，亦称凉州。西汉末年，河西因地处偏僻，相对保得安宁，"时天下扰乱，唯河西独安，而姑臧称为富邑，通货羌胡，市日四合"①。东汉末年，各地王侯并起，各自分裂割据，原先比较统一的货币体系陷于崩溃。河西因地处西北，以洛阳为中心的国家政权鞭长莫及，故而趋于衰落。逐渐脱离中央政权控制的河西地区，先后建立了五个凉政权，分别为前凉、后凉、西凉、南凉和北凉。此时，中原许多世家大族为避战乱，逃至河西，这里遂成为保存发扬儒家文化的中心。而在前凉张轨治下，当地的货币运行也有所好转。《晋书》卷八六《张轨传》载："'古以金贝皮币为货，息谷帛量度之耗。二汉制五铢钱通易不滞。泰始中，河西荒废，遂不用钱，裂匹以为段数。缣布既坏，市易又难，徒坏女工，不任衣用，弊之甚也。今中州虽乱，此方安全，宜复五铢以济通变之会。'轨纳之，立制准布用钱，钱遂大行，人赖其利。"上述变化表明：河西地区因其地理位置，能够在中原动乱的局势下保持偏安状态，又因为与西域的交往，其商贸活动利于重建与繁荣。

鲜卑族建立的北魏政权于439年灭北凉，实现北方统一。在"移远就近，以实内地"的原则下，北魏皇帝"徙凉州民三万余家于京师"②；又添战乱时期逃往别处的大量人口，河西地区陷于人口稀少境地。在此背景下，河西作为西域胡人入华的第一站，大量商胡徙居于此，敦煌、武威、张掖等地成为入华粟特民族聚居的主要地区之一。例如，姑臧（今武威）就是许多入华粟特后裔自称的祖籍之地；固原史索岩家族，也自称建康人，后迁居平高（固原）；中唐名将李抱玉、李抱真兄弟，"贯属凉州，本姓安氏"，耻于与安禄山同宗，因为举宗受赐国姓李。③

由此可知，北朝末年，因河西地区与西域联系紧密且为大量西域移民聚居，因此这里的居民延续其原有习惯，用金银钱作为货币。官方显然并不鼓励这种行为，只是由于北方分裂为两大敌对王朝，在经济货币

---

① 《后汉书》卷三十一《孔奋传》。
② 《魏书》卷四《世祖太武帝纪》。
③ 《旧唐书》卷一三二《李抱玉传》。

领域对这里的管理相对薄弱,为这种情况的存在提供了条件。因此,北周末年,河西地区曾使用拜占庭金币用于流通。尽管《隋书·食货志》载河西地区使用西域金银钱的情况,仅限于北周时期,然而这种通货习惯估计一直延续到唐初,当玄奘前往印度时,路过凉州讲经,会后,当地人的布施中有"金钱、银钱、口马无数"①,反映出直到唐初,凉州地区仍然有大量金银钱存在。

同样的情况也适用于南方的广东地区,《隋书·食货志》载"交广地区,通行金银钱",正是由于这里是经由海路连通拜占庭、萨珊波斯以及印度、锡兰等地的主要商站,经由商贸活动到来的大量商人,也将使用金银钱的习惯带入广州,形成了以国际商贸为主要内容、金银钱为交流媒介的市场特征。

中原其他地区与河西、交广地区的货币运行却不尽相同。作为中原王朝政治权力中心的关中地区,以及东部的北齐王朝和南朝各地,都不太可能用拜占庭金币作为流通货币。虽然国家对钱币的管理不甚严密,各种私铸行为总是很快地使新发行的钱币流于贬值,无法形成统一、稳定的市场,然而各地却能够按照自己的需求寻找合适的等价交换物,形成各种以铜钱或布帛为媒介的市场。北朝从魏以降,历代共发行过太和五铢、永平五铢、永和五铢、常平五铢、布泉、五行大布、永通万国等钱币。北齐初年"犹用永安五铢。迁邺已后,百姓私铸,体制渐别,遂各以为名。有雍州青赤,梁州生厚、紧钱、吉钱,河阳生涩、天柱、赤牵之称。冀州之北,钱皆不行,交贸者皆以绢布"②。北周各地之货币流通也不尽相同:京师周边地区,使用皇帝新铸之布泉,其后又更为五行大布,以至永通万国;而"梁益之境,又杂用古钱交易";河西地区用来自西域的金银钱;北齐灭后,当地"杂用齐氏旧钱"。与北朝相比,南朝的货币相对稳定,至梁初"唯京师及三吴、荆、郢、江、湘、梁、益用钱,其余州郡则杂以谷帛交易,交、广之域则全以金银为货"③。可见中原地区虽然在内乱之际,货币通行不畅,但由于不像河西地区存在着繁荣的国际商贸交往,因此当国家对货币的管理失序后,则要么退回到物物交换的状态,要么使用布帛用于交换。总而言之,中原其他地区

---

① 〔唐〕慧立、彦悰:《大慈恩寺三藏法师传》,第 11 页。
② 《隋书》卷二十《食货志》。
③ 《通典》卷九《食货九·钱币下》。

并不具备使用金银钱进行交易的条件。

那么为什么河西地区能够使用西域金银钱呢？究其原因，可从以下两方面来探究：

第一，与西魏或北周相比，东魏或者北齐以及南朝获得西域金银钱的难度较大，数量也相对有限。一方面北周地处西北，所控地区以河西为主，这里是中原最接近西域的地区；且自张骞凿空以来，通往西域最重要、最繁荣的道路即为河西道，这里是联结西域的重要关口；因此北周特别是河西诸郡依地利之便，可以得到大量西域金银钱。另一方面，与西域的商贸交流无疑能够带来比较丰厚的利润，位于交通要道上的北周王朝也在切实地维护自身的地利优势，史书中记载：北周凉州刺史史宁曾截获北齐与吐谷浑之间的通使队伍，而队伍中有大部分人即为西域胡商[1]，反映出北周对北齐与西域交往的限制。由此一来，由于北周的刻意阻隔，北齐以及南朝就更难以得到西域金银钱。

第二，同样由于地理位置的不同，拥有中原腹地的北齐，以及自诩为华夏正朔的南朝，其传统汉文化影响较深，那里的居民仍以汉人为主，因此他们也习惯于用铜钱来交换物品。而河西地区的居民构成却发生了重要变化，自晋世以来，因战乱不断，河西地区渐趋衰落，以至"荒废，遂不用钱"；自晋皇南迁之后，北方在众少数民族的冲击下，其传统汉文化更为淡薄。具体说来，凉州河西地区尤为特殊，晋乱之后，一些汉氏高族迁居于此，繁衍数代，在某种意义上，竟成为晋世南迁后文化的主要传承者。然而，与此同时，这里的居民在长期与西域民族的交往过程中，对于胡俗也有一定程度的吸收，使用金银钱即为一例。及至魏际，西域商胡大量东迁，而河西地区成为他们的主要聚居地。这些商胡的内迁，不仅带来了西域地区存在着的各种金银钱，同时也带来了他们的生活习惯，因此皇帝特设"萨保"一职授予各迁徙部落之首领，以实现羁縻目的。[2] 在这些带来的习俗当中，必然有使用金银钱之例。同样，正是由于这里大量存在的商胡部落或后裔，才会出现"官不禁"的局面。

此外，不仅地域差异造成不同地区金币用途不一，时代的变迁也深深影响着社会生活。随着隋朝统一中原的实现，皇帝从各个环节加强管理，特别是关系民生的货币制度，《通典》卷九《食货九·钱币下》载：

---

[1] 《周书》卷五〇《异域传下·吐谷浑传》。
[2] 西安市文物保护考古所：《西安北周凉州萨保史君墓》，载《文物》，2005年第3期。

> 隋文帝开皇元年，以天下钱货轻重不一，乃更铸新钱，背面肉好，皆有周郭，文曰"五铢"，而重如其文。每钱一千，重四斤二两。……是时，钱既杂出，百姓或私有铸。三年，诏四面诸关，各付百钱为样，从关外来。勘样相似，然后得过。样不同者，则坏以为铜，入官。诏行新钱以后，前代旧钱，有五行大布、永通万国及齐常平，所在勿用。以其贸易不止，四年，诏仍旧不禁者，县令夺半年禄。然百姓习用既久，犹不能绝。五年，诏又严其制。自是钱货始一，所在流布，百姓便之。

凭借官方的强力控制，隋朝初年，两晋以来钱币发行与使用的混乱局面告一段落，五铢钱成为中国境内合法通行的货币，虽然河西地区由于胡商大量聚集，金银钱仍然大量存在，但随着铜币在皇权护卫下的逐渐稳定，慢慢地成为全国的通行货币，改变了以前货币无序的状态。

综上，河西、南方广东地区由于地处丝路要冲，商业活动繁盛，这里中央王朝的控制相对较弱，又能够经由与西方商人的交往，得到大量西域金银钱的同时深受西方风俗习惯的影响，因此能够在北朝时国家货币管理比较混乱之际，使用西域金银钱用于流通。

其次，北周时期的河西地区由于政府管理相对松散而造成的"或用金银钱"现象，仅仅是一个例外；实际上，在汉人占绝大多数的地区，从中国人对金制器物的传统态度与爱好来看，中国本身并不具备用金币作为通货的基础。

中国人的猎奇心理在对待来自拜占庭的金币时，表现得尤为激烈。其代表人物莫过于隋炀帝，他由于喜欢西域珍宝，而命裴矩经营西域，利诱各商胡前往长安贡献，被后人称为劳民伤财，以一己之私欲而害国之大利。而在国人眼中，西域是盛产珍宝之地，在史籍之各部西戎传中，均可见到关于西域某国出产珍异的记录：《旧唐书·西戎传》载拂菻"土多金银奇宝，有夜光璧……凡西域诸珍异多出其国"[1]。其他史籍也都有"多出异物"的大秦（也称为普岚、拂菻，均指罗马帝国）国的记载，称其"市买用金银钱"[2]。在中国人印象中，这些"异物"精美且稀

---

[1] 《旧唐书》卷一九八《西戎传》。
[2] 《史记》卷一二三《大宛列传》载：康氏《外国传》云："（大秦）其国城郭皆青水精为础，及五色水精为壁。人民多巧，能化银为金。国土市买皆金银钱。"

少，价值不菲，堪称"珍异"。因此，当那些雕刻着"胡神"和"夷狄之王"的金币一出现，就立刻吸引到中国人的视线，成为品评、把玩之珍物。1970年出土21号金币的陕西西安南郊何家村窖藏，则表明该枚金币正是作为具有特殊价值的外国货币被收藏。

而在中国，价值高昂的黄金，凭借其自然魅力和永恒价值，受到人们的青睐。它有时用于流通，有时铸成饰品或精美器物广为流传。我国很早就开始使用金银，史载夏商以前"币为三品：珠玉为上币，黄金为中币，白金为下币"①。考古发现甘肃玉门火烧沟遗址的金环、银环和金耳环等物为夏朝时期铸造②，及至商代，考古发现的金银制品在数量和形制上大大增多。到秦汉时，金银的使用非常广泛，成为财富储藏、国库储备、贸易流通以及各种馈赠、赏赐的重要手段，已经达到"赐予悉用黄金"的程度③。秦统一后，延续周以来用金铜为钱的旧例，"一中国之币为二等：黄金以镒为名，上币；铜钱质如周钱，文曰'半两'，重如其文，为下币"④。汉兴后，继续沿用黄金和铜钱，黄金一般铸成圆形饼状，重量以斤计。东汉以后，由于多种原因，黄金的使用大幅减少。魏晋以后，黄金的货币地位便趋于消失，直至基本退出流通，主要作为器饰、宝藏之用。⑤

隋唐时期，金银器的应用又达到高峰。一方面"受到中亚、西亚的影响"⑥；另一方面，社会经济的复苏与繁荣也为金银器皿的盛行提供条件。此时整个社会都极其热衷金银制品，它们作为进贡、馈赠、赏赐佳品，广泛应用于各个阶层。史籍和考古发现都有大量金银器的内容：例如《新唐书》载唐高宗为纳武氏为后，竟然为获得长孙无忌的赞同而送金银给他。⑦ 此外，金制品在民间的应用也很广泛，镶嵌金银已成为显

---

① 《通典》卷八《食货八·钱币上》。

② 甘肃博物馆：《甘肃省文物考古工作三十年》，见《文物考古工作三十年》，北京：文物出版社1979年版。齐东方：《唐代金银器研究》，北京：中国社会科学出版社1999年版，第202页。

③ 《宋史》卷二九六《列传第五五·杜镐传》记："太宗问镐，'西汉赐予悉用黄金，而近代为难得之货，何也？'"

④ 《通典》卷九《食货九·钱币下》。

⑤ 萧清：《中国古代货币史》，北京：人民出版社1984年版，第168—170页。

⑥ 宿白：《中国境内出土的中亚与西亚遗物》，见《中国大百科全书·考古学》，北京：中国大百科全书出版社1986年版，第679页。

⑦ 《旧唐书》卷六十五《长孙无忌传》。

示物品精致、贵重的主要方法，镶金挂银的车服、器皿、佩饰等屡见不鲜，女性的金银饰物更是稀松平常。《新唐书》卷二四《车服志》载：一种可做六品以下夫人服装和九品以上女嫁服的"大袖连裳"衣服为："青质，素纱中单，蔽膝、大带、革带，韈、履同裳色，花钗，覆笄，两博鬓，以金银杂宝饰之。庶人女嫁有花钗，以金银琉璃涂饰之。连裳，青质，青衣，革带，韈、履同裳色。"规定虽然如此，但逾越规矩的行为却从不稀奇，穿金戴银已是全社会趋之若鹜的行为，并成为一种生活质量和社会地位的标志。我国出土拜占庭金币的墓主非皇亲贵族即豪门巨贾，反映出在中原地区，只有地位较高的高官显贵才能够得到拜占庭金币。

纵观金银于中国货币史上的地位，可以发现：尽管金银很早就已经被用作流通货币，然而在现实的交换过程中，金银的流通地位逐渐难以保证，故而杜佑在论及钱币变革时，称"金银则滞于为器为饰，谷帛又苦于荷担断裂"①，这种用金银制作饰物的倾向，构成了汉以后金银逐渐退出流通的原因之一。

正是这种将金子熔铸为器物、饰品的习惯，导致来自远方的拜占庭金币更可能被作为珍器收藏，或为展示自己的珍藏、或为炫耀，而被穿孔、镶环以便充作挂饰。我国出土的金币及仿制金币中，许多被穿孔，大部分出于墓主颈部或身侧，可见曾用于佩戴。2017 年陆丑墓出土的两枚金币就是合在一起被镶嵌在一枚戒指中，证明金币的这种佩饰作用。

拜占庭金币不只在中国，在世界各地，甚至包括拜占庭帝国内部，都有作为装饰品的用途。查士丁尼的"法学汇纂"中记录了一条关于用古币作饰物的法令："对人们想要用作饰物的一枚古金币或银币，亦可以遗赠用益权。"② 由此，我们可以断定在东西方各地，将金银币穿孔用作饰物的现象是存在的。而用金币作饰品的习俗在拜占庭帝国乃至拜占庭文化圈内都延续了很长时间，直至近代，希腊人最昂贵的民族服饰就是以戴着满满的金币挂饰为特征。③

---

① 《通典》卷八《食货八·钱币上》。

② *Digest*. 7. 1. 28, Nomismatum aureorum vel argenteorum veterum, quibus pro gemmis uti solent, usus fructus legari potest. 拉丁文图书馆，2003 - 04 - 16 from：< http：//www.thelatinlibrary.com/justinian/digest7. shtml >. 中译文见：〔古罗马〕优士丁尼（查士丁尼）：《民法大全·学说汇纂》第 7 卷，米健译，北京：中国政法大学出版社 1999 年版，第 32 页。

③ 参见 Bruhn, Jutta-Annette, *Coins and Costume in Late Antiquity*, Dumbarton Oaks, 1993；相关的服装背景，参照雅典贝纳基（Benaki）博物馆展览。

东西方两大文明之间，除以金币作为饰品这一共同点外，甚至连对金饰品的解释都非常相似。拜占庭帝国的臣民，由于铸币作为货币所反映出来的财富意义以及币面上的皇帝肖像，相信铸币具有某种特殊能力或者意义，因此把它穿孔后戴在身上充当平安符，有的甚至还在铸币的外缘刻一周"主保佑佩戴者"的铭文，更为明显地表达这一含义。① 而自古以来中国人就对金银怀有特别情感，认为它们具有特殊意义。自汉以降，人们普遍认为金银做成的器物对人体健康长寿有奇特功效。《太平御览》珍宝部银条载："武德中，方术人师市奴合金银并成，上异之，以示侍臣。封德彝进曰：'汉代方士及刘安等皆学术，唯苦黄白不成，金银为食器可得不死。'"② 这种"金银为食器可得不死"的观念深入人心，尤其受到高官显贵们的执着追崇。后来，这种观念还进化为"食金银成仙"的理论。《太平御览》珍宝部金条载："抱朴子曰：合金液用古称黄金一斤，都合用四十万而成一剂，可令人人仙，其次，饵黄金一斤可得地仙。"③ 由此可见在人们观念中，黄金具有重要意义。

此外，中国传统习俗当中，钱币同样具有辟邪趋吉的功用。除去用于贸易的钱币之外，中国古代还会发行一些特殊形制的钱币，比如压胜钱④、佩钱、宫钱、洗儿钱、供养钱等等。在北朝及至隋唐之际，中国传统的、对于金银以及钱币的辟邪观念，在接触到来自拜占庭帝国的金币时，自然会迸发出来，从而将这种形制特殊的金币用作佩戴，以起辟邪、长寿、供奉之意。故而2000年在青海乌兰发掘的大南湾遗址J1中，祭坛最底层的7号柱洞中埋有6枚波斯银币和1枚拜占庭金币⑤，显然具有奉神、辟邪之意。这与流传至今的在建筑物底部放置铜钱的习俗一致，表现出拜占庭金币传入中国后与当地习俗的结合。

通过上述两方面的论证，从古代中国社会的地区差异、时代差异、

---

① 相关资料引自美国敦巴登橡树园拜占庭研究中心，铸币专题之用途网页。2002 - 10 - 18 from: < http://www.doak.org/CoinExhibition/uses/uses1main.html >.

② 〔宋〕李昉等撰：《太平御览》卷八一二《珍宝部十一·银》，中华书局1960年版影印本，第3608页。

③ 《太平御览》卷八一〇《珍宝部九·金中》，第3605页。

④ 压胜钱，是指具有特殊形制的钱币，不用于流通，而用以厌禳为目的，用作收藏、佩戴之用，又称押胜钱，民间俗称花钱，严格说来，佩钱、宫钱、洗儿钱、供养钱均属压胜钱系列。

⑤ 青海省文物考古研究所：《青海乌兰县大南湾遗址试掘简报》，载《考古》，2002年第12期。

货币习惯以及对待金子的态度等方面来看,拜占庭金币曾经在北朝末年至隋唐时期于河西、交广地区参与流通,但其流通范围有限。而从比较广义的中原内地来说,根据古代中国的社会状况以及目前的资料情况,中国发现拜占庭金币的数量以及出土信息,尚无法证明它们曾在比较大的范围内参与流通。

结　语

　　罗马—拜占庭帝国位于丝绸之路的西端，它作为丝路贸易的重要一环，也推动了丝绸之路的发展与繁荣。反过来，丝绸之路作为欧亚大陆沿途各地、各民族的通道，也会将各地的信息传递到其他地区，促进各地信息、文化的传播。因此，无论是早期罗马帝国在中文史书中的"大秦"形象，还是后来拜占庭时期的"拂菻"，都是欧亚大陆西端的这个大帝国自身发展、变化经由丝绸之路在东方形成的映射。

　　本书的前三章是从宏观的大历史视野出发，分别从三个时期——4世纪之前的罗马帝国、拜占庭帝国早期以及8世纪以后的拜占庭帝国——中国关于罗马—拜占庭帝国的文献记载以及考古发现，具体钩沉这种映射在不同时期的联系与差异。

　　在5世纪之前，中国人的记录中将罗马帝国称为"大秦"，从甘英、蒙奇兜勒到"安敦王"派来的使者，从各种源自大秦的宝物到来自大秦的"幻人"：文献中记录着一个与中国联系颇多的"大秦"国。而且尽管安息帝国所在的陆路丝绸之路能够通往大秦，但直接交往一定程度上受到安息的阻挠；事实上，中文史籍中"大秦"使者或商人大都经由海上商道前来。当考古工作如火如荼地推进，当其他时代的一些遗物被发现佐证了文献的记录时，我国境内却并未发现来自罗马帝国的遗物；而同时期的印度半岛却存在着大量来自罗马帝国的银币，甚至考古工作者发现了在印度制造发行仿制罗马帝国货币的作坊。这一反差是当时东西方海上贸易通道的特征造成的，罗马与印度、印度与中国构成了两个不同商业圈，尽管当罗马帝国的商人、技人、旅人抵达印度后，有可能再向东进入中国，罗马的商品也通过印度与中国的商路进入中国，但在这个商业圈中，罗马帝国的货币并不是主要的通货手段，商人之间的交换易货以其他形式来完成。

从 5 世纪到 6 世纪初，中文史料中关于大秦的记载几乎没有新材料的加入，这不仅仅是因为中国在东汉末年陷入内乱，官方失去了对外联系方面的管理，相应信息难以被记录；还因为此前的罗马帝国也陷入内乱，从 2 世纪末到 3 世纪末经历了长达百年的动荡，尽管 4 世纪初君士坦丁王朝治下的帝国已趋于稳定，但罗马帝国在内政外交上的剧变还未结束；帝国以东新崛起的萨珊波斯帝国长期与罗马为敌，无论是海洋商道还是陆路商道都在后者的控制之下。在这种情况下，5 世纪之前的罗马—拜占庭帝国很难经由丝绸之路将它的讯息传到东方；直到 5 世纪拜占庭帝国与萨珊波斯签署合约，维持了将近百年的和平期，情况才发生变化。因此从北魏晚期开始，关于拜占庭帝国的信息开始出现，并在隋时有了约定俗成的译名——"拂菻"（或"拂懔"等）。

中文的文献记载勾勒出隋至唐中期之前拜占庭帝国与中国往来频繁的画面：拂菻使者的数次到访；娇小可爱，于贵妇人中风靡一时的拂菻狗；异族牵狗或举旌旗的形象以"拂菻"之名成为中式建筑中的典型样式。而考古工作者不断发掘出的拜占庭金币则有力地证实这这段时期拜占庭帝国与中国交往的繁盛。说明相比于罗马时期，经过 3—4 世纪的变化，此时拜占庭帝国所在的地中海世界与东方的交流在交通的范围、深度和广度上都有极大的提升，也反映出全球范围内各地区之间联系在不断增进的趋势。

从 8 世纪中期一直到宋明时期，中文史籍中关于拜占庭帝国的讯息逐渐沉寂，虽然宋史中有一定的记载，关于这段记载的争论也比较多，但共识是这反映出唐中期后拜占庭帝国与东方往来交通的衰落。这也是历史的必然，随着阿拉伯人的崛起与扩张，东地中海地区的埃及、叙利亚为阿拉伯人占据，拜占庭帝国从 7 世纪中期政治上收缩于爱琴海与黑海；而唐王朝则在 8 世纪中期的怛罗斯战役失败后也开始政治收缩，必然导致双方在丝绸之路中参与的下降以及影响的降低。这一变化是如此明显，不仅中文史籍的记载反映出来，考古发现也少见来自拜占庭帝国的文物。在东方的拂菻形象正如它所代表的帝国一样，在历史洪流中逐渐沉寂、消失。

通过这三章的分析，可知从罗马帝国经历了大危机之后逐渐过渡到拜占庭时期，拜占庭帝国则在繁荣之后在 7 世纪中期被迫转型，这一事实与丝绸之路沿途的其他政治变化影响着中国人所了解的罗马—拜占庭帝国的形象。然而研究并不能止步于此,在北朝到隋唐"大秦"到"拂菻"的形象正值转变、重新建构时,拜占庭金币大量传入中国,与其他文物相比,这些金币虽然体积小,但数量较多,且其罗马—拜占庭属性极易辨识,构成了深入分析这个嬗变时期拜占庭帝国与中国的往来,甚至拜占庭帝国的经济、文化影响力在东方发展的重要资料。

本书的第四章、第五章,着重分析中国以及邻近地区发现的拜占庭金币以及仿制的金币和金片,在仔细辨析每一枚金币、金片的类型、特征后,将其分为拜占庭金币、拜占庭式的仿制金币和仿制金片三种,随后按照这三种类型,分别考察其时间、空间以及所有者的分布与差异。经过对不同类型金币与金片的细分之后,发现:第一,拜占庭金币及仿制品的原型主要集中于5世纪到7世纪初,且6世纪中后期有小幅低潮,这也与拜占庭帝国早期政治变迁相符合。第二,中国境内发现的拜占庭金币主要集中在中原及周边的甘肃、青海、山西、陕西、河南、河北、内蒙古乃至辽宁等地;地位较高者获得金币数量较多且多为拜占庭官方制作的金币,而进入中原的粟特后裔手中的则有金币、仿制金币和仿制金片等不同类型。第三,中国境内的拜占庭式仿制金片除陕西、宁夏等地的偶尔出现外,主要集中在新疆,特别是吐鲁番的墓葬群中,说明吐鲁番地区与金片的大量存在有着特殊关系。

基于这些金币、金片的辨析与分析,特别是与之前相关考古信息反映出来的问题与线索,第六章与第七章分别探讨在拜占庭帝国与中国之间的国家、族群究竟如何推动和促进东西方之间的政治经济文化交流。

第六章以欧亚大陆间存在的强大政权为对象,分别讨论萨珊波斯帝国、嚈哒汗国、西突厥汗国以及柔然的影响。萨珊波斯帝国取代安息帝国成为东西方商路的必经通道后,其政策以及政治变化对丝路贸易影响极大,也影响到拜占庭帝国与中国的交往,其在5世纪初与拜占庭帝国的和解开创了此后丝绸之路的一个繁荣期,特别是拜占庭帝国的货币以及影响迅速渗透到丝路贸易中来,其主要表现就是拜占庭金币成为国际通货为众人接受。而嚈哒汗国的重要影响不仅在于它治下的中亚地区是欧亚大陆的十字路口,其辖下的粟特商人行走各地,沟通东西;还在于它在政治和军事上的强盛,在5世纪后半期到6世纪前半期成为欧亚大陆上超越萨珊波斯帝国的政治强权,并且西与拜占庭帝国相通,东与中原的北朝政权通使,极大地推动了此时东西两大世界的往来。相对而言,西突厥人在灭掉嚈哒之后，也继承了他们的遗产，成为继续沟通东西的重要桥梁，只是西突厥汗国没有嚈哒人对于萨珊波斯帝国的压制，无法通过萨珊波斯境内与拜占庭人贸易，只能转而向北经由北方草原丝路通往黑海东岸前往拜占庭，加强了北方草原丝路此时在东西方政治、经济、文化交流中的作用。从4世纪到6世纪控制着草原大部的柔然人同样也是东西方经济、文化的重要参与者，但是关于其资料十分有限，我们仅能从磁县的茹茹公主墓出土两枚金币一窥柔然在其间的作用。

　　除了中亚的这些强大政权外，东西方之间还有一些其他族群、政权推动了东西方的经济文化交往。位于中亚商路要道上的粟特民族不但可以得到大量拜占庭金币，而且在常年经商的氛围中，形成以商为业、推崇财富、金银的习惯，因此，有可能正是粟特民族出于对拜占庭金币的钟爱，开始制作仿制金币。这种行为在随后粟特民族向东方的迁徙过程中逐渐流传到各地，导致拜占庭式金币仿制品在不同地区的出现。控制青海地区的吐谷浑则借助自身的地理优势从丝绸贸易中获益，他们不仅能够获取来自西方的各种珍物以及货币，还能借助丝绸之路青海道的收益壮大自己。南方的海洋丝绸之路早在罗马帝国时期就是东西方的重要商道之一，特别是当时安息帝国并未控制亚丁湾与红海，这里成为罗马商人前往印度且能避过安息控制的重要商道，然而3世纪危机后罗马人失去了对亚丁湾的控制，当6世纪初萨珊波斯帝国与拜占庭帝国发生冲突，东西商路一度被阻时，亚丁湾以西的阿克苏姆王国成为查士丁尼力图打破萨珊波斯封锁的突破口，虽然未能成功，但为我们认识罗马—拜占庭帝国嬗变过程中东西商路的变化及相应的政治互动提供了范例。

　　最后，不可避免地要考量在罗马—拜占庭帝国嬗变的过程中，传入中国境内的拜占庭金币以及拜占庭式金币和金片是如何于各色人中辗转，又有着怎样的用途。第八章则以这些金币、金片的考古信息为线索，分别讨论了新疆吐鲁番地区的拜占庭式金片与文献记载中高昌王国所使用"金钱"的问题，以及吐鲁番地区广泛存在的拜占庭式仿制金片与萨珊波斯银币口含现象，并以此提出假设：吐鲁番地区在麹氏高昌及唐西州时期逐渐形成了下葬时口含钱币的潮流，而现实中流通的金钱与银钱就成为他们为死后世界准备财物的模板，正如吐鲁番地区出土的拜占庭式金片类似墓葬中用来代替实物的木鸡、木鸭以及纸钱，可能是富人用来代替现实世界中的金币，并把金币含于口中；这些金片原本只是装饰物，镶嵌或挂在衣服或饰品上，然而，当这种口含币葬俗需要大量金片时，不能排除吐鲁番当地居民自己制作此类金片的可能；吐鲁番地区发现的拜占庭式金片虽然大部分差别较大，但其中两种形制几乎完全相同，说明这种吐鲁番地区很可能存在金币制作作坊，从而保证相当数量的金片形制相同。

此外，通过对中国境内拜占庭金币以及拜占庭式仿制金币的信息梳理，发现这些金币主要出现在中原地区，说明金币与金片的流转方式和用途大不相同。结合前辈学者的研究分析，经过对金币普遍存在的穿孔、剪边的总结与分析，可知我们目前之所以能够发现拜占庭金币，都是由于某种原因退出流通的结果；而且金币的剪边、穿孔虽然影响其币值，但并不妨碍其作为黄金制品继续用作流通物；金币之所以退出流通，有的是因为不慎遗落或因突发事件紧急埋藏，还有些被加工成饰品用于佩戴赏玩；有时，金币会被所有者保留甚至随葬，甚至还有些金币或做成饰物的金币被当作献礼赠献给进入中原后沿途的高官显贵，成为他们的喜好把玩之物，最后这些金币与主人一起也被埋入地下。总而言之，根据《隋书·食货志》的记载，北朝时期河西地区大量使用来自西方的金银钱，而根据目前考古发现的情况来看，金币当为拜占庭帝国发行的金币或其他地区仿制的拜占庭式金币，银币则为萨珊波斯银币或中亚地区仿制的银币，也就是说，拜占庭金币在一定时期内于古代中国的某些地区流通毋庸置疑；有些金币因为一些原因退出流通，成为饰品或随葬入地下，也与其流通属性没有冲突，只是历史发展多样性的结果。一枚货币可能在不同时期具有不同用途，这类拜占庭金币在作为通货存在的同时，其中的一些个体也会因不同原因承担不同的使命。

总而言之，以宏观的大历史视野来看，从罗马帝国向拜占庭帝国、拜占庭帝国前期到中期的过渡与嬗变，以及这个过程中欧亚大陆沿途政治的变迁，经由丝绸之路的连通，都曾影响到东方的中国，并改变着中国人所了解的极西世界；从微观的中国所现金币和金片来看，分析其以何种方式存在于人们的日常生活之中，恰恰是探讨拜占庭帝国的经济文化因素在东方的影响程度。宏观与微观是考察罗马—拜占庭帝国所代表的地中海世界与古代中国之间沟通与影响的两个维度，将两者结合起来考察，不仅拓宽了研究的思路，还加深了研究的深度。

参考文献

原始文献：

外文文献：

1. *A Manual of Roman Law the Ecloga*, published by the emperors Leo III and Constantine V of Isauria at Constantinople A. D. 726, rendered by Edwin Hanson Freshfield, Cambridge, 1926.

2. "Agathias on the Sassanians", by Cameron, Averil, *Dumbarton Oaks Paper* (1966), pp. 68 – 183.

3. Ammianus Marcellinus, *The Roman History of Ammianus Marcellinus*, trans. by John C. Rolfe, vol. 1, XVIII: 7 – 8, London: William Heinemann Ltd., 1935,

4. Cosmas Indicopleustes, *The Christian Topography of Cosmas, An Egyptian Monk*, trans. & ed., J. W. McCrindle, Cambridge: Cambridge University Press, 2010.

5. *Chronicon Paschale, 284 – 628 A. D.*, tr. by Michael and Mary Whitby, Liverpool University Press, 1989.

6. Joshua the Stylite, *Chronicle of Joshua the Stylite*, 10 – 11, trans. William Wright, Cambridge: Cambridge University Press, 1882.

7. *Life of Mar Aba*, 37, trans. Roger Pearse, Ipswich, UK, 2013, http://www.tertullian.org/fathers/life_of_mar_aba_1_text.htm, 2016 – 08 – 29.

8. al-Tabari, *The History of al-Tabari*, v. 5, *The Sasanids, the Byzantines, the Lakmids, and Yemen*, 898, trans., C. E. Bosworth, New York:

State University of New York Press, 1999.

9. *The Christian Topography of Cosmas, an Egyptian monk*, tr. from the Greek, and ed., with notes and introduction by J. W. McCrindle, London, 1897.

10. *The Chronicle of John Malalas*, tr. by Elizabeth & Michael Jeffereys and Roger Scott, Melbourne, 1986.

11. *The Chronicle of Theophanes Confessor, Byzantine and Near Eastern History AD 284 – 813*, tr. by Ciril Mango and Roger Scott, Oxford, 1997.

12. *The History of Menander the Guardsman: Introductory Essay, Text, Translation, and Historiographical Note*, by R. C. Blockley, Liverpool, 1985.

13. *The History of Theophylact Simocatta: An English Translation with Introduction and Notes*, tr. by Michael and Mary Whitby, Oxford, 1986.

14. *The Roman Eastern Frontier and the Persian Wars, Part II AD 363 – 630, a narrative sourcebook*, ed. & compiled by Geoffrey Greatrex and Samuel N. C. Lieu, Routledge, 2002.

15. *Trade, Transport and Society in the Ancient World, a sourcebook*, compiled by Fik Meijer and Onno van Nijf, Routledge, 1992.

16. Zacharias of Mitylene, *The Syriac Chronicle (The Syriac Chronicle Known as that of Zachariah of Mitylene)*, trans. F. J. Hamilton & E-. W. Brooks, London: Methuen & CO., 1899

17. 《塞奥多西法典》, 拉丁语版: *Codex Theodosius*, 2003 – 03 – 24, from: < http://www.upmf-grenoble.fr/Haiti/Cours/Ak/codtheod.html >.

18. 查士丁尼:《民法大全》, 英文版: (1) *Institutes*, Fordham Medieval Sourcebook, 2003 – 03 – 22, from: < http://www.fordham.edu/halsall/basis/535institutes.html > 。

(2) *Institute, Codex of Justinian, Digest*, Scott, P. R., *The Civil Law*, vol. 2 – 17, New Jersey, 2001.

拉丁文版: *Institutiones*; *Codex Justinianus*; *Digestae*, the Latin Library, 2003 – 04 – 16, from: < http://www.thelatinlibrary.com/justinian.html >.

19. 普罗柯比:《秘史》, (the Loeb Classical Library: Procopius, *Secret History*, translated by H. B. Dewing, Havard University Press.);

另一版本: translated by Richard Atwater, Fordham Medieval Sourcebook, 2003 - 03 - 02, from: < http://www.fordham.edu/hasall/source.secret-history.html >。

20. 普罗柯比:《战记》(*History of the Wars*, with an English translation by H. B. Dewing, Cambridge, 1990.)。

中文文献：

21. 〔西汉〕司马迁:《史记》,中华书局。

22. 〔东汉〕班固:《汉书》,中华书局。

23. 〔南朝宋〕范晔:《后汉书》,中华书局。

24. 〔三国〕王沈:《魏书》、鱼豢:《魏略》,见陈寿:《三国志》,中华书局。

25. 〔唐〕房玄龄:《晋书》,中华书局。

26. 〔北齐〕魏收:《魏书》,中华书局。

27. 〔唐〕李百药:《北齐书》,中华书局。

28. 〔唐〕令狐德棻等:《周书》,中华书局。

29. 〔唐〕魏征等:《隋书》,中华书局。

30. 〔南朝梁〕沈约:《宋书》,中华书局。

31. 〔南朝梁〕萧子显:《南齐书》,中华书局。

32. 〔唐〕姚察、姚思廉:《梁书》,中华书局。

33. 〔唐〕姚察、姚思廉:《陈书》,中华书局。

34. 〔唐〕李延寿:《北史》,中华书局。

35. 〔唐〕李延寿:《南史》,中华书局。

36. 〔后晋〕刘昫等:《旧唐书》,中华书局。

37. 〔宋〕欧阳修、宋祁:《新唐书》,中华书局。

38. 〔元〕脱脱等:《宋史》,中华书局1997年版。

39. 吴康居国沙门康僧会译:《六度集经》,中华电子佛典协会,2002年。

40. 〔晋〕法显撰,章巽校注:《法显传》,上海古籍出版社1985年版,第5页。

41. 梁会稽嘉祥寺沙门释慧皎撰:《高僧传》,中华电子佛典协会,2001年。

42. 〔北魏〕杨衒之著,杨勇校笺:《洛阳伽蓝记校笺》,北京:中华书局 2006 年版。

43. 〔南梁〕萧衍:《职贡图》残卷,"滑国使臣图题记"。

44. 〔唐〕玄奘、辩机原著,季羡林等校注:《大唐西域记校注》,北京:中华书局 1985 年版。

45. 〔唐〕杜佑撰,王文锦等点校:《通典》,北京:中华书局 1988 年版。

46. 〔唐〕惠超:《往五天竺国传笺释·经行记笺注》,北京:中华书局 2000 年版。

47. 〔唐〕慧立、彦悰:《大慈恩寺三藏法师传》,北京:中华书局 1983 年版。

48. 宋释赞宁撰:《宋高僧传》,中华电子佛典协会,2002 年。

49. 〔宋〕李昉等撰:《太平预览》,中国书局影印本,1960 年。

50. 〔宋〕李昉等编:《太平广记》,北京:人民文学出版社 1959 年版。

51. 〔宋〕李诫 撰,邹其昌 点校:《营造法式》,北京:人民出版社 2011 年版。

论文与专著:

1. Adelson, Howard L.,
'Early Medieval Trade Routes', *The American Historical Review*, Vol. 65, No. 2, Jan., 1960, pp. 271 – 287.
Light Weight Solidi and Byzantine Trade During the Sixth and Seventh Centuries, the American Numismatic Society, 1957.

2. Alexander, P. J., 'The Strength of Empire and Capital as Seen through Byzantine Eyes', *Speculum*, Vol. 37, No. 3 (Jul., 1962), pp. 339 – 357.

3. Allen, A., "The 'Justinianic' Plague", *Byzantion*, 1979, pp. 5 – 20.

4. Alram, M., "Hunnic Coinage", *Encyclopedia Iranica Online Edition*, updated in 2012 – 03 – 23, http://www.iranicaonline.org/articles/hunnic-coinage, 2016 – 10 – 05.

5. Barker, John W., *Justinian and the Later Roman Empire*, Wisconsin, 1966.

6. Bellinger, Alfred R. ,

'The Coins and Byzantine Imperial Policy,' *Speculum*, vol. 31, No. 1, Jan. , 1956, pp. 70 – 81.

Catalogue of the Byzantine Coins in the Dumbarton Oaks Collection and in the Whittermore Collection, v. 1, Anatasius I to Maurice, 491 – 602, Washington, D. C. , 1966.

7. Bellinger, Alfred R. , Bruun, P. , Kent, J. P. C. & Sutherland, C. H. V. , 'Later Roman Gold And Silver Coins at Dumbarton Oaks: Diocletian to Eugenius', *DOP*, 1964, pp. 163 – 236.

8. Berghaus, P. , "Roman Coins from India and their Imitations," in: *Coinage, Trade and Economy, Indian Institute of Research in Numismatic Studies*, Anjaneri, Nasik, India, 1991,

9. Bennigsen, Alexander, 'On Ancient Central-Asian Tracks: Brief Narrative of Three Expeditions in Innermost Asia and Northwestern China.' *The Journal of Asian Studies*, Vol. 35, No. 2, Feb. , 1976, p. 339.

10. Boak, E. R. , *A History of Rome to 565 A. D.* , New York, 1946.

11. Browning, R. , *Justinian and Theodora*, London, 1987.

de Bruijn, Erik et Dudley, D. , 'The Humeima Hoard: Byzantine and Sasanian Coins and Jewelry from Southern Jordan', *Ameriacan Journal of Archaeology*, vol. 99, No. 4, Oct. , 1995.

12. Bruhn, Jutta-Annette, *Coins and Costume in Late Antiquity*, Dumbarton Oaks, 1993.

13. Burns, T. , & Eadie, J. , ed. , *Urban Centers and Rural Contexts in Late Antiquity*, Michigan: 2001.

14. Bury, J. B. ,

ed. , *The Cambridge Medieval History*, vol. 1, 2, Cambridge, 1957.

History of the Later Roman Empire: from the Death of Theodosius I to the Death of Justinian, A. D. 395 to A. D. 565, London, 1923.

'The Turks in the Sixth Century', *the English Historical Review*, Vol. 12, No. 47, Jul. , 1897, pp. 417 – 426.

15. Cameron, Averil,

'Images of Authority: Elites and Icons in Late Sixth-Century Byzantium',

Past and Present, No. 84, Aug. , 1979, pp. 3 – 35.

Procopius and the Sixth Century.

16. Cameron, Averil, Ward-Perkins, Bryan and Whitby, Michael ed. , *The Cambridge Ancient History*, v. XIV, *Late Antiquity: Empire and Successors*, A. D. 425 – 600, Cambridge, 2000.

17. Carson, R. A. G. , *Coins of the Roman Empire*, New York, 1990.

18. Charlesworth, M. P. , *Trade-Routes and Commerce of the Roman Empire*, second and revised edition, London, 1926.

Joe Cribb, "the Kidarites, the Numismatic Evidence. With an Analytical Appendix by A. Oddy", in: Michael Alram, eds. , *Coins, Art and Chronology in the First Millenium C. E. in the Indo-Iranian Borderlands*, Wien: Verlag der Österreichischen Akademie der Wissenschaften, 2010.

19. Cunningham, A. , "Later Indo-Schythians. 'Ephthalites, or White Huns'", *The Numismatic Chronicle and Journal of the Numismatic Society*, Third Series, Vol. 14, 1894, pp. 243 – 293.

20. Curtis, V. S. (Askari, M. E. & Pendleton, E. J. , *Sasanian Coins: A Sylloge of the Sasanian Coins in the National Museum of Iran (Muzeh Melli Iran)*, Tehran, Vol. II. London: the National Museum of Iran and the British Museum, 2010

21. Daryaee, Touraj *Sasanian Persia: The Rise and Fall of an Empire*, London and New York: I. B. Tauris & Co. Ltd, 2009, 2013.

22. Diehl, Charles, *Byzantium: Greatness and Decline*, tr. from French by Naomi Walford, Rutgers, 1956.

23. Dignas, Beate & Winter, Engelbert, *Rome and Persia in Late Antiquity: Neighbours and Rivals*, Cambridge: Cambridge University Press, 2007

24. Edmonson, 'Mining in the Later Roman Empire and beyond: Continuity or Disruption?', *Journal of Roman Studies*, 1989, pp. 84 – 102.

25. Edwards, M. , *East-west Passage*, Cassell & Company LTD, 1971.

26. Enoki, Kazuo "on the Nationality of the Ephthalites", *Memoirs of the Research Department of the Toyo Bunko*, No. 18, Tokyo: the Toyo Bunko, 1959, pp. 1 – 59.

27. Evans, J. A. S. , *The Age of Justinian: the Circumstances of Imperial*

Power, Routledge, 1996.

28. Fagerlie, J. M., *Later Roman and Byzantine Solidi Found in Sweden and Denmark*, the American Numismatic Society, 1967.

29. Felix, Wolfgang, "Chionites", *Encyclopedia Iranica Online Edition*, updated in 2011 – 10 – 18, http://www.iranicaonline.org/articles/chionites-lat, 2016 – 10 – 05.

30. Foltz, Richard, 'Jadaism and the Silk Route,' *The History Teacher*, Vol. 32, No. 1, Nov., 1998, pp. 9 – 16.

31. Foss, C, "Syria in Transition, A. D. 550 – 750: An Archaeological Approach", *Dumbarton Oaks Paper*, 1997, p. 268.

32. Fyre, Richard N., *Notes on the Early Coinage of Transoxiana*, the American Numismatic Society, 1949.

33. Geanakoplos, D. J., *Byzantium: Church, Society, and Civilization Seen through Contemporary Eyes*, the University of Chicago, 1984.

34. Gibbon, E., *The Decline and Fall of the Roman Empire*, vol. 2, New York, 1931.

35. Goodacre, H., *A Handbook of the Coinage of the Byzantine Empire*, Spink & Son Ltd, 1957.

36. Grant, M., *From Rome to Byzantium: the fifth century AD*, London, 1998.

37. Grierson, P.,

'A coin of Emperor Phocas with the effigy of Maurice', *Numismatic Chronicle*, 1964, pp. 55 – 70.

Byzantine Coinage, London, 1982.

Byzantine Coinage, Washington, D. C., 1999.

Catalogue of the Byzantine Coins in the Dumbarton Oaks Collection and in the Whittermore Collection, v. 2, Phocas to Theodosius III, 602 – 717, Washington, D. C., 1968.

Catalogue of the Byzantine Coins in the Dumbarton Oaks Collection and in the Whittermore Collection, v. 3, Leo III to Nicephorus III, 717 – 1081, Washington, D. C., 1973.

'Review on *Later Roman and Byzantine Solidi Found in Sweden and Den-*

mark', *The Journal of Roman Studies*, vol. 58, Parts 1 and 2, 1968, pp. 281 – 283.

'The Consular Coinage of Heraclius', *Numismatic Chronicle*, 1950, pp. 71 – 93.

'the kerenia girdle of Byzantine medallions and solidi', *Numismatic Chronicle*, 1955, pp. 55 – 70.

'The Tablettes Albertini and the Value of the Solidus in the Fifth and Sixth Centuries A. D.,' *the Journal of Roman Studies*, Vol. 49, Parts 1 and 2, 1959, pp. 73 – 80.

'Three Unpublished Coins of Zeno', *Numismatic Chronicle*, 1948, pp. 223 – 6.

38. Grierson P., & Mays, M., *Catalogue of Later Roman Coins in the Dumbartion Oaks Collection and in the Whittemore Collection, from Arcadius and Honorius to the Accession of Anastasius*, Washington D. C., 1992.

39. Hahn, Wolfgang,

Moneta Imperii Byzantini, Band I, *von Anastasius I bis Justinianus I (491 – 565)*, Wien: 1973.

Money of the Incipient Byzantine Empire (Anastasius I-Justinian I, 491 – 565), Band 6, Wien: 2000.

40. Haldon, J. F., *Byzantium in the Seventh Century: the transormation of a culture*, Cambridge University Press, 1990.

41. Harl, Kenneth W., *Coinage in the Roman Economy, 300 B. C. - A. D. 700*, The John Hopkins University, 1996.

42. Hendy, M.,

Studies in the Byzantine Monetary Economy, C. 300 – 1450, v. 2, Cambridge University Press: 1985.

The Economy, Fiscal Administration and Coinage of Byzantium, Variorum Reprints, 1989.

43. Hirth, Friedrich, 'the Mystery of Fu-lin,' *Journal of the American Oriental Sociery*, Vol. 30, No. 1, Dec., 1909, pp. 1 – 31.

44. Hitti, P. K.,

History of Syria: including Lebanon and Palestine, London, 1951.

《阿拉伯通史》，马坚译：北京：商务印书馆 1995 年版。

45. Hoernle, A. H. R., "A Collection of Antiquities from Central Asia", Journal of the Asiatic Society of Bengal, vol. 68, part 1, 1899

46. Hughes, 'Roman and Sassanian Silver Plate', Journal of Archaeological Science, No. 6, December, 1979, pp. 321 – 344.

47. Hunter, Erica C. D., "The Church of the East in Central Asia", Bulletin of the John Rylands University Library of Manchester, 78.

48. Hussey, J. M., the Cambridge Medieval History IV, Part 1, Cambridge, 1966.

49. Jenkins, Romilly, Byzantium, the Imperial Centuries AD 610 – 1071, London, 1966.

50. Jones, A. H. M., The Later Roman Empire, 284 – 602, vol. 1, 2, Blackwell, 1986.

51. Junge, E., World Coin Encyclopedia, Barrier & Jenkins, 1984.

52. Kaegi, W. E., Byzantium and the Early Islamic Conquests, Cambridge University Press, 1992.

53. Kazhdan, A., & Constable, G., People and Power in Byzantium: An Introduction to Modern Byzantine Studies, Dumbarton Oaks, 1982.

54. Kazhdan, A. P., ed., The Oxford Dictionay of Byzantine, vol. 1 – 2 – 3, Oxford: Oxford University Press, 1991 Kent, J. P.,

55. 'auream monetam ... cum signo crucis', Numismatic Chronicle, 1960, pp. 129 – 32.

56. 'Style and Mint in the Gold Coinage of the Western Roman Empire, 455 – 461', ed. by Price, M., Burnett, A. & Bland, R., Essays in honour of Robert Carson and Kenneth Jenkins, London, 1993, pp. 267 – 276.

57. 'The Coinage of Theodoric in the Names of Anastasius and Justin I', ed. by R. A. G., Carson, Mints, Dies and Currency: essays dedicated to the memory of Albert Baldwin, Methuen, 1971, pp. 67 – 74.

58. The Roman Imperial Coinage (RIC), vol. X. The Divided Empire and the Fall of the Western Parts, AD 395 – 491, London, 1994.

59. Kordosis, Michael, 'The name Fu-Lin (= Romans)', ΙΣΤΟΡΙΚΟΓΕΩΓΡΑΦΙΚΑ,

1994, pp. 171 – 178.

ΙΣΤΟΡΙΚΟΓΕΩΓΡΑΦΙΚΑ, .

ΙΣΤΟΡΙΚΟΓΕΩΓΡΑΦΙΚΑ, 1994.

ΙΣΤΟΡΙΚΟΓΕΩΓΡΑΦΙΚΑ, 1994.

60. Kurbanov, Ardogdy, *The Hephthalites: Archaeological and Historical Analysis*, PhD Thesis of the Free University of Berlin, 2010,

61. Laiou, A. E. , *The Economic History of Byzantium: from the seventh through the fifteenth century*, editor-in-Chief, English version by Dumbarton Oaks, Washington, D. C. 2003.

62. Litvinsky, B. A. , "The Hephthalite Empire", in B. A. Litvinsky, ed. , *History of Civilizations of Central Asia*, V. III, *The Crossroads of Civil: A. D. 250 to 750*, Paris: UNESCO, 1996

63. Lopez, Robert Sabatino,

'An Aristocracy of Money in the Early Middle Ages,' *Speculum XXVIII*, Cambridge: 1953.

'Beati Monoculi: The Byzantine Economy in the Early Middle Ages,' *Cultus et Cognito*, *Festschrift Alexander Gieysztor*, Warsaw 1976, 341 – 352.

Byzantium and the world around it economic and institutional relations, London: 1978.

'Byzantium Law in the Seventh Century and its Reception by the Germans and the Arabs', *Byzantion* XVI (1942 – 3). Boston: 1944, 445 – 461.

'East and West in the Early Middle Ages: Economic Relations,' *Relazioni del X Congresso Internazionale de Scienze Storiche (Roma, Settembre 1955)*, *Volume III: Storia del medioevo.* Florence: Sansoni, 1955, 113 – 163.

'Foreigners in Byzantium,' *Bulletin de l'Institut Historique Belge de Rome* XLIV = *Miscellanea Charles Berlinden*, Brussels/Rome: 1974, 341 – 352.

'Les influences orientales et l'éveil économique de l'Occident,' *Cahiers d' histoire mondiale I.* Paris: 1954, 594 – 622.

'Mohammed and Charlemagne: A Revision,' *Speculum*, Vol. 18, No. 1, Jan. , 1943, 14 – 38.

'The Dollar of the Middle Ages,' *The Journal of Economic History*, Vol. II, No. 3 Part I, Summer, 1951, 209 – 234.

'The Origin of the Merino Sheep,' *The Joshua Starr Memoirial Volume*, New York: 1953, 161 – 168.

'The Role of Trade in the Economic Readjustment of Byzantium in the SeventhCentury,' *Dumbarton Oaks Papers XIII*, Washington D. C. , 1959, 69 – 85.

The Shape of Medieval Monetary History, London: 1986.

'Silk Industry in the Byzantine Empire,' *Speculum*, Vol, 20, No. 1, Jan. , 1945, 1 – 42.

64. Macartney, C. A. , 'On the Greek Sources for the History of the Turks in the Sixth Century', *Bulletin of the School of Oriental and African Studies, University of London*, v. 11, No. 2, 1944, pp. 266 – 275.

65. Mattingly, 'The imperial Vota', *Proceedings of the British Academy*, 1951, pp. 219 – 68.

66. Mohammed, Akram, Mould for minting Roman Coins found in Talkad, DHNS, May 19, 2014.

67. Morrisson, Cécile,

Catalogue des monnaies byzantine de la Bibliothèque Nationale (491 – 1204), Paris: 1970.

Monnaie et Finances è Byzance: analyses et techniques. Variorium: 1994.

68. Morrison, K. E. "'mules' in the Carolingian series", *Numismatic Chronicle*, 1962, pp. 225 – 234.

69. Munro-Hay, S. , *Aksum: An African Civilisation of Late Antiquity*, Edinburgh: 1991.

70. Muthesius, A. , 'Silken Diplomacy', *Byzantine Diplomacy*, ed. , J. Shepard and S. Franklin, London: 1992.

71. Naymark, A. , *Sogdiana, Its Christians and Byzantium: A Study of Artistic and Cultural Connections in Late Antiquity and Early Middle Ages*, Dissertation in Indiana University, 2001.

72. Ochir, Ayudai & Erdenebold, Lkhagvasü, *Archaeological Relics of Mongolia: Cultural Monuments of Ancient Nomads*, VII, Ulaanbaatar: Mongolian Academy of Sciences, 2017.

73. Oikonomides, Nicolas,

'Silk Trade and Production in Byzantium from the Sixth to the Ninth Century: The Seals of Kommerkiarioi,' *Dumbarton Oaks Paper* (1986): 33 – 53.

'The Role of the Byzantine State in the Economy,' *EHB* 962.

74. Ostrogorsky, G. , *History of the Byzantine State*, tranlated by Joan Hussey, Oxford, 1956.

75. Phillipson, David W. , *Ancient Ethiopia: Aksum, its antecedents and successors*, London, 1988.

76. Pourshariati, Parvaneh, *Decline and Fall of the Sasanian Empire: The Sasanian-Parthian Confederacy and the Arab Conquest of Iran*, London: I. B. Tauris & Co Ltd, 2008,

77. Rabino, Joseph, 'An Economist's Notes on Persia,' *Journal of the Royal Statistical Society*, Vol. 64, No. 2, Jun. , 1901, 265 – 291.

78. Rice, D. T. , *The Byzantines*, London: Thames and Hudson, 1962.

79. Roberston, *Roman Imperial Coins in the Huntercoin Cabinet*, V, (Diocletian (reform) to Zeno), Oxford: 1982.

80. Sabatier, J. , *Description Générale des Monnaies Bywantines Frappées sous les Empereurs D'orient*, Graz-austria 1955.

81. Sear, D. R. , *Byzantine Coins and their Values*, London: 1974.

82. Sedgwick, W. B. , 'The Gold Supply in Ancient and Medieval Times and Its Influence on History,' *Greece & Rome*, Vol. 5, No. 15 (May, 1936), 148 – 154.

83. Sewell, Robert, "Roman Coins Found in India", *The Journal of the Royal Asiatic Society of Great Britain and Ireland*, Oct. , 1904, pp. 591 – 637.

84. Sinor, Denis,

The Cambridge History of Early Inner Asia, Cambridge: 1990.

Inner Asia and Its Contacts with Medieval Europe, London: 1977.

'The Inner Asian Warriors,' *Journal of the American Oriental Society*, Vol. 101, No. 2, Apr. -Jun. , 1981, 133 – 144.

85. Speros, Vryonis Jr. , *Byzantium: its internal history and relations with the Musilim world*, London, 1971.

86. Stein, M. A. ,

Innermost Asia: detailed report of exploration in Central Asia, Kansu and

Eastern Iran, 4 vols. Oxford, 1928.

Ruins of Desert Cathay: *Personal Narrative of Explorations in Central Asia and Westernmost China*, vol. 1, Macmillan, 1912.

Serindia, *Detailed Report of Explorations in Central Asia and Westernmost China*, Oxford, 1921.

87. Storch, 'The Trophy and the Cross' *Byzantion*, 1970, pp. 105 – 17.

88. Stratos, Andreas N., *Byzantium in the Seventh Century*, I 602 – 634, tr. by Marc Ogilvie-Grant, Amsterdam, 1968.

89. Thierry, F. & Morrison, C.,

'*Sur les monnaies byzantines trouvées en Chine*,' *Revue Numismatique*, 6th series, 1994, 36.

《简述在中国发现的拜占庭帝国金币及其仿制品》，郁军译，载《中国钱币》，1995 年第 1 期。

90. Thomas, E., 'Notes Introductory to Sassanian Mint Monograms and Gems. With a Supplementary Notices on the Arabico-Pehlvi series of Persian Coins', *Journal of the Royal Asiatic Society of Great Britain and Ireland*, Vol. 13, 1852.

91. Torrey, Charles C., *Gold Coins of Khokand and Bukhara*, the American Numismatic Society, 1950.

92. Treadgold, W., *A History of the Byzantine State and Society*, v. 1, Stanford University Press, California: 1997.

93. Vagi, D. L., *Coinage and History of the Roman Empire*, C. 82 B. C. —A. D. 480, vol. 1, 2, Fitzroy Dearborn Publishers, 1999.

94. Valentine, W. H., *Sassanian Coins*, Delhi: Rahul Publishing House, 1993.

95. Vaissiere, Etienne de la, *Sogdian Traders*: *A History*, tr. J. Ward, Boston: 2005.

96. Vassilaki, Maria ed. *Mother of God*: *Representations of the Virgin in Byzantine Art*, Benaki Museum, 2000.

97. Vasiliev, A. A., *History of the Byzantine Empire*, Mandison, 1958.

98. Walker, J., *Catalogue of the Arab-Byzantine Coins*, 1956.

Wang, H. （〔英〕汪海岚或王海仑）：

'Money on the Eastern Silk Road in the pre-Islamic period,' Internationaler Numismatischer Korgress, Berlin: 1997.

'The Stein collection of coins from Chinese Central Asia,' Studies in Silk Road Coins and Culture, the Institute of Silk Road Studies, Kamakura: 1997.

Money on Silk Road, London: British Museum Press, 2004.

《斯坦因从新疆地区搜集的钱币》，载《西域研究》，1997年第3期。

《伊斯兰教前东方丝绸之路上的货币》，阎秀英译，载《内蒙古金融研究》（增刊），2003年第2、3—4期。

99. Warmington, *The Commerce between the Roman Empire and India*, London, 1928.

100. Whitting, P. D.,

'A New Transition of Byzantine Issue AD. 528', *Numismatic Chronicle*, 1966, pp. 133 – 135.

Byzantine Coins, Barrie & Jenkins, 1973.

101. Wiesehöfer, J., *Ancient Persia: from 550 BC to 650 AD*, tr. Azizeh Azodi, New York: 1996.

102. West, Louis C., 'Commercial Syria under the Roman Empire,' *Transactions and Proceedings of the American Philological Association*, Vol. 55, 1924, 159 – 189.

103. Wroth, W., *Cataloque of the Imperial Byzantine coins in the British Museum*, London, 1908.

104. Yarshater, E., editor, *The Cambridge History of Iran*, v. 3, Cambridge, 1983.

105. Yatsenko, S. A., "Image of the Early Turks in Chinese Murals and Figurines from the Recently-Discovered Tombs in Mongolia", *The Silk Road*, Vol. 12, 2014.

106. Yule, H., ed. *Cathay and the Way Thither*, being a Collection of Medieval Notices of China, London, 1916.

107. 〔美〕安妮特·朱丽安娜、朱迪思·莱莉：《古粟特文信札（II号）》，苏银梅译，载《考古与文物》，2003年第5期。

108. 宝鸡市考古队：《岐山郑家村唐元师奖墓清理简报》，载《考古与文物》，1994年第3期，第48—55页。〔法〕布尔努瓦：《丝绸之路》，耿昇译，济南：山东画报出版社2001年版。

109. 〔法〕布瓦松纳：《中世纪欧洲生活和劳动：五至十五世纪》，潘源来译，北京：商务印书馆1985年版。

110. 蔡鸿生：《唐代九姓胡与突厥文化》，北京：中华书局1998年版。

111. 陈国灿：《斯坦因所获吐鲁番文书研究》，武汉：武汉大学出版社1994年版。

112. 陈守中：《从丝绸遗存的货币看古代东西方商业交往及其对我国西北地区经济政治的影响》，见《西北史研究》第一辑（上册），兰州：兰州大学出版社1997年版。

113. 陈喜霖：《唐代过所与胡汉商人贸易》，载《西域研究》，1995年第1期。

114. 陈志强：

'Οι γεωγραφικές πληρογορίες για το Ta-Ts' in στις κινεζικές πηγές', ΙΣΤΟΡΙΚΟΓΕΩΓΡΑΦΙΚΑ, 1994, pp. 123 – 148.

'Οι χερσαίοι δρόμοι επικοινωνίας μεταξύ της Κίνας και του Βυζαντίου', ΙΣΤΟΡΙΚΟΓΕΩΓΡΑΦΙΚΑ, 1994, pp. 149 – 164.

《拜占庭帝国史》，北京：商务印书馆2016年版。

《拜占庭学研究》，北京：人民出版社2001年版。

《拜占廷铸币研究中的某些误区》，载《南开学报》，2004年第5期。

《独特的拜占庭文明》，北京：中国青年出版社1999年版。

《蒙古国出土拜占庭金币的学术意义》，载《光明日报》，2017年8月14日。

《我国所见拜占廷铸币相关问题研究》，载《考古学报》，2004年第3期。

《咸阳隋独孤罗墓拜占廷金币有关问题》，载《考古》，1996年第6期。另见《中国钱币》，1998年第4期的节选。

115. 陈志强、郭云艳：《我国发现的拜占廷金币考略》，载《南开学报》，2001年增刊。

116. 成倩、王博、郭金龙等：《新疆且末扎滚鲁克墓地出土玻璃杯研究》，载《文物》，2011年第7期，第88—92页。

117. 程林泉、张小丽、张翔宇、李书镇：《陕西西安发现北周婆罗门后裔墓葬》,载《中国文物报》,2005年10月21日第1版。

118. 〔日〕池田温:《唐研究论文选集》,孙晓林译,北京:中国社会科学出版社1999年版。

119. 初师宾:《甘肃靖远新出东罗马鎏金银盘略考》,载《文物》,1990年第5期。

120. 储怀贞、李肖、黄宪:《吐鲁番巴达木墓地出土的古钱币》,载《新疆钱币》,2008年第3期,第49—52页。

121. 磁县文化馆:《河北磁县东魏茹茹公主墓发掘简报》,载《文物》,1984年第4期。

122. 从振:《西域"猾子"与唐代社会生活》,载《新疆师范大学学报》,2012年第6期,第45—51页。

123. 崔志坚:《洛阳疑现北魏节闵帝元恭墓》,载《光明日报》,2013年10月29日。

124. 党顺民:《西安发现东罗马金币》,载《中国钱币》,2001年第4期。

125. 德凯琳、黎北岚:《巴黎吉美博物馆展围屏石榻上刻绘的宴饮和宗教题材》,施纯琳译,见《4—6世纪的被中国与欧亚大陆》,北京:科学出版社2006年版。

126. 杜维善:《丝绸之路古国钱币》,见上海博物馆《中国钱币馆》编,1992年版。

127. 杜学书:《介绍两枚拜占廷金币》,载《新疆钱币》,2004年第4期。

128. 段小强:《敦煌文书中所见的古代丧仪》,载《西北民族学院》,1999年第1期。

129. 段鹏琦:《西安南郊何家村唐代金银器小议》,载《考古》,第6期。

130. 樊军:《宁夏固原发现东罗马金币》,载《中国钱币》,2000年第1期。

131. 方豪:《中西交通史》(上),台北:中国文化大学出版社1983年版。

132. 〔伊朗〕菲尔多西:《列王纪全集》(第5卷),张鸿年、宋丕方译,长沙:湖南文艺出版社2001年版。

133. 冯承钧原编，陆峻岭增订：《西域地名》（增订本），北京：中华书局1980年版。

134. 冯承钧译：《西域南海史地考证译丛》第一卷，北京：商务印书馆1995年版。

135. 高伟、翟晓兰：《从"鸭形玻璃注"看北燕时期中西交流》，载《文博》，2009年第5期，第61—64页。

136. 〔法〕戈岱司编：《希腊拉丁作家远东古文献辑录》，耿昇译，北京：中华书局1987年版。

137. 葛承雍：

《西安、洛阳唐两京出土景教石刻比较研究》，载《文史哲》，2009年第2期。

《唐代长安一个粟特家庭的景教信仰》，见《唐韵胡音与外来文明》，北京：中华书局2006年版。

138. 龚骏：《甘英出使大秦考》，载《东方杂志》，第40卷，第8期，上海：商务印书馆1944年版，第21—27页。

139. 龚缨晏：《20世纪黎轩、条支和大秦研究述评》，载《中国史研究动态》，2002年第2期，第19—28页。

140. 郭媛：《试论隋唐之际吐鲁番地区的银钱》，载《中国史研究》，1990年第4期。

141. 郭云艳：

"A General Overview of Byzantine Coins & Their Imitations Found in China", *EIRENE* (*STUDIA GRAECA ET LATINA*) XLI, 2005, pp. 23–47.

《关于西安北周史君墓出土金币仿制品的一点补充》，载《文博》，2007年第6期，第41—44页。

《两枚拜占廷金币仿制品辨析》，载《考古与文物》，2008年第3期，第87—91页。

《论蒙古国巴彦诺尔突厥壁画墓所出金银币的形制特征》，载《草原文物》，2016年第1期，第115—123页。

《萨珊波斯帝国在拜占庭金币传入过程中的影响》，载《安徽史学》，2008年第4期，第5—12页。

《陕西咸阳出土的拜占庭金币辨析》，载《文博》，2004年第4期，第76—80页。

《再论中国发现的六枚拜占庭中期金币》,载《中国钱币》,2015 年第 1 期,第 53—59 页。

《在中国发现拜占庭金币》,载《光明日报》,2017 年 8 月 14 日。

《中国发现的拜占庭金币及其仿制品的研究综述》,载《中国钱币》,2007 年第 4 期,第 55—61 页。

142. 〔法〕James Hamilton、牛汝极:《赤峰出土景教墓砖及族属研究》,载《民族研究》,1996 年第 3 期,第 78 页。

143. 韩国磐主编:《敦煌吐鲁番出土经济文书研究》,重庆:重庆大学出版社 1986 年版。

144. 〔美〕芮乐伟·韩森:《丝绸之路新史》,张湛译,北京:北京联合出版公司 2015 年版。

145. 韩伟编:《中华国宝——陕西珍贵文物集成》(金银器卷),西安:陕西人民教育出版社 1998 年版。

146. 韩伟、张健林:《陕西新出土唐墓壁画》,重庆:重庆出版社 1998 年版。

147. 〔日〕荒川正晴:《唐帝国和粟特人的交易活动》,陈海涛译,杨富学校,载《敦煌研究》,2002 年第 3 期。

148. 黄家祥、黄家全:《甘肃靖远出土东罗马鎏金银盘模拟探索》,载《考古与文物》,1999 年第 5 期。

149. 黄时鉴主编:《中西关系史年表》,杭州:浙江人民出版社 1994 年版。

150. 季羡林:《中印文化关系史论文集》,北京:生活·读书·新知三联书店 1982 年版。

151. 季羡林等:《〈大唐西域记〉今译》,西安:陕西人民出版社 1985 年版。

152. 〔日〕加藤繁:《唐宋时代金银之研究》,台北:新文丰出版公司 1974 年版。

153. 姜宝莲、袁林:《陕西发现外国金银币述略》,载《新疆钱币》(中国钱币学会丝绸之路货币研讨会专刊),2004 年。

154. 姜伯勤:《敦煌吐鲁番文书与丝绸之路》,北京:文物出版社 1994 年版。

155. 金德平:

《考说在中国发现的罗马金币——兼谈中国钱币博物馆 17 枚馆藏罗马金币》，载《中国钱币》，2005 年第 1 期。

《考说在中国发现的罗马金币——兼谈中国钱币博物馆 22 枚馆藏罗马金币》，载《新疆钱币》（中国钱币学会丝绸之路货币研讨会专刊），2004 年。

156. 金德平、孔详生、赵颐丽：《新见三枚罗马金币试析》，载《中国钱币》，2003 年第 4 期，第 16—19 页。

157. 金宜久主编：《伊斯兰教史》，北京：中国社会科学院出版社 1990 年版。

158. 康柳硕：

《北朝丝绸之路货币概述》，载《中国钱币》，1998 年第 4 期。

《中国境内出土发现的拜占庭金币综述》，载《中国钱币》，2001 年第 4 期。

159. 康耀仁：《拂菻狗的宫廷和院画信息》，载《东方收藏》，2015 年第 10 期，第 87—90 页。

160. 〔美〕劳费尔：《中国伊朗编》，林筠因译，北京：商务印书馆 1964 年版。

161. 雷海宗：《伯论史学集》，北京：中华书局 2002 年版。

162. 雷润泽：《宁夏固原中日联合考古发掘获重大成果》，载《中国文物报》，1996 年 10 月 13 日。

163. 李朝全：《口含物习俗研究》，载《考古》，1995 年第 8 期。

164. 李明伟主编：《丝绸之路贸易史》，兰州：甘肃人民出版社 1997 年版。

165. 李强：《欧亚草原丝路与沙漠绿洲丝路上发掘的拜占庭钱币研究述论》，载《草原文物》，2016 年第 1 期。

166. 李强、徐家玲：《拜占庭金币的东方之旅》，载《光明日报》，2017 年 8 月 14 日。

167. 李清凌：《吐鲁番出土文书"衣物疏"浅析》，载《丝绸之路》，1994 年第 5 期。

168. 李铁匠：《伊朗古代历史与文化》，南昌：江西人民出版社 1997 年版。

169. 李铁生：《拜占庭币（东罗马帝国币）初探》，北京：北京出版社 2004 年版。

170．李铁生、霍利峰、夏润峰：《中国首次发现拜占庭银币》，载《中国钱币》，2006 年第 2 期，第 63—65 页。

171．李生程：《陕西定边县发现东罗马金币》，载《中国钱币》，2000 年第 2 期。

172．李一全：《略谈我国出土的东罗马金币》，载《考古与文物》，2005 年第 1 期。

173．李志敏：《关于麴氏高昌王国主题居民族属问题》，载《喀什师范学院学报》（社科版），1999 年第 9 期。

174．辽宁省博物馆编著：《北燕冯素弗墓》，北京：文物出版社 2015 年版。

175．辽宁省文物考古研究所、朝阳市博物馆：《朝阳双塔区唐墓》，载《文物》，1997 年第 11 期。另见《中国钱币》1998 年第 4 期节选。

176．林梅村：

《公元 100 年罗马商团的中国之行》，载《中国社会科学》，1991 年第 4 期，第 71—90 页。

《古道西风—考古新发现所见中西文化交流》，北京：生活·读书·新知三联书店 1997 年版。

《汉唐西域与中国文明》，北京：文物出版社 1998 年版。

《丝绸之路考古十五讲》（图版），北京：北京大学出版社 2006 年版。

《西域文明——考古、民族、语言和宗教新论》，北京：东方出版社 1995 年版。

林怡娴：《来自"蛮族"的饮器——再议新疆所见磨面纹玻璃杯》，载《考古与文物》，2017 年第 6 期，第 82—93 页。

177．林英：

'Sogdians and Imitations of Byzantine Gold Coin Unearthed in the Heartland of China', *Transoxiana* 6, (2003.10). 2004 - 03 - 08, from: http: //www. transoxiana. com. ar/Eran/Articles/lin_ying. html.

'Western Türks and Byzantine Gold Coins Found in China', *Transoxiana*, 6 (2003.07). 2004 - 03 - 04: http: //www. transoxiana. com. ar/0106/lin-ying_Türks_solidus. html

《磁县东魏茹茹公主墓出土的拜占庭金币和南北朝史料中的"金钱"》,载《中国钱币》,2009 年第 4 期,第 58—61 页。

《20 世纪中国与拜占庭帝国关系研究综述》,载《世界历史》,2006 年第 5 期,第 118—125 页。

《拂菻僧:关于唐代景教之外的基督教派别入华的一个推测》,载《世界宗教研究》,2006 年第 2 期,第 103—112 页。

《公元 1 到 5 世纪中文文献中关于罗马帝国的传闻——以《后汉书》为重心的考察》,载《古代文明》,2009 年第 4 期,第 54—62 页。

《金钱之旅——从君士坦丁堡到长安》,北京:人民美术出版社 2004 年版。

《九姓胡与中原地区出土的仿制拜占庭金币》,余太山主编:《欧亚学刊》第四辑,北京:中华书局 2004 年版。

《唐代拂菻丛说》,北京:中华书局 2006 年版。

《新疆波马出土的虎柄金杯中的拜占庭因素》,载《艺术史研究》,第 3 辑,中山大学出版社 2001 年版,第 421—437 页。

《族属与等级:蒙古国巴彦诺尔突厥壁画墓初探》,载《草原文物》,2016 年第 1 期。

178. 林英、迈特立希:《洛阳发现的利奥一世金币考释》,载《中国钱币》,2005 年第 3 期。

179. 林悟殊、殷小平:《经幢版〈大秦景教宣元至本经〉考释——唐代洛阳景教经幢研究之一》,载《中华文史论丛》,2008 年第 1 期,第 325—352 页。

180. 刘宝山:《青海都兰出土拜占庭金币》,载《中国文物报》,2002 年 7 月 24 日。

181. 刘斌、严辉:《洛阳北魏晋憨帝元恭墓》,载《大众考古》,2014 年第 3 期。

182. 刘大有:《丝路骑车访古觅钱录》,自印本。

183. 刘汉东:《略论汉隋间河西走廊的货币》,载《西北史地》,1987 年第 4 期。

184. 刘靖:《宁夏固原唐墓出土东罗马金币》,载《丝绸之路》,1996 年第 4 期,转引自《中国钱币》1996 年第 4 期。

185. 刘宁:《北燕、柔然与草原丝绸之路——从冯素弗墓出土的玻璃器谈起》,《北方民族考古》第 2 辑,第 213—220 页。

186. 鲁礼鹏:《吐鲁番阿斯塔纳古墓群发掘墓葬登记表》,载《新疆文物》,2000 年第 3—4 期。

187. 罗丰:

《北周李贤墓出土的中亚风格鎏金银瓶——以巴克特里亚金属制品为中心》,载《考古学报》,2000 年第 3 期。

《北周史君墓出土的拜占庭金币仿制品分析》,载《文物》,2005 年第 3 期。

《固原南郊隋唐墓地》,北京:文物出版社 1996 年版。

《关于西安所出东罗马金币仿制品的讨论》,载《中国钱币》,1993 年第 4 期。

《胡汉之间——"丝绸之路"与西北历史考古》,北京:文物出版社 2004 年版。

《宁夏固原出土的外国金银币考述》,载《故宫学术季刊》第 12 卷,1995 年第 4 期。

《中国发现的东罗马金币》,载《新疆钱币》(中国钱币学会丝绸之路货币研讨会专刊),2004 年。

《中国境内发现的东罗马金币》,见荣新江主编:《中外关系史:新史料与新问题》,北京:文物出版社 2004 年版:第 49—78 页。

188. 罗炤:《洛阳新出土〈大秦景教宣元至本经及幢级〉石幢的几个问题》,载《文物》,2007 年第 6 期,第 32—44、50 页。

189. 罗宗真:《魏晋南北朝考古》,北京:文物出版社 2001 年版。

190. 洛阳市文物工作队:《洛阳龙门唐安菩夫妇墓》,载《中原文物》,1982 年第 3 期。

191. 洛阳市文物考古研究所:《洛阳秒北村壁画墓发掘简报》,载《洛阳考古》,2013 年第 1 期,第 58 页。

192. 洛阳市文物管理局编著:《洛阳出土丝绸之路文物》,郑州:河南美术出版社 2011 年版。

193. 马克垚、朱寰主编:《世界史·古代史》(下编),北京:高等教育出版社 1994 年版。

194. 〔古代阿拉伯〕马苏第:《黄金草原》(一、二卷),耿昇译,西宁:青海人民出版社 1998 年版。

195. 马艳：《大同出土北魏磨花玻璃碗源流》，载《中原文物》，2014年第1期，第96—100页。

196. 马雍：《北魏封和突墓及其出土的波斯银盘》，载《文物》，1983年8期；

197. 〔法〕阿里·玛扎海里：《丝绸之路：中国——波斯文化交流史》，耿昇译，北京：中华书局1993年版。

198. 毛阳光：《洛阳新出土唐代景教徒花献及其妻安氏墓志初探》，载《西域研究》，2014南第2期，第85—91页。

199. 莫任南：《甘英出使大秦的路线及其贡献》，载《世界历史》，1982年第2期，第14页。

200. 牟世雄：

《甘肃陇西发现拜占庭金币》，载《甘肃金融·钱币研究》，1999年第3期，转引自《中国钱币》2000年第1期。

《甘肃陕西发现的波斯银币》，载《中国钱币》，2002年第1期。

201. 纳忠：《阿拉伯通史》（上册），北京：商务印书馆1997年版。

202. 内蒙古文物工作队、内蒙古博物馆：《呼和浩特市附近出土的外国金银币》，载《考古》，1975年第3期。

203.《宁夏出土四枚东罗马金币》，载《新民晚报》，1996年8月29日。

204. 宁夏文物考古研究所：《宁夏固原九龙山隋墓发掘简报》，载《文物》，2012年第10期，第58—65页。

205. 宁夏固原博物馆：《宁夏固原唐史道德墓清理简报》，载《文物》，1985年第11期。

206. 宁夏固原博物馆、中日原州联合考古队编：《原州古墓集成》，北京：文物出版社1999年版。

207. 牛汝极：

《福建泉州景教碑铭的发现及其研究》，载《海交史研究》，2007年第2期，第1—48页。

《新发现的十字莲花景教铜镜图像考》，载《西域研究》，2017年第2期，第57—63页。

208. 齐东方：

《何家村遗宝的埋藏地点和年代》，载《考古与文物》，2003年第

2 期。

《唐代银高足杯研究》，北京大学考古系编：《考古学研究》（二），北京：北京大学出版社 1994 年版。

《唐代金银器研究》，北京：中国社会科学出版社 1999 年版。

209. 齐思和：《中国和拜占庭帝国的关系》，载《北京大学学报》，1955 年第 1 期，第 119—138 页。

210. 钱伯泉：

《麴氏高昌王国通行的东罗马金币波斯银币及物价状况》，载《新疆钱币》，1997 年第 3 期。

《南北朝时期流行于中国的东罗马金币和萨珊银币》，载《新疆钱币》（中国钱币学会丝绸之路货币研讨会专刊），2004 年。

211. 秋山進午：《20 世纪中国发现拜占庭金币的再考释》，见日本京都大学任务科学研究所主编：《日本东方学》，北京：中华书局 2007 年版，第 39—79 页。

212. 荣新江：

《Miho 美术馆粟特石棺屏风的图像及其组合》，载《艺术史研究》第四辑，中山大学出版社 2002 年版。

《北周史君墓石棺椁所见之粟特商队》，载《文物》，2005 年第 3 期。

《敦煌学十八讲》，北京：北京大学出版社 2001 年版。

《书评：〈汉文史料中的罗马帝国〉》，见《北大史学》第 7 卷，北京大学出版社 2000 年版。

《西域粟特移民聚落补考》，载《西域研究》，2005 年第 2 期。

《中古中国与外来文明》，北京：三联书店 2014 年版。

213. 〔法〕沙畹：《西突厥史料》，冯承钧译，北京：中华书局 2004 年版。

214. 山西省考古研究所、太原市文物考古研究所、太原市晋源区文物旅游局：《太原隋虞弘墓》，文物出版社 2005 年版。

215. 陕西省博物馆、文管会：《西安南郊何家村发现唐代窑藏文物》，载《文物》，1972 年第 1 期。

216. 陕西省考古研究所：《西安北郊安伽墓》，北京：文物出版社 2003 年版。

217. 商春芳：《拂林狗在中国唐代的流传——从洛阳壁画墓中出土

的宠物狗谈起》，载《鉴赏》，2016 年第 5 期，第 48—51 页。

218. 商洛地区文管会、王昌富：《商州市北周、隋代墓葬清理简报》，载《考古与文物》，1997 年第 4 期。另见《中国钱币》1998 年第 4 期节选。

219. 邵安定、杨忙忙、刘呆运、李明：《西安南郊出土一枚拜占廷金币的科学分析与制作工艺研究》，载《考古与文物》，2013 年第 5 期。

220. 石家庄地区革委会文化局文物发掘组：《河北赞皇东魏李希宗墓》，载《考古》，1977 年第 6 期。

221.〔美〕斯加夫：《吐鲁番发现的萨珊银币和阿拉伯—萨珊银币，——它们与国际贸易和地方经济的关系》，张莉译，《敦煌吐鲁番研究》第四卷，北京：北京大学出版社 1999 年版。

222.〔美〕斯塔夫里阿诺斯：《全球通史》，吴象婴、梁赤民译，吴象婴校订，上海：上海社会科学院出版社 1999 年版。

223.〔日〕松井太：《榆林窟第 16 窟叙利亚字回鹘文景教徒题记》，王平先译，载《敦煌研究》，2018 年第 2 期，第 34—39 页。

224. 宿白：《中国境内发现的东罗马遗物》，《中国大百科全书》编委会，姜椿芳总编辑：《中国大百科全书·考古学卷》，上海：中国大百科全书出版社 1986 年版。

225. 孙莉：
《萨珊银币在中国的分布及其功能》，载《考古学报》，2004 年第 1 期。
《中国出土萨珊波斯银币的形式特征与时、空分布》，载《新疆钱币》（中国钱币学会丝绸之路货币研讨会专刊），2004 年。

226. 太原市文物考古研究所：《晋阳古城》，北京：文物出版社 2005 年版，图 9。

227.〔美〕汤普逊：《中世纪经济社会史》（上册），耿淡如译，北京：商务印书馆 1997 年版。

228. 唐长孺主编：《吐鲁番出土文书》（一——四册），北京：文物出版社 1994 年版。

229.〔日〕藤田丰八：《西域研究》，杨栋译，北京：商务印书馆。

230. 天水市博物馆：《天水市发现隋唐屏风石棺床墓》，载《考古》，1992 年第 1 期。

231. 屠燕治：《东罗马利奥一世金币考释》，载《中国钱币》，1995年第1期。

232. 吐鲁番地区文物局：

《新疆吐鲁番地区巴达木墓地发掘简报》，载《考古》，2006年第12期，第47—72页。

《新疆吐鲁番地区交河故城沟西墓地康氏家族墓》，载《考古》，2006年第12期，第13—14，21页。

《新疆吐鲁番地区木纳尔墓地的发掘》，载《考古》，2006年第12期，第27—46页。

233. 吐鲁番文管所：《吐鲁番采坎墓地发掘简报》，载《新疆文物》1990年第3期，第1—7页。

234. 王大方：《内蒙古赤峰市松山区出土窝阔台汗时期的古回鹘文景教瓷碑考》，载《内蒙古师大学报》，2000年第5期，第42—44页。

235. 王长命：《唐波斯景教徒李素出仕河中晋州的时间及缘由——波斯人李素及夫人卑失氏墓志铭补考》，载《文物世界》，2018年第2期，第39—41页。

236. 王长启：《西安出土唐仿东罗马金币》，载《陕西金融·钱币研究》，1992年第5期，转引自《中国钱币》，1992年第4期。

237. 王长启、高曼：《西安新发现的东罗马金币》，载《文博》，1991年第1期。

238. 王德龙：《Hephthalites是嚈哒吗？》，载《史学月刊》，2007年增刊。

239. 王敦书：《从〈译余偶拾〉看中国和拜占庭帝国的关系》，载《史学理论研究》，2004年第2期。

240. 王静：《中国境内聂斯脱利教遗物分布状况综述》，载《人文杂志》，2003年第3期，第118—125页。

241. 王国维：《西胡考》，李锦绣编辑，欧亚学研究网站扫校版，2004年7月31日，http://www.eurasianhistory.com/data/articles/a05/684.html，2016年10月3日。

242. 王维坤：

《丝绸之路沿线发现额死者口中含币习俗研究》，载《考古学报》，2003年第2期。

《隋唐墓葬出土的死者口中含币习俗溯源》，载《考古与文物》，2001 年第 5 期。

243．王义康：《中国发现东罗马金币波斯萨珊朝银币相关问题研究》，载《中国历史文物》，2006 年，第 41—50 页。

244．武鹏：《宋史中拂菻国形象考辨》，载《贵州社会科学》，2014 年第 5 期，第 137—141 页。

245．西安市文物保护考古所：

《西安北周凉州萨宝史君墓发掘简报》，载《文物》，2005 年第 3 期。

《西安市北周史君石椁墓》，载《考古》，2004 年第 7 期。

《西安北周康业墓发掘简报》，载《文物》，2008 年第 6 期，第 14—35 页。

246．西安市文物保护考古研究所 杨军凯、辛龙、郭永淇：《西安北周张氏家族墓清理发掘收获》，载《中国文物报》，2013 年 8 月 2 日。

247．西北师范大学历史系编：《西北史研究》第一辑（上册），兰州：兰州大学出版社 1997 年版。

248．夏德：《大秦国全录》，朱杰勤译，郑州：大象出版社 2009 年版。

249．夏鼐：

《北魏封和突墓萨珊银盘考》，载《文物》，1983 年第 8 期。

《咸阳底张湾隋墓出土的东罗马金币》，载《考古学报》，1959 年第 3 期。

《西安土门村唐墓出土的拜占庭金币》，载《考古》，1961 年第 8 期。

《赞皇李希宗墓出土的拜占廷金币》，载《考古》，1977 年第 6 期。

《综述中国出土的波斯萨珊朝银币》，载《考古学报》，1974 年第 1 期。

《中世纪中国和拜占廷的关系》，载《世界历史》，1980 年第 4 期。

250．夏秀瑞、孙玉琴编著：《中国对外贸易史》（第一册），北京：对外经济贸易大学出版社 2001 年版。

251．向达：《唐代长安与西域文明》，北京：生活·读书·新知三联书店 1957 年版。

252．萧清：《中国古代货币史》，北京：人民出版社 1984 年版。

253．〔日〕小谷仲男撰，王维坤、刘勇译：《关于死者口中含币的习俗——汉唐墓葬中的西方因素》（一、二），载《人文杂志》，1991 年第 5 期，1993 年第 1 期。

254.〔美〕谢弗：《唐代的外来文明》，吴玉贵译，北京：中国社会科学出版社 1995 年版。

255.〔英〕尼古拉斯·辛姆斯-威廉姆斯：《阿富汗北部的巴克特里亚文献》（上下），李鸣飞、李艳玲译，兰州：兰州大学出版社 2014 年版。

256. 新疆博物馆考古队：《阿斯塔那古墓群第二次发掘简报》（1960 年 11 月），载《新疆文物》，2000 年第 3、4 期。

257. 新疆维吾尔自治区博物馆编：

《吐鲁番阿斯塔那——哈拉和卓古墓群清理简报》，载《文物》，1972 年第 1 期。

《新疆考古三十年》，乌鲁木齐：新疆人民出版社 1983 年版。

《新疆维吾尔自治区博物馆》，北京：文物出版社 1991 年版。

《丝路瑰宝——新疆馆藏文物精品图录》，乌鲁木齐：新疆博物馆出版社。

258. 新疆维吾尔自治区文物管理局等编：《新疆文物古迹大观》，乌鲁木齐：新疆美术摄影出版社 1999 年版。

259. 新疆文物考古研究所：

《阿斯塔那古墓群第十次发掘简报》，载《新疆文物》，2000 年第 3—4 期，第 84—128 页。

《阿斯塔纳古墓群第十一次发掘简报》，载《新疆文物》，2000 年第 3—4 期，第 168—194 页。

260. 邢义田：《汉代中国与罗马帝国关系的再检讨（1985—95）》，载《汉学研究》，1997 年第 1 期，第 1—31 页。

261. 徐苹芳：《考古学上所见中国境内的丝绸之路》，载《燕京学报》新一期。

262. 徐家玲：《早期拜占庭和查士丁尼研究》，长春：东北师范大学出版社 1998 年版。

263.《拜占庭还是塞尔柱人国家？——析"宋史·拂菻国传"的一段记载》，载《古代文明》，2009 年第 4 期，第 63—67 页。

264. 许红梅：《都兰县出土的东罗马金币考证》，载《青海民族研究》，2004 年第 2 期。

265．许永璋：

《有关大秦国使者访华的几个问题》，载《殷都学刊》，1994 年第 3 期，第 27—32 页。

《大秦商人秦论来华若干问题探讨》，载《北大史学》，1997 年第 4 期，第 45—53 页。

《秦论来华与朱应、康泰出使南海诸国》，载《东南亚》，1998 年第 3 期，第 53—55 页。

266．阎磷：《青海乌兰县出土东罗马金币》，载《中国钱币》，2001 年第 4 期。

267．阎文儒：《唐米继芬墓志考释》，载《西北民族研究》，1989 年第 2 期，第 156—162 页；

268．颜世明、刘兰芬：《甘英出使大秦：研究述评与再审视》，载《西北民族大学学报》，2015 年第 6 期，第 57—58 页。

269．杨共乐：

《〈那先比丘经〉中的"大秦国"和"阿荔散"》，载《世界历史》，2004 年第 5 期，第 113—115 页。

《"丝绸之路"研究中的几个问题——与〈公元 100 年罗马商团的中国之行〉一文作者商榷》，载《北京师范大学学报》，1997 年第 1 期，第 108—111 页。

270．杨宪益：《译余偶拾》，北京：生活·读书·新知三联书店 1983 年版。

271．杨增贤、冯国富：《宁夏固原出土波斯银币、拜占庭金币》，《甘肃金融》1989 年增刊五，转引自《中国钱币》，1990 年第 2 期。

272．姚胜：《甘英出使大秦原因考》，载《塔里木大学学报》，2009 年第 1 期。

273．于倩：《简述洛阳丝绸之路贸易与出土丝绸之路货币》，载《新疆钱币》，2004 年第 3 期，第 155—159 页。

274．余太山主编：《西域通史》，郑州：中州古籍出版社 1996 年版。

275．余太山：

《汉文史籍关于嚈哒的记载》（上、下），载《贵州师范大学学报》，2016 年第 1 期，第 62—76 页；2016 年第 4 期，第 71—82 页。

《古代地中海和中国关系史研究》，北京：商务印书馆2012年版。

《嚈哒史研究》，北京：商务印书馆2012年版。

276. 羽离子：

《对中国西北地区新出土的三枚东罗马金币的考释》，载《考古》，2006年第2期，第73—80页。

《陕西新现的东罗马金币及其折射的中外交流》，载《延安大学学报》（社科版），2001年第1期；同文——《对定边县发现的东罗马金币的研究》——又刊于：《中国钱币》，2001年第4期；以及《文物世界》，2002年第1期。

277. 負安志：《陕西长安县南里王村与咸阳飞机场出土大量隋唐珍贵文物》，载《考古与文物》，1993年第6期。

278. 曾问吾：《中国经营西域史》，上海：商务印书馆1996年版。

279. 张广达：《唐代六胡州等地的昭武九姓》，载《北京大学学报》（哲社版），1986年第2期。

280. 张海云：《咸阳唐贺若氏及隋独孤罗夫妇墓出土的东罗马金币》，《陕西金融·钱币专辑（25）》，1997年增刊1，转引自《中国钱币》1998年第4期。

281. 张海云等：《西安市西郊曹家堡唐墓清理简报》，载《考古与文物》，1986年第2期。

282. 张乃翥：《跋河南洛阳新出土的一件唐代景教石刻》，载《西域研究》，2007年第1期，第65—73页。

283. 张全民、王自力：《西安东郊清理的两座唐墓》，载《考古与文物》，1992年第5期。

284. 张爽：《5—6世纪亚欧大陆的政治联系与丝绸贸易——以嚈哒帝国为中心》，载《社会科学战线》，2013年第4期，第130—134页。

285. 张曦：《河北出土的拜占庭金币及相关问题探讨》，载《中国历史文物》，2007年第3期，第15—18页。

286. 张小刚：《古墓葬现国内迄今最早西方货币》，载《华商报》，2017年7月11日。

287. 张星烺编注，朱杰勤校：《中西交通史料汇编》（第一册），北京：中华书局1977年版。

288. 张绪山：

'Review on Study of Li-Kan and Ta-Chin', *ΙΣΤΟΡΙΚΟΓΕΩΓΡΑΓΙΚΑ*, 1994, pp. 107 – 122.

'The Name of China and its Geography in Cosmas Indicopleustes', 2005 – 12 – 24 来自"欧亚学研究" http：//www.eurasianhistory.com/data/articles/a02/1279.html

《6—7 世纪拜占庭帝国对中国的丝绸贸易活动及其历史见证》, 2005 – 12 – 24 来自"欧亚学研究" http：//www.eurasianhistory.com/data/articles/a02/138.html

《6—7 世纪拜占庭帝国与西突厥汗国的交往》，载《世界历史》，2002 年第 1 期。

《拜占庭作家科斯马斯中国闻纪释证》, 2005 – 12 – 24 来自"欧亚学研究" http：//www.eurasianhistory.com/data/articles/a02/139.html

《拜占庭金币与"二重证据法"》，载《光明日报》，2017 年 8 月 14 日。

《百余年来黎轩、大秦研究综述》，载《中国史研究动态》，2005 年第 1 期，第 11—19 页。

《宝石谷喜欢说在欧亚大陆的流传》，载《世界历史》，2016 年第 3 期，第 129—139 页。

《"拂菻"名称语源研究述评》，载《历史研究》，2009 年第 5 期，第 143—151 页。

《甘英西使大秦获闻希腊神话传说考》，载《史学月刊》，2003 年第 12 期，第 118—120 页。

《关于"公元 100 年罗马商团到达中国问题的一点思考"》，载《世界历史》，2004 年第 2 期，第 111—114 页。

《汉唐时代华夏族人对希腊罗马世界的认知——以西王母神话为中心的探讨》，载《世界历史》，2017 年第 5 期，第 121—140 页。

《景教东渐及传入中国的希腊—拜占庭文化》，载《世界历史》，2005 年第 6 期，第 76—88 页。

《罗马帝国沿海路向东方的探索》，载《史学月刊》，2001 年第 1 期，第 87—92 页。

《萨珊波斯帝国与中国—拜占庭文化交流》，载《全球史评论》，2010 年，第 93—110 页。

《三世纪以前希腊-罗马世界与中国在欧亚草原之路上的交流》，载《清华大学学报》，2000年第5期，第69—73页。

《唐代拜占庭帝国遣使中国考略》，载《世界历史》，2010年第1期，第108—120页。

《唐代以后所谓"拂菻"遣使中国考》，载《清华大学学报》，2010年第6期，第106—112页。

《"桃花石"名称源流考》，载《古代文明》，2007年第3期，第79—85页。

《我国境内发现的拜占庭金币及其相关问题》，载《西学研究》第一辑，北京：商务印书馆2003年版。

《中国境内罗马战俘城问题检评》，载《中国史研究动态》，2002年第3期，第10—16页。

《整体历史视野中的中国与希腊-罗马世界——汉唐时期文化交流的几个典例》，见刘新成主编：《全球史评论》，北京：商务印书馆2008年版，第215—235页。

《中国与拜占庭帝国关系研究》，北京：中华书局2012年版。

289. 张永兵、陈新勇、舍秀红：《新疆吐鲁番阿斯塔那墓地西区2004年发掘简报》，载《文物》，2014年第7期，第32—49页。

290. 赵家栋、聂志军：《浅论唐代景教文献的整理与研究》，载《古籍整理研究学刊》，2010年第6期，第8—13页。

291. 赵晶：《唐代胡瓶的考古发现与综合研究》，西北大学硕士学位论文，2008年。

292. 赵永：《新疆且末扎滚鲁克49号墓出土玻璃杯的年代问题》，载《考古与文物》，2014年第4期，第77—80页。

293. 赵振华、周亮：《安菩墓志初探》，载《中原文物》，1982年第3期。

294. 《中国境内发现的多种外国古币》，载《人民日报》海外版，1993年12月17日。

295. 中国科学院考古研究所编著：《西安郊区隋唐墓》，北京：科学出版社1966年版。

296. 周天游：《章怀太子墓壁画》，北京：文物出版社2002年版。

297. 周伟洲：

《敕勒与柔然》，上海：上海人民出版社1983年版。

《吐谷浑史》，银川：宁夏人民出版社1985年版。

298．朱文涛，《以汉代与古罗马玻璃的比较探讨中西方玻璃系统的渊源及其走向》，载《装饰》，2012年第1期，第71—73页。

299．庄电一：《固原唐墓中发现东罗马金币》，载《光明日报》，1996年4月8日。

300．庄电一、刘长宗：《固原北周田弘墓有重大发现》，载《光明日报》，1996年8月28日。

参考网站：

1. http：//www. byzantinecoins. com（拜占庭铸币网站）

2. http：//www. coinet. net/byzantine/sk21. htm（丝绸之路钱币网站：拜占庭钱币在中国）

3. http：//www. culture. gr/nm/presveis/pages/museum/20/sec2001. html（雅典古币博物馆）

4. http：//www. doaks. org（美国敦巴顿橡树园研究中心）

5. http：//www. fordham. edu/halsall/byzantium（中世纪研究资料中心）

6. http：//www. lawrence. edu/dept/art/buerger/index. html（劳伦斯大学Ottilia Buerge的古代和拜占庭铸币集锦）

7. http：//www/thebritishmuseum. ac. uk/worldofmoney/world_studing. html（大英博物馆—钱币世界—钱币研究）

附录一 中国境内出土的拜占庭金币及仿制品

图录1

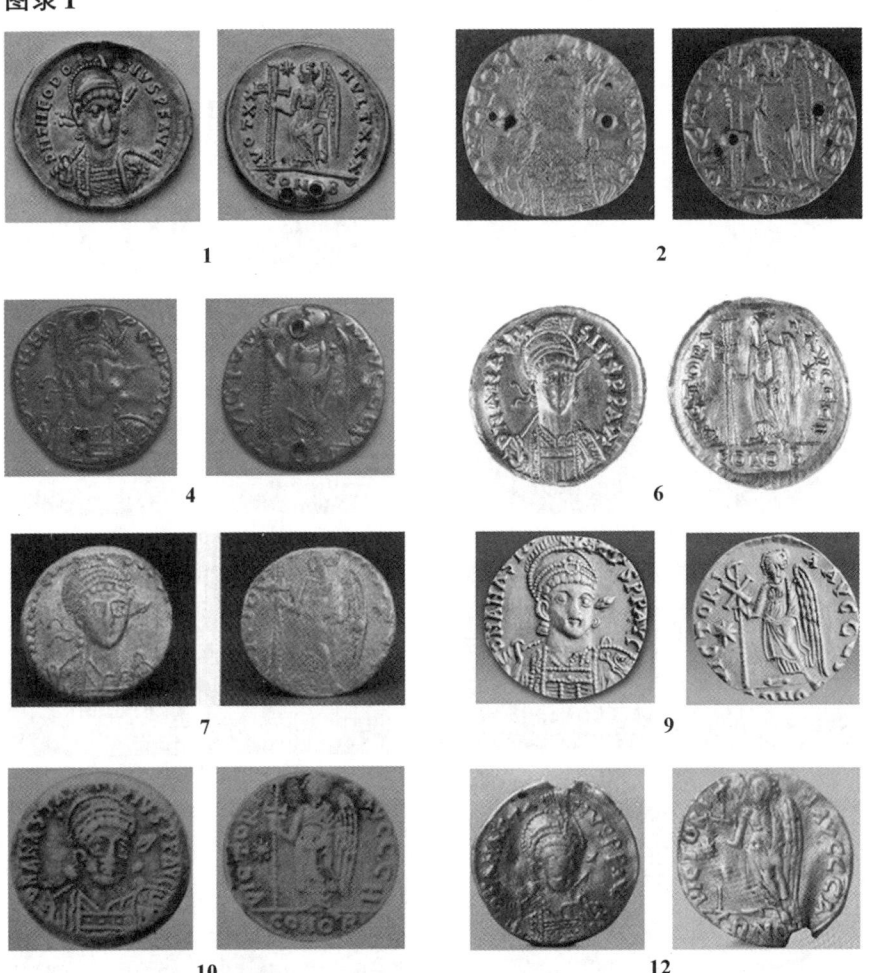

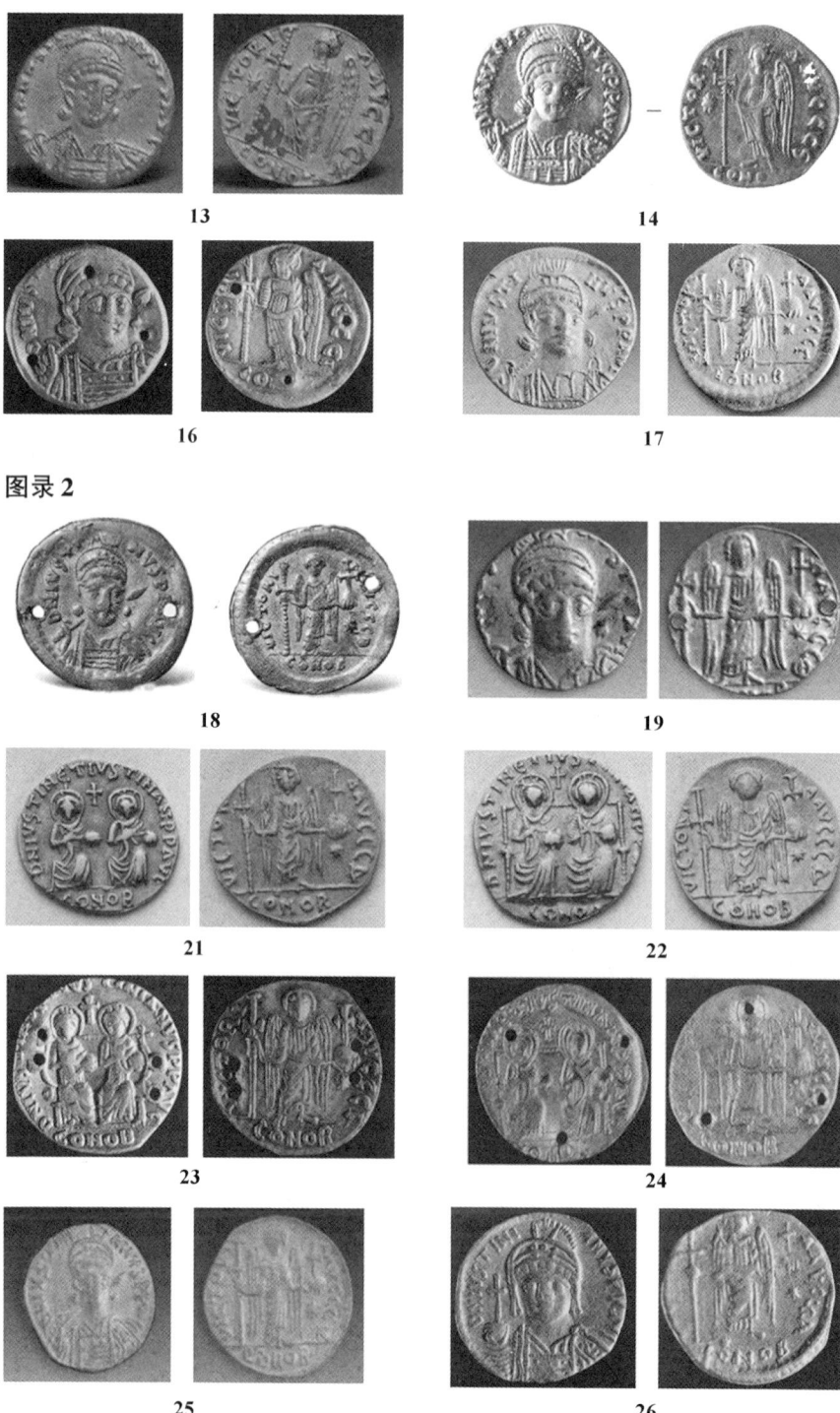

图录 2

附录一　中国境内出土的拜占庭金币及仿制品 | 425

27

28

图录 3

29

32

38

44

46

49

51

52

53

55

图录 4

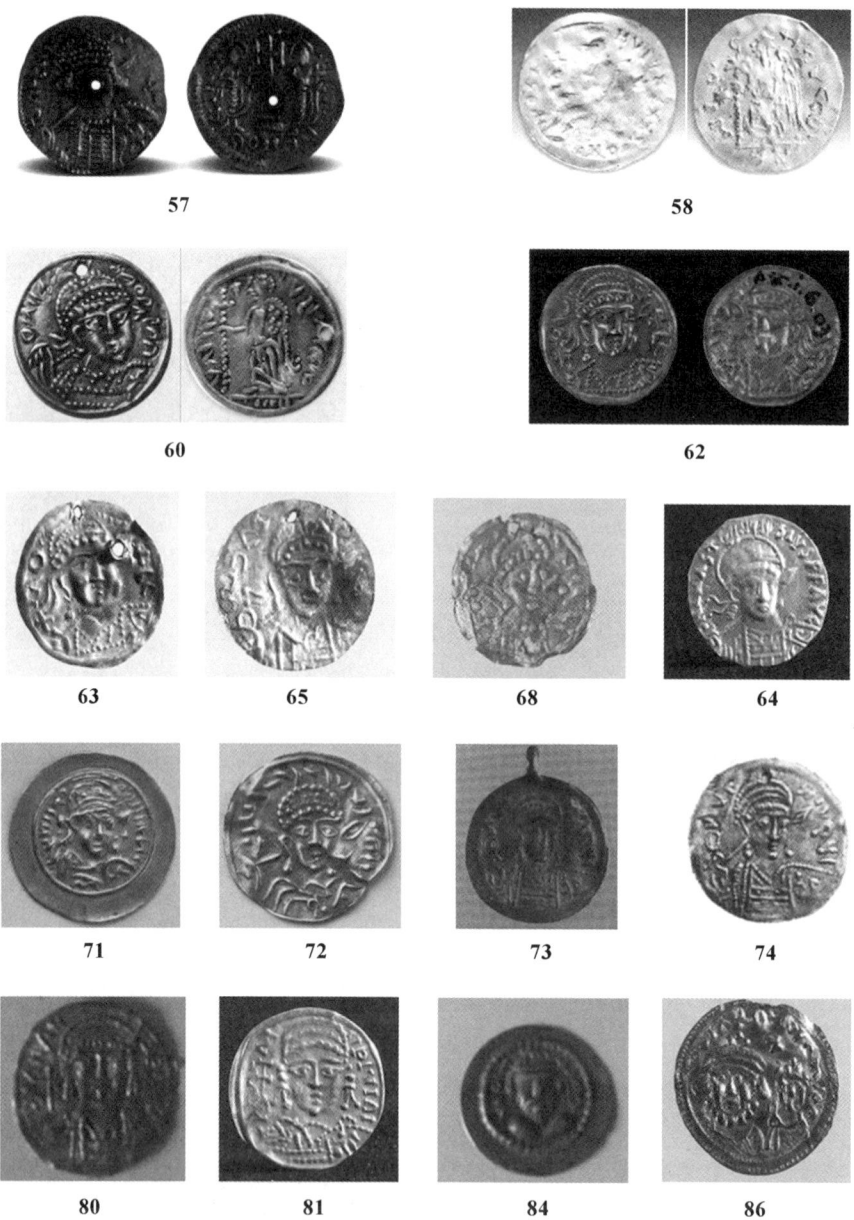

57

58

60

62

63

65

68

64

71

72

73

74

80

81

84

86

附录二 蒙古国巴彦诺尔突厥贵族墓发现的金币与金片

图录1

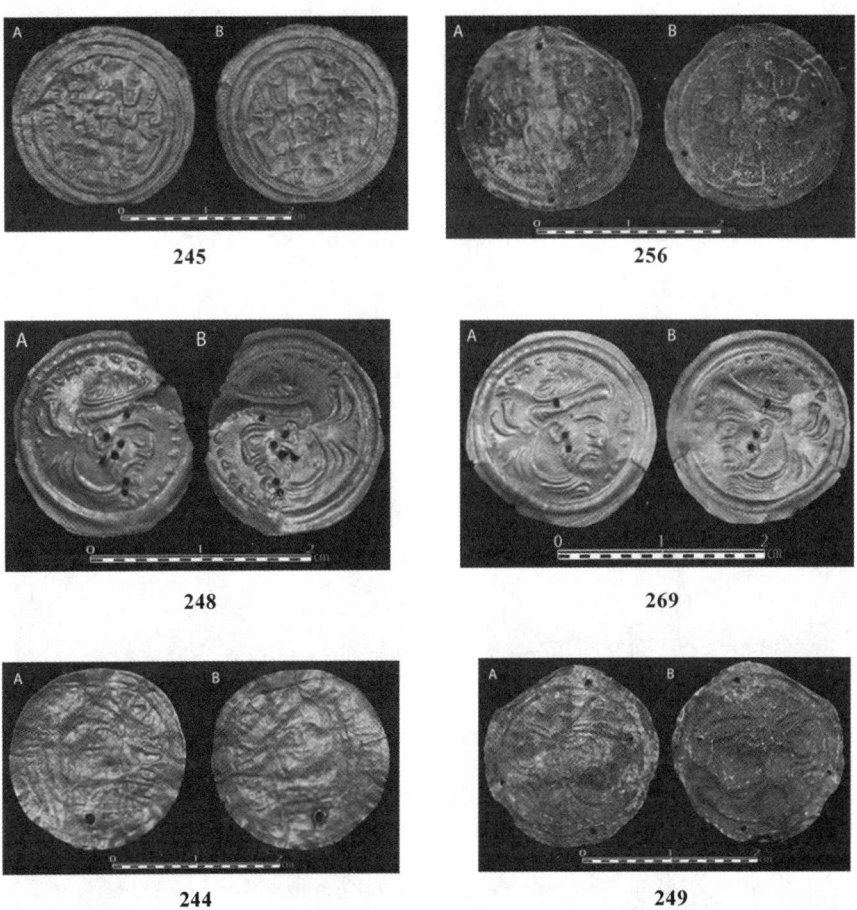

245

256

248

269

244

249

428 | 罗马—拜占庭帝国嬗变与丝绸之路

图录 2

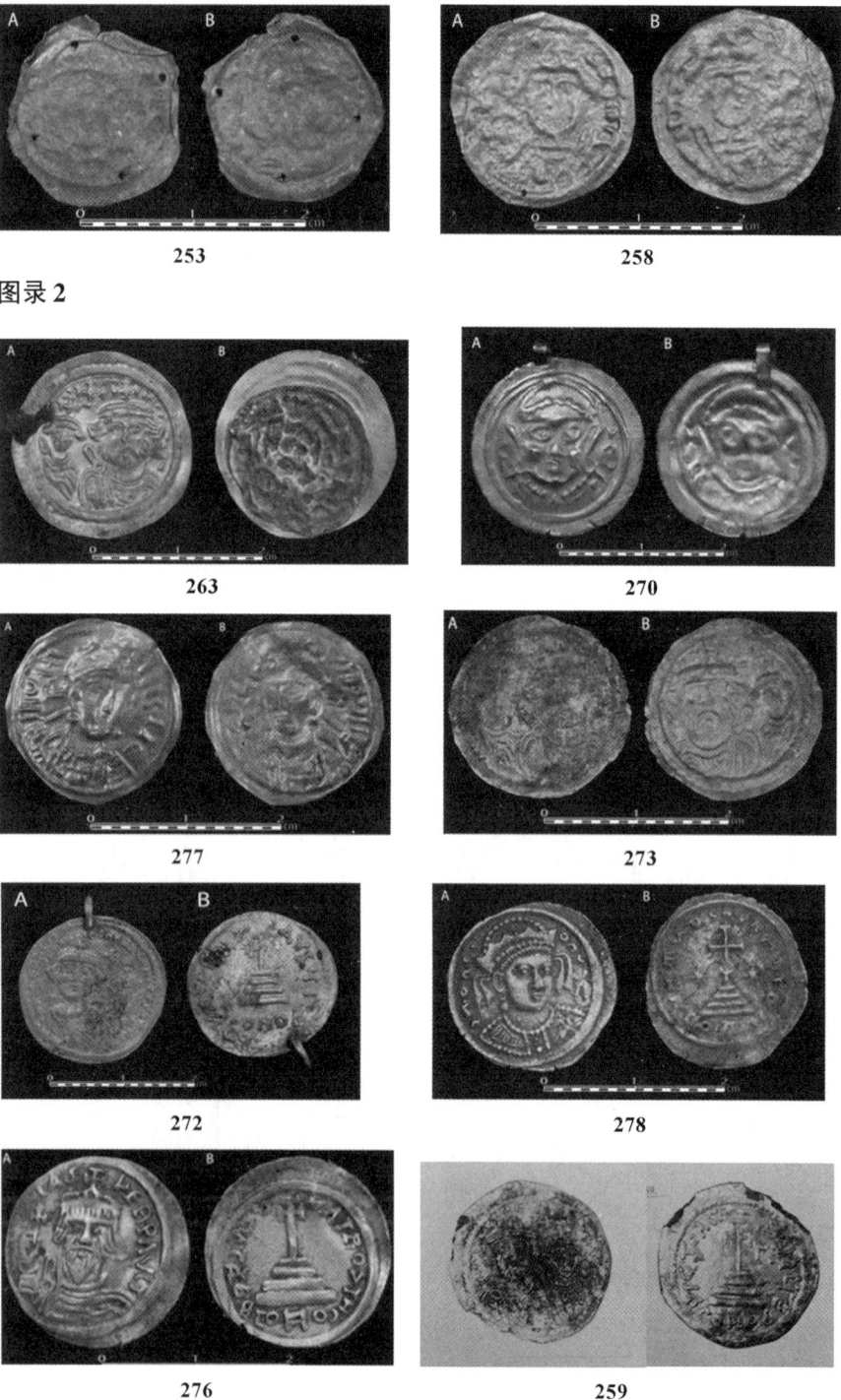